山东旅游调查分析报告编写组 编著

山东旅游
调查分析报告（2020—2021）

下册

山东大学出版社
SHANDONG UNIVERSITY PRESS
·济南·

目　录

下　册

综合篇

专项篇

地市篇

综合篇

2021 年度山东省旅游业调查综合分析报告

2021 年是“十四五”开局之年，面对新形势与新任务，全省文化和旅游系统以习近平新时代中国特色社会主义思想为指导，深入贯彻落实文化和旅游部及省委、省政府工作部署，以高质量发展为目标，统筹推进常态化疫情防控和文旅行业复苏，旅游主体市场复苏势头强劲，旅游供给能力不断提升，游客消费潜力加速释放，全省文化和旅游高质量发展取得显著成效。综合全省旅游统计调查、客流与消费大数据核算：2021 年，全省共接待游客 7.3 亿人次，同比增长 26.6%，恢复至 2019 年的 77.9%；实现旅游总收入 8278.6 亿元，同比增长 37.5%，恢复至 2019 年的 74.7%。

一、旅游经济运行呈阶梯形复苏态势

(一)旅游经济总体运行呈“V”字形上涨

综观 2021 年，在国内大循环和国内国际双循环政策的指引下，游客消费信心持续恢复，产业动能加速积聚，国内旅游支撑作用持续显现，全省旅游经济止滑回升，呈“V”字形上涨。2021 年，全省实现旅游总收入 8278.6 亿元，同比增长 37.5%，恢复到 2019 年的 74.7%(见图 1)；接待游客总量 7.3 亿人次，同比增长 26.6%，恢复到 2019 年的 77.9%(见图 2)。

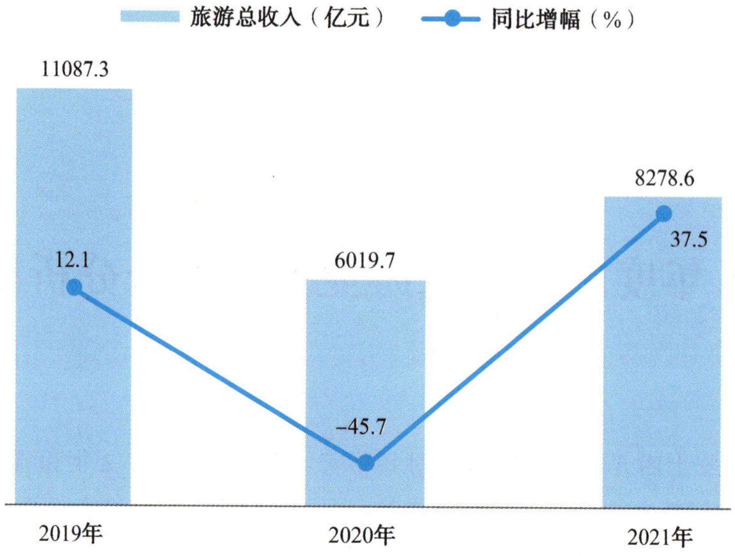

图 1　2019—2021 年全省旅游总收入及同比增幅

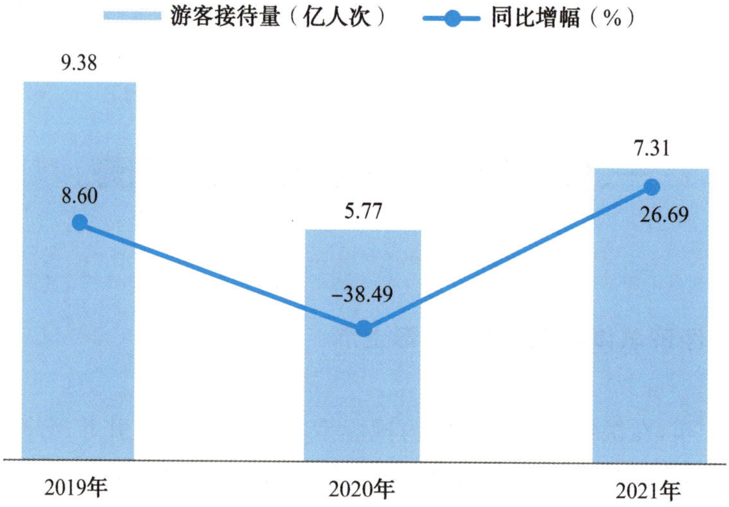

图 2　2019—2021 年全省游客接待量及同比增幅

（二）季度旅游经济运行“前高后低”

一季度，游客消费信心进一步恢复，旅游经济稳步回升；二季度，旅游市场全面复苏，游客接待量、收入恢复比例均超 90%。上半年游客接待量指标要好于旅游收入，其中游客接待量基本恢复，旅游收入恢复尚需时日。下半年，疫情局部暴发，全省旅游市场恢复比例下降较多，致使全年旅游经济呈现“前高后低”态势（见图3）。

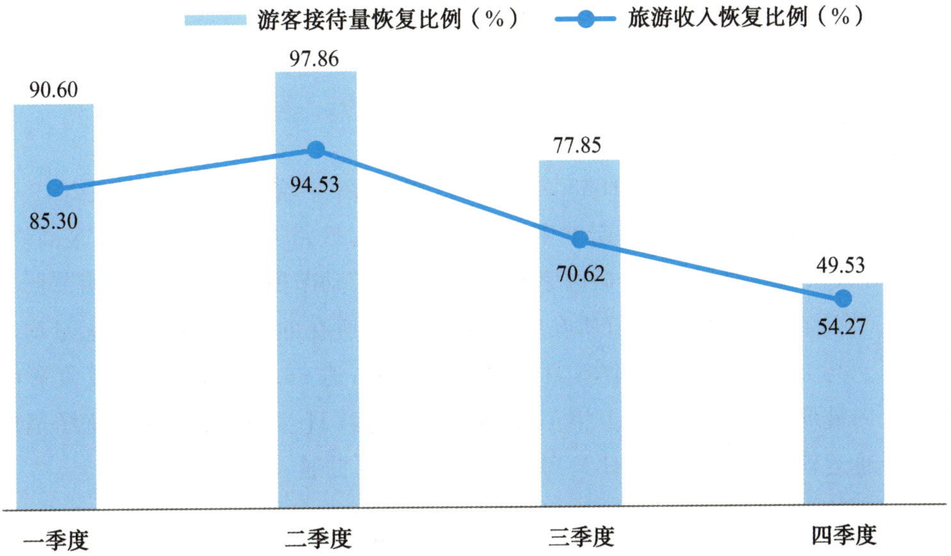

图3　2021年各季度全省游客接待量、收入较2019年同期恢复比例

（三）节假日旅游经济“两头低中间高”

2021年，春节、“五一”、国庆等节假日为旅游市场恢复带来了强力支撑，逐渐恢复至疫情前常态水平。从主要节假日的全省游客接待量和旅游收入两项指标来看，全年假日旅游恢复率呈现“∧”形走势，各主要节假日游客接待量恢复率均超过85%，旅游收入恢复率均超过70%，其中“五一”期间旅游呈现井喷态势，超过2019年同期水平（见图4）。

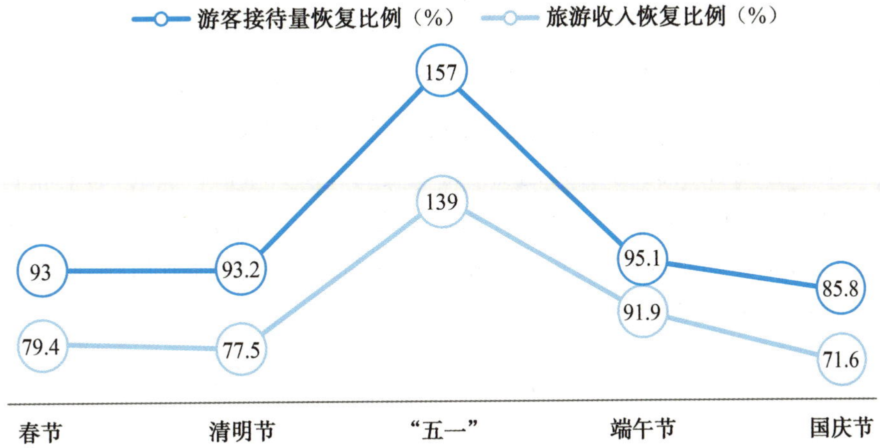

图4　2021年主要节假日游客接待量、旅游收入较2019年同期恢复比例

(四)涉旅客流与消费恢复缓中趋稳

1.铁路、高速客流波动式回暖

2021 年全省铁路客运量 11663.7 万人次，比 2020 年增长 24.43%，比 2019 年下降 26.73%。从月份上看，受暑期学生放假因素影响，铁路客流在 7 月迎来最高峰，达 1502.19 万人次。此外，受小长假因素利好，“五一”劳动节所在的 5 月、清明节所在的 4 月、端午节所在的 6 月、中秋节所在的 9 月、国庆节所在的 10 月，铁路客运量均超过千万人次。与 2019 年同期相比，5 月恢复比例最高，达 96.00%；受疫情反复影响，8 月恢复比例最低（见图 5）。2021 年 12 月 26 日，鲁南（日兰）高铁曲阜至菏泽至庄寨段正式开通运营，标志着鲁南（日兰）高铁山东段全线贯通。

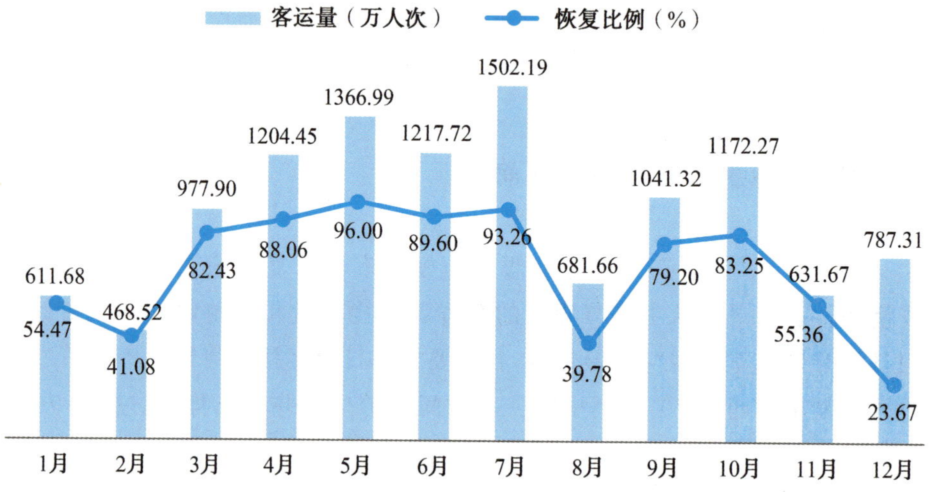

图 5　2021 年各月铁路客运量及较 2019 年同期恢复情况

2021 年，全省高速公路客车通行量为 43132.51 万辆，比 2019 年增长 15.53%。从月份上看，1—5 月，全省高速公路客车通行量呈平稳增长趋势，5 月达到上半年高峰；6—12 月，呈交替性波动上升趋势；10 月达到全年峰值，与 2019 年相比增长 18.04%。与 2019 年相比，1—2 月增势相对平缓，3—7 月增幅均保持在 20%左右的较高水平，5 月增速达到顶峰，受疫情反复影响，8 月显著下降，9 月回归稳定，12 月增速达到下半年高峰（见图 6）。

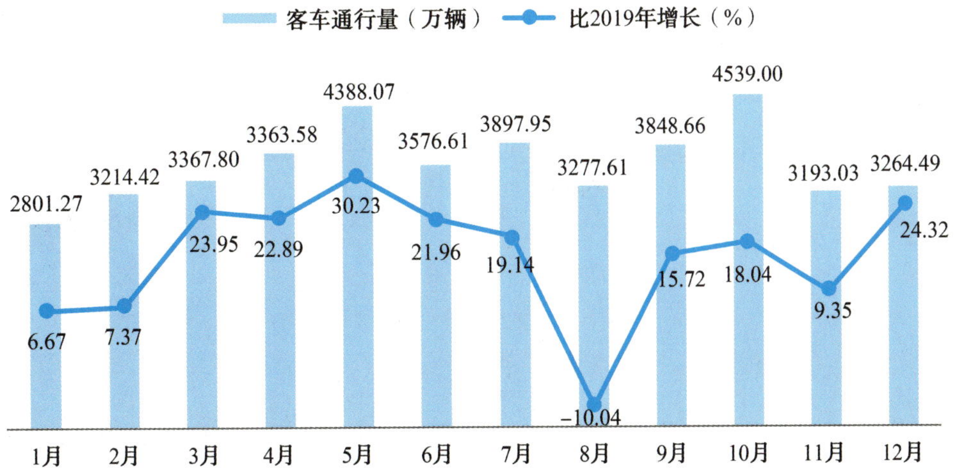

图 6　2021 年各月高速公路客车通行量及比 2019 年增长情况

全省各机场旅客吞吐量 4335 万人次，与 2020 年相比增长 12.8%；银联根据非现金消费大数据综合测算，全省旅游带动综合消费 9195.6 亿元，增长 70.9%；全省持证住宿 12826.9 万人次，增长 22.6%。

2.公路客流缓慢恢复

根据交通运输部数据，2021 年 1—12 月，全省公路营业性客运量累计完成 15139 万人次，同比下降 22.3%；公路旅客周转量 1778325 万人公里，同比增长 11.6%。水路营业性客运量累计完成 1047 万人次，同比增长 26.9%；水路旅客周转量 38521 万人公里，同比下降 2.6%。

2021 年，山东省加快旅游交通体系建设，与交通部门、公路部门和各地区政府统筹协调，着力新建了一批通景公路，并加强通景公路与省道、县（乡）道路的互联互通。2021 年全省共新建通景公路 1080.172 公里，提升了游客到达景区的通畅度和便利度。

（五）省内短途周边游仍为主流

2021 年旅游统计调查结果显示，全省国内旅游客源市场以省内游客、一日游游客为主，分别占 68.6%、61.4%（见图 7、图 8）。数据表明，受疫情防控等不确定因素影响，跨省出游有所减少，省内一日游、短途周边游仍为出游主流，“山东人游山东”“本地人游本地”成为山东省旅游业长期可持续发展的基础和关键。

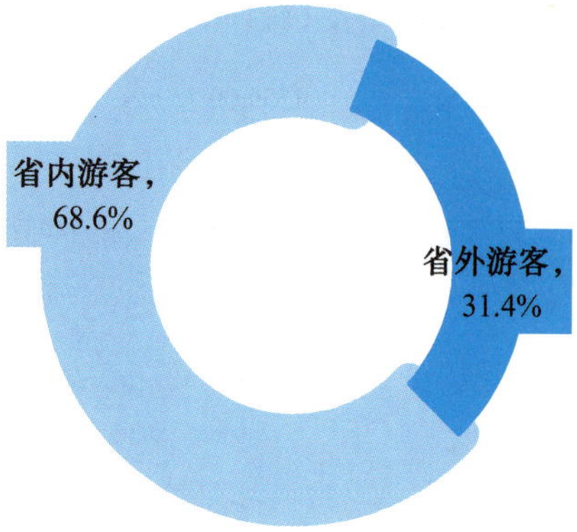

图 7　2021 年山东省省内外客源结构

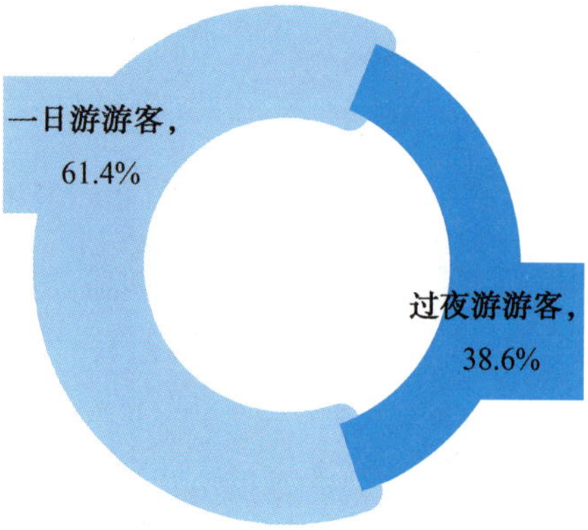

图 8　2021 年山东省一日游、过夜游游客结构

(六)超半数国内游客选择自驾出行

从山东省国内游客出行方式看，选择自驾出行的游客最多，占比 53.40%。其中，一日周边短途自驾出行比例高达 66.47%，过夜游游客自驾出行比例为 47.21%(见图 9)。数据表明，常态化疫情防控阶段，自由行渗透率大幅提升，自驾游凭借方便快捷、私密性强以及适合全家出行等优势，成为去公共交通不方便的自然景点、乡村民宿的最佳选择。

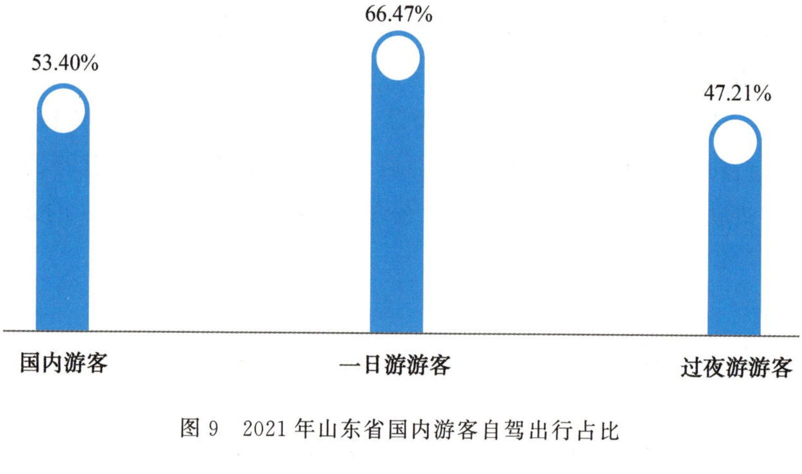

图 9　2021 年山东省国内游客自驾出行占比

(七)“2＋N”家庭游成出游主力军

在常态化疫情防控阶段，家庭游、亲子游需求迎来集中爆发，寒假、暑假及各个法定节假日为家庭出游创造了时间便利条件，上班族带孩子或与父母一同出游的意愿

强烈。2021 年省内居民出游调查结果显示，3 人“两大一小”亲子游稳居中心位，“2＋N”家庭亲子游合计近 60%（见图 10），与 2020 年相比差别不大。当前，全家同游已成为居民休闲旅游的主要方式。

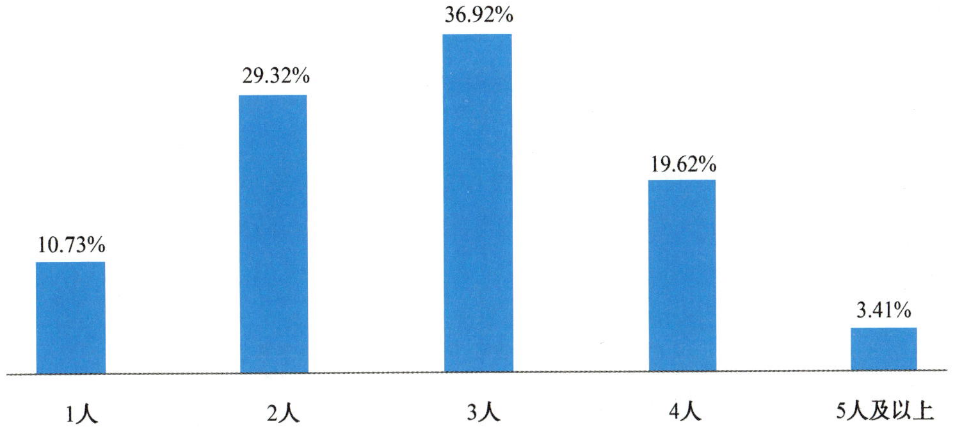

图 10　2021 年省内居民家庭出游人数分布

（八）旅游核心业态与乡村旅游蓬勃发展

1.景区提档升级步伐加快

（1）推进景区提质增效

2021 年，山东省文化和旅游厅立足本省山、海、湖旅游资源优势，进一步挖掘文化内涵，不断丰富旅游业态，推进精品景区建设和度假区规范化发展，制定并印发《山东省旅游景区质量等级管理办法》，修订《山东省省级旅游度假区管理办法》。微山湖旅游区、青岛奥帆中心 2 家景区通过 5A 级旅游景区景观质量评审，正在积极创建中；新增济南章丘百脉泉酒文化旅游区、青岛蓝树谷青少年世博园景区等 18 家 4A 级旅游景区；新增 25 家 3A 级旅游景区；“日照市山海天旅游度假区智慧共享优质发展”入围文化和旅游部 2021 年“智慧旅游景区、度假区、乡村建设运营典型案例”。截至 2022 年 2 月，全省共有 A 级景区 1193 家，其中 5A 级景区 13 家，4A 级景区 224 家，3A 级景区 696 家，2A 和 1A 级景区 260 家。从 5A 级景区总量看，山东省 5A 级景区数量居全国第 7 位（见图 11）。2021 年，全省 A 级景区共接待游客 4.6 亿人次，同比增长 39.9%；景区总收入 271.0 亿元，同比增长 24.0%，其中门票收入 49.8 亿元，同比增长 55.9%。

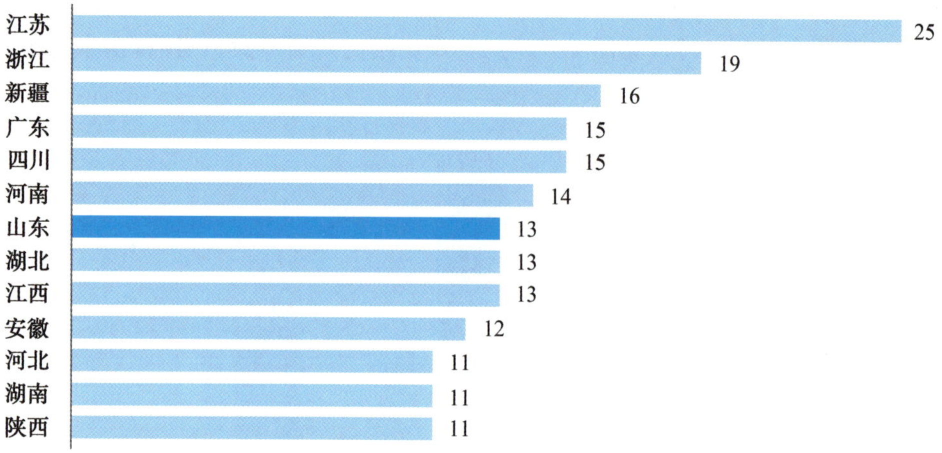

图 11　2021 年全国主要省份 5A 级景区数量（单位：家）

（2）文旅融合新业态得到进一步发展

一是打造文旅融合新产品。推出沂蒙红嫂家乡旅游区系列沉浸式演出、曹州牡丹园旅游演艺剧节目《牡丹传奇》和大型水上实景演出《曹州吟》等。二是打造文旅融合新项目。开发了“运河记忆”历史文化街区夜游项目和乐陵市千年枣林影视文旅小镇，打造集文化、旅游、休闲、观光于一体的特色精品旅游综合体。三是推进海洋旅游发展。印发实施《全省海洋旅游 2021 年工作要点》，在烟台高规格举办“海岸休闲高质量发展论坛”。建设海洋旅游示范区，全面升级滨海游、海上游、海岛游。2021 年，全省 315 个文化旅游重点项目完成投资 462.3 亿元。

2.住宿行业监管力度持续加强

2021 年，山东省进一步加强行业监管，强化星级标准，提升服务质量，推动全省旅游住宿业高质量发展。一是星级饭店居全国前位。截至 2021 年 12 月底，山东省共有星级饭店 492 家，其中，五星级 37 家，四星级 153 家，三星级 273 家，二星级 29 家。从五星级饭店数量看，山东省居全国第 7 位（见图 12）。二是旅游民宿集聚区发展成效初显。组织开展旅游民宿集聚区创建，2021 年 10 月 26 日，确定 34 个基础条件较好、具备一定的规模优势、经过创建培育可形成品牌规模优势的乡镇（街道）作为山东省旅游民宿集聚区创建单位（见表 1）。在济南九如山开展旅游民宿集聚区推进活动，举办专题招商推介和旅游民宿装备展，搭建旅游民宿供需对接平台。举办旅游民宿设计大赛和旅游民宿经营管理人才培训班。2021 年 11 月 23 日，山东省潍坊市青州市木青茗苑民宿、临沂市沂水县原舍·桃颂民宿获评全国首批乙级民宿。

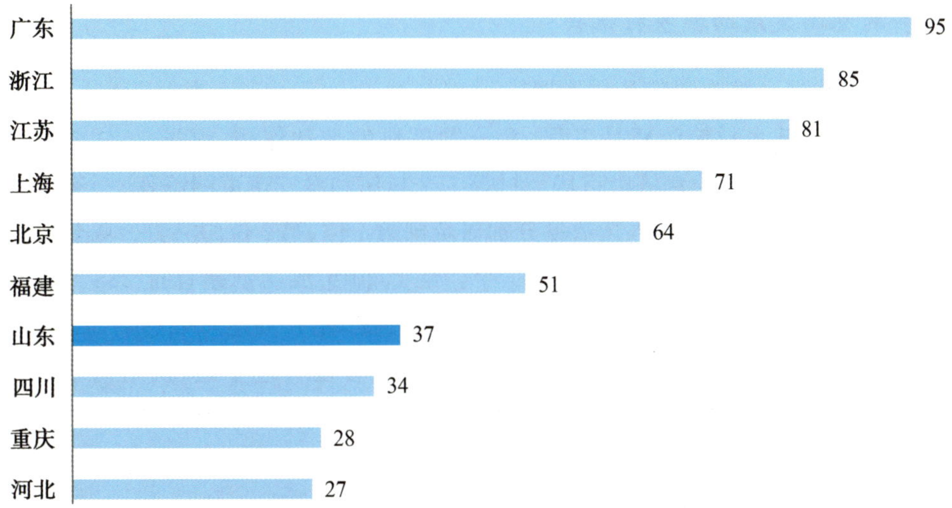

图12　2021年全国主要省份五星级饭店数量(单位:家)

表1　山东省旅游民宿集聚区创建单位名单

序号	城市	名称	序号	城市	名称
1	威海市	荣成市成山镇	18	日照市	山海天旅游度假区卧龙山街道
2	济南市	南部山区西营街道	19	临沂市	兰陵县苍山街道
3	泰安市	泰山区泰前街道	20	滨州市	惠民县魏集镇
4	济宁市	曲阜市尼山镇	21	济南市	莱芜区雪野街道
5	临沂市	沂南县铜井镇	22	枣庄市	峄城区榴园镇
6	淄博市	淄川区太河镇	23	泰安市	东平县旧县乡
7	临沂市	蒙阴县桃墟镇	24	济宁市	邹城市大束镇
8	淄博市	博山区池上镇	25	东营市	东营区龙居镇
9	日照市	东港区河山镇	26	枣庄市	山亭区冯卯镇
10	临沂市	沂水县院东头镇	27	青岛市	西海岸新区灵山岛省级自然保护区
11	济南市	长清区万德街道	28	烟台市	长岛海洋生态文明综合试验区南长山街道
12	泰安市	岱岳区道朗镇	29	威海市	文登区高村镇
13	济宁市	泗水县济河街道	30	潍坊市	青州市庙子镇
14	临沂市	平邑县柏林镇	31	日照市	五莲县松柏镇
15	烟台市	蓬莱区大辛店镇	32	济南市	章丘区文祖街道
16	烟台市	牟平区养马岛街道	33	临沂市	费县薛庄镇
17	威海市	环翠区张村镇	34	菏泽市	巨野县核桃园镇

3.乡村旅游发展助推乡村振兴

(1)全面推进乡村旅游精品化发展

一是深入实施乡村旅游精品工程，充分发挥典型带动作用，评选 2021 年度全省乡村旅游重点村 59 个，培育济南市房干村等 7 个村庄和泰安市道朗镇等 3 个镇街成功入选全国乡村旅游重点村镇，入选数量分别居全国第 1 位、第 2 位(并列)。截至 2021 年年底，山东省共有全国乡村旅游重点村 41 个。继 2020 年成功创建首批 283 个景区化村庄后，2021 年又创建、验收、命名 285 个景区化村庄，全省创建总数达到 568 个。商河县贾庄高端精纺小镇等 18 个小镇被评为第一批省级特色小镇，济南阅木山居等 17 家旅游民宿被评为首批山东省星级民宿，济南雪野养生休闲度假小镇等 35 个文旅小镇被评为首批山东省精品文旅小镇。临沂市兰陵县卞庄镇代村、济宁市泗水县龙湾湖乡村振兴示范区两地案例入选“2021 世界旅游联盟——旅游助力乡村振兴案例”。2018—2021 年，全省共有 7 个案例入选世界旅游联盟减贫案例(见表 2)。创建工作取得阶段性成果，为乡村旅游发展注入新的活力。

表 2　山东省 2018—2021 年入选世界旅游联盟减贫案例

年份	减贫案例
2018	淄博市博山区中郝峪村
2019	临沂市沂南县、枣庄市山亭区兴隆庄村
2020	威海市文登区西山后村、临沂市兰陵县压油沟村
2021	临沂市兰陵县代村、济宁市泗水县龙湾湖乡村振兴示范区

(2)打造乡村旅游特色品牌

开展“好客山东・乡村好时节”主题年活动，相继举办槐荫立春迎春活动、泗水清明赏花季、荣成谷雨渔民节、台儿庄立夏游园会、山东夏至面、伏文化体验活动、冬至饺子宴等节会，分会场新泰掌平洼村杏梅花节、阳信梨花会和东港茶文化节等同步举办，有效地挖掘各地节气文化、渔民文化、茶文化等优秀传统文化，全面拉动乡村旅游消费热潮。截至 2021 年 12 月 12 日，各地市共开展乡村旅游主题活动 16 场，设立“乡村好时节”体验中心 3 处，打造出渔民节、夏至面、伏羊节等多个年度热点活动。“好客山东・乡村好时节”被评为全国 2021“文旅好品牌”优质案例 30 强。“乡村好时节”活动得到《光明日报》、人民网、新华网等媒体报道和社会各界广泛关注，网络报道点击量突破 1000 万，抖音、微博等自媒体相关话题点击量达 1.5 亿。

4.红色旅游系列活动广泛开展

2021 年是中国共产党成立 100 周年，红色旅游关注度持续上升。山东省文化和旅游厅以庆祝中国共产党成立100周年为主线，策划推出“8个100庆祝建党100周年”系列活动，开展“红色文化主题月”活动。围绕“庆祝建党100周年”主题举办各类群众文化活动2.8万余场次，参与群众3101万人次。与中共山东省委宣传部等共同主办“红动齐鲁·我心向党”山东省第三届红色故事讲解大赛。省、市、县、乡(镇)四级联动，共同推出百名优秀红色讲解员、百个精品红色故事，举办百场红色宣讲。开展“百名红色讲解员讲百年党史”宣讲活动，6月和8月进行了两场省级宣讲，宣讲场次达19场，现场及视频会议观看者超过4000人次，通过“好客山东”新媒体直播矩阵，首场宣讲总观看量超500万人次。充分发挥联盟轮值主席作用，成功举办2021中国红色旅游推广联盟年会系列活动，联合中国红色旅游推广联盟秘书处在济南长清大峰山举办“奋斗百年路·启航新征程”全国红色主题自驾游活动。推出清明踏青 寻梦初心之旅——“致敬百年”山东经典红色旅游景区推荐活动，精心推选了32个红色旅游景区，引导游客游览红色旅游景区，缅怀革命先烈。组织“致敬100·向远方”红色旅游打卡活动，精选32个红色景区参与打卡集章，打卡册在泰安市举办的“红色文化主题月”活动启动仪式上进行了首发。新增渤海垦区革命纪念馆、大青山胜利突围纪念馆、山东港口青岛港自动化码头科技创新教育基地3处全国爱国主义教育示范基地，截至2021年年底，全省共有21处全国爱国主义教育示范基地(见表3)。评选济南战役纪念馆等100家单位为山东省红色研学基地、济南市石湾子村等50个村为第一批山东省红色文化特色村。“弘扬沂蒙精神”“工业旅游·扬帆起航”“齐风鲁韵·魅力田园”3条线路入选全国“建党百年红色旅游百条精品线路”。

表3　山东省全国爱国主义教育示范基地名录

序号	名称	批次
1	孔繁森同志纪念馆	第一批
2	台儿庄大战纪念馆	第一批
3	中国甲午战争博物馆	第一批
4	孔子故居	第一批
5	华东革命烈士陵园	第二批
6	中国人民解放军海军博物馆	第二批
7	济南革命烈士陵园	第二批
8	莱芜战役纪念馆	第二批
9	山东博物馆	第二批
10	铁道游击队纪念园	第三批
11	地雷战役纪念馆	第三批
12	冀鲁豫边区革命纪念馆	第三批

续表

序号	名称	批次
13	山东省政府和八路军115师司令部旧址暨山东省政府成立纪念地	第三批
14	天福山革命遗址	第四批
15	孟良崮战役烈士陵园	第四批
16	鲁西南战役革命纪念地（郓城鲁西南战役指挥部旧址、金乡鲁西南战役纪念馆）	第四批
17	新四军军部旧址暨华东军区、华东野战军诞生地纪念馆	第四批
18	山东潍县乐道院暨西方侨民集中营旧址	第六批
19	渤海垦区革命纪念馆	第七批
20	大青山胜利突围纪念馆	第七批
21	山东港口青岛港自动化码头科技创新教育基地	第七批

5.旅游文创工作实现新突破

2021年，山东省全面提升文创工作水平，举办山东文创年度精品线上展销活动，在“好客山东”天猫、京东旗舰店设立以“牛年荐礼”为主题的山东文创年度精品推荐专区，文化创意添彩“就地过年”。联合泰安市人民政府共同主办山东省文创产品开发成果转化对接暨泰安十大伴手礼推介活动，现场签约14个获奖文创产品成果转化项目，启动“文创产品进景区”展销活动，8家5A级旅游景区入选第一批“文创产品进景区”单位，发布“齐鲁文创＋”平台并开展文创产品供需对接活动。山东省16件作品入选全国红色旅游创意产品和红色旅游演艺创新成果展示活动。在中国特色旅游商品大赛中，山东省获得7个金奖、4个银奖、7个铜奖，省文旅厅两次被评为大赛最佳贡献单位。截至2021年年底，全省共有购物旅游示范城市11个，购物旅游示范镇11个，购物旅游示范村12个，旅游休闲购物街区49条，旅游商品研发基地201家。

6.非遗与旅游融合发展成绩斐然

山东省非物质文化遗产资源丰富，在国务院公布的第五批国家级非物质文化遗产代表性项目名录中，山东省有阴阳板、鲁绣、丝绸染织技艺（周村丝绸染织技艺）、锣鼓艺术（临清驾鼓）、茂腔、梅花拳（梁山梅花拳）等13个项目入选。截至2021年年底，山东省共有国家级非遗项目186项，其中，民间文学28项、传统音乐18项、传统舞蹈16项、传统戏剧33项、曲艺13项、传统体育游艺与杂技15项、传统美术25项、传统技艺22项、传统医药6项、民俗10项，总数继续居全国第2位。2021年11月21日，山东省人民政府公布第五批省级非物质文化遗产代表性项目名录（共计95项）和省级非物质文化遗产代表性项目名录扩展项目名录（共计74项）。山东省8地被评为

2021—2023 年度“中国民间文化艺术之乡”，居全国第 6 位。潍坊市成功入选联合国教科文组织创意城市网络世界手工艺与民间艺术之都，这也是我国第四个、山东省第一个世界手工艺与民间艺术之都。省文旅厅推出黄河入海非遗之旅等 10 条山东省非遗主题旅游线路（见表 4），认定济南百花洲历史文化街区等 15 个基地为山东省非遗旅游体验基地（见表 5）。

表 4　山东省非遗主题旅游线路

序号	名称
1	黄河入海非遗之旅
2	鲁风运河非遗之旅
3	齐长城非遗之旅
4	胶东海洋非遗之旅
5	齐鲁康养非遗之旅
6	齐鲁手艺非遗之旅
7	水浒故里非遗之旅
8	齐鲁非遗美食之旅
9	齐鲁非遗研学之旅
10	齐鲁非遗演艺之旅

表 5　山东省非遗旅游体验基地

序号	城市	名称
1	济南市	济南百花洲历史文化街区
2	济南市	山东宏济堂中医药文化产业园
3	青岛市	青岛胶东非物质文化遗产博物馆
4	青岛市	即墨老酒博物馆
5	淄博市	山东领尚琉璃文化创意园
6	淄博市	周村烧饼博物馆
7	潍坊市	杨家埠民间艺术大观园
8	潍坊市	十笏园文化街区
9	济宁市	广育堂中医药博物馆
10	泰安市	泰山皮影艺术研究院
11	威海市	吉呈轩公益文化空间
12	威海市	赤山非遗创客中心

续表

序号	城市	名称
13	威海市	威高民俗文化郚
14	临沂市	费县手绣传承实训基地
15	菏泽市	水浒好汉城

(九)文化旅游融合助推产业高质量发展

1.文旅惠民福利拉动消费复苏

(1)文旅惠民消费券拉动作用明显

创新举办第五届山东文化和旅游惠民消费季，推动开展“惠游齐鲁·健康生活”“智游齐鲁·云享未来”等八大系列3366项主题活动共计1万余场次，省、市、县三级联动，发放惠民消费券1.52亿元，直接带动消费6.02亿元，间接带动消费119.13亿元，实现了社会效益和经济效益“双赢”。开启2021“好客山东游品荟”系列主题活动，推出山东权益卡、心愿盲盒，定制创新线路400余条，泰安、淄博、烟台、枣庄、威海、日照、东营、临沂等市陆续开展了定向券发放活动。累计举办“2020—2021冬春文化惠民季”活动2万余场次，完成送戏下乡演出11万余场，开展戏曲进校园活动6000余场。

(2)文化和旅游消费建设进一步加强

2020年，济南市、青岛市入选第一批国家文化和旅游消费示范城市，烟台市、淄博市入选第一批国家文化和旅游消费试点城市。2021年10月，潍坊市、济宁市、日照市上榜第二批国家文化和旅游消费试点城市名单，总数居全国首位。截至2021年年底，山东省共7个地市入选国家文化和旅游消费示范、试点城市，数量位居全国第一，走在了全国文化和旅游消费试点示范工作前列。共评选济南市历下区等8个县(市、区)为第一批省级文化和旅游消费示范县(市、区)，济南市章丘区等12个县(市、区)为第一批省级文化和旅游消费试点县(市、区)。

2.文旅融合新业态迎来新发展

(1)“夜经济”点亮文旅新“夜”态

山东省深入挖掘文旅夜经济潜能，开发独具特色的夜间旅游产品，社区集市、夜市等“网红”打卡地逐渐诞生，为城市注入了更多新“夜”态，进一步激发旅游新活力。青岛市城阳区、崂山区、胶州市以及济南市章丘区、历城区入围“2021中国夜经济繁荣百佳县市”榜单。淄博市开启“齐彩夜生活·淄博八点半”。台儿庄古城将运河文化融入夜游经济，打造夜间文化和旅游消费集聚区。在泰安市启动第五届山东文化和旅游惠民消费季“惠游云集·吃喝玩乐 go”云集之夜活动，现场发放 20 万元省级定向消费券和 25 万元泰山云集市级定向券。2021 年 11 月 5 日，山东省 6 个项目入选第一批国家级夜间文化和旅游消费集聚区，并列全国第一（见表 6）。2021 年 11 月 22 日，山东省文化和旅游厅确定 29 个项目为第一批省级夜间文化和旅游消费集聚区（见表 7）。

表 6　第一批国家级夜间文化和旅游消费集聚区（山东部分）

序号	名称
1	济南市济南古城特色文化街区
2	济南市印象济南·泉世界
3	青岛市即墨古城
4	枣庄市台儿庄古城
5	济宁市曲阜尼山圣境
6	泰安市泰山秀城·老街

表 7　第一批省级夜间文化和旅游消费集聚区

序号	所属地市	名称
1	济南市	济南融创文旅城
2	济南市	济南方特东方神画
3	青岛市	青岛极地海洋奇妙夜世界
4	青岛市	青岛奥林匹克帆船中心
5	青岛市	青岛红树林度假世界
6	淄博市	周村古商城
7	淄博市	唐库文化创意产业园
8	东营市	文汇·慢生活小镇
9	烟台市	之罘仙境历史文化街区
10	烟台市	烟台海昌渔人码头
11	烟台市	蓬莱宝龙海上仙街
12	潍坊市	潍坊十笏园文化街区
13	潍坊市	青州古城
14	潍坊市	潍坊泰华城

续表

序号	所属地市	名称
15	济宁市	兖州牛楼小镇
16	泰安市	梦泰山夜肆文旅街
17	泰安市	泰山云集文化商业街
18	威海市	韩乐坊韩文化主题街区
19	威海市	属相街
20	威海市	荣成樱花湖时尚休闲街区
21	日照市	日照东夷小镇
22	日照市	山海天阳光海岸景区云上花街
23	临沂市	郯国文化旅游特色小镇
24	临沂市	彩虹文化运动休闲特色小镇
25	临沂市	竹泉村景区
26	德州市	德百温泉旅游小镇
27	聊城市	中华水上古城景区
28	滨州市	魏集古镇旅游区
29	菏泽市	水浒好汉城文化产业示范园

(2)体育旅游蓬勃发展

常态化疫情防控形势下，自驾游游客已经成为最大的出游群体之一，自驾旅游市场热度与关注度不断攀升。2021 年，山东省启动了一系列红色主题自驾游活动。济南市启动“奋斗百年路·启航新征程——全国红色主题自驾游”活动。2021 年山东省自驾游精品线路发布暨“驾游好客山东”体验团首发仪式在潍坊举行，发布了省内 30 条特色鲜明、针对性强的自驾游精品线路。“好客山东游品荟”威海分会场启动仪式发布了 20 余条私人定制型自驾游产品线路。威海于 5 月启用了千里山海自驾旅游公路，串联全市 90%的文旅资源；“千里山海·自在威海”客运专线于 8 月 26 日开通试运行，解决景区到车站的“最后一公里”问题，解锁千里山海自驾旅游公路“新玩法”；10 月 25 日威海举行“最美风景在路上·畅游美丽中国(威海)自驾行”活动。聊城市相继启动“初心永铸·百年芳华”聊城红色足迹自驾游活动和 2021 山东省第三届乡村自驾暨“发现新聊城”自驾游活动。根据调查数据综合测算，2021 年全省自驾游游客达 4.7 亿人次，占比为 64.4%。

2021 年，青岛奥林匹克帆船中心、临沂市雪山彩虹谷景区入选 2021 年国家体育旅游示范基地。济南雪野航空科技体育公园等 13 家单位获评首批省级体育旅游示范基地(见表 8)。

表 8　首批山东省体育旅游示范基地

序号	所属地市	名称
1	济南市	雪野航空科技体育公园
2	济南市	济南卧虎山滑雪运动基地
3	青岛市	青岛宝湖马术小镇
4	青岛市	青岛上合·国际马文化产业园
5	淄博市	齐文化传承创新示范区·足球小镇
6	东营市	黄河口体育旅游基地
7	烟台市	烟台招远黄金海自驾车运动营地
8	烟台市	海阳国家沙滩体育健身基地
9	潍坊市	潍坊国际运动休闲小镇
10	济宁市	山东峄山风景区体育旅游基地
11	日照市	日照奥林匹克水上运动小镇
12	临沂市	临沂雪山彩虹谷体育旅游基地
13	菏泽市	郓城水浒好汉城武术基地

(3)研学旅行供给持续增加

济南市组织开展“济南商埠老建筑红色＋文博”研学游。淄博市举行“万名小记者探寻淄博红色记忆研学活动”暨“齐游淄博游品荟”启动仪式，发布了“齐游淄博游品荟”文旅惠民政策及红色研学线路。2021 中国曲阜孔子研学旅游节启动，进一步塑造曲阜孔子研学旅游品牌，发展壮大孔子研学旅游市场。济南(大峰山)党性教育基地服务中心等 77 家申报单位被评为第三批省级中小学生研学基地，莱芜战役纪念馆等 57 家首批省级中小学生研学基地通过复评。

二、国内旅游发展情况

(一)国内旅游客源市场分析

1.整体客源市场分析

整体来看，省内游客为主体，华东地区游客在数量上遥遥领先。2021 年国内旅游抽样调查数据显示，山东省国内旅游客源市场以省内游客为主，占 68.62%，“山东人游山东”成为山东省旅游业长期可持续发展的基础和关键。省外客源市场以临近省份为主，其中，江苏是山东省国内旅游市场省外客源地大省，游客人数占总量的3.93％；然后是河南省游客，占比3.42％（见图13）。从区域[①]来看，华东地区占绝对优势，占比78.28％，遥遥领先于其他区域；华北地区、华中地区分别列第二、第三名，占比分别为7.06％、5.36％；东北地区占比4.81％；西南地区、西北地区和华南地区所占比重均较低（见图14）。

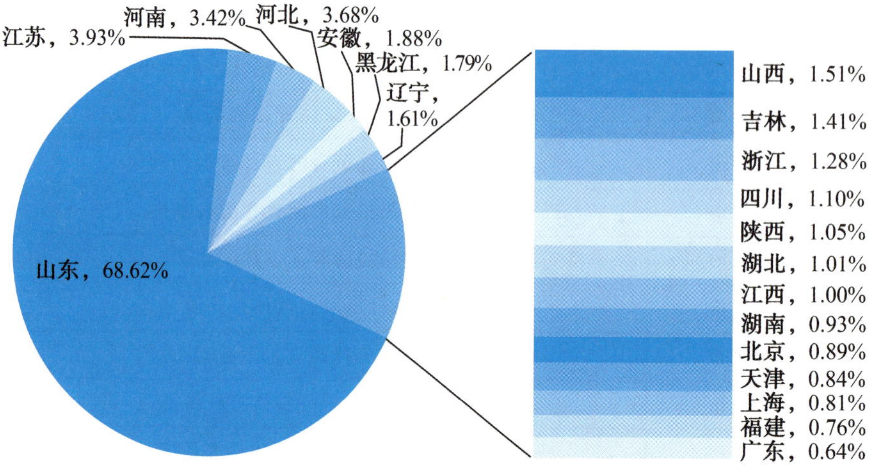

图13　2021年山东省国内游客省内外主要客源分布

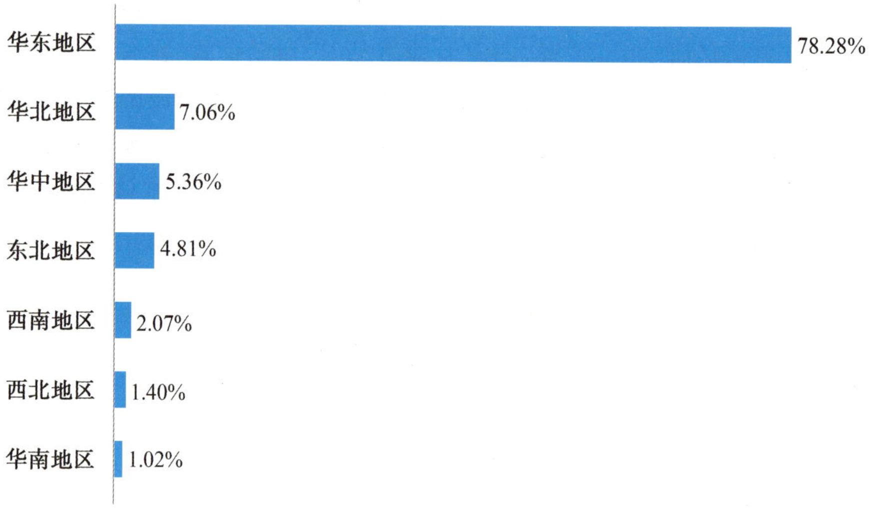

图14　2021年山东省国内游客分地区客源分布

① 说明："华东地区"包含上海、江苏、浙江、山东、安徽、福建、江西；"华北地区"包含北京、天津、河北、山西、内蒙古；"华中地区"包含湖北、湖南、河南；"东北地区"包含辽宁、吉林、黑龙江；"西南地区"包含四川、重庆、贵州、云南、西藏；"西北地区"包含陕西、甘肃、新疆、青海、宁夏；"华南地区"包含广东、广西、海南。

2.省外地级市客源分析

调查数据显示，山东省省外地级市客源市场以南京市、郑州市、合肥市、石家庄市等相邻省会城市为主。其中，江苏省南京市为省外第一大客源城市，占省外游客总量的 3.84%；河南省郑州市居第二位，占 3.14%；安徽省合肥市、河北省石家庄市和浙江省杭州市分别居第三位、第四位、第五位，比重均超过 2%。居省外地级市客源地前 10 位的城市还有山西省太原市、江苏省苏州市、四川省成都市、江西省南昌市、湖北省武汉市（见图 15）。

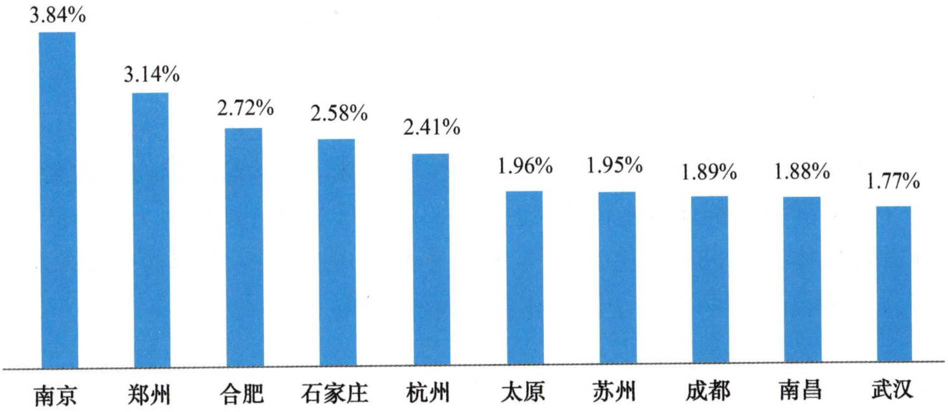

图 15　2021 年山东省省外地级市客源地分布（前 10 位）

（二）国内游客画像分析

1.性别分布

2021 年，来山东省旅游的国内游客中，男性游客居多，占游客总量的 54.98%，女性游客占 45.02%，男性游客比女性游客高出 9.96 个百分点，男女出游比率为 1.22∶1（见图 16）。性别分布整体与 2020 年相比差别不大。

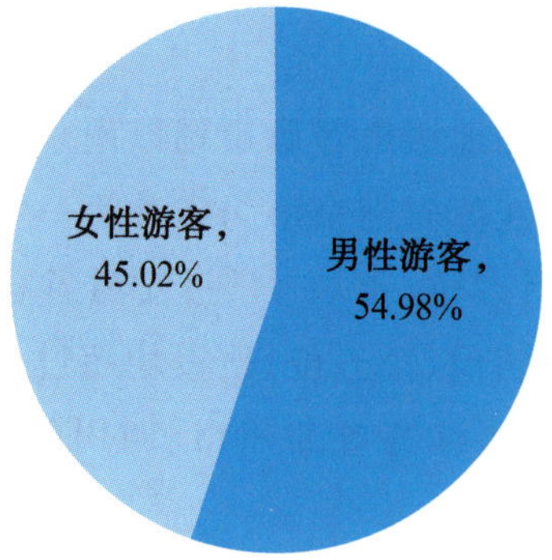

图 16　2021 年山东省国内游客性别分布

2.年龄构成

年龄构成呈现“中间多两头少”趋势。2021 年来，山东省旅游的国内游客中，23—45 岁中青年游客群体占主体，占比达到 54.81%，为出行绝对主力军；46—60 岁中老年游客群体占 23.34%，比 2020 年增加 2 个百分点；16—22 岁的青少年游客占 19.03%；16 岁以下和 60 岁以上游客比重均较低（见图 17）。

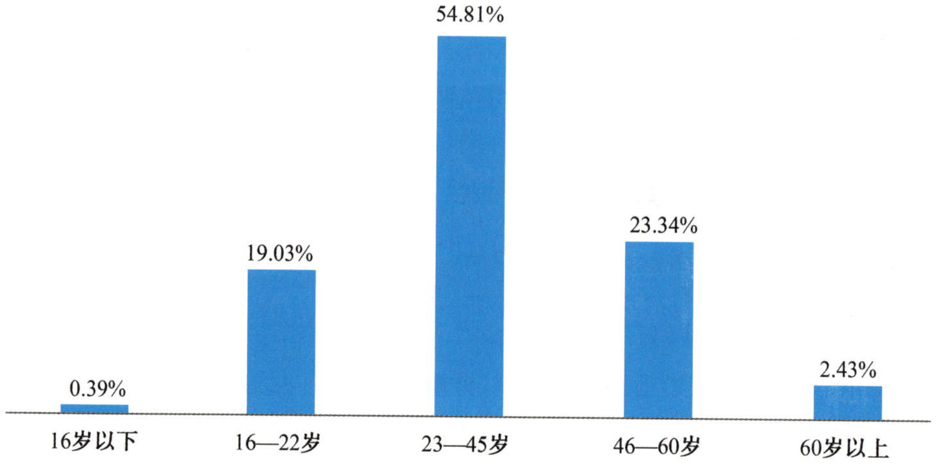

图 17　2021 年山东省国内游客年龄构成

3.城乡分布

城镇游客超 80%，农村游客比重与 2020 年相比明显上升。来山东省旅游的国内游客中，城镇游客大幅度领先于农村游客，呈现出较大优势。调查数据显示，城镇游客占 82.39%，农村游客占 17.61%，城镇游客比农村游客高出 64.78 个百分点，城乡出游比率为 4.68∶1（见图 18）。与 2020 年相比，农村游客增加 7.5 个百分点，表明随着疫情趋于稳定，农村游客的出游需求正加速释放。

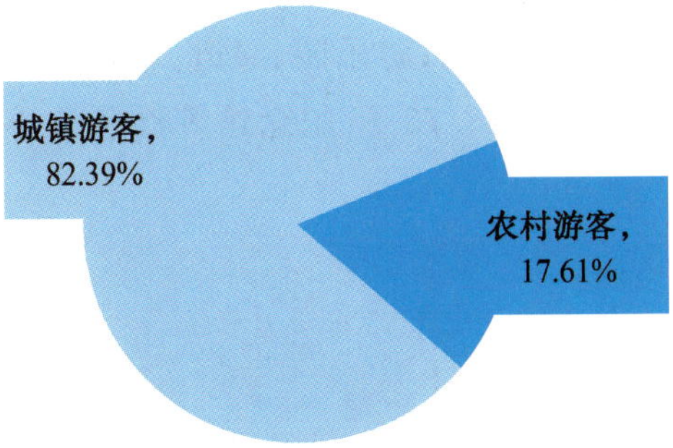

图 18　2021 年山东省国内游客城乡分布

(三)国内游客行为偏好分析

1.游客过夜情况

2021 年山东省国内游客以一日游游客为主，抽样调查数据显示，过夜游游客占 38.6%，一日游游客占 61.4%。国内过夜游游客平均停留 2.44 天。整体上，过夜游游客以度过 1—3 夜为主。过夜游游客中，驻留 2 夜的游客比重最高，为 37.26%；驻留1 夜和驻留 3 夜的游客分别占 29.05%和 17.47%；游客数量随驻留天数的增加而减少，驻留 6 夜及以上的游客仅占 2.96%(见图 19)。

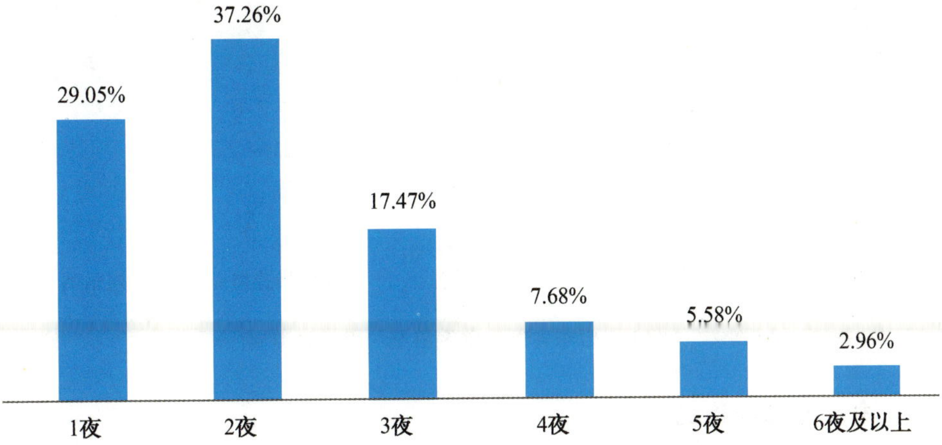

图 19　2021 年山东省国内过夜游游客分析

2.吸引物游览情况

传统观光休闲等度假类吸引物居首位。2021 年，国内游客在山东省平均游览

2.72 个吸引物，其中城镇游客平均游览 2.88 个吸引物，农村游客平均游览 2.42 个吸引物（见图 20）。游览的吸引物类型上，比重最高的是传统观光休闲等度假类，占 35.51%；乡村旅游生态类占 23.99%；游乐园、绿道、城市综合体等娱乐类和文博历史科教类吸引物分别占 19.53% 和 13.75%；纪念馆等红色旅游类占比最低，为 7.22%（见图 21）。

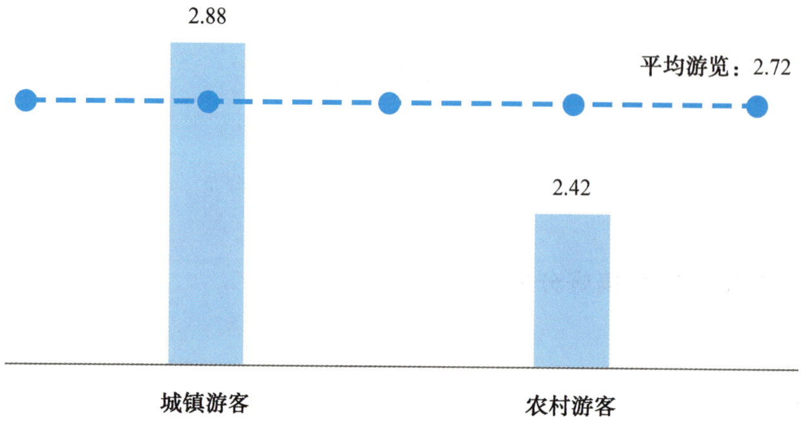

图 20　2021 年山东省国内游客游览吸引物数量分析（单位：个）

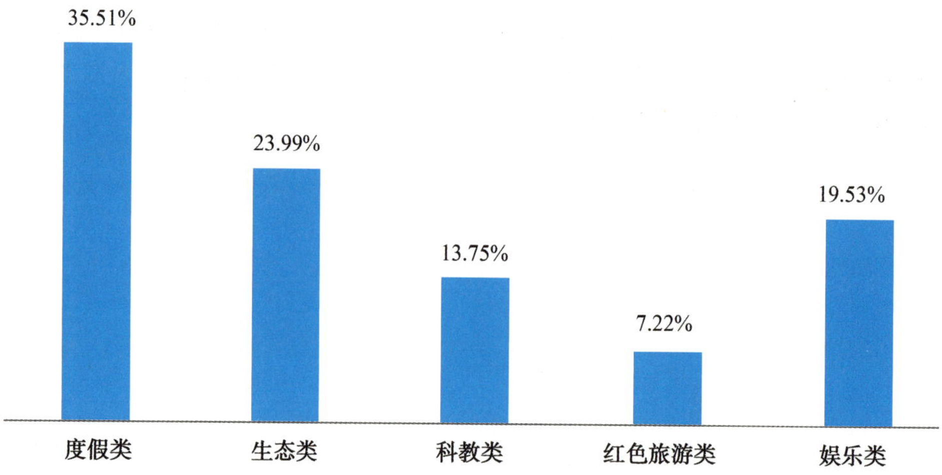

图 21　2021 年山东省国内游客游览的吸引物类型分析

3.住宿设施选择情况

2021 年来山东省旅游的国内过夜游客中，选择星级饭店的占 4.45%，选择非星级旅游住宿单位的占 56.65%，选择星级和非星级住宿设施的占比总体超 60%，选择住亲友家的游客占 28.65%，选择住在乡村旅游住宿单位、自驾房车、露营地等其他住宿单位的游客占 10.24%（见图 22）。

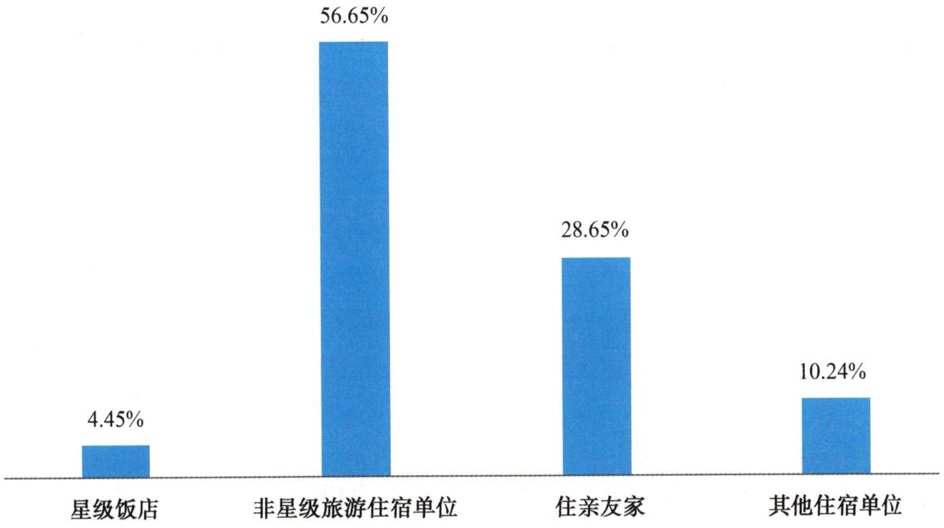

图 22　2021 年山东省国内游客住宿设施选择情况分析

4.旅游组织方式

常态化疫情防控阶段，自由行所占比重大幅提升。调查数据显示，个人、家庭或亲朋结伴自由行游客比重高达 84.56%，比 2020 年增加 4 个百分点；单位组织团建游占比超 10%；旅行社组团出行依旧深居“冷宫”，仅占 4.52%（见图 23）。

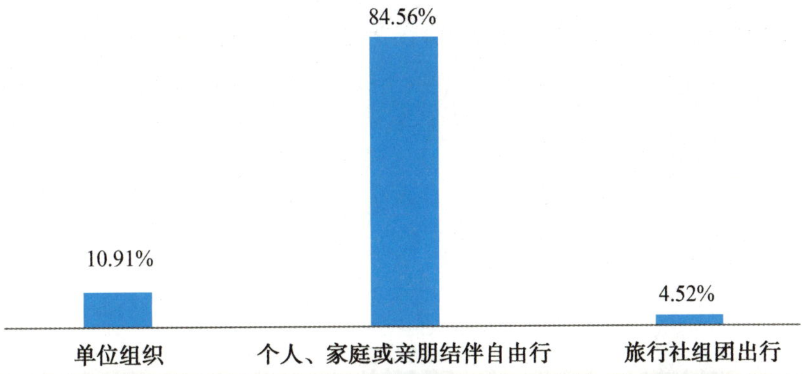

图 23　2021 年山东省国内游客旅游组织方式分析

5.出行方式

受疫情防控等不确定因素影响，跨省出游减少，省内短途游、周边游成为热门。从国内游客出行方式看，选择自驾（自驾车、租车自驾）出行的游客最多，占比 53.39%；然后是选择乘坐公共交通工具（飞机、火车、轮船、汽车等）出行的游客，占比

44.45%。从一日游游客出行方式看，自驾是绝对首选出行方式，占比高达66.47%。从过夜游游客出行方式看，选择公共交通工具出行的游客占比较高，选择其他出行方式的游客占比较低（见图24）。

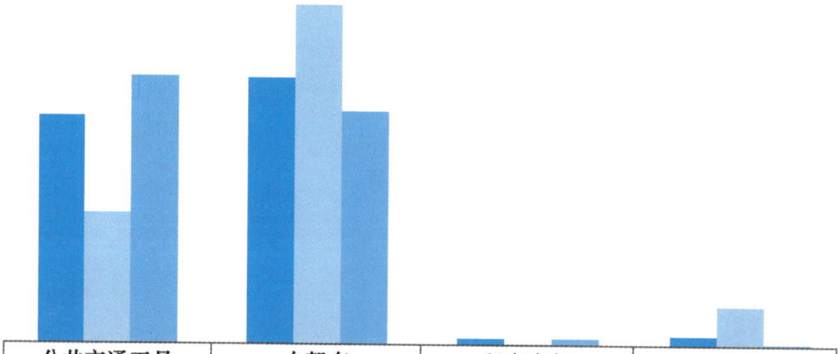

	公共交通工具	自驾车	租车自驾	其他
国内	44.45%	51.85%	1.54%	2.15%
一日游	25.64%	65.89%	0.58%	7.89%
过夜游	52.18%	45.41%	1.80%	0.61%

图24　2021年山东省国内游客出行方式选择情况分析

6.旅游目的

来山东省旅游的国内游客中，旅游度假目的（包含观光游览、休闲度假、探亲访友、宗教朝拜、文化艺术欣赏、购物、娱乐等）比重最高，为76.35%；工作学习目的占21.18%；医疗保健及其他目的比重最低，仅为2.47%（见图25）。

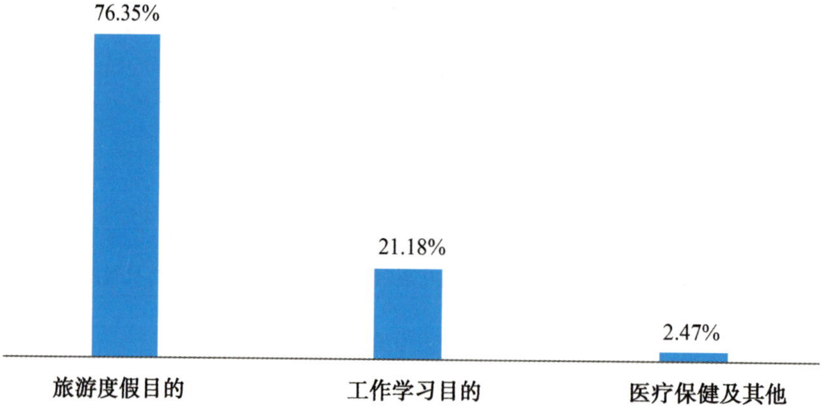

图25　2021年山东省国内游客旅游目的分析

7.游览城市数

调查数据显示，2021年来山东省旅游的国内游客平均游览城市数为1.28个，其中，城镇游客平均游览 1.35 个城市，农村游客平均游览 1.26 个城市(见图 26)。

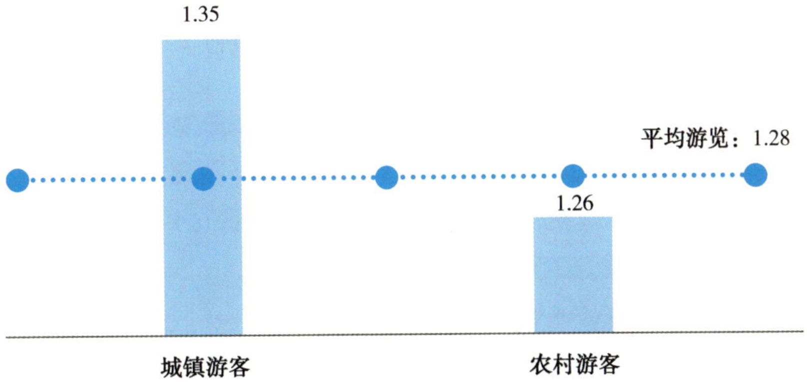

图 26　2021 年山东省国内游客平均游览城市数(单位：个)

8.最信赖的宣传方式

从游客最信赖的宣传方式看，国内游客最信赖的是以朋友或家人为代表的口碑宣传、网络站点宣传，总比重超 50%，其中口碑宣传方式比 2020 年增加 3 个百分点；广播和电视合计比重超 25%；其他传统宣传方式占比均不足 10%(见图 27)。

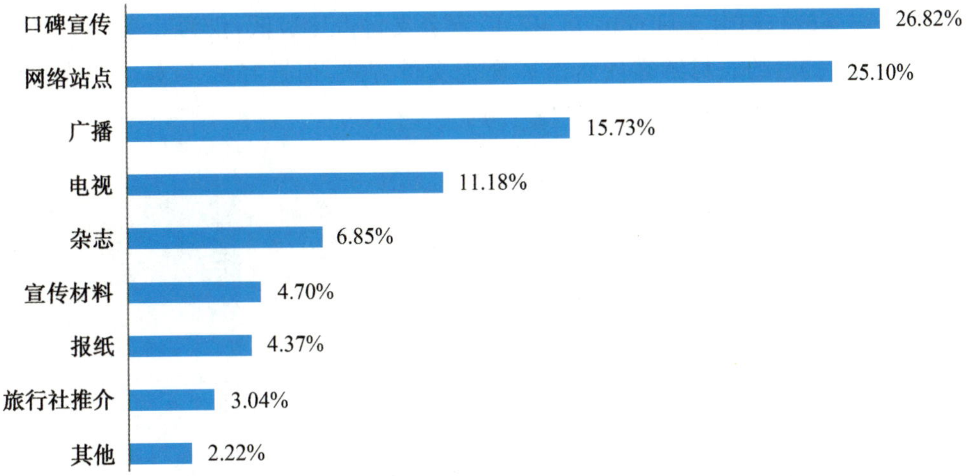

图 27　2021 年山东省国内游客最信赖的宣传方式分析

(四)国内游客消费分析

1.消费结构

从消费结构来看，2021 年来山东省旅游的国内游客以购物、餐饮、住宿消费为主，分别占 24.70%、19.64%、18.03%，“购、食、住”合计比重超 60%，与 2020 年相比较为稳定。用于景区游览的精神文化消费仅占 10.13%。交通方面，以长途交通花费为主，占比 11.92%；安全系数较大、私密性较高的自驾花费占 8.50%（见图 28）。

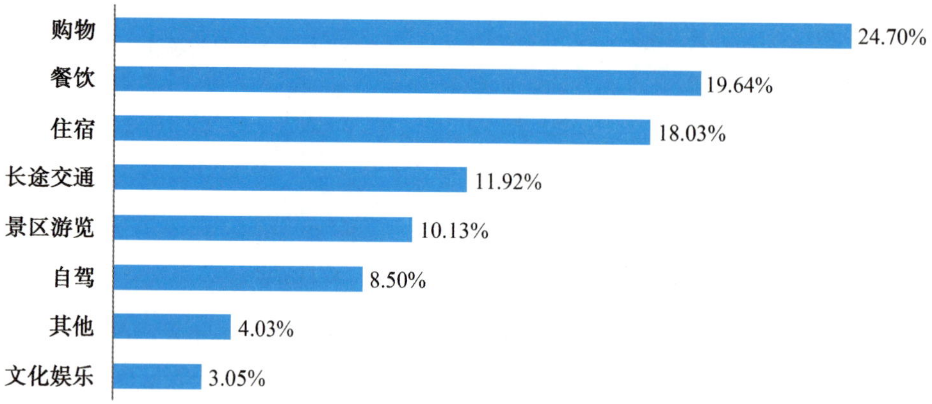

图 28　2021 年山东省国内游客消费结构

2. 支付方式

信息化时代，线上支付凭借无须找零、方便快捷等优势，已成为大众化支付方式，占比高达 76.59%；刷卡支付占比 14.47%；现金支付占比最低，仅为 8.94%。从城乡对比来看，12.39%的农村游客依然选择现金支付方式，而选择线上支付方式的城镇游客比农村游客高 5.3 个百分点（见图 29）。

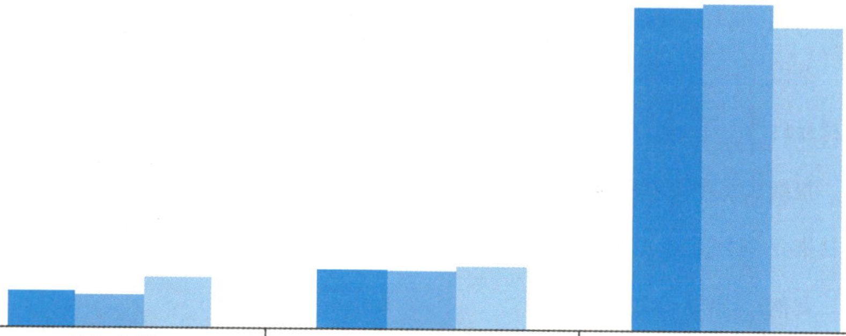

	现金支付	刷卡支付	线上支付
全省	8.94%	14.47%	76.59%
城镇	8.21%	14.27%	77.52%
农村	12.39%	15.39%	72.22%

图 29　2021 年山东省国内游客支付方式

3.人均花费

调查数据显示，国内游客人均花费1133.24元，同比增长8.9%。其中，省内游客人均花费734.01元，省外游客人均花费1723.72元；一日游游客人均花费746.40元，过夜游游客人均花费1748.90元（见图30）。省外游客、过夜游游客消费依旧是主力。

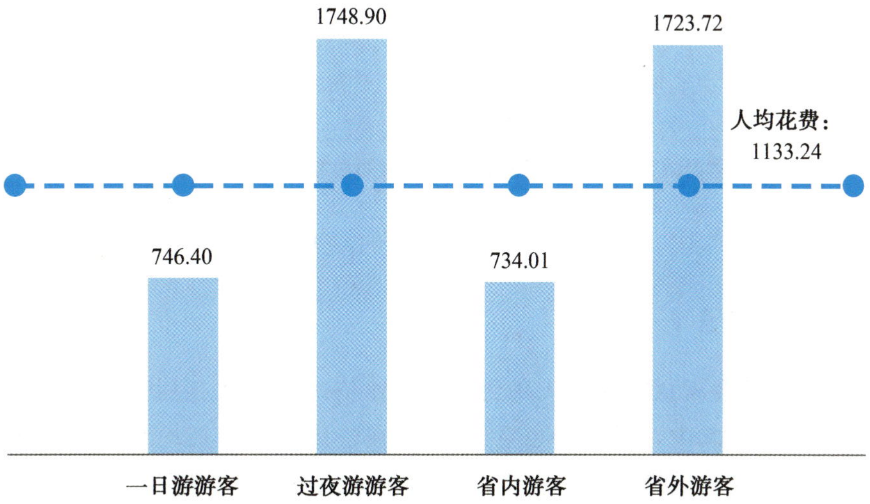

图30　2021年山东省国内游客人均花费（单位：元）

（五）国内游客满意度分析

1.整体满意度

2021年，山东省文旅系统坚持把游客旅游体验的舒适度和满意度作为首要标准，国内游客对山东省旅游满意度继续保持高位。调查数据显示，游客整体满意度为86.68分。分省内外看，省内游客整体满意度为86.88分，位居平均水平之上；省外游客整体满意度为86.12分。分城乡看，城镇游客整体满意度为86.75分，位居平均水平之上；乡村游客整体满意度为86.40分（见图31）。常态化疫情防控下，安全、品质成为游客消费的关键词，也逐渐成为提升游客满意度的重要支撑，因此，面对游客日益高涨的消费热情，我们要努力提升自身品质，提升整体服务水平，满足游客多元化的需求，提升游客的满意度。

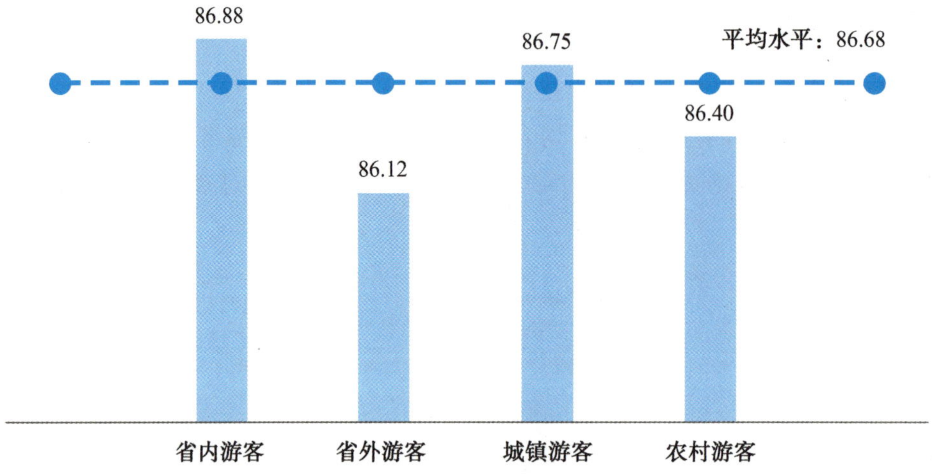

图 31　2021 年山东省国内游客整体满意度对比（单位：分）

2.行业服务满意度

按行业分，游客满意度排名从高到低的行业依次是餐饮、公共服务、游览、交通、购物、娱乐、住宿。其中，餐饮、公共服务、游览在整体满意度平均水平之上，交通、购物、娱乐、住宿在整体满意度平均水平之下，住宿满意度最低（见图 32）。

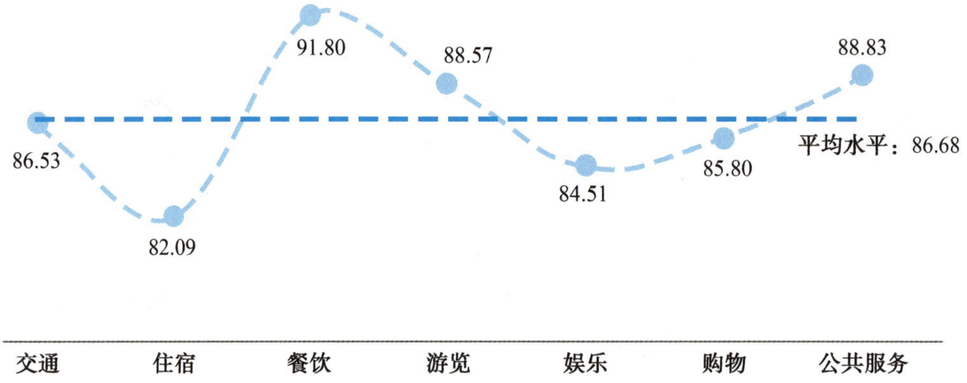

图 32　2021 年山东省国内游客对行业服务质量的满意度（单位：分）

3.旅行服务评价及建议

服务、交通和卫生是旅行评价的热点话题。游客主要围绕服务、交通、餐饮、住宿和价格等方面给出了相关评价。服务评价集中在服务人员的态度、水平和服务意识不足等方面，交通评价集中在车位少、道路不好找以及停车困难等问题，餐饮和住宿评价集中在餐饮食品安全卫生、住宿设施卫生等方面（见图 33、图 34）。

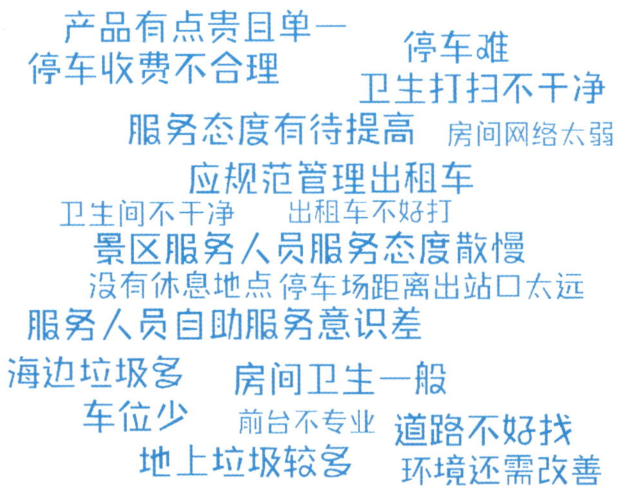

图 33　旅行服务评价词云图

从游客对旅行的评价中提炼出关于服务、交通和停车、餐饮和住宿卫生等方面的建议。服务方面，游客建议加强从业人员培训，多增加咨询台，调整服务价格，提高工作人员的服务热情等；交通和停车方面，游客希望完善交通制度，实行限号等交通管制，多管理交通秩序，严格管理停车收费等；餐饮和住宿卫生方面，游客建议加强培训，提高工作人员专业素质，加强餐饮食品卫生安全质量，增加公厕并及时清理等（见表 9）。

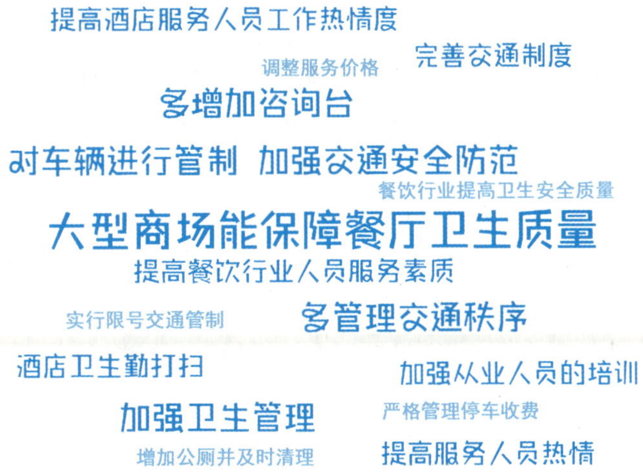

图 34　旅行服务建议词云图

表 9 旅行服务评价建议对照表

	评价	建议
服务	1.服务态度缺乏热情 2.服务水平不高 3.自主服务意识不足	1.加强从业人员培训 2.多增加咨询台，调整服务价格 3.提高人员服务热情
交通和停车	1.交通基础设施较差 2.公共交通不便 3.交通拥堵 4.停车场少且收费较高	1.完善交通制度 2.实行限号等交通管制 3.多管理交通秩序 4.严格管理停车收费
餐饮和住宿卫生	1.清洁人员不专业 2.餐饮食品卫生质量不高 3.住宿房间卫生不好 4.公厕少且卫生不达标	1.加强培训，提高工作人员专业素质 2.加强餐饮食品卫生安全质量 3.增加公厕并及时清理

三、旅游发展对策建议

（一）强化市场创新观念，培育区域统筹能力

一是树立创新理念。要把创新理念贯穿于山东省旅游发展的每一步、每一个环节。强调将新知识、新技术、新应用等以智能化为代表的新生产要素作为旅游发展的支撑，持续推进旅游产品、行业机制、营销手段等进行创新，共同培育旅游行业发展的新业态、新动能，持续推进新旧动能转换。

二是强化统筹能力、资源整合能力。政府和企业要加强区域之间、行业之间的统筹能力，要有串珠成链、聚链成面的能力。要坚持以点成线，抓好景区质量提升，推进旅游景区改造，推动景区丰富产品、提升服务，做好精品旅游项目。要坚持串珠成链，加强经典旅游线路开发，打造山东运河旅游带等。要坚持聚链成面，在已开发形成的旅游带基础上纵向开发，打造山东省全域旅游新格局。

三是强化旅游行业市场观念。政府和企业要始终坚持以市场为主体，增强旅游市场活力。一方面，优化市场环境，通过完善旅游基础服务设施提升“硬服务”水平，同时制定、完善旅游服务标准，提升“软服务”水平，打造舒心的旅游环境；另一方面，注重消费引导，通过举办山东省文旅惠民消费季活动，调动企业、商户、平台、消费者

等多方参与，以此建设完善的旅游市场体系。

（二）推进智慧旅游建设，丰富数字文旅产品

一是强化政府导向和支撑作用。发展智慧旅游不可能单打独斗，全省智慧旅游网络、智慧旅游公共服务体系、新媒体媒介等智慧旅游平台建设超出了单个旅游公司的能力范围，政府不仅要在政策上支持智慧旅游建设，发挥导向作用，还需为智慧旅游发展提供资金、技术等实际支持，发挥支撑作用，抓住新旧动能转换的宝贵时机，在全国率先实现全域发展。

二是建设智慧旅游服务平台。山东智慧旅游总体规划应以提升游客智慧体验为目的，以景区、旅行社、酒店、政府为主体，以服务、营销、管理业务为主轴，涵盖旅游业食、住、行、游、购、娱产业链涉及的所有行业企业。各地4A级及以上景区必须开展智慧旅游基础设施建设；鼓励3A级景区开展智慧旅游基础设施建设；各市旅游局统筹智慧网络平台建设，基础数据平台实现全省互联互用。

三是建立智慧旅游联盟。在条件允许时政府以项目形式和企业建立智慧旅游联盟。山东所有旅游景区、旅行社、在线旅游企业、酒店、交通企业、通信运营商、媒体等涉旅企业都应在政府的指导和支持下发挥建设智慧旅游的积极性，完成智慧景区、智慧服务、智慧管理等方面的建设。重点发挥旅游营销企业等服务主体的线上运营能力，提高B2B和B2C类旅游搜索工具、旅游点评网站和新媒体客户端的信息化水平和服务能力，提高旅游酒店、景点的智慧服务能力。

四是丰富数字文旅产品供给。支持文物单位、A级旅游景区、主题公园等运用虚拟现实（VR）、增强现实（AR）技术开发沉浸式体验项目，开发全息影像、无人机表演、夜间光影秀等产品。各地根据自身特点，依托传统文化优势，发展动漫、云展览、数字艺术、沉浸式体验、线上演播等新兴业态。建设“互联网＋演艺”平台，加强演艺机构与互联网企业合作，支持演艺机构举办线上活动，打造舞台艺术演播品牌，培育一批智慧旅游景区样板。

（三）完善老年人旅游市场，加强智慧服务建设

一是开发具有老年人特色的旅游产品。山东省旅游资源十分丰富，应依托资源开发符合老年人需求特点的旅游产品，形成独具特色的老年人旅游线路，并推向省内外市场。设计养生休闲产品、民俗体验产品、地方曲艺产品等老年人喜爱的旅游产品，供其选择。

二是完善旅游市场六要素。旅游六要素是指吃、住、行、游、购、娱。调查发现，老

年人更注重吃得清淡、住得清净、行得安全、游得高兴、购得实惠，娱则是能省就省。安全是老年人旅游的关键，在临行前要对老年人游客进行体检，行程中配备专业的随团医生，为老年人游客投保，履行责任险和旅游意外保险，所以旅行社必须在提升服务功能、方便老年人旅游上下功夫。

三是加大政府部门的支持力度。通过政府牵头组织，打造适合老年人的智慧旅游平台。通过政府的政策、资金、技术、人才倾斜，借鉴江苏省徐州市适老化智慧旅游导览系统、浙江省“浙里好玩”旅游信息公共服务平台、北京市“北京智慧旅游地图”等案例，打造出适合山东省的老年人智慧旅游公共平台。

四是提高整体服务水平。针对 60 岁以上的老年人，从老年人的特点出发，结合其身体条件等因素提高综合服务水平，包括旅行社工作人员耐心地介绍产品线路，导游人员提供细致的服务，合理安排游览的线路及时间，精心安排饮食起居，配备医疗急救设施设备等，以此来完善旅游服务体系。

（四）打造知名旅游景区，提高公共服务意识

一是打造一批世界级旅游景区和国家级旅游度假区。依托山东旅游资源优势，有效地整合各地文化特色，打造一批世界级旅游景区、国家级旅游度假区。充分挖掘济南泉城泉水、黄河入海口等自然、人文资源，积极推进世界遗产申报。大力发展海滨度假、山地度假、乡村度假、滑雪度假、温泉度假等精品旅游度假区，培育国际知名的温带海滨度假连绵带，推动创建山海天、长岛、好运角等国家级旅游度假区。实施旅游景区管理与服务精品化建设工程，依照国际前沿标准，制定“好客山东”精品旅游景区管理与服务规范，统筹推进智慧度假区、景观小品、游览标识等配套建设，全面提升旅游景区的管理、服务质量与运营水平。

二是加快精品旅游景区公共服务体系基础设施建设。完善配套设施，实现全省景区内环保型旅游厕所数量充足、干净无味、实用免费、管理有效的目标，运用科技手段解决游客“找厕难”的问题。完善精品旅游景区游客中心建设，提高景区游客中心接待、售票、集散、咨询、医务等服务功能，加强对游客中心工作人员的培训，在为游客提供优质服务的同时，也为景区的接待服务工作做好人才储备和智力支持。满足大众旅游时代自驾游游客的出行需求，合理规划、建设景区生态停车场，积极引进智慧化停车系统，利用线上、线下智慧旅游信息平台，实时发布景区停车场车辆及车位数据，保障景区停车场有序运行。规范、完善精品旅游景区标识系统，推动 A 级旅游景区全部实现旅游标识标准化。优化景区环境，贯彻落实“绿水青山就是金山银山”理念，坚持保护优先，打造生态环境保护与景观建设、旅游产品空间布局有机结合的齐鲁风景道，积极开展净化、绿化、美化行动，提升生态景观整体形象。

三是通过重组、引进、转型等手段扶持旅游企业培育工程。支持济南文旅、山东龙冈、山东海洋文旅等旅游集团做大、做强，引导烟台张裕、青岛啤酒、东阿阿胶、力诺集团等涉旅企业加大对旅游板块的投入，积极推荐山东省旅游集团参评中国旅游产业突出贡献奖。

（五）优化旅游客源结构，加快文旅融合进程

一是与国内外联动形成以国内大循环为主体、国内国际双循环相互促进的旅游营销机制。一方面，借助黄河、大运河与沿线其他省份形成联动，推出具有差异化、地域化的旅游特色产品，吸引省外客源；同时加强与江苏、河南、河北等周边省份的互动，相互取长补短，相互引流客源，联动发展。另一方面，主动融入"一带一路"建设，现阶段建设好开拓、开放强省，设立更多的免税商店，加大对日韩、欧美、东南亚、俄罗斯、我国港澳台地区等入境旅游市场的营销力度，等待全球疫情形势平稳向好时，推动增加更多的出入境中远程航线航班，使入境旅游更好、更快地恢复。

二是大力推进"旅游＋""＋旅游"，加快旅游产品融合。紧紧抓住党中央、国务院和省委、省政府高度重视旅游工作的重大机遇，在省政府大力打造全域旅游示范单位的带动下，加快形成全省全民共建、共治、共享的全域旅游发展格局，以全域旅游为主体，加快文化、农业、教育、工业、体育、康养等相关行业与旅游业的融合发展，使旅游业发展成为新旧动能转换的新亮点、"新四化"建设的切入点。

（张记高　刘秀娟　王鹏）

专项篇

2021年山东省城乡居民出游调查分析报告

在全国整体防疫形势稳固的大背景下，疫情对旅游行业的强烈负面影响逐步缓解，全省文化和旅游市场运行整体安全、平稳、有序，城乡居民出游意愿稳步恢复，在扩大全省旅游内需、助力旅游市场稳步复苏中发挥了重要作用。为深入了解疫情防控常态化阶段全省城乡居民的出游次数、出游特征、出游花费、出游意愿、带薪休假等情况，科学监测、评价和进一步提升旅游业在惠民生、助复苏、促消费等方面的作用，提供系统、准确的基础数据，特在全省范围内开展此次调查。2021年，全省省内居民出游调查共回收有效问卷35452份，其中回收城镇居民问卷24869份，农村居民问卷10583份。调查结果显示，2021年，全省城乡居民人均出游3.29次，同比增长27.1%。其中城镇居民人均出游4.03次，同比增长25.94%；农村居民人均出游2.11次，同比增长31.88%。2022年一季度城乡居民出游意愿为70.96%，超30%的受访者出游预算在3000元以上。

为保证入户调查顺利实施，对调查方案进行具体化、细则化，调查实施细则主要包括访员培训、试调查、正式调查、数据预处理、数据质量控制等内容。为加强数据质量，在调查前、中、后阶段分别进行数据质量控制。调查前，一是就具体实施细则征求专家意见，进行修改完善；二是对访员进行严格培训和选拔；三是开展试调查，寻找问卷和抽样中存在的问题；四是淘汰现场执行力差、对项目理解有误的访员。调查中，各地访员访问时，拍摄市区、县(市)小区或乡村门牌号，确定到达指定地点；调查时现场录音，调查完成后对问卷进行自检；督导员每个调查日不定时抽查陪访，并对抽查的访问过程进行录音和拍照。调查后，对问卷进行两次审核和一次复核。第一次审核由各地分工督导完成，主要对问卷答案的逻辑性进行检查；第二次审核由济南总部的督导负责，对问卷是否错填进行检查；项目经理对问卷的20%进行抽检；复核督导对问卷进行100%的复核。录入后形成的数据库由数据督导进行数据校验，通过数据校验发现并更正错误，对偏离较大的数据进行相应的统计处理。

一、受访者及其家庭基本情况

（一）性别分布

从受访者性别来看，男性占58.55%，女性占41.45%，男性高出女性17.10个百分点，呈现大比例领先优势（见图1）。

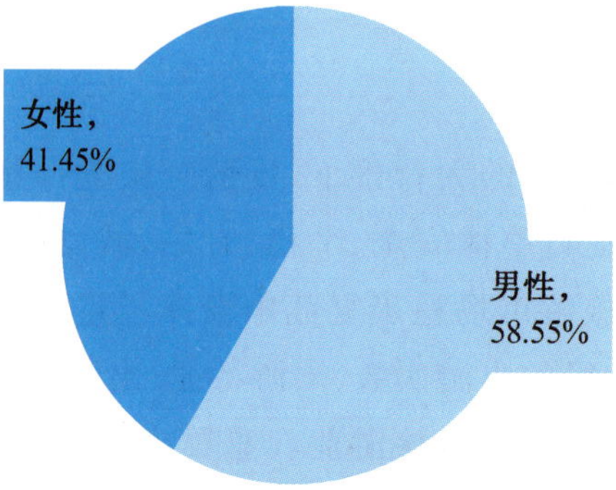

图1　受访者性别分布

（二）年龄构成

受访者中，25—34岁和35—44岁的居民占据前两位，合计占比达56.41%。这部分人收入稳定，带薪休假率较高，出游意愿较强，为省内居民出游市场撑起了“半边天”。45—54岁的居民占17.86%，居第三位。18岁及以下和65岁及以上处于年龄两极的居民合计占比不足5%（见图2）。

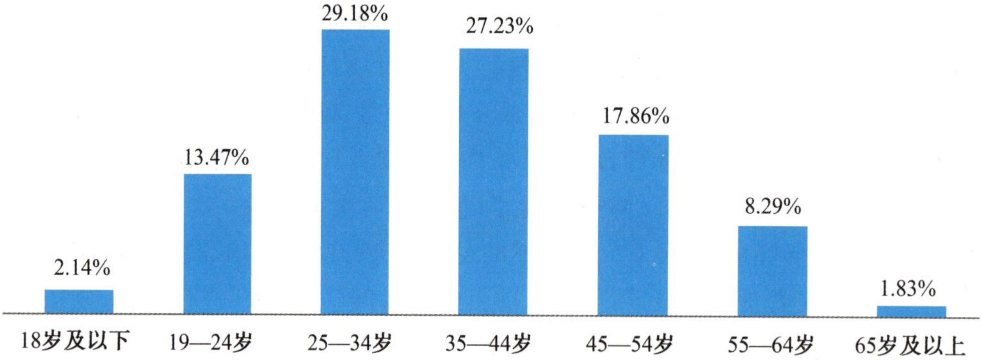

图2　受访者年龄构成

(三)家庭成员及收入

调查显示,家庭成员为 3 人、季度收入为 3 万—5 万元的家庭最愿意出游。从出游家庭成员人数来看,3 人家庭比重最高,为 38.32%;4 人家庭占 32.66%(见图 3)。从出游家庭季度收入来看,季度收入为 3 万—5 万元的家庭比重最高,为 33.95%;1 万—3 万元的家庭占 29.80%(见图 4)。

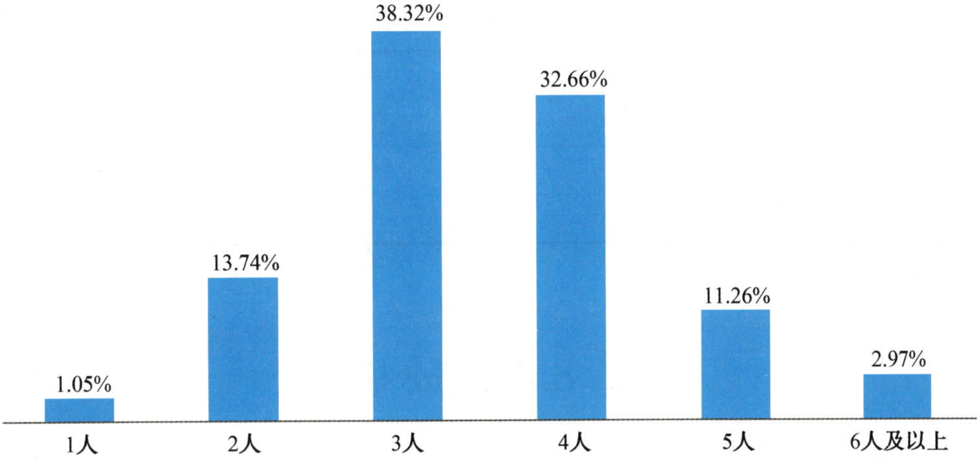

图 3　出游家庭成员人数分布

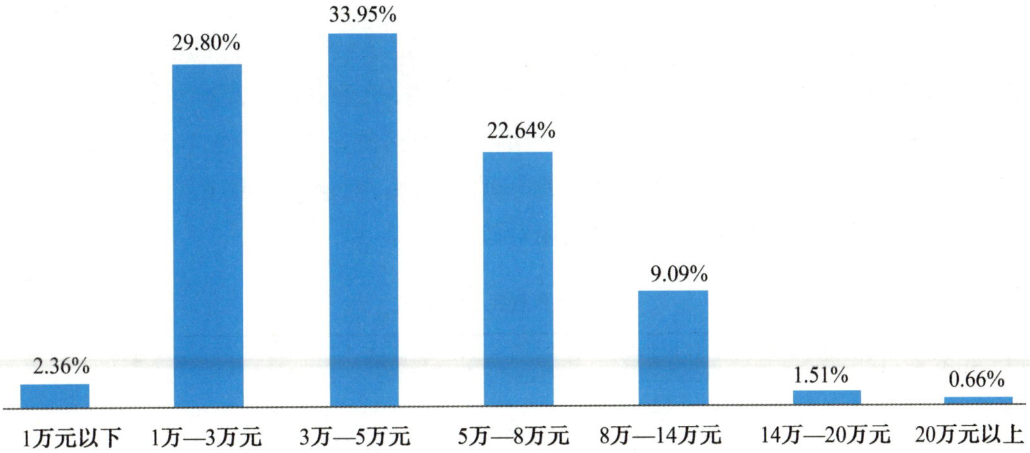

图 4　出游家庭季度收入分布

（四）手机号持有情况

从受访者手机号持有情况来看，移动“独占鳌头”，联通次之，电信比重最低。其中，移动手机号持有率为55.38%，联通为31.31%，电信仅占13.30%。从城乡对比来看，全省城乡居民持有移动手机号的比例基本相同，城镇居民选择电信手机号的比例相对较高，而农村居民选择联通手机号的比例高于城镇居民（见表1）。

表1　受访者手机号持有情况

%

运营商	全省	城镇	农村
移动	55.38	55.63	54.89
联通	31.31	30.80	32.36
电信	13.30	13.57	12.74

二、出游偏好分析

（一）出游方式

自驾游人气爆棚，参团游比重最低。“小聚集、大空间”是城乡居民出游新需求，自驾游方便快捷、私密性强，是去公共交通不方便的自然景点、乡村民宿的最佳选择。调查数据显示，自驾游成为城乡居民首要出游方式，比重高达55.47%；然后是探亲游，比重为20.44%。公务出差、参团游和单位组织出游比重均不足10%。城乡横向对比看，农村居民在探亲游方面的比重高于城镇居民，而城镇居民在自驾游、公务出差、参团游和单位组织出游方面的比重相对较高（见表2）。

表2　城乡居民出游方式

%

出游方式	全省	城镇	农村
自驾游	55.47	55.82	54.77
探亲游	20.44	19.46	22.42
公务出差	7.09	8.34	4.52
参团游	5.52	5.82	4.89
单位组织出游	6.57	7.37	4.94

(二)出游目的

全省城乡居民出游目的以休闲/度假、观光/游览和探亲访友为主,合计比重近80%,分别为31.19%、26.33%和20.45%。城乡横向对比看,城镇居民在商务活动、会议、文化/体育/科技交流等方面的比重明显高于农村居民,而农村居民在探亲访友和市县外购物方面的比重明显高于城镇居民(见表3)。

表3　城乡居民出游目的　%

目的	全省	城镇	农村
休闲/度假	31.19	31.71	30.13
观光/游览	26.33	26.62	25.73
探亲访友	20.45	19.39	22.59
商务活动	3.38	4.06	2.00
会议	2.53	3.19	1.19
市县外购物	7.85	6.35	10.88
宗教/朝拜	0.56	0.56	0.56
文化/体育/科技交流活动	2.94	3.40	2.00
其他	4.77	4.73	4.91

(三)出游人数

2021年寒假、暑假及各个法定节假日为家庭出游创造了时间便利条件,上班族带孩子或与父母一同出游的意愿强烈。调查数据显示,3人"两大一小"亲子游稳居中心位,占36.92%;情侣、夫妻、亲朋双人游占29.32%;4人家庭游占19.62%,居第三位;1人单独出游占10.73%;5人及以上多人出游占比最低,仅为3.41%(见图5)。与2020年相比,出游人数分布整体较为稳定。

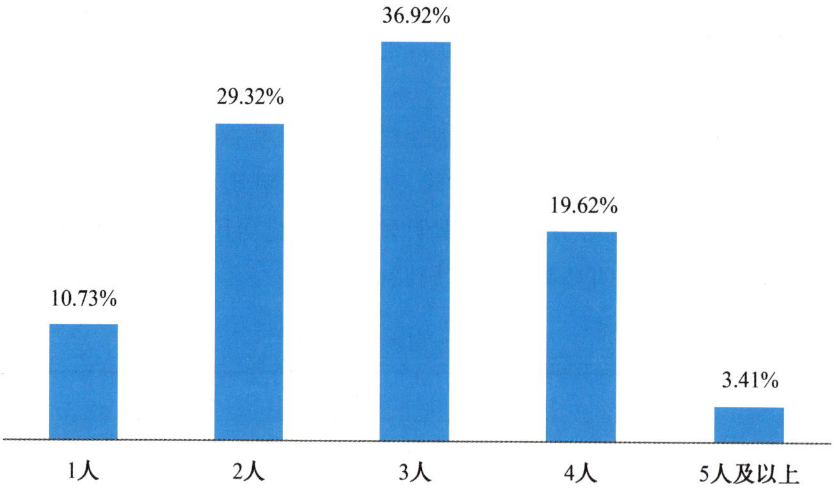

图 5 城乡居民出游人数

(四)出游类型

截至 2021 年年底，全国接种新冠疫苗的总人数占全国总人口数的 89.37%，除部分地区有零星病例之外，国内疫情防控趋于稳定，市外省内游、省外境内游中长线距离出游比重大幅度增加。调查数据显示，全省城乡居民选择市外省内游的最多，占 43.55%，比 2020 年增加 7.62 个百分点；市内游占 39.41%，比 2020 年减少 14.13 个百分点；省外境内游占 16.74%，比 2020 年增加 6.62 个百分点。城乡横向对比看，城镇居民在省外境内游、市外省内游等中长线旅游方面的比重均高于农村居民，农村居民仅在市内短线游方面的比重高于城镇居民(见表 4)。

表 4 城乡居民出游类型

%

出游类型	全省	城镇	农村
出境游	0.30	0.32	0.12
省外境内游	16.74	17.41	15.36
市外省内游	43.55	43.75	43.11
市内游	39.41	38.52	41.41

(五)带薪休假率

常态化疫情防控阶段，外出旅游成为城乡居民休闲放松的重要途径。调查数据显示，全省城乡居民带薪休假率平均为63.62%。其中，城镇居民带薪休假率为65.72%，农村居民带薪休假率为57.64%。休假的城乡居民中，有外出休闲活动的占87.85%，无外出休闲活动的占12.15%。分职业看，公务员等公职人员带薪休假率位居前列，企事业单位管理人员、服务销售人员和专业/文教科技人员带薪休假率均超全省平均水平，分别占80.73%、78.47%、68.42%、66.87%；军人、工人和其他职业居民带薪休假率在平均水平之下（见图6）。

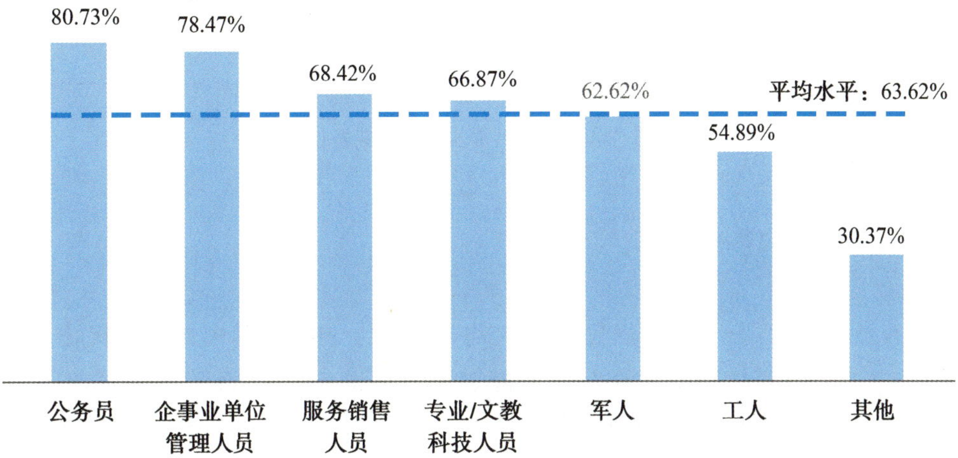

图6　不同职业城乡居民带薪休假率情况

三、出游花费情况分析

（一）出游花费比例

从城乡居民出游前、中、后花费比例来看，出游中花费比重最高，为75.73%；出游前花费次之，为15.79%；出游后花费比重最低，为8.48%。出游前和出游后花费合计比重为24.26%（见图7）。

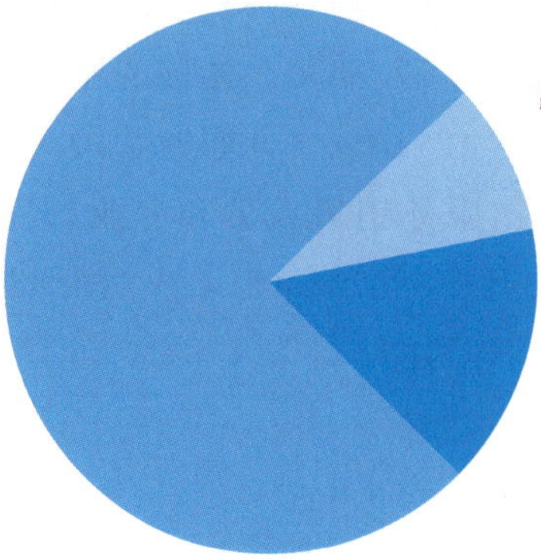

图 7　城乡居民出游前、中、后花费比例

(二)出游人均花费

调查数据显示，全省城乡居民出游人均花费 948.98 元，其中城镇居民出游人均花费 1009.75 元，农村居民出游人均花费 828.21 元。分出游阶段来看，全省城乡居民出游前、后人均花费 174.80 元，出游中人均花费 774.16 元(见表 5)。城乡对比来看，农村居民出游人均花费明显低于城镇居民，原因一方面是农村居民收入较城镇居民低，另一方面是农村居民的出游意愿没有城镇居民高。

表 5　城乡居民出游人均花费　　单位:元

花费情况	全省	城镇	农村
整体人均花费	948.98	1009.75	828.21
出游前、后人均花费	174.80	186.59	151.36
出游中人均花费	774.16	823.16	676.85

(三)出游花费结构

1.出游前花费结构

调查数据显示，城乡居民出游前购买探亲访友的礼品花费最高，占出游前总花费的 30.21%；其他购物(如食品、饮料、服装等)和休闲相关的耐用消费品花费分别占 19.78%和 19.64%；证件、体检费用比重最低(见图 8)。

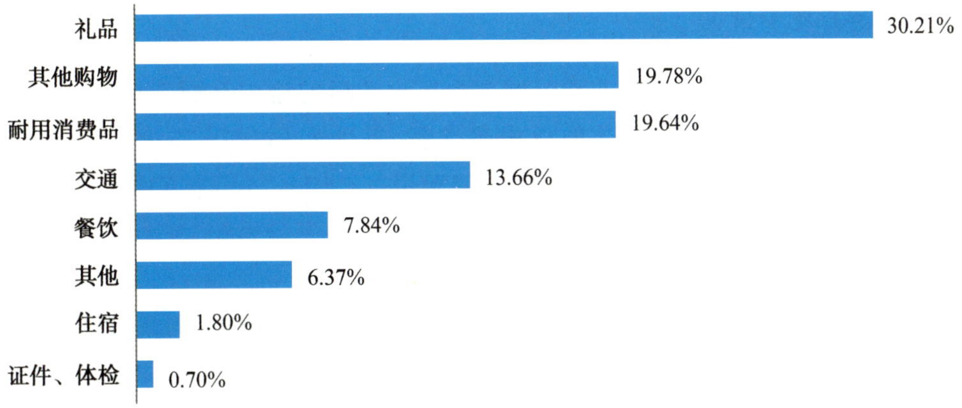

图 8　城乡居民出游前花费情况

2.出游中花费结构

“购、住、食”居出游中花费前三位。城乡居民在出游中购物花费最高，占出游中花费总额的 21.25%；住宿和餐饮花费分别占 16.41%和 16.30%；其他方面的花费比重相对较低（见图 9）。购物、住宿、餐饮方面的花费明显高于其他方面的花费，表明大部分游客出游过程中在“购、住、食”方面的需求显著高于其他方面的需求。

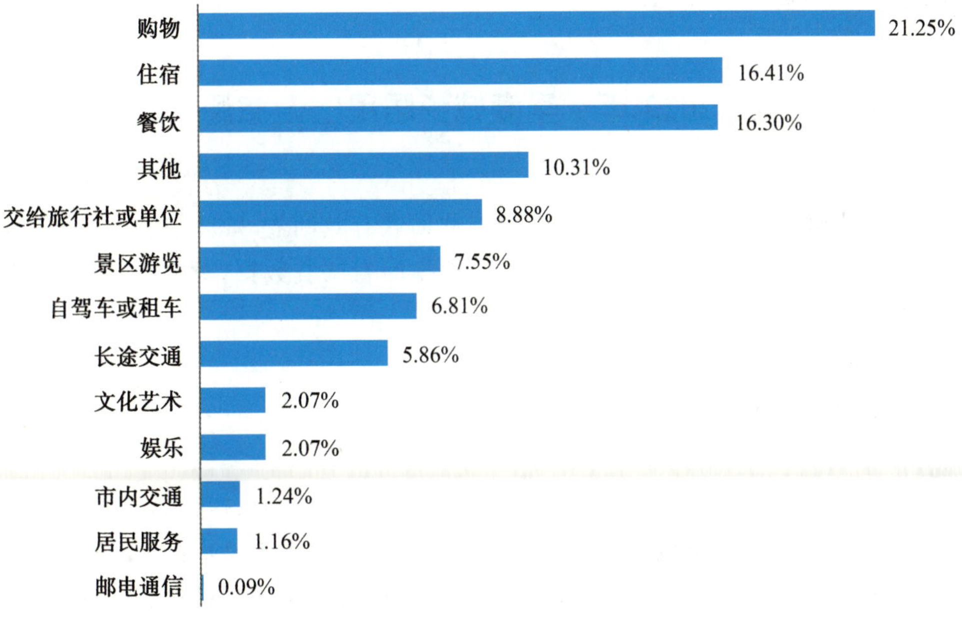

图 9　城乡居民出游中花费情况

3.出游后花费情况

出游后途中交通费为首要花费。城乡居民出游后的途中交通费用最高，占出游后花费总额的31.95%；出游后的途中餐饮费、其他费用居第二、第三位，分别占24.67%、24.00%；回家后的理发、洗衣、休整费用占12.11%；其余方面花费相对较低（见图10）。

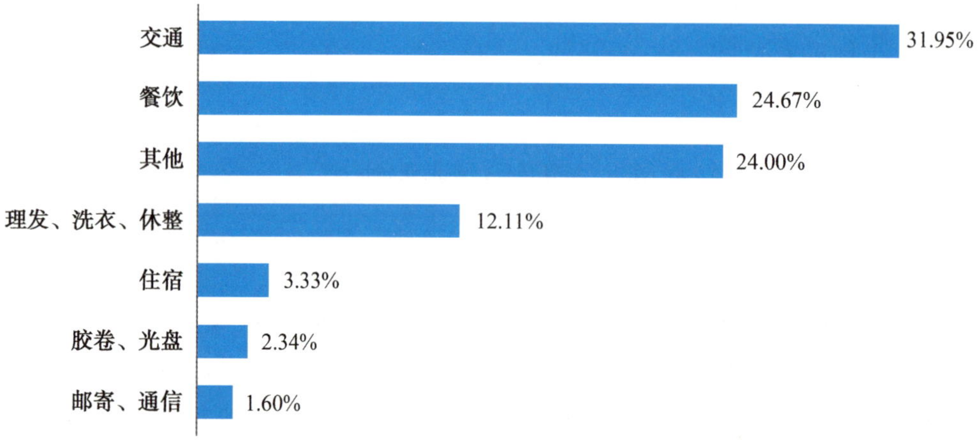

图10 城乡居民出游后花费情况

四、2022年一季度城乡居民出游意愿

2021年四季度，全省城乡居民出游调查共回收有效问卷8394份，其中回收城镇居民问卷5695份，农村居民问卷2699份。根据问卷调查数据，对2022年一季度城乡居民出游意愿进行分析。

（一）总体出游意愿

2022年一季度恰逢寒假以及元旦、春节，城乡居民家庭游、探亲游意愿强烈。调查数据显示，2022年一季度全省城乡居民出游意愿整体为70.96%。分城乡看，72.06%的城镇受访者表示2022年一季度有出游计划，而农村居民出游意愿为68.42%（见图11）。

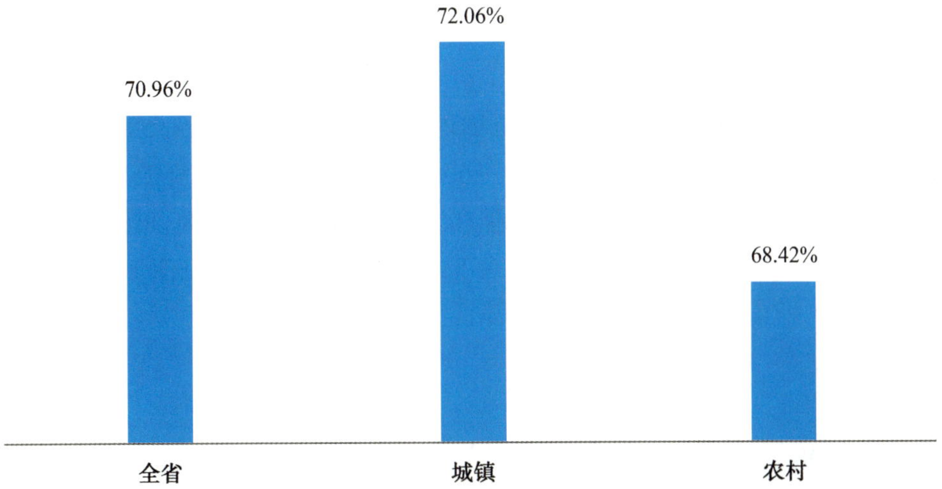

图 11　2022 年一季度城乡居民出游意愿

(二)出游类型意愿

2022 年一季度,探亲游、本地周边游、近郊游依旧占据主流。调查数据显示,2022 年一季度,全省城乡居民对省内游的需求最大,占总体出游需求的 64.31%;部分城乡居民在春节假期有较高的出省境内游意愿,占 33.66%;出境游意愿最低(见图 12)。城乡对比看,农村居民的省内游意愿高于城镇居民,城镇居民的出省境内游、出境游意愿均高于农村居民。

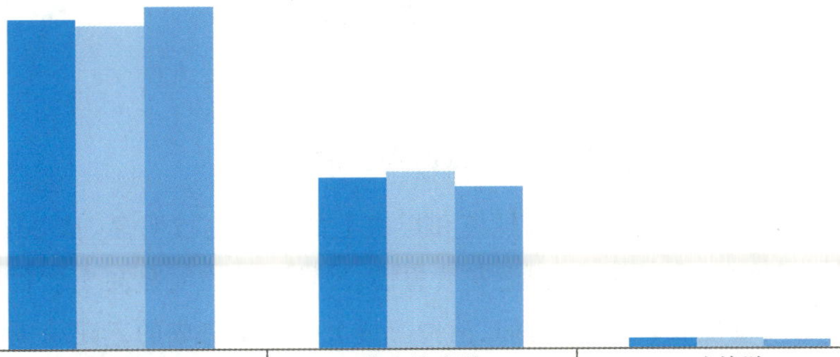

	省内游	出省境内游	出境游
■全省	64.31%	33.66%	2.03%
■城镇	63.17%	34.68%	2.16%
■农村	66.76%	31.49%	1.75%

图 12　2022 年一季度城乡居民出游类型意愿

（三）出游花费意愿

经济发展水平影响出游预算，全省范围内，2022 年一季度出游预算在 1000 元以下的比重最高，为 43.21%；预算为 3001—5000 元的占 21.89%；预算为 1000—3000 元的占 19.82%；预算为 5000 元以上的占 15.08%。城乡对比来看，出游花费意愿在 5000 元以上的以城镇居民居多，5000 元以下的以农村居民居多（见图 13）。

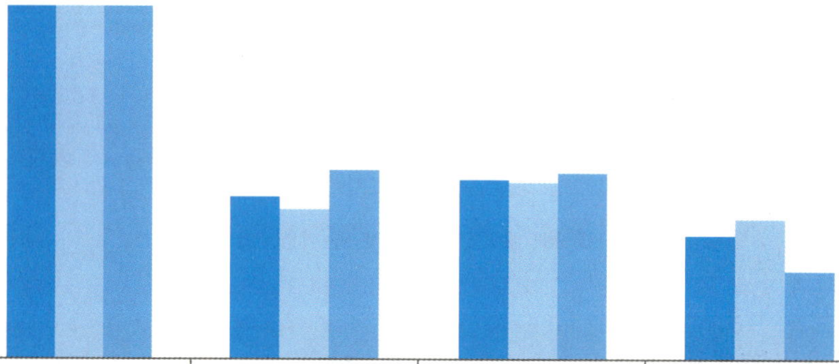

	1000元以下	1001—3000元	3001—5000元	5000元以上
■全省	43.21%	19.82%	21.89%	15.08%
■城镇	43.05%	18.31%	21.49%	17.15%
■农村	43.54%	22.97%	22.71%	10.78%

图 13　2022 年一季度城乡居民出游花费意愿

五、发展建议

（一）立足需求，激发农村居民旅游消费潜力

当前，城乡居民在旅游消费规模和层次上的差距比较明显，从 2021 年统计数据来看，在出游意愿、出游次数、出游花费方面，城镇居民均明显高于农村居民。这是由城乡居民在可支配收入、闲暇时间、消费习惯上的差距造成的。建议围绕实施乡村振兴战略，立足需求，加强引导，营造环境，促进农村居民旅游消费梯次升级。

一是充分把握实施乡村振兴战略的历史机遇。把产业发展、提高收入、培育文明乡风、引导消费观念等与农业农村改革有机结合起来，通过农业农村现代化夯实农村居民旅游消费的经济基础和思想基础。

二是注重对农村居民旅游需求的分析。对农村居民旅游消费的“习惯性”忽视，在很大程度上是对农村居民旅游消费需求分析不足导致的，这就需要完善旅游统计指标，建设面向农村居民的旅游数据平台，对农村居民的旅游偏好、出游动机、消费习惯等进行全面分析。

三是打造满足农村居民需求的旅游产品。立足农村居民旅游需求，增加农村居民探亲访友、外出经营、生产学习等活动中的旅游元素，打造一批符合农村居民消费心理和满足其消费需求的特色旅游产品。

四是营造良好的旅游环境。注重发挥旅游消费的引导性和示范性，依托当地乡村旅游发展，通过外来游客、返乡大学生、退役士兵、大学生村官的宣传，引导农村居民增强旅游意识，激发其出游热情。

（二）完善配套设施，提升自驾游体验和服务质量

2021 年省内城乡居民出游调查数据显示，全省城镇和农村居民自驾游比重均超过 50%，因此完善自驾游配套服务至关重要。一方面，要完善服务体系。培育精品酒店、主题酒店、露营地、汽车旅馆等多元化的住宿业态，健全公路服务体系，完善现有交通标识标牌，建立与自驾游游客的需求相适应的标识系统，自驾游服务区、风景道、观景台等标识标牌按照景区标准设置。推进高速公路服务区休闲化改造，增设购物、餐饮、加油、充电、维修、信息服务等功能，打造一个具备地区资源特色、产业特色，适应市场需求的公路服务体系。另一方面，要加强旅游目的地建设。引进旅游节庆、户外运动、旅游街区、旅游演艺、旅游园区等元素，能更好地支撑旅游目的地的形成，吸引更多自驾游游客在旅游目的地停留和消费。建设具有目的地推介、旅游搜索、出游服务、服务评价、投诉跟踪、虚拟旅游、预订服务、在线咨询、导游服务、导览服务、导购服务、安全预警等功能的旅游目的地门户网站。以互联网为基础，为游客从家里出发到目的地全程提供贴心的向导服务，并充分结合智慧旅游体系建设实现自驾信息服务平台建设。

（张记高　邓文军　代锡栋）

2021年山东省元旦假日旅游分析报告

“一元复始，万象更新。”2021年元旦假日期间，天气晴好，群众冬季出游热情高涨，全省各地着力丰富文化和旅游产品供给，推出各类特色活动喜迎新年，全省文旅系统严格落实疫情防控要求，假日旅游市场运行总体安全平稳。根据假日期间移动电话漫入、银联刷卡消费和游客问卷调查数据，经省文化和旅游厅、省统计局联合测算，2021年元旦假日期间，全省接待游客686.5万人次，实现旅游收入51.7亿元。现就元旦假日期间全省旅游市场运行情况分析如下。

一、科学精准做好疫情防控

2021年元旦假日期间，全省文旅系统认真贯彻落实党中央、国务院和省委、省政府决策部署，统筹做好疫情防控和假日旅游市场管理工作。

（一）有效落实假日部署

元旦假日前，中共山东省委办公厅、山东省人民政府办公厅印发《关于贯彻落实〈中共中央办公厅、国务院办公厅关于做好2021年元旦春节期间有关工作的通知〉的若干措施》的通知。山东省文化和旅游厅通过新闻媒体向社会发布《2021年元旦春节安全出游提示》。全省各地A级旅游景区、文化场馆、文化娱乐场所全面执行接待限流75%的政策，按照“能约尽约”原则，实现限量、预约、错峰入园游览。全省1202家A级景区中，1113家景区恢复开放，开放率达92.6%；全省13家5A级景区全部实现分时预约并接入省级平台，135家4A级景区开发预约系统并接入省级平台，预约实现率达72%。

(二)加强市场执法巡查

各地市文化和旅游部门成立多个督察组赴各区县开展市场秩序督导检查,由局分管领导带队督导疫情防控、客流管控、安全生产、文明旅游、值班值守、市场巡查等重点内容。全省文旅系统严格执行假日 24 小时领导带班和值班制度,各级文化和旅游部门工作人员坚守岗位,及时发布文化和旅游、安全生产等信息,认真回应游客咨询,有效保障市场平稳运行,保障舆情安全。

二、文旅惠民措施持续推出

元旦假日期间,全省各地景区持续推出优惠活动,有力地吸引了客流消费,文旅市场复苏进程加快。

(一)出台多样惠民措施

淄博聊斋城票价执行 5 折优惠。济宁曲阜尼山圣境推出“元旦游尼山 汉服免费穿”的元旦福利活动。威海华夏城景区推出 20 余项人气项目以及游乐设施 3 折不限次一票畅玩活动。日照市举办 2021“好客山东”贺年会启动仪式暨初光先照·中国(日照)元旦迎日祈福大典,并发放 20 万元文化和旅游惠民消费券。万平口汤姆猫亲子乐园推出 3 日卡 111 元,游客凭元旦祈福门票享 5.9 折优惠。泰山天颐湖推出年卡买三赠一优惠活动,泰山花样年华景区元旦假期推出门票优惠活动,组合套票售卖价 99 元/人。齐河泉城欧乐堡梦幻世界景区推出 99.9 元夜场优惠门票、199 元“夜场门票+自助大餐”。夏津德百旅游小镇精心筹划冰雪火龙节,门票原价 118 元,元旦前抢票仅需 48 元。乐陵千年枣林景区、冀鲁边区革命纪念园举行航空展并开展淡季免门票活动。聊城“水城通·E 游”App 正式投入使用,涵盖县(市、区)27 家景区,单人卡仅需 99 元。

(二)客流消费稳步回暖

2021 年 1 月 1—3 日,纳入全省重点监测的 248 家旅游景区共接待游客 145.2 万人次,实现营业收入 6655.9 万元。2020 年 12 月 31 日至 2021 年 1 月 2 日晚,纳入全省监测的 133 家旅游住宿设施共接待游客 4.2 万人次,实现营业收入 2134.8 万元。

根据山东 16 地市的银联卡刷卡消费数据测算，全省旅游休闲消费总额超过 60 亿元。根据游客问卷调查，假日期间，全省游客人均花费 753 元。

三、文旅主题活动特色鲜明

元旦假日期间，全省文化和旅游行业在做好疫情防控的同时，着力丰富文旅产品供给，举办了一系列特色鲜明的文化旅游主题活动，刺激了假日旅游消费。

（一）非遗活动精彩纷呈

假日期间，日照市举办了非遗美食月暨日照非遗宝藏行活动、“我为日照非遗设计”文创成果展等文化活动。济宁市举行第六届太白湖捕鱼节，非遗活动、舞狮表演等营造出浓厚的节日气氛。水浒好汉城景区举办了琴书、山东坠子、落子、快书等非遗表演。聊城中华水上古城举办“中国梦·非遗情”——非遗大集、大型实景非遗秀等系列活动。

（二）民俗活动丰富多彩

日照市和枣庄市台儿庄区两个主会场分别举行 2021 年“好客山东贺年会”。曲阜市举行 2021 年“孔府过大年”贺年会活动。泰安举行“泰山景区 2021 迎新年撞钟祈福暨中韩游客泰山之巅共迎第一缕曙光”活动。威海市天沐温泉度假区推出了神鼋祈福、抖来天沐过新年、牛年我最牛、新年划艇赛等特色主题活动。水浒好汉城景区举办戏曲、秧歌、旗袍秀等民俗表演及状元大刀、狗娃艺术表演等武术表演。泉城欧乐堡梦幻世界景区推出跨年狂欢夜活动。

（三）特色活动亮点频出

刘邓大军渡黄河纪念馆推出“缅怀革命先烈，牢记初心使命”活动。水泊梁山景区推出《忠义梁山泊》大型舞台剧。烟台市启动 2021 烟台文旅消费品牌推广暨冬游烟台·贺年惠民消费季。泰安方特欢乐世界景区推出“手可摘星辰计划”特色许愿活动。威海成山头景区举行了“日出东方　梦圆中国”迎接中国海岸新年第一缕阳光庆典活动。

四、冬季旅游市场持续升温

瑞雪迎新年，快乐庆元旦，元旦假日期间，冰雪旅游持续升温，冬季旅游活动精彩不断，市外滑雪、温泉游及室内文化场馆游成为热点。

(一)冬季旅游产品供给多元

济南跑马岭·齐鲁雪乡开业，跑马岭首届齐鲁雪乡文化节正式启动。泰安天颐湖冰雪乐园在元旦盛大开园，推出超大规模雪圈、雪地香蕉船、雪地摩托等30余种冰雪项目。济宁万紫千红“桃花雪世界·戏雪乐园”开幕，吸引了广大亲子游家庭积极参与。德州中国太阳谷“冰雪太乐营”开园，建设了9雪道、9雪园、99雪景。邹平市蝶恋谷开启为期2个月的雪乡冰雪节，滑雪圈、雪地越野等十多项冰雪项目吸引了众多游客玩耍嬉戏。

(二)冰雪活动“搅热”冬季旅游市场

烟台市启动2021烟台文旅消费品牌推广暨冬游烟台·贺年惠民消费季活动。由于元旦前全省各地有强降雪，威海赤山景区新推出雪滑梯、雪地坦克、雪地摩托、欢乐悠波球、雪地转转等多种冰雪娱乐项目。文登山泰生态园针对儿童推出了雪地转转、推雪机等特色娱乐项目。那香海景区推出了观天鹅、泡温泉、赏雪景活动。齐河泉城欧乐堡梦幻世界景区精心打造冰雪跨年小镇。滨州邹平市禾和湿地公园推出糖球会暨嬉雪节活动。

(三)文化场馆成旅游新热点

假日期间，全省各级公共图书馆、博物馆等文化场馆持续做好免费开放工作，进一步丰富了市民游客的精神文化生活，文化场馆成为新兴“打卡地”。烟台市博物馆元旦举办开笔活动，邀约市民亲笔书写新年祝福。潍坊市科技馆3D数字立体巨幕影院每天上午、下午分别免费放映2场科技教育大片，每场次发放100张免费影院票。滨州市博物馆承办“安和常乐”天津博物馆藏吉祥文物展。齐鲁云剧场上线，用视听的方式让观众“回归”剧院。济南市60余家电影院元旦假期首日票房超过591万元，同比增长131.6%。

五、旅游新兴业态备受追捧

元旦假日期间，乡村采摘游、短途近郊游、自助游等新兴业态备受游客追捧。

（一）乡村体验式活动成“新宠”

济宁市仲都生态农业观光园草莓采摘成为新亮点。德州武城县英讯草莓园采摘活动备受游客欢迎。聊城莘县中原现代农业嘉年华推出游园采摘活动，鲁西葡萄生态观光园开展草莓采摘活动。

（二）短途近郊游热度不减

受疫情影响，游客出游半径缩小，元旦假日期间倾向于选择短途周边游，滑雪场、文化场馆、城市公园成为居民出游的主要选择。调查数据显示，元旦假期省内客源占85.9%，河南、河北、江苏为山东省三大省外客源地，中远程旅游市场回暖尚需时日。

（三）自助游成为主要出行方式

元旦期间，天气较为寒冷，假期时间较短，自助游由于灵活、自由、可选择性强、更注重体验和休闲、能更好地满足游客更加个性化的旅游需求而深受游客喜爱，更多的游客选择了与亲友自助游。调查数据显示，全省自助游比重高达98.5%。

六、年轻化、亲子游特征明显

元旦是2021年首个国家法定节假日，在疫情防控常态化阶段，安全出游变为首要考虑因素。基于假日旅游调查数据，出游群体呈现年轻化、家庭亲子游等特点。在游客性别分布上，男性游客占55.1%，女性旅游市场规模相对较小。在城乡分布上，城镇游客以87.2%的比重占据绝对优势。在游客年龄结构上，“80后”“90后”游客比重达76.3%，假日游客群体年轻化趋势明显。从出游组合形式看，“两大一小”“两大两小”等多人家庭亲子游比重达到46.1%。从游客游览的景点数量看，人均游览景点2.67个。从游客驻留时长看，人均驻留1.33天。

（王鹏　邓文军）

2021年山东省春节假日旅游分析报告

2021年春节期间，全省文化和旅游系统认真贯彻落实文化和旅游部以及省委、省政府假日工作部署，严格落实疫情防控和安全生产工作要求，着力丰富节日期间文化和旅游产品供给，不断提升服务保障水平，为全省群众送上丰富多彩的新春文化旅游大礼包，营造了欢乐祥和的假日氛围。春节假日期间，全省文化和旅游系统一手抓好疫情防控，一手抓好文化和旅游优质产品服务供给，推出一系列便民、惠民、利民举措，充分满足全省群众就地过年和游客游览休闲需求，全省文化和旅游市场安全、平稳、有序，未发生安全事故和重大投诉，实现了开门红。据初步调查统计，春节期间，全省接待游客2862.7万人次，实现旅游收入209.2亿元(2020年春节期间，全省所有A级景区受疫情影响全部关停，因此无法与2020年同期对比)。全省春节假日期间文化和旅游市场呈现如下特点。

一、就地过年成为新风尚

2021年春节期间，全省文旅部门组织景区等旅游企业在抓好疫情防控的前提下，丰富特色文旅产品供给，积极出台文旅惠民政策，用暖心的举措倡导务工人员“非必要不返乡”，邀请八方来客留鲁过年，就地拥抱“诗与远方”。济南市累计发放文化和旅游惠民补贴1020万元，举办文化和旅游消费活动1533场，组织525家签约文旅企业为市民和外地留济人员推出景区门票、电影票、滑雪票5折优惠，惠及消费者383.8万人次。东营市孙子文化旅游区、黄河三角洲动物园、黄河口生态旅游区春节假期对外来务工人员及其家属免费开放。烟台市推出惠民政策100余项，组织40多家重点文旅企事业单位开展“云上贺年文旅大集”活动，推出景区优惠门票、饭店住宿套餐、年夜饭票、年货好礼、非遗文创等5类100多项产品。临沂市沂州古城积极响应“就地过年”倡议，春节期间免费开放，举办“梦回琅琊，盛世沂州”新年“不夜城”盛会，吸引游客30余万人次。

二、客流消费强劲复苏

春节期间，全省文旅场所严格执行接待游客不超过最大承载量75%的限量措施，深入落实“限量、预约、错峰”要求，规范戴口罩、测体温、查验健康码、间隔1米距离等防疫工作流程，确保疫情常态化防控落实到位。严格到位的疫情防控措施，为全省文化旅游市场平稳运行提供了切实保障，春节期间全省客流和消费明显复苏。三大通信运营商手机信令大数据显示，春节期间全省跨县域漫游并在外停留超过6小时的手机用户超过3500万人次。假日旅游调查数据显示，200家样本景区接待游客836.8万人次，游客人均花费达到730元。春节期间，济南市重点监测的26家零售和住餐企业实现销售额17.8亿元，与2019年相比增长5.4%。青岛市77家影院在春节假日期间迎客140余万人次，实现票房收入7700余万元，与2019年相比增长约30%。

三、新供给形成新动力

全省文化和旅游系统倾力打造的文旅新产品和特色文旅活动丰富多彩，新供给形成新动力。

（一）文化大餐丰富多彩

全省各地公共文化场馆组织了一系列参与度高、贴近群众生活的文化活动，充分满足群众假日精神文化需求。全省各重点文博场馆按时开放，省、市美术馆举办“和动力——首届济南国际双年展”，山东博物馆推出“山静日长——明代文人风雅录”“虫·逢——世界珍稀昆虫标本展”等活动，济南市博物馆推出“古城辉煌——济南历史暨馆藏文物展览”，引来市民、游客热烈追捧。青岛市文化馆集合全市上千位文化馆同人，利用场馆、青岛群众文化云等线下线上两大阵地，共同推出“我们的中国梦 文化进万家”——“彩云朵朵·贺新春”系列文化活动，服务91余万人次。

（二）本地游、周边游备受追捧

“就地过年”倡议得到积极、广泛的回应，春节期间居民出游半径缩小，本地市内游、周边游迎来新的增长，城市周边度假型酒店受追捧，“宅酒店过年”成为一种趋势。春节假期，周边游持续提振当地旅游消费。与往年相比，2021 年春节出游以本地游客为主。调查数据显示，来山东旅游的国内游客中本地游客比重高达 80.5%，外地游客仅占 19.5%（见图 1）。

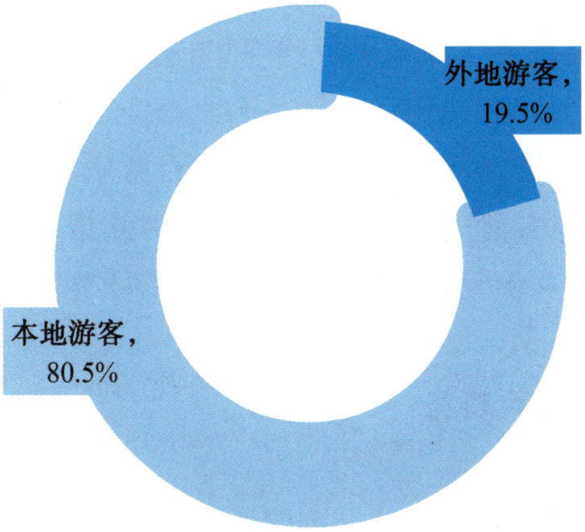

图 1　2021 年春节假期山东省本地、外地游客客源结构

（三）短途游、自驾游成为主体

疫情防控常态化阶段，“一家一车”形式能够最大限度地保障人们的出游安全。受山东省实施减少人员流动的一系列倡导措施影响，春节期间长途客流下降，短途客流占比增加，小客车出行明显增加，全省高速公路客车通行量比 2019 年同期正增长。假日旅游问卷调查数据显示，春节期间短途游、自驾游比例超过 80%。

（四）乡村游、近郊游热度不减

疫情为乡村周边游的发展提供了良好的机遇。春节假期，以民宿为代表的乡村旅游“包民宿过年”展露头角，以生态乡村游为特色的景区热度升高，游客到周边乡村体验当地春节习俗、年味，极大地提升了游客的参与感和体验感。春节假期，全省抽样调查的 27 家乡村旅游景区共接待游客 70 余万人次。临沂兰陵国家农业公园接待游客 7.7 万人次，收入 208 万元；竹泉村景区接待游客 5 万人次，收入 403 万元。

（五）“云旅游”带来新体验

山东省精心策划“云游合家欢　就地过大年”活动，充分利用新技术，指导各地组织云剧场、艺术直播，开展线上景区展示、直播，鼓励图书馆、博物馆、影剧院等公共文化场馆开展线上服务，用多种方式满足就地过年群众春节期间的文化旅游需求。“云唱响”“云展览”“云课堂”“云空间”等线上活动给群众带来新体验、形成新动力，让群众足不出户就能享受一道道文化大餐。省会大剧院线上直播“2021 山东新春民族音乐会”。济宁市精心组织开展亲子互动魔术秀“魔幻小丑嘉年华”等线上精品剧目演出。潍坊市开展“云上庆新春·平安过大年”“非遗过年 文化进万家”线上系列活动。淄博市精心策划推出线上文化活动 40 余项，参与文化活动的群众达到 25 万人次。烟台市打造春节云剧场、云美育课堂，推出烟台首届农民春晚、原创京剧《烟台解放》、芭蕾舞剧《天鹅湖》等多部国内外知名剧目，为群众带来高品质的云端文化体验。泰安市线上展播山东梆子《状元打更》《三拜花堂》《穆桂英下山》等精品剧目。

（六）小家庭组合游成新趋势

气氛温馨的“举家出游”成为春节出游的新特点。与往年春节多人出游的情况不同，2021 年 3—4 人的小家庭组合游占比 52.08%，5 人及以上多人游的组合仅占 2.04%，以一家两代、三代同游的家庭形式为主（见图 2）。

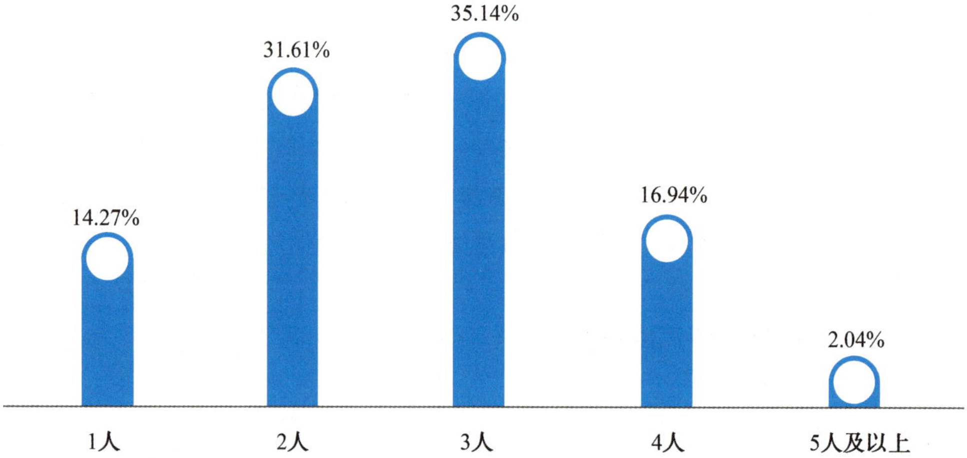

图 2 2021 年春节假期结伴出游人数分布

（七）民俗过年游持续红火

春节期间，各地积极做好“就地过年”文旅服务保障，策划推出具有地方特色的民俗节庆系列活动。济南红叶谷景区举办“民俗活动大联欢”。淄博周村古商城景区推出“春节游古城 民俗乐翻天”等一系列丰富多彩的“年味”旅游活动。泰山、孔庙祈福游和尼山圣境春节民俗游备受青睐。临沂沂州古城的舞龙舞狮、民间杂要绝技、闹社火、采莲曲(杂技秀)、抬花轿等原汁原味的民俗艺术表演让游客目不暇接,接待游客 30 余万人次。临沂压油沟景区举办春节"家乡年"活动,丰富多彩的民俗表演迎来游客 10 多万人次,收入超过 300 万元。

(八)冰雪温泉游形成新支撑

各地文旅部门突出打造冬季旅游产品,滑雪、玩雪、泡温泉成为春节假期旅游休闲的重要选项。济南市推出滑雪、玩雪、温泉、赏冰瀑等 8 条自驾游线路,年龄在 19 周岁(含)以下的青少年可领取免费滑雪(滑冰)体验门票 1 张。台儿庄梦幻冰雪大世界于大年初二开放试运营。淄博潭溪山冰瀑将自然山体、景观树木与冰瀑巧妙融合,打造"冰雪奇缘"特色旅游产品。烟台市雨岱山温泉、艾山温泉、昆龙温泉等实施优惠门票。临沂智圣温泉春节接待游客 1.2 万人次,实现收入 360 万元。玩冰雪、泡温泉逐渐成为山东省冬季文化旅游市场的重要支撑。

(刘秀娟　代锡栋)

2021 年山东省清明假日旅游分析报告

人间最美四月天，踏春游玩好时节。清明小长假期间，气温回升、百花盛放、春意盎然，全省各级文旅系统着力丰富假日文旅产品优质供给，游客出游热情高涨，“补偿式返乡”“补偿式出游”需求强劲，红色旅游热度攀升，踏青赏花游、近郊乡村游、自驾游成为主流，民俗游、家庭亲子游热度升高，全省文化旅游市场加速回暖。据调查统计测算，2021 年清明假日期间，全省共接待游客 2336.7 万人次，实现旅游收入 117.3 亿元，分别恢复到 2019 年的 93.2%和 77.5%，分别比 2020 年可比增长 3.5 倍和 5.9 倍。现就清明假期全省旅游发展特点分析如下。

一、“红色”游亦趋升温

清明假期全省掀起红色旅游热潮，众多游客前往革命旧址、烈士陵园、博物馆等红色旅游场所，在学习党史、缅怀英烈中传承红色基因。为献礼党的百年华诞，各地围绕旅游市场供给，纷纷推出红色旅游产品线路和活动。山东省文化和旅游厅推出济南解放阁、青岛五四广场、枣庄台儿庄古城等 32 个红色旅游景区。济南举办第一届济南（长清）红色文化旅游节暨长清区“峰山精神 · 红色之旅”活动。临沂市博物馆、青岛市博物馆联合推出“红色基因 · 薪火相承”沂蒙精神展。台儿庄古城景区举办“百年征程 · 致敬英雄”系列活动——万朵鲜花献英烈、台儿庄战火记忆图片展、“寻找党的足迹”插旗体验、《英雄归来》雕塑落成揭幕等系列纪念活动。烟台市推出庆祝中国共产党成立 100 周年“胶东红潮”文化献礼工程。潍坊市启动 2021 峡山春季灯会暨峡山第六届美食节，特别制作“庆祝建党 100 周年”等符合时代潮流的主题灯组，假日期间灯会共接待游客 3.16 万人次。长岛海上游率先推出“胶东红船”主题游线路。威海市图书馆推出“清明祭英烈　千秋尚凛然”活动，大家在线聆听英雄故事，缅怀先烈。临沂市 1600 名师生徒步 25 公里前往烈士陵园祭奠英烈。滨州惠民县武定府衙、渤海革命老区兵器博物馆等景区组织开展以红色研学为主题的研学体验课程。

二、“绿色”游成为主流

清明假期，季节性产品及周边乡村旅游休闲度假产品备受游客青睐，近郊乡村旅游景区、古村镇等地成为出游热点，全省各地推出了以踏青、采摘、赏春光、品味农家、农事体验为主题的乡村游系列活动。省文旅厅在全国乡村旅游重点村——泗水东仲都村举办“好客山东·乡村好时节”主题年活动暨“胜日寻芳”赏花季活动。济南红叶谷景区、灵岩寺景区推出清明节踏青祈福活动。中国铁路济南局集团公司开行多趟乡村观光等旅游专列。烟台市启动2021“烟台人游烟台”赏花季暨龙湖国际海岸樱花节活动，发布赏花季30项主打活动和100处赏花胜地，活动通过线上进行同步直播，合计观看量达210万人次。日照东夷小镇举办“筝奇斗艳　相约春天”踏青活动。德州德百温泉旅游小镇推出“清明春游趣　赏春光·泡温泉”活动，原价69元/人，清明期间限时特价19.9元/人。菏泽市推出玉皇新村首届千亩桃花节，举办西陈庄村第四届梨花节开幕式。

三、补偿式出行需求旺盛

清明假期是2021年“就地过年”后第一个小长假，也是疫情发生后首个可以打破“旅游景区接待游客量不超过最大承载量的75%”限制的节假日，返乡祭扫、踏青旅游、探亲访友等“补偿式出行”需求在清明小长假集中释放。假日期间，中国铁路济南局集团公司推出海滨风情、踏青赏花等多趟假日旅行线路；济南站、济南西站等12个车站为旅游团体提供专窗购票、专用通道、专区候车等“七专”温馨服务；青岛北站开行泰州—盐城高铁赏花专列；淄博站加开4趟列车；黄河口生态旅游区经过提升优化后的黄河游船正式开航；“蓬长仙境号”旅游专列+“蓬莱直通车”旅游专线正式开通；潍坊火车站加开5趟旅客专列；菏泽公交增开赏花专线。中国铁路济南局集团公司统计，清明小长假期间，发送旅客210万人次，日均52.5万人次，较2019年同期恢复率达85%。清明小长假期间高速公路对7座及以下小型客车免收过路费，自驾游成为游客出行首选。问卷调查数据显示，清明假日期间，全省自驾、租车出游占55.6%；自驾人群以22—45岁中青年游客为主，占69.9%，是出行的绝对主力军。仅假期首日，长清双泉油菜花节就接待自驾游客2.6万人次。

四、传统民俗游成新选择

清明节是中国传统的祭祀节日，假日期间，全省各地围绕阐释、呈现清明民俗文化，推出了精彩纷呈的民俗活动。山东省图书馆尼山书院在大明湖畔举行剪柳、射艺等活动，邀青少年体验传统民俗文化。青岛市韩家民俗村举行“渔盐文化过清明”活动，以传统民俗节目的形式纪念渔祖；天后宫举办“妈祖贝雕文化展”“乡村记忆展”等各项民俗展览。曲阜市举行辛丑年曲阜尼山春季祭孔大典。泰山景区在岱庙文化广场举办泰安民俗文化系列活动。日照莒县浮来青旅游度假区推出做柳哨、画彩蛋等传统活动，莒县图书馆同期举办“缅怀革命英雄先烈，追忆莒地抗战故事”读书活动，通过开展清明节民俗知识问答的形式来弘扬清明文化，缅怀革命先烈。济宁梁山贾堌堆农家寨景区推出以弘扬传统民俗文化为主旨的清明节文化惠民演出活动。

五、家庭游为主要出游形式

清明假期，动植物园、城市公园、主题乐园、文博场馆是亲子游的几大热门景区类型，趁着清明去赏花踏青，成为众多家庭的首选。山东省博物馆推出“虫·逢——世界珍稀昆虫标本展”。济南方特东方神画主题乐园打造无人机激光秀，夜空中无人机飞出“牧童骑牛”的造形，用科技呈现诗意清明。青岛市北第二图书馆在甜馨儿童之家分馆举办亲子主题活动，为市民提供深度阅读和烘焙体验；青岛啤酒博物馆推出“馆长接待——春日限定尊享体验”“踏青出游——全家聚享春日嗨啤”系列活动。日照丽正园风景区以游园踏春赏梅花、玉兰、牡丹为主题，举办亲子手绘风筝、挖野菜等趣味活动；山海天驻龙山风景区推出“小森林里的春日野趣”4 月份主题活动。聊城市在中华水上古城举办“遇见·聊城”2021 聊城非遗进景区大型实景展示活动。调查数据显示，清明假日期间，个人、家庭或亲朋结伴自由行占 96.6%（见图 1）。

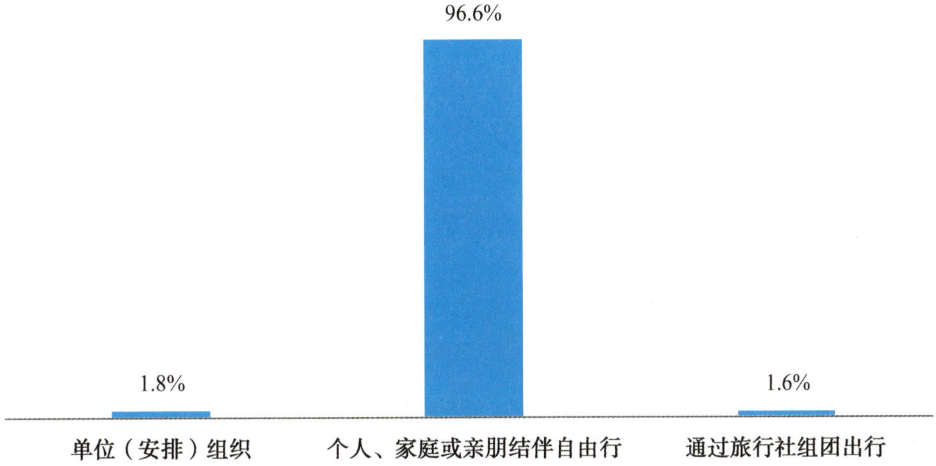

图 1　2021 年清明假日出行组织方式分布情况

六、中短途近郊游唱响主角

(一)本地近郊游依然为主流

清明小长假唱响国内旅游重头戏，随着人们普遍接种疫苗、国内疫情形势向好，以自驾游为主的城郊和省际周边“一日游”“两日游”成为出游热点。假期为 3 天的清明节，出行 1 天的游客比重最高，为 35.7%；出行 2 天的游客占 25.8%。游客以本省客源为主力，“本地周边游玩”旅游产品备受青睐。调查数据显示，假日期间，山东省内游客占 75.2%。

(二)中长线跨省游缓慢回温

从 2021 年 3 月 16 日零时起，低风险地区人员可凭健康码“绿码”在全国自由通行，无需核酸检测阴性证明。得益于天气回暖、完备的防疫经验、疫情防控形势好转、疫苗的快速推广以及出行政策进一步放宽，国内旅游业快速回暖，清明假期迎来 2021 年首个跨省出游小高峰。调查数据显示，清明假日期间，省外游客占 24.8%(见图 2)，比 2020 年同期增加 5.1 个百分点，其中江苏省、河南省、河北省为省外客源前三位。

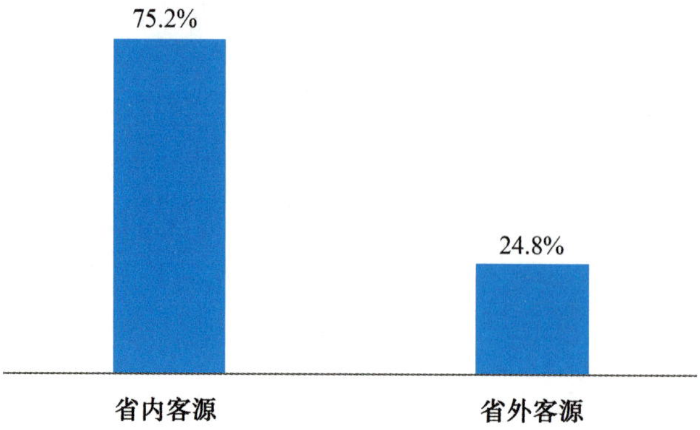

图 2 2021 年清明假期山东省客源市场分布

（王鹏　于金花）

2021年山东省“五一”假日旅游分析报告

2021年“五一”假日期间，全省文旅行业持续落实常态化疫情防控措施，不断提升旅游服务质量，游客出游热情高涨，文旅产品供需两旺，文旅行业复苏迈出“加速度”。根据全省旅游统计调查和客流与消费大数据测算，“五一”假日期间，全省16市共接待游客5067.0万人次，实现旅游收入403.8亿元，按可比口径分别比2019年增长5.7%和3.9%。

一、旅游客流消费实现双增

2021年“五一”假期连休五天，“补偿式休假”“报复式出游”特征明显，充足的假期时长、进一步释放的出游意愿、疫情防控形势持续向好等多重积极因素相互叠加，全省假日旅游市场大规模回暖，接待游客量、收入均超2019年同期水平，迎来2021年第一个真正意义上的客流、消费双高峰，实现了全面复苏。“五一”假期小型客车高速免费通行政策利好，高速车流量明显增加，“爆发式出游”使得全省高速车流量维持在高位，4月30日至5月4日，全省高速公路客车通行量达到1558.9万辆，比2019年同期增长19.6%。“五一”假期游客消费需求持续释放，消费意愿和消费能力趋向高位。假日旅游抽样调查数据显示，全省国内游客人均花费796.9元；被纳入全省监测的130家旅游景区接待游客1304.0万人次，实现门票收入3.5亿元，分别比2019年同期增长5.6%和6.4%；全省抽样调查的120个旅游住宿设施共接待游客28.6万人次，实现营业收入8165.9万元，分别比2019年同期增长6.1%和7.2%。

二、优质文旅产品供给多元

（一）非遗、民俗活动为“五一”假期添彩

假日期间，枣庄台儿庄古城组织开展丰富多彩的非遗演出，柳琴戏、运河大鼓等20多个具有当地特色的文艺演出轮番呈现，“五一”小长假前四天，台儿庄古城共接待游客38.1万人次。烟台开展非遗进景区活动，发动烟台剪纸、烟台绒绣、胶东花饽饽、葫芦烙画等30余个非遗项目的传承人在朝阳街所城里两街区、塔山风景区、牟氏庄园等进行非遗展演展销，展示“舌尖上的非遗”“指尖上的非遗”。济宁市文化馆举办“五一炫彩　非遗有约”非遗展示体验活动；尼山圣境景区开展明礼互动、华服换装、烟火秀等丰富多彩的活动；孔庙诗礼堂开启儒家雅乐展演；梁山水浒酒文化体验馆推出鲁西南非遗和乡风民俗展，1.1万件民俗、非遗藏品和婚礼等体验互动项目为游客送上了别开生面的文化盛宴。泰安市举办以“逛东岳庙会　赶非遗大集”为主题的“泰山东岳庙会”，80多项特色旅游、文化、民俗、经贸、非遗项目活动吸引了大批游客和市民。临沂沂蒙山银座天蒙旅游区举办“2021天蒙山国风嘉年华暨洛裳华服·新秀大赛”。聊城市在古城景区举办“遇见·聊城”大型非遗实景演出。滨州魏氏庄园开展赏非物质文化、体验鲁北传统特色演出活动。

（二）文旅惠民助力假日消费强劲复苏

“五一”假日期间，第五届山东文化和旅游惠民消费季深度挖掘全省各市特色文化和旅游资源，组织开展特色旅游、文艺演出、艺术展览、非遗体验、亲子互动、文创市集、艺术培训等各类文化旅游惠民活动1000余场次。济南市推出100多项文化和旅游活动，发放300万元文旅惠民消费券，综合带动消费1958余万元。淄博市通过银联“云闪付”App发放50万元“惠游淄博”文旅惠民消费券。烟台市文旅局通过“烟台文旅云”发放100万元文旅惠民消费券，蓬莱景区专线旅游巴士在牟平区、莱山区、开发区、蓬莱区沿途设多个固定乘车地点，方便游客乘车直达蓬莱各景区。潍坊市在假日期间发放80万元文旅惠民消费券，开展各类惠民消费活动、主题活动、文艺演出等活动100余项。济宁市文旅局发放40万元文旅惠民消费券，尼山圣境推出曲阜东站专用高铁自由行产品。日照市累计发放文旅惠民消费券50万元，引导假日文旅消费。

(三)文旅休闲活动丰富假日出游选项

假日期间,全省各地积极丰富假日旅游优质产品供给,满足游客个性化、多样化、品质化的文旅需求。济南市开展“骑”聚泉城·“乐”动五一主题系列活动,举办2021济南国际摩托车博览会暨首届泉城国际时尚文化旅游节,新产业、新业态、新模式等时尚生活元素吸引了大批摩友及新潮青年观展。枣庄举办仙坛山温泉小镇首届鲁南嘉年华艺术灯展。烟台市推出昆嵛山花开露营节、“爱悦仙境·鸥遇长岛”万鸟岛海鸥观赏等六大系列活动。潍坊市推出休闲采摘、文化活动、户外比赛、精彩表演等“七大主题过五一”系列活动。滨州市举行2021滨州迷笛音乐节,吸引了来自全国各地数以万计的乐迷。

(四)文创产品开启文旅融合新模式

“五一”假期省内热门旅游目的地相继发布文创作品,山东博物馆特别推出国宝探秘——齐鲁瑰宝系列考古盲盒,让游客体验考古乐趣。此外,“明湖雨荷”“泰山泰迪&敢当当”“岱下敢当”“潍坊好礼,风生水起”“日照绿茶,春风十里不如你”“去青岛,来杯原浆啤酒冰激凌吧”等齐鲁文创产品也相继推出。烟台市推出文创进景区活动,在渔人码头、蓬莱阁景区、戚继光故里景区等举办文创集市,蓬莱阁景区和戚继光故里景区开设古风集市、丝路“漫”画等游园体验项目,打造互动性和沉浸式游览空间。

三、红色旅游市场全线飘红

2021年恰逢中国共产党建党100周年,红色旅游备受游客追捧,全省各地积极丰富红色旅游产品供给,推出了精彩纷呈的红色旅游主题活动,红色旅游景区、文博场馆游览热度持续攀升,“红色”成为假期中最绚丽的色彩。“五一”假日期间,济南市举办“济南市青联献礼建党100周年”文化作品展,节前推出了19个红色研学基地和32条红色研学旅游线路。青岛市推出“穿越历史,红色记忆缅怀游”等9条特色主题红色旅游线路,涉及纪念馆、英雄故居、战斗遗址、红色文学、红色成就、海洋强国等45个红色旅游景点。枣庄台儿庄古城融合年轻群体中流行的“国潮”元素,开展“永远跟党走:峥嵘百年路·砥砺再前行”系列活动。烟台市开展以“胶东红潮　致敬百年”为主线的300余项精彩活动,推出8个系列20条“红色+”文化、党建教育、革命纪念场馆等旅游线路。潍坊昌邑市举办“庆建党百年　渤海走廊行”2021“红色骑迹”骑行活动。济宁市博物馆举行“五一”劳动节“小小红军运动会”活动，新、旧馆累计接待游客7200余人次。日照市举办庆祝中国共产党建党100周年沂蒙画派作品展。滨州市举办庆祝中国共产党成立100周年文旅惠民系列活动。“五一”小长假前四天，枣庄铁道游击队景区共接待游客17.60万人次，实现营业收入21.77万元，分别比2019年同期增长7.96%和18.89%。

四、夜间旅游产品人气趋旺

夜间旅游作为“五一”小长假出游的一大亮点，成为延长景区营业时间、促进游客消费的新引擎。假日期间，全省夜间旅游产品供给丰富，特色夜游产品人气火爆，吸引游客纷纷开启夜游模式，夜间旅游消费需求得到进一步释放。济南“泉城夜宴·明湖秀”在假日五天进行加演；大明湖游船、护城河游船和豪华游舫恢复夜航；方特东方神画推出的“大明潮玩节”系列活动吸粉无数，每天营业时间延长至12个小时；园博园景区举办2021济南迷笛音乐节，现场吸引近万名乐迷。东营孙子文化旅游区举办欢乐“五一”夜游季。烟台所有市直公共文化场馆夜间延时开放至20:00，集中推出“博物馆奇妙夜”“美术馆之夜”“夜游图书馆”等夜间体验系列活动，助力实现文化夜场消费带动效应。济宁曲阜市开通城区至尼山圣境旅游专线“游06路”，放大夜游经济效应；尼山圣境景区举办大型烟花实景秀；水泊梁山景区“武侠国潮节”主题活动增加原创舞台剧《忠义梁山泊》，夜间演出场次。蓬莱大型声光多媒体空间水舞秀——《仙缘·蓬莱》假日期间每晚进行演出，进一步丰富了游客的夜生活。泰安水浒影视城景区精心打造“大宋不夜城”夜间文旅产品。临沂费县开启银杏金街首届摇滚音乐节暨美食嘉年华、红云小镇海鲜烧烤广场电音狂欢节。聊城东昌府水上古城全新亮相，推出《聊城·奇缘》《聊城·画卷》夜场大秀以及光影水秀、大型实景演艺等娱乐项目。夜游经济拉长文旅产业链条，进一步延长了游客的驻留时间，问卷调查数据显示，“五一”假日期间，全省过夜游游客人均停留2.64天。

五、乡村旅游热度不断走高

“五一”假期，游客出游热情高涨，以乡村踏青赏花、果蔬采摘、农事体验、吃农家饭、住农家屋等为主题的乡村旅游活动成为热点。“五一”假期前，山东省文化和旅游厅全面推介精品文旅小镇、景区化村庄、星级民宿等微旅游目的地。“五一”假日期间，山东省文化和旅游厅在日照市举办“好客山东·乡村好时节”山东浮来青第四届茶文化节活动，莒县、岚山、东港同步启动茶文化节。烟台市启动“赶文化大集，建美好乡村”公共文化服务项目，各区(市)在20多个农村大集布局，推出了30余场特色文化惠民活动。济宁峄山风景区以“踏青赏花、登山祈福”为主题，推出“翠袖翩跹游峄山，奇石丛中赏花海”踏青活动；万紫千红水利风景区开启槐花采摘季。临沂费县利山涧举办首届水村野炊节，帐篷、野炊、音乐、烧烤、演出等活动为游客带来惬意的假日体验；德州乐陵市千年枣林游览区举办“骑行游枣林”主题活动，吸引了大批自驾游游客踏青、野餐、露宿。乡村民宿备受追捧，在乡野民宿享受田园生活，成为越来越多游客度假的首选，“五一”期间很多民宿都提前满房，济南泥淤泉西村的28户特色民宿早在节前就已被预订完毕，日照北海锦华禅茶客栈、云过山丘等精品民宿入住率均为100%。假日期间，全省重点监测的11家乡村旅游点共接待游客71.7万人次，实现门票收入1490万元。

六、智慧旅游带来出游新体验

2021年“五一”假期，全省各地积极搭建智慧旅游服务平台，丰富“云游”业态，推出智慧旅游主题活动，智慧旅游已成假日“标配”。“五一”假日前，“好客山东　云游齐鲁”智慧文旅平台(一期)正式上线；“慧游泰山·达观天下”泰安市智慧文旅平台正式上线支付宝，游客可通过支付宝首页进入“慧游泰山”小程序，体验AR景区讲解打卡、慢直播、智能客服答疑、智能助手全程服务等创新功能。“五一”假日期间，齐鲁云剧场推出“云”展演，观众可线上观看经典剧目。济南方特东方神画王牌项目《孟姜女》全新升级，融合真人表演、3D投影，为游客带来更出众的沉浸式欣赏体验，假期前四天，济南方特东方神话景区共接待游客6.2万人次，实现营业收入1330.9万元。枣庄铁道游击队景区推出无人机表演、裸眼3D秀、震撼烟花秀；台儿庄古城景区通过大数据中心对客流量时段分布、客流高峰、客流热力图分布等进行实时监控，制定景区线路图，合理规划旅游线路。烟台市依托“烟台文旅云”、微信公众号等网络平台，推出胶东红潮“五一”假日红色剧场、“五一”红色阅读专场等五大系列云端服务；烟台朝阳街“微醺世界”体验馆正式开放，将VR科技、灯光布景和空间陈列相结合，为游客带来“微醺”体验。潍坊市杨家埠民俗灯会应用电脑灯、激光灯、光束灯等新型亮化技术，为游客带来视觉盛宴，假日前四天，杨家埠民间艺术大观园共接待游客4.3万人次，实现营业收入82.21万元。曲阜“三孔”景区通过人工智能叠加客流引领效应，创意推出“三孔探秘方略”研学旅游线路，串联线下实景和线上人文故事。临沂费县天蒙景区沉浸式汉服情景巡游剧每日上演。

七、假日个性化旅游需求旺盛

“五一”假期期间，山东省进一步丰富省内游、自驾游、家庭亲子游等旅游产品供给，自驾游、亲子游、家庭游持续升温，本地周边游仍为主体，省外游增长趋势明显。

（一）自由行占据主流，自驾游人群占据主体

从旅游组织方式看，虽然各地不再限制组织和接待团队旅游者，但假日旅游市场仍然以散客、自助、自驾游为主。假日期间，高速公路对7座及以下小型客车免收过路费，自驾游成为游客出行首选。问卷调查数据显示，“五一”假日期间，个人、家庭或亲朋结伴自由行占92.52%；全省自驾、租车出游占56.76%，自驾人群以22—45岁中青年游客为主，占59.68%，他们是自驾出行的绝对主力军。

（二）本省游仍为主导，跨省游比例明显增加

2021年“五一”放假5天，游客出行、出游意愿强烈，省内客源市场仍占据主导，跨省游比例明显增加。问卷调查数据显示，“五一”假日期间，山东省内游客占72.07%；省外游客占27.93%，比2020年增加4.53个百分点，其中河北省、河南省、江苏省为省外三大客源市场。假期5天，停留3天的游客比重最高，为26.92%；省外游客停留天数以3—4天居多，省内游客停留天数集中在1—2天。

（三）亲子游需求旺盛，家庭游势头火热

“五一”假期，一系列具备家庭亲子属性的动植物园、城市公园、主题乐园、文博场馆热度持续攀升，带着孩子去研学旅行、亲近自然成为众多家庭的首选。问卷调查数据显示，“五一”假日期间，3人家庭游在所占比重上位居各类家庭游的中心位，占比37.97%，亲子游、家庭游人群已成为假日旅游消费市场的主力。

（刘秀娟　王鹏）

2021年山东省端午假日旅游分析报告

端午佳节，粽叶飘香。端午假日期间，全省文旅系统突出抓好疫情防控和安全生产工作，丰富假日文旅产品供给，游客出游需求旺盛，假日文化旅游消费活力尽显，文旅产业提振复苏进程加快，全省文化旅游市场运行繁荣有序、安全稳定。据调查统计测算，2021年端午假日三天，全省16市接待游客2179.5万人次，实现旅游总收入109.3亿元，分别比2020年增长82.9%和108.8%，分别恢复到2019年同期的95.1%和91.9%。全省端午假期旅游市场运行呈现如下特点。

一、文旅活动异彩纷呈，惠民举措温暖人心

端午节是上半年的最后一个小长假，假日期间，全省各地举办了一系列参与性、互动性强的文化旅游活动，推出了一系列文旅惠民措施。济南市推出了生态游、民俗游、亲子游、采摘游和文化游五大系列100多项丰富多彩的文化旅游活动和优惠措施；泰安市发放20万元文旅通用券；日照市发放30万元文旅惠民消费券。各地日渐兴起的音乐节也成为激起年轻人出游意愿的新亮点，端午假期，济南九如山2021年荷尔蒙音乐露营节、青岛即墨麦田音乐节、东营草莓音乐派对活动等轮番登场。各地景区针对高三毕业生推出了专属优惠活动。东营黄河口生态旅游区针对参加2021年中、高考的全国考生推出免门票活动，潍坊金宝乐园推出高考季·金宝情学子免票活动，高考学子持准考证全部免费入园；沂蒙山银座天蒙景区推出毕业季减压游——中、高考学生免费游活动；聊城阳谷县景阳冈旅游区、狮子楼旅游区、蚩尤陵旅游区对2021年中、高考生推出免费入园活动；滨州惠民县孙子兵法城、武定府衙景区推出持中、高考准考证原件免费入园的优惠政策。

二、非遗文化魅力尽显，民俗旅游人气置顶

端午节是中国四大传统节日之一，2021 年 6 月 12 日又恰逢全国第 16 个“文化和自然遗产日”，包含端午文化、非遗和民俗元素的旅游产品备受游客青睐。假期第一天，山东省启动 2021 年“文化和自然遗产日”主场城市活动暨“红色文化主题月”活动，全省各市纷纷开启 2021 年“文化和自然遗产日”系列活动。济南市举办 2021 年“文化和自然遗产日”暨山东非遗购物节“寻味齐鲁——百城千味”非遗特色美食端午节进景区展示活动；济宁市启动 2021 年“文化和自然遗产日”“红色文化主题月”和非遗宣传展示活动；日照市启动第四届非物质文化遗产博览会 。端午假期，全省各地推出了极具特色的民俗文化活动。济南举办 2021 中国 · 济南第 21 届明湖龙舟文化节暨济南市第 11 届全民健身运动会龙舟赛，方特东方神画景区开启端午民俗文化节；青岛举办端午“冰山之角”首届汉服文化节；枣庄台儿庄古城景区举办第五届中华端午文化节；烟台蓬莱八仙过海度假区开启“端午游园会”系列活动；威海成山头景区举行第 11 届成山头吃会，游客在民俗体验区免费体验刺五毒、投壶、击铜钱、艾蒿洗礼等传统民俗；日照推出以包粽子、赛龙舟、登山祈福等传统民俗为特色的近 30 项文化旅游节庆活动。端午假期，台儿庄古城景区共接待游客 18.16 万人次，实现营业收入 806.50 万元。

三、特色旅游备受青睐，避暑亲水游渐升温

端午假期，避暑亲水游、文化体验游、夜间旅游、端午高考游、乡村旅游等特色旅游备受游客青睐。假日期间，全省多地发布高温黄色预警，避暑休闲成为假日主题，海滨城市、文化场馆等成为游客的避暑佳地。济南近郊河道纷纷开启亲水纳凉季，红叶谷景区推出“22℃森林避暑季”寻找名泉之旅，九顶塔举办第 19 届傣族泼水节活动，石崮寨景区举办泡泡戏水节；泰山花样年华景区开放水上乐园；临沂兰陵国家农业公园的七大智能展馆常年恒温 21℃，让游客体验清凉一夏。在文化场馆看展览、看演出，参加体验活动也成为游客的热门选择。山东省图书馆推出“红色经典文献图片展”，山东美术馆推出“山东美术馆馆藏革命历史题材作品展”，山东省文化馆推出“百年奋斗路 铸就大中华”庆祝建党百年书画展，吸引了众多游客参与体验。夜幕降临，济南解放阁、黑虎泉、宽厚里成为众多年轻人争相打卡的“网红”地；烟台福山大集夜市于假期首日开市；泰安老街夜市继续开放；滨州魏集古村落景区让游客沉浸式感

受光影互动，开启梦幻萤火虫之夜。与2019年端午节撞上高考日不同，2020年端午节恰好高考结束，学生高考游成为端午出游热点。调查数据显示，端午假期学生出游比例为9.4%；与同学、家人组团爬山成为高三毕业生的热门选择，假期前两日，泰山景区累计接待进山游客4万人次，其中6月13日晨山顶观日出游客约1.4万人，中天门出现短时拥挤，但未触及游客接待量的三条红线。端午假期，年轻人偏爱乡村游、小众游，民俗风情浓厚的古镇古村备受游客追捧，乡村采摘游热度不减。潍坊青州王坟镇胡林古村、庙子镇圣峪口村等引来大批喜爱山地森林休闲和古村民俗的游客；临沂压油沟推出了第二届原乡水音季活动；聊城鲁西葡萄生态观光园举办时令果蔬采摘活动。假日期间，全省重点监测的11家乡村旅游景区共接待游客36.14万人次，实现营业收入798.35万元。

四、全家同游、亲子“遛娃”成出游新风尚

端午佳节，丰富多彩的文旅产品成为居民家庭游的“主菜”。调查数据显示，有近五成的游客选择和家人一起出游，和子女、父母一起过节的全家同游模式成为假日出游主流模式。假日期间，游乐场、动植物园成为“遛娃”的热门目的地。济南融创文旅城、童梦奇缘等目的地备受家庭亲子游客欢迎，仅端午假日第二天，融创文旅城就接待游客13万人次；烟台蓬莱推出“全家粽动员”亲子研学、“粽情一夏”走进大学系列活动，蓬莱欧乐堡梦幻世界在魔幻城堡举行“祈福纳吉五彩缕”现场编织活动，小朋友可免费参加；滨州无棣县古城马戏狂欢主题乐园盛大开园。端午节临近“七一”，2021年又恰逢中国共产党建党100周年，红色旅游热度高涨，全家一起去红色旅游景点重温红色记忆、追寻红色足迹、品味红色文化成为端午出游新风向，铁道游击队纪念园、莱芜战役纪念馆、大青山胜利突围纪念馆、孟良崮旅游区等红色旅游景区备受追捧，济宁金乡策划推出的“红色文化＋民俗体验”“红色文化＋山水生态”等红色旅游路线深受欢迎。端午假期，山东省重点监测的5家红色旅游景区共接待游客31.96万人次，实现营业收入21.43万元。

五、不出远门渐流行，短途周边游持续走俏

2021年端午假期连休3天，受假期高速不免费、疫情防控、假期时长限制、与“五一”假期的间隔较短、麦收季等因素影响，自驾游、短途近郊游、探亲游成为主要出游方式，省内周边游继续唱响主角。端午假期全省天气以晴为主，但在假期第三天全省

迎来阴雨天气，在一定程度上影响了游客出行及返程。根据端午假期游客问卷调查数据，来山东省旅游的国内游客中，省内游客占比高达87.0%，江苏、河南、河北是三大省外客源地。从游客年龄看，呈现年轻化趋势，22—45岁的中青年游客成为出游主力军，占61.4%。从出游目的看，游客出游以观光游览、休闲度假、探亲访友等目的为主，合计占93.5%。从旅游组织方式看，自由行需求强劲，比重高达93.7%。从出行方式看，自驾游继续领跑市场，占59.0%。

（刘秀娟　郑沛）

2021年山东省中秋假日旅游分析报告

2021年中秋假日期间，全省文旅系统在统筹做好疫情防控、安全生产、服务保障的基础上，营造节日出游环境，创新假日旅游活动，丰富旅游产品供给，全省文化旅游市场运行规范有序、安全稳定。根据全省旅游抽样调查和客流大数据测算，2021年中秋假日期间，全省16市共接待游客1206.0万人次，实现旅游收入71.9亿元。受新冠肺炎疫情、天气差、高速过路费不减免、与国庆假日相隔较短等因素影响，游客接待量和旅游收入分别恢复至2019年同期的60.8%和51.5%。

一、供给丰富多元，假日市场活力彰显

中秋假日期间，全省16市的各大景区、度假区以及文化场馆举办了近百项精彩纷呈的旅游活动，成为满足居民假日出游需求、展示全省文化旅游资源的重要载体。大明湖景区推出大明湖·湖畔月色主题游，让游客乘坐画舫游船赏月、赏灯，看人、看景，度过浪漫的中秋假期；台儿庄古城景区开展拜月大典、双月闹中秋、提灯游园会、民俗闹中秋等节庆活动；青岛海昌极地海洋公园等景区景点举行了中秋限定表演等活动。第二届中国国际文化旅游博览会于9月20日闭幕，历时5天，在展览规模、省(区、市)参展数量、活动数量、交易额、宣传效果、直播带货数量上均创下历届之最。总体来看，全省节日气氛浓厚。景区监测数据显示，中秋假日期间，被纳入全省监测的202家旅游景区接待游客304.5万人次，实现门票收入4939.0万元。

二、中秋特惠不断，惠民措施贴心、给力

全省以第五届文化和旅游惠民消费季为契机，打出文旅惠民“组合拳”。中秋节

前夕，第五届山东文化和旅游惠民消费季“齐鲁 IP 创意节暨‘鹊华秋色’数字沉浸展”亮相第二届中国国际文化旅游博览会。第五届山东文化和旅游惠民消费季以“智慧文旅·惠享生活”为主题，推出八大主题活动，以“IP＋数字”赋能山东文旅惠民季。各市纷纷启动文化和旅游惠民消费活动，发放消费券，拉动消费，释放市场潜力。济南市同步举行 2021 年金秋消费季，9 月 18 日晚在全市范围内发放 500 万元惠民消费券；泰安市、东营市分别发放 10 万元消费券。另外，各大景区、文化场馆纷纷推出惠民措施，9 月，烟台市文旅局举办 2021“鲜美烟台嗨游惠”，烟台蓬莱阁景区、长岛风景区、昆嵛山国家森林公园等 10 家景区免费，中秋期间客流络绎不绝。全省景区监测数据显示，仅假日首日，蓬莱阁景区就接待游客 2.3 万人次，实现营业收入 38.2 万元；日照海洋公园推出了“中秋畅游到年底”畅游卡优惠活动，游客在有效期内可以无限次入园。

三、文旅融合深化，非遗、民俗大放异彩

中秋节是传统佳节，全省 16 市各大景区、度假区以及文化场馆纷纷举办非遗展览、拜月大典演艺活动、中秋诗歌会、民俗文化展演、汉服展演等以山东非遗文化以及传统民俗为体现形式的主题活动，以节庆活动为契机打造山东特色文化黄金名片。济南市百花洲历史文化街区举办百花洲·“花好月圆”非遗主题展，济南市文化馆举办“月圆中秋·情系非遗”济南市中秋非遗体验活动，印象济南·泉世界举办第四届中秋拜月大典；烟台长岛景区推出国家级非物质文化遗产《长岛渔号》大型实景演出，让游客完整领略渔民从出海前到在船上劳作再到丰收归来的各个场景；济宁尼山圣境景区推出“中秋之趣”“中秋之礼”“中秋之‘尼’”“中秋之夜”“中秋之飨”“中秋之憩”等具有中秋特色的文化产品；日照市东夷小镇举办了打月饼、尝美食、制花灯等活动。活动精彩纷呈，民俗游市场迎来高潮，假日期间，长岛风景区接待游客 3.2 万人次，实现营业收入 21.9 万元；尼山圣境接待游客 0.9 万人次，实现营业收入 37.8 万元。

四、返乡探亲迎高峰，短途出行唱主角

2021 年中秋与国庆黄金周间隔较短，加上高速公路不减免收费，市内休闲游、短途近郊游成为游客主要出游方式。中秋是传统团圆节日，返乡探亲游需求强烈。根据全省中秋假日游客问卷调查数据，全省接待的游客中，以省内游客为主，占比 76%，其中“本地人游本地”的市内游客占比 37%，省内市外游客占比 39%；省外游客占比

仅 20%多。从出游目的看,以观光游览、休闲度假、探亲访友等目的为主,占 84.6%。从旅游组织方式看,自由行需求强劲,比重高达 80.3%。从出行方式看,超 50%的游客自驾出行。

五、家庭游、亲子休闲游持续走俏

全省中秋假日游客问卷调查数据显示,有近 60%的人选择和家人一起出游;22—45 岁中青年游客成为出游主力军,占比 58%。与此同时,与子女、父母一起过节的家庭、亲子假日出游模式持续走俏。中秋假日前两天,全省大部分是阴雨天气,受天气影响,主题乐园、文博场馆等室内休闲游乐场所人气火爆,备受游客青睐。济南融创文旅城推出 IDO 动漫游戏嘉年华活动,给游客带来与众不同的中秋体验,假日期间接待游客 16.7 万人次,实现营业收入 1062 万元;中秋节第二天,济宁市图书馆举办了"中秋探月——关于月球的那些事儿"图片展,参与人数达 300 人;烟台少年儿童图书馆推出"巧手做月饼,制礼盒"亲子活动,莱山区文化馆推出中秋月饼制作亲子大课堂,让孩子们体验制作传统月饼的乐趣,增进亲子沟通交流。

(王鹏　刘秀娟)

2021 年山东省国庆假日旅游分析报告

国庆期间，全省各级文化和旅游部门积极统筹疫情防控和旅游管理，丰富旅游产品供给，推出便民惠民举措，营造文明旅游秩序。国庆前三天迎来客流高峰，后四天全省各地普降小到中雨、大雨，气温偏低，给旅游客流带来一定的影响。2021 年国庆期间，全省接待游客 6003.5 万人次，实现旅游总收入 415.1 亿元，分别恢复到 2019 年同期的 85.8％和 71.6％。现就国庆假期全省旅游发展情况分析如下。

一、统筹部署，旅游市场秩序井然

(一)常态化疫情防控紧抓落实

各地市落实假期领导带班制度，加大宣传力度，通过多种渠道及时发布有关疫情防控和旅游安全的提示，确保常态化疫情防控落到实处，严防形式主义、走过场，做好属地管理，加强一线安全生产督查。

(二)“无预约不出游”渐成常态

2021 年国庆假期，各地景区仍遵循“限量、预约、错峰”的要求。泰山景区按照“预留空间、确保安全”原则，根据实际确定国庆假日景区单日最大承载量为 8.55 万人、景区瞬时最大承载量为 5.25 万人、岱顶瞬时最大承载量为 1.9 万人、岱庙景区单日最大承载量为 3 万人。游客需实名、分时段限量、预约购票。

(三)智慧化服务提升游客体验

全省智慧化景区建设成效显现,通过线上、线下联动,开展智慧化营销与服务。"三孔"、尼山圣境等热门景区应用客流预警与疏导引流系统提升服务能力。印象济南·泉世界应用5G+AR人物合影使游客穿越时空,与心仪的历史人物和动漫形象合影留念;千佛山景区应用5G全景直播让游客360度地观赏到独具特色的山顶美景。

(四)公益惠民助燃文化旅游消费热情

济南市发放500万元文旅惠民消费券,组织开展系列主题活动,优惠范围涵盖景区门票、影票、文创产品、旅游线路、图书、非遗民俗等众多品类。济南市民可以通过微信小程序"贴票票"领取文旅惠民消费券,然后在平台下单进行消费。景区门票优惠购、特价观影等惠民活动吸引力较强,补贴力度空前,极大地带动了市民游客节日文旅消费热情。菏泽市市直文艺院团启动百场公益惠民演出,国庆期间连续在鲁西南记忆旅游度假小镇呈现精彩演出。潍坊市推出"一元游潍坊"等线上活动;曲阜"三孔"景区和尼山圣境、淄博博山陶瓷琉璃艺术中心等多个景区推出了门票优惠政策。

二、供需两旺,消费经济持续回暖

全省旅游系统充分准备,旅游产品丰富多样,各地同时出台优惠措施来吸引游客出游,"就地过节"成为消费主流,全省热门旅游目的地、热门景点景区和"网红"打卡地、各类文化场馆客流和消费均保持高位、有序运行。

(一)旅游活动丰富多彩

全省深化旅游供给侧结构性改革,部门联动提供丰富多彩的旅游产品和活动。省体育局和省文旅厅联合发布"十一"黄金周山东体育旅游精品线路,涵盖9个地市。随着旅游消费需求日益多元化,除了传统的旅游景点推出各类旅游活动外,各类度假综合体、主题乐园、房车营地、"网红"民宿也纷纷推出新玩法来吸引游客。山东省科技馆中"森林物语·虫现江湖——大型热带雨林实景生态展"免费对外开放。尼山圣境推出丰富多彩的体验活动,尼山讲堂互动体验区,利用无人机告白祖国,琴瑟国乐快闪、亲子手作、超级烟火秀，金秋“十一”精彩不断。蓬莱推出“相约仙境　共庆华诞——我与祖国共奋进”2021 国庆主题系列活动。台儿庄古城景区民俗演艺活动精彩不断，地方代表性非遗竹马会、气势磅礴的威风锣鼓、奔放热烈的高跷秧歌、活灵活现的舞龙在锣鼓声中争先亮相。济南方特东方神画推出国潮盛典主题演艺和爱国主题无人机天幕秀；济南市融创文旅城、华侨城欢乐荟、开心麻花剧场等推出一批新项目开门迎客，成为众多市民游客的打卡地。青岛市市南区举办 2021 青岛海洋婚恋文化周，潍坊青州市举办“国字号”活动 2021 青州书画年会，烟台市举办国际海岸生活节“生命起点　蓝色海洋”创意大赛，吸引了大量游客。假日旅游调查数据显示，国庆假日前 6 天，全省监测的 310 家景区接待游客 1739.8 万人次，实现营业收入 11.3 亿元。

（二）旅游客流逐渐回升

受疫情影响，公众的暑期旅游需求未能释放，“补偿式出游”意愿强烈，游客的消费信心进一步增强。国庆假日前六天，全省高速公路客车通行 1718.8 万辆，同比增长 8.1%；全省三大移动电话运营商监测的市外手机漫入省内各市的手机用户 3265.7 万人次。假日旅游调查数据显示，最积极的出游人群集中在男性以及“80 后”“90 后”。男性游客占比 56.1%，高出女性 10 多个百分点。“80 后”“90 后”继续领跑“十一”，23—45 岁游客占比 55.8%。“00 后”对旅游市场的作用逐渐凸显，22 岁以下游客占比 16.4%。

（三）假日旅游消费拉动明显

“十一”前夕，省级财政在前期已安排资金 1000 万元的基础上，再安排 2000 万元，用于引导、支持各地发放文旅惠民消费券，采用“通用券＋定向券”交替发行的形式，进一步拉动国庆节日期间文化旅游消费需求。假日旅游抽样调查数据显示，国庆期间游客人均花费 691.4 元；根据全省银联消费大数据综合测算，9 月 30 日至 10 月 4 日，全省旅游综合消费 201.8 亿元。

三、建党百年，红色旅游热度高涨

2021 年，举国上下庆祝建党 100 周年，红色旅游迎来新的发展机遇，主打红色主题的景区备受游客青睐，红色主题活动丰富多彩，以爱国教育为主题的红色旅游也越来越普及。

(一)文化场馆、景区红色主题突出

国庆期间,山东文旅以“打卡齐鲁红——寻访山东红色地标”为主题,宣传推广刘公岛甲午战争纪念地、青岛海滨风景区、红色刘集旅游景区、沂蒙山旅游区、铁道游击队纪念园等山东红色旅游资源,通过微博、微信公众号推广宣传,组织线上打卡活动。与此同时,线下打卡红色展成为假期“爆款”,旅游景点客流高峰凸显。山东美术馆以“画述百年”为主题,举办馆藏革命历史题材作品展;山东省图书馆组织“金秋送爽,喜迎国庆”主题推荐书架;山东省文化馆举办“国泰民安　花好月圆”——山东省欢度中秋·喜迎国庆书法作品展;山东博物馆举办“让党旗永远飘扬——山东省庆祝中国共产党成立100周年主题展”。烟台海阳地雷战景区、临沂孟良崮旅游区、威海中国甲午战争博物院等多个红色旅游景区人气高涨,红色文旅体验游备受追捧。

(二)红色文旅主题活动异彩纷呈

全省多地红色旅游景区人气高涨,主题活动丰富多彩,人们在游览中厚植家国情怀、传承红色精神、汲取精神动力。枣庄市通过铁道游击队纪念馆布展、景区红色情景剧演艺、“国风当红”汉服巡游、非遗传承文化展、任性涂鸦诉心愿等活动吸引大批游客纷至沓来,游客们感受红色历史,接受思想洗礼。青岛崂山风景区举办“巨幅国旗献礼”活动,游客与景区工作人员共同托举一面30米×20米巨幅国旗,高唱《歌唱祖国》。枣庄铁道游击队影视城上演《酒馆锄奸》《沙沟受降》《拍戏表演》等铁道游击队系列情景剧,再现红色经典,使游客近距离感受抗日英雄的气概,感悟抗战精神。全省监测景区数据显示,国庆假日前6天,铁道游击队景区接待游客8.1万人次,实现营业收入17.3万元。

(三)红色乡村旅游备受青睐

中国革命从农村出发,许多革命老区、红色旅游资源都集中在农村地区。结合了红色与乡村特色的旅游路线普遍受到游客喜爱,国庆期间吸引了大批游客“打卡”。沂蒙红色影视基地2021年门票订单量相比2019年同期增长数倍,基地打造了沉浸体验剧《沂蒙四季·红嫂》,吸引大批游客观看、体验,成为沂蒙红色文化旅游新亮点。费县打造《沂蒙山小调》诞生地、大青山胜利突围纪念馆、苏鲁豫皖边区特委纪念馆、抗大一分校系列纪念地等4处红色景区,培育“《沂蒙山小调》诞生地　沂蒙党性教育示范区”红色旅游品牌,让游客在游览中感受红色历史、汲取红色精神。朱村红色旅

游区正式建成开放，游客不仅可以了解革命历史，还能体验非遗柳编的制作过程，品尝特色美食。

四、就地过节，“微度假”成旅游业态新时尚

国庆期间，因局部地区疫情反弹以及提倡“就地过节”，游客的目光从远方转向身边，探索城市的新景点，体验新的玩乐方式，享受亲子时光，品尝精致的美食，“微度假”成旅游业态新时尚。

（一）周边游订单是节前的 8.6 倍

根据某在线旅游平台统计，2021 年国庆期间周边游订单是节前的 8.6 倍。通过假日旅游调查客源数据分析，国庆假日全省接待的省外游客占比 22.7%，省内游客占比 77.3%。周边游围绕城市近郊、主题公园、特色古城、博物馆等。国庆假日前 6 天，城市主题乐园迎来一波游玩高潮，青岛方特梦幻王国接待游客达 4.6 万人次；德州泉城海洋极地世界景区接待游客达 7.3 万人次。古城同样成为热门目的地，全省监测的重点景区，接待量排前 10 位的景区中，古城景区占据三席，其中，青州古城接待游客 51.6 万人次，莒国古城接待游客 45.1 万人次，台儿庄古城接待游客 35.0 万人次。

（二）夜经济成为重要消费拉动力

国庆期间，游客出行正在由“日”向“夜”延伸，实现全面覆盖。在夜游主题标签中，主题公园、实景演艺、古镇、夜市以及城市观光位列前五。文化加持夜游经济，古镇古村成为当今精彩夜生活的聚集地。各地文化和旅游部门纷纷推出夜间惠民消费活动，丰富夜游产品供给，景区延长开放时间，夜游人气持续上升，夜经济进一步升温，助力旅游消费回暖。枣庄台儿庄古城“十一”节庆活动，夜间一场场独具特色的运河文化表演在这里上演。济南市集合明湖秀、游船、旅游巴士等夜游项目，打造泉城夜生活图鉴，通过打卡、推介等方式带动旅游消费。临淄齐都文化城继续开展夜光游，蹴鞠小镇举办光影秀，展现太公湖秀美夜景。威海韩乐坊夜经济集聚区、新威附路文化艺术街区、那香海夜经济集聚区、威高海洋馆的夜场活动深受市民和游客喜爱。假日旅游调查数据显示，“2 天 1 晚”“3 天 2 晚”“4 天 3 晚”的游客合计占比 86.4%。

(三)"亲子游"向沉浸式品质化跃升

受天气影响,"囤酒店""宅酒店"成为旅游家庭的首要选择,同时,游客在亲子度假酒店的消费更高,酒店和景点提供的高品质、高性价比的亲子产品很受欢迎。齐河欧乐堡骑士度假酒店成为最受欢迎的周边亲子度假酒店之一。济南融创文旅城创新、创意不断,巨型朋克木偶剧全国首演、水上电音夜、千人狂欢派对、沉浸式人鱼传说表演、红人计划之街头艺术大赏等 26 场丰富多彩的主题活动轮番上阵,可容纳 2000 人入座的海豚剧场上演着深受孩子们喜爱的海豚、海豹表演,分分钟"萌爆"现场,持续激发市民游客的消费热情,国庆假日前 6 天接待游客 53.7 万人次。济南野生动物世界推出"门票+热气球""门票+民宿"等多款"网红"产品联票以及亲子套票产品,国庆假日前 6 天接待游客 5.9 万人次。在威海荣成柒彩欢乐谷,大喇叭滑梯、蛛网城堡、彩虹跑道、丛林穿越等十几种沉浸式体验项目,满足了假日里家庭户外活动和不同年龄段孩子的娱乐需求。

(四)乡村游产品多样化,多举措拉动消费提升

济南市策划推出乡村游活动近百项,章丘区三涧溪村推出"游玩黄金周,乐动三涧溪"国潮飘雪美食节,特色美食与游乐项目相结合,场面十分火爆;齐长城乡村文化艺术节,休闲娱乐、非遗展演、乡野灯光秀、乡野摄影展、乡野音乐节、乡野民宿体验、美食品尝等,让游客尽享乡村文化盛宴。曲阜市顺势推出了石门登山游、慢城休闲游、吴村采摘游、仙河花海亲子游、石门康旅度假游等周边"微度假"旅游产品,吸引了游客前来游玩。东营市推出"东营人游东营"暨"乐享金秋"旅游主题系列共 11 项活动,推介人气赏秋风情之旅、生态探秋摄影之旅、沿黄寻秋自驾之旅、近郊品秋采摘之旅、金秋秘境研学之旅等 5 条精品线路。菏泽市中国牡丹园、东明黄河故道植物园等迎来较多游客。烟台市张裕卡斯特酒庄举办第十三届风情采摘节。滨州市推出沾化区第三届农民丰收节、冬枣游园休闲采摘等活动。全省各 A 级旅游景区、旅游特色镇、特色村以及各类采摘园、农家乐的游客络绎不绝。国庆假日前 6 天,全省监测的 44 家乡村旅游景区接待游客 165.6 万人次,实现营业收入 7339.8 万元。

(五)民宿引爆市场需求热点

近年来,民宿迎来改革新机遇,山东省文化和旅游厅等 14 个部门印发《关于促进旅游民宿高质量发展的指导意见》,突出旅游民宿集聚效应,引导旅游民宿连点串线

成片发展，独特的民宿体验成为消费新热点。“十一”黄金周，“周边游”“微度假”捧热民宿市场，全省很多特色民宿早已被预订一空，多个民宿的客房价格相比上半年均有不同程度的上浮，涨幅普遍都在30%以上，抢手房源的浮动比率则更高。济南新培育打造的近500家精品民宿院落，在国庆期间成为游客休闲度假的首选，以九如山民宿群落为代表的高端精品民宿更是炙手可热，国庆假日前3天，民宿入住率均达到100%。临沂市古村落、麦山小院、爱琴海、天圆地方等民宿预订火爆，沂蒙山舍、沂蒙云舍和竹泉村、压油沟等景区精品民宿一房难求。

（刘秀娟　于金花）

地市篇

2021年济南市旅游业调查分析报告

2021年，济南市文化和旅游系统在市委、市政府的坚强领导下，聚焦黄河战略、建党百年、文化济南三大主题，围绕中心、服务大局，统筹抓好疫情防控与文旅经济恢复振兴，整体建设全面提升，特色亮点精彩纷呈，旅游市场积极向好，市场主体踔厉奋发，游客接待量和旅游收入持续恢复，实现了“十四五”良好开局。

一、旅游经济总体运行情况

(一)总体旅游经济运行“止滑回升”

2021年，在国内大循环和国内国际双循环的旅游经济新发展格局下，旅游经济“止滑回升”，旅游业整体向好且复苏逐步提速，为旅游经济复苏打下了坚实的基础。根据旅游统计调查和客流与消费大数据测算，2021年，济南市共接待游客8192.73万人次，同比增长35.44%(见图1)；实现旅游总收入983.91亿元，同比增长40.00%(见图2)。

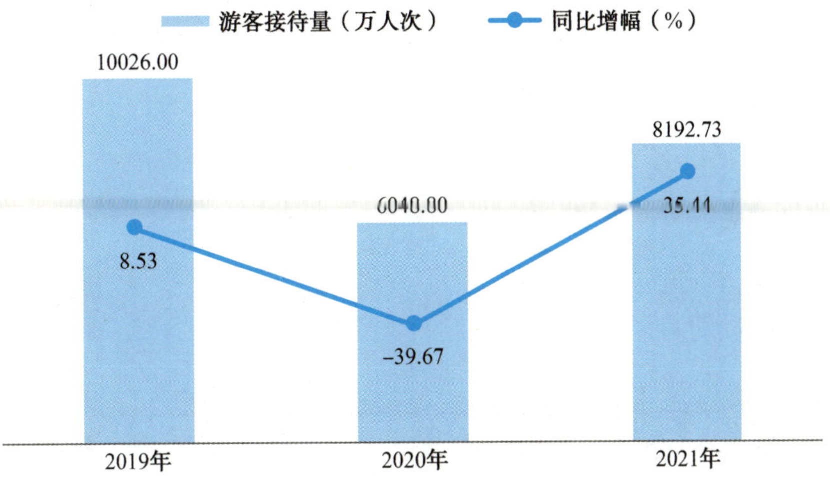

图1　2019—2021年济南市游客接待量及同比增幅

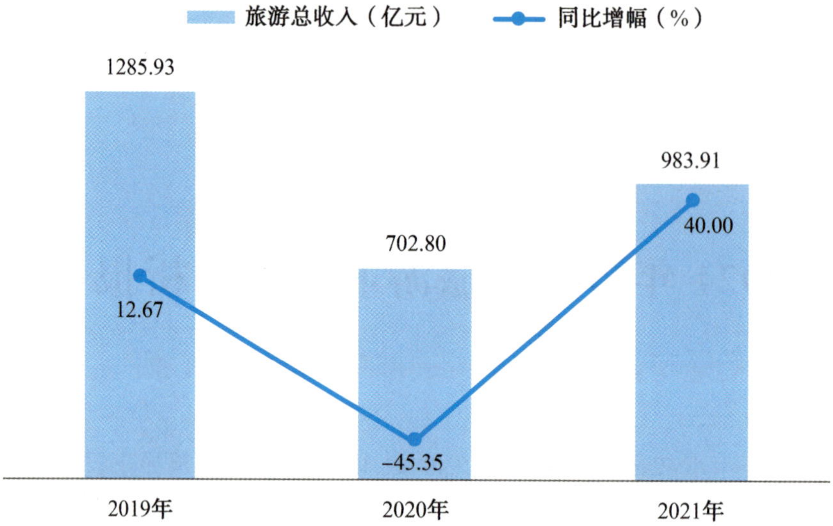

图 2　2019—2021 年济南市旅游总收入及同比增幅

(二)季度旅游经济复苏"前快后慢"

一季度，国内旅游市场稳步回升，居民出游意愿从"谨慎"转向"相对谨慎"，游客消费信心持续恢复，旅游市场接近疫情前同期水平。二季度，游客接待量、旅游总收入分别恢复至 2019 年同期的 107.34%、104.81%，旅游市场全面复苏。下半年，新冠肺炎疫情点状散发，2021 年年底，新的变异毒株奥密克戎又一次席卷全球，上半年稳步回升的旅游市场态势未能持续。从游客接待量、旅游总收入恢复至 2019 年的比例情况来看，旅游总接待量复苏表现要好于旅游总收入复苏情况(见图 3)。

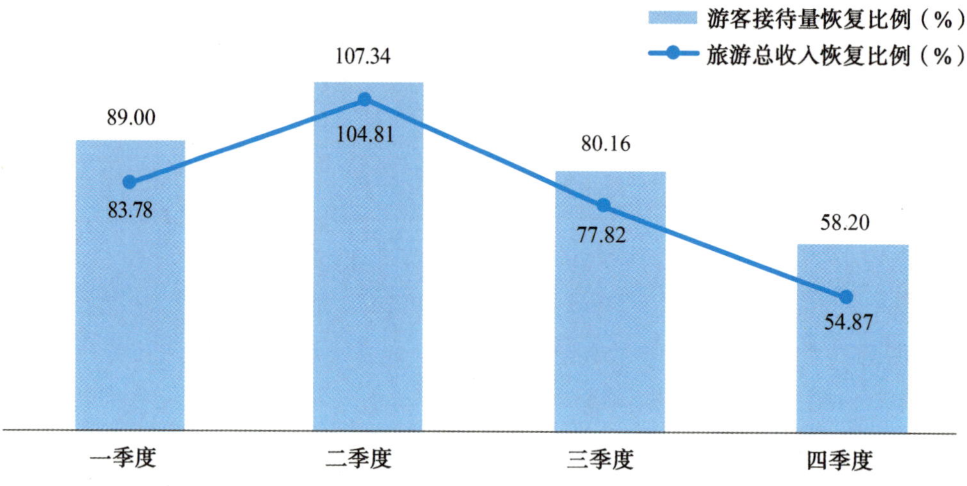

图 3　2021 年济南市游客接待量、旅游总收入较 2019 年同期恢复比例

二、旅游产业发展亮点

(一)旅游产业核心供给结构趋优

一是旅游产业核心供给多元。2021 年,济南市新评定 2 家 4A 级景区、6 家 3A 级景区。截至 2022 年 1 月,济南市共有 A 级景区 86 家,其中 5A 级景区 1 家、4A 级景区 17 家、3A 级景区 49 家、1A 和 2A 级景区 19 家。莱芜区获评第三批山东省全域旅游示范区。截至 2021 年年底,济南市共有章丘区、长清区、历下区、莱芜区 4 家省级全域旅游示范区,章丘区 1 家国家级全域旅游示范区。索菲特银座大饭店、山东中铁国际旅行社有限公司获评第一批省级文明旅游示范单位。截至 2021 年年底,济南市共有星级饭店 49 家,其中,五星级饭店 5 家,四星级饭店 20 家,三星级及以下饭店 24 家。

二是文旅消费活动拉动力不断提升。2021 年,济南市获评首批全国文化和旅游消费示范城市,历下区、章丘区分别成为首批省级文旅消费示范区、试点区。济南市开展第五届文旅惠民消费季,发放消费券 2000 万元,带动文旅消费 1 亿多元。

(二)客流与消费大数据稳中有升

从涉旅客流大数据看,2021 年,济南市接待持证住宿旅客 2363.64 万人次,同比增长 22.06%,比 2019 年下降 3.78%。铁路客运量 2970.45 万人次,同比增长 24.22%,比 2019 年下降 26.77%;高速公路客车通行 8258.45 万辆,比 2019 年增长 26.87%;济南市遥墙机场旅客吞吐量 1361.6 万人次,同比增长 9.9%。从运营商全国手机用户漫入数据看,停留 6 小时以上的有 1.17 亿人次,其中移动 6490.04 万人次、联通 4735.48 万人次、电信 481.99 万人次;停留 2 小时以上的有 1.97 亿人次,其中移动 1.14 亿人次、联通 7327.7 万人次、电信 964.1 万人次。

从涉旅消费大数据看,2021 年济南市银联消费 1280.55 亿元,同比增长 62.84%,比 2019 年下降 31.44%。从委托美团研究院编制的文旅消费报告数据看,济南市游客指数、文旅消费指数均超过全国 36 个主要城市[涵盖 31 个省级行政区(不含港澳台)中的 27 个省会城市、4 个直辖市,以及 5 个计划单列市]平均水平,分别位列全省第一名和第二名,同比增速分别达到 41.8%和 50.7%。

(三)乡村旅游精品化发展显成效

2021年，莱芜区雪野街道房干村入选“第三批全国乡村旅游重点村”名单，槐荫区吴家堡街道席家庄村、长清区万德街道拔山村等7个村庄入选“2021年度全省乡村旅游重点村”名单。截至2021年年底，济南市共有全国乡村旅游重点村3个、全省乡村旅游重点村14个。市中区十六里河街道石崮沟村、槐荫区美里湖街道邱家庄村等25个村庄入选“第二批山东省景区化村庄”名单。截至2021年年底，济南市共有44个山东省景区化村庄。章丘区官庄街道石匣村、长清区张夏街道分别被评为省级文化生态名村、名镇，商河县贾庄高端精纺小镇被命名为“第一批省级特色小镇”，济南阅木山居民宿被评为“首批山东省五星级民宿”，莱芜区雪野养生休闲度假小镇、平阴县玫瑰风情小镇入选“首批山东省精品文旅小镇”名单。南部山区西营街道、长清区万德街道、莱芜区雪野街道、章丘区文祖街道共4家单位入选“山东省旅游民宿集聚区创建单位”名单。开展星级民宿创建，新评定“泉城人家”精品民宿155个、民宿集聚区6个。

(四)黄河文化、旅游融合步履铿锵

2021年，济南市聚焦落实黄河流域生态保护和高质量发展、新旧动能转换起步区、自贸试验区济南片区等重大国家战略和强省会战略，科学编制“十四五”文旅发展和黄河文化保护、传承、弘扬等8个专项规划、实施方案，出台加强文物保护利用等10个政策文件，谋划新时代济南文旅发展蓝图。黄河文化博物馆、齐长城(锦阳关段)保护开发被列入国家文化公园建设重点项目，城子崖遗址入选全国“百年百大考古发现”，泉水文化生态保护区成为省级文化生态实验区，“一廊一轴一核五组团”黄河文化旅游带加快形成。在文化和旅游部发布的10条黄河主题国家级旅游线路中，济南市的大辛庄遗址、东平陵故城、小荆山遗址入选“中华文明探源之旅”，济南战役纪念馆入选“红色基因传承之旅”，济南市入选“黄河古都新城之旅”，章丘区官庄乡朱家峪村入选“黄河乡村振兴之旅”。

(五)文旅精品项目建设成绩斐然

2021年，济南市统筹抓好疫情防控与文旅行业振兴，金港赛车、宋风古城等项目开工建设，融创文旅城、华侨城欢乐荟、开心麻花等项目开业运营，成为泉城文旅融合发展新地标。2021年新开业济南融创文旅城、华谊兄弟电影小镇、济南华侨城欢乐

荟、济南童梦奇缘主题乐园等 4 个旅游项目，开业当年共接待游客超过 285 万人次，实现营业收入 2.05 亿元，其中门票收入 1.34 亿元。引进开心麻花（山东）总部基地，济南高新区开心麻花剧场于 2021 年 8 月 12 日正式开始营业。

（六）旅游新业态激发产业新动能

2021 年，济南市新增省级工业旅游、康养旅游、中医药健康旅游示范基地 7 家；泉水文化生态保护区被评为省级文化生态实验区，百花洲、宏济堂被评为省级非遗旅游体验基地；电竞、剧本杀、密室逃脱等新业态兴起，落户首家专业电竞俱乐部——济南 RW 侠。推出“泉水游”“红色游”“研学游”“非遗游”主题线路 44 条。研学游方面，济阳区继续推进“大河韶韵　研学济阳”产品策划运营，开展青少年研学活动 30 余期，开展食品工业研学游、植树农耕等研学活动 50 余场，接待游客近万次。体育旅游方面，雪野航空科技体育公园、卧虎山滑雪运动基地获评首批省级体育旅游示范基地。

夜间旅游方面，2021 年济南市推出“济南 100”夜游消费地，评选首批市级夜间文旅消费集聚区，成功创建 2 个国家级、2 个省级夜间文旅消费集聚区。济南古城特色文化街区、“印象济南 · 泉世界”获评第一批国家级夜间文化和旅游消费集聚区。济南融创文旅城、济南方特东方神画获评第一批山东省级夜间文化和旅游消费集聚区。济南市章丘区、历城区上榜“2021 中国夜经济繁荣百佳县市”。济南野生动物世界夜场接待游客 1 万人次，收入 33.11 万元。

红色旅游方面，2021 年，济南战役纪念馆、胶济铁路博物馆、济南二机床博物馆等 9 家单位获评“山东省红色研学基地”；钢城区辛庄街道石湾子村、莱芜区茶业口镇吉山村、莱芜区牛泉镇鹁鸽楼村、南部山区仲宫街道尹家店村、平阴县孔村镇王楼村等 5 个村庄获评“第一批山东省红色文化特色村”。济南市公布首批 87 处不可移动革命文物名录，完成 3 处革命文物保护工程，新建 14 处“小而精”的展馆。

（七）泉城文旅品牌影响力不断提升

2021 年，济南市成功承办第四届中国歌剧节、全国第 30 届图书交易博览会、第二届中国国际文化旅游博览会、全国红色主题自驾游、第 12 届山东文化艺术节等 10 余项重大文旅活动，实施省会经济圈文旅一体化“十个一”工程。济南市入选中、日、韩三国文化部长共同发布的 2022 年“东亚文化之都”。济南市历下区百花洲历史文化街区获评首批国家级旅游休闲街区，百花洲历史文化街区、融汇济南老商埠文化旅游休闲街区、印象济南 · 泉世界街区获评第一批省级旅游休闲街区。在由中国旅游协会主办的“2021 中国特色旅游商品大赛”上，济南市的作品斩获 1 金 2 铜，其中，九阳——健康旅游套装获评金奖，陌上芳华——泉水扎染、徘徊——臻三环徘徊刀具系列获评铜奖。

三、国内旅游发展情况

（一）整体客源结构分析

1.省内客源市场占主导

从整体客源结构来看，济南市仍以本省客源为主，以周边经济发达省份客源为辅。2021 年国内旅游抽样调查数据显示，来济南市旅游的国内游客中，山东省内客源占比 71.71%，“本地人游本地”成为济南市旅游业长期可持续发展的关键和基础；省外客源占比 28.29%。省外客源中，江苏、河北、上海和浙江是四大主要客源地，分别占比 4.35%、3.16%、2.90%和 2.38%（见图 4）。

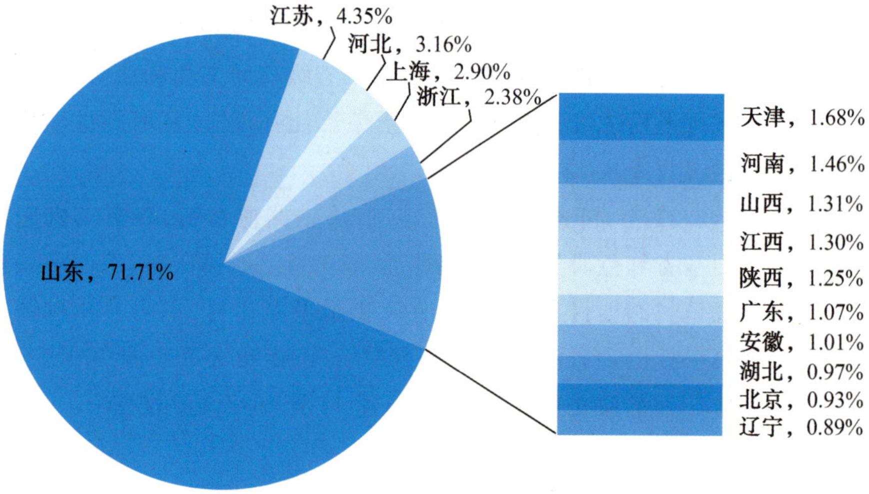

图 4　2021 年济南市整体客源结构构成（前 15 位）

2.近程本地游趋势明显

从省内客源市场来看，济南本市游客遥遥领先，占 33.08%，市内周边游、近郊游仍为出游主流。青岛、泰安、潍坊、烟台位居第 2—5 位。泰安市、淄博市和德州市同属省会城市圈，地理位置接近，因此游客较多、排名靠前；青岛市和烟台市经济发达，且到济南市交通便利，游客前来旅游的意愿较高；潍坊市、济宁市与济南市不接壤，但游客比重却位居前列，表明济南市作为省会城市在省内具有较强的旅游吸引力（见图 5）。

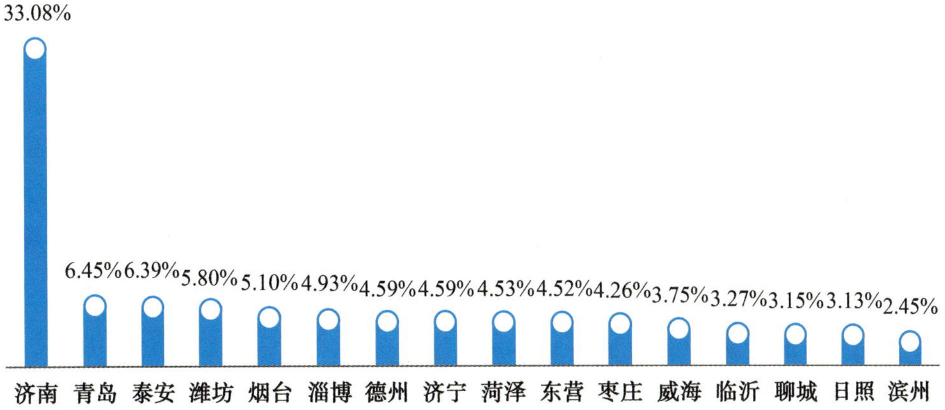

图 5　2021 年济南市省内游客客源构成

(二)游客行为偏好分析

1.过夜率超五成,非星级饭店为过夜首选

来济南市旅游的国内游客中,过夜游游客占 52.05%,一日游游客占 47.95%。过夜游游客停留 1—3 夜的居多,其中停留 2 夜的过夜游游客比重最高,为 36.53%,比 2020 年增加 1.93 个百分点。过夜游游客平均停留 2.05 天。住宿设施选择方面,选择非星级住宿设施的过夜游游客占 62.73%,选择住在自驾房车、露营地等其他住宿设施的游客占 14.94%,选择住亲友家、自有休闲度假居的游客占 17.90%,选择住星级饭店的游客占 4.43%(见图 6)。

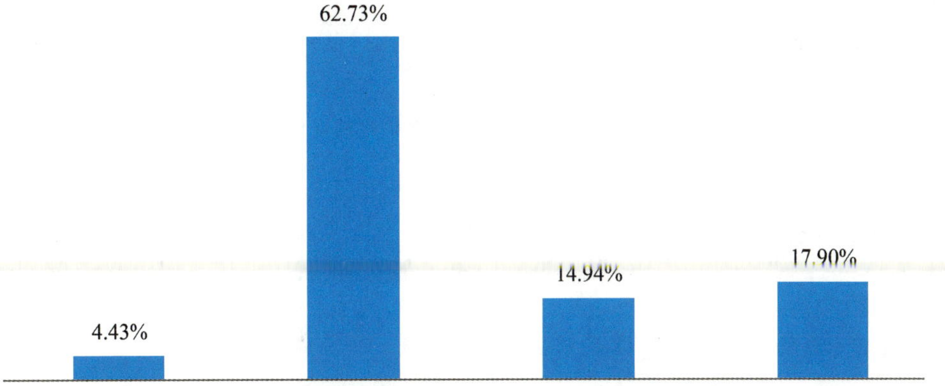

图 6　2021 年济南市国内游客住宿设施选择情况

2.自助游成出行主流，旅游度假为首要目的

调查数据显示，“个人、家庭或亲朋结伴出行”的自由行游客占比最高，达85.22%，比2020年增加1.02个百分点；有12.52%的游客是单位组织出行；位列第三的是通过旅行社组团出行，仅占2.26%。从出游目的来看，来济南市旅游的国内游客中，旅游度假为首要目的，占85.64%；工作学习目的占13.42%；医疗保健及其他目的比重较低。

3.网络、口碑传播为游客最信赖的宣传方式

2021年，来济南市旅游的国内游客最信赖的宣传方式为网络站点和朋友或家人，总比重近60%；电视和广播分别占比15.29%和9.11%；其他传统宣传方式占比均不足10%（见图7）。

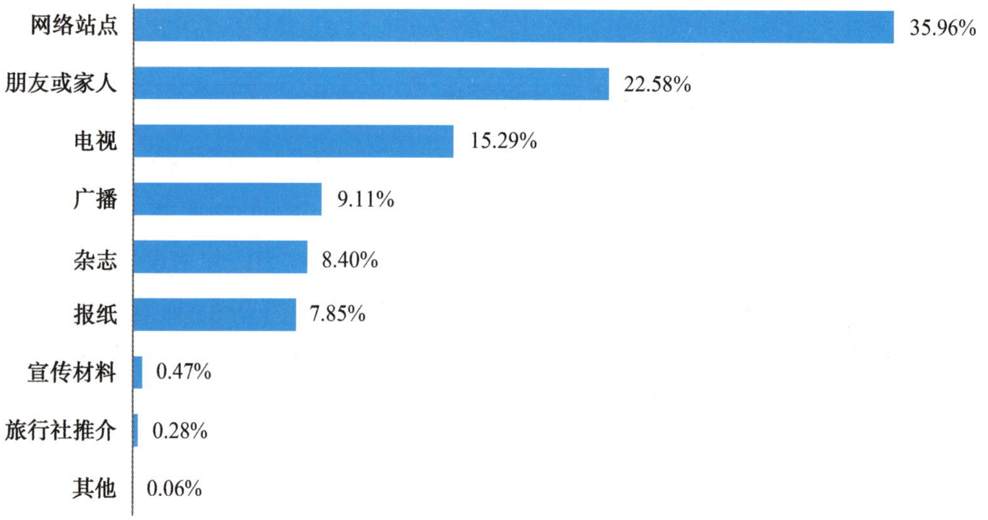

图7　2021年济南市国内游客信赖的宣传方式

（三）游客花费分析

1.住宿、购物、餐饮花费位居前三

2021年济南市国内游客消费支出中，住宿、购物、餐饮花费总占比超70%，同2020年相比，住宿和餐饮花费均有所下降，购物消费占比上升。济南夜经济快速发展，使住宿消费稳居首位。长途交通花费位居第四，占9.02%；景区游览花费所占比例为7.02%；文化艺术比重最低，为1.56%（见图8）。

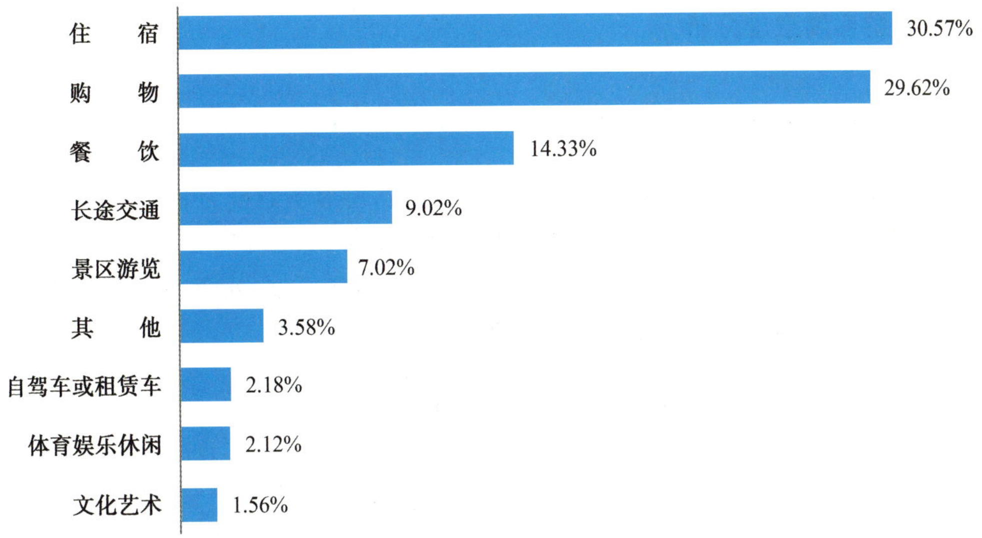

图 8　2021 年济南市国内游客花费构成

2.国内游客人均花费超千元

从国内游客人均花费看，来济南市旅游的国内游客整体消费维持在较高水平，由于交通、住宿等因素影响，过夜游游客人均花费高于一日游游客人均花费，远程、过夜游游客为消费主力人群。调查数据显示，国内游客人均花费 1202.24 元。其中，一日游游客人均花费 715.05 元，过夜游游客人均花费 1651.04 元（见图 9）。

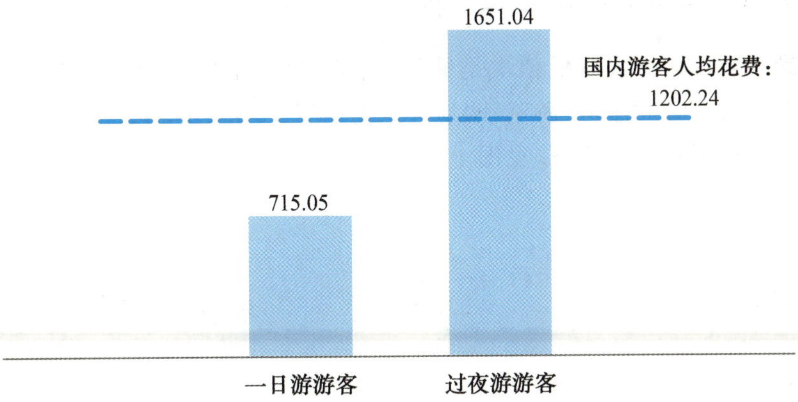

图 9　2021 年济南市国内游客人均花费情况（单位：元）

(四)游客满意度分析

1.省外游客满意度高于省内游客

国内游客对济南市旅游整体满意度保持在高位，游客满意度为 89.48 分，同 2020 年相比有所上升。分省内外看，省内游客整体满意度为 88.92 分，省外游客整体满意度为 91.66 分(见图 10)。游客满意度会影响游客的重游意愿，安全、品质不仅是游客出游的保障，还是提升游客满意度的重要支撑。

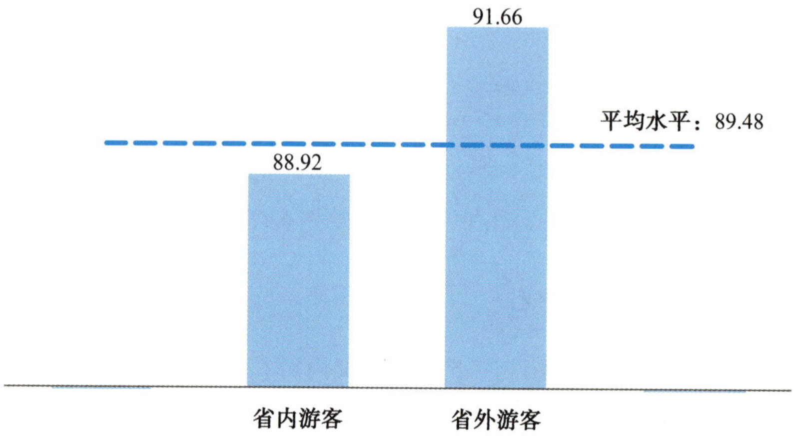

图 10　2021 年济南市省内外游客整体满意度对比(单位：分)

2.餐饮、公共服务、游览满意度位列前三

游客满意度排名从高到低依次是餐饮、公共服务、游览、购物、交通、价格、住宿、娱乐。其中，餐饮、公共服务、游览、购物满意度位居平均水平之上，交通、价格、住宿、娱乐满意度位居平均水平之下(见图 11)。

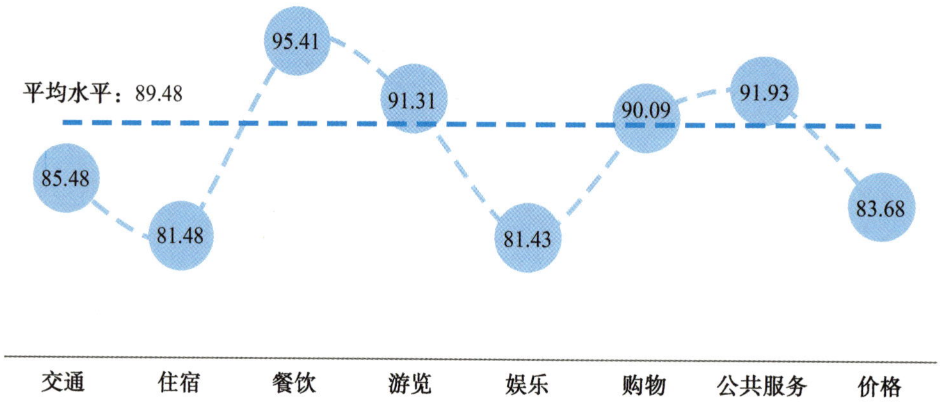

图 11　2021 年济南市国内游客对行业服务质量满意度(单位：分)

四、旅游发展短板及策略建议

(一)品质待优化,需打造高端产品体系

1.发展短板

作为国内知名的旅游城市之一,济南市旅游大而不强,全市高品质旅游产品供给体系与省会身份略有不符。

一是高端旅游接待产品数量不足。景区建设方面,目前全市共有A级景区86家,居全省第5位,其中优质旅游景区(4A/5A)18家,居全省第6位。度假区方面,济南市共有五峰山、雪野2家省级旅游度假区,居全省第8位。住宿设施方面,现共有星级饭店49家,其中五星级饭店5家,均居全省第3位。旅游核心供给虽整体处于中上游水平,但排名与省会城市不相符,高端度假市场供给仍需加强。

二是旅游服务设施滞后。部分地区、景区的旅游接待服务设施滞后,主要体现为通景公路标准低,景区公共厕所环境较差、旅游途中公共厕所不配套,景区停车场配套不足、"停车难"问题突出,定点的旅游接待餐厅、旅游购物中心数量不够。

2.策略建议

一是聚焦"高端化",扩大优质产品供给。在景区建设方面,要抓好景区质量提升,推进重点旅游景区改造提升,推动景区实现特色鲜明、产品丰富、配套完善、服务提升。在住宿方面,适应"90后""00后"等年轻群体的猎奇心理,在继续抓好星级饭店建设提升的基础上,加快建设一批文化主题酒店、特色酒店、精品民宿,满足游客多样化需求,打造高端、时尚的现代旅游城市。

二是完善服务设施,提升服务水平。加快旅游景区购物中心、餐厅、停车场、厕所等设施建设,推动有条件的临景社会单位对外免费停车,着力解决游客"停车难"问题。在交通方面,将旅游交通融入全市交通发展大局,推进高铁、高速公路、机场等各种交通基础设施与通景公路的连接,打通旅游交通"最后一公里"。加强各领域特别是新业态旅游标准体系建设,支持企业提供人性化、个性化、细微化服务,全面提升旅游服务专业水平。

（二）理念待升级，需以创新增强发展动力

1.发展短板

一是发展理念滞后。旅游业是典型的创新型产业，早在20年前，南方先进城市就创造了许多旅游奇迹，杭州早在十几年前就提出并实施主城区景区化旅游发展理念，而济南市部分地区旅游开发大多是资源型发展模式，靠山吃山、靠水吃水，缺乏探索、创新精神。

二是开拓创新不够。作为省会城市，济南文化底蕴深厚，人文资源丰富，文旅消费市场巨大，文旅发展具有得天独厚的优势。济南市在把资源优势转化为发展优势方面成效不明显，根源在于缺乏开拓精神、创新意识。比如，挖掘利用文化、文物资源不够，在“活”“火”“融”上创新不够，有效转化不够。

2.策略建议

一是扩大资源开发与利用。开展全市旅游资源普查工作，探索发现具有发展潜力的旅游资源，对尚未开发的优良级旅游资源进行重点开发。依托“泉城济南”文化旅游目的地品牌，重点策划1—2个辐射带动性强、投资规模超过50亿元、具有地域特色的地标性旅游项目，打造亮点明星工程和尖端放电工程，打造核心旅游吸引物，提高旅游核心竞争力。

二是强化创新观念。把创新观念贯穿于精品旅游产业发展全过程、全链条，以新知识、信息技术、大数据等新生产要素为支撑，推进产品创新、机制创新、手段创新，积极培育旅游新业态，不断增强精品旅游发展新动能。

（门桂苍　孙杰）

2021年青岛市旅游业调查分析报告

2021年，青岛市文化和旅游局在青岛市委、市政府的坚强领导下，统筹疫情防控和旅游业复苏发展，依托深厚的文化底蕴和丰富的旅游资源优势，深入推进文旅融合发展，全市旅游业发展迸发新活力，释放新动能。

一、旅游业发展总体情况

（一）旅游经济总体发展情况

2021年，全球旅游业稳定恢复，且向着积极的方向发展，青岛市旅游业有序恢复，旅游企业生产经营向好。据统计测算，2021年全年，青岛市接待游客8221.17万人次（见图1），同比增长30.24%，恢复至2019年的72.74%；实现旅游总收入1410.99亿元（见图2），同比增长38.43%，恢复至2019年的70.35%。

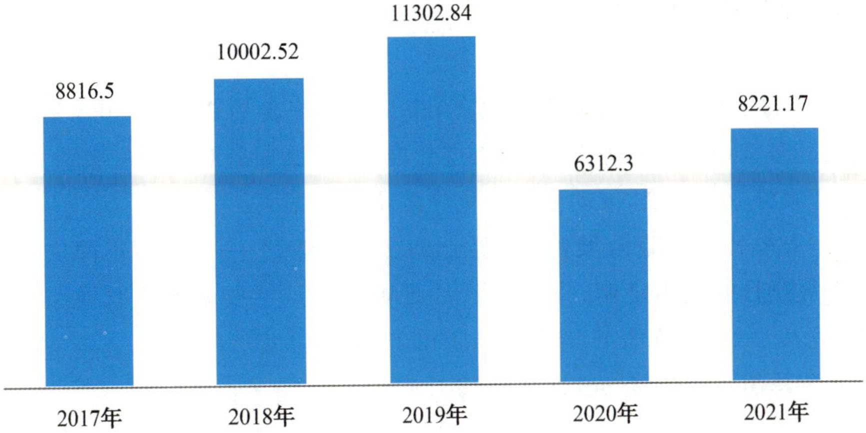

图1　2017—2021年青岛市游客接待量（单位：万人次）

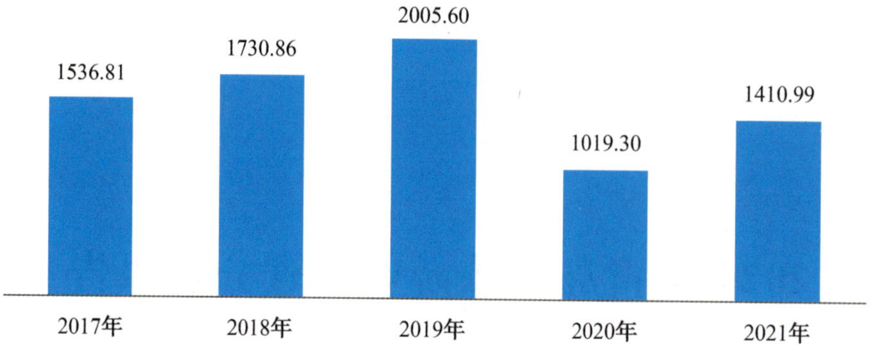

图 2　2017—2021 年青岛市旅游总收入（单位：亿元）

从在全省旅游经济中所占的比重来看，青岛市游客量和旅游总收入分别占全省的 11.26%和 17.04%，与 2019 年（11.62%和 17.64%）和 2020 年占比（10.94%和 16.93%）相差不大（见图 3）。

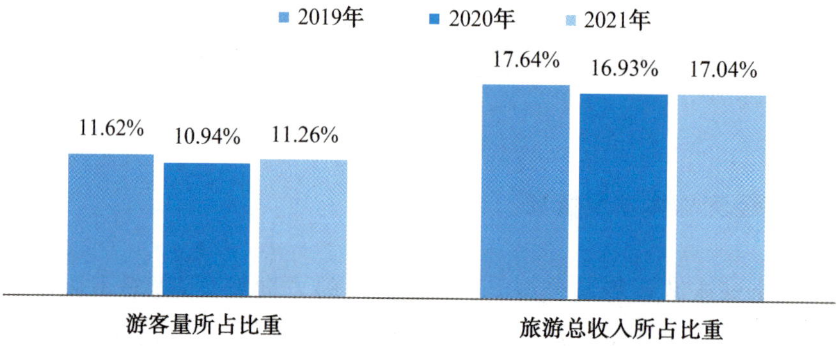

图 3　2019—2021 年青岛市旅游指标占全省的比重

（二）旅游经济逐渐向好

2021 年，为了推动青岛旅游业的复苏，市文化和旅游局在市委、市政府的坚强领导下，奔赴上海、西安、兰州等 12 个城市进行推介，增加青岛对游客的吸引力，极大地促进了青岛旅游业的发展，推动全市文化旅游业复苏振兴。

青岛作为知名滨海旅游城市，旅游业是支柱产业之一。2021 年国庆节假日期间，山东省最热目的地为济南、青岛、烟台、潍坊、淄博，主要客源来自北京、上海、天津、杭州、西安。国庆节假日期间，青岛市共接待游客 582.7 万人次，同比增长 30.2%；旅游总消费 50.0 亿元，同比增长 7.64%。

二、旅游市场情况分析

(一)国内旅游市场稳步恢复

2021 年在疫情防控向好的大背景下，青岛旅游业逐步恢复，2020 年受突发疫情影响，旅游业呈断崖式下降，2021 年旅游业有所恢复，但是还未完全恢复到疫情之前。2021 年，全市接待国内游客 8198.89 万人次，同比增长 30.28%，恢复至 2019 年的 73.65%；实现国内旅游收入 1410.99 亿元，同比增长 39.61%，恢复至 2019 年的 74.37%(见图 4)。

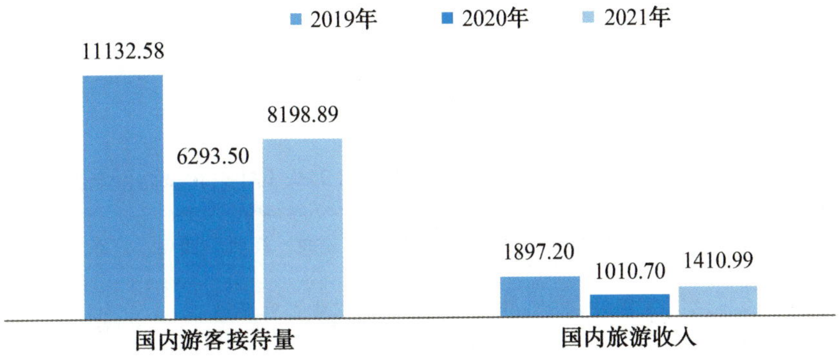

图 4　2019—2021 年青岛市国内游客接待量(单位:万人次)、国内旅游收入(单位:亿元)

从各季度国内游客接待量来看，青岛市旅游呈现明显的季节性特征，一季度同比 2020 年来说旅游业恢复情况更好，二季度和三季度为青岛市旅游高峰期，四季度为旅游淡季，游客相比其他季度较少(见图 5)。

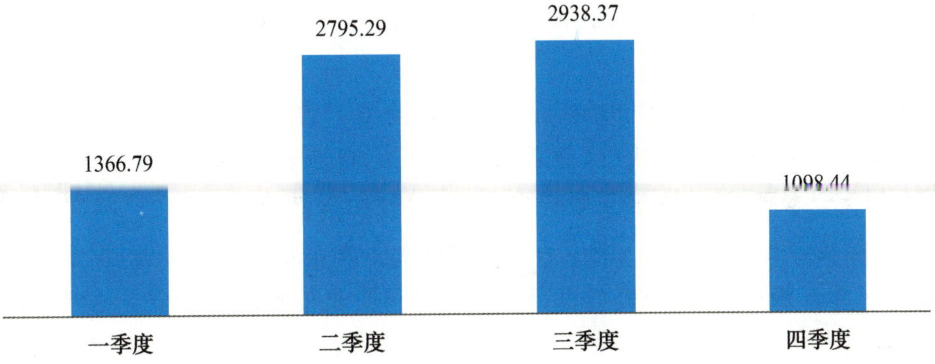

图 5　2021 年各季度青岛市国内游客接待量(单位:万人次)

(二)国内客源地分析

从国内游客的客源地来看，受距离因素影响，山东省游客占的比重最大，为65.53%，然后是江苏省、辽宁省、河北省、吉林省、河南省、浙江省、山西省、安徽省、江西省、四川省、广东省、陕西省、天津市等(见图6)。

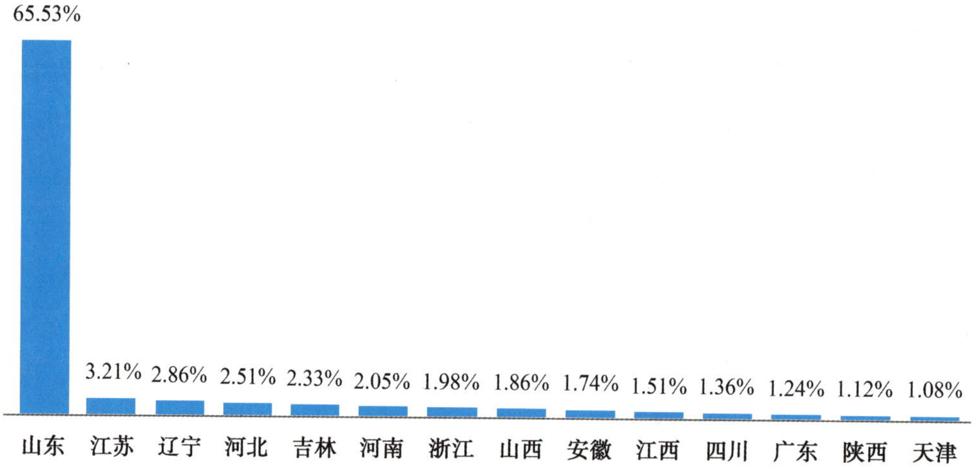

图6　2021年青岛市国内游客主要客源地

(三)国内旅游影响力

2022年1月，中国旅游研究院发布《2021年全国旅游服务质量调查报告》，对2021年国内游客满意度进行了一次调查，在2021年国内旅游城市中，杭州、西安、重庆、北京、青岛、苏州、成都、济南、海口、厦门居国内游客满意度前十位，青岛位居第五。

2022年1月，2021年“中国城市夜经济影响力十强城市”榜单揭晓，青岛入选2021年夜经济影响力十强城市，并跻身前三。21世纪经济报道、21财经客户端、21世纪创新资本研究院、腾讯云联合发布第二届“中国潮经济·2021‘网红’城市百强榜”，从网络热度、城市活力、潮生活、产业发展、印象评分等5个维度，设置13个二级指标、39个三级指标，为研究城市影响力塑造和产业布局提供了全方位视角，其中青岛排名第13位。

三、旅游业态情况

(一)A 级景区

截至 2021 年年底,全市共有 A 级旅游景区 109 家,其中,4A 级及以上旅游景区共 27 家(见表 1)。

表 1 全市 4A 级及以上景区名录

序号	景区名称	等级
1	崂山风景区	5A
2	海滨风景区	4A
3	青岛海底世界	
4	青岛银海国际游艇俱乐部	
5	青岛奥帆中心	
6	青岛啤酒博物馆	
7	青岛葡萄酒博物馆	
8	青岛世界园艺博览园	
9	青岛极地海洋世界	
10	青岛华东葡萄酒庄园	
11	石老人观光园	
12	青岛奥林匹克雕塑文化园	
13	金沙滩旅游度假区	
14	大珠山风景名胜区	
15	琅琊台风景名胜区	
16	珠山国家森林公园	
17	灵山湾城市休闲旅游区	
18	青岛森林野生动物园	
19	青岛滨海学院世界动物自然生态博物馆	
20	天泰温泉度假区	
21	少海风景区	

续表

序号	景区名称	等级
22	茶山风景区	4A
23	青岛方特梦幻王国	
24	百果山森林公园	
25	青岛西海岸生态观光园	
26	藏马山国际旅游度假区	
27	玫瑰小镇	

2021 年，为拉动旅游消费，青岛市面向国内外游客实行免门票开放的景区有海军博物馆、小青岛、信号山、小鱼山、奥帆博物馆等，其中海军博物馆（新馆）于 2021 年 6 月 26 日开馆。

2021 年国庆节期间，青岛市监测的 72 家 A 级旅游景区，共接待游客 276.84 万人次，同比增长 25%；实现营业收入 6480.24 万元，同比增长 27.63%。

(二)住宿设施

青岛市住宿设施较为完备，形成了星级饭店、高端品牌酒店、经济型连锁酒店、精品民宿、个体宾馆及其他住宿设施的全链条多元住宿接待体系。截至 2021 年年底，青岛市有星级饭店 88 家，其中，五星级饭店 11 家、四星级饭店 22 家、三星级及以下有 55 家（见表 2）。

表 2　全市四星级及以上饭店名录

序号	星级	饭店名称
1	五星级	丽晶大酒店
2		青岛香格里拉大酒店
3		青岛海景花园大酒店
4		青岛汇泉王朝大饭店
5		鑫江温德姆酒店
6		青岛海尔洲际酒店
7		青岛富力艾美酒店
8		青岛鲁商凯悦酒店
9		青岛东方影都融创万达文华酒店

续表

序号	星级	饭店名称
10	五星级	青岛西海岸隆和艾美度假酒店
11		青岛星河湾酒店
12	四星级	青岛贵都国际大饭店
13		青岛泛海名人酒店
14		青岛黄海饭店
15		海都大酒店
16		索菲亚国际大酒店
17		复盛大酒店
18		世纪海丰大酒店
19		山孚大酒店
20		青岛府新大厦
21		广业锦江大酒店
22		青岛蓝海金港大饭店
23		青岛丽天大酒店
24		青岛快通国际酒店
25		青岛多瑙河国际大酒店
26		青岛锦茂宾馆
27		平度宾馆
28		莱西悦海喜来酒店
29		胶南德泰大酒店
30		青岛世贸海悦大酒店
31		青岛利群德泰大酒店(城阳)
32		青岛蓝海钧华大酒店
33		青岛金海大酒店

沿海的高星级酒店成为外地游客来青岛旅行的首选，约40%的游客选择入住高星级酒店，近20%的游客选择入住五四广场商圈，近16%的游客选择入住西海岸金沙滩周边。西海岸新区、机场及火车站商圈，也是假期青岛酒店热搜商圈。2021年国庆假日期间，青岛市监测的60家星级饭店，平均入住率50.53%，其中，五星级饭店入住率54.74%，四星级饭店入住率49.19%，三星级饭店入住率48.01%。

（三）旅行社

截至2021年年底，青岛有599家旅行社。

（四）乡村旅游

文化和旅游部与国家发展改革委联合公布的全国乡村旅游重点村名单中，青岛市崂山区沙子口街道东麦窑社区、王哥庄街道晓望社区上榜。即墨区温泉小镇、崂山区流清湾滨海旅游小镇荣获首批“山东省精品文旅小镇”称号，大泥沟头村、产芝村等37个村庄荣获“山东省景区化村庄”称号。青岛拨付乡村旅游扶持奖励专项资金590万元，支持全市16个特色村、21个特色点和6个合作社提升服务品质。

（五）节庆活动

2021年7月16日至8月2日，第31届青岛国际啤酒节在青岛西海岸新区金沙滩啤酒城举办。本届啤酒节以庆祝中国共产党成立100周年为主线，以“华彩啤酒节”为主题，坚持国际化、大众化、市场化、品质化办节方向，实施“线下＋线上”办节模式，成功打造出“亚洲最大的户外节日”，极大地带动了旅游经贸发展，刺激了消费需求，提升了城市美誉度和影响力。啤酒节期间，累计入城游客207.06万人次，线上活动总曝光量达到20.17亿次。10月10日至16日，第十三届青岛国际帆船周·青岛国际海洋节在奥帆中心举行。

四、青岛旅游新特点

随着城市承载力的增加，各景区、酒店、度假综合体、乡村旅游点等策划推出各具特色的文化旅游活动，积极抢先做足旅游宣传工作，使得创新性、主体性的多元化旅游呈现点状分布，打破以往集中扎堆市南沿海一线的布局。除了以往红瓦、绿树、碧海、蓝天的自然景观外，游客在各县（市、区）积极推广的旅游主题活动中满足自身旅游需求的同时，还能感受到青岛旅游的特色。

借助自媒体等手段，积极地推广文旅新产品，打造旅游新地标，出现了百家争鸣、争奇斗艳的局面，创新主题活动及多元性文化旅游等特色主题吸引了众多游客。

在原有的灯光秀的基础上，利用老建筑进行灯光秀、光影表演，在景区内开展创新、奇特的活动。如天主教堂的灯光秀、红树林度假酒店的光影节等，吸引了众多爱好者前来“打卡”，成了青岛市新的“网红”打卡坐标地。在五四广场组织的百架无人机表演、青岛森林野生动物世界的帐篷营地、胶州少海景区的非遗表演等，用科技、文化赋能以及沉浸式体验等方式助推文旅繁荣。

五、疫情之下旅游发展举措得力、效果明显

2021年，在疫情不断地给文旅行业带来严重冲击的情况下，青岛市文化和旅游局紧紧围绕市委、市政府决策部署，认真落实“项目落地年”要求，一手抓疫情防控，一手抓产业发展，文旅行业实现逆势上扬。青岛市在全国宜居宜游城市竞争力排名中位列第二，游客满意度排名第六，旅游投资热点城市中排名第十，获评中国城市夜经济影响力十强第三名。

（一）产业复苏势头强劲

1.项目引领作用显著

贯彻落实市委、市政府“项目落地年”部署要求，顶格推进头部企业招引，狠抓项目落地开工，重点推进文旅项目60余个，总投资额超过1800亿元；海天中心、西海艺术湾等10余个项目建成运营；俄罗斯雅钻、胶东文旅星天地等6个项目开工建设；上合复星时光里、地中海俱乐部等8个项目签约落地，总投资208.63亿元；全市单体投资5000万元以上的在建、签约、在谈的重点文旅项目达136个，大项目辐射带动作用进一步凸显。

2.产业发展动能跨越提升

聚焦“13条产业链”，启动新一轮文化、旅游产业扶持政策制定工作，强化对文化创意和精品旅游两大产业赋能，起草了产业链3年行动计划。3家企业获评省“十强”产业高质量发展奖励企业，5个项目在省数字文化创新创业大赛中获奖，数量均居全省首位。指导设立国广新媒体基金，推动文化产业基金投资文旅项目3个，总投资额9600余万元。高水平举办2021年文化和旅游消费促进活动，拉动消费3.05亿元，实现经济效益6.47亿元。即墨古城入选第一批国家级夜间文化和旅游消费集聚区，3家企业入选省级夜间文化和旅游消费集聚区，2个区（市）入选全国夜经济影响力20强区县，2个区（市）分别入选省文化和旅游消费示范区、试点区。

3.“海上画廊”品牌影响力持续彰显

协调相关单位印发 8 个海洋旅游规范性文件，公布 5 处海洋旅游活动区域，推出 5 条海上旅游航线，对 47 个常态化经营海上夜游产品发放补贴 23.5 万元。大力推进奥帆海洋文化旅游区 5A 级景区创建工作，燕岛山公园、清远路“奥帆 LIFE”商业体及情人坝风情街提升等重点工作稳步推进。2021 年 9 月 21 日，《山东新闻联播》头条对青岛市推进海洋旅游高质量发展做法给予报道。9 月 23 日，赵豪志市长围绕海洋旅游发展主题在全省旅游发展大会上作典型发言。

4.旅游新业态发展势头强劲

研学旅游方面，制定出台《关于推动海洋研学旅游高质量发展的指导意见》，串联 29 个景点，打造 8 条海洋研学旅游精品线路，举办海洋研学旅游产业发展大会，联合胶东五市 100 余家机构成立胶东研学旅游产业联盟，目前已累计接待海洋研学游客 1500 余万人次。

红色旅游方面，梳理全市红色旅游资源 59 处，保护、修缮遗址 2 处，改造升级7 个革命主题陈列展览，建设提升 5 处爱国主义教育基地和青少年教育基地，打造 11 个红色旅游景点景区；“工业旅游、扬帆远航”入选全国建党百年红色旅游百条精品线路，11 条线路入选省级红色精品线路；11 家单位入选省级红色研学基地，4 个村庄入选省红色文化特色村；3 家单位入选省第一批红色旅游打卡地。

乡村旅游方面，开展乡村旅游精品化创建和景区化村庄培育工作，发放扶持奖励资金 590 万元，崂山区晓望社区获评全国乡村旅游重点村，2 个镇（街）获评首批省精品文旅小镇，17 个村庄获评首批省景区化村庄。

5.影视产业发展稳步推进

制定印发《关于推动青岛影视业高质量发展的若干政策》，推动与头部影视文娱企业合作，影视园区摄影棚出租率达 93%，创历史新高。在青岛拍摄的影视剧目有 70 余部，电视剧《巡回检察组》、电影《送你一朵小红花》在全国热播，《铁道英雄》成为“山东出品”首部票房过亿影片。

鼓励引导各类社会资本投资数字影视产业，5G 高新视频实验园区签约引进企业 94 家，建成启用了全国首个数字金融支撑下的人才产业互联网平台。青岛市广播电视台入选 2021 年全国广播电视媒体融合先导单位，2 个项目获全国广播电视和网络视听人工智能应用创新大赛三等奖，在山东省广播电视技术能手竞赛中，青岛有 6 人获奖，创历史最佳成绩。

6.文旅消费持续提振

“嗨游青岛 悦享冬季”文化旅游惠民季活动于2022年2月结束，推出特惠旅游产品332项，打造5大类13条特色主题线路，举办节会活动104场、文化演出500余场。依托青岛文旅新媒体矩阵发布各类推文370余条，总覆盖量近1900万次。

（二）城市品牌效应不断彰显

1.宣传推介力度进一步加大

聚焦“时尚青岛”文旅品牌，推出5大板块40余项活动，上线主题产品20项，发布主题旅游线路20余条。举办国际邮轮峰会、国际影视博览会、麦田音乐节、海洋婚恋文化周等多个重大节会活动，广泛搭建宣传推介平台，引发国内外关注热潮。赴上海及黄河流域6个城市举办“来自大海的邀约”系列推介会，与当地签订战略合作协议，同步组织主题宣传活动，每场线上观看量均超百万人次。充分发挥青岛文旅新媒体矩阵作用，13个平台共发布1.8万余条信息，总交互量超过4.6亿次，增加关注者40余万人，传播力指数在全国文旅新媒体排行中稳居前十，青岛市文化和旅游局官方微博获“全国十大文旅微博”“全国十大文旅管理微博”“山东十大文旅系统微博”“山东十大政务机构微博”4项殊荣。

2.区域龙头作用进一步凸显

两次组织召开胶东经济圈文旅合作联盟工作会议，建立五市文旅活动项目负责制，实现联盟由单引擎推动到多核裂变。组织开展政协委员为红色胶东代言活动，拍摄代言视频13个，制作短视频66条，在互联网平台引起强烈反响。组织胶东五市赴上海、包头共同举办旅游推介会、胶东海洋童玩季等精品活动；牵头组建五市市级国有博物馆联盟，联合举办“生肖贺岁联展”“中国画名家作品联展”；联合发布《胶东五市非遗产业共同发展倡议书》，共同举办创意市集系列活动，近百名非遗传承人和60余家企业现场展演展示。

3.中外文化交流进一步深入

举办了“国际友人@Qingdao暨胶东文旅交流活动”，邀请100余名国际友人参加，用更加贴近国际受众的视角传播中国声音和青岛故事，对推广青岛国际营商环境、扩大国际影响力作出了重要贡献，该项活动荣获第五届山东省文化创新奖。加快推进上合示范区商旅文交流发展中心建设，建立上合组织国家旅游城市合作机制，联合6国开展旅游资源推介活动，发布14条精品旅游线路。举办巴基斯坦文化节、法国文化艺术节等国际文化交流活动，为推动中西方文化交流搭建了高质量平台。

4.胶东文旅一体化进一步推动

先后两次召开胶东经济圈文化和旅游一体化合作联盟工作会议，依托“5·19中国旅游日”，启动“我是政协委员，我为红色胶东代言”活动。举办“好客山东　海阔天空”胶东经济圈文旅联盟走进上海活动，组织青岛啤酒博物馆、海信探索中心等进行专题推介，与上海景域驴妈妈集团、上海和胶东的旅行社代表分别签订战略合作协议。组建胶东五市市级国有博物馆联盟，举办的“牛气冲天：辛丑生肖贺岁胶东五市联展”展出各类文物55件，3万人次到场观看。

5.服务水平进一步提升

制定印发《青岛市“十四五”旅游业发展规划》，并配套印发《〈青岛市“十四五”旅游业发展规划〉三年行动计划（2021—2023）》，系统谋划青岛旅游业发展目标和措施路径。积极开展A级景区培育提升工作，平度蓝树谷通过4A级验收。加快推进景区智慧化建设，21家4A级及以上景区完成分时段预约免票入园系统建设，崂山风景区实现智能导览。“品游青岛”文旅公共服务平台于2021年7月1日正式上线运营，收录各类文旅资讯和产品信息3000余条，“一机游青岛”项目顺利启动。探索推行以社保卡为载体的“一卡通”游览试点，联合金融机构推出优惠措施，市图书馆、崂山风景区实现“一卡通”入馆、入园。

（宋宗涛　赵佳宁）

2021年淄博市旅游业调查分析报告

2021年，淄博市文化和旅游局坚持以习近平新时代中国特色社会主义思想为指导，按照市委提出的文旅融合发展"五城三区"新载体、"一核五带"新布局的战略部署，深化文化赋能，着力推动文化传承、创新发展。2021年，淄博市共接待国内外游客4738.48万人次，同比增长21.07%；实现旅游总收入552.46亿元，同比增长36.02%。旅游总收入相当于全市GDP的13.15%、第三产业增加值的28.38%。现就2021年淄博市旅游产业发展情况分析如下。

一、全市旅游经济运行分析

(一)旅游总量发展情况

2021年，游客接待量及旅游总收入分别恢复至2019年的75.1%、74.1%，人均消费已基本恢复至2019年水平(见图1)。

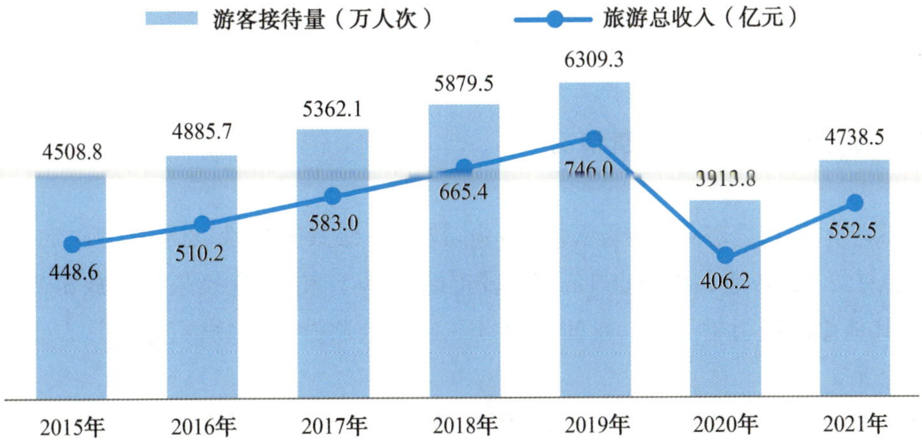

图1　2015—2021年淄博市游客接待量及收入情况

从2021年各季度恢复程度看，上半年旅游市场恢复良好，二季度基本恢复。自7月下旬起，Delta变异株在多地蔓延，疫情防控再次拉紧，工作重点逐渐转移到疫情防控，恢复程度有所减缓(见图2)。

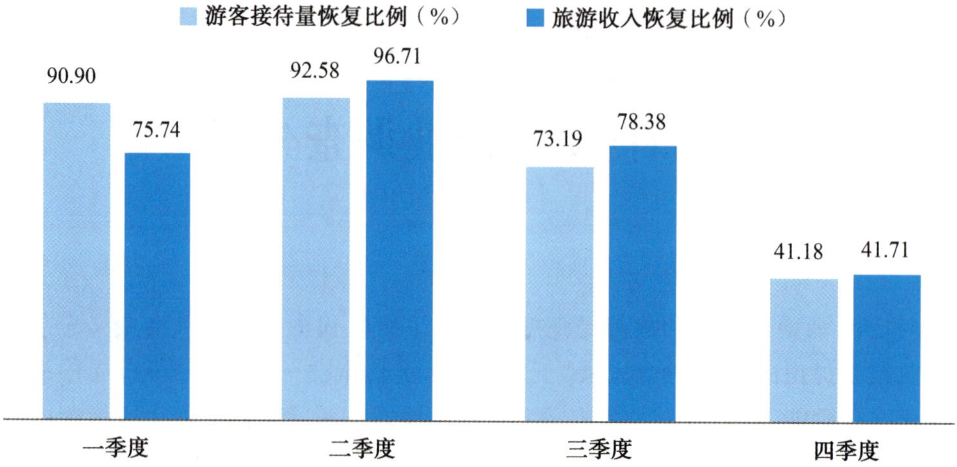

图2　2021年各季度淄博市游客接待量及旅游收入较2019年同期恢复比例

(二)旅游住宿设施抽样调查情况

经初步调查，全市有旅游住宿设施1988家，房间数57262间，床位数83422张；其中星级饭店27家，房间数3168间，床位数5096张；非星级旅游住宿设施1909家，房间数53166间，床位数76510张；其他旅游住宿设施52家，房间数978间，床位数1816张。

被纳入监测的旅游住宿设施共计28家，2021年累计接待游客66.14万人次，同比增长21.19%；实现营业收入2.46亿元，同比增长17.02%。2021年平均床位出租率39.71%，相较于2020年同期上浮8.3个百分点。

(三)旅游吸引物抽样调查情况

据不完全统计，全市有旅游吸引物920家，其中，A级景区70家，红色旅游点26家，乡村旅游点122家，新业态旅游点125家，城市综合体1家，文化娱乐资源旅游吸引物651家，其他旅游吸引物43家，夜间旅游点5家。因旅游吸引物性质多重，以上细分项目有交叉。

淄博市纳入监测的景区共计40家，其中A级景区、工业旅游点、乡村旅游点30家。2021年累计接待游客787.79万人次，同比增长41.77%；实现营业收入1.02亿元，同比增长 34.47%,其中门票收入 2983.10 万元,同比增长 64.34%。开放性公园、城区及周边休闲区点及旅游综合体 10 家,2021 年累计接待游客 2004.95 万人次,同比增长 12.93%;实现营业收入 17.30 亿元,同比增长 22.58%。

(四)旅行社经营状况

2021 年,淄博市有旅行社 112 家,受疫情影响,旅行社数量同比下降 5.88%。2021 年,国内组织人次数 21.27 万人次,同比增长 399.94%;国内组织人天数 60.89 万人天,同比增长 537.77%;国内接待人次数 1.04 万人次,同比增长 54.02%;国内接待人天数 1.85 万人天,同比增长 54.30%;旅行社营业收入 8698.87 万元,同比增长 59.55%。

(五)文化娱乐场所接待状况

淄博文化事业繁荣发展,全市拥有文艺表演团体(含民间文艺表演团体)248 个,其中,公有制文艺表演团体 3 个,国内演出场次 288 场,国内演出观众 15.42 万人次,分别比 2020 年增长 100%、82.97%。全市拥有镇(街道)文化站 88 个,文化馆 9 个。其中,文化馆组织文艺活动观众人次、举办训练班培训人次、举办展览参观人次、组织公益性讲座参加人次共计 122.26 万,比 2020 年同比增长 2.10%。公共图书馆 9 个,总流通人次 211.59 万,同比增长 37.63%;博物馆 70 个,参观人次 405.30 万,分别较 2020 年增长 4.48%、27.35%;农村综合性文化服务中心(合村并居后)2415 个,社区综合性文化服务中心 518 个;拥有全国重点文物保护单位 20 处,省级文物保护单位 103 处,数量与 2020 年持平。

二、游客客源地及属性分析

(一)客源结构

1.省外客源分布

抽样调查数据显示,2021 年,淄博市国内旅游市场以省内游客为主,占 74.17%,省外游客占 25.83%,省外游客占比较 2020 年有所提升,提高近 14 个百分点。前 6 位省外客源地分别为江苏、北京、上海、浙江、河北、河南。首先,江苏是淄博国内旅游市场省外客源地大省,占 3.99%;其次为北京市,占 2.90%,上海市占 1.97%;最后，浙江占 1.92%、河北占 1.81%、河南占 1.81%。6 个省份游客合计占比 14.4%（见图 3）。

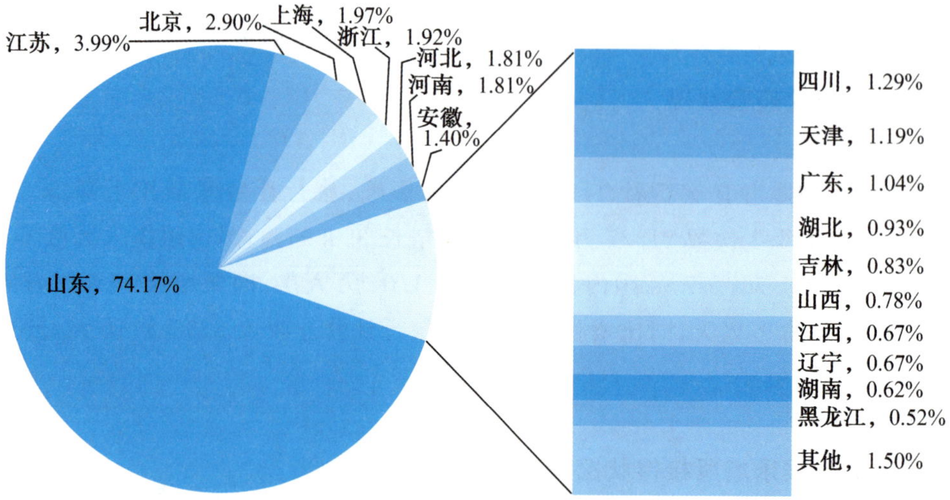

图 3　2021 年淄博市国内游客省内外客源分布

2.省内客源分布

抽样调查数据显示，2021 年淄博市省内客源结构有所优化，淄博本地游客占多数，占比 37.75%；市外游客占比 62.25%，较 2020 年提升 18.23 个百分点。市外游客中，省会城市济南游客占比最高，为 10.54%；经济发展水平较高的青岛占 6.98%；潍坊占 5.58%（见图 4）。

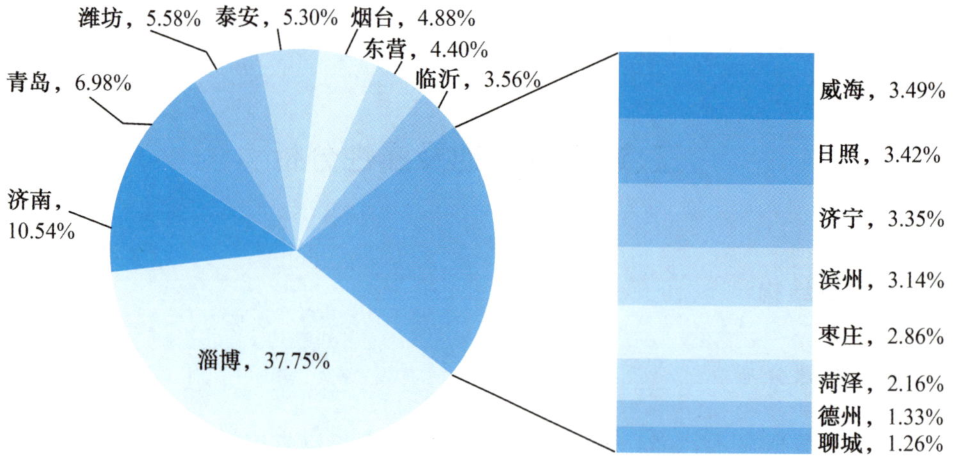

图 4　2021 年淄博市国内游客省内客源分布

3.入境客源分布

2021 年疫情形势依旧严峻，淄博市接待入境游客 4147 人次，同比减少20.96%。其中，外国游客 3112 人次，同比减少 29.11%；香港地区游客 392 人次，同比增长 11.43%；澳门地区游客 17 人次，同比减少 56.41%；台湾地区游客 626 人次，同比增长 35.79%(见图 5)。外国游客在入境旅游市场中依旧占据主导地位。

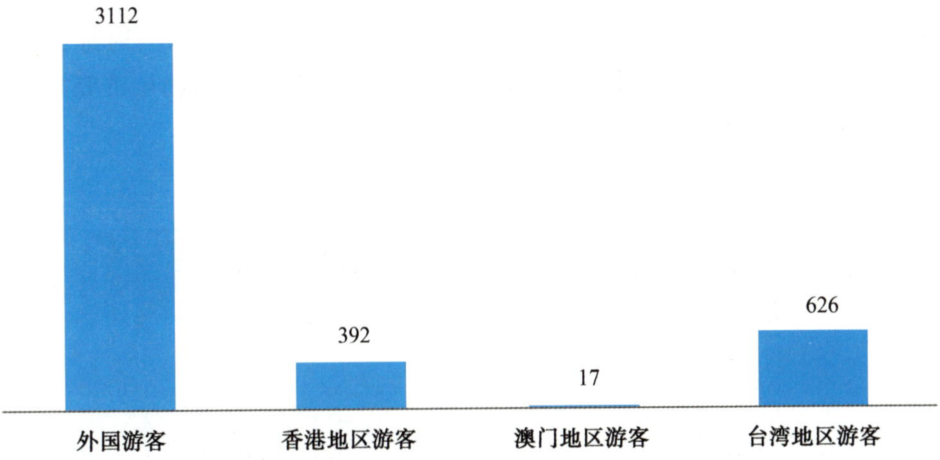

图 5　2021 年淄博市入境游客接待情况(单位:人次)

从国别看，受疫情影响，2021 年入境游客多出于商务需要，2021 年菲律宾为淄博市入境旅游第一大客源国，占比 21.82%；美国、德国、韩国和加拿大分别占比 10.41%、7.74%、7.65%和 4.63%(见图 6)。

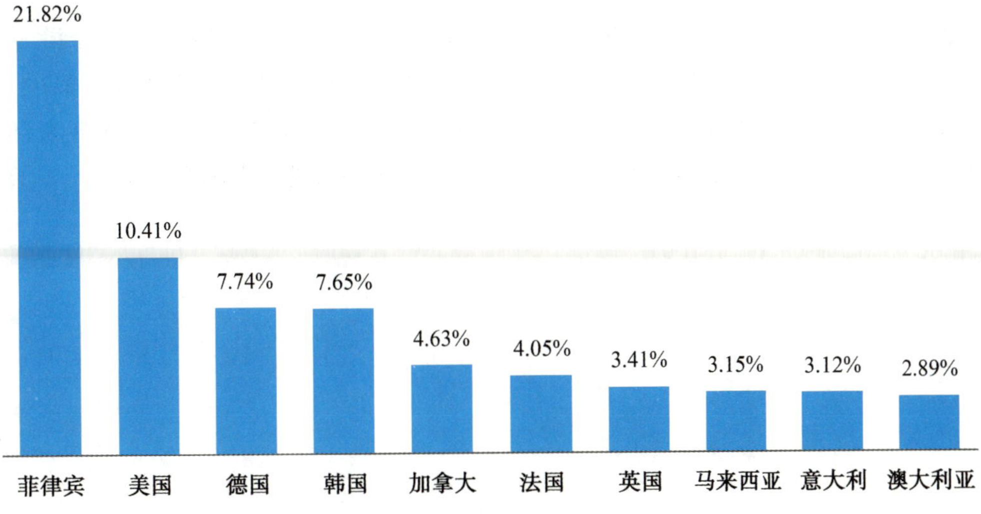

图 6　2021 年淄博市入境旅游主要客源国构成(前 10 位)

(二)游客属性

1.性别分布

2021 年淄博市国内旅游抽样调查数据显示，男性游客占比 55.02%，女性游客占比 44.98%，女性游客占比较 2020 年提高 3.33 个百分点。从男女分布来看，男性游客占比比女性游客高出 10.04 个百分点(见图 7)。在性别分布上，国内游客男性居多，因此仍需加强女性游客需求研究，增加新婚旅游、亲子旅游、购物旅游等方面的供给，以增强对女性游客的吸引力。

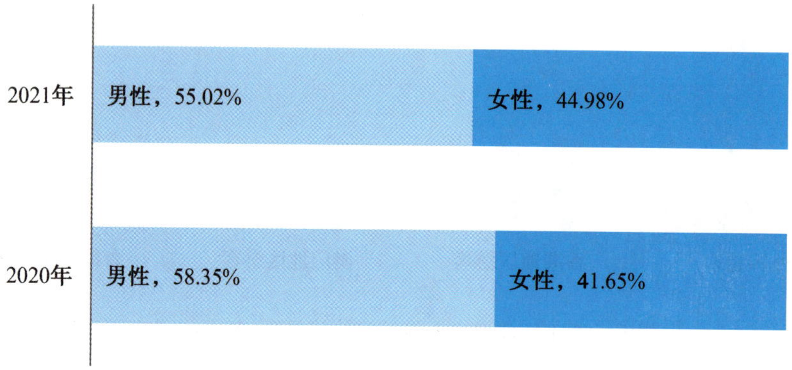

图 7　2020 年和 2021 年淄博市国内游客性别分布情况

2.年龄构成

数据显示，23—45 岁中青年游客占比最高，为 53.84%；46—60 岁中老年游客占比 26.28%；17—22 岁游客占比 18.21%；16 岁及以下和 60 岁以上游客占比偏少，合计占比仅为 1.67%(见图 8)。在游客年龄构成上，23—45 岁的中青年群体多为自我意识强烈的“80 后”“90 后”，且有一定的可自由支配收入，成为出游主力军。

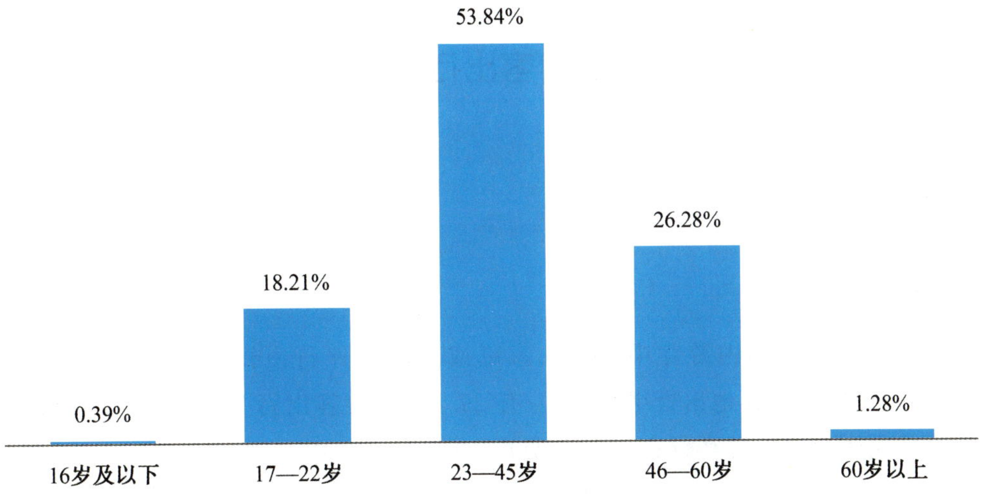

图 8　2021 年淄博市国内游客年龄构成

3.城乡分布

2021 年淄博市国内游客中，城镇游客占 83.33%，农村游客占 16.67%。城镇游客占比比农村游客高出 66.66 个百分点，城乡居民出游之比为 5∶1(见图 9)。在城乡分布上，城镇游客比重仍遥遥领先于农村游客。

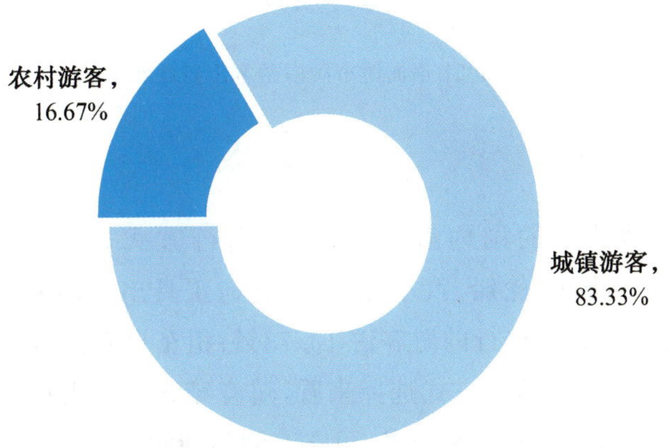

图 9　2021 年淄博市国内游客城乡区域构成分布

三、游客出行特点

（一）游客出行方式

1.出行组织方式

2021 年淄博市国内游客中，个人、家庭或亲朋结伴自由行的游客占比最高，达 68.5%，遥遥领先于其他出行组织方式；有 29.8%的游客出行为单位（安排）组织；通过旅行社组团出行的游客仅占 1.7%（见图 10）。

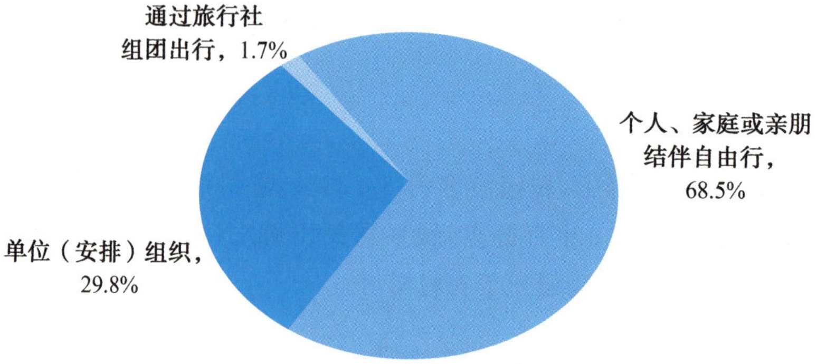

图 10　2021 年淄博市国内游客出行组织方式

2.交通出行方式

2021 年，来淄博旅游的国内游客中，交通出行方式以自驾车出行为主，占比 59.07%；乘坐（飞机、火车、轮船、汽车等）公共交通工具出行的游客占 27.65%；采用骑行、徒步等其他交通方式出行的游客占 10.73%；租车自驾出行的游客占比较低，为 2.55%（见图 11）。从交通出行方式选择来看，随着经济发展水平的提高，汽车保有量和驾照持有人数的增加，加上高速公路、国省道路不断完善，自驾游成为主流。

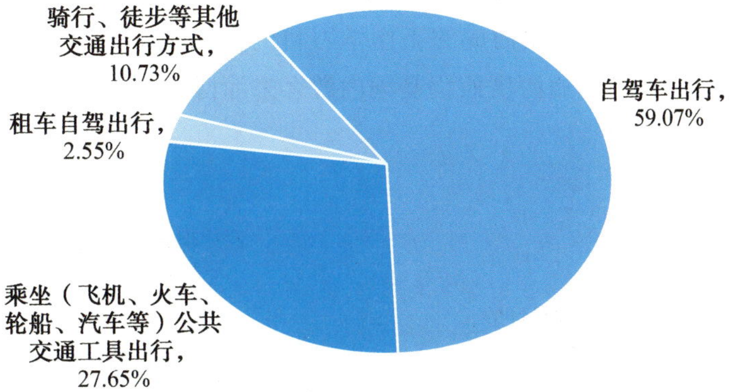

图 11　2021 年淄博市国内游客交通出行方式选择情况

3.出行人数

2021 年来淄博旅游的国内游客中，2 人结伴出游占比最高，达 45.28%；1 人单独出行占比 26.67%；3 人出行占 21.36%；4 人出行占 5.71%；5 人及以上出行占比较低，仅为 0.98%（见图 12）。从国内游客出行人数看，2—4 人出行占比超 70%，其中 2 人结伴以情侣、夫妻为主，3—4 人多为“2＋1”“2＋2”亲子家庭模式，“亲子游”“家庭游”需求旺盛，成为出游热潮。

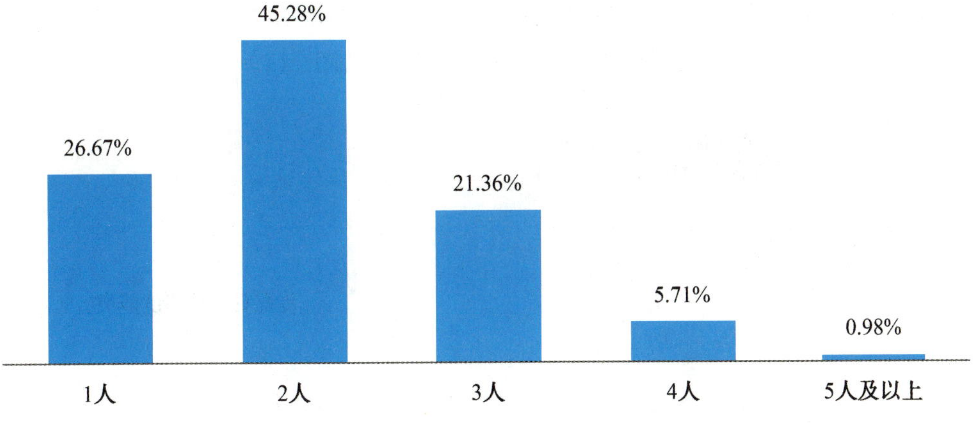

图 12　2021 年淄博市国内游客出行人数占比

（二）游客出游偏好

1.出游目的

2021 年来淄博旅游的国内游客中，由观光游览、休闲、探亲访友、宗教、朝拜、文化艺术欣赏、购物、娱乐等事项构成的旅游度假目的占比最高，达 89.86%；由商务活动、会议培训、学习交流等事项构成的工作学习目的占 9.35%；医疗保健及其他出游目的占比最低，仅为 0.79%，旅游度假仍是国内游客来淄博旅游的最主要目的（见图 13）。

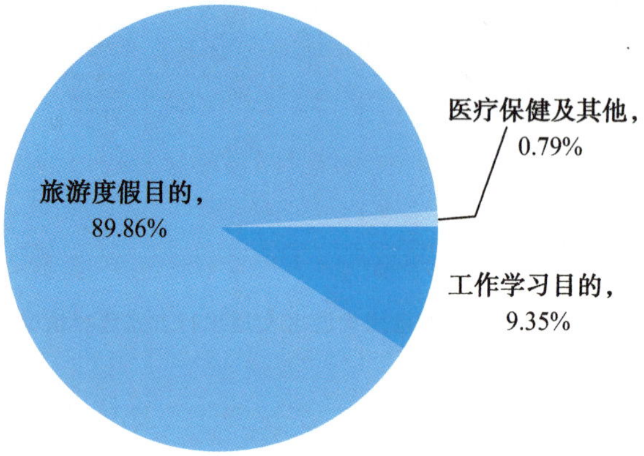

图 13　2021 年淄博市国内游客出游目的

2.吸引物游览类型

2021 年来淄博旅游的国内游客中，游览传统观光休闲度假类吸引物的游客占 39.86%，游览乡村旅游生态类吸引物的游客占 24.18%，游览文博历史科教类吸引物的游客占 17.18%，游览纪念馆等红色旅游类吸引物的游客占 9.58%，游览游乐园、绿道、城市综合体等娱乐类吸引物的游客占 9.22%（见图 14）。

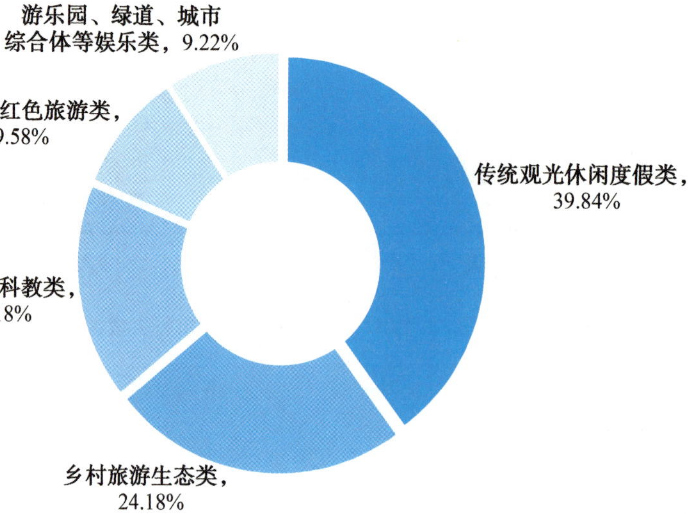

图 14　2021 年淄博市国内游客浏览吸引物类型分布

3.停留时间

2021年来淄博旅游的国内游客中，过夜游游客占27.56%，一日游游客占72.44%（见图15）。从过夜游游客逗留时长看，住宿1晚的游客占比最高，为37.86%；住宿2晚的游客占35.71%；住宿3晚的游客占17.86%；住宿4晚及以上的游客占比较少，合计为8.57%。过夜游游客中，住宿1—2晚的游客合计占比73.57%（见图16）。

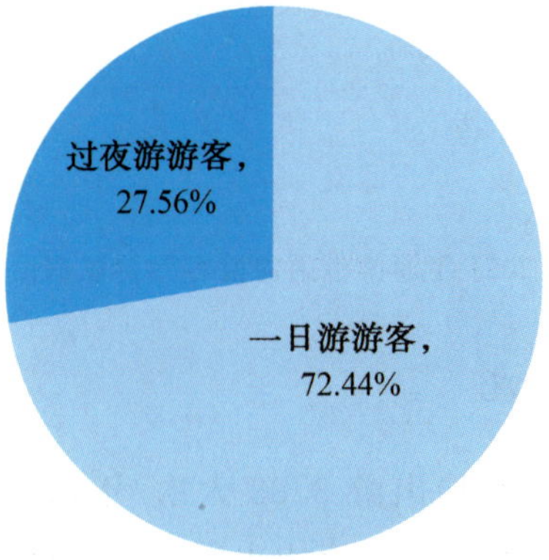

图15　2021年淄博市国内过夜游与一日游游客占比

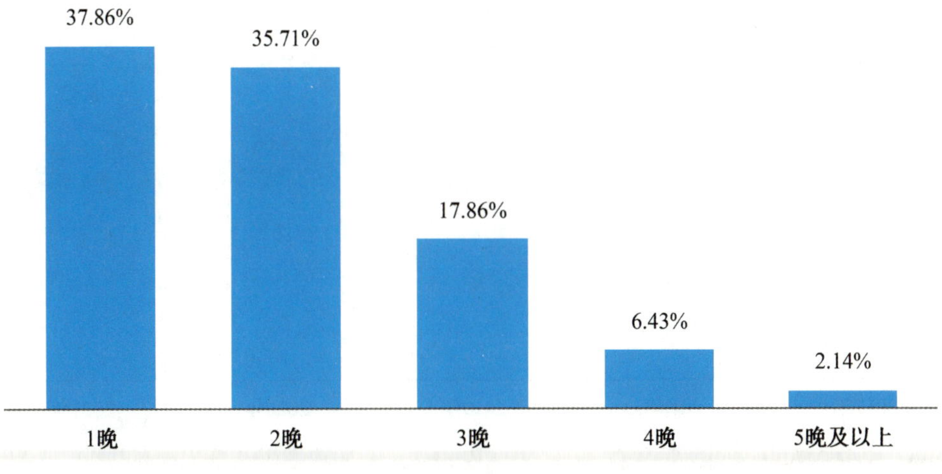

图16　2021年淄博市国内游客中过夜游游客住宿时间

4.住宿设施选择

2021年来淄博旅游的国内游客中，选择在经营性非星级旅游住宿单位过夜的游客占比最高，达44.14%；选择在亲友家、自由休闲度假居过夜的游客占37.24%；选择自驾房车、露营地等其他住宿设施过夜的游客占11.38%；选择星级饭店过夜的游客占比最低，为 7.24%(见图 17)。

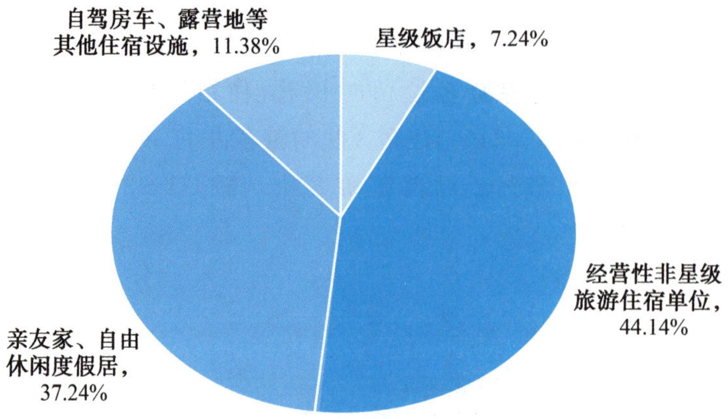

图 17　2021 年淄博市国内游客旅游住宿设施选择

5.城乡居民人均出游情况

2021 年淄博市城乡居民平均出游 3.82 人次/年，较 2020 年增长 24.84%，呈平稳恢复态势(见图 18)。全市城乡居民年均出游人次在全省排名靠前，仅次于青岛市、济南市、威海市。

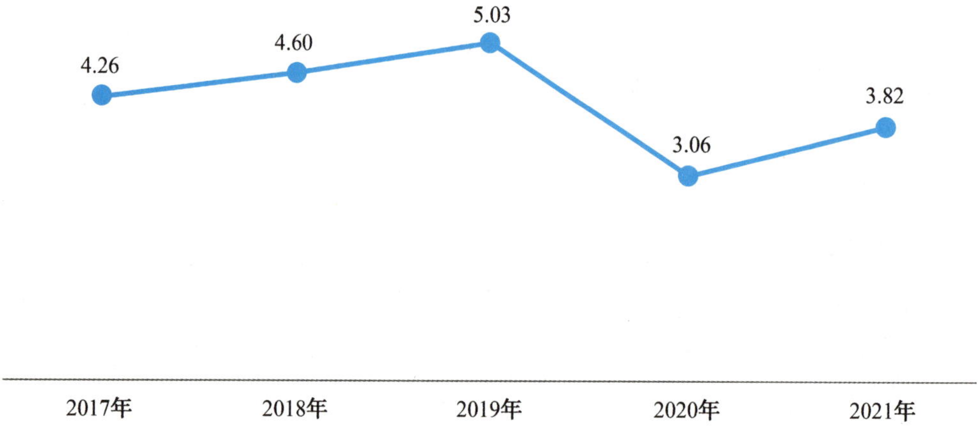

图 18　2017—2021 年淄博市城乡居民出游情况(单位：人次/年)

四、游客消费分析

(一)人均花费

2021 年淄博市国内游客人均花费 1128.02 元，其中，省内游客人均花费 1141.37 元，省外游客人均花费 1976.91 元；一日游游客人均花费 1069.01 元，过夜游游客人均花费 1791.14 元(见图 19)。国内游客人均花费依然保持在千元以上的较高水平，其中省外游客人均花费高于省内游客，过夜游游客人均花费比一日游游客高，远程、过夜游游客人均消费占据主力。

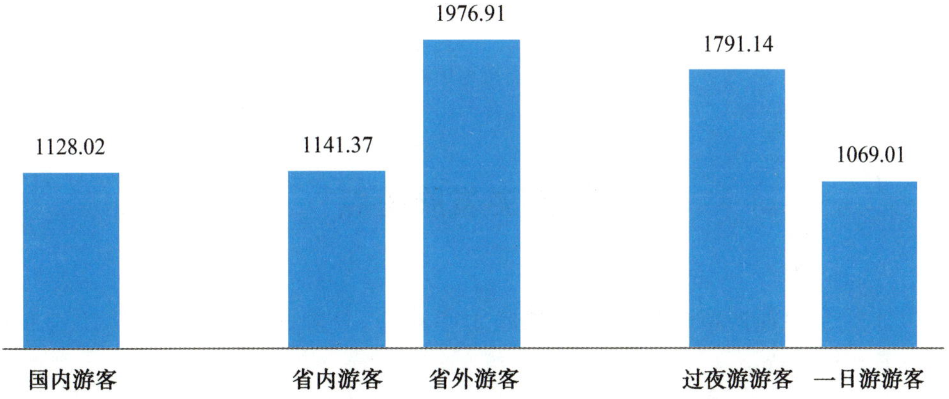

图 19　2021 年淄博市国内游客人均花费(单位:元)

(二)消费构成

2021 年，来淄博旅游的国内游客消费中，购物、住宿、长途交通位居前三，分别占 27.79%、16.25%、15.52%；然后是旅游景区游览消费占比 14.55%，餐饮消费占比 12.89%，自驾车或租车花费占比 7.74%；其余占比相对较低，其他消费占比 3.36%，休闲娱乐占比 1.91%(见图 20)。吃、住、行、购四大要素消费占比较高，总占比达 80%；游览、休闲娱乐等精神消费支出占比较低，仅占 20%。

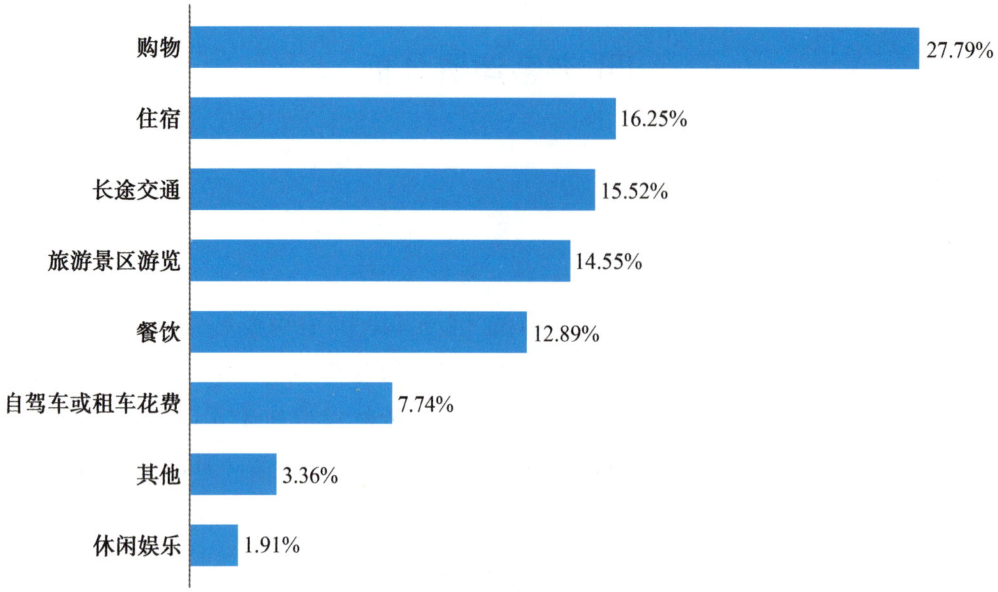

图 20　2021 年淄博市国内游客消费结构

五、旅游发展特点

2021 年全年淄博市的主要工作倾向于丰业态、补短板、促销费、重推广，主要特点有以下几个方面。

（一）坚持以突破行动为路径，聚力丰富旅游业态形式

组织编制《齐文化传承创新突破行动方案》，科学谋划 6 大突破行动、24 项重大工程的推进路径。截至 2021 年年底，全市拥有 A 级景区 70 家，同比增长 1.45%，其中 4A 级景区 14 家，3A 级景区 42 家，2A 级景区 14 家（见图 21）。全市星级饭店总数达 27 家，同比增长 8.00%，其中四星级饭店 6 家、三星级饭店 18 家、二星级饭店 3 家。周村古商城历史文化街区被评为国家级旅游休闲街区。2021 年，全市在红色旅游、乡村旅游、新业态旅游、夜间旅游等方面均有所突破。

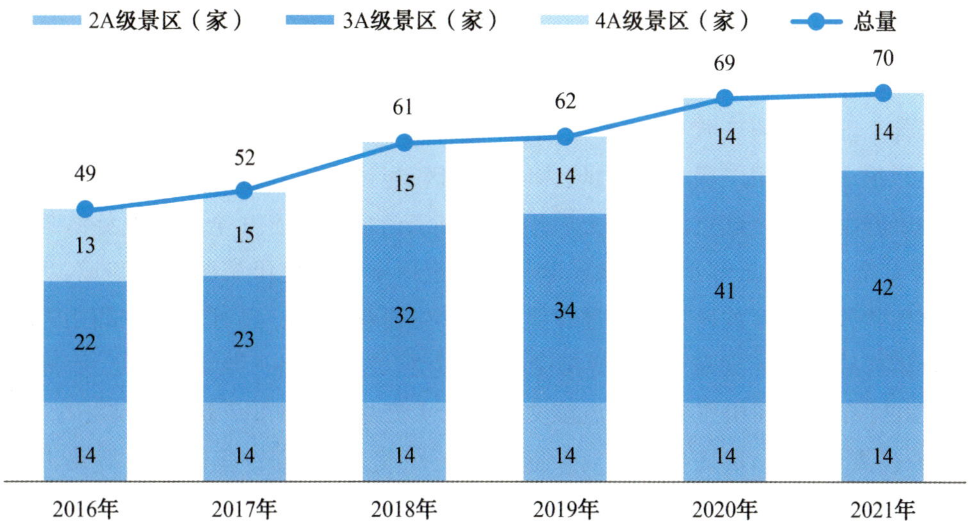

图 21　2016—2021 年淄博市 A 级景区类别、数量及发展趋势

1.红色旅游

六一八战备电台研学基地、焦裕禄同志纪念馆被评为“山东省红色研学基地”；设计推荐红色旅游精品线路，在中宣部和文旅部联合推出的“建党百年红色旅游百条精品线路”中，山东省入选 3 条线路，其中淄博市中郝峪村作为“齐风鲁韵魅力田园”精品线路的重要节点入选；在省文旅厅推出的“100 条山东红色旅游线路”中，涉及淄博市的线路有 8 条。九龙峪景区建设了以博山本地革命史为主题的革命长廊——红色博山，为开展党史学习、红色教育等党团活动提供场地；培养专业讲解人员，1 名讲解员入选山东省宣讲团，1 名讲解员获“山东省红色旅游五好讲解员”称号。

2.乡村旅游

围绕中郝峪、牛记庵、蓑衣樊等乡村旅游点，打造了“齐风鲁韵魅力田园游”“风情田园休闲游”等线路，策划适应市场需求的“一日游”“二日游”“三日游”等不同旅游类型，设计涵盖不同层面、不同年龄结构、不同知识结构的特色旅游精品线路。开展“好客山东 · 乡村好时节”系列节会活动，全年向省文旅厅推荐 27 个“乡村好时节”节会活动典型优秀案例，其中 12 个参加最终网络评选。中郝峪、牛记庵、蓑衣樊村入选全国乡村旅游重点村；22 个村庄入选第二批省级景区化村庄；“郝峪模式”在全国推广，在内蒙古、河北、重庆等地落地生根，入选 2021 年全国乡村旅游助力脱贫攻坚的 100 个典型案例；淄川区太河齐长城宿集、博山区池上环鲁山宿集以靠前名次进入省级旅游民宿集聚区创建名单；重点在齐长城沿线以传统村落为基础，打造青未了、牛记庵、上舍等50余家精品民宿。

3.新业态旅游

完善工业遗存的旅游功能，推进老新华文化创意产业园、唐库文化创意产业园等老工业厂房改造利用工程；天齐胜境休闲度假区、岜山中医药健康旅游区被评为山东省文旅康养融合发展试点区。市文旅局联合市工信局组织召开全市工业旅游现场推进会，推广省级工业旅游示范基地经验做法。岜山中医药健康旅游示范基地、巧媳妇酱文化体验园等4家被评为第三批省级中小学生研学基地。2021年第二届山东省研学旅行创新线路设计大赛中，淄博市荣获一等奖、二等奖各1个，三等奖、优秀奖各3个。2021年第二届山东省精品旅游文创设计大赛中，淄博市荣获一等奖2个、二等奖4个、优秀奖7个，市文化和旅局荣获优秀组织奖。“探究古车变迁　揭秘古齐盛世”被评为第三批省级中小学生优秀研学课程。淄博市科技馆等19家单位获批淄博市第三批中小学生研学旅行基地，临淄区遄台中学“庆建党百年　立爱国之志　铸顽强意志”等14个研学旅行课程获批淄博市第三批研学旅行精品课程。实施“齐文化研学云课堂”项目，对市级及以上研学基地进行宣传推广。创建一批非遗景区，打造非遗主题精品旅游线路。与山东高速服务开发集团有限公司签订“文旅＋服务区”产业融合战略合作协议，积极探索从停车区到商业区、从经停点到旅游景点、从加油站到文化驿站的“文旅＋服务区”新模式。

（二）坚持以顶层设计为统领，合力推进旅游设施建设

一是组织编制《淄博市“十四五”文化和旅游发展规划》《淄博市精品旅游发展规划》，对旅游要素进行统筹部署和安排。产业集群发展成效显著，精品旅游产业集群入选第三批省“十强”产业“雁阵形”集群。

二是推进文旅项目建设，成立由市委、市政府分管领导任组长的文旅重大项目推进工作领导小组，重点督导推进15个文旅重大项目建设，市委主要领导顶格推进齐国故城遗址公园、齐风胜境项目规划建设。积极推进齐长城文化公园建设，实施《淄博市齐长城文化生态旅游带开发建设规划》，开展齐长城抢救保护工程。其中，聊斋文化旅游区、颜神古镇、牛郎织女景区、朱彦夫初心家园等文化IP项目落地建设；总投资658.3亿元的66个市级重点文旅项目，全年完成投资124.37亿元。

三是着力补齐旅游基础设施短板，2021年提升改造旅游道路31条，共计167公里；新建旅游停车场35个，车位数6999个；改造完成17家民宿酒店，床位数693张；新建、改造旅游厕所200座。联合市交通运输局开展“淄博人节假日及周末1元公交游景点”活动，开通13条旅游专线，直达重点热门景区和“网红”打卡地，以带动文旅

出行需求面，激发游客的出行意愿。

（三）坚持以政策引导为动力，加力激发旅游市场消费潜力

一是策划推出“齐游淄博”文旅活动年，举办“发现新淄博”春游、夏爽、秋韵、冬趣主题季等活动，联合各区县推出 89 个文旅活动、151 项惠民政策；举办“‘淄’在过年”活动，对参观市内 A 级景区的市外留淄过年人员免收门票，春节期间实际核销 2.53 万人次，门票补贴资金 136.04 万元。

二是组织开展 2021 年淄博市文化和旅游惠民消费季活动，共征集文旅消费主题活动 330 余项，发放“惠游淄博”文旅消费券，累计核销 412.95 万元，直接带动消费 2306.16 万元，拉动消费比例 1∶5.58（见图 22）。

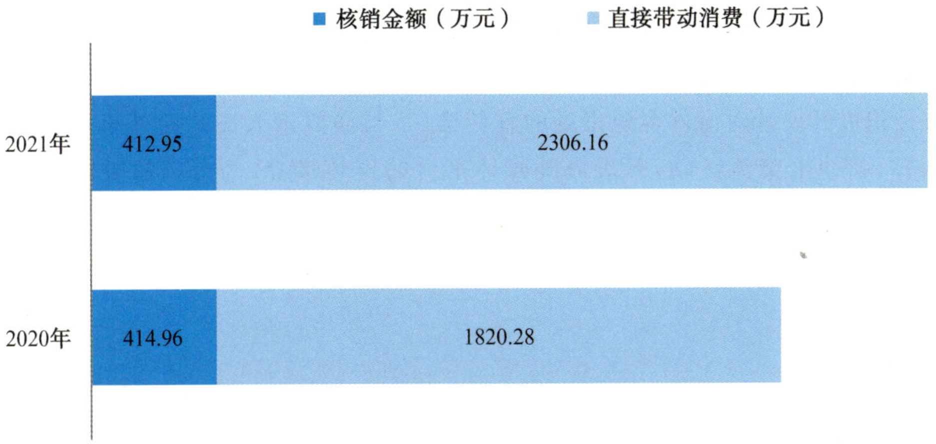

图 22　2020 和 2021 年淄博市文化和旅游惠民消费季活动核销及直接带动消费情况

三是整合全市文化旅游资源，发行“齐惠游”旅游年卡，全市共有 30 家景区入驻，游客全年无限次免门票入园，发行“齐惠游”旅游年卡 1.8 万余张，累计持卡游园游客超 3.5 万人次。

四是落实《淄博市支持文旅融合高质量发展的若干政策》中文旅领域涉及事项奖励资金的拨付，对星级酒店创建等事项进行奖励，共拨付市级奖励资金 425.78 万元，激发旅游企业的发展意愿，促进旅游高质量发展。

（四）坚持以宣传推介为载体，聚力提升淄博旅游品牌形象

实施城市宣传、文化旅游营销、双招双引“三位一体”整体对外营销模式。

一是投放宣传广告。在央视一套投放淄博文旅宣传广告 30 天；在淄博南站、淄

博北站、青岛北站、济青高速等公共场所投放淄博文旅形象宣传广告；设计制作春游、夏爽宣传折页6万份，在全市景区、酒店、火车站、汽车站、博物馆、图书馆等游客集中的公共场所投放。

二是策划淄博文化旅游宣传视频。围绕"齐文化、聊斋文化、陶琉文化"板块主题、"春夏秋冬看淄博"季节主题、"非遗、戏曲"文化主题、红色文化等，制作宣传视频，在各平台及场所进行宣传推介；围绕齐长城、齐文化、淄博美食等主题，在央视十套《跟着书本去旅行》节目播出主题节目7期。

三是充分借助腾讯、携程、马蜂窝等国内知名在线旅行社（Online Travel Agent，OTA）平台，加强用户原创内容传播，塑造淄博旅游目的地形象。利用OTA线下平台，开展达人踩线、齐文化研学等主题活动，使游客亲身感受，营造全民爱旅游、爱淄博的浓厚氛围。

四是用好"文旅淄博"微信公众号、微博、抖音、快手、头条号等网络平台，充分利用短视频、微视频传播，开展景区、博物馆"云游"直播活动，打造一批"网红"打卡地、"网红"文创、"网红"美食等。

五是积极开展针对海外客源市场的宣传推广，与淄博市人民政府外事办公室共同策划日、韩线上交流活动，开展海外媒体平台的宣传推介，为开拓海外市场做好铺垫。

（成菲菲）

2021年东营市旅游业调查分析报告

2021 年，在东营市委、市政府的坚强领导下，东营市文化和旅游局围绕“打造黄河入海文化旅游目的地”的目标定位，深入推进“旅游富民”三年行动计划，大力保护传承弘扬黄河文化，推动文旅融合高质量发展。2021 年，全市共接待游客 1645.5 万人次，实现旅游收入 171.1 亿元，分别增长 23.0%和 41.9%。

一、旅游经济发展总体特点

(一)旅游规模保持复苏增长态势

1.游客接待量、旅游收入恢复均居全省前列

2021 年，在常态化疫情防控下，东营市旅游经济仍然保持着波动复苏的态势。据统计测算，2021 年，全市共接待游客 1645.5 万人次，同比增长 23.0%，恢复到 2019 年同期水平的 81.6%(见图 1)，恢复速度居全省第 3 位；旅游总收入 171.1 亿元，同比增长 41.9%，恢复到 2019 年同期水平的 83.2%(见图 2)，恢复速度居全省第 2 位。其中，接待国内游客 1645.4 万人次，比 2020 年增长 23.0%，接待入境游客 0.1 万人次，比 2020 年下降 15.0%。

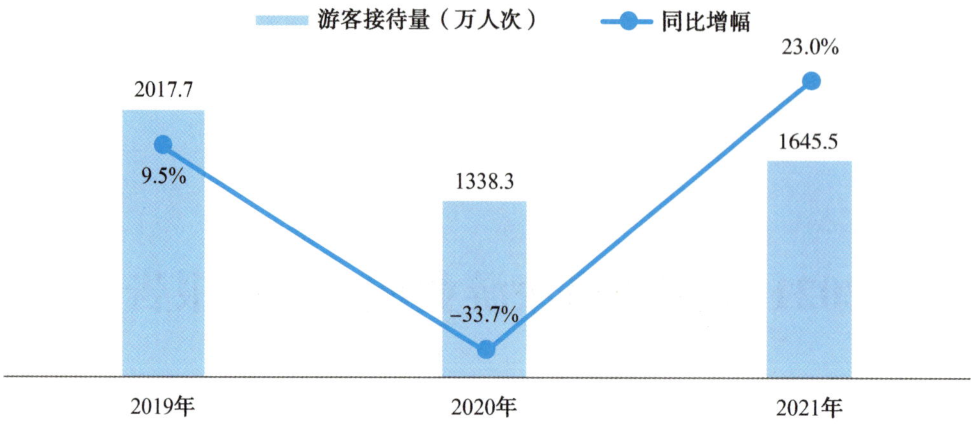

图 1　2019—2021 年东营市游客接待量及同比增幅

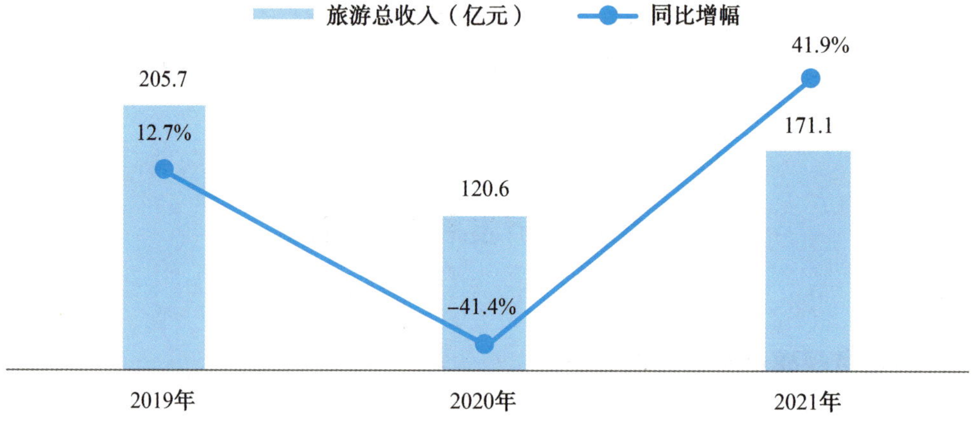

图 2　2019—2021 年东营市旅游总收入及同比增幅

2.季度旅游发展呈“前高后低”态势

一季度，游客的消费信心进一步恢复，旅游经济稳步回升，旅游接待量接近 2019 年同期水平，恢复比例达到 99.7%，旅游收入恢复到 2019 年同期水平的 88.0%；二季度，旅游市场全面复苏，旅游接待量超 2019 年同期水平，旅游收入接近 2019 年同期水平，恢复比例达到 95.9%。上半年整体来看，游客接待量指标要好于旅游收入，游客接待量超过 2019 年同期水平，旅游收入接近 2019 年同期水平。下半年，疫情反复，全市旅游市场恢复比例下降较多，致使全年旅游经济呈现“前高后低”态势（见图 3、图 4）。

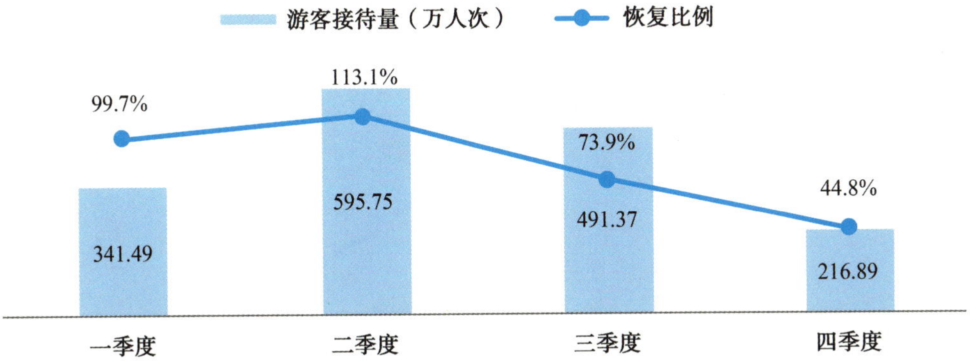

图 3　2021 年各季度东营市游客接待量及相比 2019 年恢复程度

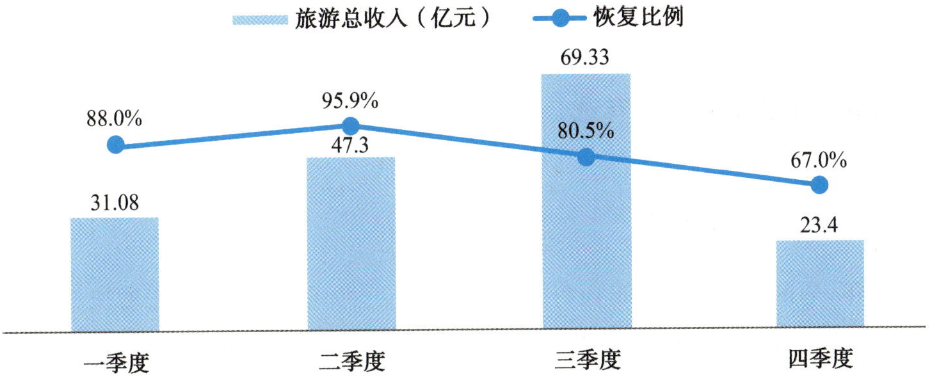

图 4　2021 各季度东营市旅游收入及较 2019 年同期恢复情况

3.假日旅游经济带动作用显著

常态化疫情防控时期，全市各地充分利用假日经济，积极推出多项措施，提振文化旅游消费，助力文旅复苏。春节期间，全市共接待游客 67.6 万人次，实现旅游收入 4.2 亿元，分别比 2019 年同期增长 15.2%和 18.4%。“五一”期间，全市共接待游客 157.9 万人次，同比增长 170.7%，与 2019 年同期相比（按可比口径计算）增长 8.7%；实现旅游收入 5.4 亿元，同比增长 332.5%，与 2019 年同期相比（按可比口径计算）增长 9.8%。“十一”期间，东营市接待游客 124.6 万人次，实现旅游总收入 7.9 亿元，分别恢复到 2019 年同期的 81.8%和 82.4%（见图 5）。

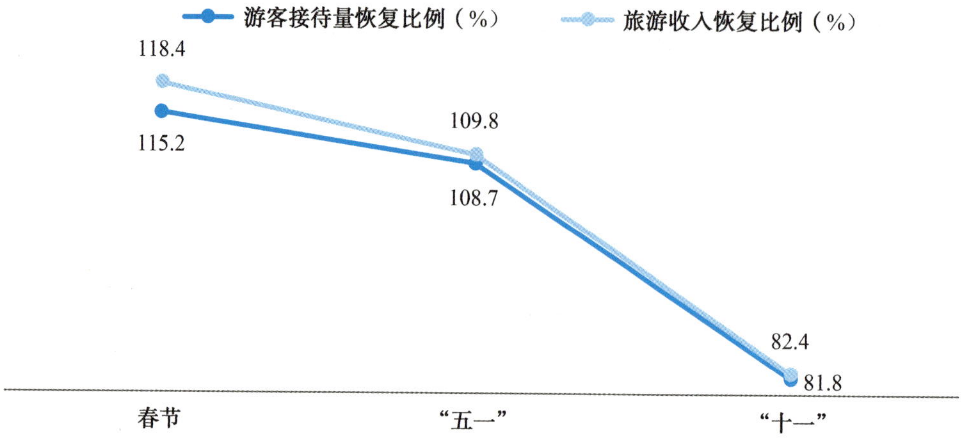

图 5　2021 年主要假日东营市游客接待量及旅游收入与 2019 年相比恢复情况

(二)客流消费数据稳中有进

1.高速公路客车通行量

2021 年，全市高速公路客车通行量为 1053.6 万辆，与 2019 年相比增长 30.8%，高速公路客车通行量在全省排名第 15 位，增幅居全省第 3 位。从月份上看，1—7 月，全市高速公路客车通行量呈增长趋势，5 月达到高峰；8—12 月，呈波动趋势。其中，8 月和 11 月受周边疫情影响，增幅下降至－8.2%和 5.8%。此外，受“五一”长假、“十一”黄金周带动，高速公路客车通行均超百万辆，分别达到 104.6 万辆、127.3 万辆(见图 6)。

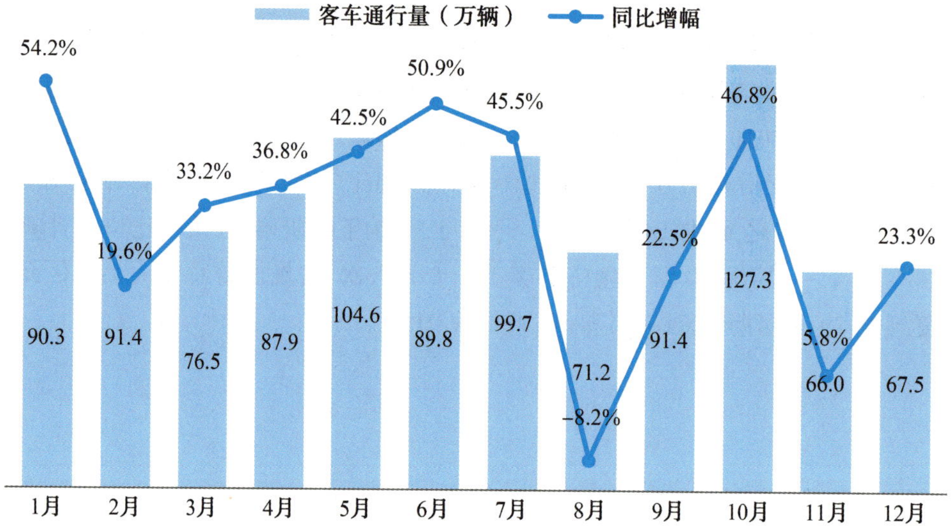

图 6　2021 年各月份东营市高速公路客车通行量及同比增幅

2.铁路客运量

2021年,全市铁路客运量32.8万人次,同比增长17.9%,增幅居全省第4位。从月份上看,清明节所在的4月、"五一"劳动节所在的5月、端午节所在的6月、暑假所在的7月、国庆节所在的10月,铁路客运量均超过3万人次。与2020年相比,5月增速最高;受疫情反复影响,8月和11月增幅最低,分别下降52.5%和44.2%(见图7)。

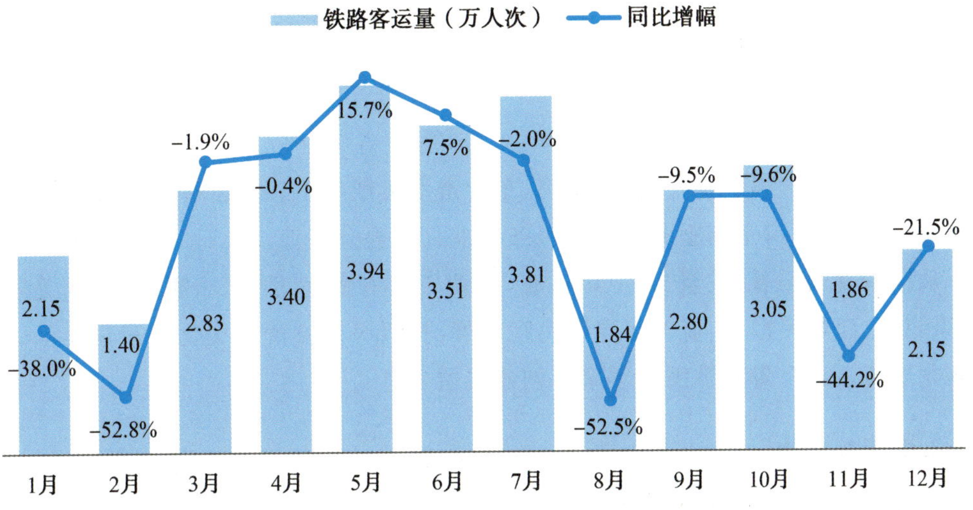

图7　2021年各月份东营市铁路客运量及同比增幅

3.民航客运量

新增深圳、哈尔滨、长春、沈阳4个通航城市,加密成都航班至每天1班,东营机场可通航城市达到18个,每周运营航班200班。2021年,全市民航旅客吞吐量68.2万人次,与2020年相比增长49.6%。

4.公路、水路客运量

2021年,全市公路客运量218.83万人,比2020年增长57.4%;公路客运周转量46872.16万人公里,增长62.3%。完成水路客运量4.22万人,增长47.6%;水路客运周转量78.91万人公里,增长61.7%。

5.消费大数据

银联非现金消费数据显示,2021年,旅游消费140.0亿元,同比增长29.4%;根据省统计局数据,2021年,社会零售品消费额增长15.8%。

(三)游客接待能力不断提高

2021 年开展的全市旅游住宿设施和旅游吸引物名录库建设工作显示，东营市共有旅游住宿设施单位 1046 家，床位数达到 7.1 万张；旅游吸引物 714 家。

1.旅游住宿设施

从总量上看，旅游住宿设施合计 1046 家，房间数 42239 间，床位数达到 71193 张（居全省第 15 位）。

从星级饭店上看，全市有星级饭店 23 家（居全省第 9 位），房间数 4056 间，床位数 6692 张（居全省第 7 位）。数据表明，东营市星级饭店引领旅游住宿设施建设成效显著，全市旅游住宿基础服务设施和服务标准日益提升完善。

从民宿发展上看，截至 2021 年年底，东营市共有民宿客栈 39 家，打造了龙居人家、果园居、西韩民宿村、荷花小屋等民宿品牌，打造房台村黄河文化民宿集聚区。东营区龙居镇入选全省旅游民宿集聚区创建单位名单。

2.旅游吸引物

从总量上看，旅游吸引物合计 666 家（居全省第 9 位），包括 72 家 A 级旅游景区，121 家文化、文物旅游吸引物，118 家乡村旅游吸引物，44 家红色旅游吸引物，21 家夜间旅游吸引物，19 家冰雪旅游吸引物，105 家新业态旅游吸引物，147 家城市综合体以及 181 家其他旅游吸引物。①

(四)文旅活动拉动文旅消费升级

东营市举办 2021 中国休闲度假大会，东营草莓音乐节、天鹅湖蓄滞洪工程自行车骑游、黄河口龙舟赛、黄河口啤酒美食节等 60 余项文旅活动，2021 黄河口（东营）马拉松赛、2021 黄河口（东营）公路自行车赛等精品赛事活动；开展东营人游东营暨东营市休闲季活动，以“等‘闲’识得东营面”为主题，推出 4 大主题活动、8 条精品线路；开展文旅惠民消费进社区、进校园、进企业“三进”主题活动，进一步整合文旅资源，实现了消费人群、消费水平的集聚和提升。新媒体营销助力东营旅游品牌传播，东营市创意策划开展“2021 年首届东营‘网红’打卡地”抖音评选活动，参与作品 800 余件，视频播放量达 4000 万次，广利河、永安稻田画、孤东海堤、天鹅湖彩虹桥等成为热门“网

① 各吸引物类型有重复。

红”打卡地。东营市与字节跳动公司合作，举办“我在黄河口等你”抖音全民任务挑战赛，活动参赛视频数超1.8万条，视频播放量达2.3亿次、点赞达260万次、评论数23万余条、分享超10万次，“东营文旅”官方账号涨粉2.6万。第五届东营文化和旅游惠民消费季启动，签约文旅企业70余家，征集主题活动120余项，组织各类活动1200余场次，发放省、市、县三级惠民消费券136万元，带动消费2000余万元。东营区创建为第一批省级文化和旅游消费示范县(市、区)。

(五)夜间旅游成为文旅消费新亮点

东营市文化和旅游局积极推进夜间景观打造，不断促进夜间旅游发展。依托广利河旅游提升工程，打造了水岸灯光秀、湖滨区激光、楼体泛光及街区激光秀等光影秀，开通广利河夜游水上线路，整体提升夜间景观亮化效果。举办休闲之夜活动，500架无人机上演立体灯光秀，吸引1.5万余名市民观看。组织开展夜秀、夜游、夜购、夜食、夜娱等不同主题、不同风格的系列活动，通过跨区域、跨板块联动，激发文旅消费活力，增强文旅消费信心，活跃东营夜间经济。孙子文化园推出夜间演艺项目《旷世兵圣·孙武》、主题烟花秀和夜间非遗表演。市政府投资1500万元建成万达万恋街、燕山路美食街、文汇·慢生活小镇等一批夜间文旅消费项目，举办“东营夜集”“金秋美食消费月”等促消费活动，营造夜经济消费场景，打造“夜购东营区”消费新体验。文汇·慢生活小镇入选第一批山东省级夜间文化和旅游消费聚集区。

(六)乡村旅游高质量发展助力乡村振兴

东营市2021年“进千村　乐万家”文化惠民巡演入选“大家演”活动优秀案例；龙居镇大力推进文旅康养融合，每年举办龙文化旅游节、龙舟赛、中国黄河口诗会、乡村文化旅游节、农民丰收运动会等旅游节庆活动；垦利区黄河口滨海旅游特色小镇、东津医养健康特色小镇、黄河口知青特色小镇、西郊汽车特色小镇入选山东省特色小镇；东营区龙居镇林家村、河口区孤岛镇西韩村被评为全省乡村旅游重点村；利津县盐窝镇南岭村被评为山东省文化生态名村；东营区龙居镇林家村、利津明集乡北张村和东营区六户镇东辛集村等19个村庄分别入选山东省第一批、第二批景区化村庄名单；广饶县大王镇刘集后村入选山东省红色文化特色村。打造龙居人家、果园居、西韩民宿村、荷花小屋等民宿品牌以及房台村黄河文化民宿集聚区、近郊“蒲乡慢境”创意农业园区等文旅项目。东营区龙居镇入选全省旅游民宿集聚区创建单位名单。抽样调查数据显示，2021年度，知青小镇接待过夜住宿游客2万人次，与2020年持平；实现营业收入248亿元，增长24.1%。蓝海逸园景区接待游客13.5万人次，实现营业收入 1090 万元，分别增长 5.5%和 18.7%。綦家嘴生态采摘园连续 8 年举办乡村文化旅游节，节日期间吸引游客 1 万余人次。

（七）新业态旅游蓬勃发展

1.红色旅游

2021 年 4 月至 12 月底，全市组织开展“百年伟业　盛世华章”庆祝建党百年系列文化活动，以观百年伟业、庆百年华诞、览盛世华章、游红色路线为主要板块，策划 100 余项特色活动，营造浓厚的庆祝氛围。7 月 23 日晚，市文化和旅游局主办全市红色经典巡回音乐会，吸引观众近千名。2021 年，广饶县大王镇刘集后村、利津县明集乡北张村等被评为“保存有乡村革命文物和革命历史遗迹的红色文化村庄”。统计调查数据显示，红色刘集旅游景区接待游客超过 50 万人次。

2.体育旅游

东营市举办体育航空旅游启动仪式等活动，黄河口生态旅游区与东营华夏体育发展中心签订了体育旅游发展战略合作协议；举办了黄河口（东营）汽车场地越野赛、黄河口（东营）马拉松赛、黄河口（东营）公路自行车赛、中国东营·黄河铁人三项精英赛和国际湿地城市钓鱼公开赛等，仅马拉松赛事就吸引了 3 万余人参与。

3.研学旅游

全市研学旅行大会召开，发布东营研学旅行的吉祥物、标志和口号，开通东营研学网站，印发全市研学旅行指导政策文件，全面推进研学旅行发展。河口区青年学子暑期家乡行第三场专场活动圆满举办。

4.自驾旅游

东营市举办第十届全国自驾车旅游发展峰会，黄河口生态旅游区、知青小镇等重点景区建成自驾营地，开启东营自驾游新篇章；举办 2021 年旅游日垦利分会场活动暨垦利区黄河风景廊道自驾之旅启动仪式，共吸引 100 辆车、200 余名自驾游爱好者参加。抽样调查数据显示，2021 年，全市接待自驾游游客 1100 万人次，占总接待游客人次的 69.3%。

5.康养旅游

龙居湾文旅康养融合发展区成功创建为山东省文旅康养融合发展试点区。揽翠湖旅游度假区接待游客 43.4 万人次，实现营业收入 5703 万元。

(八)文旅融合高质量发展成效显著

一是大力推进文艺精品创作。围绕建党百年等主题，全市创作完成吕剧、小品、音乐、舞蹈等作品 140 余部。其中，5 部入选“百年征程　时代华章”山东省优秀剧目展演。重点推出了以革命烈士李耘生为原型的大型革命题材吕剧《热血芳华》和音乐剧《追光者》。《追光者》入选第二届全国优秀音乐剧展演参演剧目名单。

二是民俗文化游彰显活力。黄河三角洲动物园、花仙谷景区举办了新春庙会、灯光秀等主题文化活动，灯光秀、花灯、新春游园“三位一体”，特色美食、民俗表演精彩不断，特色民俗市集、美食大派对、游乐嘉年华、国家非物质文化遗产打铁花、篝火晚会等惊喜满满。春节七天接待游客 5 万多人次，为广大市民奉上了民俗文化盛宴。9 月 15 日晚，“迎中秋　庆国庆　颂党恩”东营市喜迎“双节”文艺晚会暨第二届油地文化艺术季开幕演出在胜利广场成功举行。第二届油地文化艺术季活动旨在深入推动油地文化融合发展，主要包括油地文化艺术交流展演、分馆建设、文化惠民演出等活动，更好地满足油地居民的精神文化需求。

(九)服务体系建设如火如荼

全市组织开展文化服务品质提升行动，改造提升村(社区)综合文化服务中心 120 处，打造文化示范村、示范社区 72 处，建设城市书房 5 处、城市书屋 22 处、乡愁文化展馆 6 处，新增图书馆分馆 42 处、文化馆分馆 27 处。在 2021 年中宣部、文化和旅游部、国家广电总局公布的第九届全国服务农民、服务基层文化建设先进集体名单中，东营市河口区图书馆被评为全国先进县级图书馆[全国先进县级文化馆、图书馆、乡镇(街道)综合文化站、村(社区)综合性文化服务中心共 64 家]，利津县电影发行放映公司被评为全国先进基层电影服务集体(全国 64 家)。2021 年，新建、改造 119 座旅游厕所；对 2019 年通过省级部门验收的 47 座新建、改建旅游厕所进行奖励，共发放中央、省级和市级配套奖励资金 144.1 万元，对 2020 年检查的 41 座旅游厕所进行了验收复核。新建 2 处游客集散中心、4 处旅游驿站，更新安装 81 块旅游标识牌；在人流密集区设立 4 处咨询服务中心、24 处旅游信息岛。

(十)旅游项目投资成绩斐然

黄河口生态旅游区投资 8.1 亿元实施的舟游白鹳湖等 13 个项目入选文化和旅

游部认定的黄河生态文化之旅主题旅游线路；各县（区）围绕惠民富民，实施新城吾悦文旅综合体、幻太奇海洋亲子主题公园、东津渡教育康养度假区等项目。2021 年，东营市“旅游富民”计划共实施重点项目 40 个，年度计划投资 47.1 亿元。截至 12 月 31 日，重点项目已开工 40 个，开工率 100%，其中 17 个已完工并交付使用；累计完成投资 50.6 亿元，占年度计划投资的 107.4%。

二、国内旅游市场分析

2021 年，东营市共接待国内游客 1645.4 万人次，同比增长 23.0%；实现旅游总收入 171.1 亿元，同比增长 41.8%。

（一）过夜游游客与一日游游客

2021 年东营市接待国内过夜游游客 592.2 万人次，占国内游客的比重为 36.0%；实现过夜游游客消费 99.7 亿元，占国内旅游收入的比重为 58.3%；接待一日游游客 1053.2 万人次，占国内游客人次数的比重为 64.0%，实现一日游游客消费 71.4 亿元，占国内旅游收入的比重为 41.7%（见图 8）。

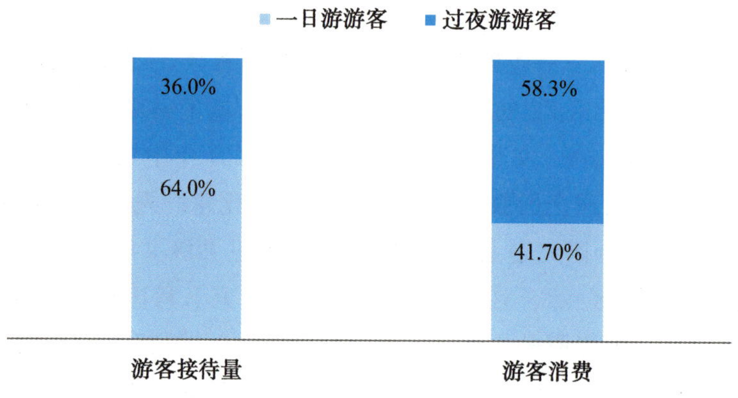

图 8　2021 年东营市国内游客中过夜游游客与一日游游客接待量及消费占比

（二）人均消费

根据在东营市旅游住宿设施、旅游景区和机场、车站、码头开展的对 2111 名国内游客的调查，东营市过夜游游客人均次消费 1683.8 元，人均天消费 703.1 元（平均每次停留 2.39 天）；一日游游客人均次（天）消费 677.8 元（见图 9）。

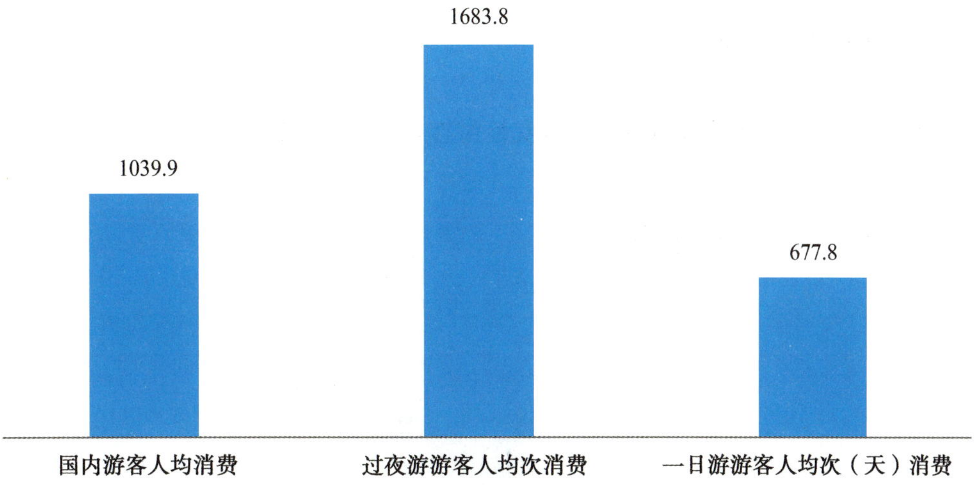

图 9　2021 年东营市国内游客人均消费(单位:元)

(三)客源地分析

东营市的国内游客主要来自省内及周边省份，其中，山东省内游客数量占全市接待国内游客总量的 67.9%；放眼省外客源市场，江苏、上海、吉林、安徽和江西的游客位列前五，占比分别为 5.8%、3.2%、2.8%、2.6%、2.6%，合计占比 17.0%（见图 10）。

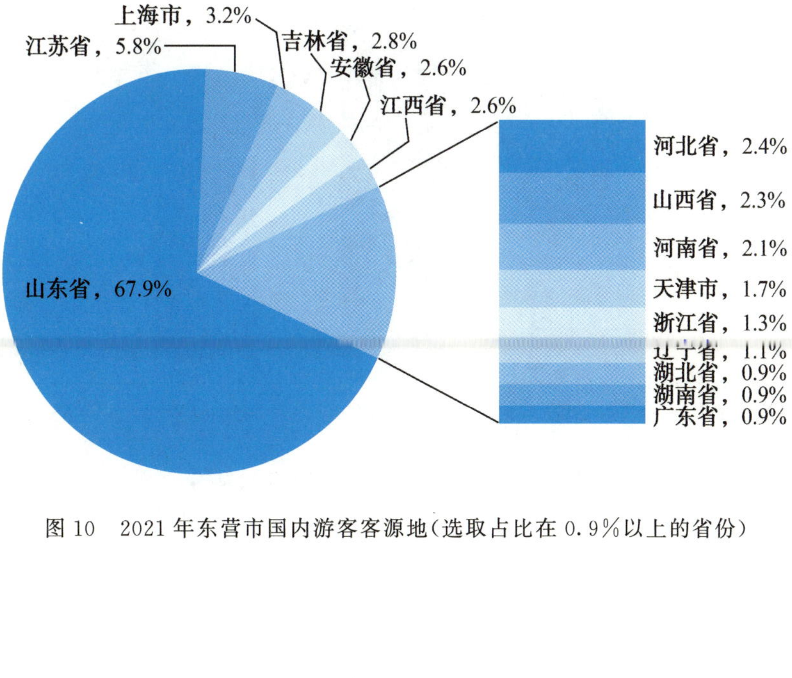

图 10　2021 年东营市国内游客客源地(选取占比在 0.9%以上的省份)

(四)游客性别分布

国内游客中，男性游客占59.3%，女性游客占40.7%(见图11)。

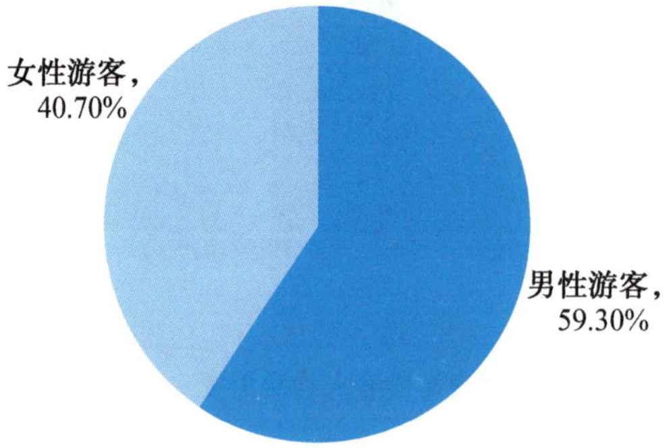

图11　2021年东营市国内游客性别分布

(五)游客年龄分布

从游客年龄结构看，游客以青壮年为主，呈现中间多、两头少的趋势。25—44岁的中青年游客占比近50%，是外出旅游的主力军；45—64岁的游客占比29.1%；19—24岁的游客占比23.4%；19—64岁的游客占比合计达99.6%(见图12)。

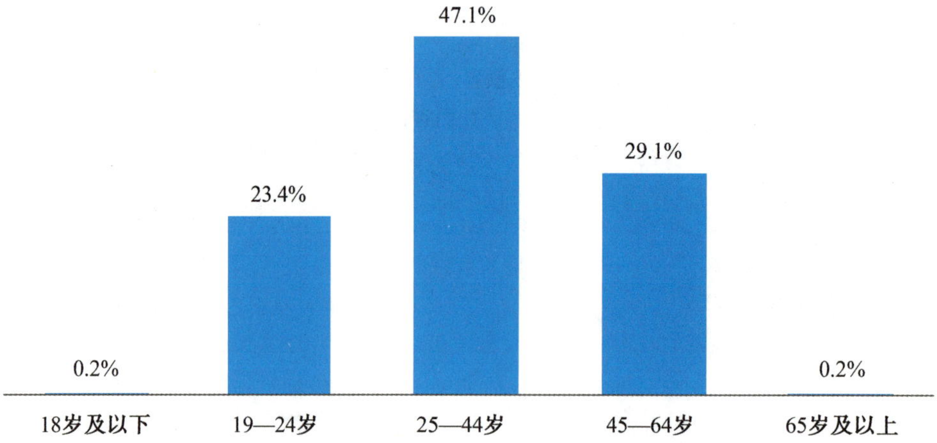

图12　2021年东营市国内游客年龄结构

(六)游客职业分布

国内旅游抽样调查数据显示,国内游客中服务销售人员占比 51.8%,工人占比 20.6%,企业管理人员占比 13.3%(见图 13)。游客以收入中等、工作相对稳定的上班族为主。

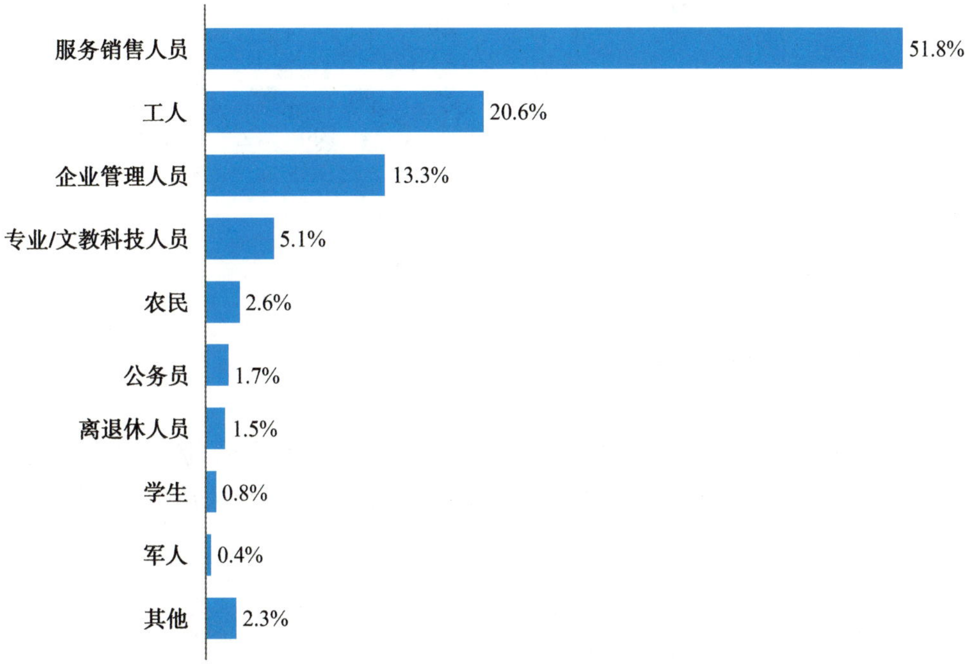

图 13　2021 年东营市国内游客职业分布

(七)游客消费结构

从消费结构看,来东营旅游的国内游客停留在基础消费阶段,旅游住宿、购物、餐饮为消费三大项,占比分别为 36.8%、23.2%、15.0%;长途交通费占比 8.2%,自驾车或租赁车占比 6.5%;体育娱乐、文化艺术等旅游项目参与度较低,游客体验式消费有待进一步提升(见图 14)。

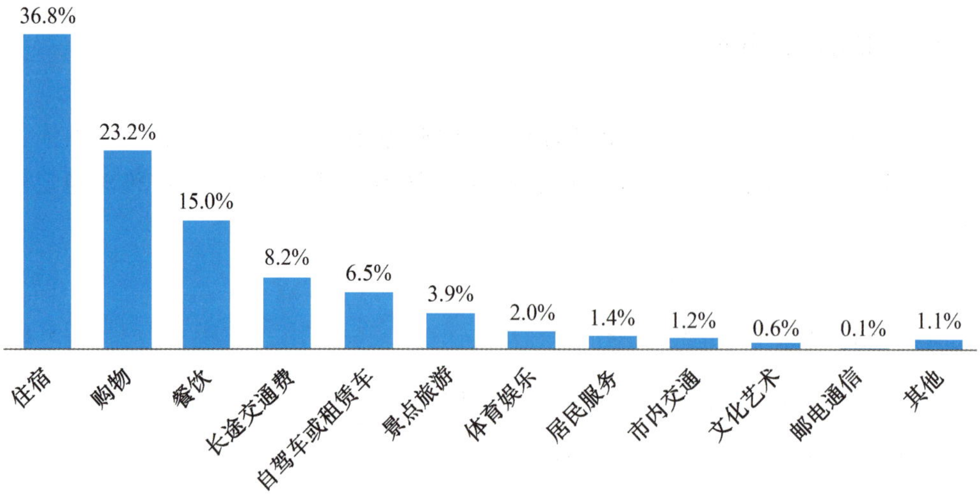

图 14　2021 年东营市国内游客消费构成

(八)游客出行组织方式

自由行因灵活、自由、可选择性强等特点而日益受游客喜爱，散客时代的到来改变了游客的出行方式。调查数据显示，个人或与亲朋结伴出行的游客占比达 90.1%（见图 15）。

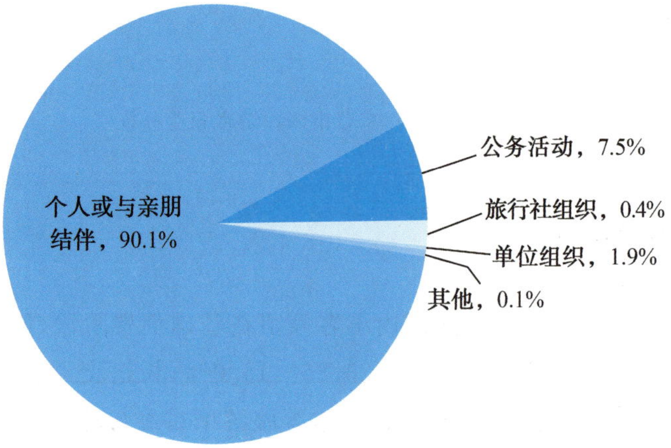

图 15　2021 年东营市国内游客出行组织方式

(九)出行目的

休闲、度假作为高频次、低密度的旅游消费模式，成为国内游客来东营旅游的主流出行目的。全年调查数据显示，来东营旅游的国内游客，出行目的前三位分别是休闲度假，商务活动和文化、体育、科技交流，分别占比 35.7%、17.8%和 14.6%（见图 16）。

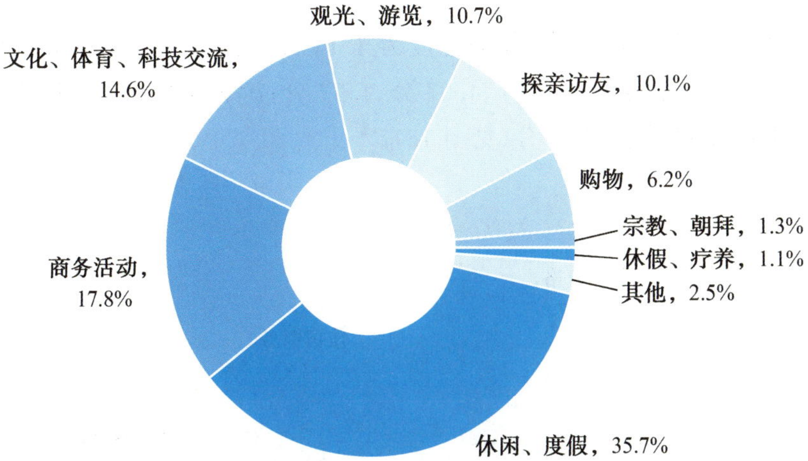

图 16　2021 年东营市国内游客出行目的

（十）旅游产品消费分析

东营市旅游产品开发不断推进，提升游客的购物花费，其购物花费占比达 23.2%。其中，民俗、民间艺术品，旅游纪念品，工艺美术品比较受游客喜欢，超 70%游客会选购；当地土特产品承载地域特色，同样吸引游客，15.0%的游客会选择购买（见图 17）。

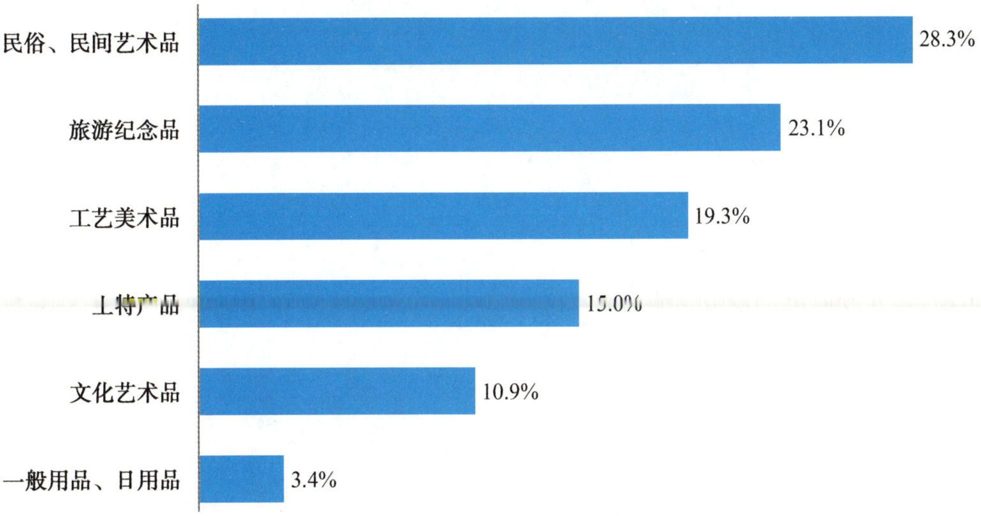

图 17　2021 年东营市国内游客对旅游产品的感兴趣程度

（十一）满意度分析

国内游客对东营市旅游的总体满意度为 4.14 分，对餐饮服务、服务价格和游览服务的满意度较高，分别为 4.50 分、4.37 分、4.37 分；游客对购物和住宿服务的满意度较低，分别为 3.87 分和 3.83 分（见图 18）。

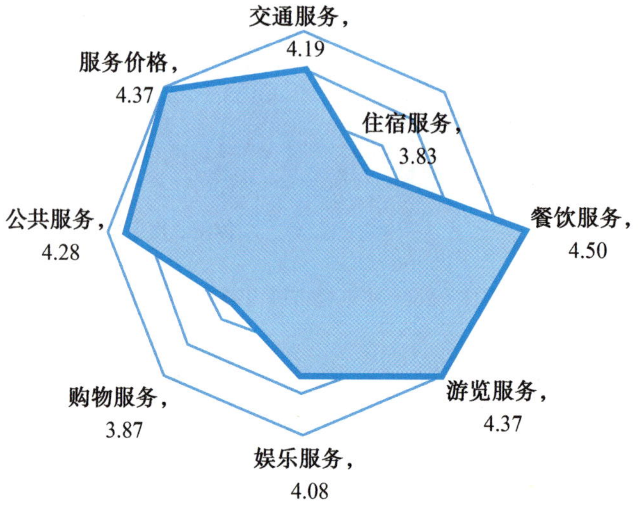

图 18　2021 年国内游客对东营市服务的满意度（单位：分）

（谷晓凯）

2021 年烟台市旅游业调查分析报告

2021 年，烟台市围绕加快建设更具活力文化强市和更高质量旅游名城目标，强化顶层设计，完善长效机制，加快推动产业延链、补链、强链，壮大滨海旅游产业“雁阵形”集群，进一步激发消费潜力，建设海洋旅游示范区，为文旅发展注入强劲动能。总体来看，2021 年全市接待国内外游客共计 6505.85 万人次，同比增长 21.6%；实现旅游总收入 859.16 亿元，同比增长 22.23%。

一、旅游市场特征数据分析

(一)游客来源：本地游、周边游占据主导地位

1.省内客源构成

2021 年省内游客中，烟台本市游客占比 46.64%；青岛市、威海市、潍坊市、济南市、淄博市分别占比 17.25%、9.12%、8.86%、5.36%、1.98%(见图 1)。从客源分布上看，省内客源以烟台市、青岛市、威海市、潍坊市为主，青岛、威海、潍坊三市由于距离优势，到烟台市旅游的较多，共占比 35.23%。

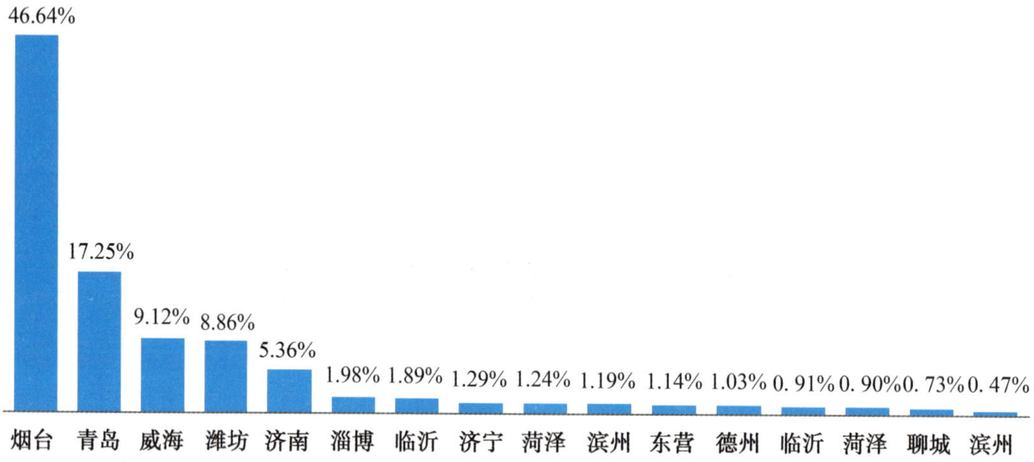

图 1　2021 年烟台市省内游客客源地分布

2.省外客源构成

省外漫入来源地前五位分别为河北省、辽宁省、河南省、北京市、江苏省，流入量分别为 94.07 万人次、89.69 万人次、78.91 万人次、75.75 万人次、71.71 万人次。由于邻近山东省，距离优势使这些省份位列省外漫入来源地前五位，这些省份的游客共计占省外游客漫入总量的 46.45%（见表 1）。

表 1　2021 年烟台市省外漫入游客客源地分布(前五位)

省份	流入量/万人次	占总量的比例/%
河北省	94.07	10.65
辽宁省	89.69	10.16
河南省	78.91	8.94
北京市	75.75	8.58
江苏省	71.71	8.12

(二)淡季旺季:分季节、分季度区分淡季、旺季

1.大数据显示旅游存在淡旺季

2021 年全年持证住宿接待总量 801.93 万人次。纵向来看，持证住宿数据高峰出现在 4—7 月，持证住宿总量 376.74 万人次，占全年的 46.98%。春夏季时节正值烟

台市近郊游、滨海游、短途游、自驾游的旺季，市民出游热情高涨，季节性出游占比较高。通常情况下，烟台市旅游会在7—8月暑期出现出游高峰。2021年7月，烟台市持证住宿总量108.41万人次，而进入8月，受新冠肺炎疫情冲击，迎来了接待量低谷，接待量33.19万人次，达到全年最低。9月之后，由于各项疫情管控措施到位，在保障市民出行安全的前提下，全力促进文旅市场平稳恢复及有序运行。9月之后烟台市疫情未出现本地新增，旅游市场接待量减少的问题得到有效缓解，恢复至72.15万人次。此次疫情控制得力，为烟台市在疫情防控常态化之下文旅市场有效运行提供了有力支撑，旅游接待量和旅游收入进入了快速恢复期。11—12月持证住宿占比明显减少，两个月共计占比11.38%，烟台市冬季气候寒冷、多雪，冬季出游人群以滑雪、泡温泉、品葡萄酒休闲及其他室内游项目为主，滨海游等诸多市外旅游项目旅游接待量骤减，培育冬季新的旅游经济增长点任务紧迫。

2.全年分季度旅游接待情况

2021年一季度接待游客1228.43万人次，同比增长151.21%；二季度接待游客2476.54万人次，同比增长139.38%；三季度接待游客1901.26万人次，同比增长9.52%；四季度接待游客899.62万人次，同比下降56.56%。四个季度接待量相比，三季度最大，二季度次之，一季度第三，四季度最低。2021年四季度，受突发病例影响，旅游接待量较以往年份出现下降，旅游指数在全年中偏低位运行，加之冬季旅游淡季的到来，四季度整体接待量较低。

(三)到访区域：中心区、新兴区区位优势明显

数据显示，烟台市2021年的漫入游客中，中心城区漫入量2794.56万人次，占漫入总量的58.89%，较2020年增长5.84个百分点。从省内漫入看，中心城区全年漫入1929.80万人次，占全市省内漫入总量的56.55%；从省外漫入看，中心城区全年漫入864.76万人次，占全市省外漫入总量的64.89%。分区县看持证住宿情况，中心城区全年持证住宿538.66万人次，占全市持证住宿的67.17%，中心城区地理位置突出，基础设施健全，加上公路、铁路纵横交错，加速了区域间的人员往来。预计随着市区高架桥的建设逐步完工及城际高速铁路的完善，辖区内文旅交流活动会更加频繁。住宿接待居前五位的县(市、区)为芝罘区、开发区、蓬莱区、莱山区、龙口市，分别占住宿总接待量的24.19%、11.55%、11.46%、11.36%、9.01%，合计占比67.57%。芝罘区作为中心城区，核心优势依旧明显；开发区由于政策、地理优势等，接待量位列第二；蓬莱区、莱山区作为新兴城区，区位优势逐步显现。

（四）旅游目的：观光游、休闲游成为主流

调查显示，来烟台市的国内游客中，大部分游客以观光游览、休闲度假、探亲访友、宗教、朝拜、文化艺术欣赏、购物、娱乐等为主要目的，占比 88.55%；以商务活动、会议培训、学习交流等工作学习为目的的出游群体占比 10.74%；以医疗保健及其他目的出行的游客占比 0.70%。国内游客出游以观光游览、休闲度假等为主要目的，对旅游品质有较高的要求，一方面，依据区域内现有资源、设施和服务，以旅游便利化为目标，规划满足游客旅游需求的完整的旅游服务体系；另一方面，医疗保健及其他占比与 2020 年相比有上升趋势，说明康养旅游存在市场需求，康养旅游既能满足游客对健康的追求，又能满足旅游度假需求，在烟台市有较大的发展潜力。

（五）游时特征：一日游、短途游占比较高

调查显示，2021 年，来烟台市的国内游客中，过夜游游客占比 33.55%，一日游游客占比 66.45%。从过夜游游客停留天数来看，停留 2 夜的过夜游游客最多，占比 39.27%，较 2020 年增长 11.47 个百分点；停留 3 夜的过夜游游客占比 21.36%，较 2020 年下降 13.19 个百分点；停留 1 夜的游客占比 18.72%，较 2020 年增长 8.87 个百分点；停留 5 夜及以上的游客占比较低，总计占比 8.85%。过夜游游客平均停留 2.22 天。总体来看，来烟台市的国内游客中过夜游游客占比超 30%，以 1—3 日游为主，与 2020 年相比，停留 1—3 夜的过夜游游客占比增加了 7.16 个百分点。夜间旅游是衡量一个地区旅游吸引力的重要标准，从数据分析来看，仍需深入提升景区夜游体验差异化水平，推进滨海一线项目建设，完成芝罘湾广场、旅游大世界广场改造、烟台山灯光亮化提升等重点项目，吸引游客到访，推动景区夜游经济发展。

（六）消费结构："吃、住、行、游、购、娱"消费多元化

2021 年，来烟台市旅游的国内游客人均花费 1321.54 元，同比增长 20%。其中，省内游客人均花费 876.38 元，省外游客人均花费 1850.84 元；一日游游客人均花费 915.50 元，过夜游游客人均花费 2125.80 元。从消费结构看，排名前五位的消费分别为购物、住宿、餐饮、长途交通、景区游览，分别占比 31.85%、27.37%、14.81%、11.42%、5.57%。购物、住宿、餐饮消费位列前三，共计占比 74.03%；休闲疗养、文化娱乐及其他消费占比较低，共计 3.82%。从交通花费来看，游客在长途交通方面的支出最大，占比 11.42%；选择自驾车/租赁车的游客占比仅为 5.17%。全年游客旅游

购物的支出已超三成，位列消费榜首。随着物联网技术、云计算的快速升级，旅游购物的智慧管理与服务已触手可及。烟台市与时俱进地推动模式创新，推行线上与线下"双阵地"、市场供给与公共服务"双渠道"两个模式。升级烟台文旅云，提供网络直播、线上购票、艺术欣赏、视频点播、在线阅读、线上培训等文旅公共服务，实现文旅供给服务"一站式"云享。

（七）游客结构：中青年及男性群体出行频次高

性别结构方面，男性游客占比 53.98%，女性游客占比 46.02%，男性游客比女性游客高出 7.96 个百分点，与 2020 年相比，女性游客占比呈上升趋势。年龄结构方面，23—45 岁的中青年游客占比最高，为 55.68%；46—60 岁中老年游客占比 25.12%；16—22 岁的青少年游客占比位居第三，为 14.76%；16 岁以下和 60 岁以上游客占比较低，共计 4.44%。现阶段 23—45 岁中青年游客仍为旅游市场的主力军，这部分群体具备旺盛的精力和较为稳定的收入，旅游需求普遍强烈。16 岁以下及 60 岁以上游客占比与 2020 年相比增加了 2.28 个百分点。

（八）出游方式：注重高品质，注重"小而精"

调查显示，个人、家庭或亲朋结伴出行的自由行游客占比最高，达到 73.12%；单位组织出行的游客占比 22.60%；通过旅行社组团出行的游客占比 4.27%。与 2020 年相比，个人、家庭或亲朋结伴出行的自由行游客占比下降 5.80 个百分点，单位组织出行的游客占比增加 5.93 个百分点，旅行社组团出行的游客占比波动较小。从国内游客出游方式来看，个人、家庭或亲朋结伴自由行占比超 70%，遥遥领先于其他出行方式，尤其是通过旅行社组织出行的游客占比不足 5%。在疫情防控常态化形势下，旅行社更应注重"小而精"，推出迷你团、私家团、个性化精致小团，选择开放式、不易出现人流拥堵并且符合疫情防控要求的目的地，在组织形式上选择小型化、家庭游等形式。烟台市加快发展全域旅游，对新业态旅游进行重点规划，推进养老、养生基地建设，设计开发胶东红色文化、葡萄酒、乡土文化、海洋科考、航空航天、核电等研学旅游产品，加快建设一批山地温泉、养生温泉、自驾游房车营地项目，近郊游、自由行等出游方式备受青睐。

二、旅游业对经济发展的贡献分析

（一）旅游业对经济发展的贡献

2021 年，烟台市接待国内外游客 6505.85 万人次，同比增长 21.6%，恢复至 2019 年的 74.87%；全年实现旅游总收入 859.16 亿元，同比增长 22.23%，恢复至 2019 年的 74.81%。这一收入相当于全市地区生产总值的 9.86%，相当于全市服务业增加值的 19.15%。游客人均消费达 1320.60 元，同比增长 13.15%。2021 年，全市疫情防控总体平稳，旅游市场出现复苏势头，旅游需求并未因疫情而消失，而是出现延后，且新的市民旅游需求正在积聚，烟台文旅凝心聚力，打造“两核两带三高地”海陆统筹、城乡统筹新格局。

1.旅游业拉动投资作用强劲

一是推进建设一批。加快推进芝罘仙境、海上世界等 55 个重点项目建设，完成投资 168 亿元。申报古现文旅小镇等 4 个项目，争取列入 2022 年省级重大项目；申报来牟文化小镇等 6 个项目，争取列入 2022 年省新旧动能优选项目；争取海上世界芝罘湾商旅综合体、“耕海 1 号”二期、八角湾国际会展中心、开元旅游度假酒店、磁山仙客居酒店等 10 个项目建成开放；争取崆峒胜境、烟台文化中心、龙口滨海旅游度假新城、蓬莱奇缘仙谷、普罗旺斯度假区等 5 个新项目开工。

二是推进招引一批。聚焦招大引强，突出两带布局（仙境海岸带、鲜美田园带），完善两张地图（招商项目地图、目标企业地图），搭建两个平台（云上招商平台、百强招商大会），重点争取在莱山植物园、福山夹河新城文旅产业园、蓬莱西海岸等区域实现突破。超额完成全年招商引资目标，在经济发展部门中位居前列。发挥招商项目考核机制作用，调动区市文旅招商的积极性，力争各区市新签约至少一个投资 5 亿元的文旅项目。

三是推进储备一批。开展招商项目资源调查，梳理具有开发价值的文旅招商资源，重点在海岛度假、海上旅游、文旅综合体、康养休闲、田园生态、酒店民宿、文化创意等领域谋划储备 60 个总投资 1500 亿元以上的招商项目。

2.旅游业刺激消费效果明显

2021 年烟台市地区生产总值为 8711.75 亿元，同比增长 8.0%。其中，第一产业增加值为 626.14 亿元，同比增长 7.5%；第二产业增加值为 3598.50 亿元，同比增长 6.7%；第三产业增加值为 4487.11 亿元，同比增长 9.0%。全年居民消费价格指数为 101.4，教育文化和娱乐价格指数为 104.4。在税收与支出方面，第三产业实现税收 402.19 亿元。其中，住宿和餐饮业实现税收 0.97 亿元；文化、体育和娱乐业实现税收 0.24 亿元。在银联消费方面，7—12 月，烟台市银联涉旅消费总额 415.15 亿元，交易笔数 5919.9 万笔，笔均消费 701.27 元。其中市内游客消费金额 346.46 亿元，消费金额占比为 83.46%，笔均消费 683.38 元；市外游客消费金额 67.72 亿元，消费占比为 16.31%，笔均消费 805.69 元；入境游客消费 0.97 亿元，消费占比为 0.23%，笔均消费 1001.68 元。

2021 年，烟台市积极推动消费试点，做到了组织领导有力、政策支持有力、惠民激励有力。举办烟台文化和旅游惠民消费季及“山东人游烟台”“烟台人游烟台”等活动，政府发券引导、企业优惠打折，让游客“惠”享品质文旅。开展“五送六进”“艺术烟台”等活动，深化文旅公共服务。争创示范品牌，积极争创省级文旅消费试点县（市、区）、夜间文旅消费集聚区、文旅康养融合示范区、工业旅游示范基地等省级及以上示范品牌。

3.优势集群带动作用显著

强化顶层设计，印发《关于推进文化旅游产业发展三年行动方案》，制定海洋旅游发展实施方案和文旅产业链链长制方案，紧跟市委“1＋233”体系，勾勒发展新格局。强化打造优势集群，烟台滨海旅游产业集群、莱山区创意设计产业集群入选省“十强”产业“雁阵形”集群专项激励名单，获激励资金 215 万元，居全省首位。筛选包装 6 类 33 个文旅招商项目，分别与华侨城、伟光汇通等达成合作意向，招商引资到位资金、合同资金完成率分别为 130%、175%。出台民宿发展意见和管理办法，大力发展乡村旅游，蓬莱木兰沟村入选全国乡村旅游重点村，3 个镇街、4 个小镇、20 个村庄分别入选省级旅游民宿集群片区、首批省级精品文旅小镇和首批省级景区化村庄，数量居全省前列。

（二）旅游市场主体综合实力提升

1.A 级旅游景区品质提升

从重点景区接待情况来看，烟台市被纳入全国 A 级旅游景区管理系统的共计 75 家，2021 年，接待游客 3369.68 万人，同比增长 40.65%，恢复至 2019 年的 71.03%；实现旅游收入 46.53 亿元，同比下降 21.97%，恢复至 2019 年的 35.48%。出台《烟台市 A

级旅游景区三年行动计划》，积极推动景区理念提升、设施提升、服务提升。积极开展争创工作，对接山东省文旅厅，支持长岛旅游景区争创5A级旅游景区，支持牟平昆龙温泉景区等3个景区争创国家4A级旅游景区，推进烟台山4A级景区扩容，与朝阳街联动发展，支持所城里、来牟小镇等创建3A级旅游景区。评定牟平区龙湖葡醍海湾北中国海公园等5家3A级景区，1家景区通过4A级景观质量评审，全市4A级及以上旅游景区实现无纸化入园和客流监测。推进“五进景区”常态化开展，推动非遗、美食、红酒、文创、戏剧进景区活动，增强景区吸引力，增加景区二次消费，满足游客文旅需求。推进旅游景区功能转型、产品创新和要素聚集，加快推动烟台市旅游景区从观光型向观光、休闲、度假综合型发展。

2.星级饭店整体业绩良好

2021年，除去因停业整顿、停业装修等暂停营业的星级饭店，全市53家星级饭店实现营业收入9.94亿元，其中，客房营业收入3.77亿元，占营业收入的比重为37.93%；餐饮收入5.15亿元，占营业收入的比重为51.81%；其他收入1.02亿元，占营业收入的比重为10.27%。旅游住宿设施和旅游吸引物名录库登记数据显示，全市60家星级饭店共有10987间客房和18665张床位，分别占全市总客房数和总床位数的8.08%和8.96%。其中，五星级饭店4家，客房总数占星级饭店客房总数的13.62%，床位数占星级饭店床位总数的13.93%；四星级饭店19家，客房总数占星级饭店客房总数的31.61%，床位数占星级饭店床位总数的30.12%；1—3星级饭店37家，客房数占星级饭店客房总数的41.58%，床位数占星级饭店床位总数的43.67%。

3.推进乡村旅游精品提升

2021年，出台《关于加快推进烟台市旅游民宿发展的实施意见》和《烟台市旅游民宿管理办法》，推动旅游民宿发展，3个镇（街）入选省级旅游民宿集群片区创建名单，入选数量居全省前列。开展“乡村景区化”培育行动，蓬莱木兰沟村入选全国乡村旅游重点村，2个村入选省级乡村旅游重点村，39个村入选省级景区化村庄，4个文旅小镇入选省级精品文旅小镇。开展“乡村好时节”系列活动，组织各乡村旅游点开展丰富多彩的乡村旅游活动，烟台市7个乡村旅游案例入选“好客山东·乡村好时节”年度优秀案例。全年共培训乡村旅游带头人100多人次。

三、亮点工作展示

(一)统筹规划,长效推进产业链发展壮大

1.推进产业链链长工作机制

一是出台文旅产业链链长制方案。聚焦特色鲜明、配套完善、服务优质、差异化发展的文旅目的地建设,从需求端出发,围绕“吃、住、行、游、购、娱”六大要素,建立“一链长、一园区、一链办、一联盟、一平台、一论坛”工作体系和高效的工作机制,推动产业建链、补链、延链、塑链、兴链,打造发展新高地。

二是升级海洋旅游。出台加快推进海洋旅游发展的实施方案。优化空间布局,升级产品集群,强化要素体系,激发消费潜力,加大保障措施,打造滨海游、海上游、海岛游、文化游四个系列产品,加大试点示范创建、邮轮旅游与海上夜游政策支持力度,构建“一路贯通、一廊串联、三湾突破、三极崛起”海洋旅游发展新格局。

三是落实产业发展三年行动方案。落实一个优化、五个提升“1+5”六大任务,即空间布局优化、主体要素提升、文旅产品提升、文旅消费提升、城市品牌提升、公共服务提升,打造“两核两带三高地”海陆统筹、城乡统筹新格局。

2.做好行业培育监管工作

一是创树品牌引领服务质量提升。指导鑫广万豪酒店获评五星级饭店,指导 3 家五星级、7 家四星级饭店通过星级复核,指导 2 家单位获评省级文明示范单位;会同市场监管局创建放心消费单位 80 家。

二是举办活动引领服务质量提升。指导旅游饭店协会举办第五届“烟台市服务员节”和烟台市餐饮服务业技能大赛。充分利用山东省旅游发展大会这一契机,推动开展鲁菜创新工作,打造富有烟台本地饮食特色的“八仙宴”主题菜品。

三是信用建设引领服务质量提升。制定烟台市文化和旅游行业分级分类监管制度,建立健全烟台市旅行社、导游员信用信息库;“信易阅”工作被省发改委列为山东省“信易+”信用惠民便企典型案例;纳入文化市场黑名单 2 起。

四是教育培训引领服务质量提升。结合文化和旅游市场主体在安全生产、疫情防控、法律法规、转型升级、线上运营等方面的需求,对旅行社、星级饭店、导游员等开展培训 6 场,参训人员 1100 余人次。

五是推进区(市)文化市场执法队伍建设。积极向宣传部、编办汇报并下发通知,督导各区(市)全部成立了文化市场执法队伍,4 个区(市)正式派驻文旅主管部门办

公，文化市场执法力量得到加强。统筹制定暑期、旅游发展大会等重要节点全市文旅市场秩序综合整治方案，督促执法队伍加强市场秩序整治。

（二）科技赋能，调动旅游资源提质开发

1.推进文化场馆数字化建设

推进图书馆、文化馆数字化建设：一是推进“图书馆＋尼山书院”项目，建立传统文化研学基地；二是推进古籍、红色文献、“烟台书”数字化工作；三是推进“信易阅”等惠民、便民服务工作；四是打造烟台数字文化馆线上服务平台。新增非遗 VR 实景数字展厅、非遗保护、非遗申报等非遗数字化功能；构建涵盖活动、培训、非遗、志愿者、展陈五大业务板块，看直播、享活动、学才艺、订场馆、读好书、赶大集六大功能的烟台文旅云数字文化馆线上服务平台，每年向社会推送 1100 余条文化资讯，为市民提供 22 个品类的线上公共文化服务，累计获得 17.5 万人次线上活动点击量。建设完善诚信监管体系、旅游安全监管与应急救援体系、舆情监测与引导平台、文物监管系统、文旅大项目跟踪管理系统，协助推进数字图书馆、数字美术馆、数字博物馆、数字文化馆及数字非遗展厅等项目建设，实现在线预约、客流监测、无感通行、线上展览、在线讲解、网上阅读等功能，以满足人民群众文旅公共服务需求为核心，深入推进文旅智慧化建设，推动文旅服务方式、管理模式、产业发展模式创新升级。

2.推进智慧文旅信息化建设

以文化和旅游部等部门发布的《关于深化“互联网＋旅游”推动旅游业高质量发展的意见》及山东省文化和旅游厅等部门发布的《关于推动山东省文化和旅游数字化发展的实施意见》为指导，深入贯彻落实《“好客山东　云游齐鲁”智慧文旅试点工作方案》要求，以推进文旅融合为导向，以“互联网＋”为手段，完善交通、气象等信息接入，推进与省厅智慧文旅平台全面对接，进一步规范数据采集、融合标准，汇聚和接入全省文旅相关数据，实现涉旅政务管理服务体系和公共服务体系串联。整合精选旅游商品、文创、非遗产品等数据库，促进葡萄酒、八仙文化等特色文化资源资产化、产品化、市场化。积极开展“好客山东　云游齐鲁”智慧化试点工作，树立全省智慧文旅新标杆，开展部门协作，加强共建共享，积极融入全市信息化建设大盘子，加快新技术应用，助力智慧文旅服务升级和经营业态创新。

(三)发挥优势,擦亮“仙境烟台”文旅品牌

1.打造旅游要素和产品提升工程

推进旅游度假区提档升级,推动休闲度假项目建设,完善旅游公共服务设施,加快推进度假区智慧化建设,全面提升度假区的休闲度假功能。推动开发区金沙滩旅游度假区争创国家级旅游度假区取得实质性进展,推进蓬莱丘山谷按照省级旅游度假区标准打造。推进景区智慧化建设,选取条件较成熟的3A级景区,开展景区门票预约系统建设。完善景区客流监测,提升旅游景区智慧讲解导览系统功能,进一步提升景区智慧化水平。推进旅游景区扩容和品质提升,积极推动景区理念提升、设施提升、服务提升。

2.打造精准营销和节庆推广模式

建立“精准定位、精准营销、精准评估”营销模式。坚持“巩固一批、提升一批、开拓一批”的思路,在精准分析客源市场的基础上,加大与新媒体平台合作、活动创新策划及线上推介力度,建立营销评估机制,进行闭环式营销。围绕京津冀、长三角等地区,逐步向西北、东北、西南等远程市场拓展,增强在客源地当地的创意营销活动、文化旅游节庆活动等策划活动。聚焦年轻客群,加大抖音等新媒体平台应用,培育当地“网红”达人,建设烟台本地“网红”资源库,创新事件营销形式,策划实施创意营销活动和文旅节庆活动等。丰富云上推广中心平台功能,围绕优势文旅资源,用足、用好优质图、文、视频、VR等资源,进行公众推介,探索开发线上“云推介大厅”。做好媒体宣传推广工作,全年发布深度专版文章10篇以上,召开专题新闻发布会5场以上,各级各类短视频平台发布视频推送100条以上,媒体发布图、文、视频组合类推送10000篇次以上。深挖节庆内涵,探索核心优势,创新形式,丰富内容,高水平举办烟台国际海岸生活节、国际老年旅游节、八仙文化旅游节等特色品牌节庆活动,打造具有国际知名度的特色节庆活动。建立市、区两级节庆活动的联合互动机制,强化支撑与联合作用,同时,发挥好市级层面在资源调动、协调、宣传等方面的优势。

(四)突出特色,树立烟台市特色旅游新标地

1.推进全域旅游高质量发展

一是继续推进省级全域旅游示范区创建。重点支持牟平、龙口、莱州、栖霞等区

市争创省级全域旅游示范区，邀请业内专家到现场调研指导，加大汇报争取力度，莱州市、栖霞市成功创建为省级全域旅游示范区。

二是编制《“仙境海岸”黄金旅游带和“鲜美田园”旅游带公共服务设施规划》。深入挖掘烟台市文化旅游资源、乡村民俗，系统布局乡村驿站、自驾车营地、旅游标识、旅游厕所等公共服务设施，引导发展优势业态，打造“仙境海岸”旅游休闲廊道和“之”字形“鲜美田园”休闲旅游廊道，全力打造省内领先、国内知名的旅游目的地。

三是抓好滨海旅游开发运营工作。按照《关于理顺滨海一带管理运营体制打造仙境海岸的实施意见》要求，加大与蓝天集团对接力度，适时推动资产移交、平台运作、丰富旅游业态等工作。推进旅游大世界、烟台山景区等滨海一线资产移交，累计完成9项资产移交。指导蓝天集团编制滨海一带旅游产业发展规划。推进滨海一线项目建设，完成芝罘湾广场、旅游大世界广场改造及烟台山灯光亮化提升等重点项目。推进“五个一百”鲜美化工程项目建设和宣传。鲜美化工程项目建设圆满完成年度目标任务。

2.推进特色旅游精品化发展

一是发展红色旅游。出台《烟台红色文化、海洋文化、胶东文化品牌建设推进意见》，“耕海1号”入选文旅部“建党百年红色旅游百条精品线路”。烟台市2名红色讲解员入选山东省红色旅游五好讲解员（全省共18名），入选数量居全省第一位。

二是发展特色项目。烟台市芝罘仙境、朝阳街、所城里旅游休闲街区、蓬莱宝龙海上仙街旅游休闲街区成功入选全省夜间文化和旅游消费聚集区，入选数量居全省第二位。加快推进市新文化中心建设项目，力争纳入2022年市区城建重点项目库，年内动工建设。

三是打造特色品牌。打造“烟台好礼”品牌，举办首届“鲜美烟台好礼”评选活动、烟台“八仙”文创产品大赛，组织旅游发展大会商品展，参加各级文旅商品展会。积极参加中国特色旅游商品大赛、第三届山东省文化和旅游商品创新设计大赛等赛事，获得国家级奖项14个，其中金奖1个、银奖3个；获得省级奖项20个，其中金奖1个、银奖4个；烟台市文旅局获得优秀组织奖3个，获奖数量均居全省前列。

（任庆彪　靳祥陆）

2021年潍坊市旅游业调查分析报告

2021年，潍坊市统筹推进常态化疫情防控和文旅行业复苏发展，依托深厚的文化积淀和丰富的旅游资源优势，深入推进文旅融合发展，打造优秀文化产品和优质旅游产品，推出系列优惠措施，扎实推进文化惠民、旅游富产，推动文旅产业转型升级、提质增效，全市文化和旅游高质量发展取得显著成效。

一、旅游经济运行总体情况分析

（一）旅游经济总体呈恢复态势

在常态化疫情防控形势下，2021年全市旅游经济总体呈恢复态势。2021年，全市共接待游客6455.5万人次，同比增长27.3%；旅游总收入716.1亿元[①]，同比增长40.7%。2021年，全市接待国内游客6455.0万人次，在国外疫情形势依旧严峻的情况下，出境旅游需求转移到国内，国内旅游市场的主体地位进一步凸显，成为旅游产业复苏的基础。

（二）季度旅游发展“高开低收”

2021年一季度，旅游业态势良好，游客接待量、旅游收入与2019年同期相比恢复比例均超九成；二季度，随着国内疫情形势向好，又适逢端午、“五一”小长假，游客的出游需求进一步释放，外因向好，内需旺盛，旅游持续复苏；三季度，在暑期、中秋假日

① 说明：因疫情防控，对入境人员实行管控，截至2021年文旅部尚未反馈2021年入境游客人均花费数据，所以暂不核算入境旅游收入指标。

的强力支撑下，全市旅游收入首次超过 2019 年同期水平；四季度，传统旅游淡季叠加疫情反复影响，游客接待量、旅游收入恢复比例明显下滑。纵观全年，二季度、四季度游客接待量指标要好于旅游收入，一季度、三季度旅游收入指标好于游客接待量（见图 1）。

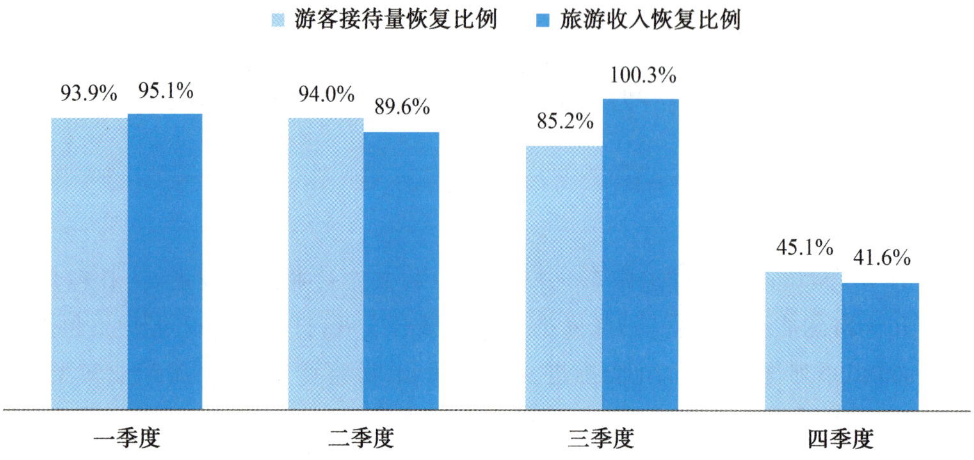

图 1　2021 年全市游客接待量、旅游收入与 2019 年同期相比恢复比例

二、国内旅游发展情况分析

2021 年，潍坊市国内旅游抽样调查共回收有效问卷 6519 份，其中住宿设施回收有效问卷 2739 份，旅游景区和口岸回收有效问卷 3780 份。

（一）国内旅游客源市场分析

1.省内客源市场为主体

2021 年国内旅游抽样调查数据显示，来潍坊市旅游的国内游客中，山东省内客源占比 76.7%，省外客源占比 23.3%。省外客源中，江苏、河南、河北和山西是四大主要客源地，分别占比 3.9%、3.2%、2.9%和 2.6%（见图 2）。随着疫苗接种比例提高，人群对病毒的免疫力不断提高，游客跨省游需求逐步得到释放，但国内旅游市场仍以省内游为主，中远程旅游恢复尚需时日。

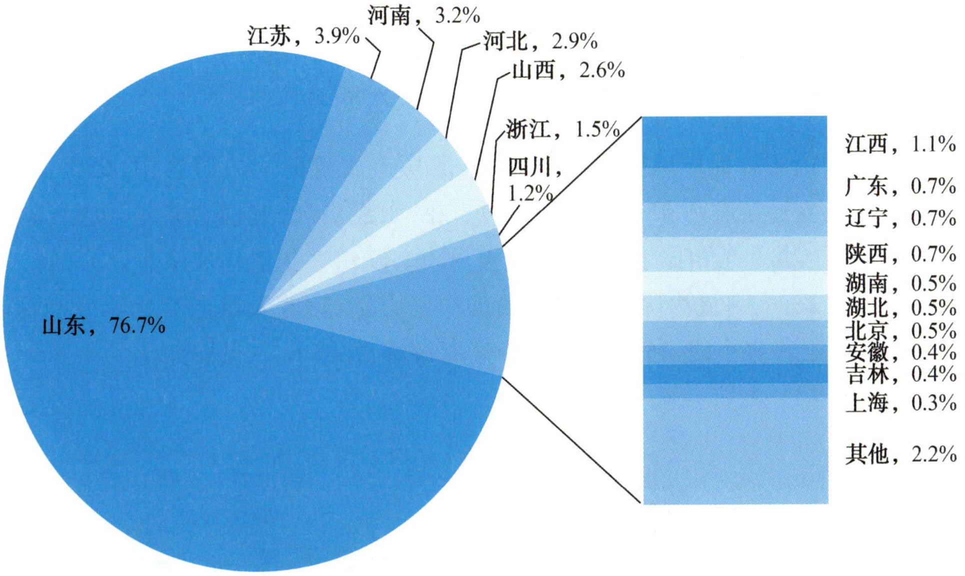

图 2　2021 年潍坊市国内客源构成

2.休闲旅游本地化趋势明显

2021 年国内旅游抽样调查数据显示，省内客源市场中，潍坊本市游客占 42.6%；然后是济南，占 7.2%；胶东经济圈青岛、烟台、威海、日照分别占比 6.8%、5.6%、3.4%、3.3%；距离较远的菏泽、枣庄、德州、聊城等地市游客占比较低（见图 3）。常态化疫情防控阶段，游客将远程出游计划改为近程和本地出游，出游需求在周边地区释放，休闲旅游本地化趋势明显。

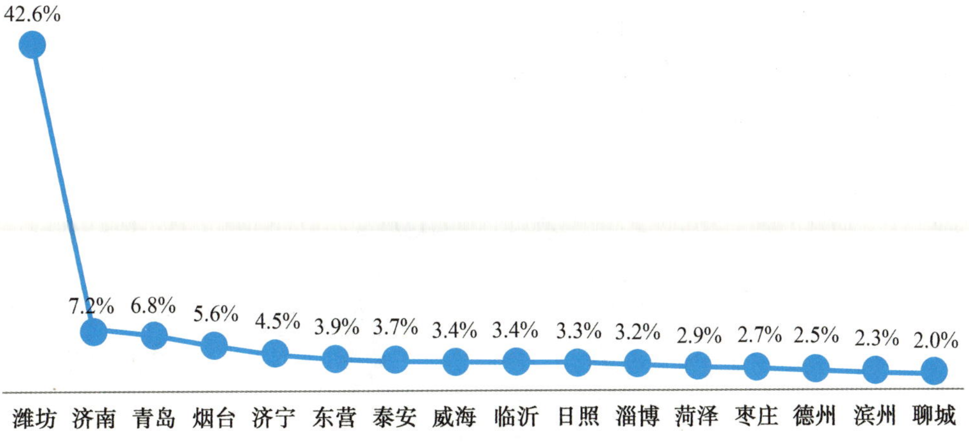

图 3　2021 年潍坊市省内客源构成

(二)国内游客画像分析

1.男性游客占比超五成，中青年游客仍为主力军

2021年国内旅游抽样调查数据显示，来潍坊市旅游的国内游客中，男性游客居多，占51.1%，女性游客占48.9%(见图4)。在“她经济”崛起的背景下，女性游客占比逐步提升，与2020年相比增加5.36个百分点。从游客年龄构成来看，23—45岁的中青年群体占43.3%，成为国内旅游市场的中坚力量，随着人口老龄化程度加深，中老年游客群体也不容小觑，46—60岁的中老年游客占30.6%(见图5)。

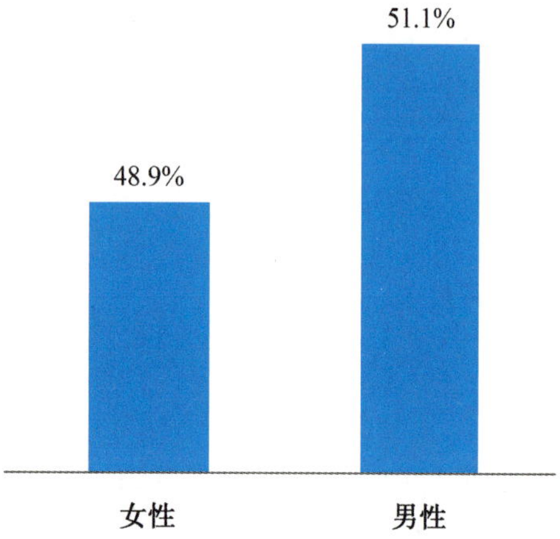

图4　2021年潍坊市国内游客性别分布

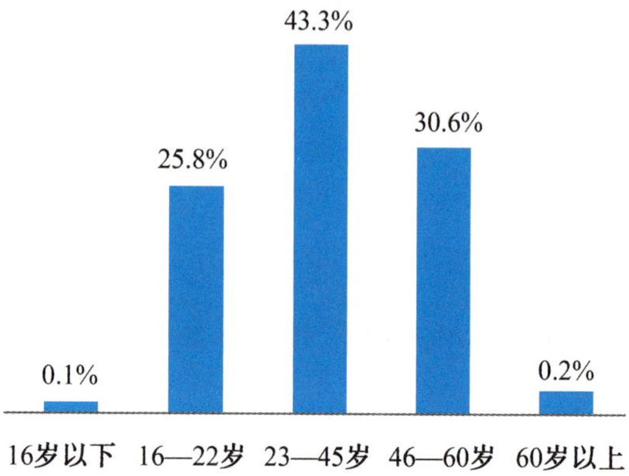

图5　2021年潍坊市国内游客年龄构成

2.城镇游客占比遥遥领先，农村市场潜力有待挖掘

2021年国内旅游抽样调查数据显示，来潍坊旅游的国内游客中，城镇游客占87.7%，农村游客占12.3%(见图6)。城镇居民占比遥遥领先于农村居民，呈现出较大的优势，但随着乡村振兴战略全面推进，农村居民的出游率稳步提升，建议积极开发适合农村居民消费需求的旅游产品，充分挖掘农村旅游市场潜力。

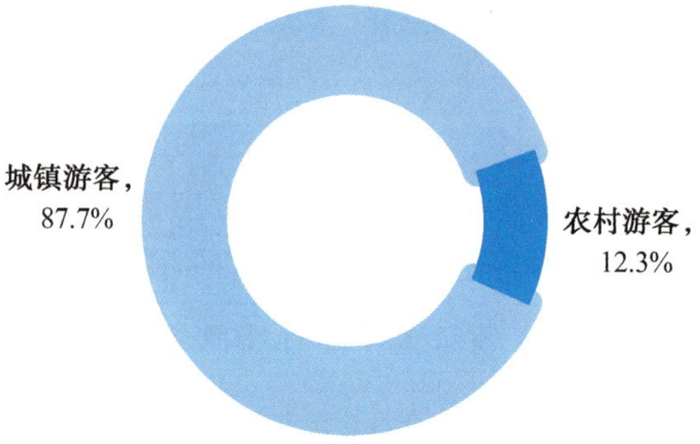

图6　2021年潍坊市国内游客城乡分布

(三)国内游客出游偏好分析

1.过夜率近四成,非星级旅游住宿单位成为过夜首选

2021年国内旅游抽样调查数据显示,来潍坊市旅游的国内游客中,过夜游游客占38.9%,一日游游客占61.1%,其中过夜游游客人均停留1.9天。从住宿设施选择来看,选择星级饭店的过夜游游客占6.7%;选择非星级旅游住宿单位的占51.7%;选择住亲友家的游客占34.3%;选择住在自驾房车、露营地等其他住宿设施的游客占7.3%(见图7)。值得注意的是,自驾车、露营地等其他住宿设施占比超过星级饭店,新的消费需求正悄然形成,"90后""00后"正是这一全新消费场景的主力军。

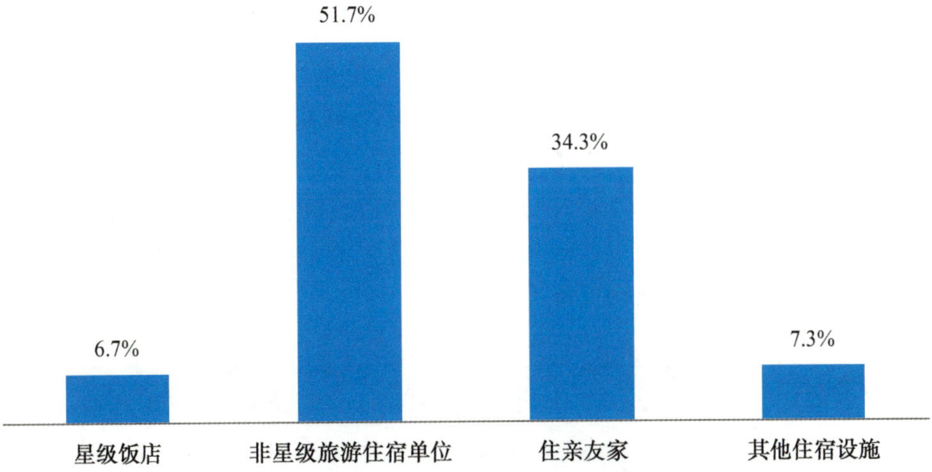

图7 2021年潍坊市国内过夜游游客住宿设施选择

2.自由行遥遥领先,旅游度假需求逐步释放

2021年国内旅游抽样调查数据显示,选择个人、家庭或亲朋结伴自由行的游客占比高达88.2%,遥遥领先于其他出游组织方式;旅行社组团出行依旧深居"冷宫",仅占3.7%(见图8)。受疫情影响,"安全"是游客出游关注的焦点,自由度高的自由行及安全性好的自驾游备受游客青睐。从游客出游目的来看,观光游览、休闲度假、探亲访友、文化艺术欣赏、购物、娱乐等旅游度假目的占80.5%;商务活动、会议培训、学习交流等工作学习目的占13.5%;医疗保健及其他目的占比最低,仅为6.0%(见图9)。

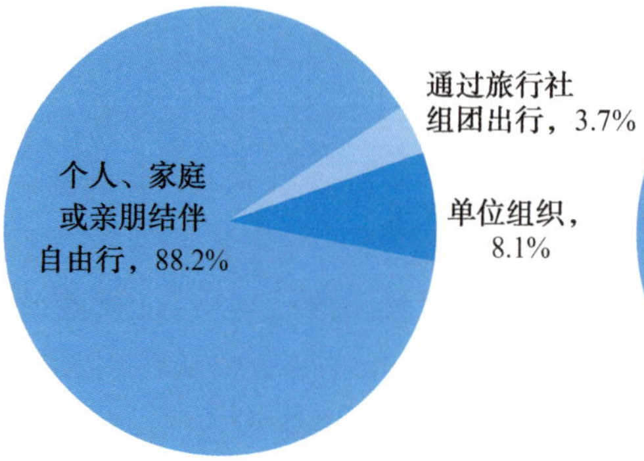

图 8　2021 年潍坊市国内游客出游组织方式

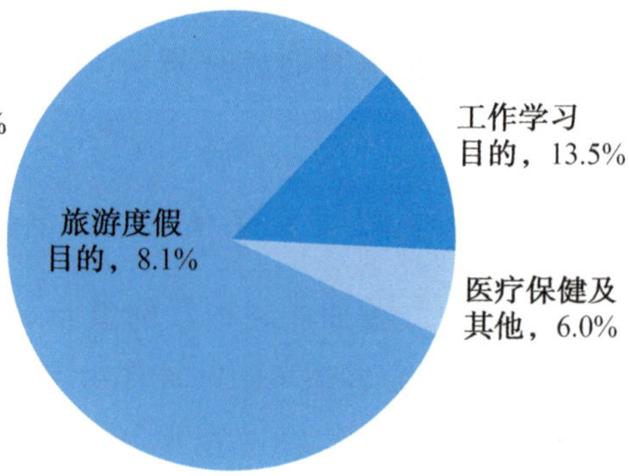

图 9　2021 年潍坊市国内游客出游目的

3.游客偏爱观光休闲，民俗民间艺术品受青睐

2021 年国内旅游抽样调查数据显示，从游览吸引物类型上看，比重最高的是传统观光休闲度假类，为 39.1%；乡村旅游生态类占 32.1%；游乐园、绿道、城市综合体等娱乐类和文博历史科教类吸引物分别占 17.0% 和 8.6%；纪念馆等红色旅游类的吸引物占比最低，为 3.2%（见图 10）。从游客最喜欢的旅游商品看，来潍坊市的国内游客最喜欢的旅游商品是民俗、民间艺术品，占 31.1%；工艺美术品占 19.9%；旅游纪念品和土特产品分别占 16.1%、11.3%（见图 11）。民俗、民间艺术品与本地人民的生活习俗相伴而生，承载着丰富的历史信息，是艺术审美和工艺的传承，建议推陈出新，提升文化旅游商品品牌知名度。

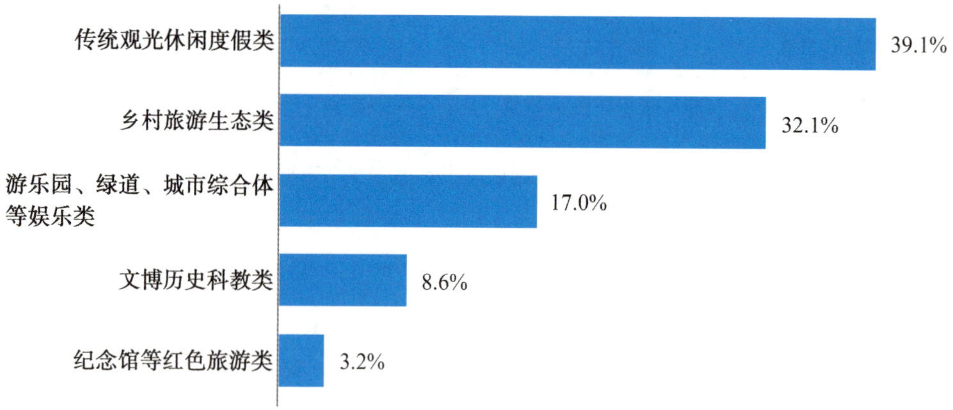

图 10　2021 年潍坊市国内游客游览吸引物类型

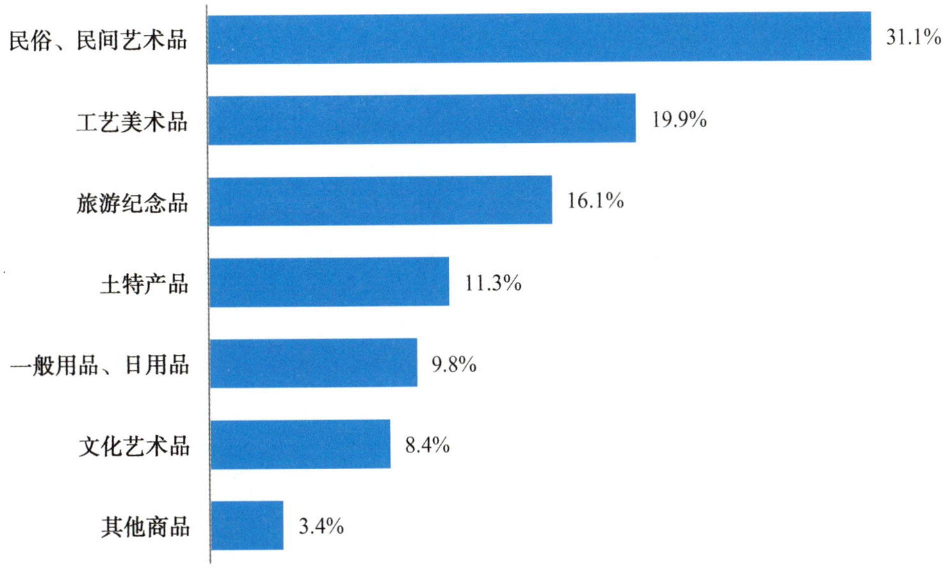

图 11　2021 年潍坊市国内游客最喜欢的旅游商品

(四)国内游客消费分析

1.住宿、餐饮、购物花费稳居前三

2021 年国内旅游抽样调查数据显示，来潍坊市旅游的国内游客在消费结构上以住宿、餐饮和购物为主，分别占 30.5%、20.3%、20.1%，“住、食、购”合计比重超七成；用于景区游览、休闲疗养、文化娱乐方面的精神消费占比较低。交通方面，以长途交通花费为主，占比 11.4%；安全系数较强、私密性较高的自驾车或租车花费占 6.5%；其他消费占 2.0%(见图 12)。国内游客消费支出以食、住、购、行等基本消费为主，休闲娱乐等精神消费支出较低，愿意为精神消费买单的年轻群体正成为引领旅游消费市场潮流的主力军。根据年轻群体的旅游需求，应积极拓展旅游经济新业态，加快调整消费结构，提高消费经济质量。

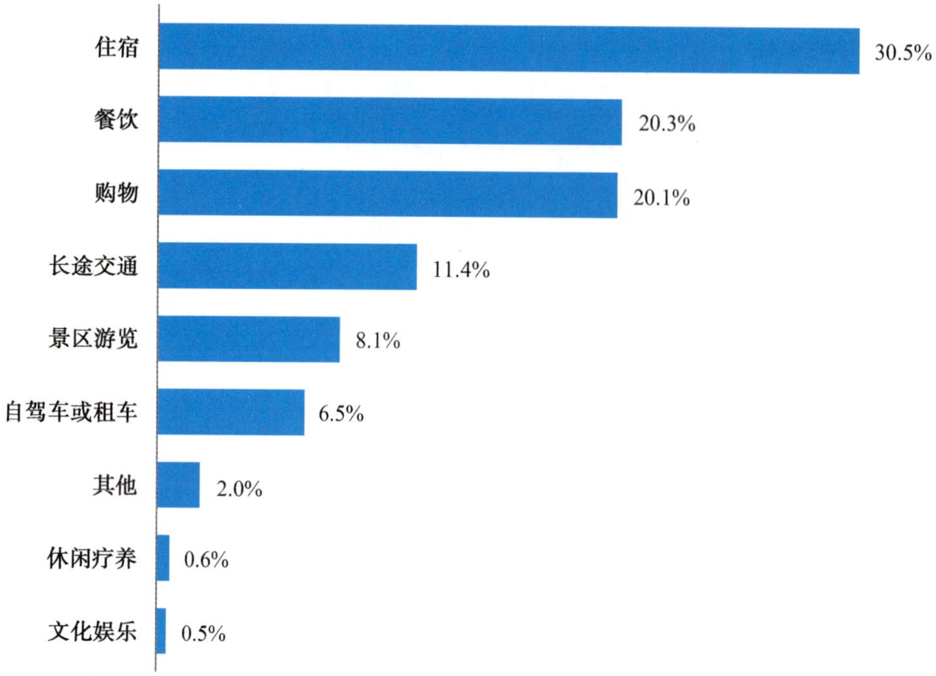

图 12　2021 年潍坊市国内游客消费结构

2.国内游客人均花费过千元

2021 年国内旅游抽样调查数据显示，国内游客人均花费 1109.4 元。其中，省内游客人均花费 935.3 元，省外游客人均花费 1682.5 元；一日游游客人均花费 768.2 元，过夜游游客人均花费 1644.8 元（见图 13）。受住宿、交通费用等因素影响，过夜游游客、省外游客为消费主力军。

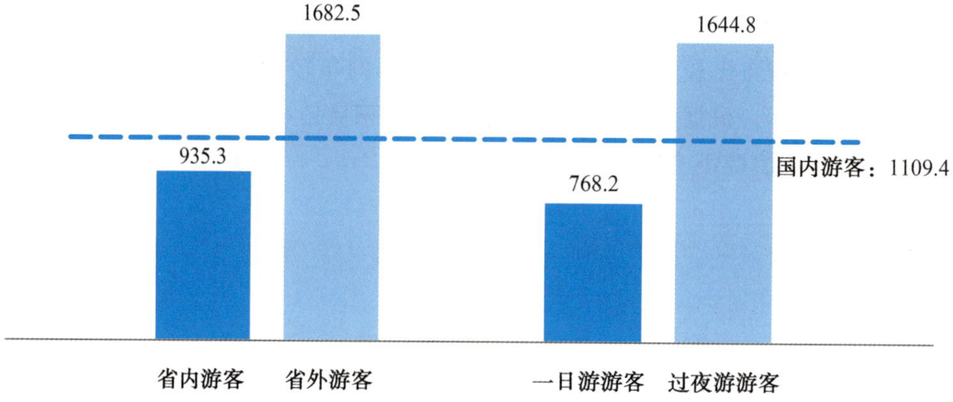

图 13　2021 年潍坊市国内游客人均花费（单位：元）

(五)国内游客满意度分析

1.省内游客满意度高于省外游客

2021 年国内旅游抽样调查数据显示,国内游客整体满意度为 88.4 分。分省内外看,省内游客整体满意度为 89.0 分,位居平均水平之上;省外游客整体满意度为 87.3 分(见图 14)。建议不断完善旅游基础服务设施,丰富旅游产品供给,推动建设标准化景区,全面提升游客的出游舒适度、体验满意度。

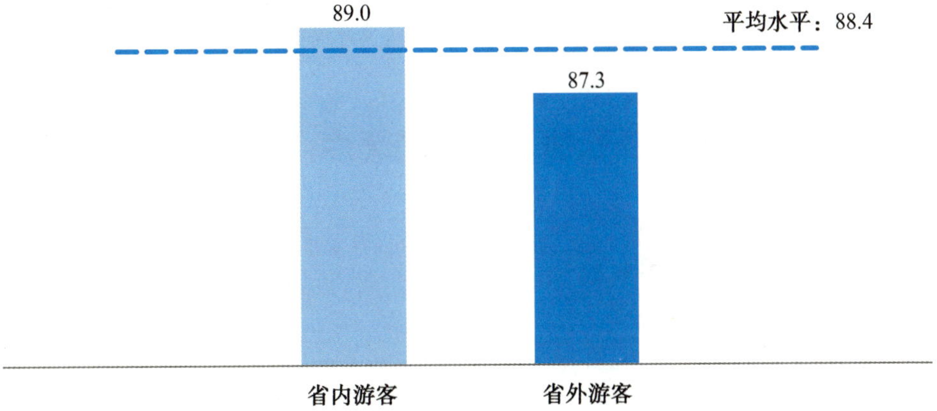

图 14　2021 年潍坊市国内游客整体满意度(单位:分)

2.住宿、交通和购物服务满意度位居前三

2021 年国内旅游抽样调查数据显示,游客满意度排名从高到低的依次是住宿、交通、购物、餐饮、公共服务、游览、娱乐、价格。其中住宿、交通、购物和餐饮在整体满意度水平之上,游览、娱乐、价格满意度较低(见图 15)。建议加强旅游产业结构调整,采取持续改进、不断完善、全面参与等措施促进旅游服务质量升级,推动旅游业各要素均衡发展,提高各行业服务满意度。

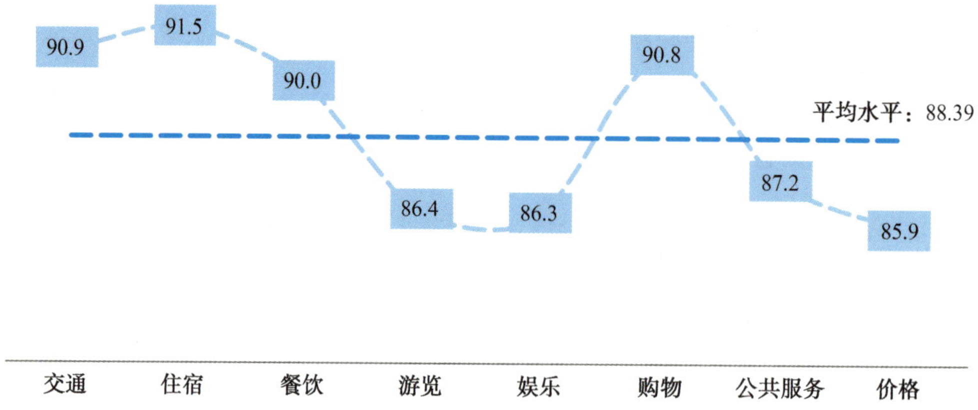

图15　2021年潍坊市国内游客服务满意度(单位:分)

三、旅游业发展亮点

(一)全域旅游发展硕果累累

1.持续发力景区“创A”

2021年,潍坊市积极推进全域旅游纵深发展,持续发力景区“创A”,新评定(晋级)A级旅游景区7家。截至2021年年底,全市共有A级旅游景区94家,其中5A级旅游景区2家、4A级旅游景区21家、3A级旅游景区55家、2A级旅游景区16家。2021年全市94家A级旅游景区接待游客5061万人次,同比增长49.96%;旅游收入74.75亿元,同比增长55.60%;就业人员1.94万人,同比增长17.23%。

2.加快乡村旅游发展

新培育和提升54个市级景区村庄、25个山东省景区化村庄、5个山东省乡村旅游重点村,临朐县淹子岭村入选全国乡村旅游重点村名录,青州木青名苑民宿获评国家乙级民宿,木青茗苑民宿、江南·泉苑民宿被评为山东省四星级民宿,青州市庙子镇入选山东省旅游民宿聚集区创建单位。

3. 文旅融合、产旅融合再上新台阶

十笏园文化街区集非遗、历史、书画、民俗文化和休闲观光于一体,成功入选首批省级旅游休闲街区;诸城市创新推出“以恐龙文化旅游为驱动,以产旅深度融合为特色,推进产城文旅一体化发展”模式,成功创建为山东省全域旅游示范区。

(二)文化旅游活动亮点纷呈

2021年,在统筹做好疫情防控工作的同时,全市挖掘特色文化和旅游资源,策划推出多项丰富多彩的文化旅游活动。全市共组织大型旅游节庆活动、旅游宣传促销活动197项,线上线下3000余万人参与;举办非遗展演、非遗活动200项,线上线下277余万人次参与;举办重大文艺活动、艺术展演、展览活动311项,线上线下2900余万人次参与。其中,4月在滨海举办第38届潍坊国际风筝会,共有来自31个省(自治区、直辖市)的118支放飞队伍参加比赛和表演,举办期间共接待中外游客26余万人次;5月在寿光举办第22届中国(寿光)国际蔬菜科技博览会,共计41.6万人到会参观,展会现场交易及订单贸易额高达83亿元;10月在十笏园文化风情街区举办造物奇市·嗨吃潮玩——2021国庆嘉年华活动,将非遗传承表演、"网红"游乐、美食盛宴有机结合,参与群众近35万人次,带动各类消费3800余万元。

(三)文旅惠民,共享文旅盛宴

2021年,成功举办第五届潍坊文化和旅游惠民消费季,发放351.3万元消费券,273家企业参加,拉动消费1.7亿元。消费季从供给和需求两端发力,采取财政资金直补消费者、商家优惠折扣和社会支持相结合的方式,创新开发文化及旅游消费新业态,打造跨行业、跨部门、跨区域的文化和旅游消费新热点,共享文化和旅游资源,共品文化和旅游盛宴,引导和扩大文化和旅游消费,促进文化和旅游产业高质量发展。诸城市、奎文区分别创建为省文化和旅游消费示范市和试点区,潍坊市被文化和旅游部确定为第二批国家文化和旅游消费试点城市。创新举办第六届市民文化节,紧扣庆祝建党100周年主题主线,集中组织举办"献礼百年""赋彩潍坊""城市之星""百姓舞台"四大主题板块100余项重点文化活动,用群众喜闻乐见的文艺形式传承红色基因,再现党的百年光辉历程。此外,全市深入开展"一村一年一场戏"文化惠民演出,完成文化惠民演出9244场,召开2021年全市农村电影标准化均等化放映现场观摩会,完成农村公益电影放映7.34万场。

(四)旅游新业态成为新亮点

2021年,潍坊市继续推进"旅游+"向"+旅游"全面升级,大力发展旅游新模式、新业态,构建全景、全业、全时的旅游格局。房车露营、研学旅游、温泉度假、会展旅游、休闲垂钓等旅游新业态备受游客青睐。全市55家旅游新业态景区接待国内游客

800 万人次，实现营业收入 6 亿元。截至 2021 年年底，全市拥有国家级中小学生研学实践教育营地 1 家、基地 1 家；省级中小学生研学基地 18 家，位居全省第一；市级中小学生研学基地 82 家。2021 年，寿光蔬菜高科技示范园研学项目共接待游客 31.25 万人次，实现营业收入 142.6 万元。临朐县淹子岭房车露营公园提供房车、帐篷、木屋、“太空堡”及以原始石头村落为载体的民宿服务，2021 年共接待游客 9.37 万人次，实现营业收入 486.52 万元。

（五）假日旅游交出亮丽答卷

假日旅游是刺激消费、拉动内需的重要抓手，春节、“五一”、国庆等假日为旅游市场的恢复带来强力支撑。各假日期间，全市疫情防控秩序井然，产品供给丰富多样，文化和旅游市场呈现良好的复苏态势。2021 年假日期间，全市重点监测的旅游景区（点）共接待游客 609.76 万人次，实现营业收入 8.34 亿元；重点监测的旅游住宿设施共接待游客 3.8 万人次，实现营业收入 2065.23 万元。其中，2021 年春节假日，为响应“就地过年”的倡议，全市各景区推出系列活动吸引市民留潍坊过年，近郊休闲游引爆假日文旅市场，全市重点监测的 27 家旅游景区（点）接待游客 48.70 万人次，实现旅游收入 1.17 亿元；“五一”假期，全市策划推出十几类 300 余项文化旅游活动，极大地拉动了文化旅游消费，全市重点监测的 34 家旅游景区（点）共接待游客 226.80 万人次，实现营业收入 2.03 亿元；国庆期间，全市文旅行业紧抓长假机遇，丰富假日文化和旅游产品，助力行业提振复苏，全市重点监测的 25 家旅游景区（点）共接游客 183.66 万人次，实现营业收入 3.15 亿元。

（六）红色旅游传承红色基因

1.革命场馆特色展再现建党百年光辉历程

革命场馆特色展充分发挥革命博物馆、纪念馆作为党和国家红色基因库的重要作用，追忆革命历史，赓续红色血脉。2021 年，王尽美革命生平事迹展、潍县乐道院暨西方侨民集中营旧址历史陈列等 21 个革命场馆特色展入选“山东省庆祝建党 100 周年 100 家革命场馆特色展陈推介名单”，数量居全省首位。

2.红色旅游线路串连“红色版图”

山东省文化和旅游厅推出的 100 条山东红色旅游线路中，潍坊市有 6 大主题 9 条线路入选，涵盖陈少敏纪念馆等 38 个红色资源点。以“齐风鲁韵　红色热土——潍坊红色旅游列车发车了”为主题，创意整合全市 6 大主题 9 条线路 38 个红色资源点，以列车到达每个站点打卡为创意策划线上展览，整合红色资源，传承红色基因。

3.红色旅游不断升温

红色旅游作为精神文化消费的重要方式，受到越来越多的游客追捧，在建党100周年的整体氛围烘托下，红色旅游不断升温。2021年，全市重点监测的7家红色旅游景区接待国内游客167.82万人次，实现营业收入1.03亿元。

（七）夜间旅游点亮夜间经济

为大力激发潍坊文化旅游夜间消费潜力，潍坊市以重点项目建设为突破口，推进全市文化旅游产业、夜间经济提质增效、融合发展。

一是打造夜间旅游购物街区。利用商圈、旅游休闲购物街区、文体娱乐功能区等重点区域打造一批夜间旅游消费特色街区，十笏园文化街区、奎文泰华城、青州古城获评省级夜间文旅消费集聚区。2021年7月，十笏园文化街区首开“穿越花街”项目，集特色美食、非遗创意、国风演绎、主题灯光秀等多种元素于一体，打造多项沉浸式实景演出，带动园区及周边区域夜间文旅消费。

二是打造夜间旅游休闲集聚区。鼓励景区、园区利用节庆、假期及暑期，适当延长营业时间，完善夜间灯光照明等基础设施，打造夜间旅游休闲高地。金宝星夜、青州不夜城、杨家埠夜游等项目成为“网红”打卡地。2021年，全市10家夜间旅游景区共接待国内游客1651万人次，实现营业收入15.31亿元。

三是开展夜间文化惠民活动。举办公益电影放映等大型夜间群众文化活动，开展文艺汇演、文艺展演、广场舞大赛等，打造社区公益文化品牌，广泛搭建群众性文化活动平台载体，在丰富群众夜间生活的同时拉动夜间消费升级。

四、旅游发展短板及建议

（一）旅游发展短板分析

1.传统淡季叠加疫情，旅游行业复苏曲折

2021年前三季度，随着疫情防控形势平稳向好，游客出游信心恢复，旅游业有序复苏，全市游客接待量、旅游收入分别恢复至2019的90.8%、94.6%。四季度，恢复比例明显下降，游客接待量、旅游收入恢复比例均不足五成。究其原因，一方面，国庆过后旅游行业进入“冷却期”。国庆黄金周，气候、假期时长等条件利好，国内旅游迎

来小高峰，假期过后旅游行业进入传统淡季，尤其是进入冬季，雨雪、冰冻天气多发以及防火护林等工作需要，部分景区在冬季闭园。另一方面，秋冬季节疫情防控收紧。国内本土病例零星散发，疫情防控形势依旧严峻。冬季呼吸道传染疾病进入高发期，室内活动增多，容易造成人群聚集，游客出游意愿下降。

2.周边近程游成趋势，浅需求导致低消费

受疫情影响，旅游发展呈现“近出行、短时长、浅需求、低消费”趋势。2021 年国内旅游抽样调查数据显示，国内游客中山东省内游客占比 76.7%；省内游客中，潍坊本地游客占比 42.6%。本地游相对旺盛，但其消费力无法与远距离旅游消费力相比，长线游受阻，转为周边游，出游半径收缩导致交通成本降低，出游时长缩减，自驾游可以当天往返，住宿消费降低，本地游无法弥补因跨省游受限导致的旅游收入损失。

3.城乡出游差距明显，农村客源市场有待开发

城乡居民在旅游消费规模上差距比较明显，从国内游客城乡分布上看，城镇游客占 87.7%，农村游客占 12.3%，城镇游客占比高出农村游客 75.4 个百分点；从出游次数看，2021 年城镇居民人均出游 4.80 次，农村居民人均出游 2.96 次，城镇居民出游次数明显高于农村居民。其主要原因是城乡居民在可支配收入、闲暇时间、消费习惯上存在差距。从国内旅游市场发展来看，在人口规模、消费潜力等方面，农村居民都是重要群体，蕴含着巨大的旅游消费空间，随着全域旅游的深入推进及“主客共享”思维日益普及，在旅游消费中兼顾游客与当地居民的需求已成为共识，这将从消费观念和消费方式上为激发农村居民旅游消费潜力提供有力支持。

（二）对策及建议

1.丰富旅游休闲业态，提升秋冬旅游热度

一是借冬奥东风，迎旅游春天。冬奥点燃了冰雪游热情，冰雪特色活动备受游客青睐，潍坊市有青州驼山滑雪场、云门山四季滑雪场、安丘青云山滑雪场、弘润温泉小镇、揽翠湖天沐温泉度假村等旅游资源优势，建议以“冰雪＋”为核心要素，依托和挖掘滑雪、温泉等冬季旅游资源，策划独具特色、性价比高的冬季旅游产品。

二是依托文化类产品，破解季节性限制难题。潍坊市有着悠久灿烂的历史文化和丰富多彩的传统文化遗产，应继续发挥优势，用好、盘活文化资源，推出富有体验性、吸引力的文化旅游产品。比如，潍坊风筝、潍坊核雕、诸城古琴等非遗资源丰富，可加大非遗与旅游融合力度，在传统淡季，在各大场馆组织开展非遗展演活动，在丰富游客、市民文化生活的同时弘扬中华优秀传统文化。

三是实施补助政策，推出文旅惠民措施。秋冬淡季节假日较多，元旦、春节、元宵节等节假日均可为淡季旅游破题带来新契机。建议举办冬季旅游消费周、消费月等活动，推出淡季优惠套餐，实施旅游景区门票减免，推行景点套票、月票等优惠政策，推出更多旅游惠民措施，带动旅游消费增长。

2.挖掘本地市场需求，纵深发展周边旅游

一是贴近客源市场游客需求。本地游、周边游具有短途、短时、高频度等特点，建议针对主要客源市场进行游客画像分析，以市场消费群体需求为导向，实施文旅产品提质增量行动，丰富消费内容，激发消费潜能，形成高黏度的重游消费。

二是拓展旅游业态。重点推进旅游新旧要素之间、不同业态之间的融合。拓宽旅游要素的外延，将“商、养、学、闲、情、奇”旅游新要素与“吃、住、行、游、购、娱”传统旅游要素进行跨界融合，重点围绕休闲度假旅游、体育旅游、康养旅游、研学旅游等领域打造新产品、培育新业态，打造融合型旅游新产品。积极推进不同旅游业态的交叉融合，探索跨要素、跨行业、跨区域、跨时空融合旅游资源和延长旅游产业链的新模式，构建立体式网状产业链，丰富旅游供给。

三是丰富文旅主题活动。抢抓文旅市场回暖机遇，促进文旅消费复苏振兴。继续积极申报省级文化和旅游惠民消费季主题活动，举办市级文化和旅游惠民消费季，减弱疫情给文旅行业带来的不利影响，活跃文化旅游市场。紧抓假日旅游发展机遇，“以节促游、以节兴游”，推出多条特色文化旅游线路，将民俗活动、文化场馆、文创产品、非遗产品等与旅游线路、旅游商品有机结合，进一步激发消费潜力。

3.重视农村客源市场潜力，加大开发和营销力度

一是注重对农村居民旅游需求的分析。对于农村居民旅游消费的“习惯性”忽视，在很大程度上是对农村居民旅游消费需求分析不足导致的，建议完善旅游统计指标，对农村居民旅游偏好、出游动机、消费习惯等进行全面分析。如农村居民出游时间一般集中在冬季农闲时期，据此，可针对农村居民推出淡季旅游线路。

二是加强农村居民旅游消费引导。2021 年潍坊市农村居民人均可支配收入已达 24007 元，为外出旅游消费奠定了经济基础。建议立足农村居民旅游需求，加强旅游消费引导，根据农村居民的消费心理特点，旅游产品尽可能减少产品附加值，旅游消费更侧重于“游”，加大交通、食宿、门票等方面的优惠力度。

三是加大农村客源市场开发力度。农村客源市场开发宜采用“薄利多销”的营销策略，重点开发省内短途游，策划出游时间短、距离近、消费低的“一日游”“两日游”等旅游活动。利用移动互联网优势，借助抖音、快手等新媒体平台进行宣传营销。

（桑君）

2021年济宁市旅游业调查分析报告

2021年，济宁市聚焦打造世界文化旅游名城，全力实施《济宁市文旅融合发展三年行动计划实施方案》，取得了13项全省唯一、16项全省第一的好成绩，承办了2次国家级现场会，41次被发文、会议、简报、案例、官网、媒体推广经验做法，14次被国家、省、市通报表扬，先后荣获90项市级以上先进荣誉，获得2022山东省旅游发展大会承办权，入选第二批国家文化和旅游消费试点城市、全国“五一”黄金周增速最快十个目的地城市。济宁市文化和旅游局作为全国文旅领域唯一代表，就文旅融合助脱贫在全国经验交流会上作典型发言。

一、旅游发展呈现良好态势

2021年济宁市共接待游客6373.22万人次，比2020年增长28.09%；旅游总收入632.47亿元，比2020年增长39.59%。其中，接待国内游客6372.22万人次，比2020年增长28.09%；国内旅游收入632.47亿元，比2020年增长39.61%。旅游市场回暖，整体保持良好发展态势。

(一)季度旅游接待收入先增后降

一季度强势增长，随着新冠肺炎疫情防控取得重大战略成果，春节假日期间，受游客补偿性心理加持，旅游市场强势复苏，游客接待量、旅游收入增长明显。二季度持续增高，在清明节日、“五一”假日、端午假日期间，乡村旅游、红色旅游、研学旅游市场火爆，游客出游、消费持续走高。三季度出现小幅度下降，旅游发展基本保持稳定。四季度受疫情防控政策收缩影响，旅游市场下降明显(见图1、图2)。

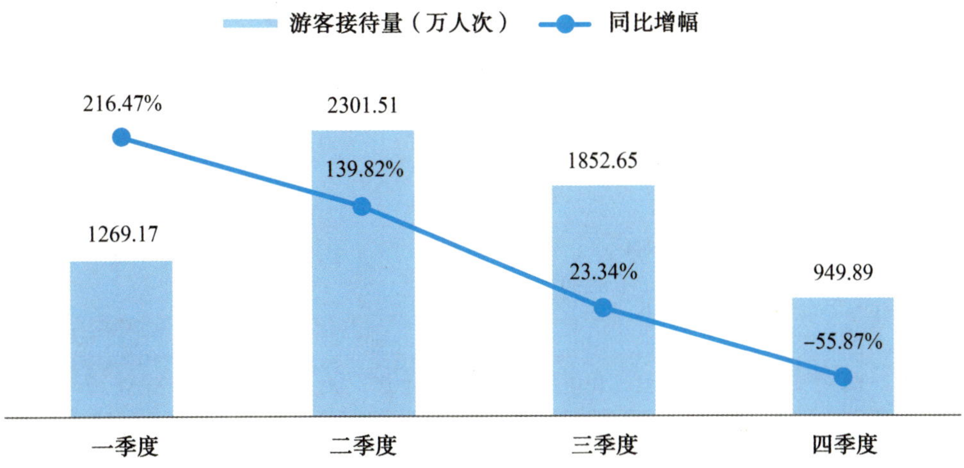

图 1　2021 年各季度全市游客接待量情况

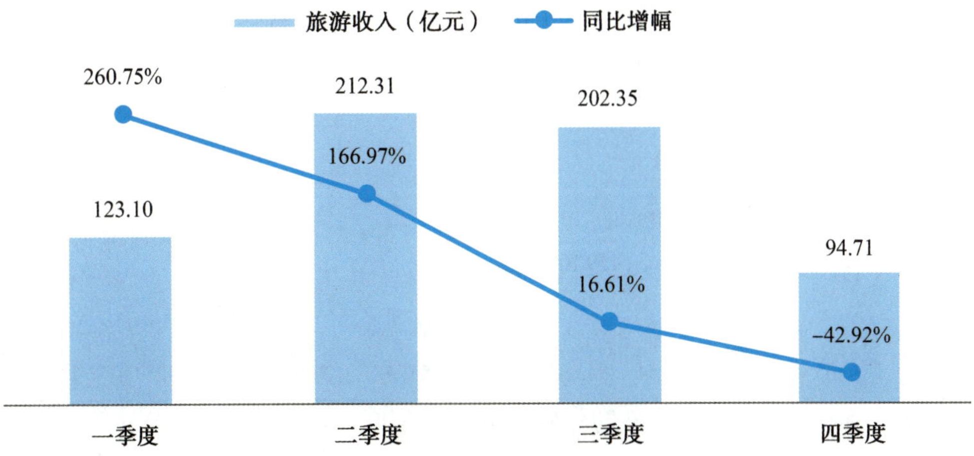

图 2　2021 年各季度全市旅游收入情况

(二)景区旅游全年波动发展

从月度看，2021 年济宁市重点监测景区游客接待量、旅游收入均呈先增后降循环态势。3—5 月、9—10 月期间，景区游客接待量、旅游收入呈井喷式增长，旅游市场强势回暖，5 月游客接待量与收入均达到全年峰值，10 月出现下半年小高峰。8—9 月、11—12 月，受疫情影响，旅游景区及旅游收入下降（见图 3、图 4）。

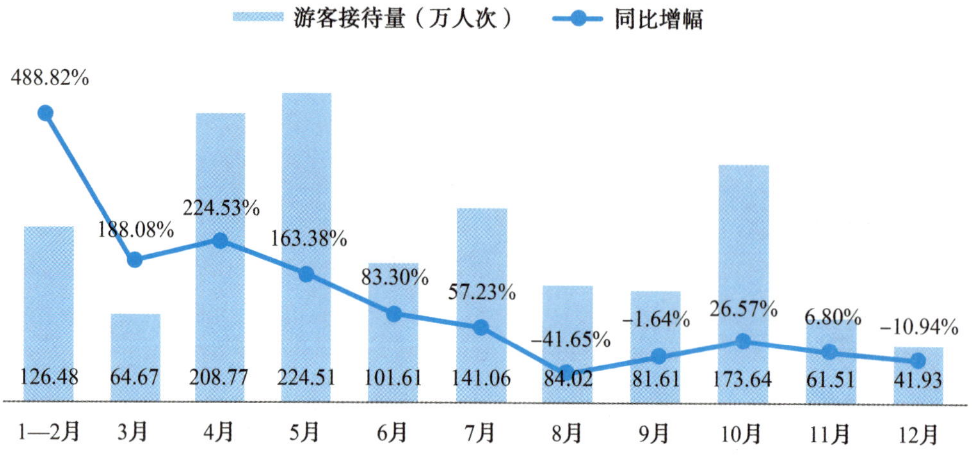

图 3 2021 年各月份济宁市重点监测景区游客接待量情况

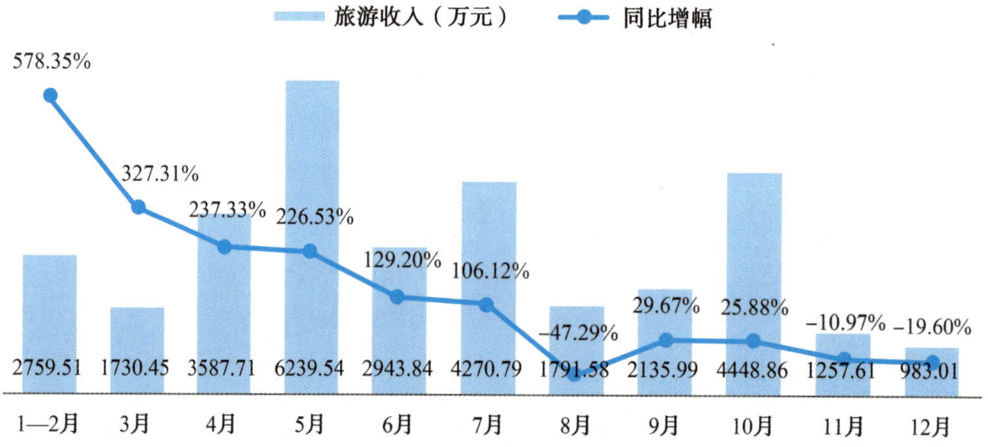

图 4 2021 年各月份济宁市重点监测景区旅游收入情况

（三）国内旅游占据主体地位

2021 年全市共接待国内游客 6372.22 万人次，同比增长 28.09%；旅游收入 632.47 亿元，同比增长 39.60%（见图 5）。得利于政府出台促进旅游市场复苏发展的优惠政策、惠民措施以及国内良好的疫情防控形势，国内旅游市场稳步恢复，游客接待量、旅游收入增长迅速，游客消费能力明显增强。

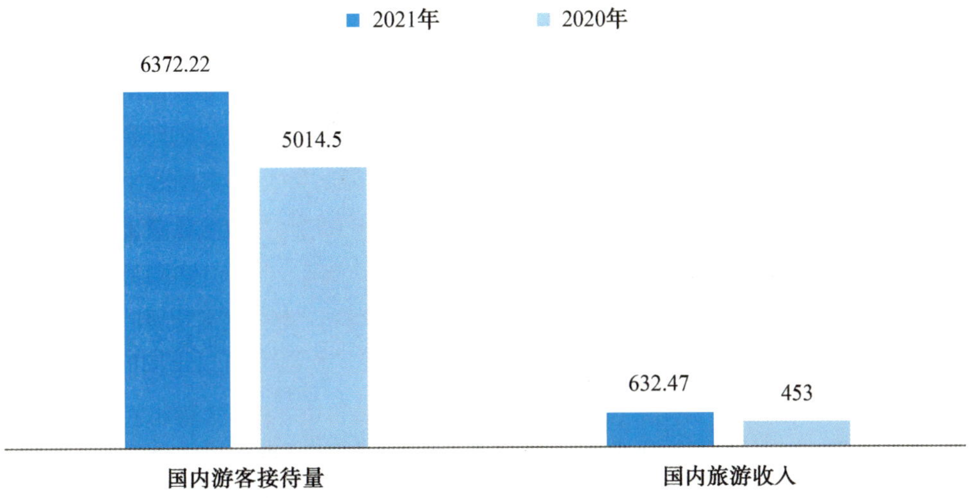

图 5　2020 年与 2021 年济宁市国内游客接待量(单位:万人次)、旅游收入(单位:亿元)对比

(四)市内游和一日游占比提升

2021 年旅游统计调查结果显示,济宁市国内游客中,省外游客占比 14.30%;省内游客占比 85.70%,比 2020 年增长 5.32 个百分点。省内市外游客占比 27.77%;市内游客占比 57.93%,比 2020 年增长 19.87 个百分点(见图 6)。2021 年接待过夜游游客 1849.68 万人次,同比增长 18.21%,占比 29.03%;一日游游客 4522.52 万人次,同比增长 31.10%,占比 70.97%,比 2020 年增长 2.17 个百分点(见图 7)。在常态化疫情防控以及本地旅游资源供给丰富的情况下,游客出游信心增强,出游频率增多,近郊游、市内休闲游符合当下人们的需求。

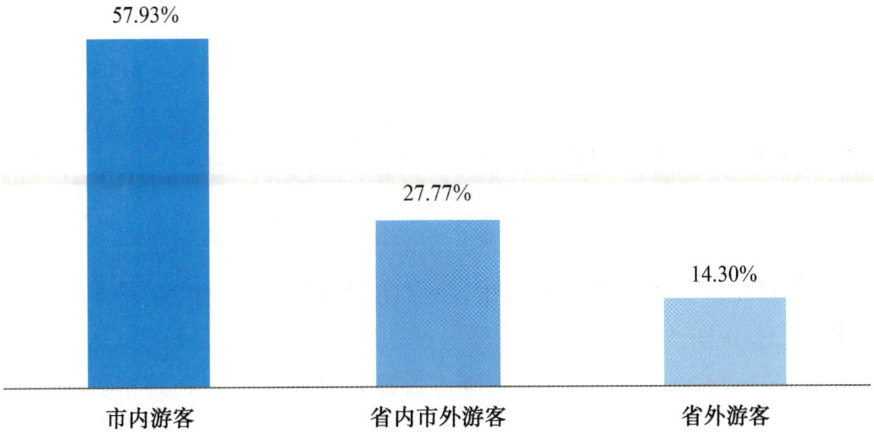

图 6　2021 年济宁市国内旅游市场客源结构

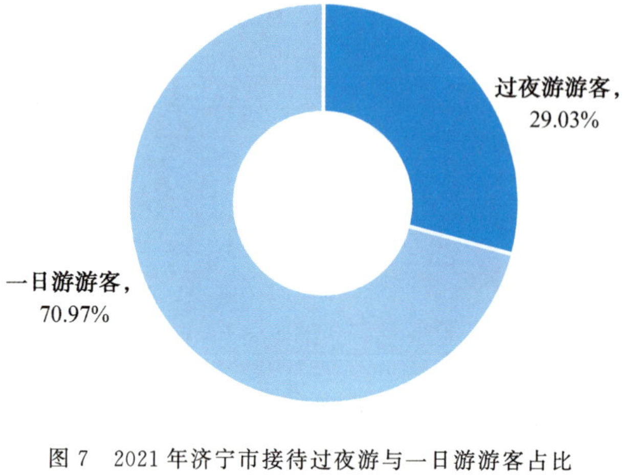

图 7　2021 年济宁市接待过夜游与一日游游客占比

(五)省外客源地以周边省份为主

河南省、江苏省和河北省构成了三大省外客源地，其中河南省游客最多，占比 27.31%；江苏省次之，占比 17.27%；较少的是河北省，占比 15.66%（见图 8）。济宁旅游市场对周边省份的辐射能力较强。

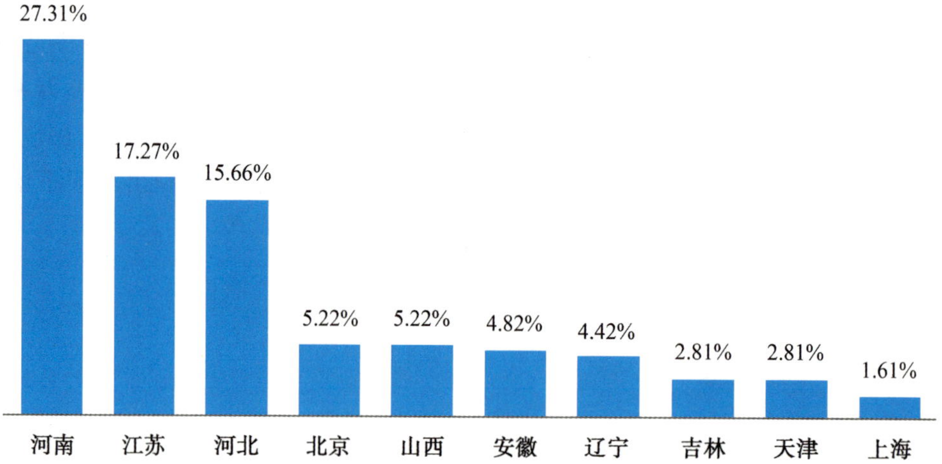

图 8　2021 年济宁市国内游客中省外游客客源结构（前 10 位）

济宁十大省外客源城市分别为郑州、石家庄、开封、北京、徐州、新乡、南京、合肥、保定、洛阳，占比分别为 11.69%、6.85%、6.05%、5.24%、5.24%、4.84%、4.03%、4.03%、3.23%、3.23%（见图 9）。省外重点客源城市也是以周边城市为主。

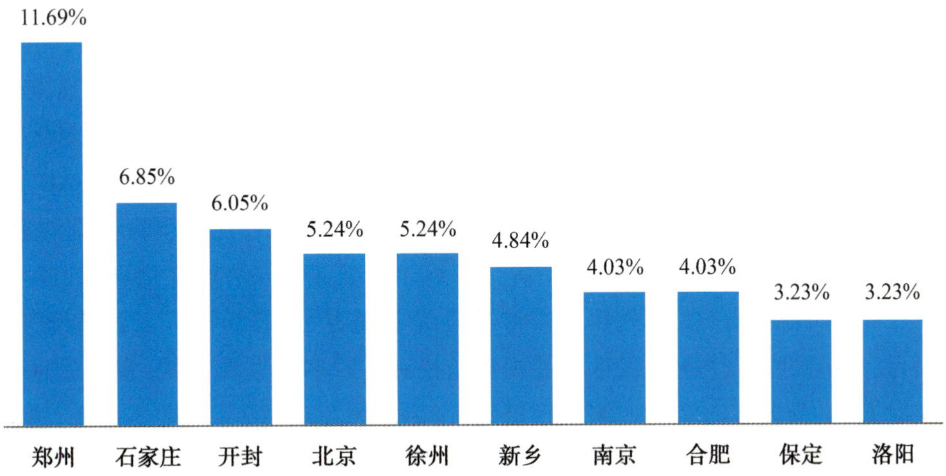

图 9　2021 年济宁市国内游客中十大省外客源城市

二、文旅深度融合发展成效显著

(一)文化旅游产业供给结构趋优

1.文旅产业核心供给多元化

2021 年,全力推动贾堌堆农家寨景区、南阳古镇景区创建 4A 级旅游景区,指导景区对照 4A 级景区创建标准完善旅游基础设施,丰富文旅业态。2021 年 12 月 27 日,省文化和旅游厅发布《关于确定 18 家旅游景区为国家 4A 级旅游景区的公告》,济宁市贾堌堆农家寨景区、南阳古镇旅游区正式获批成为国家 4A 级旅游景区。新增汶上县白石昙山风景区、泗水县等闲谷艺术小镇、济宁南阳湖农场和曲阜市儒源小镇 4 家 3A 级旅游景区。重点聚焦微山湖旅游区 5A 级景区创建,累计投入 7 亿多元,高标准实施了道路码头建设、服务设施完善、景点改造提升、环境综合整治、智慧旅游等十大工程,旅游区服务功能更加完善、文化主题更富特色、游览环境更加优美,硬件水平和游览环境实现了质的飞跃,总体风貌焕然一新。截至 2021 年年底,全市共有旅游吸引物 1078 家,其中包括 104 家 A 级旅游景区,数量居全省前 3 位,国家级全域旅游示范区 1 家,省级全域旅游示范区 3 家,数量与济南市、潍坊市并列全省第 2;全市旅游住宿设施共计 3151 家,包括星级饭店 19 家,其中五星级 1 家、四星级 8 家、三星级 10 家,旅行社总数达 157 家,数量均居全省前列。

2.智慧文旅服务体系进一步完善

扎实推进智慧文旅建设，曲阜市被纳入省文旅厅“好客山东 云游齐鲁”智慧文旅试点，相关人员还在全省智慧文旅推进会上作了典型发言。建成了全市重点景区客流监测与指挥调度系统平台，“三孔”景区上线运营混合现实（Mixed Reality，MR）数字文旅融合体验项目，成为全球首个正式上线运营MR景区混合现实体验项目的景区。曲阜市顺利通过智慧文旅试点中期评估。组织149处景区、31处文化场馆、86处餐饮商户、23处购物场所、1004处住宿接待单位等上线省“好客山东 云游齐鲁”智慧文旅平台。在全市23个重点景区安装视频监控和实时客流监测系统，实现景区视频监控实时查看、景区客流实时监测与预警、景区停车场监测、指挥调度等功能，提高了景区综合管理监控能力。

（二）夜间文化旅游释放夜间经济消费活力

1.特色夜间文旅项目提质升级

2021年，济宁市成功入选第二批国家文化和旅游消费试点城市，邹城市成功入选第一批省级文化和旅游消费示范县（市、区）。尼山圣境成为山东文化旅游“新地标”，入选全国首批夜间文化和旅游消费集聚区名单，牛楼小镇入选省级夜间文化和旅游消费集聚区。济宁市“运河记忆”文化街区古运河水上夜游项目于国庆节正式开始运营，该项目以运河沿岸丰富的历史文化资源为依托，整合运河沿岸东大寺、太白楼、铁塔寺、玉堂酱园、运河总督府等文化遗产，挖掘整理运河码头文化、漕运文化、非遗文化、商业文化等文化资源与元素，推出景点和水上旅游线路，培育业态经济，形成融历史文化遗产、观光旅游、文化体验、时尚休闲、文博购物于一体的特色文化街区，打响了“运河之都”文化品牌，成为济宁夜间旅游最新“网红”打卡点。

2.夜间文化旅游活动精彩纷呈

自4月以来，全市28家景区、街区及文化场馆开展景区演艺、灯光节、美食节等夜间旅游活动，共接待游客550万余人，间接拉动消费3亿余元。其中，尼山圣境4月提前开启夜游模式，不断升级夜游产品，烟火、无人机表演受到游客热捧，室内大型演出《金声玉振》一票难求，全年共上演515场次，接待游客74.1万人，直接拉动消费5600万元。5月1日起，康王谷花世界景区实施光影秀项目，游客白天看花，晚上体验光影秀。新增房车营地、萌宠动物园、美食街等体验项目，全年接待游客15.91万人，直接拉动消费166.4万元。

(三)乡村文化旅游高质量发展助力乡村振兴

1.积极探索乡村文旅振兴发展模式

全力推动培育村落景区、精品民宿、文旅融合样板村、文旅特色小镇,打造了一批相对集中、业态丰富、市场人气旺盛的旅游集群片区,初具乡村旅游综合体形态。截至2021年年底,全市共创建5个全国乡村旅游重点村、3个省级精品文旅小镇、13个省级乡村旅游重点村、48个省级景区化村庄、5个红色文化特色村、5个市级乡村旅游重点镇、45个市级文旅融合样板村、99个A级景区化村庄。秉承"看得见山、望得见水、记得住乡愁"的发展理念,鼓励扶持各县(区)依托自然资源禀赋,逐步形成民宿片区集聚发展的良好势头。曲阜市尼山镇、泗水县济河街道、邹城市大束镇等3个镇(街)成功入选山东省旅游民宿集聚区创建名单。

2.文旅扶贫促进乡村振兴成效显著

坚持以文化赋能乡村发展,靠旅游推动乡村转型,"打好文旅融合牌　绘就美丽乡村新画卷"经验入选国家发改委社会领域公共服务助力脱贫攻坚典型案例并在全国推广,济宁市文化和旅游局作为全国文旅领域唯一代表在国家发改委经验交流会上作典型发言。兖州区牛楼小镇入选第三批国家农村产业融合发展示范园创建单位。泗水龙湾湖乡村旅游开发经验入选世界旅游联盟典型案例。承办全省"好客山东·乡村好时节"主题年活动暨"胜日寻芳"赏花季启动仪式,在全市各县(区)同步举办各种踏青赏花活动,推出乡村旅游产品。7月10日,在邹城市城前镇举办"乡村好时节·伏文化体验活动"邹城伏羊节暨2021年城前镇孝善人家颁奖礼活动,全市开展"乡村好时节·伏文化主题游"活动8项。2021年,全市抽样调查的21家乡村旅游民宿样本单位累计接待国内游客29.34万人次,同比增长35.42%;实现营业收入8655万元,同比增长28.39%。

(四)红色文化加快推动文旅融合发展

1.红色旅游基础设施建设不断升级

充分挖掘红色文化资源,积极推进红色旅游开发,打造红色文化旅游产品。实施铁道游击队纪念园基础提升工程,利用全息技术手段立体化展示丰富的红色文化资源,真正把微山湖红色产品打造成为微山湖文化旅游的"拳头"产品。改造提升羊山景区王杰纪念馆场景，修建了王杰纪念馆、王杰精神大讲堂，增强游客红色体验。济宁市 46 处不可移动革命文物被列入山东省第一批革命文物名录，7 处革命文物入选山东省依托革命文物资源开展党史学习教育活动场所。其中，金乡县王杰社区等 5 家村庄入选山东省红色文化特色村创建名单。

2.策划推出系列红色旅游线路和产品

邹城“三孟”景区入选文化和旅游部黄河主题国家级旅游线路，济宁市“红色羊山情怀，缅怀尼山英烈”等 9 条红色旅游线路入选省百条红色旅游线路。大力开发红色旅游商品，积极组织文创机构、旅游商品企业等依托丰富的红色文化资源，设计开发具有济宁特色的红色文化创意商品 60 余件，其中 9 件商品入选省 100 件红色旅游商品，入围数量居全省第三位。铁道游击队红色旅游景区被列入全国 12 个重点红色旅游区、30 条红色旅游精品线路和 100 个红色旅游经典景区。2021 年，全市红色旅游景区景点接待游客 100 余万人次，红色旅游综合收入约 5000 万元。

三、文旅产业蓬勃发展后劲十足

（一）“双招双引”成效显著

围绕完成招引一个 3 亿元以上的文旅项目的考核任务，对全市文旅招商资源进行重新调整梳理，建立并完善了 2021 年“三库一计划”，包括 32 个重点包装招商项目、17 个目标企业库、16 个合作企业库、12 个招商推介活动计划，实行动态管理，随时更新，确保及时掌握一手信息。全市招商引资项目签约 3 个、落地 3 个、开工 2 个、在谈 2 个。争取 2 个项目入选山东省文化旅游重点项目推介招商会，梁山县水浒影视文化体验园（二期）项目作为全省 8 个优质项目之一进行现场推介，曲阜石门康旅慢城——葡萄酒庄园项目入选省签约项目，在对接会上成功签约。兼顾部门招商主攻方向和全市产业招商布局，主动作为、积极作为，引荐赛得利集团来济宁市投资，邀请曲阜、嘉祥等主要领导参加招商活动，启动编制济宁市文化旅游产业链招商图谱，储备目标企业 49 家。积极对接宝能集团、益海嘉里、和平文化集团等，针对企业的投资需求，重点推荐了济宁市文旅康养类招商项目，广泛开展文旅招商。

（二）产业投资总额增量扩容

2021 年，全市集聚发展新动能，优化投资环境，拓宽文化旅游产业投资领域，文化旅游产业投资拉动效果明显，施工项目特别是亿元以上项目增长较快。全力推进微山湖旅游区创建5A级景区，市(县)投入7亿元完成27个重点项目，顺利通过省级评审，即将进入文旅部专家验收阶段。6个文旅项目入选山东省重大项目，数量居全省第一位，13个项目被确定为全省文化旅游重点项目。13个项目入选全市重点产业项目，投资总额220.1亿元，居全市“十强”产业第一位。34个文化旅游项目被纳入市新旧动能转换库，总投资583.78亿元。总投资3.6亿元的曲阜石门康旅慢城——葡萄酒庄园项目于5月份开工，到位资金6000万元。聚焦“三孔”和“大运河”两张世界级文化名片，大力实施了华侨城十里画廊、复兴之路科技文化项目、鲁源小镇、“运河记忆”文化街区、南阳古镇旅游综合提升工程等多个重大文化旅游项目，呈现出大项目、好项目竞相涌现的良好局面。

四、新业态旅游成为文旅产业新支撑

2021年，新冠肺炎疫情形势趋缓，加速旅游业态融合、模式创新，全市研学、工业、康养、体育等“旅游+”产品走出文旅融合高质量发展“新路子”。

(一)研学旅游发展走在全省前列

1.研学旅游产业不断发展壮大

济宁市根据《研学旅行示范基地规范》，不断培育、改建、提升研学旅游场所，完善配套基础设施，重点打造了尼山圣境、曲阜儒源儒家文化体验基地、泗水阅湖尚儒及邹城孟苑等一批研学旅游基地。新评定市级研学旅游示范基地10家，8家入选第三批省级中小学生研学基地。截至2021年年底，全市已建成国家级研学基地1处、首批港澳青少年游学基地1处、国家级研学旅行教育实践示范基地1处、国家级中小学生研学实践教育基地2处、省级中小学研学基地10处、市级研学旅游示范基地52处。积极开展“100家研学基地红色游”活动。微山岛铁道游击队纪念园、邹城尼山红色研学基地、金乡县王杰纪念馆等3家红色研学基地入选山东100家红色研学基地。“围绕强链聚产业　培育特色促发展　全力打造研学旅游‘济宁样板’”典型经验在省精品旅游产业专班简报印发并在全省宣传推广。全市重点监测的44家市级研学旅行示范基地共接待研学游客129.06万人次，同比增长92.53%，恢复至2019年同期的56.3%；实现营业收入4204.8万元，同比增长45.75%，恢复至2019年同期的50.57%。

2.研学精品旅游线路产品推陈出新

济宁市精心打造了文化圣地体验游、国学经典研学游、运河微山湖休闲游等四大系列主题线路和“拜圣习儒”“走进水浒”“运河访古”等六大体验性游览活动，持续抓好对外推介，“儒学经典游学之旅”跻身港澳青少年内地游学联盟十大游学精品线路。10 条特色研学线路、11 个主题研学活动入选山东 100 家红色研学线路和主题活动评选。在全省率先研发推出了古礼、民俗、非遗、六艺、国学等六大类 50 余项课程，策划了《金声玉振》《忠义梁山泊、千年水浒情》等演艺精品，“礼乐文化传承与文旅融合演艺产品创编”获山东省政府文化创新奖。尼山圣境策划了“夜游尼山”暑期文化夜游季，推出了拜月祈礼等文娱活动，在全省填补了夜间研学旅游项目空白。精品线路的成功打造有效地整合了济宁研学旅游的新业态、新项目、新热点，促使研学旅游焕发出前所未有的勃勃生机，也为新旧动能转换注入了新活力。

3.产业发展推进机制不断健全

济宁市在全省率先出台了《研学旅行示范基地规范》《关于严格规范研学旅行基地发展的实施意见》，研学旅行基地、研学旅行线路、研学旅行导师管理规范化水平不断提高。对研学基地的管理单位、申报程序、确定与发布、运行与管理等方面作了细致部署，使济宁市的研学基地规范化发展有章可循。建立了济宁市研学旅行部门联席会议制度，11 个市直部门联合印发了《济宁市推进中小学生研学旅行工作实施方案》，严格规范研学旅行市场健康发展。在全省率先挂牌成立济宁市研学旅行协会、济宁市文化旅游产业促进会、济宁市孔孟文化旅游产业研究院和济宁市远景研学旅行研究院，共吸收产业集群内龙头骨干企业和特色优势企业 246 家，突出强化行业研究，平台龙头企业起到引领作用，形成了助推研学集群产业发展新引擎。

（二）康养旅游迎来新机遇、实现新发展

1.文旅康养产业不断融合发展

济宁市 2 个文旅康养项目入选山东省重大项目，4 个项目入选省新旧动能转换优选项目，3 个项目被确定为全省文化旅游重点项目。建成了尼山圣境、微山岛文旅康养度假区、邹城市大洪沟文旅康养小镇、太白湖旅游度假区等项目，实施了石门康旅慢城、尼山圣地·鲁源小镇、匡衡湖健康小镇、南阳古镇等文旅康养项目，规划了泗水县砭石养生小镇、鱼台康养农文旅产业园项目等“底蕴型”文旅康养项目，相继培育并提升了万紫千红生态养生旅游区、润美中医药文化产业园等一批康养旅游基地。微

山岛文旅康养度假区获得全省首批“文旅康养融合发展试点区”称号，山东万紫千红生态养生度假区获得全省首批“山东省康养旅游示范基地”荣誉称号。

2.文旅康养产品线路不断完善

一是打造精品文旅康养线路。打造了儒风运河休闲之旅（汶上南旺分水龙王庙遗址—城区古运河—南阳古镇）、生态乡村休闲之旅（微山湖微山岛—微山湖国家湿地公园—邹城上九山—泗水万紫千红生态养生旅游度假区）两大文旅康养主题线路，推出了运河访古、湖上泛舟、儒乡农耕三大体验性文旅康养活动。

二是推出精品文旅康养产品。依托儒家文化，开发了“济宁好礼”系列商品，推进文创创意、中医药膳食等产品开发与技艺提升，形成了具有地域特色的文旅康养产品体系。泗水县推出“泗水寻芳、乡居泗水、圣源研学、康养泉乡”旅游产品。同时，深度挖掘砭石文化，培育了“泗滨砭石”特色知名品牌，推出了砭石梳、砭石枕等一系列泗滨砭石养生保健产品。曲阜市推出“孔孟养生”体验课、孔府食疗养生等产品，开展以药膳养生、保健按摩、中医知识修学等为主要内容的中医药健康旅游活动。邹城市推出以乡村休闲旅游系列活动为主的“邹东深呼吸”品牌旅游产品。

3.“旅游＋”工业、体育业态多元化发展

着力培育开发了一批“工业＋旅游”“体育＋旅游”等文化旅游新业态项目，成功创建山东广育堂中医药产业园等省级工业旅游示范基地 3 家、省级体育旅游示范基地 1 家。活力邹城户外体验精品线路成功入选 2021 年春节黄金周山东体育旅游精品线路。积极推动传统技艺、表演艺术、文创产品、非遗项目进旅游景区、旅游酒店，尼山圣境打造了礼乐盛典《金声玉振》、华彩水幕露天演艺等，开园以来已接待游客近百万人。同时，积极地将博物馆、图书馆、文化馆等纳入旅游线路，孔子博物馆运行以来，截至 2021 年年底，已接待观众 30 余万人次。

五、供需齐发力促文旅市场稳步复苏

（一）惠企举措激发文旅消费潜力

2021 年 12 月，借鉴苏州先进经验，市委、市政府研究制定出台了《济宁市促进文化旅游产业发展的意见》，设立文旅发展专项资金 1 亿元，对文旅市场主体进行奖励，推动文旅产业高质量发展。拨付 356 万元消费奖励资金到剧场、旅行社、影院、旅游

景区等 7 个方面 53 家企业，促进消费回补，激发居民消费潜力。举办第五届文化惠民消费季活动，累计开展市、县两级文化旅游主题活动 608 项，累计 8773 场次，惠及群众 91.98 万人，签约企业 70 余家，通过“济宁文旅”公众号发放 12 批文旅消费券近 622 万元。济宁市文旅消费典型案例“依托文旅惠民消费季，绘就乡村振兴新篇章”被山东文化和旅游惠民消费季组委会办公室在全省宣传推广。协助中国工商银行济宁分行开展“好客山东”文化旅游惠民卡发行工作，累计办理百余张。

（二）文旅产品创新活力竞相迸发

积极挖掘本地文化旅游资源，引导旅游商品开发，不断推进文创和旅游商品品牌化、市场化、产业化、生活化。积极组织文化旅游商品企业参加国家、省举办的旅游商品创新设计大赛，积淀了一批优质文化旅游商品。2021 年，济宁市 2 件商品分别斩获 2021 中国特色旅游商品大赛金奖、银奖，2 件商品分别荣获第二届山东省文化旅游商品设计创新大赛金奖、银奖，3 件商品荣获第三届山东省文化旅游商品设计创新大赛银奖，9 件商品入选全省 100 件红色文创。济宁市联合故宫博物院举办了文物创意产业研发专题培训班，在全省率先开启非遗传承人电商培训，举办、承办了全省导游大赛暨研学旅行设计大赛、“创意济宁”文化产品设计大赛等，培育了一批文旅融合特色产品，新思域设计艺术等 6 家单位获评山东省旅游商品研发基地。

（三）特色文旅主题活动精彩纷呈

1.精心举办文旅节会活动

济宁市成功举办了国际孔子文化节、梁山水浒文化节、鱼台龙虾节、太白湖捕鱼节等旅游节庆活动 50 余个，参与人数近 1300 万，拉动消费超过 40 亿元。市文化和旅游局被评为全省优秀节庆活动管理单位，孔子文化节、孟子母亲节 2 个节庆活动被评为全省优秀节庆活动。集中打造了汶上宝相寺太子灵踪文化节、水浒文化节、邹城母亲节等文化节会品牌。

2.精心组织文旅推广活动

创新推出“背论语免费游‘三孔’”“孔府过大年”等营销活动。其中，“背论语免费游‘三孔’”活动荣获中国旅游营销创新大奖，“孔府过大年”荣获中国旅游总评榜年度旅游营销创意奖。策划暑期 2021“好客山东游品荟”活动，围绕“好客山东　共享美好生活”活动主题，推出针对不同人群的五大类 30 余条线路，包括成人礼产品、自驾旅游产品、美食旅游产品、旅居产品和“Z世代”产品，开展暑期特色活动20余个，吸引百万游客参与，带动消费10亿余元。

六、“互联网＋立体化”对外营销交流显卓效

1.精心打造精品旅游线路

“三孔”景区和“两孟”景区入选文化和旅游部10条黄河主题国家级旅游线路。推出文化圣地研学游、运河微山湖休闲游、儒乡民俗生态游等四大主题10条精品线路和优惠政策。精心组织“5·19”中国旅游日展示咨询活动，策划“游读济宁——圣地·文化·水乡自由行”8类15条线路，向韩国友城线上推介济宁文化旅游资源产品。策划“山东人游山东”健身康养、乡村自驾、农业采摘、生态休闲、民俗节庆、文化体验、红色旅游、特色美食等8类18条线路，推出油菜花节、槐花节、音乐节、游园会等28项“山东人游山东”活动。先后赴杭州、徐州等10地市开展旅游推介活动。加强与菏泽、枣庄等周边城市旅行社的合作，代理济宁主题旅游线路并设计开发了多条新线路，接待游客约15万人次。面向境外市场制作推出“孔子家乡体验游”“儒学经典修学游”“京杭运河休闲游”3条线路视频，在文旅中国、好客山东、国际在线新闻频道、香港之窗等30余家海内外媒体投放，并在Youtube、Twitter等海外热门社交平台上线，覆盖近3万人次，视频播放量近2万次，取得了良好的宣传效果。

2.精准营销助推品牌影响力提升

参加“好客山东”品牌推广计划，在央视投放济宁旅游形象宣传片，覆盖群众超过2.62亿人次。在央视投放“文化济宁”宣传广告206次，在12306 App推广线路曝光量突破400万人次。“好客山东、文化济宁”宣传片在24家海内外媒体展播，点击量突破100万次。组织辖区内景区40家和普通景区8家，参与阿里巴巴支付宝首页“好客山东　青春游你”主题推广活动；在《中国推介》栏目播放“好客山东、文化济宁”宣传片，华人频道等18家主流媒体转载报道，视频总点击量约200万次。集中举办主题推广活动。坚持线上线下结合，整合济宁文旅名景、名人、名片等要素，开展全产业链营销，北上京津冀、南下江浙沪、西拓中原腹地，多途径、多渠道开展“游读济宁　体验圣地”旅游目的地品牌营销推广。集中拓展海外市场。积极策划举办世界文化旅游名城济宁论坛，在境外推广“在济宁发现中国文化”品牌，瞄准日韩、东南亚、港澳台等华人聚集圈开展精准营销，全方位提升济宁的全球影响力。

（王申臣　周源康）

2021年泰安市旅游业调查分析报告

2021年以来，在市委、市政府的坚强领导下，泰安市文化和旅游局以打造国内一流文旅胜地为目标，不断发力，全市各部门凝心聚力、上下联动，统筹推进疫情防控和文旅市场复苏振兴，完善公共服务体系，提升产业发展品质，全市文旅产业高质量融合发展取得新成效。泰山秀城·老街入选首批国家夜间文旅消费集聚区；道朗镇入选首批全国乡村旅游重点镇（乡）；“泰安市精品旅游产业集群”“青青岱岳精品旅游产业集群”等3个集群入选全省“十强”产业“雁阵形”集群；梦泰山夜肆文旅街、泰山云集文化商业街被评为首批省级夜间文旅消费集聚区等。新泰市创新实施城乡书房建设工程，荣获第五届山东文化创新奖。“工业＋”文旅融合新业态创新应用课题被列入2021年省新旧动能转换重大工程精品旅游产业重大课题攻关项目。《人民日报》《中国文化报》《泰安日报》等媒体对泰安市创新推动新闻出版业高质量发展的“泰安样本”做法进行了宣传报道。现就2021年泰安旅游综合发展情况，从旅游发展成果、消费侧、供给侧、发展短板、发展对策五个方面进行综合分析。

一、旅游发展成果总结

（一）旅游主要指标大幅增长

2021年，全市文化事业和文旅产业发展品质迅速提升，文化和旅游高质量融合发展取得新成效。随着新冠肺炎疫情得到有效控制，群众对于生活品质的重视程度逐渐提升，游客出游需求逐渐旺盛。据测算，2021年全年，泰安市共接待游客6410.35万人次，比2020年增长27.19％；旅游总收入650.52亿元，比2020年增长34.94％。其中接待国内游客6409.94万人次，比2020年增长27.2％；国内旅游收入650.52亿元，比2020年增长34.97％。接待入境游客0.41万人次，比2020年下降48.35％。

(二)红色资源焕发蓬勃动力

一是革命文物保护、利用力度不断加大。全市8处革命旧址和2家革命博物馆纪念馆入选全省依托革命文物资源开展党史学习教育场所,11个村入选山东省红色文化特色村培育创建名单,2个展览入选全省建党100周年100家革命场馆特色展陈推荐名单。新泰市龙廷红色研学基地、泰安徂徕山抗日武装起义博物馆、肥城市陆房红色研学基地入选山东省100家红色研学基地。

二是红色艺术创作和文艺展演丰富多彩。为庆祝建党100周年,泰安市营造浓厚的宣传氛围,组织开展了一系列庆祝活动。山东省2021年“文化和自然遗产日”主场城市活动暨“红色文化主题月”在泰安市成功举办,在此期间,泰安市举办庆祝中国共产党成立100周年美术书法摄影剪纸作品展、红色百年同心筑梦——庆祝中国共产党成立100周年书画作品展、东岳壮歌——泰安市庆祝中国共产党成立100周年革命文物展览等活动。此外,2021年,泰安市拍摄完成了建党100周年献礼影片《你的青春在哪里》、15集电视剧《红色经典伟大传奇》等影视作品。

三是红色活动不断升级。10月6日,为庆祝中国共产党建党100周年,泰安重磅推出辉弘的颂歌——北京交响乐团献礼建党百年交响音乐会。市文化馆举办“感党恩·庆丰收·迎国庆”泰安市文艺轻骑兵惠民走基层系列展演活动。市图书馆持续对外开放,举办礼赞新中国·歌颂新时代——庆祝中华人民共和国成立72周年文艺雅会、礼赞新中国·歌唱新时代——庆祝中华人民共和国成立72周年颂歌线上线下图片展等活动。市美术馆推出了“庆国庆”泰安市美术家推介展周峰绘画艺术展、泰山画院绘画作品展,展出美术作品近80件。

(三)文化惠民工程持续实施

一是惠民活动取得明显成效。2021年,泰安文旅部门以扩大文化活动覆盖面和提升文化生活满意度为目标,整合全市各类文化阵地资源,建立文化惠民和旅游节庆活动月公告制度,持续开展“五抓”“四员”文化惠民工程,广泛组织开展“五个大家”群众文化活动。全市共举办各类群众文化活动5万余场,放映公益电影6.4万余场,开展送戏下乡6446场,每村平均演出1.81场。组织举办全市文旅系统“金种子”文化惠民培训班,全市参与送戏下乡慰问演出团体达到143个,庄户剧团232家,基层广场舞队3500余支,文化志愿者、乡土文化能人8万余名。“文艺轻骑兵　惠民走基层”系列展演活动深入基层一线,举办文化惠民演出160余场。

二是“书香泰安”建设进程加快。近年来,泰安市因地制宜地探索出了“书房+县区”“书房＋部门”“书房＋旅游”等“1＋N”书房建设模式，积极推进全民阅读。截至2021年年底，全市城乡书房共建成71家，城乡书房建设已入选党史学习教育“为民办实事”项目及泰安市“微改革”“微创新”项目。“乡村书房建设及服务规范”，省级地方标准给予立项，填补了山东在这一领域的空白。投入全民阅读活动经费420余万元，举办图书捐赠活动35场，组织阅读季、亲子阅读、书香校园巡展等活动1000余场次，开展“讲党史故事　读万卷好书”乡村阅读齐鲁行暨农家书屋万场主题阅读活动1.2万场，累计惠及民众近240万人次。

三是公共文化服务体系建设取得明显成效。在第五次全国文化馆评估定级工作中，泰安市文化馆和6个县（市、区）文化馆被评为一级馆。全市各县（市、区）图书馆、文化馆和乡镇（街道）文化站、村（社区）综合文化服务中心均已建成，推进建设县级文化馆分馆88个、图书馆分馆100个，全部免费开放。

四是文旅惠民消费季活动取得明显成效。启动第五届泰安文化和旅游惠民消费季活动，发放市级消费券125万元，用券金额105.7万元，直接拉动文旅消费296.5万元。省、市、县三级文化惠民演出工作进展顺利。泰山大剧院引进保利剧院管理品牌入驻，2021年7月18日举行首演暨音乐史诗《东方红》大型交响合唱音乐会，常年引进高端剧目。

（四）重大节会活动精彩纷呈

一是成功举办第30届全国图书博览会分会场活动。中宣部副部长张建春及山东省委常委、宣传部部长白玉刚到分会场巡馆。分会场以“建党百年，书香泰安”为主题，设置五大展区，吸引62家单位参与，展出1.5万个品种近20万册图书，吸引参会观众5万余人，销售图书4.5万余册，销售额130余万元。

二是第35届泰山国际登山节如期举办。本届登山节包括2021年第35届泰山国际登山比赛暨第26届全国全民健身登泰山徒步活动和线上2021年中国泰安投资合作洽谈会。登山运动员和登山爱好者共1000余名参加登山比赛和登泰山徒步活动。2021年中国泰安投资合作洽谈会集中签约项目59个，总投资868.48亿元，其中外资项目12个，总投资128.8亿元，合同外资2.2亿美元。

三是“国庆吃面，国泰民安”新民俗倡议活动成功举办。时任文化和旅游部党组成员、中国非物质文化遗产保护协会会长王晓峰，山东省副省长王心富，时任泰安市委副书记、市长张涛出席活动。活动以祈福胜地泰山为背景，现场设立9种特色非遗面条的制作展示区，并设置共享国庆面环节。活动引发高度关注，现场视频直播点击量达377.3万，10月1日晚，央视《新闻联播》对活动进行了报道，微博话题＃国庆吃面　国泰民安＃阅读量达528.4万。

四是第二届中国国际文化旅游博览会参展参会工作圆满完成。参展方案突出了“青未了”元素,充分体现泰安、泰山文化元素,赢得了评分专家的一致好评,评分位列全省16地市第一名。

(五)演艺展览不断推陈出新

一是艺术创作质量不断提升。重点创作了山东梆子大型现代戏《徂徕儿女》和新编木偶戏山东梆子《墙头记》、小戏《谁动了我的瓜》《三进门》,打磨提升了山东梆子大型现代戏《泰山挑山工》,完成了文化和旅游部2021年度“国家非物质文化遗产专项保护项目”《豹头山》《刀劈杨藩》的复排和巡演工作。艺术考级工作有序推进。3件美术作品入选中国水彩名家学术邀请展,举办各类美术展览19场次。泰安市3项作品荣获第十二届“泰山文艺奖”,其中山东梆子大型现代戏《泰山挑山工》荣获一等奖,舞台杂技《坛艺》荣获杂技类二等奖,歌曲《愿苍生安宁》荣获音乐类三等奖。《徂徕儿女》《谁动了我的瓜》《三进门》入选第12届山东文化艺术节展演。《谁动了我的瓜》获第12届山东文化艺术节小型戏剧新创作优秀剧目评比展演奖。

二是线上展演展播广受好评。组织开展“春韵泰山”泰安市文艺精品剧目云展播,集中展出山东梆子大型现代戏《墙头记》《两狼山上》《官箴碑》、杂技《魅力泰山》、歌舞《天歌》《日出泰山东方红》等56台节目。组织开展泰安市画院画家个人作品线上展和泰安市美术暨民间工艺精品展等一系列迎新春云展播展览活动,与线下展览交相呼应,深受广大群众喜爱和好评。

三是影视创作作品内容丰富。拍摄完成了反映挑山工精神的《铁肩》《宴无敌》《脊梁》,讲述脱贫攻坚故事的电影《春天花盛开》、电视纪录片《新村纪实》,爱情故事片《走出皇宫的女人》,青春故事片《杜鹃花开》《汶水汤汤流过大地》,展现泰安产业转型升级的电视剧《我们都是追梦人》,记录泰安饮食文化的纪录片《“泰山名吃”饮食文化系列》(第一季),讲述泰安非遗文化、民俗故事、美食文化的108集动画片《趣话泰山》,电视剧《战地情书》《大汶口》。积极推动做好电影《挑泰山》、泰山文化系列纪录片《追随泰山的脚步》的摄制工作。

(六)文化遗产有效传承发展

一是文物保护力度持续加大。为深入贯彻习近平总书记关于文化遗产工作的重要论述精神,泰安市制定出台《关于加强文物保护利用改革的具体实施意见》,加快推进泰山世界文化遗产保护规划编制、大汶口国家考古遗址公园建设、泰山文物保护利用示范区创建等重点工作。大汶口遗址汶河北岸区域已发掘房屋遗迹保护工程项目已完成工程量的50%以上，遗址展示系统工程项目已基本完工，大汶口遗址（新石器）入选“百年百大考古发现”。

二是加大文物保护项目申报力度。2021年，全市共争取国家和省级文物保护经费3986万元，省级及以上文物保护项目计划获批24项；审核完成市级文物保护单位保护修缮方案10项；核准省级文物保护单位修缮方案5项；完成杨家庄七圣堂、芝田清真寺、光化寺等3项省保护修缮工程初验，完成大汶口遗址（宁阳段）、宁阳文庙、宁阳颜子庙和颜林等3项安防工程终验。上报泰安师范附属学校虎山路校区等基本工程建设考古调查勘探项目33项，获批28项，完成泰安师范附属学校虎山路校区等20余项建设项目的考古调查勘探，完成晒书城遗址等4处遗址的考古发掘。扎实做好文物保护基础工作和文物保护项目实施情况监督及绩效考核工作。推进博物馆建设，征集社会发展变迁物证27件（套）、310件。组织开展文物安全百日攻坚集中行动，开展检查巡查238次，有效确保全市文物安全。

三是非遗保护传承力度持续加大。承办“河和之契”2021年黄河流域、大运河沿线非物质文化遗产交流展示周，举办泰安市非物质文化遗产月“迎新春·闹元宵”非遗线上展览和以“逛东岳庙会　赶非遗大集”为主题的泰山东岳庙会。持续打造五埠村岭非遗工坊、岱岳区茶溪谷泰山非遗小镇、新泰市非物质文化遗产保护中心和肥城市吕仙景区非遗主题街区等4个非遗重点工作平台。积极推进非遗进校园，在泰安师范附属学校、泰安市实验学校、奥林匹克花园学校、凤凰小学等建立了非遗传承基地，组织泰山皮影、泰山剪纸、泰山水陆画、泰山面塑等非遗项目进校园进行展示。泰安市豆腐传统制作技艺入选第五批国家级非物质文化遗产代表性项目名录。“肥城市依托聂氏铜器铸造技艺等项目开展非遗对外交流”“宁阳蟋蟀世界杯”两项非遗工作获评2020年山东省非遗保护十大亮点工作，新泰市国家级非遗项目徐家拳省级传承人徐勤启获评2020年山东非遗年度人物。

（七）文旅宣传营销路径拓宽

一是精准拓展旅游推广新路径。积极参与“联合推介　捆绑营销”，在《新闻联播》《朝闻天下》投放泰安旅游形象广告。先后组织举办“春暖泰山　花开泰安”2021年中国（泰安）春季旅游推介会、“好客山东（泰安）游品荟”暨天颐湖第五届消夏啤酒美食节、“欢乐自驾　聚焦方特”九城自驾游活动；积极参加省文化和旅游厅在青海西宁、河南郑州举办的“好客山东共享美好生活”旅游推介会，海峡两岸“美丽中华·黄河之旅”大型推广活动，山东省旅游发展大会云展厅活动，齐河文旅十大客源城市营销推广月·泰安站推广活动；组团参加第九届澳门国际旅游（产业）博览会。组织泰安方特、地下龙宫和天颐湖景区积极参加省会经济圈文旅会客厅启动仪式，利用其线上和线下平台与渠道，宣传推广“山水圣人”中华文化枢轴产品，实现资源共享、产品共拓，推动省会经济圈文旅一体化发展迈出新步伐。

二是重点活动宣传跟紧、做实。围绕重点文旅活动，泰安文旅部门在满意度提升攻坚、文旅防疫、文旅惠民消费季、十大伴手礼活动、“文化和自然遗产日”活动、大剧院开业、书博会、国庆吃面等重大活动现场，跟进采访和宣传报道，营造全市文化旅游高质量发展的浓厚氛围。策划开展“泰安之光——庆祝建党百年　寻访身边榜样”泰安文旅系列人物专访，组织“文友杯”泰安文旅“大家拍”摄影比赛。

三是全省智慧文旅试点工作顺利推进。推出“慧游泰山”支付宝小程序，打造第一家打通腾讯和阿里巴巴的智慧文旅平台，入选 2021 年度全省智慧城市建设特色案例。

二、旅游消费侧分析

(一)游客来源分析

1.市内互访游客

数据显示，2021 年，泰安市市内各区(县)互访人数同比下降 0.64%。数据统计结果显示，岱岳区和泰山区的漫入游客与漫出游客数量遥遥领先于其他区(县)，是最受市内游客欢迎的旅游目的地及本市最大客源地。从到访人数看，岱岳区是市内游客最喜爱的本市旅游目的地，漫入游客人数占区(县)互访总人数的 40.85%；泰山区紧随其后，到访的市内游客人数占比 39.74%。从漫出游客人数看，岱岳区、泰山区仍居前两位，分别占比 41.55%和 37.16%(见图 1)。

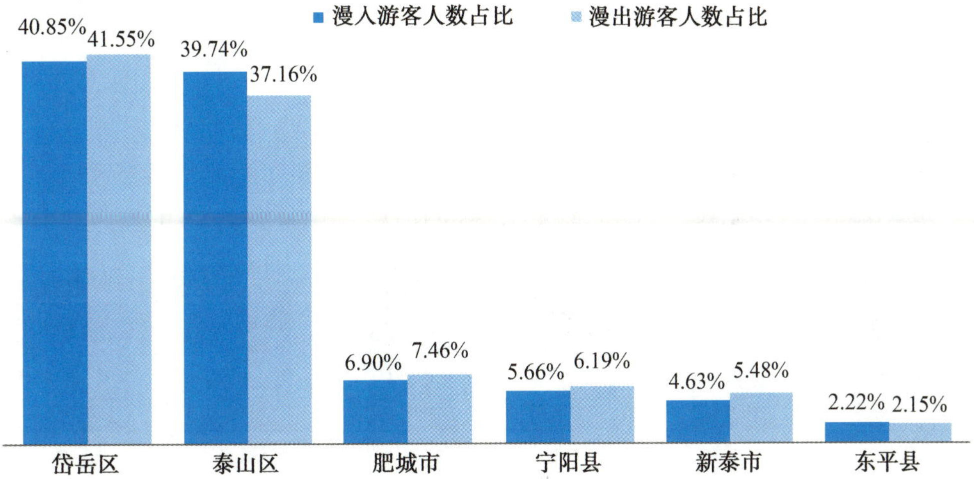

图 1　2021 年泰安市各区(县)互访人数分布

2.省内跨市游客

数据显示，2021 年，泰安市接待的省内跨市漫入游客数量同比增长 25.91%。省内其他 15 个地市中，泰安市接待的济南市漫入客流量最多，占省内跨市游客总量的 30.61%，济宁市、聊城市分别列第二位、第三位，分别占比 13.61%、7.81%（见图 2）。

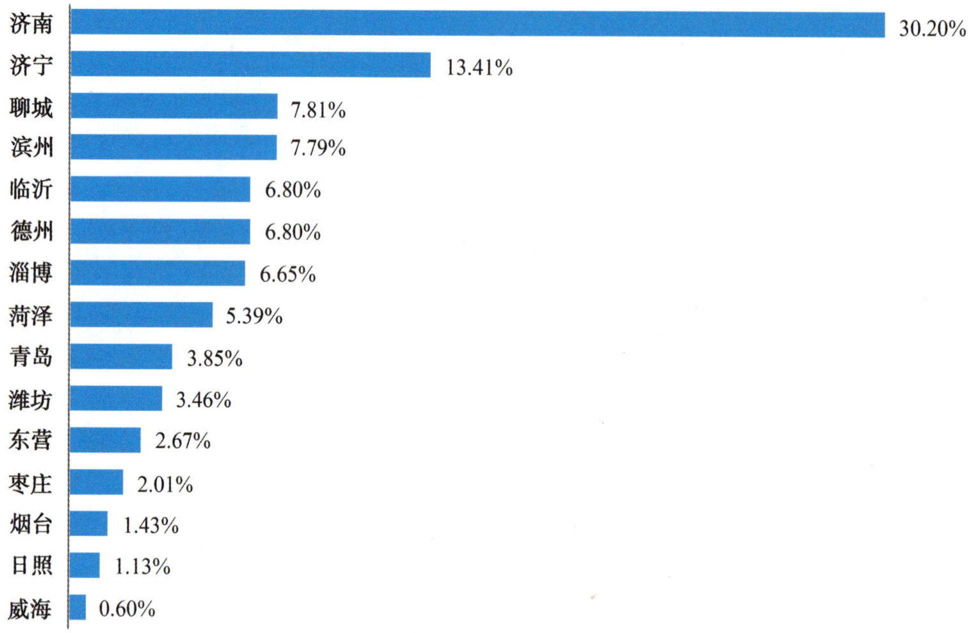

图 2　2021 年泰安市省内跨市漫入游客分布

在泰安各区（县）中，岱岳区接待的省内市外游客数量最多，占省内市外游客总量的 26.40%；泰山区、东平县接待的省内市外游客数量分别列第二、第三位，占比分别为 21.01%和 15.41%（见图 3）。

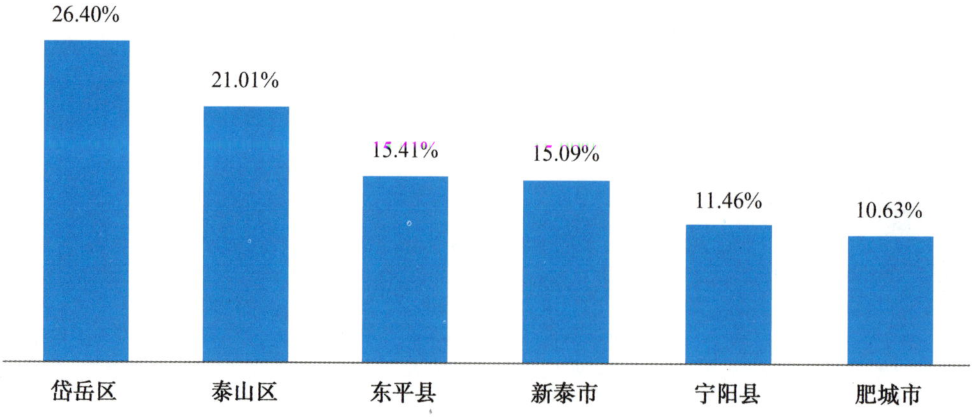

图 3　2021 年泰安各区（县）接待省内跨市漫入游客分布

3.国内省外游客

2021年，泰安市接待的其他省份的游客数量同比增长11.69%。数据显示，国内其他省份中，相邻省份河北省漫入泰安的游客最多，占省外游客总量的17.26%；江苏省、河南省、北京市和浙江省分别列第二至第五位，占比分别为12.22%、11.31%、7.84%和4.78%（见图4）。

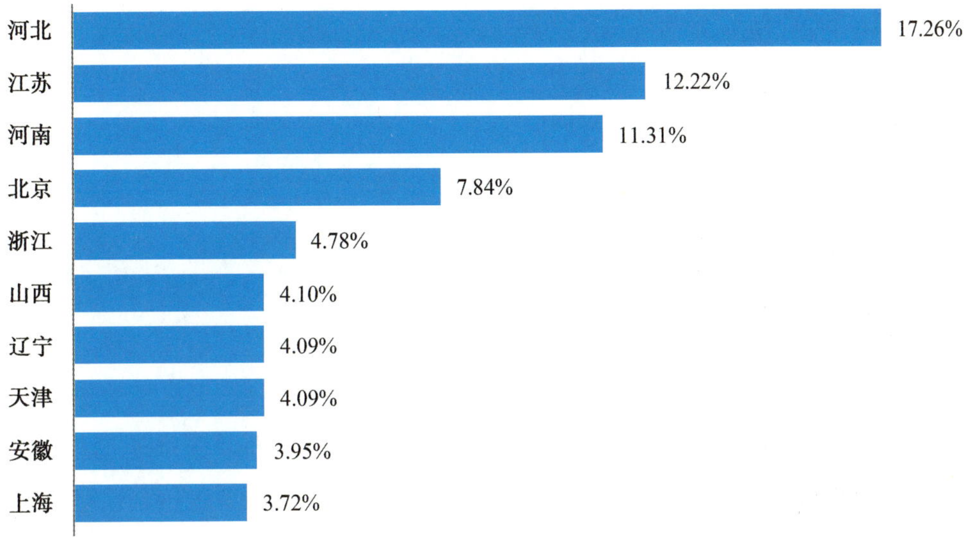

图4　2021年泰安市漫入游客来源省份前10位

在泰安各区(县)中，泰山区接待的国内省外游客最多，占国内省外游客总量的27.46%；岱岳区、新泰市分别列第二、第三位，接待的国内省外漫入游客占比分别为25.25%和14.35%（见图5）。

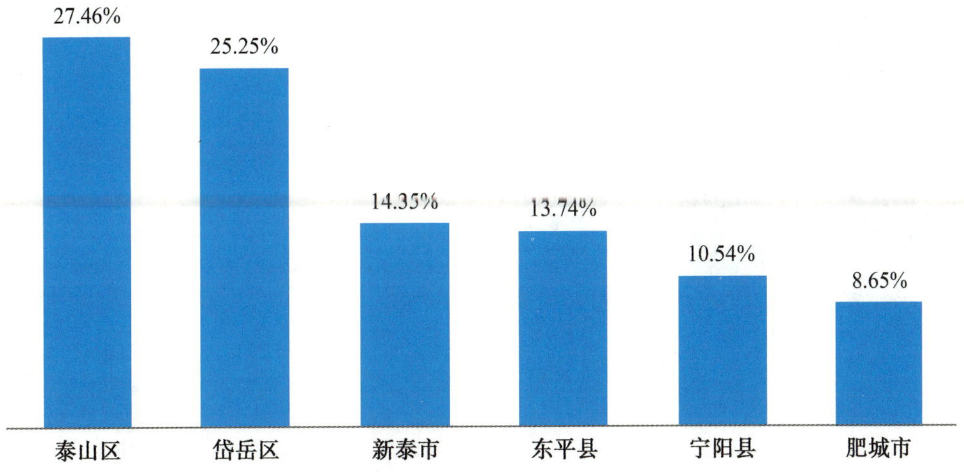

图5　2021年泰安市各区(县)接待国内省外漫入游客客流量分布

4.入境游客

受疫情影响，入境旅游市场尚未恢复元气。数据显示，2021 年，全市入境游客数量同比下降 21.24%。从入境客源地来看，来自中国香港地区、美国、新加坡的游客数量位列前三，其中中国香港地区的游客数量占境外游客总量的 50.47%，美国、新加坡的游客数量分别占比 6.62%和 4.81%（见图 6）。

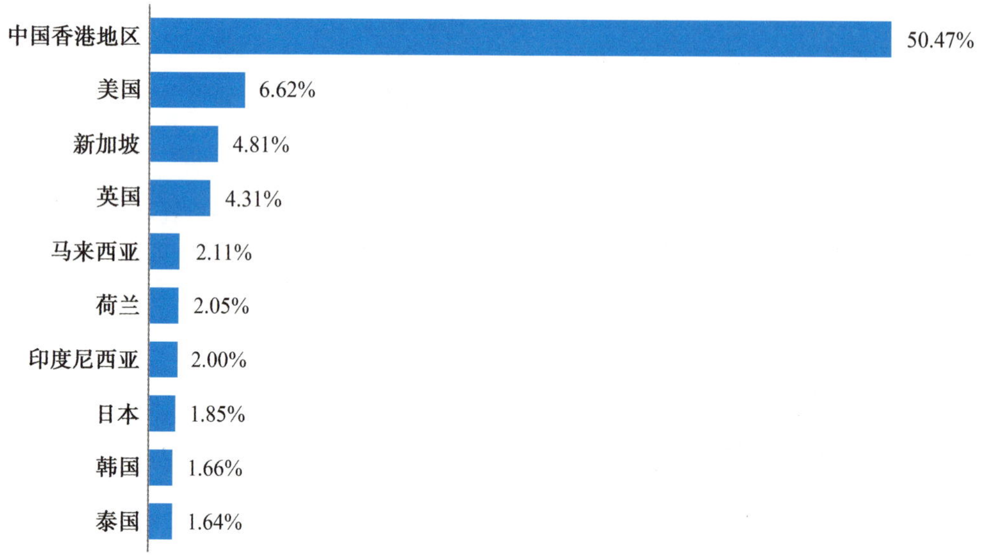

图 6　2021 年泰安市接待入境游客客源国（地区）前 10 位

在泰安各区（县）中，东平县接待的境外游客最多，占入境游客总量的 36.04%；泰山区、岱岳区接待的入境游客数量分别列第二、第三位，占比分别为 22.17%和 21.93%（见图 7）。

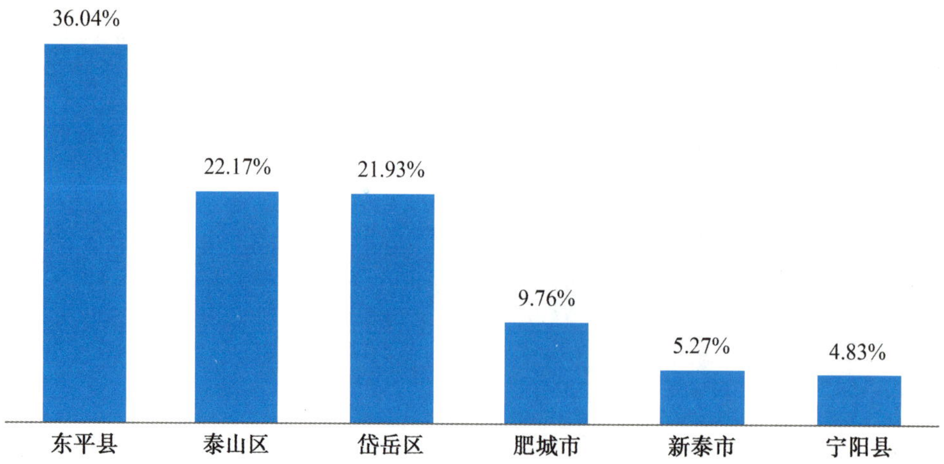

图 7　2021 年泰安市各区（县）接待的境外游客客流量分布

(二)游客属性分析

1.游客性别:男性游客居多

国内游客中,男性游客占 57.3%,女性游客占 42.7%(见图 8)。男性游客比女性游客的出游意愿更加强烈,数量多于女性游客。

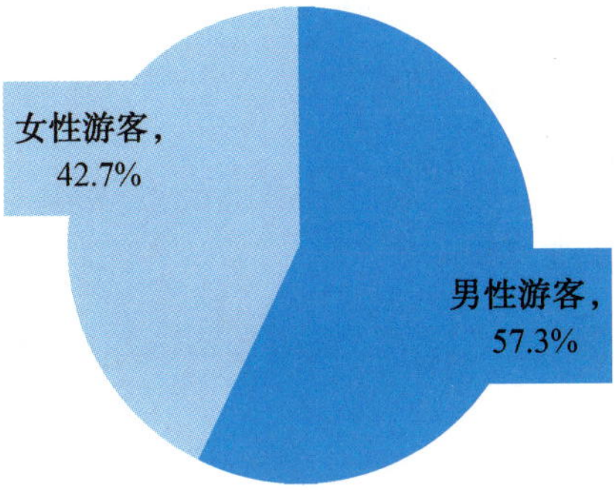

图 8　2021 年泰安市接待的国内游客性别分布

2.游客年龄:青年游客为主力军

从游客年龄结构看,25—44 岁年龄段的中青年游客占比达 60.9%,是外出旅游的主力军;45—64 岁和 19—24 岁年龄段的游客分别占 23.8%、14.0%(见图 9)。

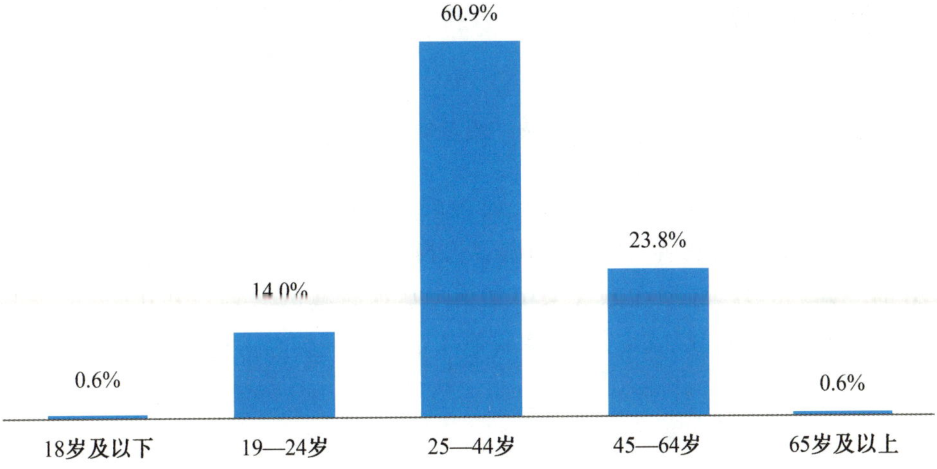

图 9　2021 年泰安市接待的国内游客年龄分布

3.游客职业：职业分布广，以上班族为主

国内游客的职业分布相对集中，其中职业占比排前三位的分别是服务销售人员、企事业管理人员、专业/文教科技人员，分别占比 43.7%、15.8%、10.9%（见图 10）。从游客职业分布看，工作相对稳定的上班族是泰安市国内游客中的消费主体。

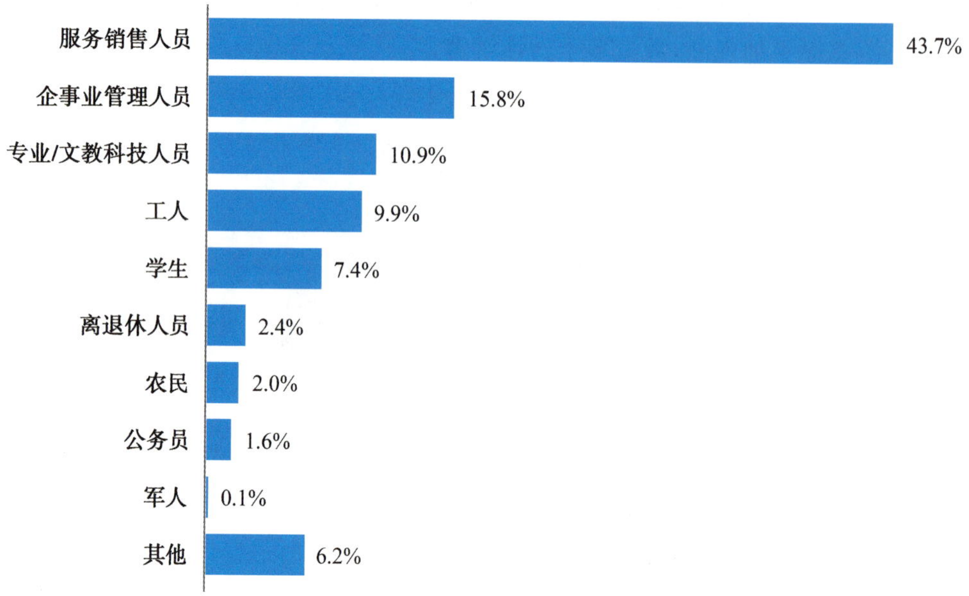

图 10　2021 年泰安市接待的国内游客职业分布

（三）游客偏好分析

1.住宿选择：酒店住宿占比超六成，游客平均停留 2.5 天

从住宿选择的角度分析，对来泰安旅游的国内游客进行抽样调查，结果显示，35.1%的游客选择星级酒店，29.1%的游客选择非星级酒店，选择酒店住宿的游客共计占比 64.2%。另外，选择在亲友家中暨第二居所过夜的游客占比 19.2%，选择乡村旅游住宿点的游客占比 12.4%，选择其他住宿设施的游客占比 4.2%（见图 11）。

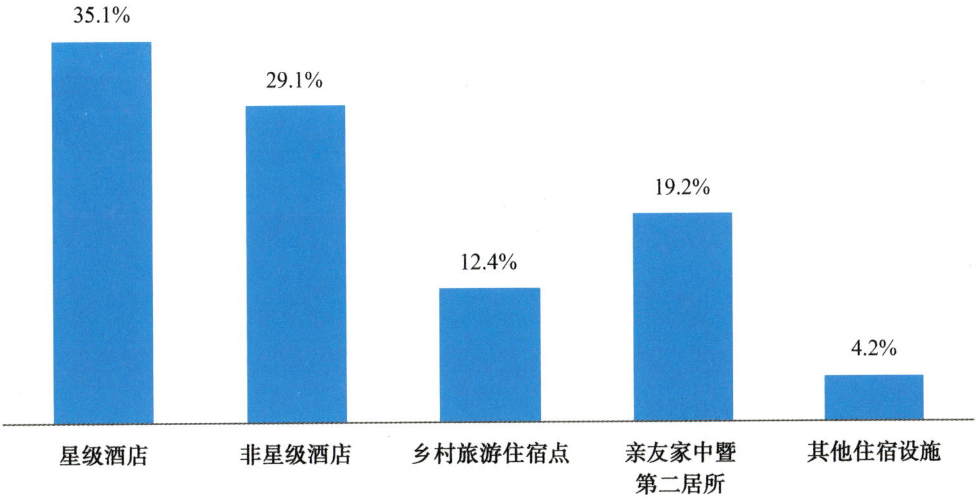

图 11 2021 年泰安市接待的国内游客住宿选择分布

从停留时间的角度分析，总体来看，过夜游游客在泰安平均停留 2.5 天。根据住宿地点的不同，游客的停留时间会有所差异。选择在亲友家中暨第二居所住宿的游客平均停留时间最长，为 3.8 天；选择在星级酒店和乡村旅游住宿点的游客平均停留时间分别为 2.8 天和 2.5 天，分别居第二、第三位；选择非星级酒店的游客平均停留时间为 1.9 天（见图 12）。

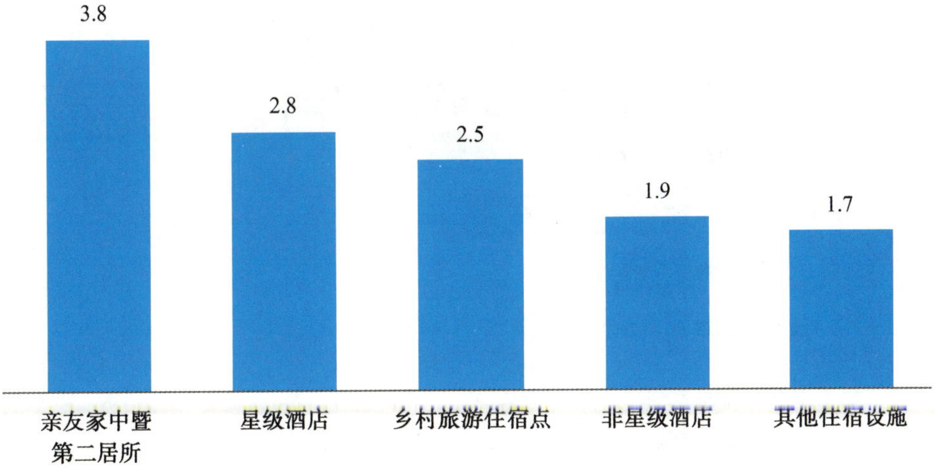

图 12 2021 年泰安市接待的国内游客人均停留时间（单位：天）

2.出游方式：以个人或与亲朋结伴出行为主

从游客的出游方式来看，2021 年全市接待的国内游客中，个人或与亲朋结伴出游的游客占比达到 61.0%；因公务活动出游的游客占比 35.9%；单位组织出游的游客占比为0.8%；旅行社组织出游的游客占比为1.2%（见图13）。

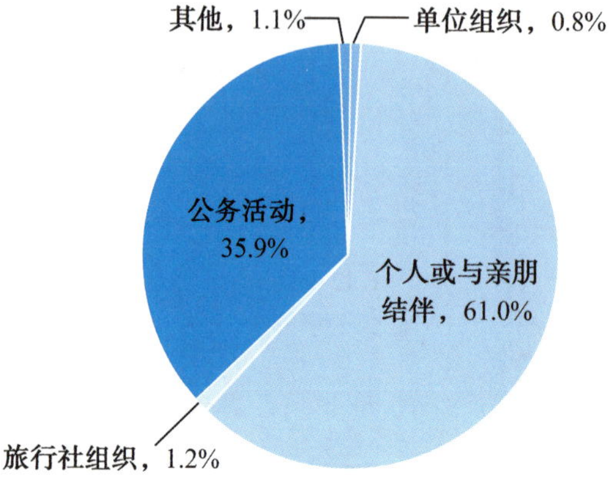

图13　2021年泰安市接待的国内游客的出游方式

3.出游目的：商务旅游位居榜首

2021年，因商务、公务活动、会议、培训等目的赴泰安旅游的游客占比增长明显，为28.7%，超过观光、游览目的的占比19.3%，位居榜首，这说明商务旅游发展迅速。此外，以休闲、度假为目的的游客占比18.2%。商务旅游，观光、游览，休闲、度假是游客来泰安旅游的三大诉求，三者合计占比近七成（见图14）。

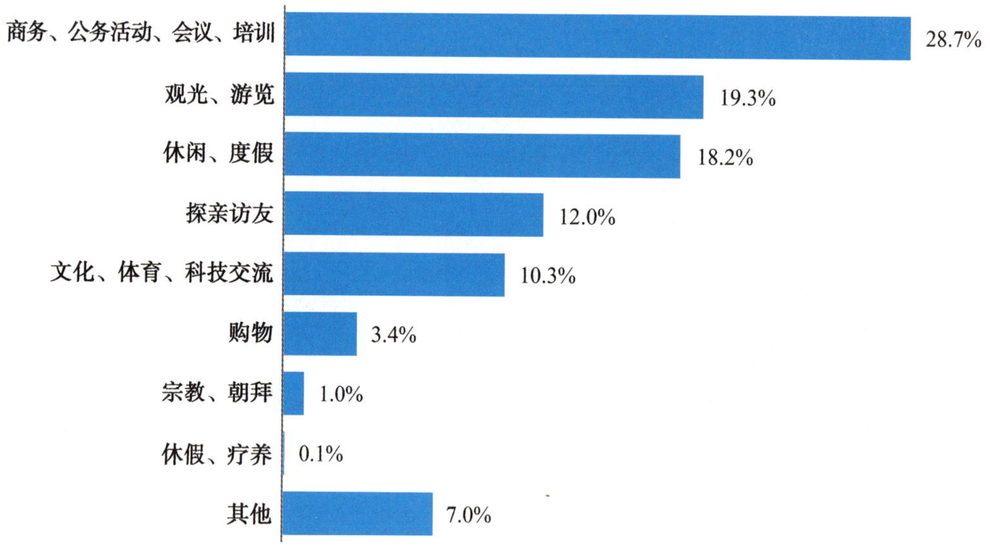

图14　2021年泰安市接待的国内游客的出游目的

（四）游客满意度分析

总体来看，国内游客对泰安市旅游服务总体评价为4.38分，整体满意度较高。具体来看，游客对泰安市旅游服务价格的满意度最低，为4.27分；对交通服务的满意度最高，为4.51分（见图15）。经过分析可以看出，泰安市在娱乐服务、购物服务、公共服务方面的设施及服务水平有待加强，而且旅游价格偏高和服务滞后影响游客的出游热情。

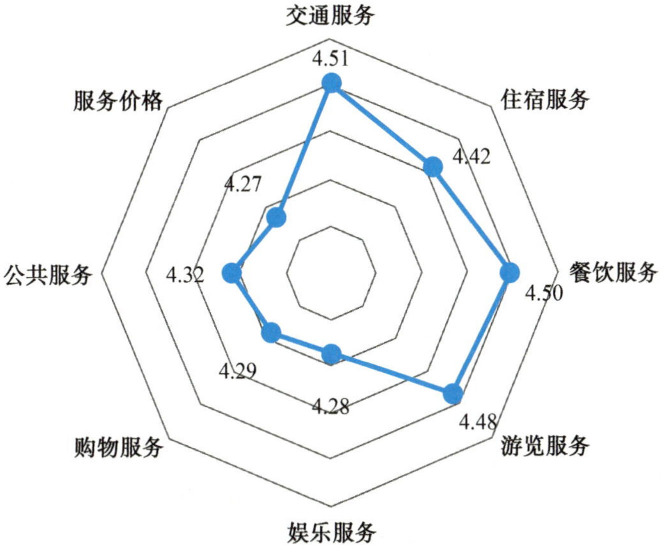

图15　2021年泰安市接待的国内游客对泰安市旅游服务的满意度（单位：分）

三、旅游供给侧分析

（一）旅游游览发展分析

1.旅游景区

（1）A级景区数量

截至2021年12月底，泰安市共有82家A级旅游景区，包括1家5A级旅游景区、13家4A级旅游景区、48家3A级景区以及20家2A级旅游景区。泰安市5A与4A级景区名单如表1所示。

表1　泰安市5A与4A级景区名单

序号	景区名称	等级
1	泰山景区	5A
2	新泰市莲花山风景区	4A
3	东平县东平湖风景区	

续表

序号	景区名称	等级
4	泰山区泰山方特欢乐世界	
5	泰山区泰山花样年华景区	
6	泰山森林温泉旅游区	
7	岱岳区天乐城旅游休闲区	
8	东平县白佛山景区	
9	岱岳区太阳部落	4A
10	泰山区泰山宝泰隆旅游景区	
11	泰安市徂徕山汶河景区	
12	岱岳区天颐湖旅游度假区	
13	肥城市春秋古城景区	
14	宁阳县复圣文化旅游区	

(2)景区数量横向对比

从与省内其他 15 个地市 4A 级及以上旅游景区数量对比来看，泰安市 4A 级及以上旅游景区的数量居第 7 位，排名居中（见图 16）。

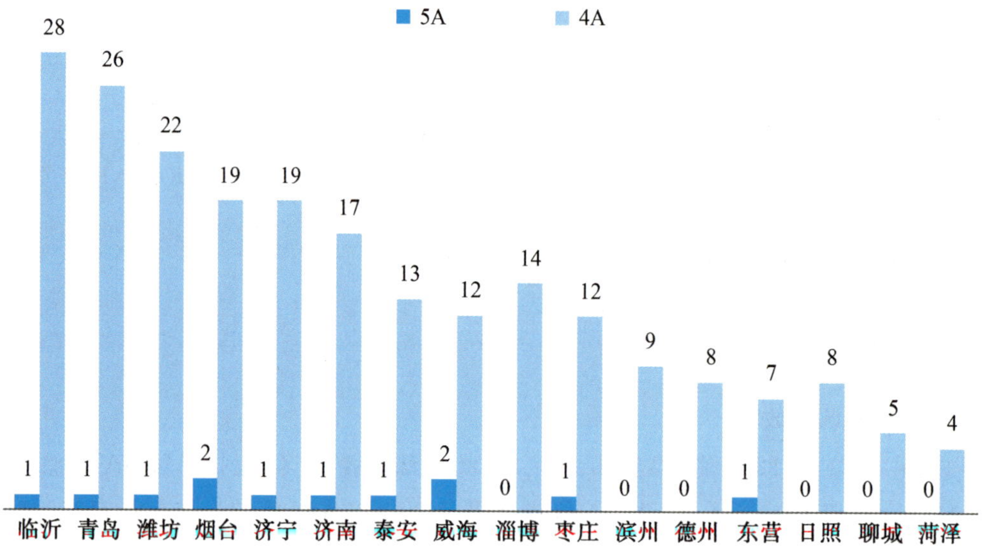

图 16　2021 年山东各地市 4A 级及以上旅游景区数量（单位：家）

(3)景区接待游客量

2021 年，全市被纳入监测的 13 家（新增泰安老街和泰山西湖）重点景区共接待游客 1810.94 万人次，同比下降 23.94%[①]。其中，5A 级景区泰山接待游客 331.72 万人

① 因泰安老街和泰山西湖受疫情影响，接待游客量明显下降，导致总体接待游客量降幅较明显。

次,同比增长 21.35%;方特欢乐世界、花样年华、宝泰隆、天颐湖、太阳部落、天乐城旅游休闲区、泰山温泉城、莲花山、春秋古城、水浒影视城等 10 家景区共接待游客 453.42 万人次,同比增长 22.2%;新业态景区包括泰安老城、泰山西湖两家景区,共接待游客 1025.8 万人次,同比下降 40.93%。另外,索道接待游客 307.67 万人次,同比增长 28%。

(4)景区接待收入

2021 年,全市被纳入监测的 13 家重点景区共实现旅游收入 95547.2 万元①,同比增长 20.79%②。其中,5A 级景区泰山实现门票收入 31418.75 万元,同比增长 56.57%;方特欢乐世界、花样年华、宝泰隆、天颐湖、太阳部落、天乐城旅游休闲区、泰山温泉城、莲花山、春秋古城、水浒影视城等 10 家景区共实现营业收入 27713.23 万元,同比增长 1.84%;泰安老城、泰山西湖共实现营业收入 7681.4 万元,同比下降 1.5%。另外,索道项目共实现收入 28733.82 万元,同比增长 19.6%。

(5)景区服务升级

2021 年,泰安市文旅部门对全市 80 家 A 级旅游景区进行了体检式暗访复核,并创新推出"泰安十大伴手礼"。泰安全市景区服务质量不断提升,景区各项业态发展取得新突破。

2.旅游度假区

截至 2021 年 12 月底,泰安市共有 4 家省级旅游度假区(泰安泰山省级旅游度假区、泰安新泰莲花山省级旅游度假区、泰安天颐湖省级旅游度假区、泰安泰山碧霞湖省级旅游度假区),尚无国家级旅游度假区。山东省各地市国家级及省级旅游度假区数量如图 17 所示。

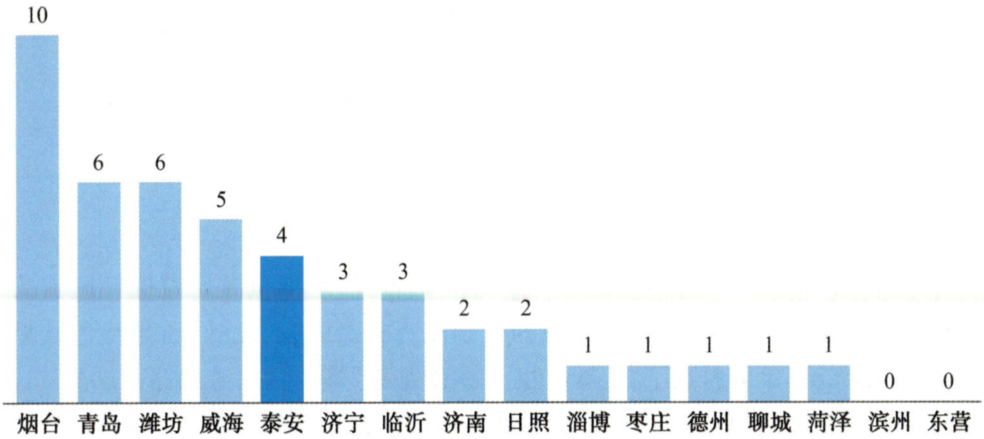

图 17　2021 年山东各地市国家级及省级旅游度假区数量(单位:家)

① 13 家重点景区旅游收入 66813.38 万元,索道旅游收入 28733.82 万元。

② 花样年华有新增项目收入较高,故增长幅度明显。

从数量上看，泰安省级旅游度假区数量在全省排名第5位，位列烟台、青岛、潍坊、威海之后，有一定的发展空间。

3.乡村旅游区

(1)创建景区化村庄

近年来，泰安市泰山区发挥北部山区、汶河沿线等旅游资源优势，结合美丽乡村建设，积极探索农旅融合、集群发展、统筹城乡、转型跨越的发展模式，明确“一区两带、多点联动”乡村旅游发展布局，乡村旅游蓬勃发展。2021年4月，山东省文化和旅游厅公布了首批省级景区化村庄名单，泰安东平县银山镇南堂子村等12个村庄榜上有名(见表2)。

表2　2021年泰安市首批省级景区化村庄名单

序号	村庄名称
1	东平县银山镇南堂子村
2	岱岳区道朗镇北张村
3	岱岳区道朗镇八楼村
4	东平县旧县乡浮粮店村
5	肥城市安庄镇马埠村
6	岱岳区道朗镇朱家洼村
7	肥城市边院镇小王村
8	泰山景区大津口乡沙岭村
9	泰山景区下港镇勤村
10	岱岳区满庄镇曹家寨村
11	肥城市老城街道李庄村
12	泰山区省庄镇安家村

(2)创建红色文化特色村

为传承、弘扬红色文化，以红色文化助推乡村振兴，新泰市龙廷镇抗日民主政府成立地址等红色遗迹得到修缮，推出系列研学旅行精品课程，此外，还与特色林果杏梅、樱桃种植结合，策划打造了“礼圣故里·红色龙廷”等乡村旅游线路。2021年，山东省文化和旅游厅组织开展了山东省红色文化特色村培育创建工作，并于6月公布了100个山东省红色文化特色村培育创建名单。其中，泰安市新泰市龙廷镇掌平洼村等11个村庄上榜(见表3)。

表 3　2021 年泰安市红色文化特色村培育创建名单

序号	村庄名称
1	新泰市龙廷镇掌平洼村
2	新泰市龙廷镇老瓜峪村
3	肥城市孙伯镇五埠村
4	肥城市湖屯镇吕仙村
5	肥城市安临站镇东陆房村
6	肥城市潮泉镇百福图村
7	肥城市仪阳街道空杏寺村
8	肥城市仪阳街道刘家台村
9	宁阳县东疏镇大伯集村
10	东平县接山镇常庄三村
11	徂汶景区徂徕镇徂徕村

(3)乡村旅游接待情况

2021 年,被纳入监测的 5 家乡村旅游点(里峪村、掌平洼村、五埠村、百户庄、南堂子村)共接待游客 103.49 万人次,同比增长 72.83%;实现旅游收入 4256.16 万元,同比增长 56.36%。从游客接待量看,南堂子村位列第一,全年共接待游客 32.80 万人次,同比增长 59.00%;里峪村共接待游客 22.50 万人次,增长速度最快,同比增长 93.50%(见图 18)。从旅游收入看,南堂子村位列第一,全年共实现旅游收入 1827.36 万元,同比增长 17.00%;百户庄增长速度最快,共实现旅游收入 88.10 万元,同比增长 76.00%(见图 19)。

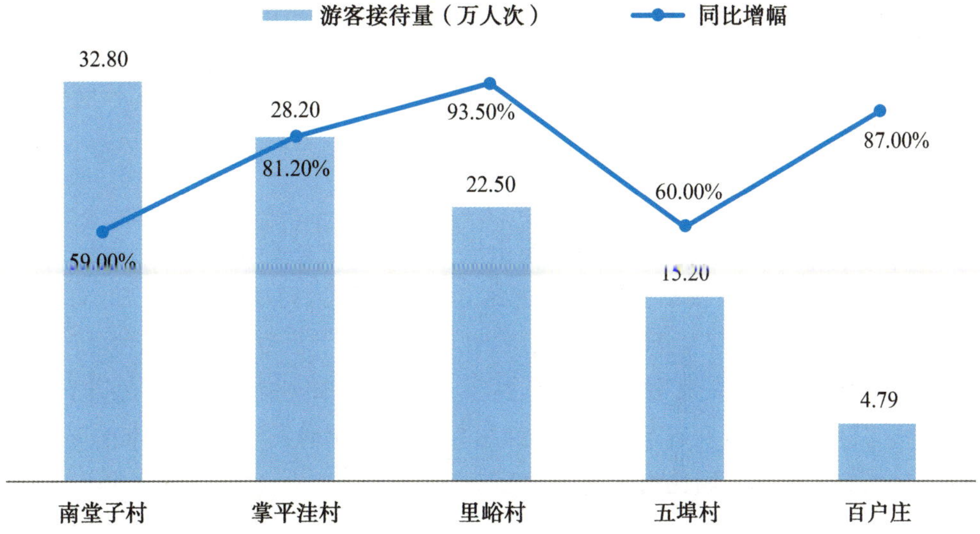

图 18　2021 年泰安市被纳入监测的 5 家乡村旅游点游客接待量及同比增幅

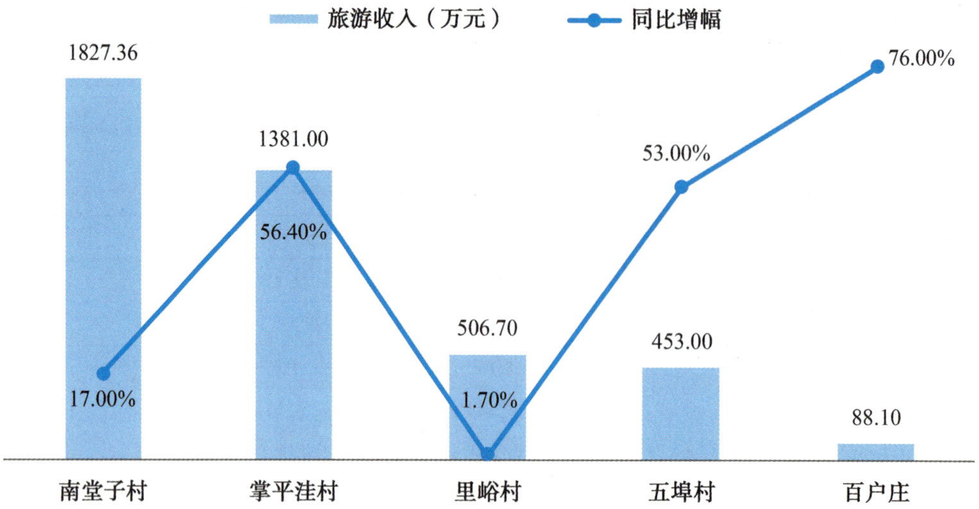

图 19　2021 年泰安市被纳入监测的 5 家乡村旅游点旅游收入及同比增幅

4.文旅康养融合示范区

2021 年，泰安全面落实健康中国战略，加大力度促进康养产业与文旅产业融合，将医养健康产业作为新旧动能转换的重点培植产业，该产业发展势头良好。2021 年 12 月，山东省文化和旅游厅联合山东省卫生健康委员会启动了山东省文旅康养融合发展示范、试点区的建设工作，确定了 8 家单位为山东省文旅康养融合发展示范区，泰安市泰山碧霞湖文旅康养融合发展区上榜。同时，山东省文化和旅游厅确定 13 家单位为山东省文旅康养融合发展试点区，泰安市徂汶景区文旅康养融合发展区上榜。

（二）旅游交通发展分析

1.铁路客运

（1）铁路客运情况

进站情况：2021 年，高铁泰安站和泰山火车站上车进站合计 528.18 万人次，同比增长 30.84％。其中，高铁泰安站上车进站 343.26 万人，同比增长 52.79％；泰山火车站上车进站 184.92 万人，同比增长 3.29％。

出站情况：高铁泰安站和泰山火车站下车出站合计 530.33 万人次，同比增长 13.51％。其中，高铁泰安站下车出站 324.35 万人，同比增长 21.04％；泰山火车站下车出站 205.98 万人次，同比增长 3.37％。

（2）铁路建设情况

山东省发展和改革委员会在《省会经济圈“十四五”一体化发展规划》中明确提出完善济南—泰安等六条放射状通道和德州—滨州—莱芜—泰安—聊城—德州环形通道，加快构建“环米字形”综合交通运输主骨架，推动交通网络一体化融合发展。泰安市成为全省“环米字形”综合交通运输主骨架的重要一环。

2.高速客运

（1）高速客运情况

2021 年，全市被纳入监测的高速路口来泰自驾车 360.09 万辆，同比增长 24.86%。其中，京福高速泰安西出口 132.89 万辆，同比下降 18.07%（自 2021 年 5 月北向封闭，泰山枢纽至济南隐家林枢纽主线施工，故车流量下降）；济荷高速东平出口 161.70 万辆，同比增长 69.13%（2020 年疫情期间出台的免费政策，不分车型，没有统计数据，故 2021 年增长幅度大）；京福高速满庄出口 65.50 万辆，同比增长 114.13%（京福高速满庄出口因 2020 年 3、4 月疫情期间的免费政策，不分车型，没有统计数据以及 9、10 月道路扩路，故 2021 年增长幅度大）。另外，新开的济泰高速来泰自驾车 134.53 万辆。

（2）高速建设情况

一是京台高速济南至泰安段改扩建项目（泰山枢纽立交至殷家林枢纽立交）北京方向于 2021 年 11 月提前恢复通行，标志着项目已实现双向通行。项目聚焦工程质量关键环节，反复优化工艺，实现了差异化硬路肩设计、泡沫轻质土路基拼宽设计、高边坡锚固钻机粉尘收集装置等 40 余项“四新技术”的落地与应用，累计节约工期 220 天，节约投资约 1.5 亿元，丰富了“济泰新模式”的内涵。

二是济南、泰安、德州等省会经济圈 7 市于 11 月统一开展高速公路服务区道路客运集中整治行动，严厉打击道路客运车辆在高速公路服务区从事违法违规经营活动，加强高速公路服务区疫情防控管理，保障群众出行安全。

3.公路客运

一是“四好[①]农村路”建设初具规模。泰安市持续推动路网提升、道路通达、通行安全保障、融合发展示范、运输服务升级“五大工程”，全面提升农村交通基础设施服务乡村振兴保障能力。2021 年完成新改建工程（路网延伸通达、路网提档升级）708 公里，路面状况改善工程（养护工程）1086 公里，危桥改造 65 座，累计完成投资 11.2 亿元。全市农村公路达到 1.52 万公里，农村交通条件得到显著改善，极大地带动了农村产业升级，为实施乡村振兴提供了重要的交通保障。

---

① 指建好、管好、护好、运营好。

二是经过近 2 年的施工建设，S103 泰楼路改建工程（S103 济枣线泰新高速立交桥至新泰泗水界段改建工程）于 11 月 9 日实现全线通车，路线全长 42.3 公里，其中新建段 8.5 公里、改建段 33.8 公里，设计行车速度 80 公里/小时。

（三）旅游住宿和餐饮发展分析

1.持证住宿

2021 年，泰安市持证住宿共计 585.27 万人次，同比增长 19.05%。其中境内游客 584.93 万人次，同比增长 19.06%；境外游客 0.34 万人次，同比增长 11.31%。

2.星级酒店

截至 2021 年 12 月底，全市实有住宿和餐饮业市场主体 5.22 万家，较同期相比增加 4260 家，同比增长 8.89%。

从重点高星级酒店接待来看，2021 年，泰安被纳入监测的 7 家酒店（包括东尊华美达、丽景开元名庭、肥城宝盛、正元名饮、蓝海御华、泰山宝盛、万达嘉华等）共接待游客 134.09 万人次，同比增长 7.35%；实现营业收入 32897.76 万元，同比增长 14.76%；客房平均出租率 43.57%。

3.旅游民宿

泰山区泰前街道、岱岳区道朗镇、东平县旧县乡被列入山东省旅游民宿集聚区创建单位名单。岱岳区天颐湖休闲小镇、九女峰休闲度假小镇、肥城市潮泉生态康养小镇获批首批山东省精品文旅小镇，里峪村、东西门村、掌平洼村等 18 个村庄获批首批山东省景区化村庄。岱岳区“故乡的云”“八楼氧心谷”两家民宿获评首批山东省五星级旅游民宿，肥城市“桃花海唐乡”获评首批山东省三星级旅游民宿。

（四）旅游新业态发展分析

1.重点文旅项目建设情况

一是重点文旅项目先后落地。泰安市文旅部门坚持策划招商一批、建设推进一批、巩固提升一批，实现项目建设压茬推进，一批文旅融合度高、投资规模大、产业带动能力强的文旅项目落地开工建设。2021 年，83 个“三个一批”项目完成投资 37.78 亿元。

二是重点文旅项目融资建设如火如荼。泰山新闻出版小镇项目已有60余家出版和印刷企业签约入驻，2021年10月8日，人天书店一期工程投入使用，年交易额达100多亿元码洋，解决了500多人的就业问题；11月30日，机械工业出版社泰安物流产业园及数码印刷基地项目一期工程主体封顶，总投资10亿元，占地面积163亩(10.87万平方米)，将打造全国领先的物流园区。国际文化大数据（泰山）产业城、泰山佑·国际生态旅游度假区、泰山石敢当文化旅游区、泰山热带风情园等12个标旗项目建设进展顺利。

2.新业态文旅项目发展情况

一是特色小镇发展取得新突破。泰山新闻出版小镇不仅入选国家发改委“精品特色小镇”全国推广项目和山东省“十强”产业“雁阵形”集群，还获得全国版权示范园区和山东省（泰山）图书版权交易中心等荣誉。新闻出版产业实现销售收入37.7亿元，利润3.68亿元。

二是重点商圈产品供应逐渐丰富。引进陕旅集团总投资27亿元倾心打造的泰山秀城已经试营业，铁道游击战剧场、泰安府美食街、游客服务中心和停车场对外开放，进一步满足了游客的多元化需求。

三是冰雪旅游建设初具规模。泰山冰雪文体中心成为省内规模最大、档次最高的室内冰雪运动场馆，已承办山东省短道速滑锦标赛等多项冰上运动赛事。

四是非遗、研学发展取得新突破。肥城市孙伯镇五埠村被评为山东省文化生态名村。肥城市（桃木雕刻）、东平县（渔家文化）被命名为2021—2023年度“山东省民间文化艺术之乡”。泰山皮影艺术研究院被认定为山东省非遗旅游体验基地。泰山研学成为黄河流域研学联盟首批成员，进一步扩大了泰安在研学领域的影响力。泰山天颐湖景区入选第一批省级文明旅游示范单位。

五是文旅夜间经济发展再升级。泰山秀城老街入选第一批国家级夜间文旅消费集聚区，梦泰山夜肆文旅街、泰山云集文化商业街入选第一批省级夜间文旅消费集聚区。

六是智慧文旅建设步伐加快。“慧游泰山”文旅平台获第一届中国新型智慧城市创新应用大赛二等奖，被列入全省智慧城市建设特色案例和省级大数据创新应用典型场景。

四、旅游发展短板分析

（一）旅游发展尚不均衡

一是城乡旅游发展不均衡。一方面，农村居民与城镇居民、发达地区居民与欠发达地区居民的出游规模、出游率不平衡；另一方面，泰山区、岱岳区等资源优质地区与其他区（县）的旅游开发程度不均衡。

二是高品级文旅项目与其他项目发展不均衡。目前，泰山景区作为泰安唯一一家5A级旅游景区，长期处于“一枝独秀”的地位，泰安缺乏具有整体区域带动性的一批龙头企业和龙头项目，导致全市的旅游产业发展较为缓慢。

（二）夜间旅游尚需升级

一是缺乏城市管理对夜间旅游的保障。市区内的夜间消费人流、车流量都比较大，旅游旺季的停车位设置、公共交通停运时间、夜间安全保障措施、应对光污染以及夜间扰民问题的措施尚需提升。

二是全市夜间旅游产品供给仍不足。泰安市夜间旅游场所存在小而散的特点，发展主要集中在泰安老街、泰安金街、泰山西湖等区域，各区域缺乏关联互动，尚未高效利用全市丰富的旅游资源、乡村资源来带动夜间经济的发展。

（三）文旅融合尚需发力

一是文化的内涵尚需深度挖掘。文化和旅游具有自然的融合特性，在旅游业的发展过程中，文化以不同的形式融入旅游产品，如民俗、故事和文化创作。目前泰安市的文化旅游产品缺乏完整的产品体系，旅游产品不能传达具有代表性的泰安本土文化符号。一方面，市场上供给的旅游产品对文化内涵的挖掘不够深入，产品类型相对单一且重合度高；另一方面，全市部分传统旅游景区景点缺乏创新，与市场需求结合度低。

二是旅游产品体系尚需厘清。在对文旅产品的开发研究过程中，无论是业界还是学术界都只停留在分析现状的层面，没有对文化旅游产业整合的思路、方法、结构等方法论体系进行深入分析，尚未形成清晰的文化脉络和旅游产品体系，功能划分不齐全、不合理，急需形成符合当前市场环境的产品体系整合方式。

五、旅游发展对策

(一)做好文旅融合,发挥文化赋能作用

一是文化场馆景区化。深入挖掘和有效提升传统村落、文物遗迹、非遗项目以及图书馆、文化馆、博物馆、美术馆等文化场馆的旅游体验价值,推动文化场馆景区化建设。

二是民俗文化旅游化。深度挖掘民俗、非遗文化艺术,进行创意化包装。借助名人名事,引起共鸣;借助传说故事,形成展演;借助神秘问题,形成探索;借助契机噱头,形成说法。

三是旅游产品文创化。文创是文旅融合的重要桥梁,其以文化创造力为核心和引领。文创能产生新产品、新服务,弥补传统景区(点)资源禀赋的不足,激活其发展活力,改变传统旅游产业的生产与服务方式,带动旅游景区、产品与服务结构升级。非遗文创、跨界文创、文创 IP、文创产业载体都是旅游产品文创化的重要载体。

四是激活农村要素,发展创意农业。挖掘和提升农业的产品价值、科技价值、文化价值、生态价值,促进农业增效、农民增收,丰富农民的生活。可以做创意农产品、创意农田景观,开展创意乡村活动和创意农居体验。

五是打造"网红"孵化基地,推动营销变革。通过文旅"网红"达人、文旅"网红"项目、文旅热点话题、文旅"网红"活动和"网红"孵化器来推动营销变革。

(二)提升景区魅力,助力景区消费升级

一是深挖景区文化内涵。创新深度文化体验,挖掘深度消费,主要包括文创产品的创新、导览服务的升级以及文娱体验性产品的优化。

二是升级景区发展方式。由资源驱动到技术驱动,以科技提升景区的发展动力,以技术进步丰富体验形式。科技对于景区发展的助力主要包含以下四种形式:第一,新基建加速;第二,移动智慧大数据升级;第三,新媒体传播;第四,体验形式升级。

三是细化景区产品供给,提供精准化服务。针对不同游客群体的需求,旅游景区积极地导入多元化消费业态,为旅游群体提供精准化、差异化的旅游服务,从而提升旅游整体满意度,增加景区收益。

四是创新景区发展机制。完善景区门票价格形成机制,梳理与门票相关的成本构成,根据市场需求制定淡季、旺季价格和增值旅游服务价格,形成合理的投资回报

结构。落实市场化运营机制，导入多元化商业主体参与景区共建，实现开发投资风险共担、利益共赢，提升景区的综合竞争力。

（三）升级度假设施，打造宜居宜游和谐环境

一是充分考虑居住与游览的协调关系。在规划布局、建筑结构方面，应充分考虑医疗机构、消费场所等生活配套板块与居住板块的空间位置、交通布局等问题；在项目布局、产品规划方面，应充分考虑旅游服务、生活服务、人流管控、环境卫生等问题。通过合理规划达到“居寓于游、游融于居、游不扰居、居不碍游”的和谐效果。

二是构建“一站式”便捷服务体系。在构建起“吃、住、行、游、购、娱”产品配套体系并进行升级深化的同时，完善生活配套服务，整合度假资源的服务平台势在必行。通过平台可以实现度假服务的有效整合、对接，让游客在“游”的场景中，享受景区景点查询、旅游交通引导、餐饮住宿咨询、游玩娱乐指南等智能化服务；在“住”的场景中，体会社区服务、城市交通、配套医疗、教育社交等综合化社区保障。

三是加强游客与旅居地的情感联结。从产业发展的角度来看，旅游度假正在从“旅而有居”向“旅而优居”转变。如果要实现从以往短暂的“候鸟式”旅居、长期的人居分离转变为未来长时的人居“沟通”，就应加强游客与旅居地的情感联结，强化游客与旅居地社会关系的信息沟通。当游客在旅居地时，其可以通过旅居度假服务平台享受“一站式”在地链接服务。当游客离开旅居地时，为提高游客重游率，保持游客与旅居地的信息链接，旅居地可以通过“社群＋”打造不同的圈层社群，形成与居民之间的连接。

（郑成翠　单钰　田敏）

2021年临沂市旅游业调查分析报告

2021年，临沂市文旅系统认真贯彻落实习近平新时代中国特色社会主义思想，牢牢把握“举旗帜、聚民心、育新人、兴文化、展形象”文旅工作总要求，统筹推进常态化疫情防控和文旅行业复苏发展，深入推进文旅融合发展，各项工作稳步推进，取得了明显成效。

一、旅游经济总体情况分析

(一)旅游总体呈恢复态势

在常态化疫情防控形势下，全市旅游经济总体呈恢复态势。根据旅游统计调查和客流与消费大数据综合测算，2021年，临沂市共接待游客6387.10万人次，比2020年增长27.0%，恢复到2019年同期的78.2%；实现旅游总收入640.20亿元，比2020年增长34.6%，恢复到2019年同期的75.2%(见图1)。

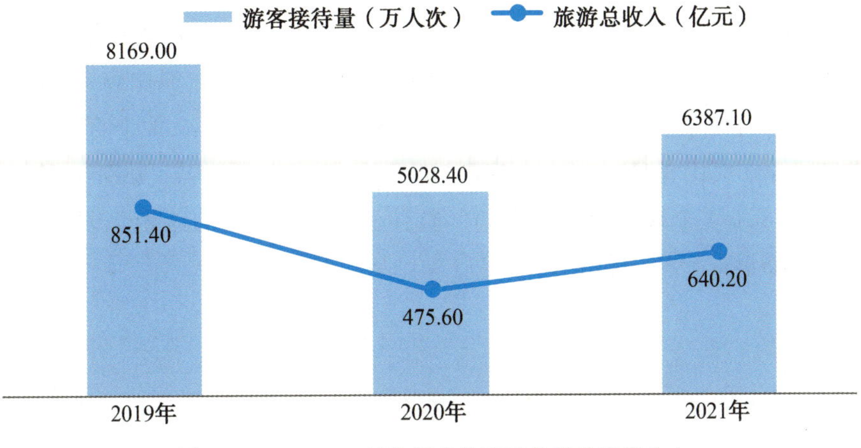

图1 2019—2021年临沂市游客接待量及旅游收入

1.游客接待量和旅游收入总量均居全省前列

临沂市游客接待量和旅游总收入均位列全省第 6，仅次于青岛、济南、烟台、潍坊、泰安 5 市，高于济宁等 10 市。游客接待量方面，临沂比青岛、济南均少 1800 多万人次，与烟台、潍坊、泰安的差距均在 120 万人次以内，比泰安仅少 23.3 万人次，比济宁多 13.9 万人次。旅游收入方面，与青岛差距较大，达 770 亿元；比济南和烟台分别少 343.7、219.0 亿元；与泰安差距最小，仅少 10.3 亿元；比济宁高 7.7 亿元。整体上，临沂与青岛、济南存在一定的差距，与烟台、潍坊、泰安、济宁等市差距不大（见图 2）。

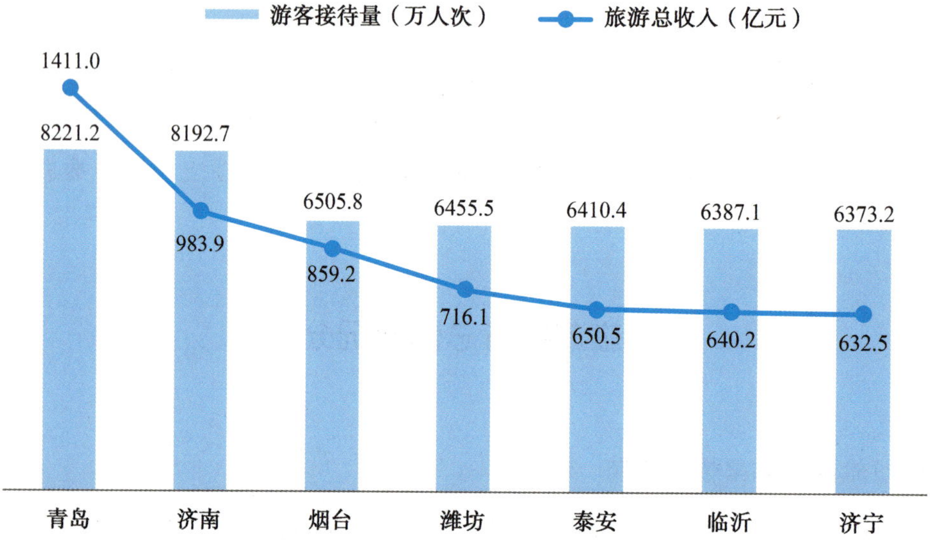

图 2　2021 年山东省部分地市旅游接待量及旅游收入数据

2.游客接待量和旅游收入恢复程度均高于全省平均水平

临沂市游客接待量和旅游总收入较 2019 年恢复程度均位列全省第 9，分别比全省平均水平高 0.3 和 0.5 个百分点。游客接待量恢复方面，分别比青岛、烟台、泰安高 5.5、3.3、0.6 个百分点，比济南、潍坊、济宁分别低 3.5、0.2、1.1 个百分点；旅游总收入恢复方面，分别比青岛、烟台、泰安高 4.8、0.4、3.4 个百分点，分别比济南、潍坊、济宁低 1.3、2.8、1.4 个百分点（见图 3）。整体上，这 7 个市的旅游恢复差距不超过 10 个百分点，临沂处于中间位置。

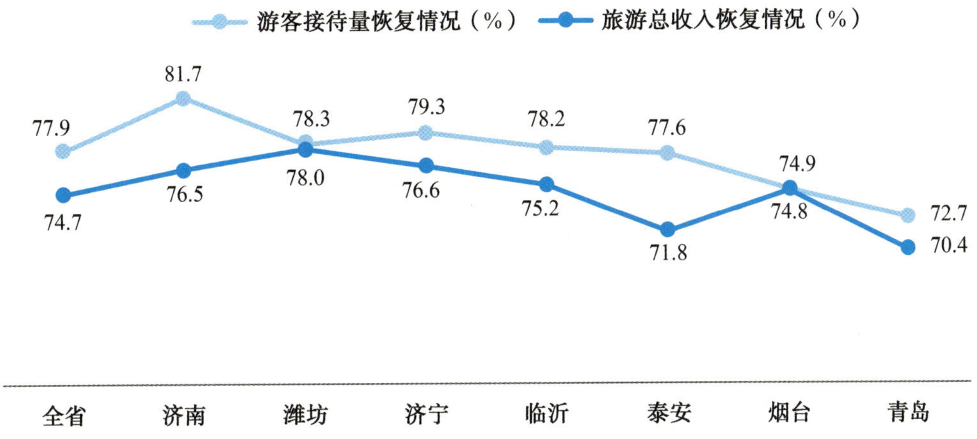

图 3　2021 年山东省及部分市游客接待量和旅游收入较 2019 年恢复情况

(二)季节性差异明显“高开低收”

一季度，临沂市旅游发展态势良好，游客接待量和旅游收入恢复至 2019 年同期的程度均超七成；二季度，新冠肺炎疫情防控形势稳定，逢清明、端午、“五一”等节假日，游客的出游需求进一步释放，游客接待量、旅游总收入均超过了 2019 年同期水平；三季度，国内多地出现疫情，游客接待量和旅游收入受到较大影响，游客出行多为本地游、近郊游，游客接待量恢复到 2019 年同期的近 90%，旅游总收入恢复到 2019 年同期的 65.6%；四季度，受天气和疫情影响，游客接待量和旅游收入恢复比例下滑明显，均未达到 2019 年同期的 50%(见图 4、图 5)。

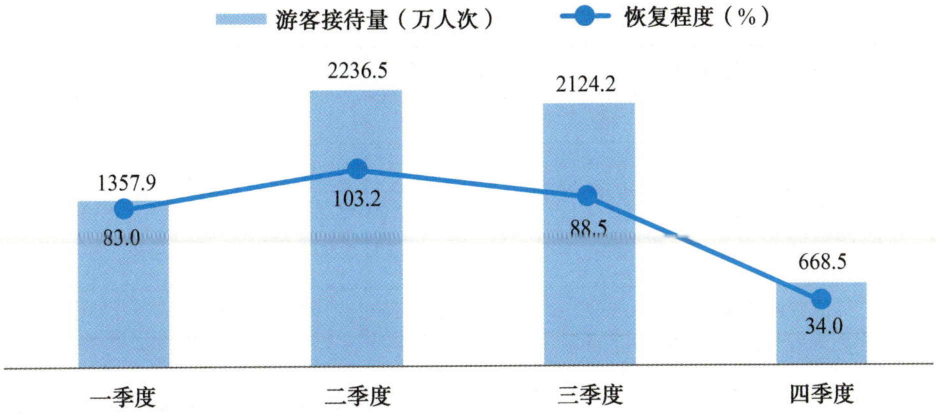

图 4　2021 年各季度临沂市游客接待量与 2019 年相比恢复情况

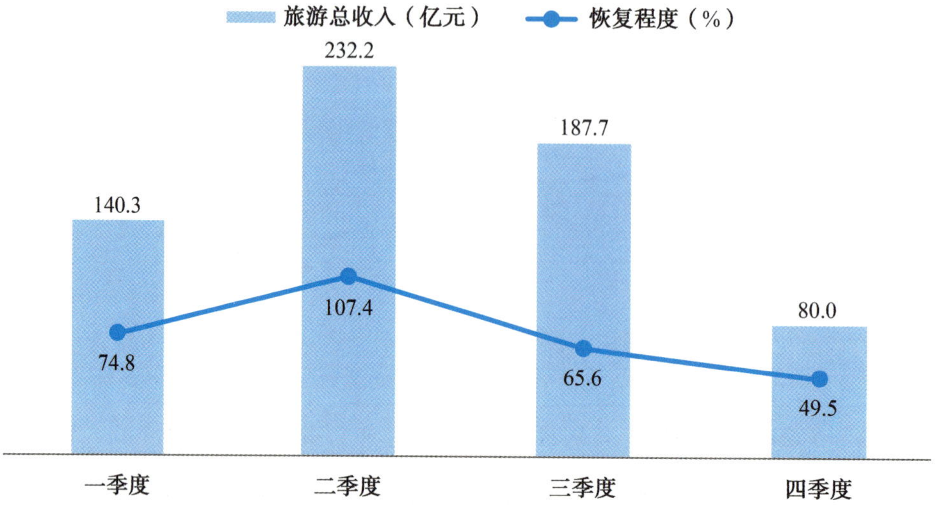

图 5　2021 年各季度临沂市旅游收入与 2019 年相比恢复情况

(三)旅游接待能力不断提升

1.旅游住宿设施总体情况

截至 2021 年年底，全市共有旅游住宿设施 3305 家，客房 16.7 万间，床位 26.3 万张。

分类别看，全市有星级饭店 34 家，客房 9205 间，床位 12517 张；非星级旅游住宿设施 2471 家，客房 13.3 万间，床位 21.1 万张；公寓、旅店等 486 家，客房 9269 间，床位 13604 张；民宿、农/渔家乐等乡村旅游住宿设施 229 家，客房 5234 间，床位 8050 张；其他旅游住宿设施 34 家，客房 2757 间，床位 5138 张(见表 1)。

表 1　旅游住宿设施分类别情况统计

旅游住宿设施类别	数量/家	客房数/间	床位数/张
星级饭店	34	9205	12517
非星级旅游住宿设施	2471	133053	210991
公寓、旅店等	486	9269	13604
乡村旅游住宿设施	229	5234	8050
其他旅游住宿设施	34	2757	5138

分区(县)看，全市各区(县)中旅游住宿接待能力最大的是兰山区，有旅游住宿设施 864 家，客房 5.5 万间，床位 9.1 万张；蒙阴县有 300 多家旅游住宿设施，客房 9873 间，床位 16118 张；有 200—300 家旅游住宿设施的是 4 个区(县)，分别为平邑、沂水、河东、莒南；旅游住宿设施最少的是高新区，旅游住宿设施 55 家，客房 1899 间，床位

3220张（见表2）。

表2　旅游住宿设施分区（县）情况统计

区（县）	数量/家	客户数/间	床位数/张
临沂市	3305	163661	256294
兰山区	864	54778	90927
蒙阴县	309	9873	16118
平邑县	280	9630	15280
沂水县	273	7877	13640
河东区	269	14881	23161
莒南县	203	10425	14722
兰陵县	197	7788	11974
罗庄区	195	12716	16604
沂南县	189	9891	17344
郯城县	173	9219	12509
费县	152	7245	10479
临沭县	146	7439	10316
高新区	55	1899	3220

2.旅游吸引物总体情况

分类别看，临沂市有旅游吸引物1199家，包括A级景区150家、文物保护单位335家、文旅场馆92家、乡村旅游318家、新业态旅游142家、城市综合体29家、红色旅游102家、夜间旅游19家、其他旅游吸引物12家（见表3）。

表3　临沂市旅游吸引物分类别情况统计

吸引物类型	数量/家
A级景区	150
文物保护单位	335
文旅场馆	92
乡村旅游	318
新业态旅游	142
城市综合体	29
红色旅游	102
夜间旅游	19
其他旅游吸引物	12

分区(县)看，旅游吸引物超过100家的有蒙阴县、沂水县和沂南县，分别为122家、119家和113家；旅游吸引物数量最少的是高新区，仅有7家。从A级景区来看，超过30家的只有沂水县，达到37家；15家以上的有两个县，分别为蒙阴县18家、沂南县16家；数量最少的是高新区，只有1家(见表4)。

表4 临沂市分区(县)旅游吸引物情况统计

区(县)	数量/家	A级景区/家
临沂市	952	150
兰山区	77	11
蒙阴县	122	18
平邑县	71	8
沂水县	119	37
河东区	56	13
莒南县	96	12
兰陵县	62	8
罗庄区	44	5
沂南县	113	16
郯城县	42	6
费县	99	9
临沭县	44	6
高新区	7	1

(四)涉旅客流消费数据呈动态波动态势

1.公安持证住宿数据

2021年，全市持证住宿接待量1006.1万人次，同比增长17.5%，恢复到2019年的93.6%。分季度看，一季度持证住宿实现“开门红”，比2020年同期翻了一番多；二季度持证住宿游客达到最高值，突破300万人次，增幅接近45%；三季度，受本土疫情影响，降幅超过10%；四季度略有回暖，增幅超过10%。整体上，上半年形势好于下半年(见图6)。

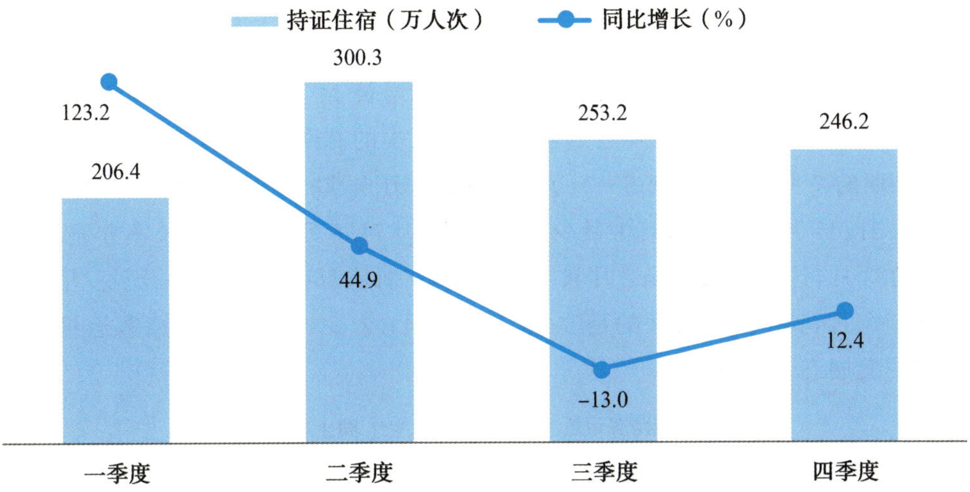

图 6　2021 年各季度临沂市公安持证住宿情况

2.高速公路客车通行量

2021 年，全市高速公路客车通行量 2862.8 万辆，比 2019 年同期增长 28.3%(因新冠肺炎疫情，2020 年 3、4 月份数据未统计)。分月份来看，“国庆节”所在的 10 月、“劳动节”所在的 5 月，均超过 300 万辆，分别达到 318.6 万辆和 309.4 万辆；暑假期间，7 月和 8 月，高速公路客车通行量均超过 200 万辆；1 月和 11 月，高速公路客车通行量均低于 200 万辆，其中，1 月最少，为 179.6 万辆。增长率方面，5 月同期增长率最高，比 2019 年同期增长 153.8%；清明节所在的 4 月，增长率也超过了 100%，达到 136.5%；增长率呈现负增长的是 8 月，降幅达到 4.7%。整体上，高速公路客车通行量呈现先升后降再回暖的发展态势(见图 7)。

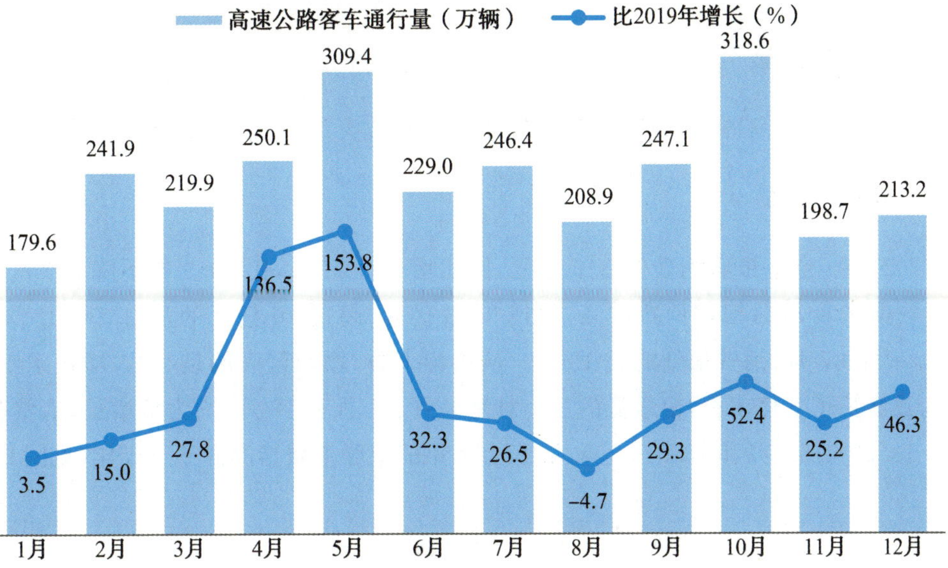

图 7　2021 年各月份临沂市高速公路客车通行情况

3.铁路客运量

2021 年，全市铁路客运量 532.6 万人次，同比增长 11.2%，比 2019 年下降 7.07%。分 12 个月看，总量方面，铁路客运量超过 60 万人次的有两个月，分别为劳动节所在的 5 月和暑期的 7 月，分别达到 65.3 万人次、64.0 万人次；30 万人次以下的有 3 个月，分别是 2 月、11 月和 12 月，其中最少的是 2 月，为 21.6 万人次。增长率方面，增幅最高出现在 3 月，达到 215.6%；2 月和 4 月，增幅分别是 166.1%和 125.2%。呈现负增长的有 5 个月，其中降幅最大的是 8 月，达到了 44.2%。整体上，铁路客运量呈现先升后降的发展态势（见图 8）。

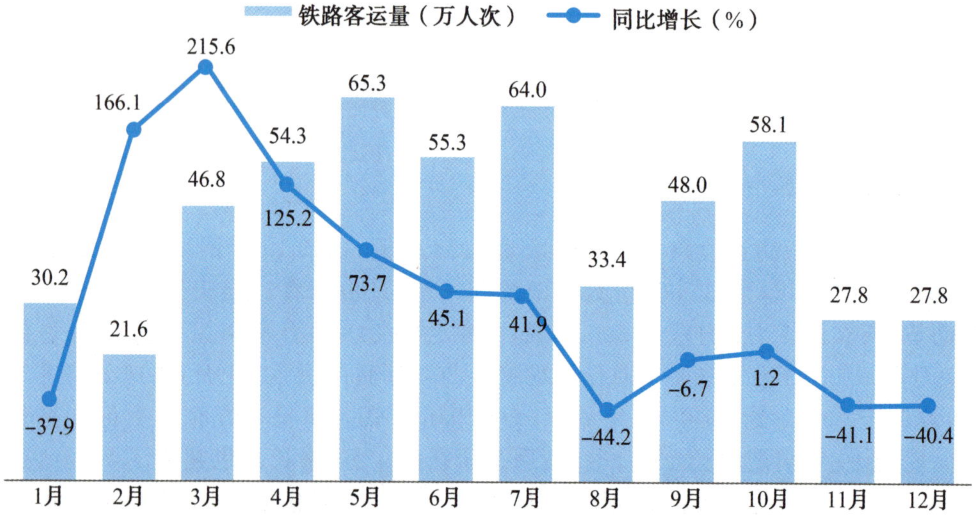

图 8　2021 年各月份临沂市铁路客运量情况

4.民航客运量

2021 年，临沂启阳机场民航客运量 236.5 万人次，同比增长 25.9%。

5.消费大数据

2021 年，全市银联消费 798.5 亿元，同比增长 83.2%，比 2019 年下降 8.7%。从消费数据来看，5 月银联消费最高，达到 91.3 亿元；超过 70 亿元的月份有 2 月、3 月、4 月、6 月和 7 月；消费最低的是 12 月。从增幅上看，增幅最高的是 2 月，增长了 11 倍多；3 月增长了 6 倍多；增幅最低的三个月是 9 月、11 月和 12 月，均为负增长，消费分别下降 13.7%、15.7%和 18.0%。整体上，上半年的银联消费情况好于下半年（见图 9）。

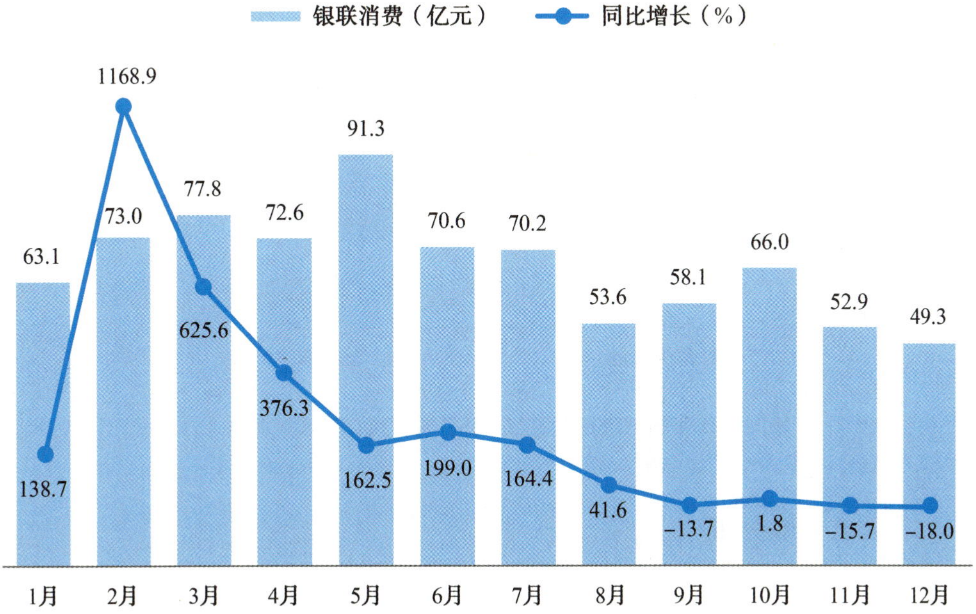

图 9　2021 年各月份临沂市银联消费情况

二、国内旅游市场情况分析

2021 年，临沂市接待国内游客 6386.9 万人次，比 2020 年增长 27.0%；实现国内旅游收入 640.2 亿元，比 2020 年增长 34.6%。

（一）过夜游与一日游游客主要数据

2021 年，临沂市接待国内过夜游游客 2404.0 万人次，占国内游客接待量的比重为 37.6%；过夜游游客旅游收入 351.9 亿元，占国内旅游收入的比重为 55.0%。接待一日游游客 3982.9 万人次，占国内游客接待量的比重为 62.4%；一日游游客旅游收入 288.3 亿元，占国内旅游收入的比重为 45.0%（见图 10）。

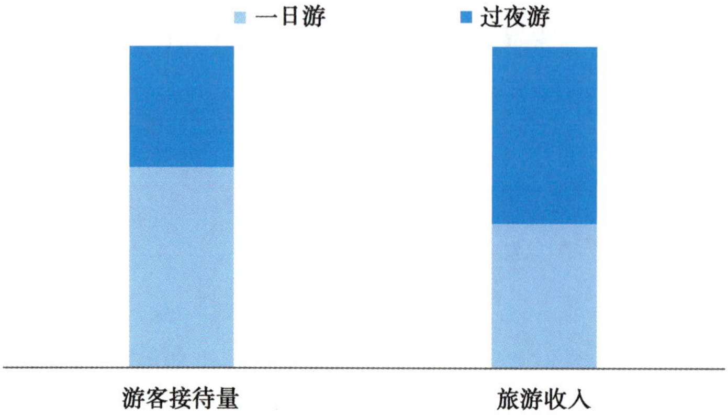

图 10　2021 年临沂市过夜游与一日游游客接待量及旅游收入占比

(二)游客消费分析

1.人均花费超千元

根据在临沂市旅游住宿设施、旅游景区和机场、车站、码头对 1100 名国内游客开展的调查，临沂市国内游客人均花费 1002.4 元，其中，过夜游游客人均次花费 1463.9 元，人均天花费 753.9 元(平均每次停留 1.94 天)；一日游游客人均次(天)花费 723.9 元(见图 11)。从国内游客人均花费看，国内游客人均花费保持在千元以上的较高水平，过夜游游客人均花费比一日游游客高，占据消费主力。

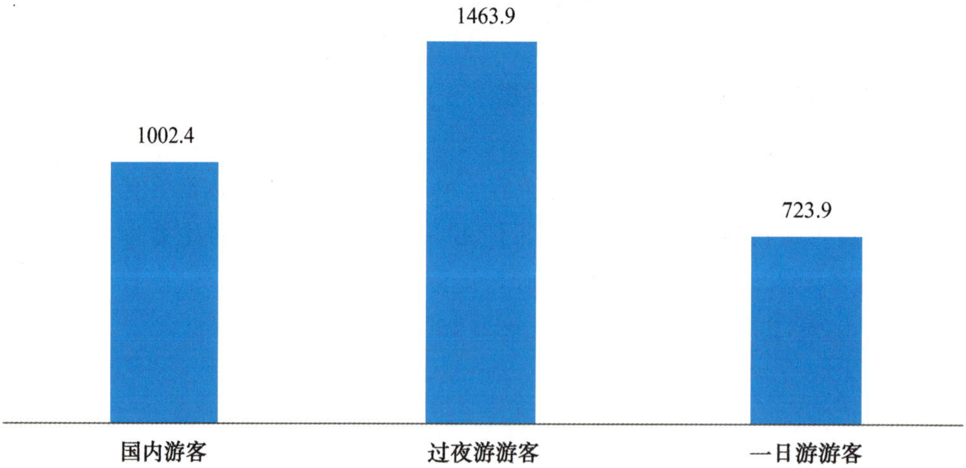

图 11　2021 年临沂市国内游客人均消费情况(单位：元)

2.移动支付占比最高

信息化时代，线上支付凭借无须找零、方便快捷等优势，已成为大众化支付方式。国内旅游抽样调查数据显示，游客支付方式以支付宝、微信等移动支付为主，现金支付为辅，刷卡支付占比最小。全市倾向于移动支付的游客占 78.7%，使用现金支付的游客占 12.5%，刷卡支付的游客占 8.8%(见图 12)。

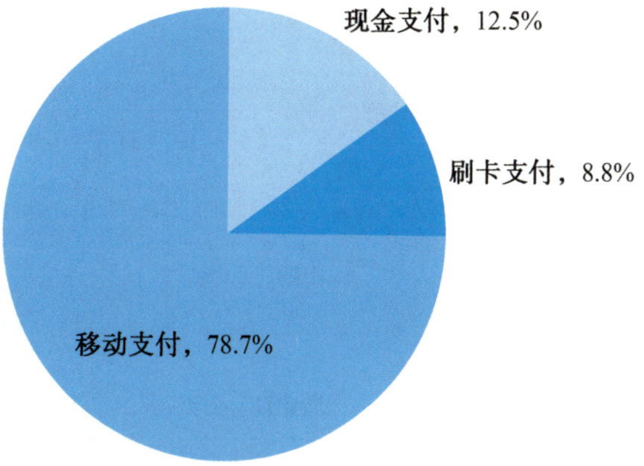

图 12　2021 年临沂市国内游客支付方式

3.旅游购物稳居首位

国内旅游抽样调查数据显示，旅游购物、餐饮、住宿为消费三大项，占比分别为 23.9%、20.0%、18.2%，与往年相比差异不大；交通方面，以长途交通花费为主，自驾车或租车的占比不断提升，长途交通花费占比 12.5%，自驾车或租车花费占比 8.7%(见图 13)。吃、住、行、购四大要素的占比较高。随着文旅融合的不断深入，旅游产品不断丰富，文化艺术、休闲娱乐占比有所上升。

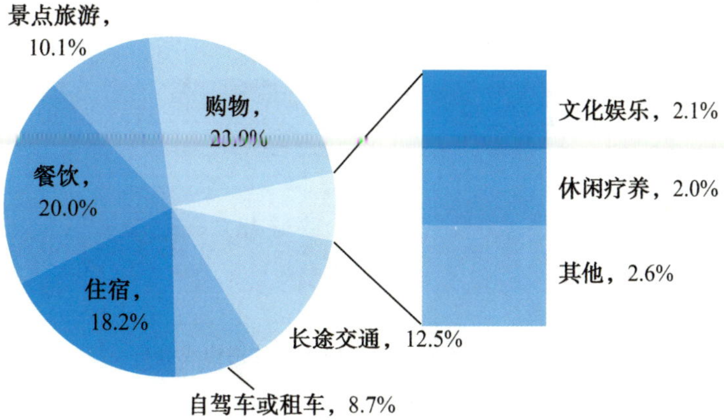

图 13　2021 年临沂市国内游客花费构成

(三)省内客源市场占比近七成

临沂市国内游客主要来自山东省内及周边省份，其中，山东省内游客占全市接待国内游客总量的69.4%；放眼省外客源市场，江苏、浙江、河南、安徽、江西、河北、上海、黑龙江、山西、辽宁游客数量位列前十，占比分别为5.6%、4.6%、4.4%、3.2%、2.7%、2.4%、1.3%、1.2%、0.9%、0.8%(见图14)。

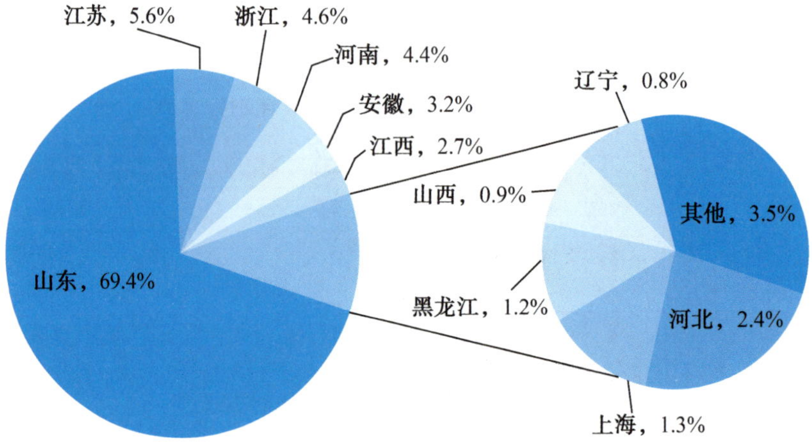

图14　2021年临沂市省内及省外十大客源市场

(四)游客画像分析

1.性别构成分析

2021年，临沂市接待的国内游客中，男性游客占56.7%，女性游客占43.3%，男性游客比女性游客高出13.4个百分点(见图15)。在游客性别构成上，女性游客呈逐年上升趋势，占比较2020年同期增长0.2个百分点。

图15　2021年临沂市国内游客性别构成分析

2.年龄构成分析

从游客年龄结构看，游客以青壮年为主，呈现中间多、两头少的趋势。23—45 岁的游客占比近五成，这类人群主要是“80 后”“90 后”，是外出旅游的主力军；46—60 岁的游客占比达 28.7%，这类人群的经济实力较为雄厚，更倾向于高品质出游；17—22 岁的游客占比达 23.1%，主要集中在高三毕业生、大学生，他们时间充裕，出游率较高；16 岁及以下的中小学生和 60 岁以上的老人占比均少于 1%（见图 16）。长远来看，老年旅游和研学旅游拥有较为广阔的市场。

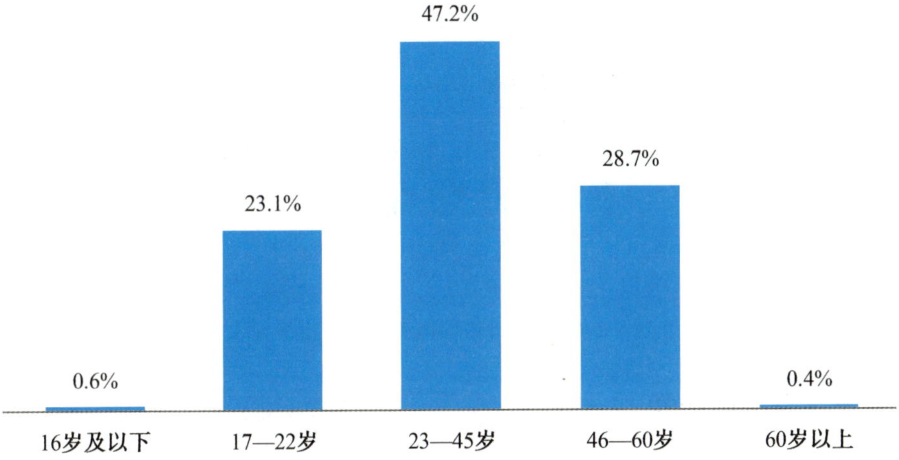

图 16　2021 年临沂市国内游客年龄构成分析

3.城乡分布分析

城乡分布上，临沂市国内游客中，城镇游客占比为 72.6%，农村游客占比为 27.4%，城镇游客比农村游客高出 45.2 个百分点（见图 17）。

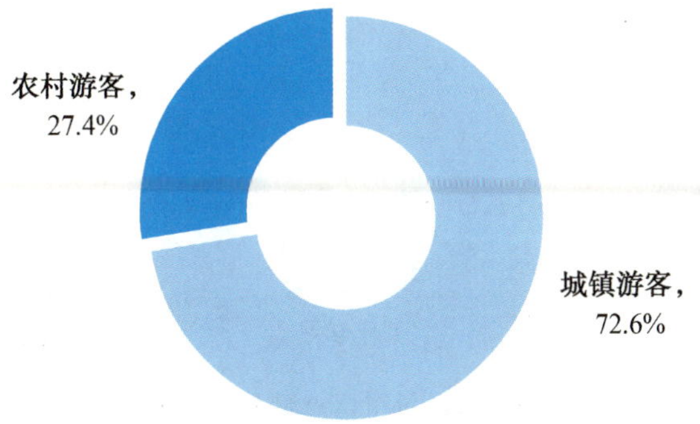

图 17　2021 年临沂市国内游客城乡分布分析

(五)游客行为偏好

1.自由行成出行主导

调查数据显示，个人、家庭或亲朋结伴自由行的游客占比达 91.2%(见图 18)。

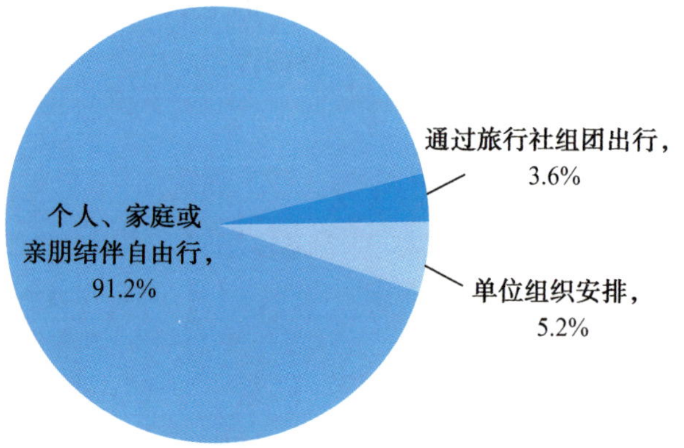

图 18　2021 年临沂市国内游客出行组织方式

2.旅游度假渐成时尚

2021 年来临沂市的国内游客中，旅游度假目的(包含观光游览、休闲度假、探亲访友、宗教朝拜、文化艺术欣赏、购物、娱乐等)的游客比重最高，为 78.5%；工作学习目的的游客占 19.2%；医疗保健及其他目的的游客比重最低，仅为 2.3%(见图 19)。

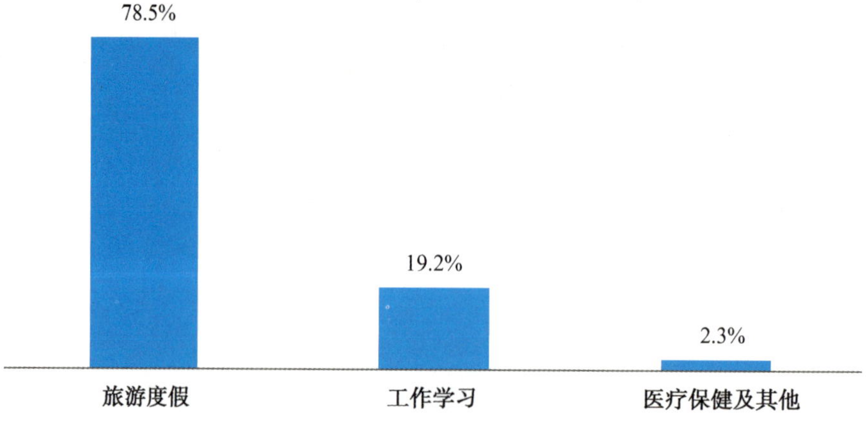

图 19　2021 年临沂市国内游客旅游目的分析

3.超半数游客信赖口碑和网络传播

从游客最信赖的宣传方式看，临沂市国内游客最信赖的方式是以朋友或家人为代表的口碑宣传、网络站点宣传，总比重超 50%；广播和电视，合计比重为 27.3%；其他传统宣传方式占比均不足 10%（见图 20）。

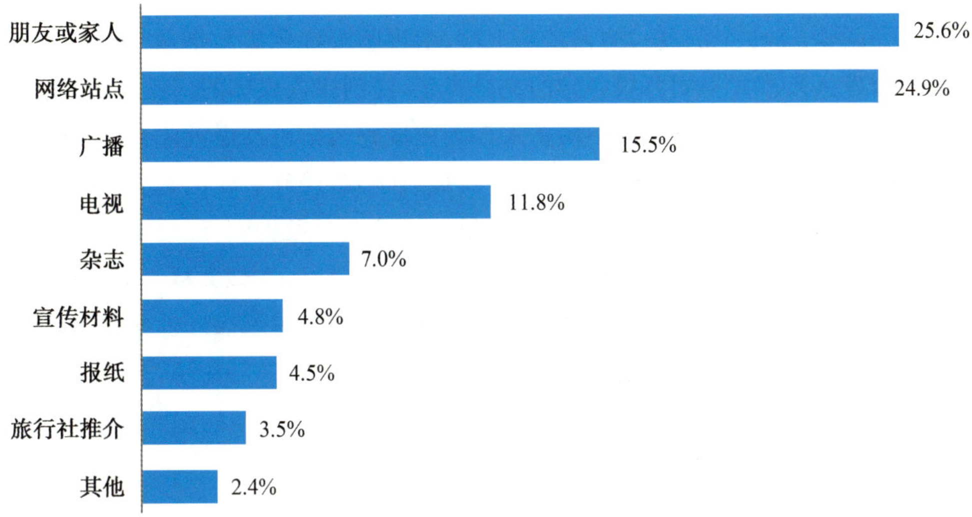

图 20　2021 年临沂市国内游客最信赖的宣传方式

三、旅游产业发展亮点分析

（一）红色文旅融合发展成果丰硕

临沂市委、市政府出台《2021 年度弘扬沂蒙精神工作方案》《关于推进全市红色教育和文化旅游融合发展的实施意见》，成立市委红色教育与文化旅游融合发展领导小组，为红色文旅融合发展增添强劲动力。

一是精心策划举办庆祝中国共产党成立 100 周年系列活动，在全市组织开展“10 个 10”评选推介活动，举办了“献礼百年　舞动沂蒙”临沂市广场舞展演、“千秋伟业　百年风华”红色非遗作品展、六省十市红色经典巡演等活动。其中“跟着共产党走——庆祝建党 100 周年沂蒙精神革命文物展”等两个展览被中宣部、国家文物局联合推介为庆祝中国共产党成立 100 周年精品展览。

二是红色文艺创作再出精品力作。创作推出了京剧《燕翼堂》、红色儿童舞台剧《沂蒙妈妈》、舞台剧《你永远是灯塔》等一批优秀红色舞台剧目，传承、弘扬“沂蒙精神”的形式更加生动，内容更加丰富。临沂市与省委宣传部、省文化和旅游厅联合出品的民族歌剧《沂蒙山》在中宣部、文旅部等联合举办的“庆祝中国共产党成立 100 周年优秀舞台艺术作品展演”活动开幕式上精彩亮相，唱响国家大剧院。10 月中旬，临沂和济南、青岛等 7 市共同承办了第四届中国歌剧节，承担了 3 台剧目展演任务。

三是红色旅游演艺实现创新突破。沂蒙红色影视基地投资 4000 余万元，打造了生态体验剧场、沉浸交互展演小院，大型红色旅游演艺《沂蒙四季·红嫂》和《跟着共产党走》《妇救会》等 5 个沉浸式演出精彩上演，引爆临沂红色旅游市场。这一红色文化旅游融合发展新模式得到各级领导的充分肯定，受到国内媒体的广泛关注。

四是红色教育研学培训规模不断扩大。新建成并运营孟良崮沂蒙精神教育培训中心、蒙阴岱崮上山下乡度假区临沂大学乡村振兴学院，提升了红色研学的档次。

五是精心谋划、打造高品质红色旅游项目。统筹整合孟良崮、红嫂家乡旅游区等优质资源，精心打造沂蒙精神纪念地旅游区，全力创建国家 5A 级景区。积极对接《国务院关于新时代支持革命老区振兴发展的意见》，围绕创建国家级红色旅游融合发展示范区先行先试，已向文化和旅游部呈交试点申请。

（二）积极推进长三角休闲旅游"后花园"建设

实施旅游品质提升工程，推动蒙山、地下大峡谷、天上王城、红嫂家乡旅游区、观唐温泉、压油沟等一批代表性景区提升改造；无极鬼谷、朱家林、尹家峪旅游区实施 4A 级景区创建提升，其中无极鬼谷旅游区成功创建为 4A 级景区；云蒙湖太阳城康养小镇、郯国古城御街等项目建成开放。蒙阴县、费县成功创建为第三批山东省全域旅游示范区。赴上海、南京等长三角地区重点客源城市开展精准营销，提升了"亲情沂蒙·红色临沂"文化旅游品牌知名度和美誉度。2021 年，全市接待长三角地区游客 492.6 万人次，实现旅游总收入 54.18 亿元。

（三）乡村旅游创建成效显著

扎实开展乡村旅游创建活动，以创建为抓手、以标准为引领，推动乡村旅游提质增效。沂水县院东头镇被评为首批全国乡村旅游重点镇，沂蒙彩虹小镇等 4 个小镇被评为山东省精品文旅小镇，沂南县马牧池乡常山庄村等 10 个村庄入选第一批山东省红色文化特色村，兰山区下艾崮村等 67 个村庄被评为山东省景区化村庄，沂南县铜井镇等 6 个乡镇（街道）被确定为山东省旅游民宿集聚区创建单位，蒙阴县、费县成功创建为第三批山东省全域旅游示范区，创建数量居全省第一位。

（四）举办系列旅游节庆活动

先后举办了"'沂蒙红动中国'第五届山东文化和旅游惠民消费季（临沂分会场）

暨长三角百万车友自驾游沂蒙”、“百家旅行社、百家媒体走进沂蒙山踩线”推介会、长三角自驾游协会交流考察等主题活动，发布了临沂红色旅游精品自驾游线路。组织重点旅游企业参加长三角临沂商会联盟成立大会暨临沂市全面对接长三角招商旅游推介会活动。组织重点县（区）、旅游企业在南京启动了“亲情沂蒙·红色临沂”主题推广月活动。策划开展了《美丽中国（三）·临沂沂蒙崮群》普通邮票首发式暨2021年中国旅游日“发现最美沂蒙——岱崮地貌”千人徒步游活动启动仪式。举办好客山东游品荟“沂蒙之夏·嗨游临沂”活动。围绕水音节、音乐节、啤酒节、美食节、“网红”打卡、特色民宿、夜晚游览、演艺、非遗、民俗等推出丰富多彩的夏季旅游活动，打造旅游消费热点。精心组织第五届文化和旅游惠民消费季，累计发放消费券1003万元，直接带动消费5075万元，间接拉动消费41.98亿元。郯城县、河东区入选第一批省级文化和旅游消费试点县（市、区）。

（五）新业态旅游成为亮点

积极打造郯国古城夜间文化旅游消费集聚区。山东最大的沉浸式夜间旅游目的地、被誉为中国首个“未来田园”的恒温乐园——沂水尹家峪田园综合体正式开园。兵学文化公园汉墓竹简博物馆营业。沂南沂蒙泉乡文旅康养融合发展区、汤头温泉文旅康养融合发展区分别成功创建为省级文旅康养融合发展示范、试点区。推动产品创新，沂水沂蒙彩虹小镇《彩虹花神游》体验演绎、沂南县红色影视基地《沂蒙四季》沉浸式体验剧、郯城县郯国古城《郯王夜宴》《郯王祭天》实景演出，沂蒙彩虹小镇特色美食及灯光秀、三桥旅游区乘车夜游、花彩小镇灯光节、沂州古城夜间灯光演艺等，大批新业态和夜间旅游项目吸引大量游客参与体验，成为临沂市文旅市场的新亮点。

（韩恩元　杜珍）

2021年日照市旅游业调查分析报告

2021年是“十四五”开局之年，日照市深入贯彻落实省委、省政府工作部署，统筹推进常态化疫情防控和文旅行业复苏发展，依托深厚的文化底蕴和丰富的旅游资源优势，深入推进文旅融合发展，研发推广优质文旅产品，打造文化惠民工程，全力发展乡村旅游，助推乡村振兴，推动文旅产业转型升级、提质增效，文化和旅游高质量发展取得显著成效。

一、旅游经济总体运行分析

(一)旅游经济呈恢复性增长态势

在常态化疫情防控形势下以及以国内大循环为主体、国内国际双循环相互促进的新发展格局下，2021年旅游需求稳步复苏，旅游经济总体保持恢复性增长态势。2021年，日照市共接待游客3794.71万人次，同比增长20.39%；实现旅游总收入287.97亿元①，同比增长29.79%。其中，接待国内游客3794.42万人次，比2020年增长20.4%；实现国内旅游收入287.97亿元，比2020年增长29.89%(见图1、图2)。在国外疫情没有得到有效控制的情况下，入境旅游逐步转变为国内旅游，形成了以国内大循环为主、国际循环为辅的旅游新格局。

① 说明：因疫情防控，对入境人员实行管控，截至2021年年底文旅部尚未反馈2021年入境游客人均花费数据，因此暂不核算入境旅游收入指标。

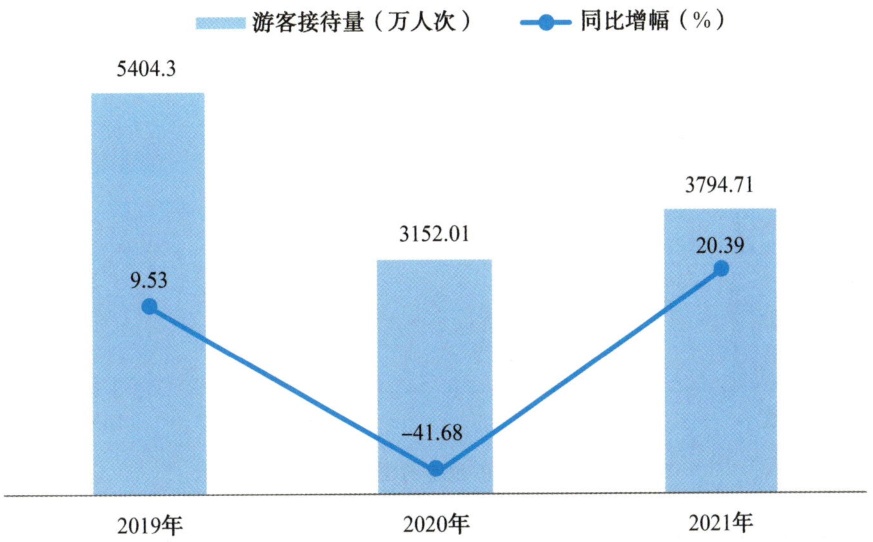

图 1　2019—2021 年日照市游客接待量及同比增幅

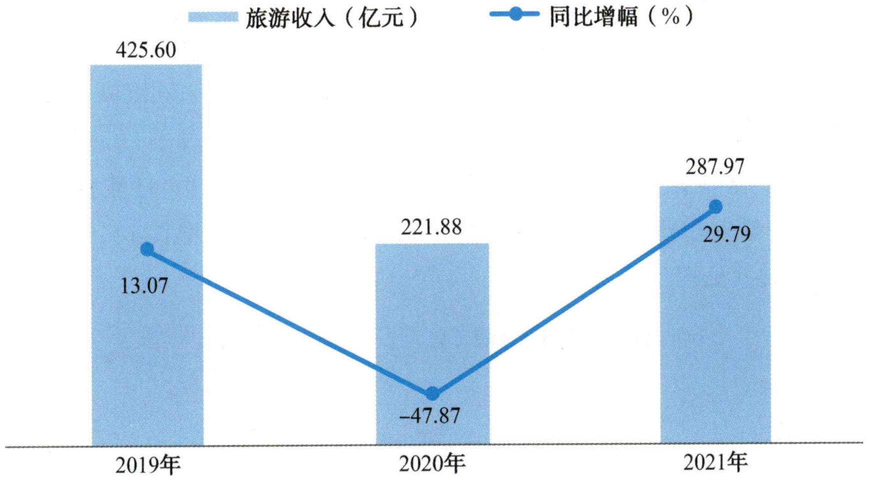

图 2　2019—2021 年日照市旅游收入及同比增幅

(二)季度旅游经济“高开低走”

2021 年一季度，经过元旦、春节等假期，游客的消费信心恢复，旅游经济进一步回升。二季度，随着疫情形势稳步向好，又适逢清明、“五一”、端午小长假，旅游市场全面复苏，游客接待量、旅游收入恢复比例均超 90%。上半年整体，旅游收入恢复情况要好于游客接待量恢复情况，其中旅游收入基本恢复，游客接待量恢复尚需时日。三、四季度，由于疫情复发，游客接待量和旅游收入恢复比例下降，导致全年旅游经济呈现“高开低走”的态势(见图 3)。

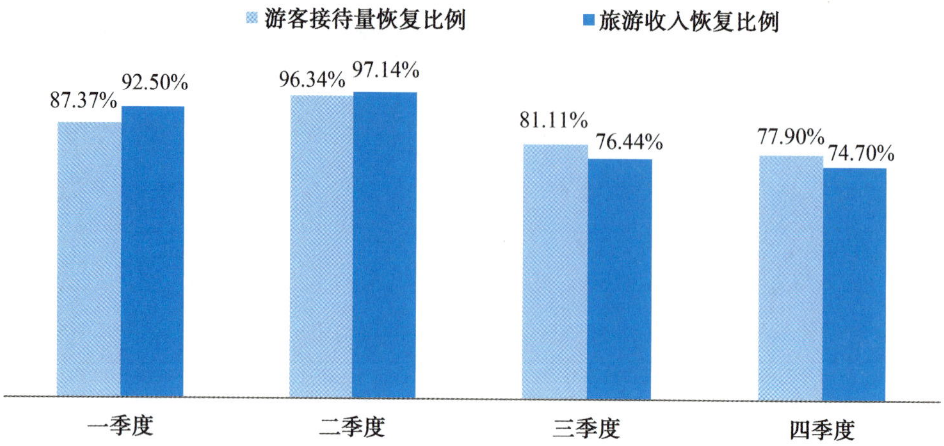

图 3　2021 年日照市旅游同比 2019 年恢复比例

(三)银联涉旅消费稳步趋升

2021 年，日照市银联涉旅消费金额共计 572.18 亿元，同比增长 181.72%，与 2019 年相比增长 80.78%。分月份看，银联涉旅消费月均金额为 47.68 亿元。5—9 月为旅游旺季，因而消费金额较高，超过全年平均水平。其中 7 月银联涉旅消费金额最高，为 72.00 亿元，占 12.58%；然后是 8 月，为 57.52 亿元，占 10.05%；12 月最低，为 35.10 亿元。全年各月份同比 2020 年均有所增长，其中 1—8 月涨幅均超 100%，受 2020 年疫情暴发初期基数低因素影响，2 月涨幅最高，同比增长 1458.97%；3 月同比增长 799.66%(见图 4)。

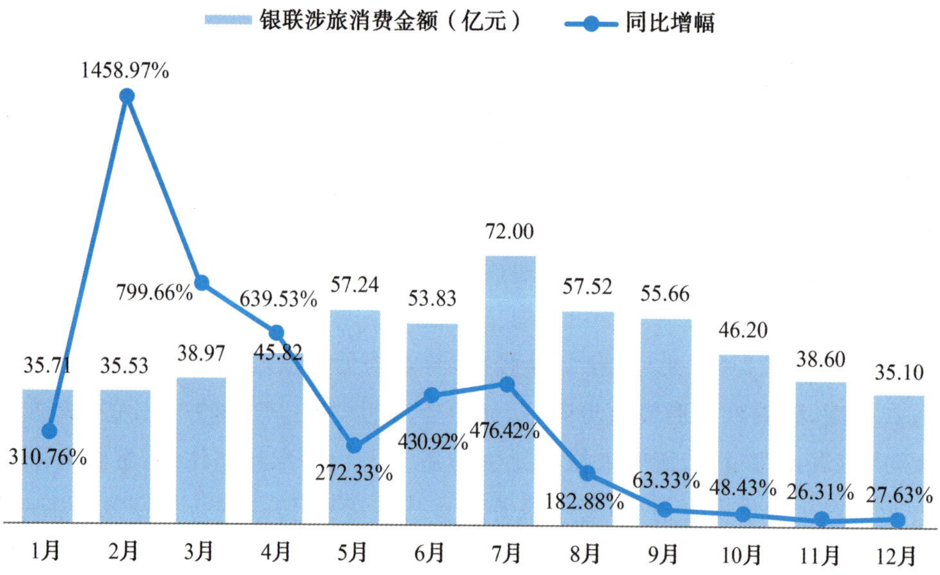

图 4　2021 年各月份日照市银联涉旅消费情况

二、文化旅游发展亮点

(一)精品文化事业鼓舞人心

一是文艺创作成果丰硕。编排推出了现代吕剧《先驱・王尽美》、非遗演艺《满江红》等一批精品剧目,《先驱・王尽美》荣获山东文化艺术节“优秀剧目奖”;民乐合奏曲《照毛虫》入选第十二届山东文化艺术节群众优秀新创文艺作品;为助力五莲抗疫,开展了以“艺”战疫心“莲”心线上文艺作品征集活动,共征集作品 110 余件。

二是公共文化服务品质升级。建成开放市美术馆新馆、市博物馆新馆、日照大剧院等一批公共文化设施,将 60 家公共文化场馆纳入公众责任险保障范围;新建城市书房 16 处,总量达到 41 处,并延时开放至晚上 9 点,市图书馆全年累计接待读者 141 万余人次,借还图书 99.7 万册次。

三是文化惠民活动高效提质。围绕庆祝建党 100 周年,策划举办了“奋斗百年路・启航新征程”大型视听交响音乐会、“日照故事”原创交响音乐会;推出了 2021 日照文化旅游生活节,举办省、市、县三级联合购买文化惠民演出 27 场,“戏曲进乡村”演出 2769 场,乡村文化大集活动 170 余场,线上线下文化普及公益活动 600 余场。

(二)假日旅游市场复苏强劲

假日旅游是刺激消费、拉动内需的重要抓手,春节、“五一”、国庆等假日为旅游市场恢复提供了强力支撑。各假日期间,日照市疫情防控秩序井然,产品供给丰富多样,文化和旅游市场繁荣稳定,呈现良好的复苏态势。其中,2021 年春节假日期间,围绕节日主题和冬季旅游特点,日照市 28 家 A 级景区策划推出了一系列特色旅游产品、文旅活动和节日优惠,如龙门崮风景区举办了首届新春民俗欢乐汇活动,浮来山风景区推出了登福山、赏千年银杏、撞钟祈福等活动,满足了市民游客休闲度假的多样化需求,共接待游客 81.8 万人次,实现旅游收入 4.1 亿元。“五一”期间,日照市旅游热度不减,近郊游、亲子游、体育旅游受热捧,红色旅游持续升温,旅游住宿入住率创新高,对外开放的 A 级景区累计接待游客 221.47 万人次,实现旅游收入 5442.14 万元,分别同比增长 339%、421%。同时,各级各类公共文化服务场馆全部免费开放,市图书馆接待读者 3 万余人次,市博物馆、市美术馆接待市民游客 6600 余人次,25 家城市书房接待读者 5 万余人次,文化和旅游市场加速回暖。国庆期间,全市共接待游客

294.1 万人次，实现旅游收入 9.4 亿元；监测的 16 家旅游景区共接待游客 181.17 万人次，实现营业收入 3527.93 万元，分别同比增长 67.13%、46.56%，分别恢复到 2019 年同期的 150.13%、109.05%；各级公共文化场馆共接待市民游客约 23 万人次。

（三）文化惠民工程丰富多彩

2021 年年初，日照市文旅局组织开展了“日照 2021 冬春文化惠民季”系列文化活动，围绕重要的时间节点，策划举办了大型群众合唱艺术节和庆祝建党百年大型文艺演出活动。合唱艺术节期间充分利用抖音、快手等直播平台对各场合唱活动进行线上直播，线上观看累计超 210 万人次，满足了不同年龄段、不同受众群体的精神文化需求。2021 年 4—10 月，成功举办第五届日照文化和旅游惠民消费季活动，以“智享文旅　精致生活”为主题，采取“政府引导，省、市、县联动，平台支撑，企业参与”四位一体的运行模式，从供给和需求两端同时发力，累计发放消费券 433 万元，直接带动消费 1500 万元，间接带动消费 4000 万元，其间推出“惠游日照 · 健康生活”“非遗传承 · 国潮涌动”“红色日照 · 百年献礼”等八大文旅主题消费活动。10 月，日照市被文化和旅游部确定为第二批国家文化和旅游消费试点城市。2021 年日照文化旅游生活节于 8 月 25 日盛大开启，以“生活在日照就是幸福”为主题，历时两个月，采取线上线下相结合的方式，推出 12 项主题文化旅游活动。其间，日照市文旅局重磅推出文旅惠民“大礼包”，包括发放市级通用文旅惠民消费券、图书定向消费券、电影定向消费券，抢购日照海洋公园亲子优惠票等优惠活动，让群众深切地感受到“生活在日照就是幸福”。

（四）非遗保护利用卓有成效

2021 年，日照市非物质文化遗产保护中心认真贯彻落实中共中央办公厅、国务院办公厅印发的《关于进一步加强非物质文化遗产保护工作的意见》，采取多种举措大力推进非物质文化遗产的保护、传承和可持续发展，日照的非遗保护和传承成效显著。

一是激发活力，让人民共享非遗成果。“人民的非遗，人民共享”，日照市非遗保护中心不忘初心、牢记使命，坚持做人民的非遗，让人民共享非遗保护成果，先后开展了“现在进行时”非遗传习大课堂、元宵节广场文艺展演、非遗直播带货、非遗文创大集等百余场非遗体验、传习、展览、展示、展销等活动。

二是发挥优势，让非遗助力文旅融合。非遗既是传统的，也是现代的，2021 年，日照非遗以自身优势助力文旅融合，焕发出新的生命力量。日照坚持创造性转化与创新性发展的理念，结合日照旅游资源，开展了“弘德传艺　授人以渔”日照非遗宝藏行、线上舞龙大会、非遗进景区等活动，指导非遗传承人开展非遗文创，让非遗走进寻常百姓家。

三是深耕细作，非遗工作硕果累累。在常态化疫情防控要求下，日照市非遗保护中心以变应变，不忘初心、牢记使命，非遗保护工作硕果累累。日照市非遗保护中心的“现在进行时”非遗传习大课堂模式被评为山东十大非遗亮点工作。日照市非遗保护中心荣获“寻味——百城千味2021年山东非遗特色美食大赛活动”优秀组织奖。截至2021年年底，日照市总计有160个非物质文化遗产项目，非物质文化遗产传承人79人。

(五)乡村旅游助力乡村振兴

实施乡村振兴战略，是党的十九大作出的重大决策部署，日照市以旅游全域化、优质化发展思维开展乡村旅游提质升级，实现乡村旅游的经济效益和社会效益最大化。山海天两城街道秦家庄村通过打造以航天农业产业为主的嗨世界农乐园，进一步延长农业产业链，提升乡村旅游品质，使一、二、三产业真正融合。春风十里乡村文旅创意产业园通过对闲置房屋进行创意改造，融乡村与艺术时尚元素于一体，实现了游客玩在乡村、消费在乡村。岚山区碑廓镇创新集体经济模式，有效整合土地、人力等资源，发展高效特色农业和乡村旅游业，有效促进农民生活富裕、农村生态美丽，实现了美丽乡村建设与乡村振兴的同频共振。围绕乡村旅游，日照市还将着力做好基础配套设施建设、市场营销、精准扶贫等工作。日照市创建了3个全国乡村旅游重点村，9个省级乡村旅游重点村，36个省级景区化村庄，3个省级休闲农业和乡村旅游示范县，乡村振兴齐鲁样板示范乡镇建设初具成效，夯实了乡村振兴的产业基础。

三、旅游供给侧分析

(一)旅游出行

1.高速公路客车通行情况

根据山东省交通运输厅的数据，2021年，日照市高速公路客车通行量1053.98万辆，恢复至2019年的92.93%。

(1)分月份高速通行情况

分月份看，日照市高速公路客车月均通行87.83万辆。与2019年相比，上半年呈稳步增长趋势，5 月通行量及增幅均达到全年最大值。7 月底至 8 月、10 月底至 11 月，由于山东省出现本土确诊病例，导致 8 月、11 月客车通行量与 2019 年相比大幅减少。整体来看，上半年客车通行量平稳增长，下半年受省内两波本土疫情影响，8—11 月均呈下降趋势，其中 8 月、11 月降幅较大，12 月增幅开始由负转正（见图 5）。

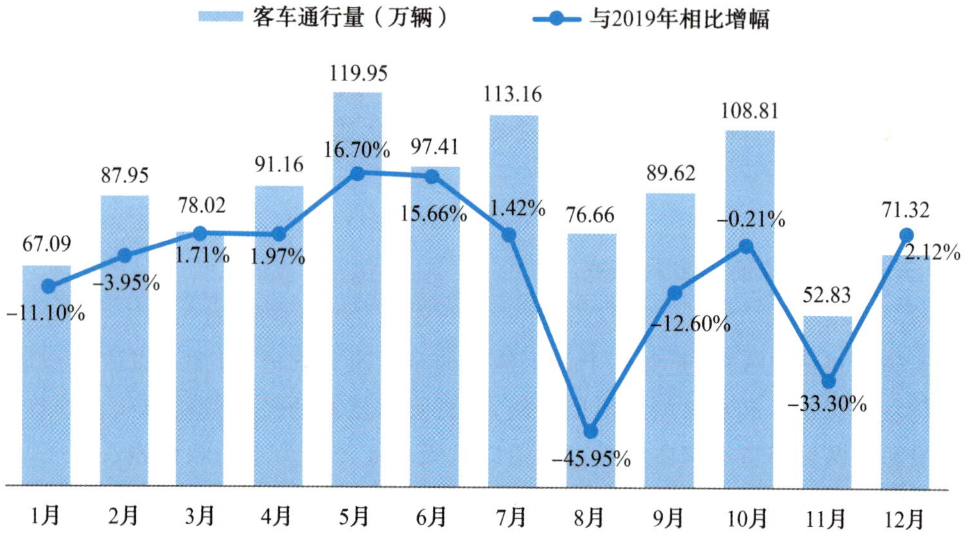

图 5　2021 年各月份日照市高速公路客车通行量及与 2019 年相比增幅

（2）分车辆类型高速通行情况

从不同车辆类型的高速公路客车通行量看，通行车辆以 7 座及以下的小型自驾车为主。客一、客二、客三、客四、其他通行客车类型中，小型车客一（≤7 座）通行量最多，共计 1019.93 万辆，占 96.77%，与 2019 年相比增长 9.08%；然后是大型车客四（≥40 座）和其他类型，通行量均为 10.68 万辆，与 2019 年相比分别下降 60.66% 和 92.14%；客三（20—39 座）通行量为 9.15 万辆；中型车客二（8—19 座）通行量最低，仅为 3.54 万辆（见表 1）。

表 1　2021 年日照市分车辆类型高速公路客车通行情况

类型	2021 年/万辆	2019 年/万辆	2021 年与 2019 年相比增幅/%
客一	1019.93	935.01	9.08
客二	3.54	16.85	−78.97
客三	9.15	19.24	−52.47
客四	10.68	27.15	−60.66
其他	10.68	135.93	−92.14

(3)分收费站高速通行情况

从不同收费站高速公路客车通行量看,2021 年日照站、日照北站通行量居前两位,分别为 364.10 万辆、120.19 万辆,分别占总通行量的 34.55%和 11.40%;岚山站、日照机场站、龙山站、日照南站和莒县站处于第二梯队,年通行量均超 50 万辆;街头站年通行量最低,为 15.19 万辆。从增幅看,街头站、日照机场站和龙山站通行量与 2019 年相比增幅较大,分别增长 58.99%、49.24%和 34.83%,而日照港站、日照南站、日照北站、莒县东站和西湖站通行量与 2019 年相比呈下降趋势(见表 2)。

表 2　2021 年日照市分收费站高速公路客车通行情况

收费站	2021 年/万辆	2019 年/万辆	2021 年与 2019 年相比增幅/%
陈疃北	20.53	17.53	17.15
街头	15.19	9.56	58.99
莒县	58.63	50.36	16.43
莒县东	38.20	48.71	−21.59
岚山	94.51	77.01	22.72
龙山	68.61	50.89	34.83
日照	364.10	309.02	17.82
日照北	120.19	134.94	−10.93
日照港	18.37	19.28	−4.70
日照机场	85.64	57.39	49.24
日照南	68.34	75.55	−9.54
五莲	41.82	104.71	13.63
五莲北	24.99	20.44	22.27
西湖	34.86	50.05	−30.34

2.铁路客运情况

根据山东省交通运输厅的数据,2021 年日照市铁路客运量为 305.65 万人次,同比增长 46.38%,恢复至 2019 年的 99.22%。

(1)分月份铁路客运情况

从月份上看,2021 年日照市月均客运量为 25.47 万人次。7 月铁路客运量最高,为 46.75 万人次,占 15.30%;然后是 5 月和 6 月,分别为 37.77 万人次和 33.47 万人次。受 2020 年同期基数低影响,2021 年 2—7 月铁路客运量同比增幅较大,均超过 100%;2020 年 1 月处于疫情暴发前,铁路客运受疫情影响较小,因此 2021 年 1 月铁路客运量同比下降32.99%；8月、11月受新一波新冠肺炎疫情影响，铁路客运量分别同比下降36.74%和50.17%（见图6）。

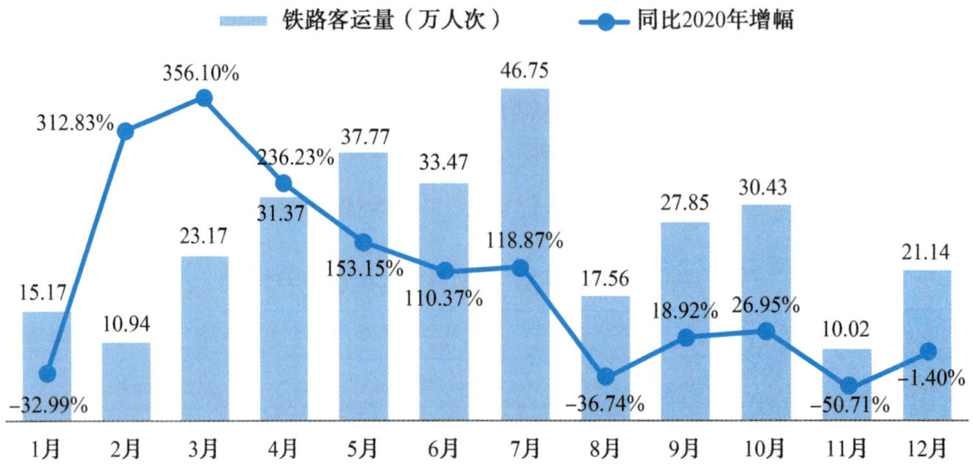

图6　2021年各月份日照市铁路客运量及同比2020年增幅

（2）分车站铁路客运情况

从不同车站的铁路客运量看，2021年日照西站铁路客运量居首位，达到226.57万人次，占74.13%，同比增长72.77%；日照站的铁路客运量为52.15万人次，占17.06%，同比下降7.81%；岚山西站、莒县站、五莲站年铁路客运量分别为13.91万人次、8.22万人次、4.81万人次，与2020年相比均呈增长趋势（见图7）。

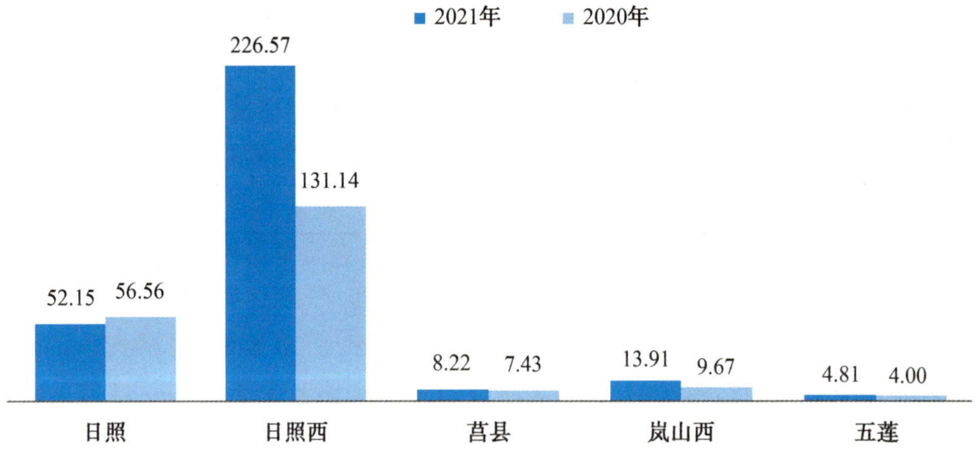

图7　2021年日照市部分车站铁路客运量（单位：万人次）

(二)旅游游览

1.旅游吸引物

截至2021年年底,日照市共有旅游吸引物510家。其中,A级旅游景区50家(4A级旅游景区12家、3A级旅游景区31家、2A级旅游景区7家),文化文物旅游吸引物151家,乡村旅游吸引物173家,红色旅游吸引物30家,夜间旅游吸引物5家,冰雪旅游吸引物4家,新业态旅游吸引物80家,城市综合体吸引物15家,其他旅游吸引物2家(见表3)。

表3 日照市旅游吸引物情况汇总

	单位数/家
(一)A级旅游景区	50
1.4A级旅游景区	12
2.3A级旅游景区	31
3.2A级旅游景区	7
(二)文化文物旅游吸引物	151
1.博物馆	16
2.美术馆	1
3.图书馆	9
4.文化馆	6
5.文艺表演场馆	2
6.文物保护单位	117
(三)乡村旅游	173
(四)红色旅游	30
(五)夜间旅游	5
(六)冰雪旅游	4
(七)新业态旅游	80
(八)城市综合体	15
(九)其他旅游吸引物	2
合计	510

2.A 级景区

日照市 A 级旅游景区共计 50 家，其中，莒县 A 级景区 14 家，山海天和东港区 A 级景区均为 9 家，岚山区和五莲县 A 级景区均为 7 家，高新区 A 级景区为 4 家(见图 8)。

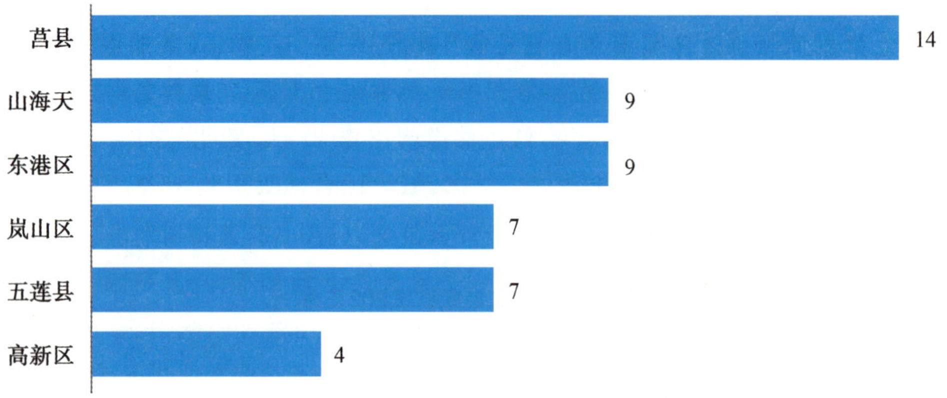

图 8　2021 年日照市 A 级景区各区(县)分布情况(单位:家)

3.乡村旅游

2021 年乡村旅游抽样调查数据显示，受疫情影响，乡村旅游以省内客源为主体，省内游客占比 90.67%；出游半径集中在 20—100 公里；从消费情况看，乡村旅游游客人均消费 427.92 元，餐饮、购物、交通消费位居前三。

截至 2021 年年底，日照市共有东港区、莒县、五莲县 3 个省级休闲农业和乡村旅游示范县，9 个省级乡村旅游重点村，36 个省级景区化村庄(见表 4)。

表 4　2021 年日照市乡村旅游点基本情况

	省级休闲农业和乡村旅游示范县	省级乡村旅游重点村	省级景区化村庄
全市	3	9	36
东港区	0	1	6
岚山区	1	3	7
莒县	1	1	8
五莲县	0	1	0
开发区	0	2	8
山海天	0	0	2
高新区	1	1	5

(三)旅游住宿

1.分区(县)持证住宿数据

2021年,日照市持证住宿总计489.41万人次,同比增长5.84%。分区(县)看,东港区持证住宿人次数最高,为342.88万人次;莒县持证住宿为63.18万人次;岚山区以持证住宿48.96万人次排在第三位;五莲县持证住宿人次数最低,为34.39万人次(见表5)。

表5 2021年日照市分区(县)持证住宿情况

	持证住宿/万人次	同比增幅/%
东港区	342.88	4.45
岚山区	48.96	10.86
莒县	63.18	13.45
五莲县	34.39	0.32
合计	489.41	5.84

2.旅游住宿设施总体情况

截至2021年年底,日照市旅游住宿设施和吸引物名录库综合平台上共有1815家旅游住宿设施。其中,星级饭店10家(4星级饭店4家、3星级饭店6家),非星级旅游住宿设施1562家,其他旅游住宿设施243家(见表6)。

表6 2021年日照市旅游住宿设施情况汇总

	单位数/家	房间数/间	床位数/张
(一)星级饭店	10	1760	3134
1.4星级	4	871	1419
2.3星级	6	889	1715
(二)非星级旅游住宿设施	1562	56293	104025
1.非星级旅游饭店	1454	46425	84800
2.民宿客栈	67	1217	2099
3.农、渔家乐	41	8651	17126
(三)其他旅游住宿设施	243	1726	2800
总计	1815	59779	109959

3.星级饭店、民宿情况

2021 年，日照市共有星级饭店 10 家，精品民宿 60 家。其中，东港区的星级饭店数量最多，共有 5 家；莒县有 3 家星级饭店；岚山区和开发区分别有 1 家星级饭店。其中，4 家 4 星级饭店分别为雅禾国际大酒店、碧波大酒店、华美酒店、凌海大酒店。民宿方面，五莲县和东港区的精品民宿最多，分别为 20 家和 16 家；开发区精品民宿最少，为 1 家（见表 7）。

表 7　2021 年日照市星级饭店、精品民宿基本情况　　单位：家

	星级饭店			精品民宿
	总数	4 星	3 星	
全市	10	4	6	60
东港区	5	3	2	16
岚山区	1	0	1	4
莒县	3	0	3	2
五莲县	0	0	0	20
开发区	1	1	0	1
山海天	0	0	0	6
高新区	0	0	0	11

（四）旅游文娱

1.文化艺术

截至 2021 年年底，日照市共有日照市兆启黑陶文化研究院、日照春风十里乡村文旅创意园等省级文化产业示范基地 8 家，省级文化产业示范园区 1 家（日照文化创意产业园），日照市文化旅游集团有限公司、日照春风十里旅游文化发展有限公司等 2 家市级文化产业示范园区，日照市万平口海滨风景区、莒县浮来山风景区、日照市沁园春风景区等 94 家市级文化产业示范基地，莒国古城建设项目、山东白鹭湾有限公司白鹭湾文创旅游项目、红窑里 1977 文化旅游项目等 72 项文旅项目。

2.非遗保护

2021 年，日照市共有 100 处文物保护单位、160 个非物质文化遗产项目、79 位非

物质文化遗产传承人(见表 8)。其中,国家级文物保护单位分别是丹土遗址、齐长城遗址日照段、尧王城遗址、东海峪遗址、两城镇遗址、大朱家村遗址、杭头遗址;国家级非物质文化遗产项目为秃尾巴老李传说,孟姜女的传说,莒县过门笺,鲁南五大调(满江红),渔民开洋、谢洋节,鲁绣(五莲割花)。

表 8 2021 年日照市文化遗产基本情况

	文物保护单位/处	非物质文化遗产项目/个	非物质文化遗产传承人/人
国家级	7	6	1
省级	34	28	6
市级	59	126	72
总计	100	160	79

(五)旅游综合服务

1.旅行社

截至 2021 年年底,日照市有 166 家 A 级旅行社,其中 4A 级旅行社 9 家,分别为碧波国际旅行社、平安国际旅行社、凯莱国际旅行社、海峡国际旅行社、中亚国际旅行社、岚山岚青国际旅行社、浮来山国际旅行社、畅游国际旅行社、国美国际旅行社。分区(县)来看,东港区的旅行社数量最多,为 135 家;然后是莒县,有 10 家;高新区旅行社数量最少,为 2 家(见表 9)。

表 9 日照市 A 级旅行社数量

单位:家

	A 级旅行社数量
全市	166
东港区	135
岚山区	3
莒县	10
五莲县	4
开发区	5
山海天	7
高新区	2

2.旅游通信

根据移动、联通、电信三大运营商数据，2021 年手机用户漫入日照驻留超过 6 小时人次数为 3265.10 万人次，同比下降 1.17%。其中，移动漫入 2046.94 万人次，占 62.69%，同比增长 0.27%；联通漫入 937.24 万人次，占 28.70%，同比增长 11.94%；电信漫入 280.92 万人次，占 8.60%，同比下降 33.87%（见图 9）。

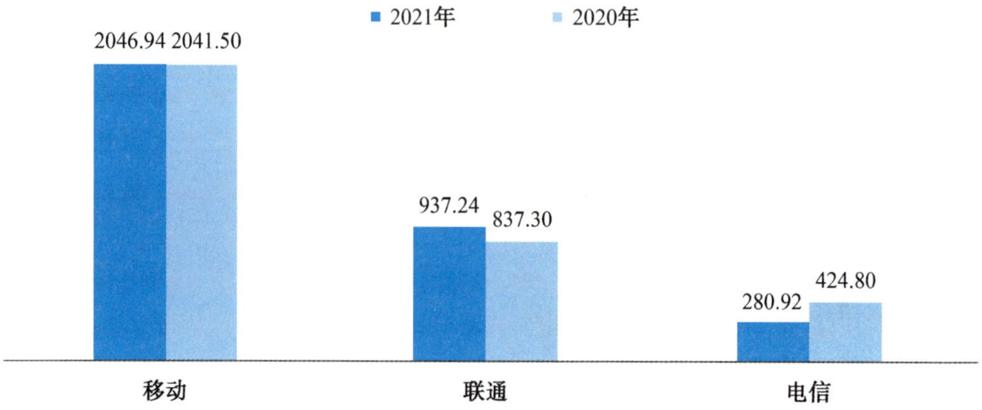

图 9　2020、2021 年手机用户漫入日照驻留超过 6 小时人次数（单位：万人次）

分月份看，2021 年日照市月均漫入 272.09 万人次，其中 7 月漫入总量最高，为 416.31 万人次，占 12.75%，大幅超过其他月份；5 月、6 月漫入总量分别为 327.91 万人次和 319.25 万人次，分别占 10.04%和 9.78%；11 月漫入总量最低，为 181.28 万人次（见表 10）。

表 10　2021 年手机用户漫入日照驻留 6 小时以上情况　单位：万人次

月份	移动	联通	电信
1 月	140.41	63.12	22.44
2 月	154.42	62.85	16.67
3 月	147.71	79.27	24.90
4 月	177.05	82.01	26.65
5 月	198.52	103.53	25.86
6 月	208.91	88.44	21.90
7 月	272.82	117.97	25.52
8 月	146.57	71.27	23.85
9 月	175.48	75.17	24.94

续表

月份	移动	联通	电信
10 月	166.63	84.16	26.79
11 月	113.64	48.19	19.45
12 月	144.78	61.27	21.96

四、国内旅游发展情况

2021 年，日照市国内旅游调查工作共发放问卷 6300 份，共回收有效问卷 6007 份，有效回收率 95.35%。调查范围包括日照市所辖区(县)的部分宾馆、旅游景点、交通枢纽等。调查对象为在旅游住宿设施过夜的国内游客和到景点游览的国内游客等。抽样调查结果显示，2021 年，日照市国内旅游市场以省内客源为主，省内游客占比 72.34%；国内游客中，过夜游游客占比 25.5%，逗留 2 夜的游客最多，占比达 39.88%。从消费情况来看，国内游客人均消费 758.93 元，住宿、餐饮、购物消费位居前三。

(一)旅游客源市场分析

1.省内客源占主导

2021 年国内旅游抽样调查数据显示，来日照市旅游的国内游客中以省内客源为主，山东省内客源占比 72.34%，省外客源占比 27.66%。省外客源中，江苏、河南和河北是三大省外客源地，分别占比 5.95%、4.21%和 3.28%(见图 10)。建议日照优化宣传途径，提高旅游产品质量，丰富旅游业态，打造“阳光海岸 · 活力日照”品牌，吸引更多的省外游客，优化客源结构。

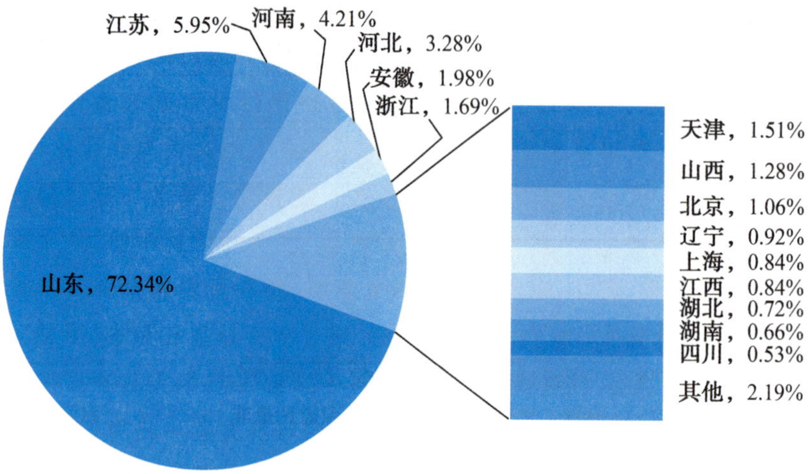

图10 2021年日照市整体客源结构

2.本地游趋势明显

在“本地人游本地”政策的引导下，日照游客占比遥遥领先，为37.65%；临沂与日照地理位置较近，因而占比较大，为11.04%；济南与青岛经济发展水平较高，且交通便利，因此游客占比相对较高，分别居第三和第四位，分别占比8.72%和8.64%；烟台、济宁、潍坊和泰安分别占比4.85%、4.53%、3.71%和3.04%；其他地市占比均低于3.0%(见图11)。建议日照在本地游火热的形势下，完善周边相关旅游设施，丰富旅游产品，将旅游业与本地居民生活、经济发展有机结合起来。

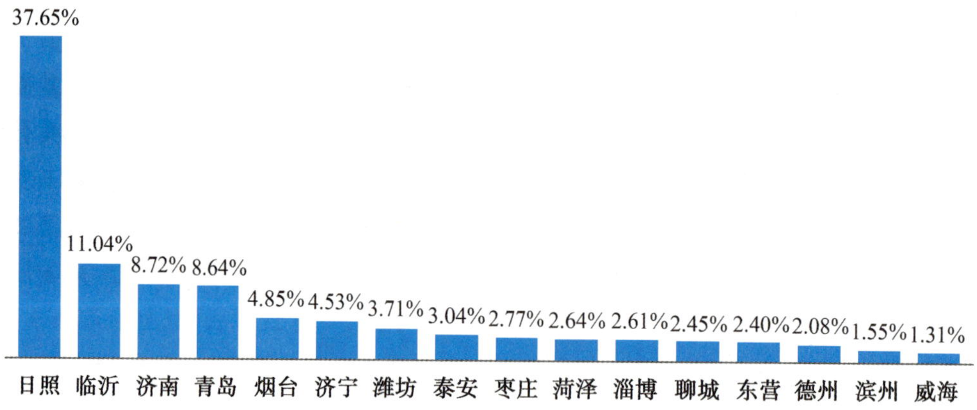

图11 2021年日照市省内客源结构

(二)游客偏好分析

1.游客过夜率为25.5%,停留2夜的游客最多

2021年来日照市旅游的国内游客中,过夜游游客占25.5%,一日游游客占74.5%。过夜游游客大多停留1—3夜,其中停留2夜的过夜游游客比重最高,为39.88%;停留3夜的过夜游游客占比24.20%;停留1夜的过夜游游客数量居第三位,占比21.30%;停留5夜及以上的过夜游游客数量占比8.53%;停留4夜的过夜游游客占比最低,为6.10%(见图12)。过夜游游客平均停留1.92天。

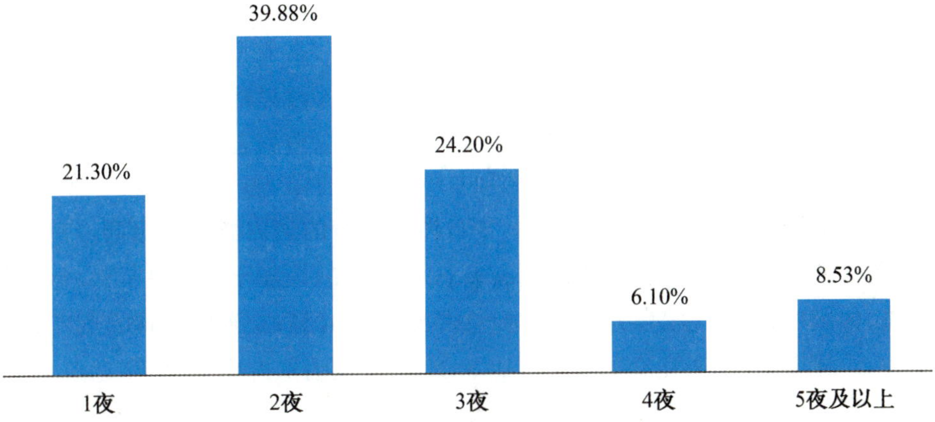

图12　2021年日照市国内游客过夜情况分析

2.非星级饭店成为过夜首选

在住宿设施选择上,选择非星级饭店的过夜游游客占比最高,为53.68%;然后是选择住亲友家、自有休闲度假居的过夜游游客,占比27.34%;选择自驾房车、露营地等其他住宿设施的过夜游游客占比16.11%;选择星级饭店的过夜游游客仅占2.87%(见图13)。

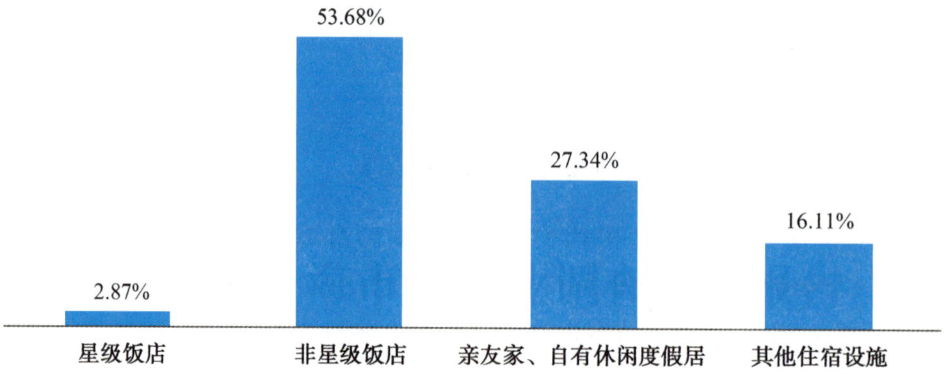

图 13　2021 年日照市国内游客住宿设施选择情况分析

(三)游客消费分析

1.住宿、餐饮、购物花费位居前三

2021 年国内旅游抽样调查数据显示，来日照市旅游的国内游客在旅游消费结构上以住宿、餐饮、购物为主，分别占 36.29%、23.58%、21.75%，合计占比超 80%；用于旅游景区游览、休闲疗养、文化娱乐方面的消费总占比不足 10%；交通方面以自驾车或租车花费为主，占比 3.92%；长途交通花费占比 3.66%；其他消费占比 4.52%(见图 14)。

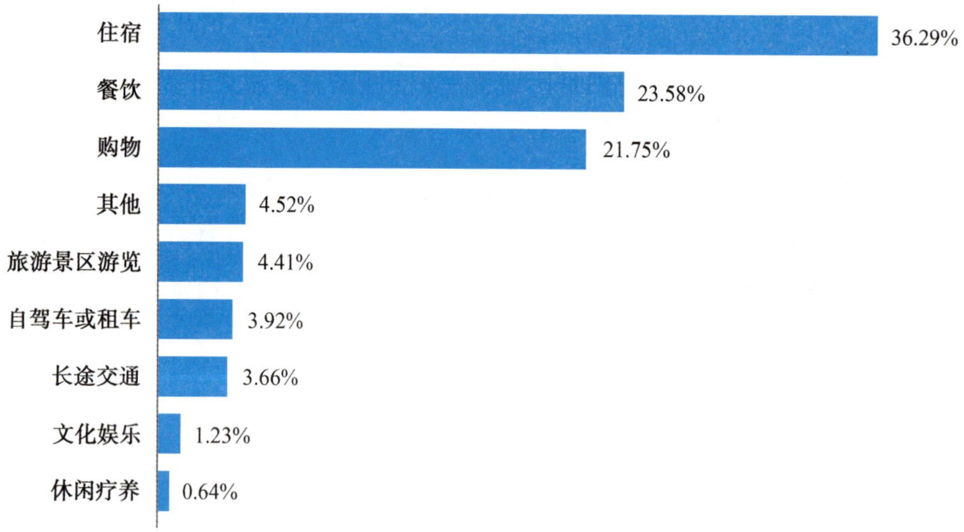

图 14　2021 年日照市国内游客消费结构

2.人均花费情况

2021 年来日照市旅游的国内游客人均花费 758.93 元。其中,一日游游客人均花费 607.42 元,过夜游游客人均花费 1201.55 元(见图 15)。建议进一步激发夜间消费潜力,延长景区夜间开放时间,丰富景区夜间文旅产品,合理发放文旅惠民消费券,吸引一日游游客向过夜游游客转化。

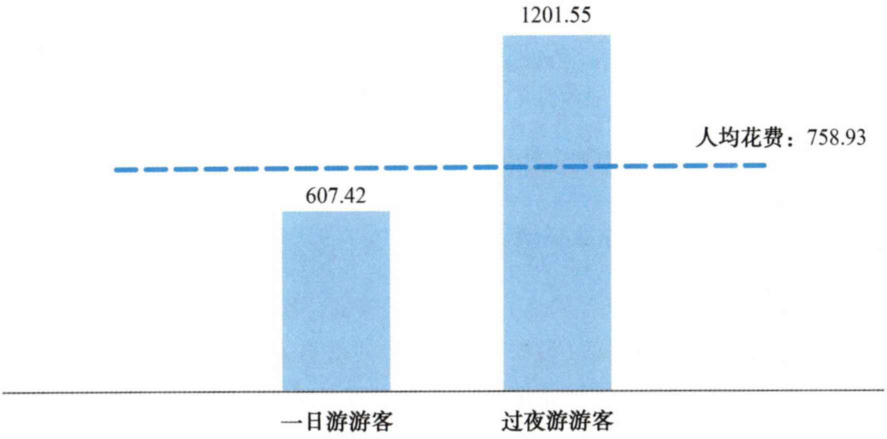

图 15　2021 年日照市国内游客人均消费(单位:元)

(四)游客满意度分析

1.整体满意度

2021 年国内旅游抽样调查数据显示,国内游客对日照市的整体满意度保持高位,游客整体满意度为 88 分。分省内外看,省内游客整体满意度为 88.47 分,居平均水平之上;省外游客整体满意度为 85.95 分(见图 16)。旅游满意度包含游客对当地旅游基础设施、旅游景观、接待服务及消费环境等的综合评价,对当地未来的旅游发展有重要意义。因此,建议不断完善当地旅游基础设施,开发优质旅游产品,加强人文服务,优化消费环境,努力提高游客的整体满意度。

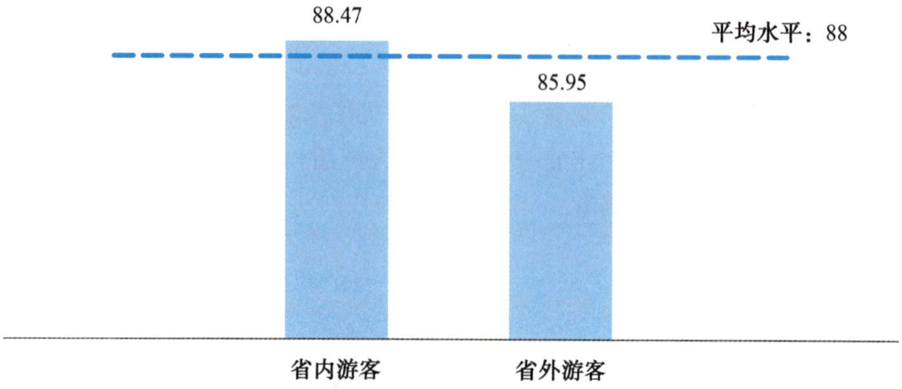

图 16　2021 年日照市省内、省外游客整体满意度对比（单位：分）

2.交通、餐饮和游览居行业满意度前三位

按行业分，游客满意度排名从高到低分别是交通、餐饮、游览、公共服务、娱乐、住宿、购物、服务价格。其中，交通、餐饮、游览和公共服务在整体满意度水平之上，而住宿、购物和服务价格满意度最低（见图 17）。建议规范旅游住宿、商品、相关服务的价格，同时提高旅游住宿、服务质量，使游客感到物有所值。

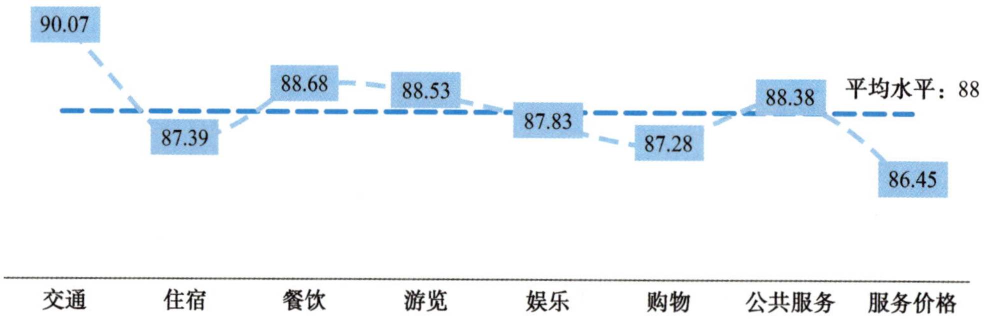

图 17　2021 年日照游客对行业的满意度（单位：分）

五、旅游发展短板及对策建议

（一）旅游发展短板分析

1.夜间旅游消费潜力不足

2021 年国内旅游抽样调查数据显示，来日照市旅游的国内一日游游客人均花费

607.42 元，过夜游游客人均花费 1201.55 元，过夜游游客成为消费主力人群。但日照市过夜游游客仅占 25.5%，且以停留 1—3 夜居多，平均停留 1.92 天，因此造成了日照市夜间旅游潜力不足。一方面，疫情、交通条件、夜间消费时间等限制导致夜间消费潜力不足；另一方面，目前旅游市场上的夜游产品无法满足游客日益丰富的夜游需要，导致游客的夜游欲望降低，从而使过夜游游客人均花费降低，加重了夜间消费潜力不足的问题。

2.日照市旅游竞争力较低

2021 年，日照市山东省内客源占比 72.34%，省外客源仅占 27.66%，从侧面反映出日照市对省外、远距离地市的游客吸引力较低。从消费结构来看，国内游客在旅游消费结构上以住宿、餐饮、购物为主，合计比重超八成，而用于景区游览、休闲疗养、文化娱乐方面的文化消费总占比不足一成，反映出游客仍以住宿、餐饮、购物等传统消费为主，日照市的文化旅游、康养旅游等新业态旅游产品吸引力不足，没有形成较强的旅游竞争力。究其原因，一方面，日照市占据“山海”“阳光”“沙滩”等旅游元素，却没有形成具有竞争力的旅游项目；另一方面，营销没有达到预期目标，没有对日照市打造旅游 IP 品牌进行宣传，导致对省外游客的吸引力较低，没有形成旅游竞争力。

3.冬季旅游产品供给不足

冬季因北冷南热所形成的东北“冰雪热”和海南“阳光海滩热”，是我国冬季旅游产品的典型特征，由此导致北方冰雪城市和三亚海滨城市冬季旅游发展明显优于其他地区。日照市现有的冬季旅游多集中在冰雪观光、滑冰滑雪、温泉洗浴等项目，没有充分结合当地民俗文化，缺乏当地特色，无法形成具有竞争力的冬季旅游产品。另外，日照市的冰雪旅游经济效益较低，冬季旅游仍然以冰雪资源为主，游客也仍然以年轻游客群、亲子游客群、摄影爱好者和滑雪“发烧友”为主，总体来说，目前日照市冬季旅游产品不足，冰雪旅游的效益有待放大。

（二）旅游发展对策建议

1.多措并举，激活夜间旅游消费潜力

优化夜间文化旅游消费环境，激发游客消费潜力，加快形成夜间旅游经济体系。

一是为夜经济注入新动能。如今，人们对于健康更加追求，并将体育活动与夜晚紧密结合在一起。鼓励举办夜跑、夜篮、拳击等夜间体育赛事活动，以夜间体育赛事活动为媒介，丰富夜间体育休闲消费选择；政府应加大体育惠民消费券的发放力度，

促进消费；同时出台规章措施，规范夜间体育活动，更好地培育体育夜经济。

二是完善交通设施，助力夜经济。夜间交通不便导致人们只能在有限的范围内活动，应加快完善大型商圈、夜市、景区、街区等夜间消费集聚区和居民区等区域的夜间交通设施；完善日照市夜间公共交通路线网，打造高品质公交服务模式，服务城市发展，助力夜经济。

三是促进夜游购物消费。延长城市商业中心区、商业综合体及夜间文旅消费集聚区的营业时间，加快对夜间购物街区和24小时便利店的建设；鼓励开展夜间推广、打折让利活动，加大文旅惠民消费券的发放力度；增设夜间文化演出、非遗产品展卖等；培育多元化夜间消费模式，丰富游客的夜间游览购物体验，促进其夜游购物消费。

2.全面提升，加强日照旅游竞争力

日照市旅游业应加快向休闲度假型发展模式转变，全面提升整体竞争力。

一是加快旅游项目的开发建设。加大旅游项目开发力度，通过制定更加优惠的扶持政策，灵活运用各种开发模式，集中力量建设一批有影响力、独具特色的精品旅游项目，提升旅游产品的吸引力。深入挖掘开发具有纪念性、实用性、工艺性及便携性的旅游产品，编排成旅游套餐，培育具有日照特色的美食品牌和住宿接待体系，满足不同群体的旅游消费需求，提高游客的人均消费水平。

二是加大营销宣传力度，提升城市旅游品牌价值。打造特色旅游品牌，通过深入挖掘独特性的海滨旅游资源，以海滨度假、水上运动、休闲游憩、参与体验为开发方向，充分整合日照的海滨旅游资源，突出“阳光、海滩、运动”等元素，塑造“阳光海岸、水运之都”的城市品牌；着力强化市场营销，大力开拓旅游市场，提高日照旅游目的地在国内的知名度。

三是加强旅游基础设施建设。转变投入机制，退还旅游企业质保金，调动旅游投资的积极性；加强以机场、高铁、高速公路为代表的交通建设；加快景区、民俗旅游村基础设施建设；加快推进旅游购物街区、旅游夜生活街区、旅游餐饮街区等旅游特色街区建设；加大对精品民宿的培育力度，进一步提高日照市旅游的综合管理水平和服务水平。

3.扩大供给，培育滑雪旅游度假综合体

随着北京冬奥会临近，滑雪旅游产业处于供需两旺、强势崛起的爆发期。为助力冬奥，扩大冰雪旅游产品的优质供给，文化和旅游部等联合印发《冰雪旅游发展行动计划（2021—2023年）》，部署加快发展冰雪运动和冰雪产业。建议日照市紧抓冰雪游热潮，打造日照冰雪新IP。

一是扩大冰雪旅游产品优质供给。以提升旅游服务品质为前提，丰富滑雪旅游

度假地的产品，打造“冰雪＋”全链条产业资源供给模式，如滑雪运动装备、特色民宿、温泉康养、文化体验、旅居度假等。打造高质量冰雪主题节活动，进一步优化结构、丰富业态、扩大营销、引领市场。

二是培育冬季度假综合体。打造集山地度假、高山滑雪、赛事训练、户外运动、会展购物、教育营地、休闲娱乐等功能于一体的综合度假区，构建多样化、个性化、特色化的产品供给体系。深耕冰雪文化，推动特色文化与冰雪元素创新融合，建设冰雪博物馆、冰雪艺术中心等特色项目。助推“滑雪＋文化”“滑雪＋休闲度假”“滑雪＋体育”“滑雪＋科技”等的发展。

三是壮大冰雪运动客群，打造高黏性消费。举办滑雪训练营和滑雪冬令营，打造特色冰雪研学课程，培育冰雪消费市场，壮大冰雪运动客群。抓住疫情防控常态化背景下本地游、省内游唱主角的时机，出台积极、有效的本地惠民政策，通过“线上宣传服务＋线下就近转化”的创新形式，激发本地居民的冰雪游热情，打造高黏性消费。

（王玺任）

附录　日照文旅产业高质量发展的消费促进模式研究

【摘要】在“双循环”新发展格局和常态化疫情防控的背景下，日照（局部）文旅市场结构与国内（整体）结构错位，表现为二产型供给市场和三产型需求市场，呈现出非均衡地域性买方市场格局以及垄断竞争市场结构。需求市场仍然保持着增长的消费支出和消费意愿，政企行为共同积蓄消费市场潜力和产业发展势能。在国家文化和旅游消费试点城市创建和建设中，日照基本形成了从消费出发、在结构落脚的“五坚持、五优化结构”的发展模式。

【关键词】文旅；消费；产业；高质量

【引言】2020 年，在全球范围内暴发的新冠肺炎疫情给文旅产业造成了前所未有的冲击。随着国内疫情防控政策的有效落实、公共卫生保障力的快速加强以及广大民众对疫情防控认知的持续提升，疫情形势已从 2020 年的大面积集中暴发阶段转为 2021 年的常态化疫情防控阶段，统筹疫情防控和经济社会发展成为很长一段时间内各行业面临的最重大、最紧迫的任务之一。由于实施了全民化疫苗接种、核酸检测以及“动态清零”等防控措施，国内疫情逐渐呈现出局域性、散发性等特点。文旅行业按照“限量、预约、错峰”要求，根据当地疫情情况即时调整经营策略，文旅企业逐渐转向以市场营销为主的轻资产运营；以往的消费模式、消费习惯和流量导向等都根据疫情进行适应性转变，消费者对产品的选择日趋理性；消费渠道也因疫情影响而大幅“上线”，“渠道＋营销”业已成为文旅企业角逐市场的经典战术。与此同时，旧产能被加速淘汰，新业态如雨后春笋，高新科技不断转化应用到生产、流通、消费、服务等各环节，疫情影响下的消费意愿仍然持续走高。总之，国内文旅产业链各端在2021年的市场竞争和消费中主动求新求变，各地都在探索自身的恢复和高质量发展之路。由此可见，2021年既是年度周期维度下文旅产业发展的“试验田”，又是新发展格局下研判未来趋势的“风向标”。作为地方经济总量和文旅产业体量都不占优势的沿海城市，日照因成功跻身国家文化和旅游消费试点城市行列而引发关注。因此，研究分析2021年日照文旅产业发展状况，对日照未来实现文旅产业高质量发展具有非常重要的指导意义。

宏观经济学的经济周期理论强调政府政策进行需求管理的作用，而政策主要指向“三驾马车”，即投资、消费和出口。经济增长的原动力是最终消费，在“双循环”新发展格局和常态化疫情防控的背景下，扩大消费就成为促进经济增长的主要着力点，而促进消费也成为政府通过政策撬动产业发展的主要杠杆。文旅产业发展的原动力同样是最终消费，但其深层动力来自需求语境下的供给侧。文旅供给主要分为公共供给和商业供给，而商业供给形成市场主体，也就是本文的研究范畴。这部分供给大多呈现出固定成本高、边际成本低以及渗透和外溢效应强等特征，这些特征反映到产业链消费端，则表现为四方面的影响因素：一是消费者因素，包括消费者的收入水平、闲暇时间和消费偏好；二是社会经济因素，包括经济发展水平、劳动生产率和收入分配结构；三是制度因素，包括节假日制度和旅游权制度；四是供给保障因素，包括产品和服务供给状况以及基础配套和消费环境。这些影响因素为研究文旅消费促进产业发展的模式提供了突破点。由于“双循环”新发展格局中的“内循环”指的是国内大循环，文旅产业链也是国内“一条链”，无法以行政区划或层级界定产业区域，因此，本文以区域经济学视角研究分析整体（国内）与局部（日照）的关系，以2021年文旅产业发展情况为研究对象，分析其发展模式和特点，并根据国内文旅产业发展大背景、大环境、大趋势，研究日照文旅产业高质量发展的消费促进模式。由于市场结构决定市场行为，市场行为决定市场运行的经济绩效，因此，本文的研究方法采取产业经济学的产业组织理论模式，即按照“市场结构（Structure）—市场行为（Conduct）—市场绩效（Performance）”（SCP模式）进行分析研究。

一、国内文旅产业发展现状及趋势

在全球文旅产业价值链和国际分工体系中，我国处于附加值相对较低的中间环节，产业链两端附加值较高的研发设计、品牌运营等重要环节大多掌控在国际文旅集团手中，尤其是它们对一些顶流文化IP具有相当大的垄断性。为加快赶超步伐，我国在“十三五”时期完成了自上而下的文化和旅游行政管理体制改革，加快推动供给侧结构性改革以实现新旧发展动能转换，突出市场主体地位以推动产业转型升级。

2020年,新冠肺炎疫情扰乱了我国文旅经济发展秩序和规划,文化产业增加值占GDP的比重下降0.07个百分点,人均教育文化娱乐消费支出下降19.1%,国内游客量和旅游收入分别同比下降52.1%和61.1%。随着流行病学等公共卫生学科的应激式发展,各种科学防控措施的有效落实,尤其是广大民众生产生活与疫情防控的统筹协调,国内疫情形势已进入常态化防控阶段。植入常态化疫情防控基因的文旅产业在恢复和发展中呈现出以下趋势和特点。

(一)整体发展持续向好,文化产业复苏较快

与旅游业的空间位移属性相比,文化产业借助轻资产运营及少接触、少聚集等产业服务特性,恢复和发展势头更好。2021年,全国规模以上文化及相关产业企业营业收入同比增长16.0%,两年平均增长8.9%,比2019年同比增速快1.9个百分点。其中,9个行业大类营业收入均实现同比两位数增长;在43个行业中类中,41个行业营业收入同比正增长,增长面达95.3%。从两年平均增速看,除文化娱乐休闲服务外,其他8大行业均实现正增长(见附图1)。

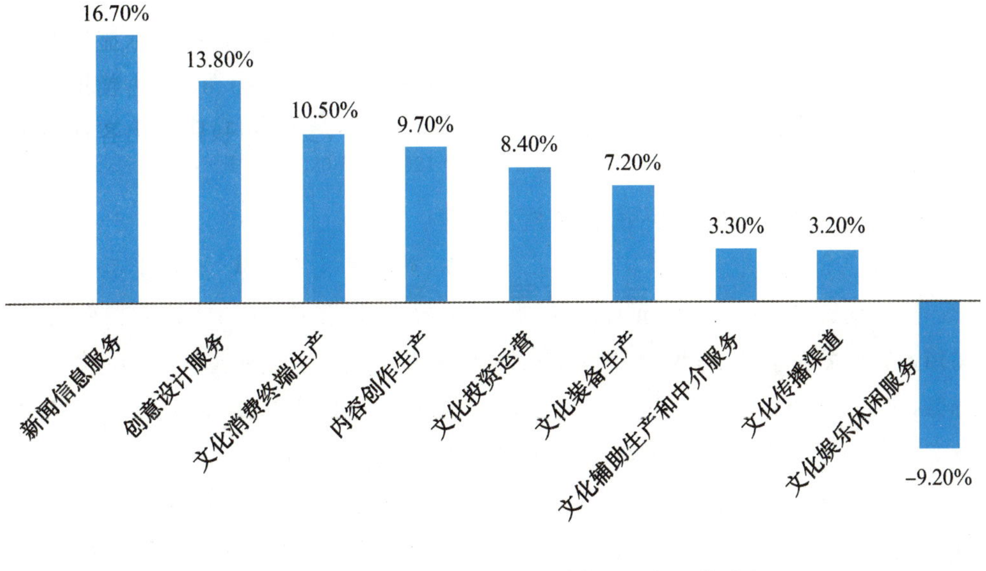

附图1 2021年全国文化产业9大行业两年平均增速

受局部暴发、多点散发疫情影响,旅游业复苏进程在2021年下半年出现明显波动。全国旅游经济运行综合指数(CTA-TEP)同比上升25.28点,跨过荣枯线,进入102.38点的"弱景气"区间,呈现出恢复势头。尤其值得关注的是,企业家信心指数尚未恢复到临界值水平,旅游消费意愿同步收缩,旅游经济仍未表现出全面复苏迹象。国内旅游总人次和旅游总收入(总消费)分别恢复到2019年的54.0%和51.0%;2022年一季度,国内旅游总人次同比下降19.0%。与文化产业大面积复苏相比,旅游及文化娱乐、休闲服务等行业受疫情影响较为严重,恢复较慢。

（二）消费时间相对集中，消费空间相对收缩

疫情限制了出游活动的自由度，导致假日集中消费对文旅经济基本面的支撑作用更加显著。2021年春节、“五一”和“十一”假期，国内旅游客流分别恢复至2019年同期的75.3%、103.2%和70.1%，收入分别恢复到58.6%、77.0%和59.9%，均高于各季度的国内旅游增长。带薪休假制度、黄金周和小长假以及《民法典》对旅游权保障制度的有效落实，为“限量、预约、错峰”的分散消费提供了多种时间选项。但由于带薪休假率一直不高，导致假日消费成为相对集中的选项。在消费空间上，受疫情影响的文旅消费市场日趋谨慎，中远程出游规模和消费能力尚无回升迹象，出游需求在局部区域集中释放，表现为客源地文旅经济复苏进程普遍快于目的地。2021年，都市商圈和文化休闲街区(57.6%)、文化场馆(51.1%)、城市周边及乡村(48.5%)成为主要的文旅消费地点；不断涌现并更新迭代的商业综合体(中央商务区或游憩商务区)、文博场馆、社区文化生活圈等成为国内文化消费的主要场景。2021年“十一”黄金周，消费者平均出游半径为141.3公里，同比缩减71.7公里，减少了33.66%；目的地平均游憩半径为13.1公里，同比缩减1.1公里，减少了7.75%，以都市休闲、近郊游为主的“本地人游本地”特征十分明显。此外，2021年，东部地区规上文化企业实现的营业收入占全国的比重为76.0%，同比提高0.4个百分点；同样，旅游也明显表现出“南密北疏”“东多西少”的不均衡结构。由此可见，城市和区域人口成为区域文旅经济恢复发展的重要因素。

（三）新业态势头强劲，科技赋能效益凸显

基于以上两点，文旅消费新的增长点主要集中在文化产业新业态领域。2021年，数字文化新业态16个行业小类营业收入同比增长18.9%，两年平均增长20.5%，高于文化企业平均水平11.6个百分点，占文化企业营业收入的比重为33.3%，比2020年提高0.8个百分点。其中，可穿戴智能文化设备制造、互联网广告服务2个细分行业营业收入两年平均增速分别达到46.4%和31.8%。文化产业新业态的迅猛发展，依赖的是科技创新和文化创意深度融合。5G、AR、VR、全息投影等前沿科技与文化业态项目深度融合，打造出沉浸式空间、文创新零售、虚拟娱乐、虚拟偶像等文化娱乐业新玩法。以移动互联和大数据为代表的科技应用已经广泛深入文化休闲和旅游体验中，即时、有效地连接了碎片化需求与分散化供给。空中下载技术(OTA)、短视频、社交生活等共同搭建起汇聚了丰富的文化和内容的线上生态，消费者获取休闲资讯的渠道更为广泛，大数据支撑下的数字营销更加精准，消费者的出游决策和产品触达用户的效率显著提升，个性化、定制化的文旅消费需求得到更好的满足。

（四）内容是核心竞争力，高质量发展是趋势

当前文旅项目已逐渐转向轻资产运营。文化产业之所以恢复较快，是因为消费者的出游活动受到疫情限制致使旅游业恢复较慢，而在更大程度上是因为文化产业

自身内容运营的高附加值属性和轻资产运营特性。当前,微信、抖音、小红书、快手等内容平台业已成为消费者接收信息的主要渠道,而企业对于内容的策划、运营和营销能力,已经成为文旅产业的核心竞争力。例如,“只有河南·戏剧幻城”项目就是通过在线上制造话题和共情等内容运营手段,而迅速成为河南文旅的一号工程和名片。对于旅游业的恢复和发展,2022 年,主管部门已将暂退旅游服务质量保证金的比例提高到 100%,补足期限延长至 2023 年 3 月,各地政府及相关部门也出台了一些纾困政策,但下一步政策扶持的空间越来越小,恢复、建立、强化自身“造血机能”成为文旅企业面临的首要任务。2021 年,旅游过程中打卡文艺“小资”目的地、看剧观展、文博场馆参观、演艺、节事、民俗体验等成为热门文化消费内容。其中,61.1%的消费者旅游中的文化消费占比为 10%—30%,18.8%的消费者旅游中的文化消费占比为 30%—60%。[①] 由此研判,未来旅游活动中的文化消费仍有很大的上升空间。因此,从文化入手赋能旅游,从内容运营入手深化文旅融合,逐渐成为当下加快旅游业恢复和发展的必由之路。在文化和旅游深度融合的进程中,以高流量转化率、高投资回报率、低投入产出比为主要衡量指标的高质量发展趋势,已经成为国内文旅产业未来发展的业内共识和主攻方向。

二、日照文旅产业 SCP 分析

在国内大循环中,日照位于胶东经济圈,与鲁南经济圈的临沂和徐州都市圈的连云港毗邻。从区域产业上看,日照在山东半岛和鲁南苏北区域处于低梯度位置,市场定位为目的地、中转地和客源地。聚焦日照市场本体,产业结构导致的市场行为及其产生的市场绩效,都呈现出独特的特征,并对产业链产生了影响。

(一)日照文旅市场结构分析

在供给市场方面,由于文化和旅游在产业分类中有交叉重叠部分,旅游规上企业均已在文化规上企业中纳统(全部集中在 06、07 大类),因此,分析文化规上企业的市场份额即可研判整个文旅市场集中度。2021 年,日照规模以上文化企业总营业收入同比增长 18.6%。按照文化及相关产业分类(2018),日照规上企业中缺席文化核心领域(01—06 大类)的文化传播渠道和文化相关领域(07—09 大类)的文化装备生产两个大类,共占据 7 个大类、18 个中类、32 个小类。文化产业核心领域与文化产业相关领域的规上企业数量基本持平,但在营收方面,文化产业相关领域却是文化产业核心领域的 7.7 倍多,尤其是文化制造业营收占比高达 85.56%,而附加值较高的文化服务业仅占 8.3%。文化产业核心领域缺少龙头企业和拳头产品,核心竞争力相对不

① 参见中国旅游研究院、上海创图公共文化和休闲联合实验室:《2021 年全国文化消费数据报告》,2022 年 4 月。

足。此外，日照的自然生态、人文遗产、文创科创等核心文旅资源基本由国企平台或事业单位管理运营，民营规上企业数量、体量、产量都相对有限，市场集中度国有化程度相对较高。

放在省级区域中考量，日照文化产业多项指标均在山东省16地市中垫底，旅游业则处于全省中下游水平，区域竞争力较弱。从产业增加值绝对值来看，日照明显呈现出“文弱旅强”的产业架构，文化产业内生动力相对不足(见附表1)。

附表1　2021年日照文化产业和旅游业对比

产业门类	总量		占GDP比重		增速		对全省的贡献率	
	亿元	位次	%	位次	%	位次	%	位次
文化产业	54.21	16	2.45	16	11.84	15	1.6	16
旅游业	93.19	13	4.21	9	12.76	7	2.4	13

在需求市场方面，抽样调查显示，日照本市消费者数量占比37.65%，省内消费者占比72.34%，约65%的需求市场在本地和周边4个毗邻地市。在需求侧年龄结构上，23—45岁占比64.86%，46—60岁占比21.76%，消费主力相对集中，但中老年市场不容忽视。城镇消费者占82.28%，城乡比例为4.64∶1，城镇消费需求占据绝对主导地位。需求结构以住宿、餐饮、购物为主，分别占36.29%、23.58%、21.75%，合计比重超过80%(见附图2)。

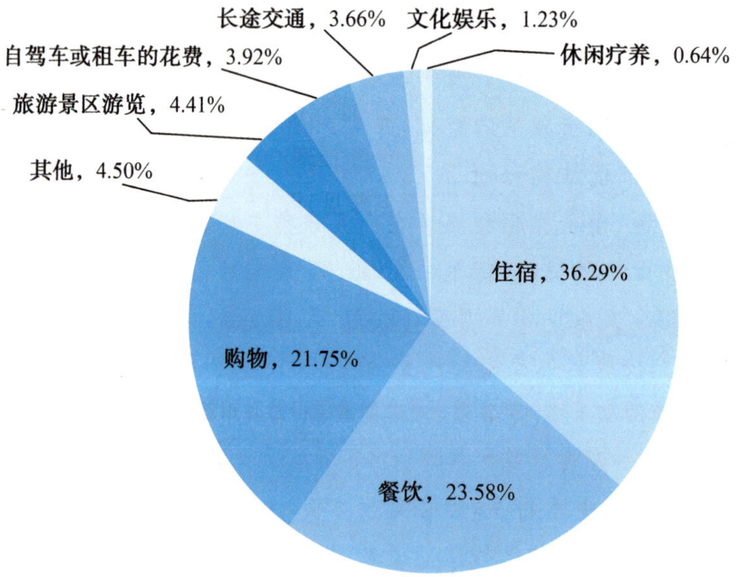

附图2　2021年日照文旅消费需求结构

综上所述，日照文旅市场表现为二产型供给市场和三产型需求市场，供需偏差主要由旅游业弥补，集中体现在旅游住宿、旅游餐饮和旅游购物（旅游及相关产业统计分类12、13、15大类）以及文化娱乐休闲服务（文化及相关产业分类06大类）。由此可见，日照文旅市场呈现出非均衡地域性买方市场格局以及垄断竞争市场结构。

（二）日照文旅市场行为分析

在上述市场格局和结构下，企业做出的价格行为和非价格行为呈现出高度融合性，总体上表现为轻资产运营行为，主要体现为以价格歧视（价格差别）为主要手段的市场营销行为。在B（企业）端，2021年日照文旅行业开展营销活动近200场，以联票、捆绑、特殊节点打折等O2O价格促销行为为主，同时配以策划低成本的主题性、参与性、娱乐性体验活动吸引区域流量。在G（政府）端，主要是举办文旅惠民消费季活动，累计发放消费券433万元，直接带动消费1500万元，间接带动消费4000万元；另外，组织文旅企业赴上海、郑州等地开展城市形象宣传和旅游推介活动。需要说明的是，疫情前日照文旅市场上曾经出现过掠夺性定价、合作性定价等限制性定价行为，但在常态化疫情防控形势和高质量发展趋势下，这种价格行为将通过市场手段得到有效遏制。

企业组织调整行为从整体上看十分有限，尤其是文化企业受疫情的影响较小。掌控核心文旅资源的城投集团、山东海洋文旅、土地发展集团、公交能源集团等市属涉旅国企，以及东港农发、岚山海发、五莲山水等区（县）涉旅国企，在2021年国企改革中大部分保持相对独立和稳定。受疫情影响最为严重的旅行社行业，受跨境、跨省熔断政策影响，只有大约10%的企业能正常开展业务，大部分旅行社导游做兼职或直接转行，但由于全行业享受政府旅游服务质量保证金暂退政策，因此，暂无旅行社企业退出市场。半数景区企业暂停营业，其他景区也以减少员工、转移生产方向等方式应对疫情影响，但由于景区固定资产的不可移动性，只有个别小微民营企业发生并购或重组行为，大部分则保持稳定。

此外，在疫情这一特殊情况下，政府对市场的主动干预也成为影响市场行为的重要因素。从中央到地方各级政府及相关部门纷纷出台助企纾困政策，除文旅惠民消费季活动外，日照利用500万元省级居民消费财政专项奖励资金、227.2万元省级乡村振兴专项资金等上级政策资金，集中帮助中小微企业应对疫情冲击；举办银企对接活动，授信1.6亿元；策划推出“文旅富市贷”，为210家企业提供贷款3.17亿元。此外，官方组织文旅企业参与国内各类博览会、展销会、洽谈会等活动，在房租、税费等经营性支出方面予以适当减免。政府以中小微企业为扶持重点，着重在消费、融资等方面发力，平衡供需两端，以达到优化企业营商环境、市场消费环境的目的。

综上所述，日照文旅企业采取了价格和非价格市场营销行为、轻资产运营行为以及有限的组织调整行为，以适应日照文旅市场结构和格局。在此期间，政府对市场的主动干预成为挽救市场颓势、调整市场结构、促进高质量发展的关键。

（三）日照文旅市场绩效分析

2021年，日照规上文旅企业的平均利润率约为8.76%，其中，文化制造业利润率为12.44%，文化批零业和文化服务业营业利润均为负数，直接拉低了规上文旅企业的平均利润率。在旅游方面，2021年日照接待游客总人次和旅游总收入分别同比恢复到2019年的70.22%和67.66%。旅游业关联了110多个行业，平均利润率无法定量测算，但旅游收入恢复慢于游客接待人次，加之企业采取的价格促销行为，尤其是与旅游业高度关联的文化服务业营业利润为负数，据此基本可以研判旅游业平均利润率较低。在局部暴发、多点散发疫情和常态化疫情防控形势下，单从市场供给端的企业利润率评估市场绩效已不具备现实意义，还要从市场消费端进行综合研判。

从消费端来看，2021年日照市人均文化娱乐消费支出914元，同比增长17.3%；旅游人均消费758.93元，同比增长8.48%，基本恢复到2019年的水平；银联涉旅消费总额为572.18亿元，同比增长181.72%，全年所有月份同比2020年均有所增长，较2019年增长80.78%。全市城乡居民人均出游2.61次，同比上升59.99%。根据2021年四季度问卷调查结果，2022年一季度，居民的出游意愿为78.93%。从统计数据来看，由于受青岛、烟台、威海等地疫情影响，2022年一季度，日照旅游接待总人次和总收入分别下降11.06%（省内第9位）和13.71%（省内第3位）。尽管仍受局部疫情影响，但无论是从消费支出还是从消费意愿上看，文旅市场的综合绩效恢复较快，供给侧具备了一定的在疫情下生存和发展的能力，实际需求依然旺盛。

综上所述，日照文旅市场供给端绩效相对较低，疫情影响尚未触底；而需求市场保持着增长的消费支出和消费意愿，消费端绩效相对较高。从综合效果看，政企行为关联性较高、配合性较强，二者适应常态化疫情防控要求，共同积蓄市场潜力和发展势能。

（四）小结

从整体上看，国内文化产业已基本全面复苏，科创应用和内容运营成为文旅产业恢复和发展的关键。文化作为旅游业突破疫情桎梏、实现高质量发展的引擎，核心地位已经确立，文旅融合成为文旅产业高质量发展的要求。

从局部上看，日照文旅市场结构与国内整体结构错位，政府持续加大对文旅产业结构的调控力度，增强文化产业的核心竞争力，优化三产构成比。通过政府指导市场行为，实现资源优化配置；通过培育消费市场，增强区域“内循环”内生动力。在区域发展中，日照找准区域市场定位，将市场同质化竞争劣势转化为增长极扩散效应和梯度辐射效应优势，成为文旅产业发展潜力型城市。成功创建国家文化和旅游消费试点城市，标志着日照通过消费端发力推动文旅产业高质量发展的模式已经基本成型。

三、日照文旅产业高质量发展模式

基于结构—行为—绩效(SCP)分析,结合日照的实际情况,研究以政府为主导、以市场为主体推动市场结构高质量优化调整,指导高质量市场竞争行为,继而产生高质量市场运行绩效的有效模式。

(一)坚持政府主导,优化产业顶层设计结构

从“十三五”时期的“旅游富市”“五城同创”,到“十四五”时期的“产业强市”战略,再到“现代化国际海滨旅游度假名城”的2035年远景目标,日照将文旅产业打造成战略性支柱产业的定位日益清晰,将文旅产业融入城市全域化建设和发展的指向日益明确。疫情发生以来,日照市出台了《应对新冠肺炎疫情影响 促进文化和旅游、体育产业健康发展的十四条措施》等总体政策。在总体政策指导下,分类出台了《日照市优秀文艺作品创作扶持实施办法(试行)》等文旅产业核心领域政策,《关于做好金融支持文化旅游企业发展的通知》等文旅产业相关领域政策。在顶层设计中,日照以文旅消费市场为导向制定顶层普适性政策,并根据产业分类制定核心领域和相关领域政策,涵盖规划、制度、措施、方案等各种形式,形成总分式顶层设计结构,协同引领产业发展。在此模式下,突出政府主导地位,进一步发挥政府对文旅市场的调控性干预作用,从政策法规的角度对文旅经济相关政策进行宏观梳理;根据整体经济形势新变化建立局部顶层设计即时响应机制,适时出台促进文旅产业高质量发展政策;根据区域产业链制定核心领域和相关领域针对性政策,减少“政策内卷”,凝聚“政策合力”。

(二)坚持市场主体,优化供给需求市场结构

集中解决二产型供给市场和三产型需求市场不匹配的问题,是日照优化文旅市场结构的主要任务。疫情在对文旅市场产生冲击的同时,也对产业结构调整起到了优胜劣汰、挤压泡沫、重新洗牌、迭代升级的作用。日照顺势而为,借助客观力量,发挥主观能动性,以消费需求为导向,以文化服务业和旅游业为重点,优化三产构成比,调整价值链结构。疫情发生以来,共有12个旅游景区被责令限期整改,15个旅游景区被取消质量等级,通过行业管理手段实现动态进退、优胜劣汰,行业高质量发展初现。享受旅游质量保证金暂退政策的旅行社行业,有76%的企业出现零利润或负利润,市场挤压行业发展泡沫的作用较为明显。从消费选择来看,非星级饭店、非标住宿占69.79%,成为新兴市场主体,而传统的星级饭店仅占2.87%,住宿业正在重新洗牌。新晋4A级旅游景区3个,新增3A级旅游景区2个,新创省级夜间文旅消费集聚区2个,旅游核心吸引物正在迭代升级。在“借力用力”的调结构模式下,需求市场的话语权进一步加强,产业细分领域进一步细分,融合文创、科创的文旅新业态成

为新的消费热点，亚文化圈层的小众业态开始萌芽。

（三）坚持融合发展，优化新旧发展动能结构

日照根据自身文旅市场供需结构，形成了"依托旧动能、培育新动能"的发展模式，融合型产业业态成为文旅产业发展新趋势。疫情发生以来，文化、科技及知识产权成为各行业的核心竞争力。同国内大趋势一致，日照文旅产业也逐渐从先前的多产业融合转向"文创＋科创＋旅游"深度融合的发展模式。以民宿业为例，日照从滨海渔家乐民俗文化旅游转型升级，培育发展滨海、乡村、山岳、茶园、民俗等各类精品民宿60家（其中，省级五星级民宿2家、三星级民宿11家，市级精品民宿15家），成为日照乡村振兴战略五大示范工程之一，位居山东省民宿行业前列。为适应疫情下的市场需求，日照涌现出一些文化产业新业态。据不完全统计，截至2021年年底，日照有剧本杀32家、密室逃脱16家、现场音乐酒吧（Live House）15家，普通酒吧、咖啡厅等休闲消费场所200多家。这些新业态既为疫情下的文旅产业发展带来了新动力，也为依法监管带来了新课题。短期内，日照文旅产业发展依然要靠传统动能驱动。随着G端在产业结构上日趋优化，B端在业态布局上日益调整，旧动能转型升级，新动能加速生产，逐渐淘汰过剩、过旧产能，发展动能在转变中完成置换。与此同时，下沉资源配置，深耕、厚植高质量发展土壤，培育构建产业集群、集聚和集散区。

（四）坚持突破县域，优化产业发展引擎结构

在产业结构调整、业态布局的同时，建立区域梯度结构，培育区域增长极，是日照构建区域经济学视角下的产业落地模式的主要任务。在新型城镇化和乡村振兴两大战略推动下，立足"两区两县"行政区划结构，努力发展县域经济，打造区域发展新引擎。在消费区域化和人口资源化发展趋势下，占全市人口1/3的莒县，是对内挖掘文旅产业发展潜力的最大源泉。2021年，莒县规上文旅企业数量占全市的21.3%，而营业收入仅占9.5%；旅游接待总人次数占全市的15.3%，旅游总收入占12.8%；人均消费低于全市平均水平。由此可见，莒县文旅产业发展存在很大的提升空间，同时也是日照文旅产业发展的潜力所在。在国家全域旅游示范区、夜间文旅消费集聚区、长城国家文化公园建设、山东省文旅康养强县等方面对莒县进行倾向性扶持，争引或策划省级、市级文旅节会活动在莒县举办，发挥莒县文化资源优势，培育文化创意产业，充分释放区域"人口红利"。在市级区域内，逐渐构建起以东港为代表的城区、以莒县为代表的县域文旅产业发展双引擎结构。

（五）坚持区域战略，优化经济圈产业链结构

立足胶东、鲁南、苏北三个经济圈交点区位优势，厘清区域文旅产业链架构，找准区域发展定位，融入区域发展战略。发挥日照滨海资源优势，与鲁南经济圈和徐州都市圈形成差异化发展格局，在企业、商会、行业、产业等各层面建立区域联盟或合作关系，进一步巩固和加深"互为目的地、互为客源地"的产业联系，在区域循环的基础上

共同开发华东、华北和中原市场。G端把握日照文旅产业链在区域价值链、企业链、供需链、空间链四个维度的产业定位;B端根据产业定位和自身行业实际,顾好生产、流通、销售等产业链各环节;C端影响产业链上游并形成闭环,在区域产业链和"内循环"中进一步明确分工体系。积极承接区域增长极扩散效应和梯度辐射效应,主动融入胶东经济圈,立足胶东国际机场以及青岛、烟台国际邮轮母港等渠道资源优势,抢抓青岛国际啤酒节、烟台国际葡萄酒节、潍坊国际风筝节等具有国际影响力的IP节会平台,深化胶东经济圈文旅一体化发展,在建设现代化国际海滨旅游度假名城的基础上,加快融入"外循环"体系和"一带一路"建设,共同开发日本、韩国以及东北亚市场,在国内国际"双循环"新发展格局下形成日照文旅产业高质量发展新模式。

综上所述,日照政府根据文旅市场消费需求,建立起总分式文旅产业顶层设计结构,顺应常态化疫情防控要求,优化调整三产构成比,以实现供需平衡;坚持消费导向,培育壮大文旅融合新业态、新动能,以提高政企营销精准度;构建县域引擎,以夯实文旅产业发展根基;积极融入区域发展战略,以深化文旅经济一体化发展,形成符合日照地域特点、畅通区域产业链条、融入国内国际"双循环"新发展格局的文旅产业高质量发展消费促进模式。

（陈涛　王忠霞　王玺任　迟明娟　李鹏飞）

2021年威海市旅游业调查分析报告

2021年，威海市文化和旅游局在威海市委、市政府的坚强领导下，高位设计，多措并举，统筹推进疫情防控和文旅市场复苏振兴，持续推动文化和旅游融合高质量发展。

一、旅游发展特点分析

（一）坚持文旅融合，助推文旅产业高质量发展

1.上位规划引领，推动产业升级

2021年，威海市文旅系统编制完成《威海“十四五”文化和旅游发展规划》，提出“十四五”时期文化和旅游领域的发展目标、工作思路、重点任务；组织了文旅融合以来规模最大、措施最实、成效最好的大调研活动并完成《威海市文旅产业调研报告》，被市委主要领导同志批示；编制《威海国际滨海休闲度假旅游目的地城市实施策划方案》，起草了《威海市文化和旅游产业高质量发展实施意见》。以创建促提升，文登区成功创建为省级全域旅游示范区；好运角文旅康养融合示范区成功创建为省级文旅康养融合示范区；韩乐坊文化主题街区、十二属相街、樱花湖时尚休闲运动街区成功创建为省级夜间文旅消费集聚区。开展第五届威海市文化和旅游惠民消费季活动，先后发放消费券269.91万元，拉动消费1079.63万元，环翠区获评山东省第一批省级文化和旅游消费示范县（市、区）；成立威海文创产业联盟，举办“礼尚威海”文创设计大赛，打造专属于威海的城市礼物和文创设计产品；积极组织企业参加省文创商品设计大赛，4项参赛作品均获奖。

2.紧盯关键领域，着力攻坚突破

一是突破招商引资难题。梳理包装38个重点招商项目，编制完成《2021年文旅产业招商手册》。成功举办威海文旅产业招商推介大会系列活动，在会上签约5个重点项目，总投资超100亿元。重点盘活9处文旅“半拉子”项目，把闲置项目打造成招商引资的新招牌，大乳山、圣经山、呼雷汤等项目招商取得初步成效。

二是突破海上休闲难题。系统梳理海上休闲产业在生产环节、使用前资质办理、相关配套、活动监管等方面存在的问题。学习和借鉴青岛海上休闲产业的先进经验，为本市发展海上休闲产业提出建议，并被市领导批示。

三是推动昆嵛山区域综合保护开发。将昆嵛山片区纳入全市招商引资“大盘子”，昆嵛山度假小镇项目在文旅产业招商推介大会上作主题推介。文化和旅游惠民消费季期间，重点推出了昆嵛山樱桃节定向券，引流客源“带客上门”达12万人次，同比增长140%。

四是推进国有景区体制机制改革。推荐刘公岛景区列入全省国有景区体制机制改革试点名单，完善《国有景区改革试点方案》，全面提升景区管理服务水平。

3.业态多元融合，推进载体培育

一是加快推进项目建设。重点督导90个文旅项目建设，完成投资86.28亿元。华夏城生态文明教育馆、生态文明培训中心，那香海探险世界和国际经贸交流中心均已对外营业，那香海温德姆花园酒店基本建设完成。

二是引导景区转型升级。新评3A级旅游景区3家，里口山景区获评国家4A级旅游景区。截至2021年，全市共有A级旅游景区51家，其中5A级旅游景区2家、4A级旅游景区13家。启动A级旅游景区年度复核工作，完成了对32家3A级及以下旅游景区的实地复核。华夏文旅集团重点建设了民俗特色街区、室内大型实景演艺剧场、华夏城生态文明馆等项目。那香海景区规划建设了探险世界、康养文化街区等项目。

三是推动乡村旅游快速发展。宁津街道获评全国首批乡村旅游重点镇(全国共100家、全省共3家)；环翠区张村镇亲子研学小镇等2处小镇获评省级精品文旅小镇；好运角那蓝民宿获评省级五星级民宿，成山镇等3处民宿集聚片区获省级民宿集聚片区创建资格，其中成山镇排名全省第一。下石硼村等7个村获评省级乡村旅游重点村，数量居全省第一；文登区西山后村入选文化和旅游部旅游扶贫典型案例。王家疃等40个村(居)通过前两批村庄景区化验收。

四是推进新业态培育。摸底全市工业旅游项目14个及研学旅游基地项目52家；评定市级工业旅游示范基地7家，市级研学旅游基地39家，其中6家入选省100家红色研学基地名单；开展市级中医药健康旅游示范基地复核工作，新评中医药健康旅游示范基地 1 家。

（二）实施精准营销，全面启动千里山海自驾旅游公路

1.构筑三大体系，在全国首创非高速公路规范化运营

与文旅集团共同研发威海文旅产业互联网平台和“自在威海”智慧旅游平台，截至 2021 年年底上线供应商 89 家，总访问量 595 万人次，活跃用户超 20 万人，构筑自驾旅游公路线上线下一体化的运营体系。采取面向全国征集的办法，通过为自驾线路量身定制一句广告语、一个 LOGO（标志）、一组歌曲＋MV（音乐短片）、一部宣传片和一本自驾游护照，构筑起自驾旅游公路专属品牌形象体系。利用独具威海特色的“爱在威海”四季文旅品牌产品，推出 20 条精品线路和 100 个打卡点，形成自驾旅游公路品牌产品体系。规范化运营千里山海自驾旅游公路的实践经验，由《中国旅游报》“好客山东”4 版整版刊出，由文化和旅游部指导的《地方交流》第 18 期专题刊出。

2.开展四大“引爆”行动，打响“千里山海・自在威海”自驾游品牌

一是征集环节“引爆”。在北京天安门东地铁站开设“辉煌的中国・威海市文化和旅游大道”，精彩展示四季威海文旅产品，擦亮“精致城市・幸福威海”新名片。在烟台机场、济南火车站累计投放主题广告牌 75 块，全面打造“千里山海・自在威海”自驾旅游公路品牌。

二是发布环节“引爆”。2021 年 4 月 20 日，市政府召开新闻发布会，邀请杨丽副市长亲自发布，国内 100 余家权威媒体进行重点报道，在线与网友互动，多平台实现千万级观看量。9 月 28 日，“最美风景在路上・畅游美丽中国”活动新闻发布会在北京召开，现场首发《千里山海・自在威海》组歌，引发与会嘉宾和媒体的广泛关注，威海千里山海自驾旅游公路的品牌形象和品牌价值进一步提升。

三是启动环节“引爆”。自驾旅游公路 2021 年 5 月 1 日正式启动以来，带动自驾游数量同比增长 492％，增幅居全国第二位，单日流量最高突破 40 万人次，“深度体验游”占比提升至 80％，两天四次登上央视《新闻联播》《晚间新闻》等，成为全国文化和旅游市场的“现象级”事件。威海千里山海自驾旅游公路文旅创新项目获评第五届山东省文化创新奖，被央视“品牌强国工程”重点推介。

四是宣传环节“引爆”。启动“千里山海行”大型融媒体品牌宣传活动，全网收看量超 1 亿人次，在全国掀起“自驾游威海”热潮。10 月 25 日，“最美风景在路上・畅游美丽中国（威海）自驾行”活动正式启动，邀请全国 20 余家媒体现场直播报道，全网播

放量突破千万人次，杨丽副市长两次做客“文旅中国会客厅”，为千里山海自驾旅游公路推介代言。

3.打造全媒体矩阵，实现热点事件裂变式营销

一是全媒体矩阵助力热点传播。在主流媒体平台开设主题专栏、深度报道、策划采风活动等，持续营造宣传热点，保持宣传不间断。百集系列节目《行走海岸线》（威海段）在CCTV-4播出，“百年百城”（威海站）大型融媒体直播活动进一步打造了“千里山海·自在威海”品牌。在新媒体平台开设的“千里山海自驾旅游公路”话题，吸引原创自驾旅游攻略短视频近千条，累计播放量近亿次，实现了流量裂变式传播。

二是“现象级”事件营销，递出精致威海新名片。在北京天安门东地铁站开设“辉煌的中国·威海市文化旅游大道”，创意策划“精致威海，在天安门向世界递出中国新名片”宣传报道，引发全媒体平台广泛传播，单日在线浏览量突破2000万人次。围绕中秋假期“威海小伙驾游千里山海自驾旅游公路迎娶新娘”事件，成功策划“最美迎亲路”事件营销，当天登上抖音同城热搜榜第一名。

三是积极融入新媒体联盟。与驴妈妈等平台合作，打造精品自驾旅游线路，精准辐射目标人群，推出自驾游威海攻略，发布热门打卡点和自驾游线路推文，吸引更多游客自驾游威海。在抖音推出“威海美好旅行直播季”活动，围绕自驾旅游公路沿线的华夏城、成山头、那香海等景区开展10余场直播，成交额突破百万元，并为旅游企业线下引流送客。“全媒联动，打响‘千里山海自在威海’品牌”先进经验，入选2021年度全省市级文旅管理机构网络营销优秀案例。

（三）坚持全面优化营商环境，维护良好的市场秩序

1.坚守安全生产底线

强化安全生产与干部作风建设、反腐倡廉、扫黑除恶“四位一体”的工作理念，确保文旅行业安全生产平稳有序。全面开展安全生产隐患大排查、大整治活动和安全生产三年行动，摸清文旅行业监管对象底数935家，其中行业主管846家，直接监管89家。督导企业修订全员安全生产责任清单，落实企业安全生产主体责任。组织48家A级景区落实完善应急预案、主体责任清单、全员培训等安全生产要求。累计召开安全生产和假日市场专题部署推进会议16次，组织安全专题培训3次，3名驻点人员对6家重点企业进行流动驻点。参加恶劣天气视频调度会26次，发布温馨提示162条。组织法规学习、宣传教育活动18次，制定安全生产隐患排查标准化清单。累计检查文旅企业5796家次，发现隐患680处，已全部整改到位。2021年，全市文旅领域整体平

稳有序，未发生安全责任事故。

2.筑牢疫情防控防线

严格按照市疫情指挥部的要求，从严从紧抓好文旅领域疫情防控工作，疫情防控的经验做法被《中国旅游报》等专题刊发。严格执行疫情防控日报告制度，建立旅行社、星级饭店、娱乐场所疫情防控平急转换机制，对于具体措施、具体岗位、具体工作流程，以图文结合的形式进行梳理。累计参加各类疫情防控专题会议、工作例会 50 余次，督导景区等文旅企业严格执行常态化疫情防控，组织疫情防控应急演练 3 次，开展疫情防控督导检查，出动检查人员 6234 人次，检查文旅经营单位 3500 家次，确保各项疫情防控政策落地落实。2021 年，全市文旅行业疫情防控稳定有序。

3.优化文旅市场环境

承办 2021 年全国文化执法培训班、全国文化市场综合执法运行机制座谈会和全省文化市场综合执法培训班。在全省率先打造“双减双升”特色节约型餐饮品牌和发展新模式，探索“酒店＋”旅游饭店转型升级新路径，充分激发全市旅游饭店改革创新的积极性和主动性。举办 2021 中国（威海）国际海鲜美食节活动，通过“主会场＋分会场”的创新形式，推出 2021 半月湾国际沙滩音乐节、威海青岛啤酒海鲜美食嘉年华、那香海 · 海洋文化嘉年华、石岛滨海啤酒节等主题活动，启用威海海鲜美食广场，打造夜间美食新地标，持续打响“中国海鲜 · 享威海”美食品牌。开展“互联网＋监管”事项 214 个，执行“双随机一公开”抽查任务 13 项，设立市级旅游诚信先行赔付金 70 万元。荣成市是山东省唯一一个入选文化和旅游部颁布的文化和旅游市场信用经济发展试点地区名单的县级市。做好营商环境市场监管指标迎评工作，推行非现场执法监管经验，开展未经许可经营旅行社业务、旅游市场专项整治等行动，坚持问政山东和“体检式”暗访发现问题导向，组织全市 159 家旅行社签订规范诚信经营承诺书，在电视台录制《安全出行　欢乐度假》专题节目，查办 8 起旅游违法违规案件，切实发挥警示教育作用。

二、国内旅游市场分析

根据抽样调查数据和客流大数据综合测算，2021 年全市共接待国内游客 4403.9 万人次。其中，过夜游游客 1628.2 万人次，占比 36.97％，同比增长 95.20％；一日游游客 2775.7 万人次，占比 63.03％，同比增长 15.70％（见图 1）。

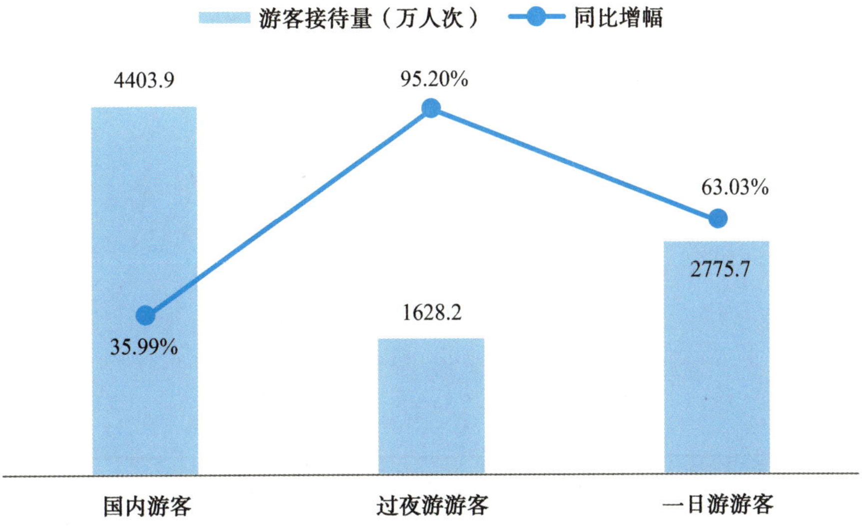

图 1　2021 年威海过夜游与一日游游客接待量及同比增幅

(一)游客画像分析

1.男性游客多于女性游客

调查显示，国内游客中男性游客占比 52.93%，女性游客占比 47.07%，男性游客占比比女性游客高 5.86 个百分点(见图 2)。

图 2　2021 年威海市国内游客性别比例

2.中青年是国内旅游的主要群体

调查显示，国内游客中 23—45 岁的游客最多，占比 58.25%；然后是 46—60 岁的游客，占比 20.71%；16—22 岁的游客紧跟其后，占比 15.32%；60 岁以上的游客较少，占比 5.17%；16 岁以下的游客最少，占比 0.55%（见图 3）。23—45 岁的游客是旅游的中坚力量。

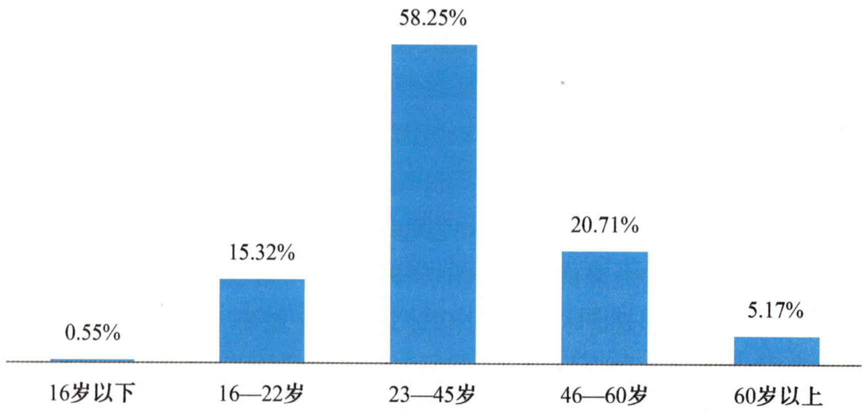

图 3　2021 年威海市国内游客年龄构成

3.城镇居民占绝对主力

调查显示，国内游客中城镇游客占比 72.55%，农村游客占比 27.45%（见图 4）。城镇游客依旧是国内旅游的主力军，占据绝大部分。随着乡村振兴战略的全面推进，农村居民的出游率在稳步提升，是国内旅游发展的重要潜在市场。

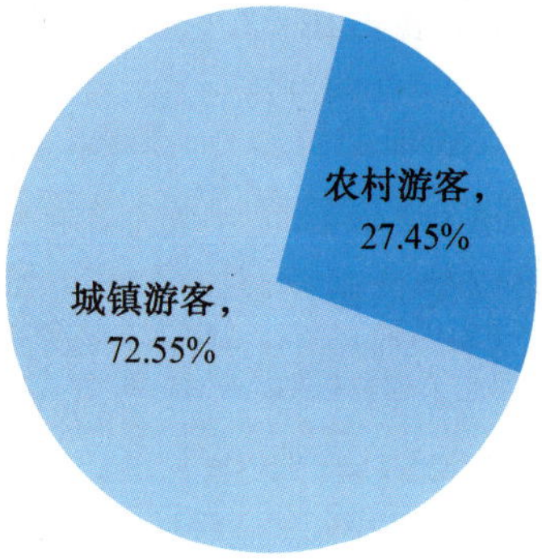

图 4　2021 年威海市国内游客城乡分布

4.一日游游客占比六成以上

调查显示，国内游客中一日游游客占比较多，为 63.03%；过夜游游客占比 36.97%（见图 5）。过夜游游客的消费水平普遍高于一日游游客，因此大力发展夜间旅游将为威海市文旅行业提供新增长点。

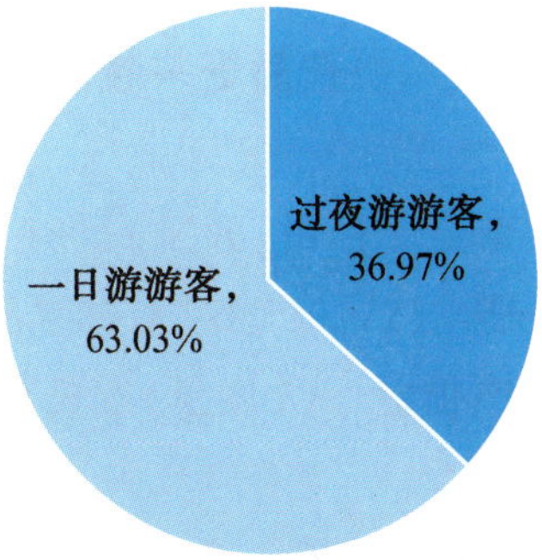

图 5　2021 年威海市过夜游游客与一日游游客比例

(二)出游行为分析

1.自驾出游为主流方式

调查显示，国内游客出游以个人或与亲友结伴自驾出游为主，占比达 78.24%；单位组织出游占比 16.05%；通过旅行社出游占比 5.71%（见图 6）。受疫情影响以及广大市民游客出游偏好的改变，个人或与亲友结伴自驾出游已经成为首选。

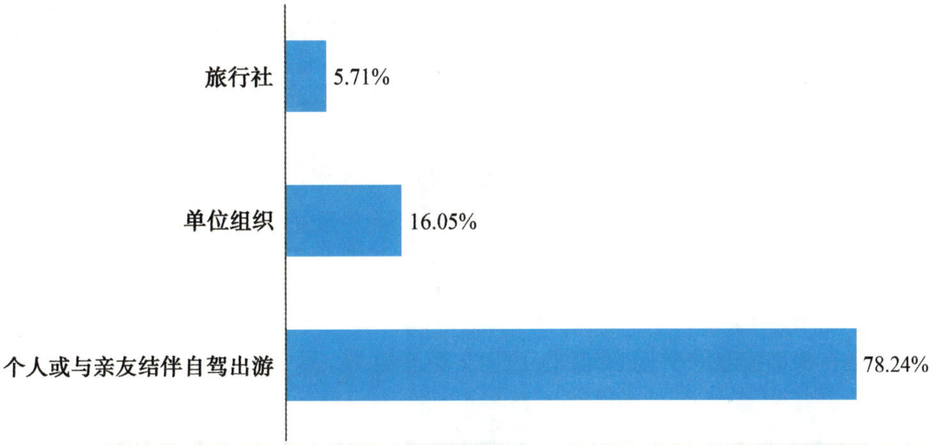

图 6　2021 年威海市国内游客出游方式

2.旅游度假为主要目的

调查显示，国内游客以休闲、度假、观光、游览为主要出游目的，占比 81.97%；然后是工作学习目的，占比 15.79%；医疗保健等其他目的占比仅 2.24%（见图 7）。对游客出游目的的研究有助于了解旅游需求的变化，为旅游产品开发提供决策依据。

旅游产品可从观光游览产品转为度假旅游产品、科考旅游产品，与探亲旅游产品、宗教旅游产品、修学旅游产品和探险旅游产品等共同构成多元化旅游产品格局。

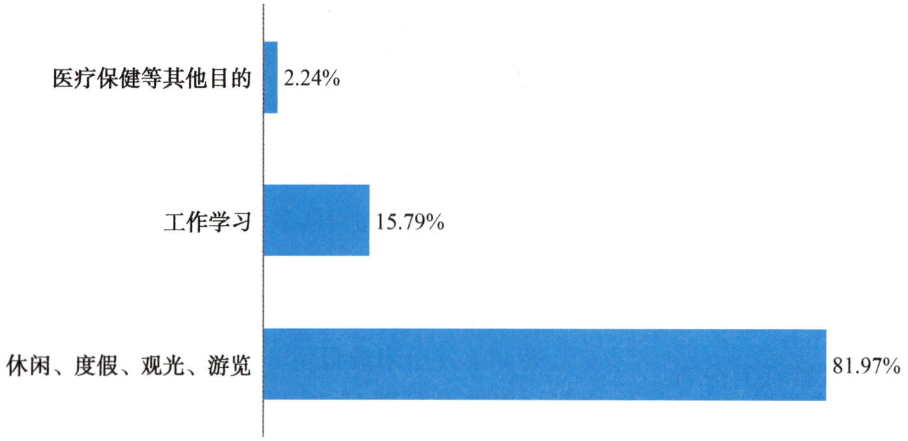

图 7　2021 年威海市国内游客出游目的

3.游览景点分析

国内游客平均游览 1.87 个景点。从城乡分布看，城镇游客平均游览 1.89 个景点，农村游客平均游览 1.86 个景点（见图 8）。从出行方式看，旅行社组织的游客平均游览景点最多，为 2.10 个；个人或与亲友结伴出行的游客，平均游览 1.90 个景点；因公务活动出游的游客平均游览景点最少，为 1.67 个（见图 9）。

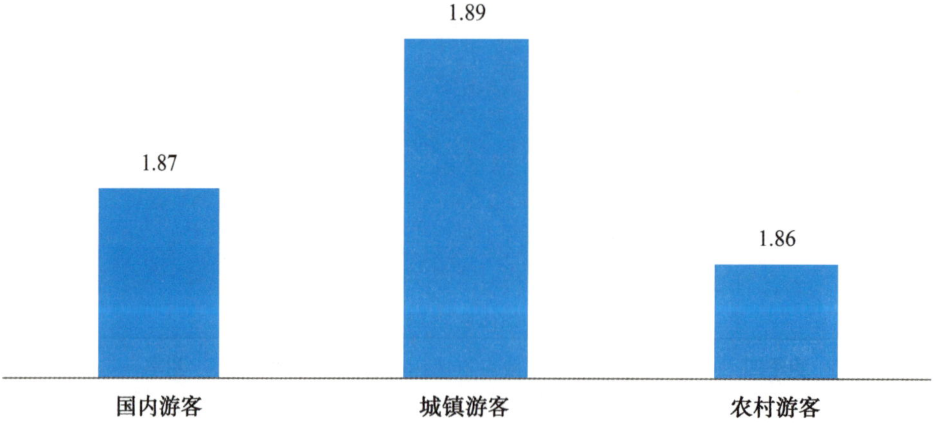

图 8　2021 年威海市国内城乡游客平均游览景点分析（单位：个）

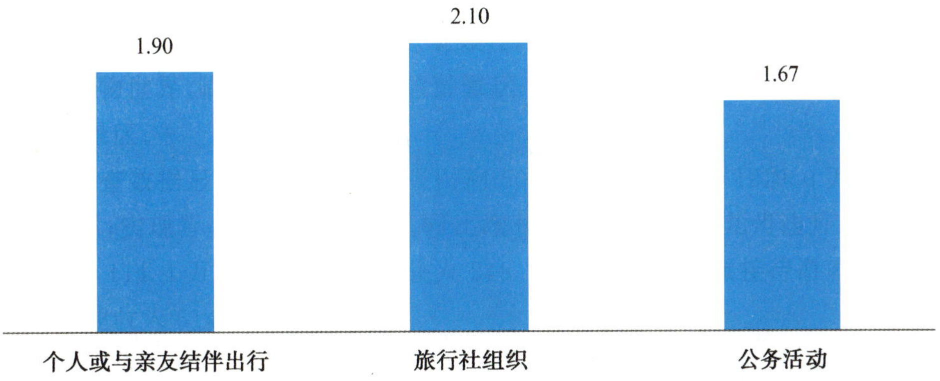

图 9　2021 年威海市国内游客不同出行方式下平均游览景点分析(单位:个)

4.游客住宿分析

国内过夜游游客中,停留 2 天的游客最多,占比 42.08%;停留 1 天和 3 天的游客分别占比 28.64%、18.53%(见图 10)。经综合测算,国内过夜游游客平均停留 2.18 天,其中省内过夜游游客平均停留 2.10 天,省外过夜游游客平均停留 2.28 天。旅游节奏较快,游客停留天数较短,短期旅游成为现代旅游的显著特征。在一定程度上,停留时间与人均花费正相关,可以通过大力发展夜间旅游吸引游客,延长游客停留时间,提高人均花费,促进旅游目的地发展。

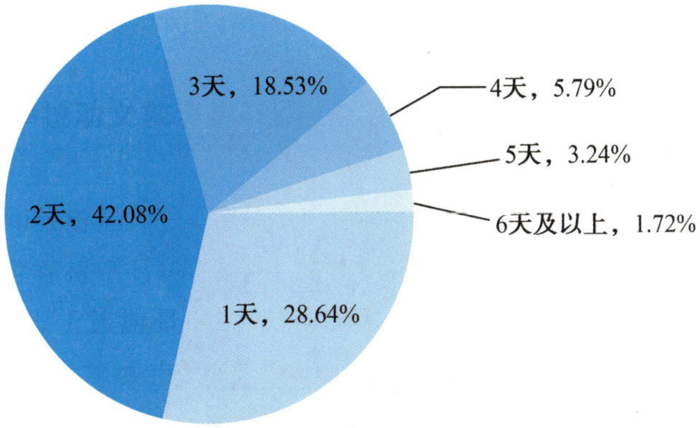

图 10　2021 年威海市国内过夜游游客停留天数分布

调查显示,国内过夜游游客中,选择非星级饭店的游客最多,占比 68.38%;选择亲友家及第二居所住宿的游客紧跟其后,占比 17.14%;选择星级饭店的游客占比 8.57%;选择其他住宿设施的游客占比 5.91%(见图 11)。非星级饭店深受省内外过夜游游客的青睐。旅游住宿是旅游消费中的重要一环,新兴旅游住宿业态的支配性力量日益凸显。突破传统模式,发展“旅游+互联网”,不仅可以为游客提供便利的体验,为旅游企业提供数据,还可以通过数据分析为旅游管理决策提供依据。

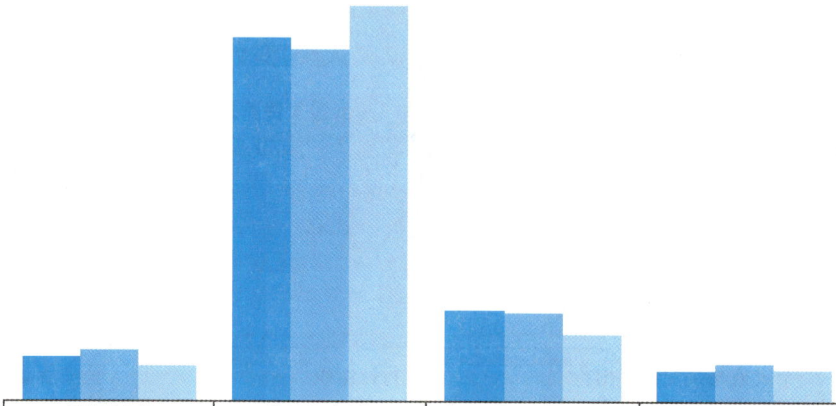

	星级饭店	非星级饭店	亲友家及第二居所	其他住宿设施
国内游客	8.57%	68.38%	17.14%	5.91%
省内游客	9.90%	66.01%	16.83%	7.26%
省外游客	6.99%	74.13%	12.76%	6.12%

图 11　2021 年威海市国内过夜游游客住宿选择分布

5.旅游纪念品受到欢迎

调查显示，游客最喜欢的旅游商品是旅游纪念品，占比 34.56%；土特产品、工艺美术品分别占比 23.58%、19.68%；民俗、民间艺术品，一般用品、日用品分别占比 9.43%、6.32%；文化艺术品、其他商品分别占比 4.69%、1.74%（见图 12）。

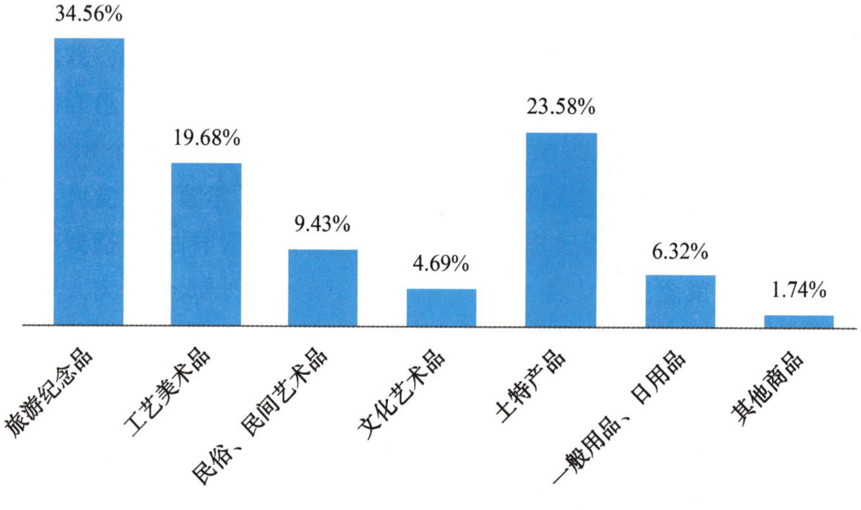

图 12　2021 年威海市最受欢迎的旅游商品占比

6.网络宣传优势显著

游客能够通过多种途径了解旅游目的地，在了解旅游目的地的方式中，选择网络站点的游客最多，占比 54.58％；然后是选择朋友或家人的游客，占比 43.26％；选择电视、旅行社推介的游客分别占比 18.78％、10.31％（见图 13）。

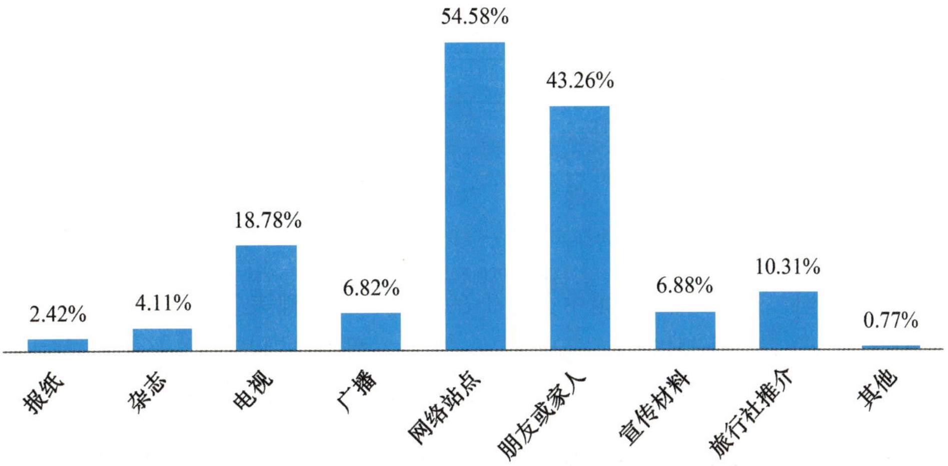

图 13　2021 年威海市国内游客了解旅游目的地的方式

游客最信赖的宣传方式是朋友或家人，占比 41.72％；然后是网络站点，占比 27.09％；宣传材料、电视、旅行社推介，分别占比 10.33％、7.75％、7.15％（见图 14）。

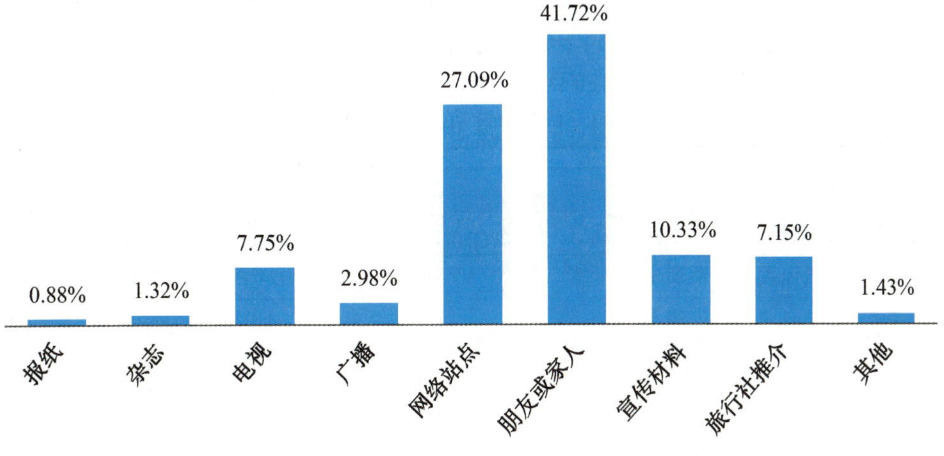

图 14　2021 年威海市国内游客最信赖的宣传方式

（三）消费行为分析

1.购物、交通、住宿消费占六成以上

调查显示，国内游客消费中，购物消费占比最高，达 23.70％；交通和住宿消费占比分别为 21.26％和 17.59％；餐饮、游览、文化娱乐消费占比分别为 16.85％、

10.48%、4.50%；其他消费和休闲疗养占比最少，分别为3.77%和1.85%（见图15）。可以通过开发新型游览、娱乐项目等方式，促进游客游览的多元化，优化消费结构。

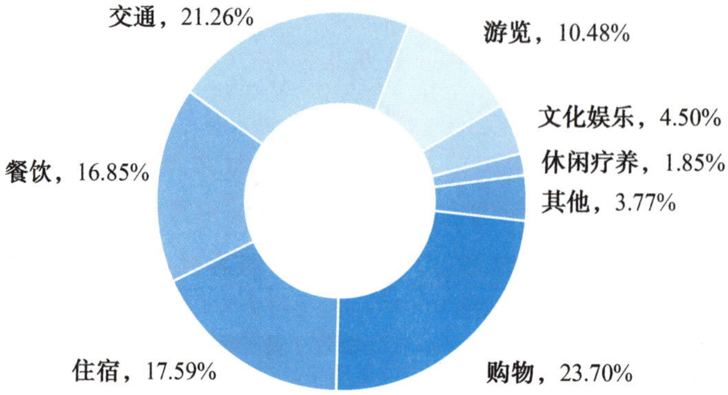

图15 2021年威海市国内游客消费结构

从年龄结构来看，各年龄段的游客在出行、住宿、餐饮、购物方面的旅游花费均占70%以上。各年龄段的游客消费结构存在一定差异：16岁以下的游客旅游花费占比前三的分别为出行、住宿、其他消费；16—60岁游客群体旅游花费占比较高的分别为购物、出行、住宿和餐饮；60岁以上的游客在餐饮和购物上消费较高（见表1）。从总体看，购物、住宿、出行和餐饮花费较高；分年龄段看，年轻游客更倾向于在物质方面消费，而中老年游客更看重舒适的出行方式和住宿环境。

表1 游客消费结构年龄分析

%

年龄	消费构成						
	出行	住宿	餐饮	游览	娱乐	购物	其他
60岁以上	19.81	11.28	19.19	13.49	4.01	24.58	7.64
46—60岁	23.06	16.00	17.48	11.48	4.27	22.25	5.46
23—45岁	21.76	17.84	16.10	9.81	4.86	23.74	5.89
16—22岁	15.74	21.32	18.51	10.89	3.20	25.95	4.39
16岁以下	30.32	19.05	11.43	4.97	7.30	11.86	15.07

2.省外游客拉动消费增长

经统计调查及综合测算，2021年威海市国内游客人均花费1464.78元。其中，一日游游客人均花费846.18元，过夜游游客人均花费1830.52元（见图16）。

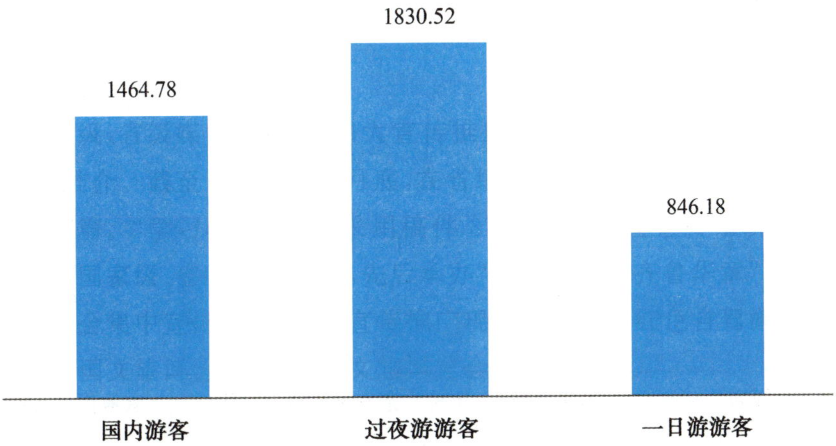

图16 2021年威海市国内游客人均花费情况(单位:元)

区分省内外游客来看,省内游客人均花费1254.99元,省外游客人均花费1772.86元(见图17)。综合来看,出行距离为中长线或停留时间较长的游客消费潜力更大、经济贡献能力更强。受疫情影响,居民出游行为改变,更加偏好近郊游、自驾游等短途出游方式。威海应积极挖掘省外游客市场,延长游客停留时间,拉动游客消费,刺激旅游消费市场复苏。

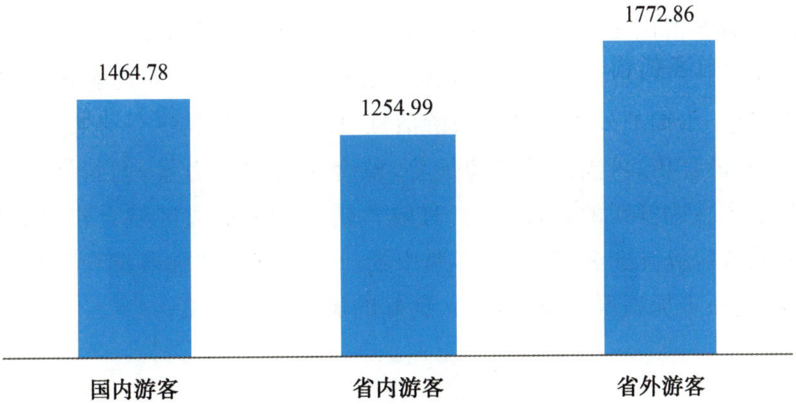

图17 2021年威海市省内外游客人均花费情况(单位:元)

调查显示,住宿选择星级饭店的过夜游游客人均花费最高,为2153.01元;选择非星级饭店的过夜游游客,人均花费1854.62元;选择在亲友家及第二居所住宿的过夜游游客,人均花费1662.87元;选择其他住宿设施的过夜游游客人均花费最少,仅为1535.45元(见图18),这部分游客在住宿方面人均花费偏低,可以往其他方面(游览、娱乐、购物等)倾斜。相较2020年,选择不同住宿方式的过夜游游客人均花费均稳步增长。

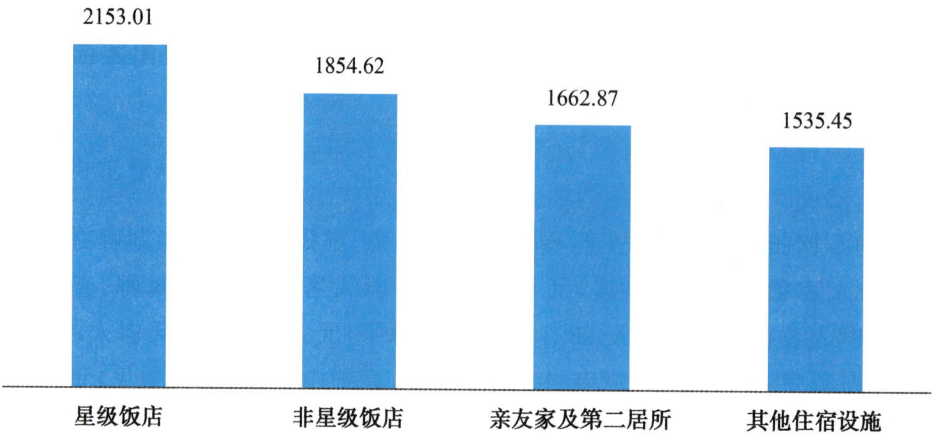

图 18　2021 年威海市国内游客不同住宿方式下人均花费分析(单位:元)

(四)客源结构分析

1.省内游客为主力军

调查显示,威海市国内游客中,省外游客占比 37.55%;省内游客占比 62.45%,其中省内市外游客占比 44.38%,市内游客占比 18.07%(见图 19)。威海市整体客源结构偏重省内,潜在市场广阔。通过对客源结构的分析,能够明确客源市场目标,加强区域合作,进一步提升外围区域的旅游活性,优化客源结构。一是根据客源结构细分市场,加强旅游宣传,巩固提升品牌优势,整合旅游宣传力量,创新旅游宣传手段,适时策划和推出主题鲜明的宣传活动,有效营销。二是加强区域合作,优势互补,借助周围城市旅游区提高知名度,扩大客源市场。三是继续加强基础设施建设,改善旅游公共环境,进一步提高服务质量,树立良好的旅游城市形象。

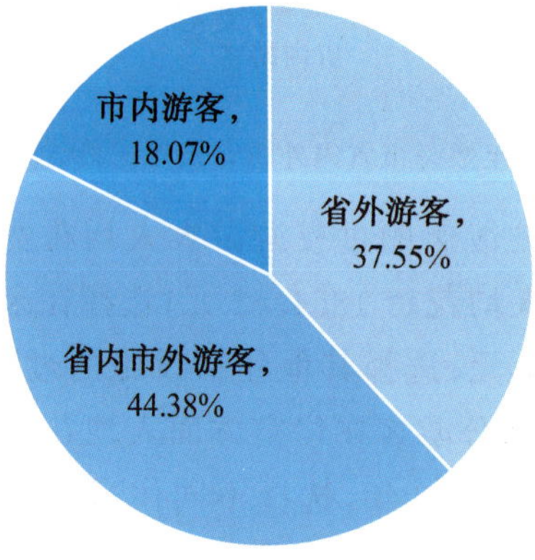

图 19　2021 年威海市国内旅游市场客源结构

2.河北为最大省外客源地

省外客源市场以周边省份为主，河北省、江苏省、河南省构成了三大省外客源地，其中河北省游客最多，占比为4.65%；江苏省和河南省次之，占比分别为4.36%和3.58%。威海市旅游市场对周边地区的辐射性强，建议抓住全域旅游发展机遇，打造全域旅游目的地城市，同时加强省外精准营销，在主流媒体上及重点客源地投放广告。

从区域划分来看，受距离、交通便利程度、经济发展水平等各种因素影响，省外重点城市相对较为分散，威海市十大省外旅游客源城市分别为北京、上海、天津、哈尔滨、大连、南京、深圳、郑州、石家庄、舟山，占比分别为3.82%、2.06%、1.67%、1.20%、1.02%、0.91%、0.79%、0.77%、0.76%、0.73%（见图20）。

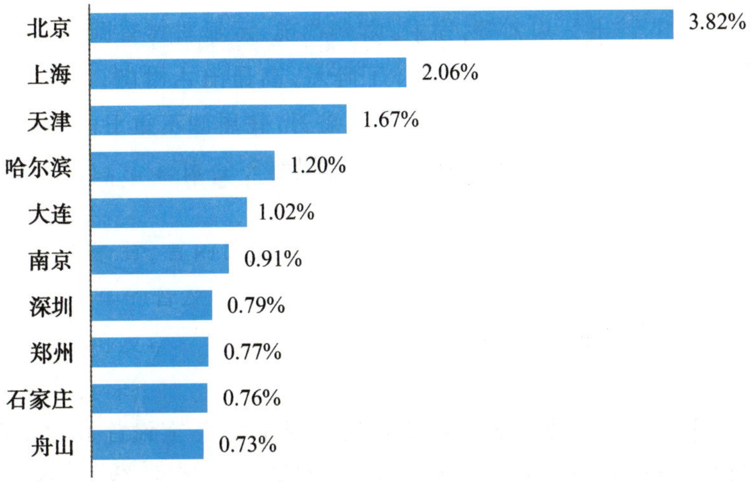

图20　2021年威海市国内游客十大省外客源城市

3.市外市场空间巨大

调查显示，省内市外游客中济南市占比最高，为10.03%；烟台市、青岛市分别占比9.87%、8.46%（见图21）。省内游客作为威海市客源的根基，是疫情后旅游经济回暖的关键，所以威海市在注重省外营销的同时，也应加大省内宣传力度。

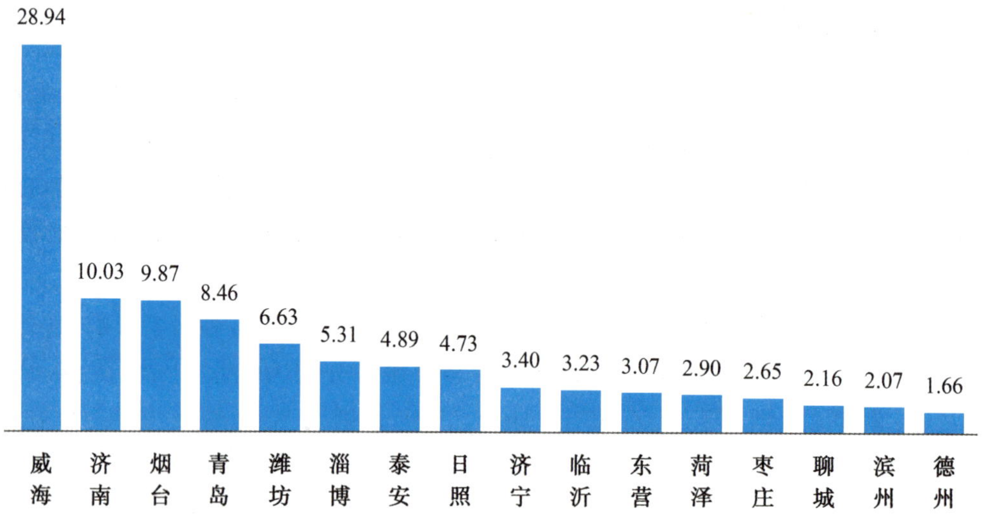

图 21　2021 年威海市省内游客客源结构(%)

三、旅游核心产品供给分析

(一)旅游吸引物数量多、种类全

根据 2021 年山东省文化和旅游厅建设的全省旅游住宿设施和旅游吸引物名录库数据，威海市共有旅游吸引物 604 家，其中 A 级旅游景区 51 家，包括 5A 级旅游景区 2 家，4A 级旅游景区 13 家，3A 级旅游景区 32 家，1A 和 2A 级旅游景区 4 家；文化文物旅游吸引物 172 家，包括博物馆 17 家、美术馆 7 家、图书馆 7 家、文化馆 7 家、文艺表演场馆 22 家，文物保护单位 120 家；乡村旅游 123 家；红色旅游 43 家；夜间旅游 14 家；冰雪旅游 4 家；新业态旅游 176 家，包括工业旅游 8 家，康养旅游 14 家，体育旅游 8 家，研学旅游 114 家，温泉滑雪 11 家；城市综合体 134 家；其他旅游吸引物 4 家(见表 2)。

表 2　2021 年威海市旅游吸引物名录库数据　　单位：家

	单位数
(一)A 级旅游景区	51
1.5A 级旅游景区	2
2.4A 级旅游景区	13

续表

	单位数
3.3A 级旅游景区	32
4.1A 和 2A 级旅游景区	4
(二)文化文物旅游吸引物	172
1.博物馆	17
2.美术馆	7
3.图书馆	7
4.文化馆	7
5.文艺表演场馆	22
6.文物保护单位	120
(三)乡村旅游	123
(四)红色旅游	43
(五)夜间旅游	14
(六)冰雪旅游	4
(七)新业态旅游	176
1.工业旅游	8
2.康养旅游	14
3.体育旅游	8
4.研学旅游	114
5.温泉滑雪	11
(八)城市综合体	134
(九)其他旅游吸引物	4
合计	604

从全省的角度看,威海市旅游吸引物总量地市排名位列第二梯队,旅游吸引物呈现出三大亮点。一是新业态景区数量多。威海市拥有包括工业旅游、康养旅游、体育旅游、研学旅游、温泉滑雪等在内的 176 家新业态景区,数量在全省位列第一。二是文物保护单位开发工作强。威海市文物保护单位的景区开发率达到 47%,被 A 级景区纳入文物保护单位的比例达到 18.8%,均为全省第一。三是现代化旅游吸引物建设多。威海市有包括标志性综合商圈、标志性城市公园广场、可参观游览的标志性现代建筑在内的城市综合体 134 家,数量位居全省第二。

从胶东五市的情况来看,威海市新业态旅游和城市综合体总量均位居第一,其中研学旅游、低空飞行数量远超其他几市。威海市在现有景区的基础上深度挖掘优势文化旅游资源，积极开发新业态旅游项目、区点，把握热点话题趋势，助推景区焕发新活力。

（二）四星级饭店优势明显

威海市共有星级饭店40家，其中环翠区星级饭店数量最多，达到17家；然后是荣成市，达到12家；星级饭店数量较少的为乳山市和文登区，分别有7家和4家（见表3）。从星级饭店构成上看，威海市星级饭店主要是1—3星级饭店，占比达到56.10%；四星级饭店占比达到36.59%；最少的为五星级饭店，占比为7.32%。对比全省数据，威海市四星级饭店数量占比优势明显，超越全省四星级饭店比例3个百分点，而五星级饭店比例较全省低1个百分点，下一步威海市应持续发力，提升五星级饭店等高端住宿设施的升级与建设。

表3　2021年威海市各区（市）星级饭店数据　　单位：家

	数量
环翠区	17
荣成市	12
乳山市	7
文登区	4
合计	40

（三）旅行社集中分布在经济相对发达地区

威海市共有旅行社159家，其中环翠区47家、市直23家、荣成市20家、乳山市20家、文登区11家。从旅行社分布范围来看，旅行社主要集中在环翠区，占比达29.56%，其中临港区占比仅有1.26%，南海新区没有分布，地域分布不均，主要集中在经济相对发达地区（见表4）。下一步，威海应深度挖掘并发展旅行社分布较少地区的旅游吸引物，加强各地区对旅游吸引物的宣传力度，增强对游客的吸引力。

表4　2021年威海市各区（市）旅行社数据　　单位：家

	数量
市直	23
环翠区	47

续表

	数量
文登区	11
荣成市	20
乳山市	20
高区	20
经区	16
临港区	2
南海新区	0
合计	159

（彭华英）

2021 年聊城市旅游业调查分析报告

2021 年，聊城市文化和旅游战线坚持以习近平新时代中国特色社会主义思想为指导，紧紧围绕省文化和旅游厅年度工作要点和全市经济社会发展大局，统筹推进常态化疫情防控和文旅行业复苏发展，深入推进文旅融合发展，全市旅游工作基础更加牢固，质量不断优化、融合发展成效显现，文化和旅游的贡献度、影响力进一步彰显。

一、旅游发展主要指标稳中有进

(一)游客接待量、旅游收入恢复约八成

在常态化疫情防控形势下，全市旅游经济总体保持恢复态势。根据旅游统计调查和客流与消费大数据综合测算，2021 年，全市共接待国内外游客 2178.8 万人次，同比增长 24.0%，恢复到 2019 年同期的 80.5%，居全省第 5 位，比全省平均水平高 2.6 个百分点；旅游总收入 180.9 亿元，同比增长 38.8%，恢复到 2019 年同期的 79.8%，居全省第 4 位，比全省平均水平高 5.1 个百分点(见图 1)。

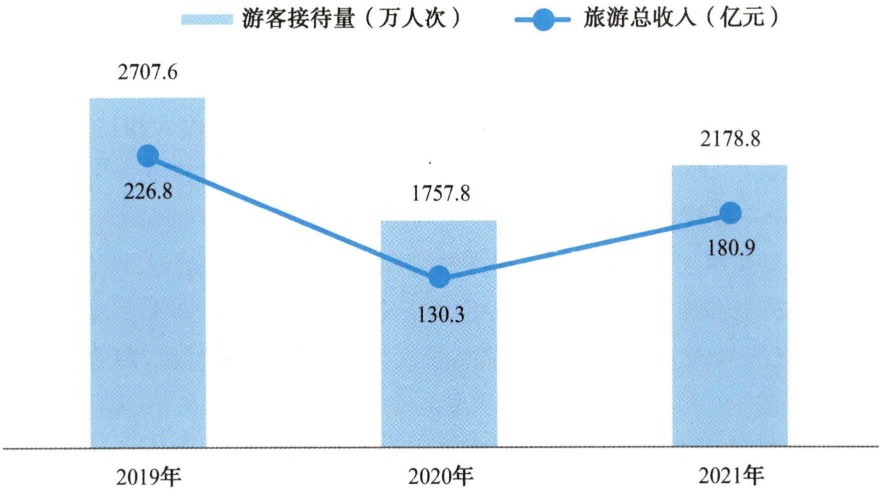

图1　2019—2021年聊城市游客接待量、旅游总收入情况

(二)年度旅游总收入前进1个位次

全市旅游总收入和游客接待总量均居全省第12位，其中，旅游总收入比2020年上升1个位次。与周边济南、泰安、济宁等旅游相对发达的地市比较，差距较大。

(三)游客接待量、旅游总收入恢复情况居全省前列

全市游客接待总量恢复程度居全省第5位，旅游总收入恢复程度居全省第4位，分别比全省平均水平高2.6和5.1个百分点(见图2)。

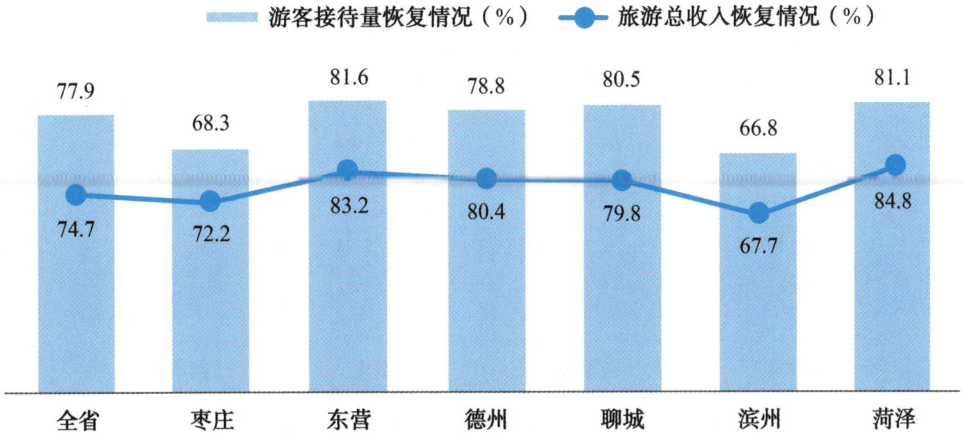

图2　2021年山东省部分市游客接待量、旅游总收入较2019年恢复情况

(四)上半年旅游发展明显好于下半年

一季度，全市旅游发展实现"开门红"，游客接待量、旅游总收入相比 2019 年同期恢复程度近九成。二季度，疫情防控形势稳定，又逢清明、端午、"五一"等节假日，游客出游需求进一步释放，游客接待量、旅游总收入均接近 2019 年同期水平。三季度，7 月以后，我省出现本土病例，全省各地文旅部门加强疫情管控措施，游客出行受到较大影响，游客接待量和旅游总收入恢复程度均下降至 80%以下。四季度，进入 11 月后，受疫情叠加天气影响，游客接待量、旅游总收入恢复程度下滑明显，游客接待量恢复到 2019 年同期的 60.4%，旅游总收入恢复到 2019 年同期的 48.2%（见图 3、图 4）。以上数据显示，聊城市上半年旅游发展情况明显好于下半年。

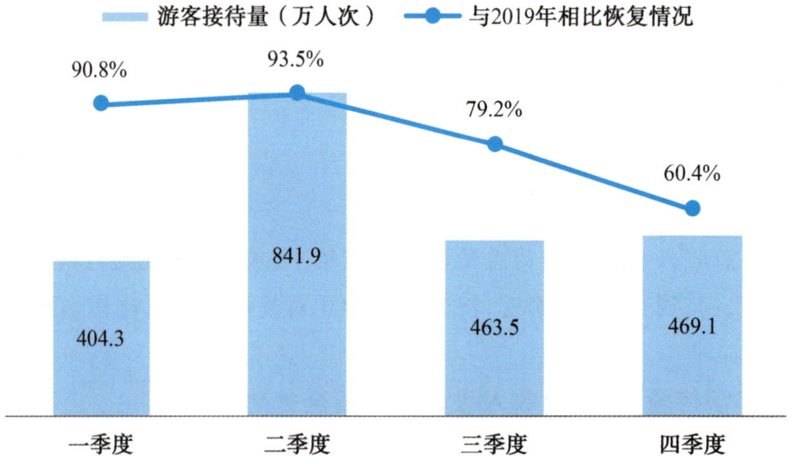

图 3　2021 年各季度聊城市游客接待量及恢复情况

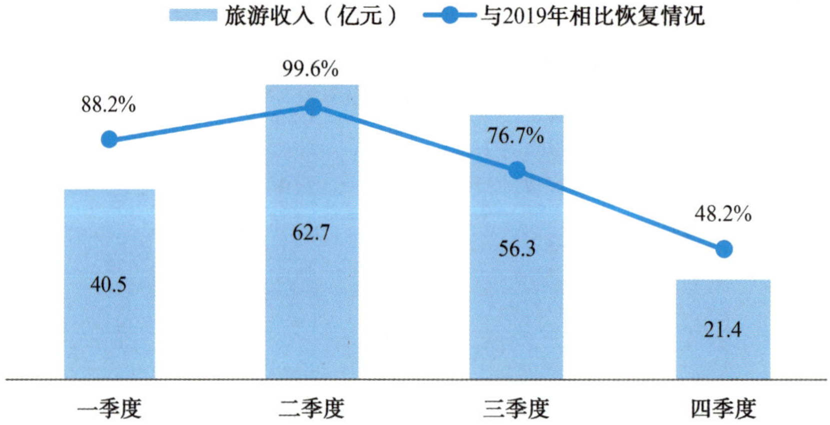

图 4　2021 年各季度聊城市旅游收入及恢复情况

（五）旅游产业对经济的贡献进一步提升

2021 年，全市旅游总收入 180.9 亿元，相当于全市生产总值的 6.85%、第三产业增加值的 13.92%、社会消费品零售总额的 19.72%，分别比 2020 年增长了 1.22 个百分点、2.95 个百分点、3.45 个百分点（见图 5）。旅游产业对经济的贡献进一步提升。

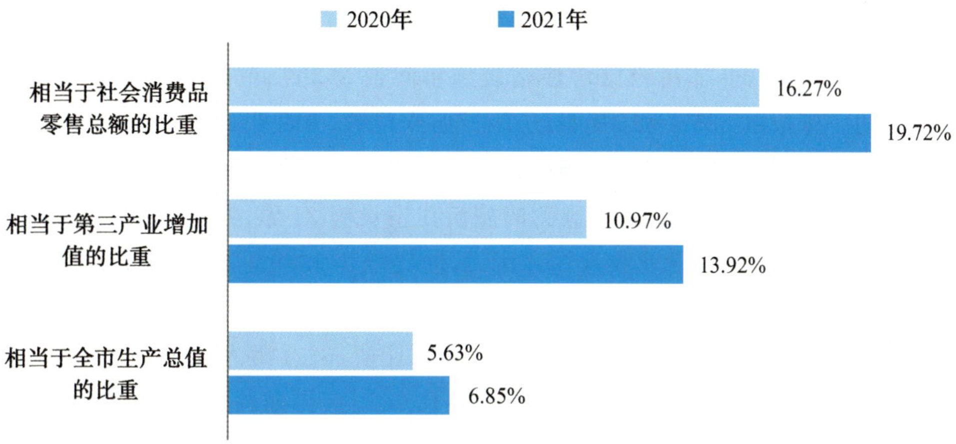

图 5 2020 年和 2021 年聊城市旅游产业对经济的贡献

二、旅游产业发展亮点与特点

（一）文旅融合发展进一步深化

2021 年，全市完成“戏曲进乡村”演出 8307 场，放映农村公益电影 67928 场。举办全市新创文艺作品展演 5 场，激发全市文艺工作者的创作积极性，38 个艺术团队、1900 余名演职人员参演，一批鲜活生动的文艺作品脱颖而出。筹集资金 434 万元创排山东梆子现代戏《孔繁森》，全年创作大型剧目 3 部、小型文艺作品 20 件、歌曲 50 余首。《孔繁森》等剧目入选山东省优秀展演剧目，《强渡黄河》获第十五届山东杂技魔术大赛一等奖、优秀导演奖、优秀编剧奖。以“初心永铸　百年芳华”为主题，依托各类文化活动场所，举办各类群众性文化活动 6954 场，参与人次达 160 万。举办金秋音乐节，持续 1 个多月演出 32 场，场均观众 1000 余人次，参与的市民游客共计超过 3 万人次。举办中国百年美术大展，精选齐白石、张大千、徐悲鸿等名家名作 58 件，吸引市民游客近万名。

(二)文旅产品供给不断丰富

1.旅游住宿接待单位不断增加

2021年，在省文化和旅游厅的帮助和支持下，聊城市文化和旅游局进一步摸清了旅游住宿接待单位的底数。全市共有旅游住宿设施1159家，其中，星级饭店17家，非星级旅游住宿设施1128家，其他旅游住宿设施14家。房间数42087间，其中，星级饭店房间数2355间，非星级旅游住宿设施房间数39399间，其他旅游住宿设施房间数333间。床位数68570张，其中，星级饭店床位数3812张，非星级旅游住宿设施床位数64259张，其他旅游住宿设施床位数499张。

抽样调查数据显示，2021年，监测的旅游住宿设施31家，共接待游客78.1万人次，同比增长7.1%；实现营业收入3.8亿元，同比增长10.9%。其中，阿尔卡迪亚国际温泉酒店接待游客8.2万人次，实现营业收入5921.8万元。

根据公安部门提供的数据，2021年，全市持证住宿532.1万人次，同比增长35.9%。分季度看，一季度持证住宿人数实现“开门红”，比2020年同期翻了一番多；二季度持证住宿人数达到最高值，为190.4万人次，比2020年同期也翻了一番多；三季度受烟台等地本土疫情影响，降幅超过6%；四季度略有回暖，降幅回升至5.0%(见图6)。

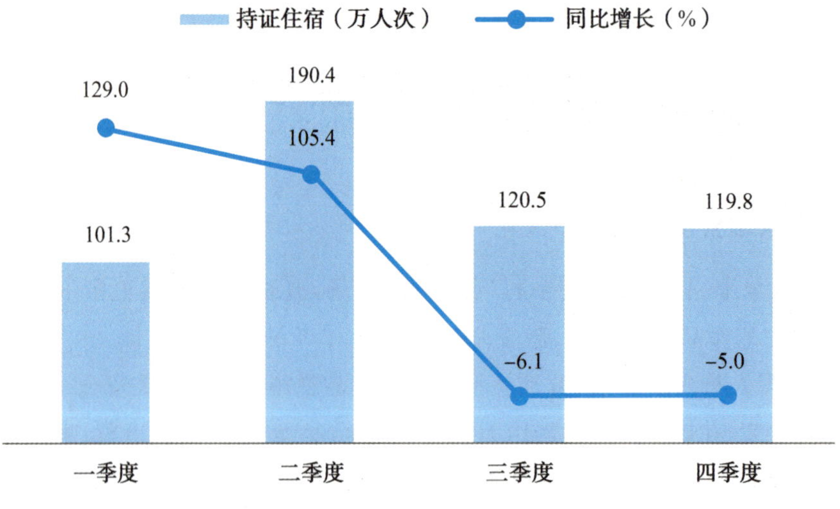

图6　2021年各季度聊城市持证住宿情况

2.旅游吸引物单位稳步增长

2021年，在省文化和旅游厅的指导下，市、县文化和旅游局开展旅游吸引物普查工作。全市共有旅游吸引物624家，包括A级旅游景区47家，文物保护单位248家，文化场馆 76 家，乡村旅游 171 家，新业态旅游 67 家，城市综合体 30 家，红色旅游 62 家，夜间旅游 9 家，其他旅游吸引物 39 家（见表 1）。2021 年新增滨河野生动物园、阳谷苏海森林动物世界、临清市运河文化旅游景区 3 家 3A 级旅游景区和临清宛园 1 家 4A 级旅游景区。

抽样调查数据显示，监测的旅游吸引物 50 个，共接待游客 1219.0 万人次，同比增长 28.8%；实现营业收入 3.3 亿元，同比增长 7.5%。其中，九州洼月季公园全年共接待游客 114.4 万人次，实现营业收入 248.8 万元；临清宛园接待游客 21.9 万人次，实现营业收入 514.3 万元。

表 1　2021 年聊城市旅游吸引物情况　　单位：家

吸引物类型	数量
A 级景区	47
文物保护单位	248
文化场馆	76
乡村旅游	171
新业态旅游	67
城市综合体	30
红色旅游	62
夜间旅游	9
其他旅游吸引物	39

（三）多措并举拉动文旅消费升级

聊城市文化和旅游局印发《聊城市省会经济圈文旅一体化景区门票联动优惠政策（试行）》文件，游客持 7 日内省会经济圈城市（济南、淄博、泰安、德州、滨州、东营）任一收费 4A 级及以上旅游景区（景点）门票，购买聊城 4A 级旅游景区门票，享受半价优惠；出台《2021 年聊城市旅游团队奖励办法》，对营销推广“江北水城 · 运河古都”品牌两日游及以上旅游线路产品，组织外地游客到聊城市旅游观光、休闲度假的经审批具有合法资质的旅行社（或分社），进行激励性奖励；举办第五届聊城文化和旅游惠民消费季，提供专项资金 140 万元，免费发放国有景区门票 5000 张；推出惠民旅游巴士，2021 年共运行 240 多个班次，惠及市民游客万余人次；与 27 家景区签约，推出聊城旅游交通电子一卡通。中华水上古城景区入选第一批省级夜间文化和旅游消费集聚区。银联商务公司提供的数据显示，2021 年，全市银联消费 255.4 亿元，同比增长 82.9%。其中，5 月银联消费最高，达到 27.4 亿元，有 7 个月均超过了 20 亿元（见图 7）。统计部门数据显示，社会消费品零售总额 917.55 亿元，比 2020 年增长

14.5%。其中，商品零售总额856.06亿元，同比增长14.4%；餐饮收入61.49亿元，同比增长16.8%。

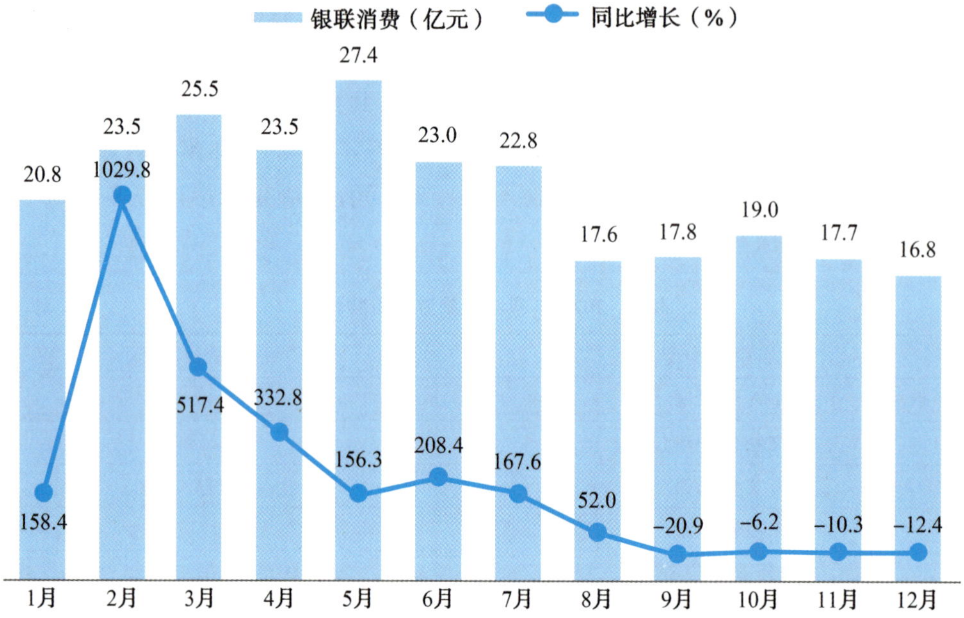

图7　2021年各月度聊城市银联消费

（四）红色旅游景区热度不断攀升

2021年，聊城市举办了红色经典诵读大赛、聊城市京剧名家红色经典演唱会、红色经典现代戏《孔繁森》汇报演出、美术展、非遗展、摄影展以及红色旅游宣传推广现场会暨百场红色自驾游重大文化活动。加大对红色资源的保护利用，建成红色景点（景区）22个，8个景区入选全省100家红色研学基地；3处革命纪念场馆被省文化和旅游厅确认为党史教育学习活动场所（见表2）；6条红色旅游经典线路入选“全省100条红色旅游线路”。抽样调查数据显示，孔繁森同志纪念馆仅2021年四季度就接待游客5.8万人次，同比增长129.9%；中共鲁西北地委旧址纪念馆全年接待游客同比增长达到35%。

表2　221年聊城市红色研学基地和党史教育学习活动场所名录

全省100家红色研学基地	党史教育学习活动场所
孔繁森同志纪念馆	南街民居（中共鲁西北地委旧址纪念馆）
范筑先烈士纪念馆	刘邓大军渡黄河指挥部旧址
刘邓大军强渡黄河战役纪念园	孔繁森同志纪念馆（含五里墩故居）
鲁西第一个党支部纪念馆	
山东省委重建纪念馆	

续表

全省 100 家红色研学基地	党史教育学习活动场所
中共冀鲁豫（平原）分局旧址	
中共冀南区党委旧址	
中共鲁西北地委旧址	

（五）乡村旅游发展全面推进

扶贫大戏《承诺》代表聊城市参加了第十七届中国戏剧节展演。佳乡田园综合体一期建设项目、山东省景阳冈英雄文化观光园项目、莘县智慧文体产业园基础设施项目、大运河国家文化公园（临清）建设项目，分别入选 2021 年省重大实施类项目、新旧动能转换优选项目、补短板项目、省文化和旅游厅重点项目。刘道之村等 11 个村庄先后被评为第一批和第二批“山东省景区化村庄”（见表 3），同时，刘道之村入选“中国美丽休闲乡村”。东昌葫芦雕刻技艺活态传承与文旅融合发展新业态、小高村乡村文化振兴的创新实践入选第五届山东省文化创新奖 30 个拟表彰项目。2021 年，被纳入监测的 5 家乡村旅游吸引物共接待游客 41.8 万人次，实现营业收入 656.0 万元，同比增长均超过 100%。其中，山东向阳花开农业生态有限公司、茌平县枣乡生态园、聊城市苏海森林动物世界有限公司接待乡村游客均超过 10 万人次。

表 3　聊城市入选“山东省景区化村庄”名单

第一批	第二批
江北水城旅游度假区李海务街道刘道之村	茌平区肖家庄镇小高村
高唐县姜店镇西郭村	临清市先锋路街道孟店居村
莘县朝城镇西关村	阳谷县高庙王镇前仓村
东阿县铜城街道王道口村	莘县大张家镇红庙村
	东阿县铜城街道艾山村
	冠县柳林镇大杨庄村
	高唐县三十里铺镇河崖孙村

（六）自驾游成游客出行主要形式

2021 年 6 月，聊城市组织“初心永铸·百年芳华——父爱无垠、行走黄河、老兵护航、歌声相伴”走进韩集六二七纪念园、黄河艾山卡口、艾山牡丹园、鱼山曹植墓、位山黄河公园红色足迹自驾一日游活动，共有 30 余辆车近百人参加活动；在位山黄河公园成功举办了 2021 山东省第三届乡村自驾暨“发现新聊城”自驾游启动仪式，来自济南、淄博、潍坊、临沂、北京、河北等地的 20 家自驾俱乐部的 200 余人参加了当日的自驾游活动。出台政策对自驾游团队进行奖励：组织市外同一客源城市 10 辆车 25 人（含 10 辆车 25 人）以上的自驾车团队，符合“二日游”补贴条件的，按 50 元/人补贴（年度累计不足 200 人不予补贴）；累计人数超过 400 人的，超过 400 人以上的部分，每人追加补贴 30 元。

抽样调查数据显示，聊城市自驾游游客超过 70%；然后是铁路客运量，占比超过 15%。根据交通部门提供的数据，2021 年，全市高速客车通行量 1742.2 万辆，达到 2019 年同期的 96.4%（见图 8）；铁路客运量 231.4 万人次，比 2020 年增长 5.4%（见图 9）。

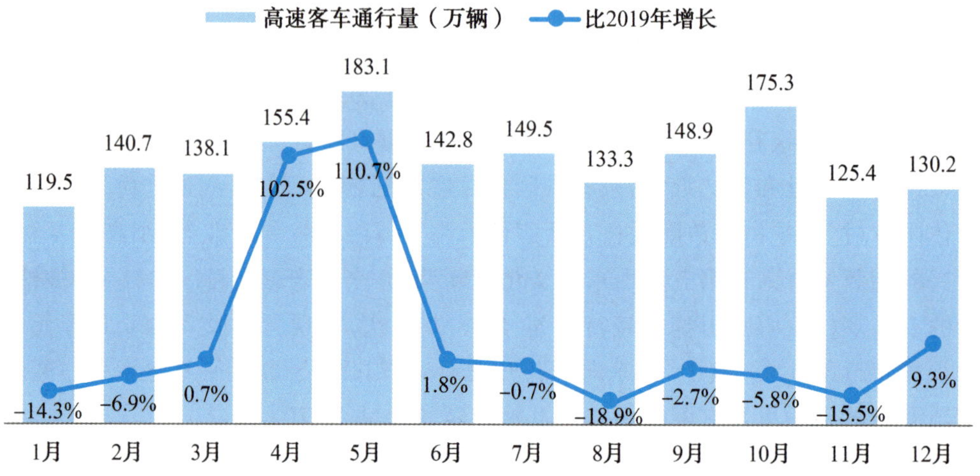

图 8　2021 年各月份聊城市高速公路客车通行情况

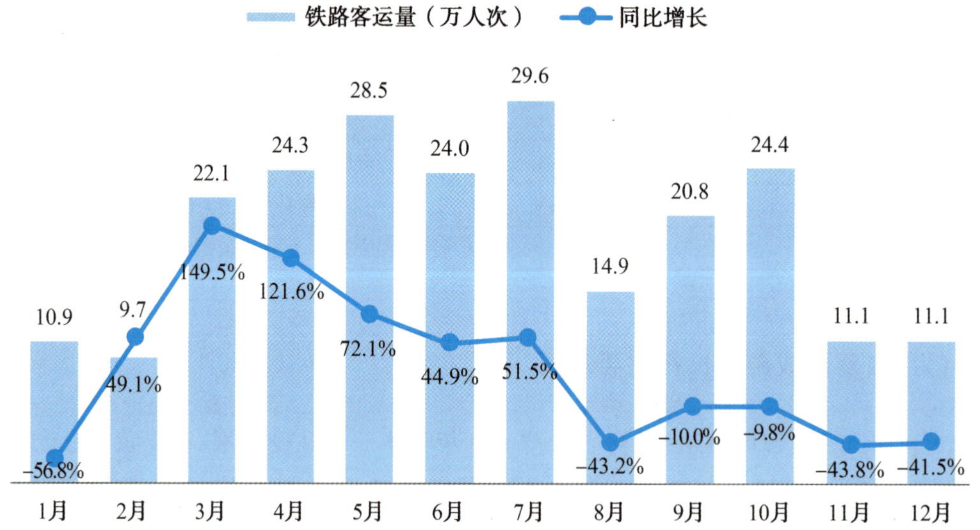

图 9　2021 年各月份聊城市铁路客运情况

（七）城市品牌影响力持续增强

发挥国家级、省级媒体影响力，加大宣传推广力度，连续 12 年参与央视“好客山东”品牌联合推介。截至 2021 年 11 月底，在省级以上主流媒体发布视频报道 38 条、发表稿件 479 篇。“学习强国”平台采用稿件 371 篇，在市直宣传系统中排名第三。积极争取承办国家级、省级推广活动，先后承办“千年运河 · 齐鲁华章”大运河国家文化公园文旅融合集中宣传、红色旅游宣传推广现场会暨百场红色自驾游活动，组织文旅企业参加全国文旅博览会、大运河文旅博览会等各类展会。

三、国内旅游市场情况分析

（一）过夜游与一日游游客主要数据

2021 年，聊城市接待国内过夜游游客 1220.4 万人次，占国内游客总量的比重为 56.0%；实现旅游收入 148.4 亿元，占国内旅游总收入的比重为 82.0%；接待一日游游客 958.4 万人次，占国内游客总量的比重为 44.0%，一日游游客旅游消费 32.6 亿元，占国内旅游总收入的比重为 18.0%（见图 10、图 11）。

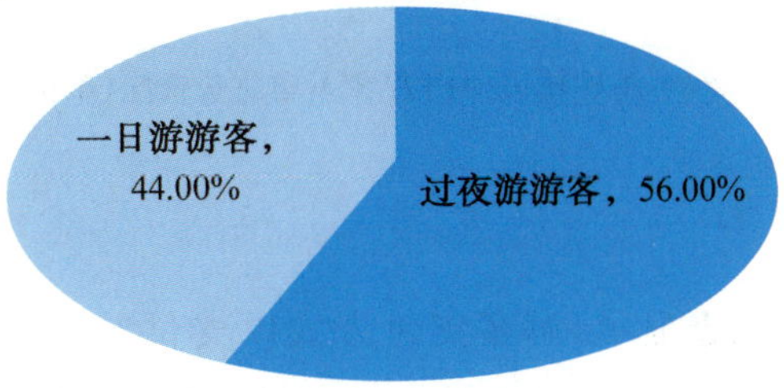

图 10　2021 年聊城市国内过夜游和一日游游客量占比

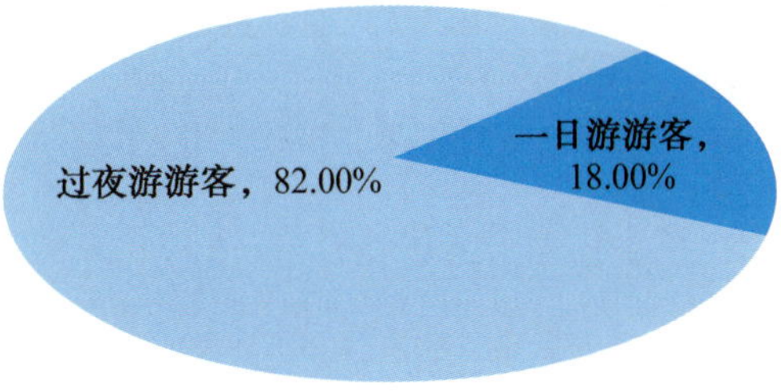

图 11　2021 年聊城市国内过夜游和一日游游客旅游收入占比

(二)游客消费分析

1.人均花费超过 800 元

根据在聊城市旅游住宿设施、旅游景区和机场、车站、码头开展的对 2000 名国内游客的调查，聊城市国内游客人均花费 830.5 元，其中，过夜游游客人均次花费 1215.8 元，人均天花费 667.5 元(平均每次停留 1.82 天)；一日游游客人均次(天)花费 339.8 元(见图 12)。从国内游客人均花费看，过夜游游客人均花费保持在千元以上的较高水平，比一日游游客人均花费高，过夜游游客消费占据主力。

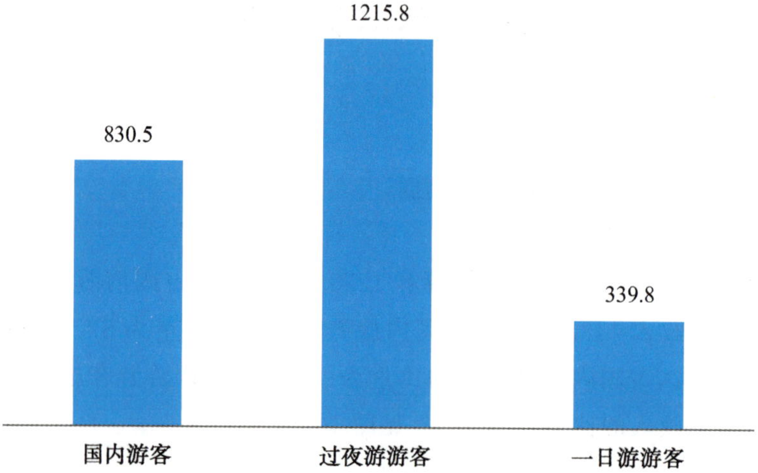

图 12　2021 年聊城市国内游客人均花费情况(单位：元)

2.移动支付方式为主

国内旅游抽样调查数据显示，游客支付方式以支付宝、微信等移动支付为主，现金支付为辅，刷卡支付占比最小。全市倾向于移动支付的游客占 77.0%，使用现金支付的游客占 13.2%，刷卡支付的游客占 9.8%(见图 13)。

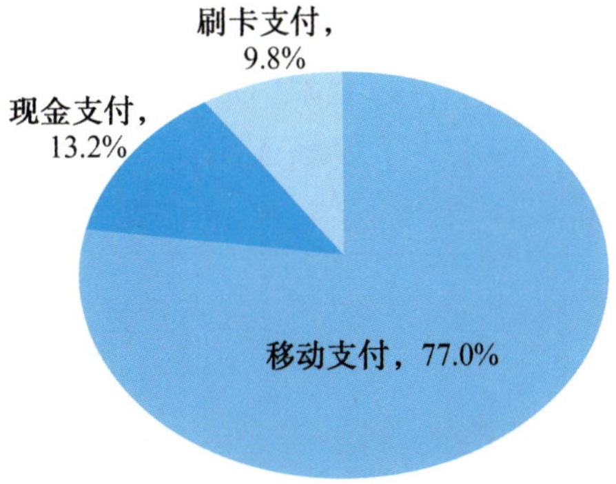

图 13　2021 年聊城市国内游客支付方式

3.购物、住宿、餐饮、出行花费占比较大

国内旅游抽样调查数据显示，旅游购物、住宿、餐饮以及出行花费占比较大，合计超过了 70%。其中，购物占比最高，达到了 23.0%。公共长途交通花费比例不断下降，自驾车或租车的比重不断提升，长途交通花费占比 12.2%，自驾车或租车花费占比 10.2%（见图 14）。

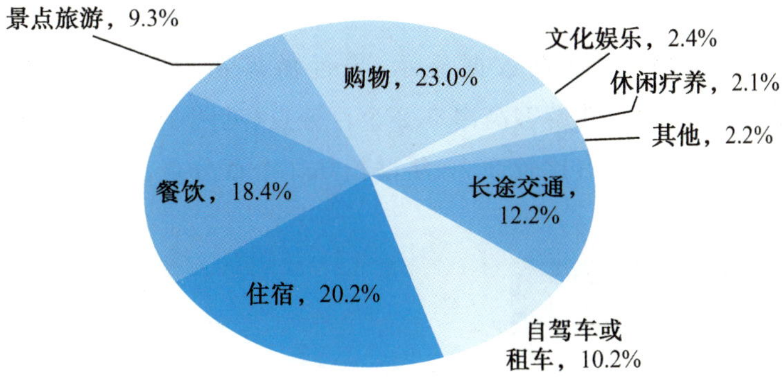

图 14　2021 年聊城市国内游客花费构成

（三）省内客源市场占比超七成

游客调查数据显示，聊城市接待的省内游客的比重达 73.2%。在省外客源市场中，河北、河南、江苏、安徽、浙江、天津、北京、山西、辽宁、黑龙江等地的游客较多，分别占比 4.3%、4.1%、3.6%、3.1%、2.5%、2.2%、1.9%、1.2%、0.9%、0.8%（见图 15）。

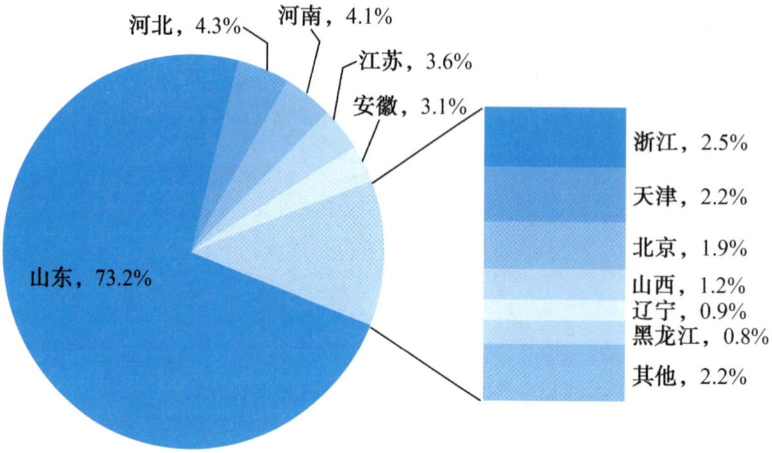

图 15　2021 年聊城市国内游客客源市场

(四)游客画像分析

1.性别构成分析

2021 年国内旅游抽样调查数据显示，男性游客占比 52.6%，女性游客占比 47.4%，男性游客占比较女性游客高出 5.2 个百分点(见图 16)。在游客性别构成上，女性游客呈逐年上升趋势，占比较 2020 年增长 0.3 个百分点。

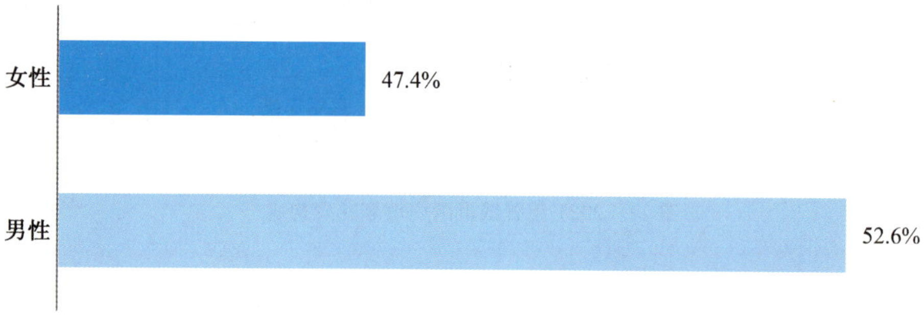

图 16　2021 年聊城市国内游客性别构成分析

2.年龄构成分析

从游客年龄结构看，游客以青壮年为主。23—45 岁年龄段的中青年游客占比近五成，是外出旅游的主力军；46—60 岁的游客占比达 27.6%；17—22 岁的游客占比达 22.8%；16 岁及以下的中小学生和 60 岁以上的老人占比均少于 1%(见图 17)。长远来看,老年旅游和研学旅游拥有较为广阔的市场。

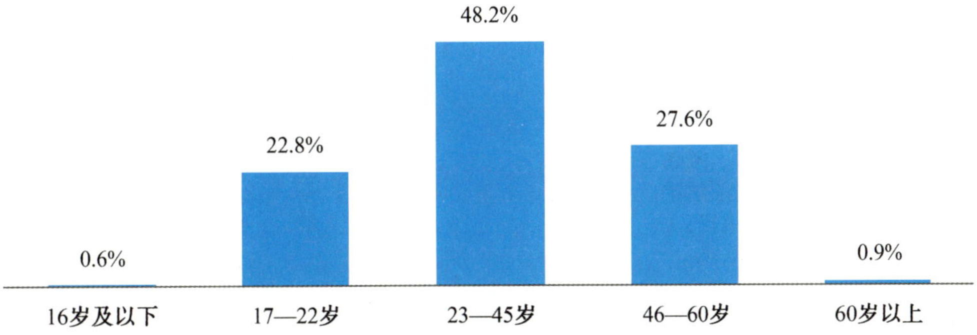

图 17　2021 年聊城市国内游客年龄构成分析

3.城乡分布分析

城乡分布上,国内游客中,城镇游客占比 68.2%,农村游客占比 31.8%,城镇游客占比远高于农村游客,高出 36.4 个百分点(见图 18)。

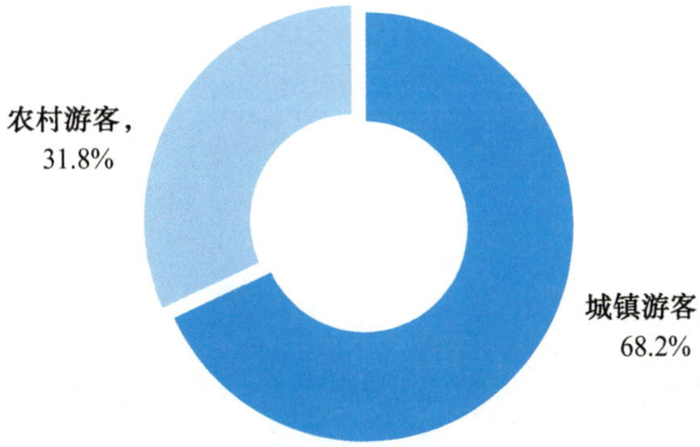

图 18　2021 年聊城市国内游客城乡分布分析

(五)游客行为偏好

1.自由行成出行主导

自由行因灵活、自由、可选择性强等而日益受到游客喜爱,散客时代的到来改变了游客的出行方式。调查数据显示,个人、家庭或亲朋结伴自由行的游客占比达 90.8%(见图 19)。

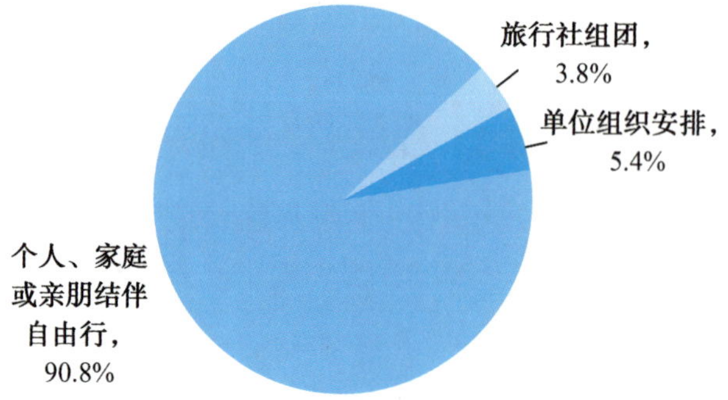

图 19　2021 年聊城市国内游客出行组织方式

2.旅游度假已渐成时尚

2021 年来聊城市旅游的国内游客中，旅游度假目的（包含观光游览、休闲度假、探亲访友、宗教、朝拜、文化艺术欣赏、购物娱乐等）的游客比重最高，为 77.9%；工作学习目的的游客占 19.6%，不足游客总量的 1/5；医疗保健及其他目的的游客占比最低，仅为 2.5%（见图 20）。

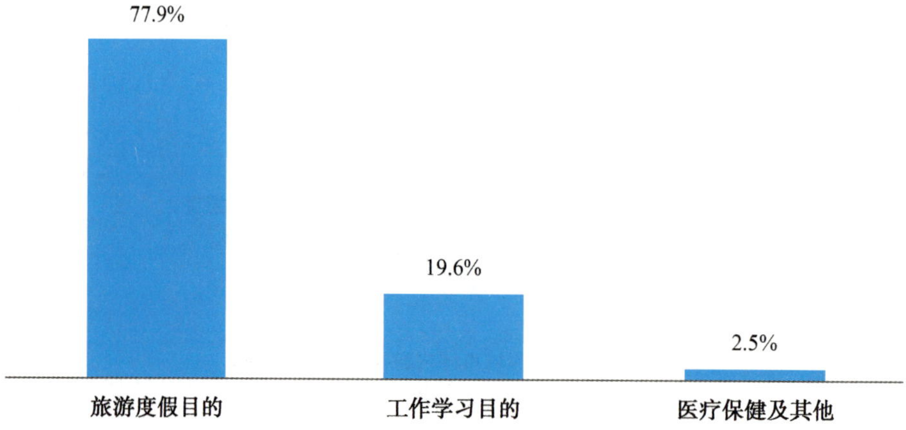

图 20　2021 年聊城市国内游客旅游目的分析

3.超半数游客信赖口碑和网络传播

从游客最信赖的宣传方式看，国内游客最信赖的宣传方式为以朋友或家人为代表的口碑宣传、网络站点宣传，总比重超五成；广播和电视合计比重超 25%；其他传统宣传方式占比均不足一成（见图 21）。

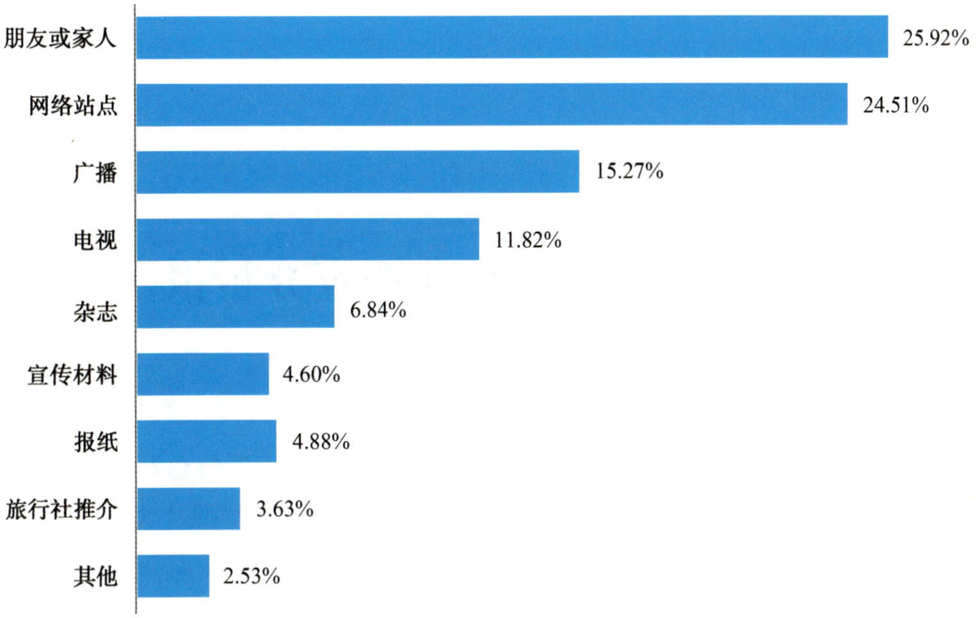

图 21　2021 年聊城市国内游客最信赖的宣传方式

（朱慧　刘磊　司国平）

2021年菏泽市旅游业调查分析报告

2021年，菏泽市文旅系统认真贯彻落实习近平新时代中国特色社会主义思想，统筹推进常态化疫情防控和文旅行业复苏发展，推动文旅产业转型升级、提质增效。

一、文化旅游产业发展分析

根据旅游统计调查和客流与消费大数据，2021年，菏泽市共接待游客1920.17万人次，较2020年同比增长23.78%。其中，接待国内游客1920.16万人次，同比增长23.78%；接待入境游客0.01万人次，同比下降71.92%。全年实现旅游总收入176.82亿元，较2020年同比增长42.31%。其中，国内旅游收入176.82亿元，同比增长42.32%。居民年人均出游1.46次，同比下降11.52%。

（一）重点项目建设势头强劲

华夏部落文化旅游区、白虎山天池风景区旅游开发项目、曹州古城旅游保护项目获评2021年山东省重大项目。浮龙湖度假酒店、浮龙湖医养综合体、菏泽奇珍园、鲁西南民俗风情特色街区等9个重点项目奠基开工，方特文化科技创意产业园、"三馆一中心"、水浒好汉城（四期）等54个在建项目加快建设。菏泽市文化旅游发展大会开幕式现场签约精品文化旅游项目12个，总投资91.3亿元。巨野金山文化旅游项目争取到旅游专项债券3000万元，拓展了文化旅游项目的投融资方式和途径。文化旅游重点项目建设有力地带动了文化旅游产业蓬勃发展，2021年，全市"精品旅游"产业增加值152.5亿元，同比增长12.64%；"文化创意"产业增加值136.46亿元，同比增长15.24%，增速居全省第2位。

（二）新业态培育成效显著

郓城县获评首批省级文化和旅游消费试点县，定陶鲁西南记忆温泉康养基地、郓城水浒好汉城武术基地、巨野国花酒庄分别获评首批山东省康养旅游示范基地、首批山东省体育旅游示范基地、第三批山东省工业旅游示范基地。冀鲁豫革命边区纪念馆、曹县红三村抗日联防遗址、单县新时代文明实践中心红色湖西教育基地、单县湖西小延安张寨红色旅游基地、郓城县鲁西南战役指挥部旧址纪念馆、郓城传递红色文化博物馆、鄄城县董口镇军屯马本斋纪念馆等 7 家单位获评山东省红色研学基地。冀鲁豫边区革命纪念馆入选“清明踏青，寻梦初心之旅”山东经典红色旅游景区。成功开展菏泽市 7 个“十佳”文化旅游项目评选，评选出“十佳文化旅游新业态示范基地”“十佳乡村旅游点”“十佳非遗助力乡村振兴项目”“十佳文化旅游宣传推广活动”“十佳演艺剧节目”“十佳阅读空间”“十佳城市数字影院”7 大类 70 个获奖项目，集中展示和推介了文化和旅游融合成果。

（三）资源开发取得新进展

新增一批 A 级旅游景区，单县开山景区被评为 4A 级旅游景区，曹县黄河故道湿地风景区、郓城县鲁西南战役指挥部旧址纪念馆、定陶区鲁西南记忆、巨野县白虎山景区、成武县文亭湖风景区、东明县黄河国家湿地公园、巨野县金山景区等 7 家景区获评 3A 级旅游景区，单县四君子集团诗酒文化园、郓城县郓州博物馆获评 2A 级旅游景区。全市 A 级旅游景区数量达到 31 家。乡村旅游品质获得新提升，单县浮岗镇小王庄村获评全省乡村旅游重点村（精品旅游特色村），定陶区南王店镇晁楼社区、曹县大集镇孙庄村、单县浮岗镇小王庄村、单县龙王庙镇刘土城村、单县郭村镇朱楼村、成武县文亭街道刘庄村、巨野县核桃园镇付庙村、郓城县玉皇庙镇西陈庄村、鄄城县彭楼镇王堂村、鄄城县旧城镇葵堌堆村、东明县菜园集镇庄寨村等 11 个村庄获评第二批全省景区化村庄。巨野县核桃园镇入选山东省旅游民宿集聚区创建单位。涌现出了一批兼具特色性、观赏性和商业价值的文化旅游商品。黄河窑·富贵牡丹铜香薰（蓝牙音箱）获 2021 中国旅游商品大赛（健康主题）铜奖，鄄城县精一坊·鲁锦鱼眼长流水镂空围巾获 2021 中国特色旅游商品大赛铜奖，东明县十秒早餐面获第三届山东省文化和旅游商品创新设计大赛优秀奖。在黄河滩区迁建工程中，东明县文化和旅游部门争取县政府的支持，保留了焦元乡辛庄村等 4 个滩区特色旧村台，为黄河文化保护传承弘扬、黄河文化旅游带打造预留了空间。

(四)品牌知名度进一步增强

创新融合举办“一会一节”，坚持大众化、市场化、产业化、人文化、国际化“五化并举”，融合举办第30届菏泽国际牡丹文化旅游节暨2021菏泽市文化旅游发展大会，集中吸引200余万游客来菏泽观光，广泛带动餐饮、住宿、交通、商贸等相关产业发展，实现旅游收入近70亿元，新华社、《人民日报》、中央电视台等百余家主流媒体蜂拥聚焦菏泽，新浪微博“菏泽牡丹”点击量达3600万人次，极大地提升了菏泽的美誉度和影响力。确定“牡丹之都　花样菏泽”为菏泽市文化旅游形象宣传语，进一步丰富了“1＋9＋N”的文旅品牌体系内涵。强化主流媒体和新媒体宣传，全年在央视开展品牌形象宣传，在省级电视台录制播出“花样菏泽”专场文旅节目，《牡丹晚报》开辟“厚重菏泽”专版，菏泽文化旅游微信、微博、抖音等6大平台全年阅读量超3500万人次。健全营销推广体系，发布菏泽文化旅游形象宣传片《正是菏泽》，系统推介菏泽文化旅游资源，首周点击率超千万；印制“菏泽文化旅游指南”“祖国有朵菏泽花”手绘旅游图；推出“花样菏泽”百部微视频，全面展现菏泽城市魅力。目前，《花样菏泽》百部微视频已推出16部，在学习强国、《人民日报》、新华网等20余家主流媒体播出，点击量超千万人次，其中《以纸传情》在19万件参赛作品中脱颖而出，获人民日报社主办的全球短视频大赛优秀奖。推出7大类16条“惠游菏泽”精品旅游线路，举办2021年“中国旅游日”、菏泽市“好客山东游品荟”“小记者游菏泽”等系列推广活动。研发“牡丹之都　智游菏泽”智慧文旅小程序，实现了菏泽文化旅游全要素信息化，为游客提供吃、住、行、游、购、娱等全方位的一站式智能服务，“牡丹之都　花样菏泽”城市品牌美誉度不断提升。“巨野工笔牡丹画产业助推乡村振兴发展”“筝声鲁韵——鲁筝艺术博物馆以乐化人的创新实践”2个项目获山东省文化创新奖。

二、国内旅游市场分析

(一)总体情况

根据旅游统计调查和客流与消费大数据，2021年，菏泽市接待的国内游客中，过夜游游客与一日游游客分别为1191万人次、729.2万人次，合计分别为3012.6万人天、729.2万人天；过夜游游客和一日游游客人均花费分别为1214.2元、441.8元(见图1、图2)。

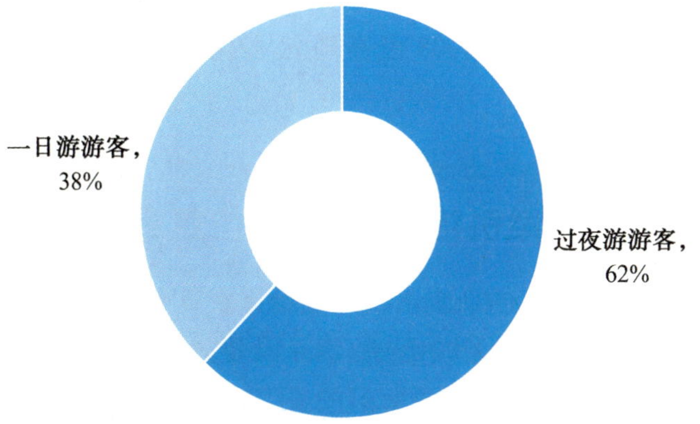

图1 2021年菏泽市国内游客中一日游和过夜游游客占比

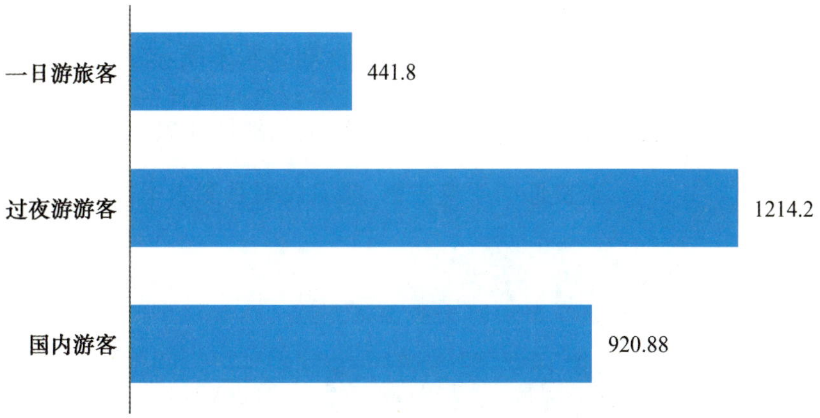

图2 2021年菏泽市国内游客中一日游和过夜游游客人均花费(单位:元)

(二)游客画像分析

1.男性游客占比高于女性游客

调查显示,男性游客占比55.10%,女性游客占比44.00%,男性游客接待量高于女性游客(见图3)。

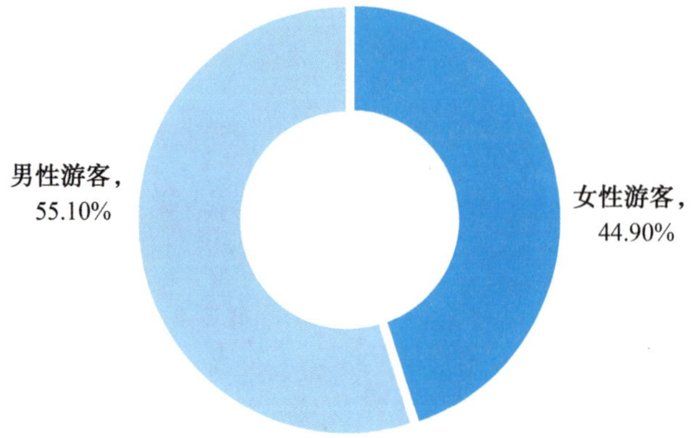

图 3　2021 年菏泽市国内游客性别比例分布

2.中青年游客占比高达九成以上

调查显示，25—44 岁的游客最多，占比 51.85%；45—64 岁、19—24 岁的游客占比分别为 26.89%、18.08%；较少的是 65 岁及以上、18 岁及以下的游客，占比均为 1.59%（见图 4）。

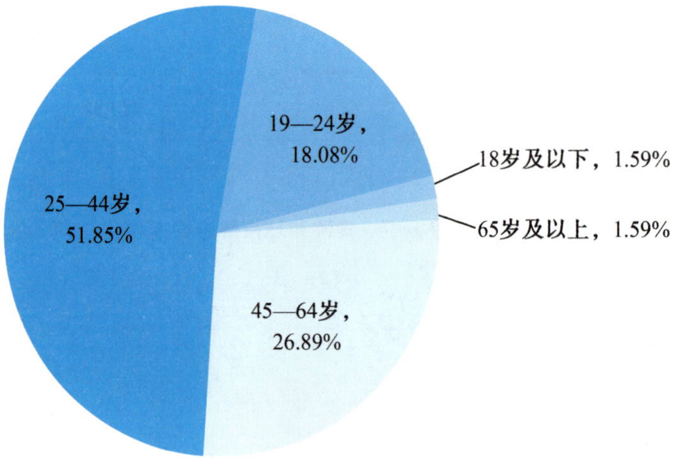

图 4　2021 年菏泽市国内游客年龄比例分布

3.城镇游客是绝对主力军

调查显示，城镇游客占比高达 82.32%，农村游客占比 17.68%（见图 5）。城镇游客是菏泽游客中的主力军。

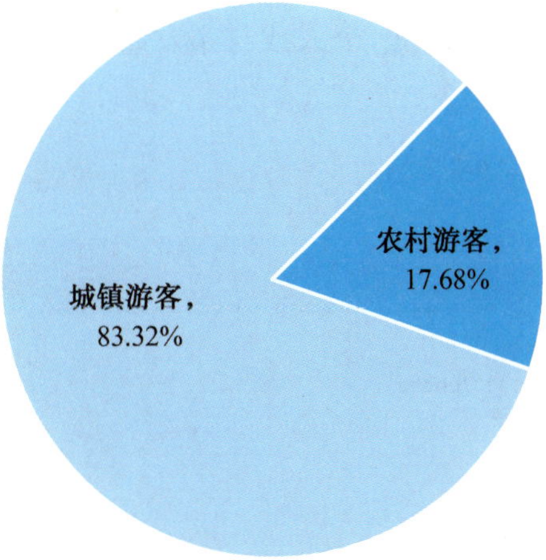

图5　2021年菏泽市国内游客城乡分布

4.过夜游游客占比超六成

调查显示，过夜游游客占比最多，为62.03%；一日游游客占比37.97%（见图6）。过夜游游客的消费水平普遍高于一日游游客，因此大力发展夜间旅游将为菏泽市文旅行业提供新的增长点。

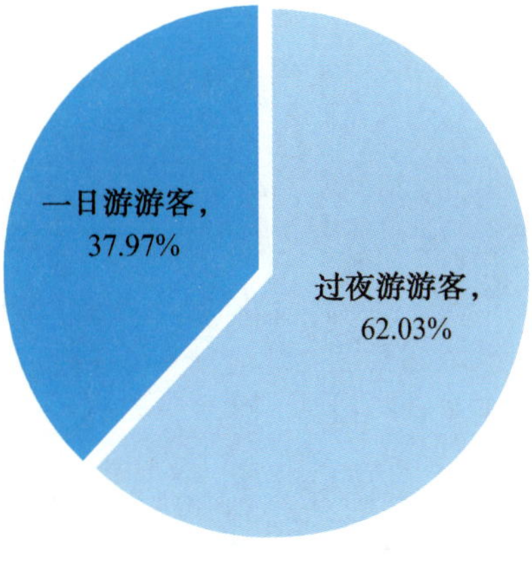

图6　2021年菏泽市国内游客中过夜游与一日游游客比例分布

（三）出游行为分析

1.自驾出游为主流方式

调查显示，游客出游以个人或与亲朋结伴自驾出游为主，占比高达82.58%；旅行社组织出游占比 8.68%；较少的是单位组织出游，占比 6.29%(见图 7)。受疫情影响以及广大市民游客出游偏好的改变，个人或与亲友结伴出游已经成为首选。

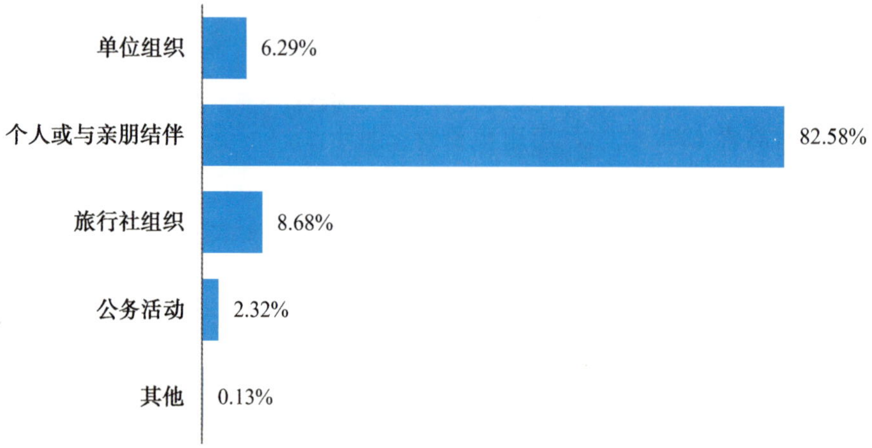

图 7　2021 年菏泽市国内游客出游方式比例分布

2.旅游度假为主要目的

调查显示，游客以旅游度假目的为主要出游目的，占比高达 92.38%；工作学习目的占比为 5.63%；较少的是医疗保健及其他，占比为 1.99%(见图 8)。

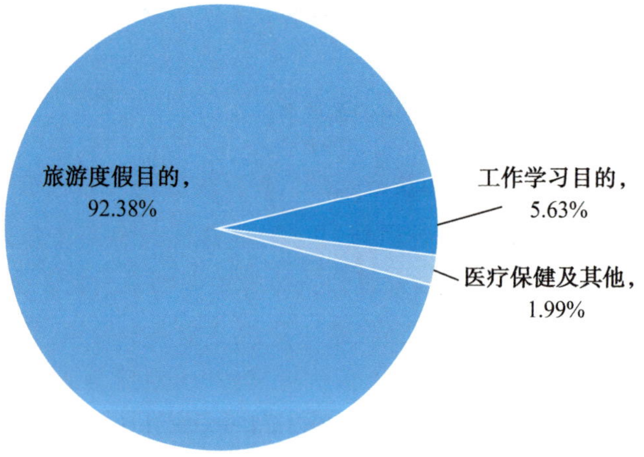

图 8　2021 年菏泽市国内游客出游目的比例分布

3.旅游纪念品受到欢迎

调查显示，游客最喜欢的旅游商品是旅游纪念品，占比 36.49%；工艺美术品、土特产品分别占比 23.91%、21.32%；较少的是民俗、民间艺术品和文化艺术品，分别占比 7.75%、5.03%；一般用品、日用品和其他商品分别占比 4.24%、1.26%（见图 9）。

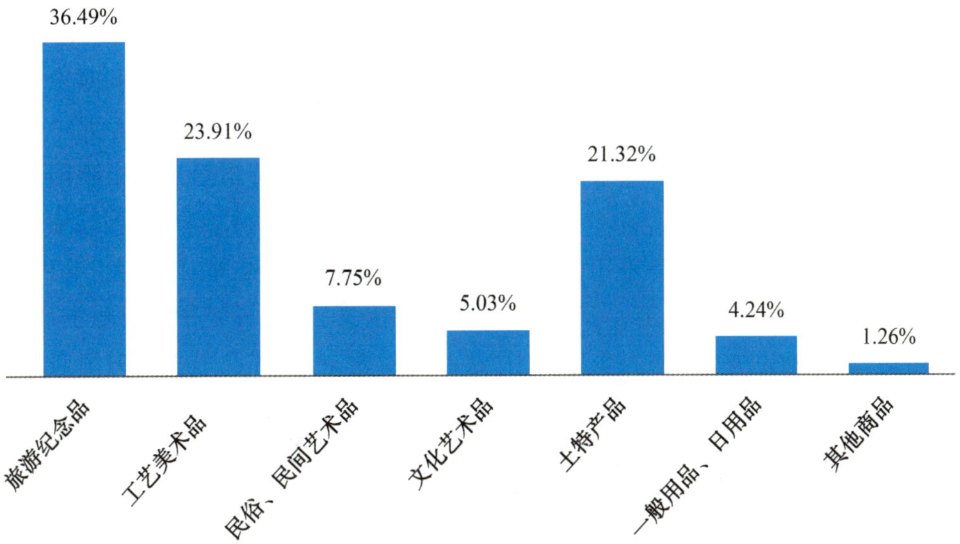

图 9　2021 年菏泽市国内游客最喜欢的旅游商品比例分布

4.网络宣传优势显著

游客了解旅游目的地的方式中，选择网络站点的游客最多，占比 50.33%；选择朋友或家人的游客占比 45.89%；选择电视、宣传材料的游客较少，占比分别为 19.67%、17.09%（见图 10）。

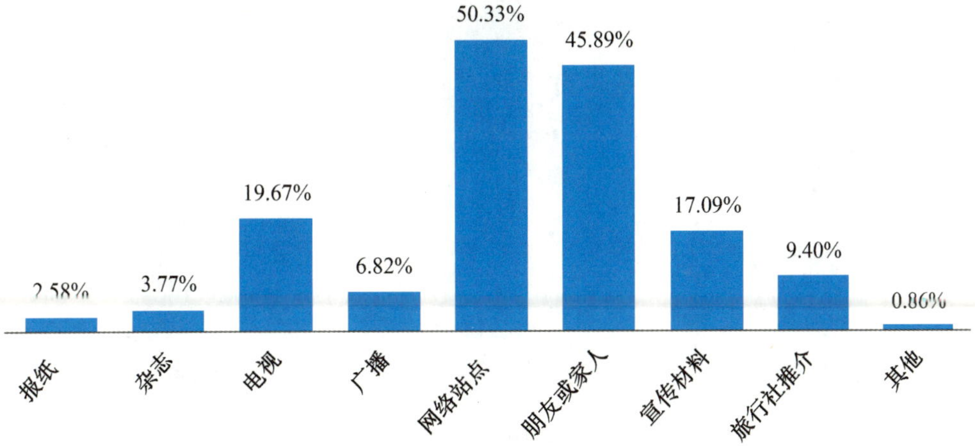

图 10　2021 年菏泽市国内游客了解旅游目的地的方式比例分布

游客最信赖的宣传方式是朋友或家人，占比 41.72%；网络站点占比 27.09%；宣传材料、电视、旅行社推介分别占 10.33%、7.75%、7.15%（见图 11）。

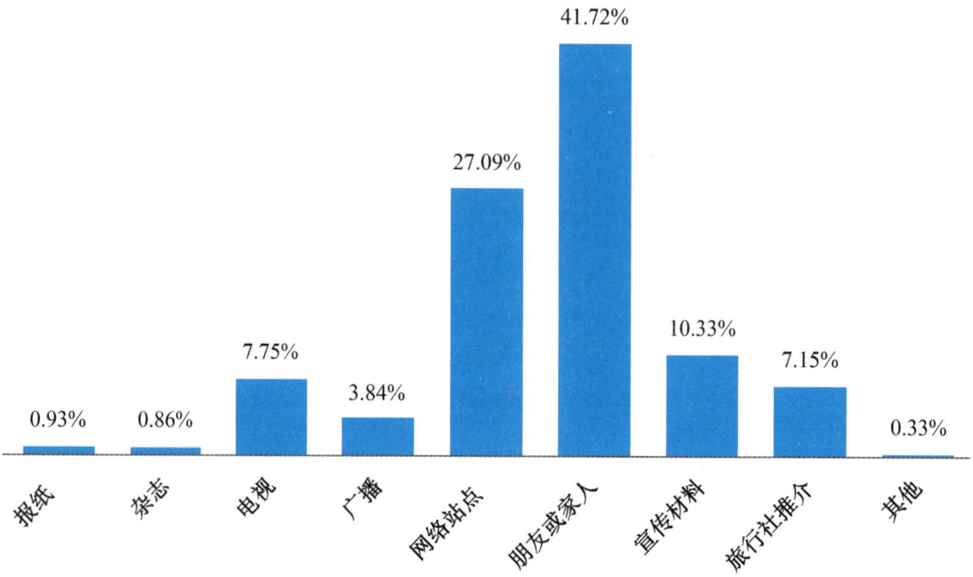

图 11 2021 年菏泽市国内游客最信赖的宣传方式比例分布

5.平均游览景点情况分析

国内游客在菏泽市平均游览景点 1.68 个。从城乡居民分布看,城镇游客平均游览景点 1.70 个,农村游客平均游览景点 1.54 个(见图 12)。

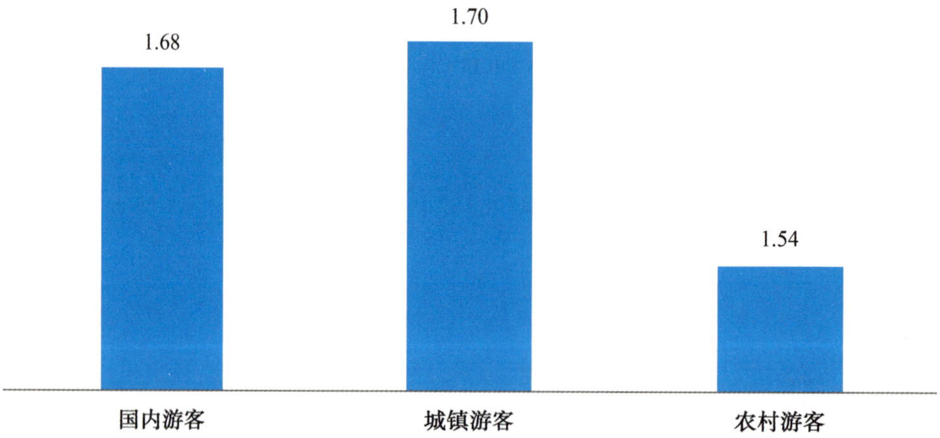

图 12 2021 年菏泽市国内游客平均游览景点数(单位:个)

从出行方式看,其他方式出行的游客平均游览景点数最多,为 4.00 个;旅行社组织平均游览景点 2.00 个;个人或与亲朋结伴平均游览景点 1.68 个;单位组织、公务活动的游客分别平均游览景点 1.16 个、1.51 个(见图 13)。

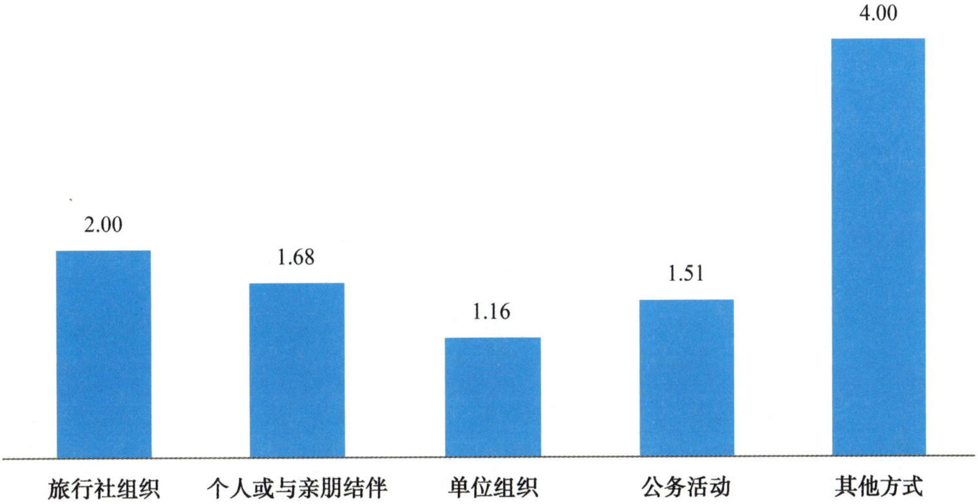

图 13　2021 年菏泽市国内游客平均游览景点数(按出行方式,单位:个)

6.过夜游游客分析

调查显示,过夜游游客中,停留 1 天的游客最多,占比为 42.34%;停留 2 天的游客占比为 39.35%;停留 3 天的游客占比为 11.12%;停留 4 天和 5 天及以上的游客,占比分别为 3.23%、3.95%(见图 14)。

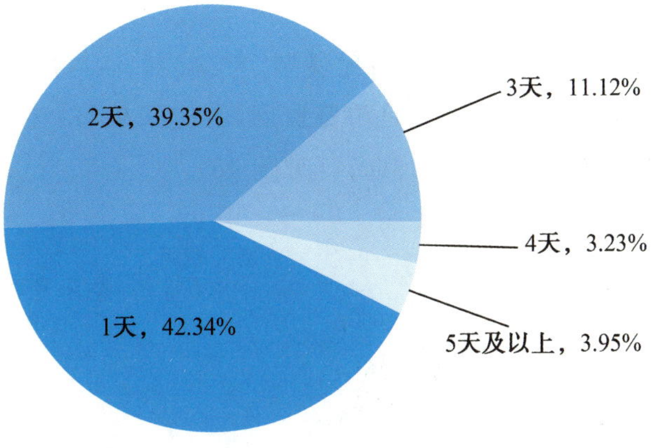

图 14　2021 年菏泽市过夜游游客停留天数比例分析

过夜游游客中,选择非星级饭店的游客最多,占 50.59%;选择亲友家或第二居所、其他住宿设施的游客,占比分别为 34.95%、9.38%;最少的是选择星级饭店的游客,占 5.09%。区分省内外游客来看,省内过夜游游客选择非星级饭店的游客占比最高,为 42.76%;省外游客选择非星级饭店的游客同样占比最高,为 55.34%(见图 15)。整体来看,省外游客选择星级饭店的比例更高,选择亲友家或第二居所的比例更低。

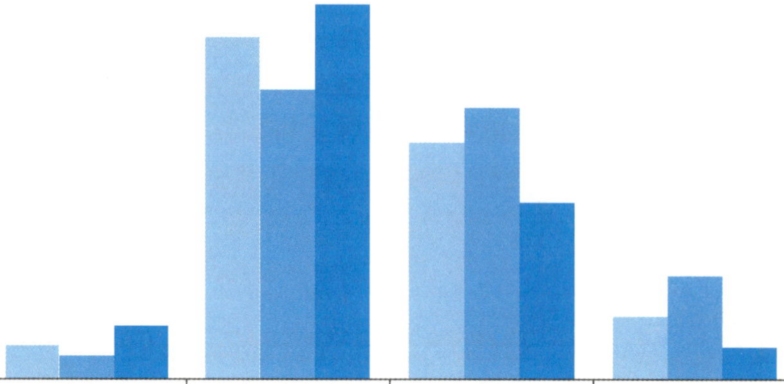

	星级饭店	非星级饭店	亲友家或第二居所	其他住宿设施
国内游客	5.09%	50.59%	34.95%	9.38%
省内游客	3.65%	42.76%	40.24%	15.34%
省外游客	7.89%	55.34%	25.98%	4.53%

图 15　2021 年菏泽市国内游客中过夜游游客住宿选择分布

(四)消费行为分析

1.餐饮、购物、出行消费占八成以上

调查显示，游客消费中，出行费用占比最多，为 38.80%；然后是餐饮费用、购物费用，分别占 21.33%、20.86%；较少的是游览费用，占比 8.97%；住宿费用、其他费用、娱乐费用分别占比 5.56%、2.88%、1.60%(见图 16)。

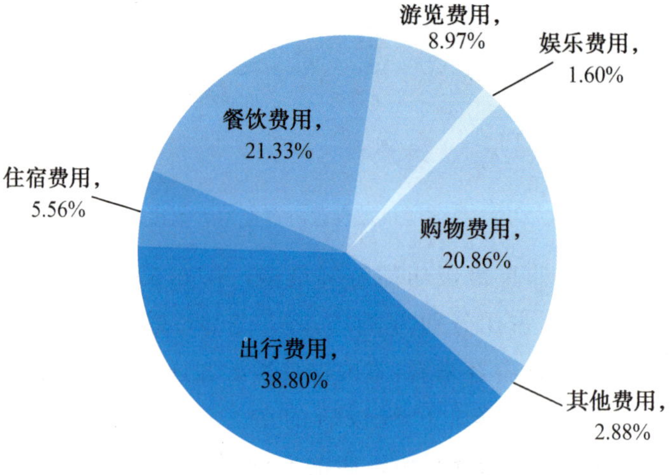

图 16　国内游客消费比例分布

各年龄阶段游客在出行、餐饮、游览、购物方面的消费占比较高，合计占比均达到八成以上。各年龄段游客消费结构存在一定差异。其中，65 岁及以上的游客出行消费占比最高，为 67.51%，其他、娱乐消费较低。45—64 岁的游客在出行、游览方面消费较高，在住宿、娱乐、其他方面消费较少。25—44 岁、19—24 岁的游客在出行、游览、购物方面消费较高，在住宿、娱乐、其他方面消费较少。18 岁及以下的游客在购物、游览、餐饮方面消费较高，在住宿、娱乐、其他方面消费较少（见表 1）。

表 1　2021 年菏泽市国内游客各年龄阶段消费比例分布　%

年龄	出行费用	住宿费用	餐饮费用	游览费用	娱乐费用	购物费用	其他费用
65 岁及以上	67.51	6.86	6.86	13.73	0.00	4.23	0.81
45—64 岁	43.06	3.88	17.32	21.19	0.50	12.87	1.18
25—44 岁	34.27	4.18	18.05	22.23	1.02	18.36	1.89
19—24 岁	18.41	7.02	19.17	26.19	3.13	20.89	5.19
18 岁及以下	17.43	1.93	22.68	24.61	1.93	29.05	2.37

2.省外游客拉动消费增长

从省内外游客来看，省内游客人均消费 729.03 元，省外游客人均消费 1322.89 元（见图 17）。私家车的普及为旅游带来了一场革命，也带来了巨大的机遇。它让旅游变得越来越触手可及，可以“说走就走”，但也让游客“想回就回”。要留住游客，变一日游为过夜游，应深挖旅游融合，发展夜间旅游，联合景区打造“大景区”概念，开发具有竞争力的二、三日游旅游产品和夜间旅游项目，加快旅游基础设施建设，让旅游和高铁可以互相借力、融合发展。

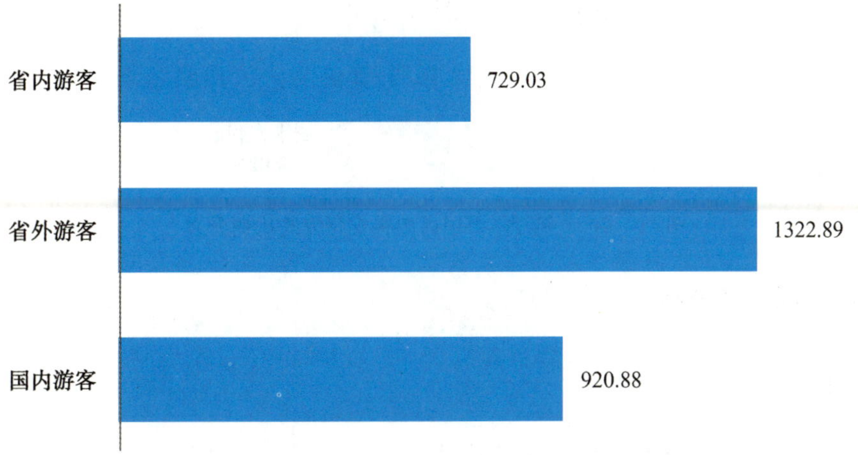

图 17　2021 年菏泽市省内外游客人均消费（单位：元）

从住宿选择看，选择星级饭店的过夜游游客人均花费最高，为 1375.55 元；选择非星级饭店的游客，人均花费 1228.68 元；选择在亲友家或第二居所过夜的游客，人均花费 1055.02 元（见图 18）。人均花费最少的为选择其他住宿设施的游客，人均花费 873.12 元。这部分游客的消费可以往其他方面（游览、娱乐、购物等）倾斜。相较 2020 年，选择不同住宿方式的过夜游游客人均花费均稳步增长。

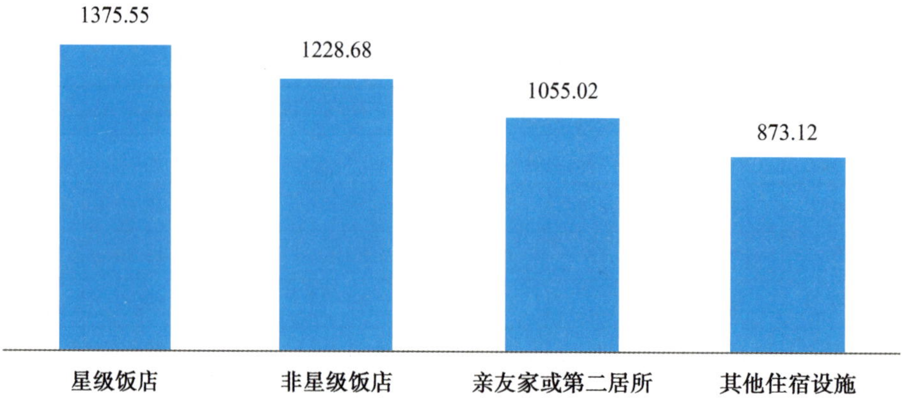

图 18　2021 年菏泽市选择不同住宿方式的过夜游游客人均花费（单位：元）

3.移动支付占六成以上

调查显示，63.96%的国内游客选择使用支付宝、微信等移动支付，32.02%的游客选择现金支付，只有 4.02%的游客会使用银行卡刷卡支付（见图 19）。

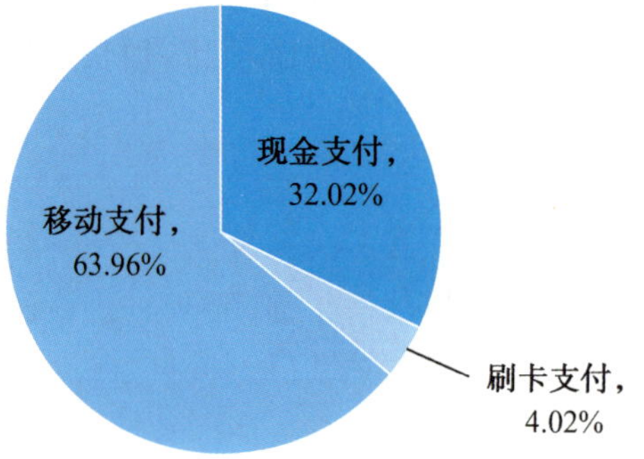

图 19　2021 年菏泽市国内游客支付方式比例分布

（五）客源市场分析

1.省内游客为主力军

调查显示，2021 年菏泽市国内游客中，省外游客占比 13.77%，省内游客占比 86.23%。其中，省内市外游客占比 32.19%，市内游客占比 54.04%（见图 20）。制约和影响菏泽市国内游客客源的主要因素有疫情、核心产品供给、宣传推广、距离、客源地的经济发展水平等。面对旅游市场环境的不断变化，建议在明确客源市场构成的前提下做好旅游市场营销，优选高效手段和平台，走精准营销路线，稳固省内客源市场，积极拓展周边省外市场。

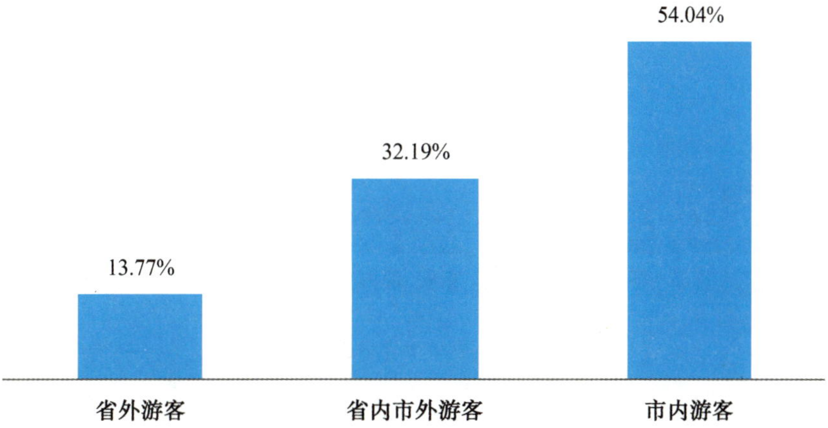

图 20　2021 年菏泽市省内外游客比例分布

2.河南为最大省外客源地

菏泽市省外客源市场以周边省份为主，其中河南、河北游客最多，占比分别为 31.25%、12.98%；江苏、安徽、山西占比分别为 10.10%、8.17%、5.77%（见图 21）。

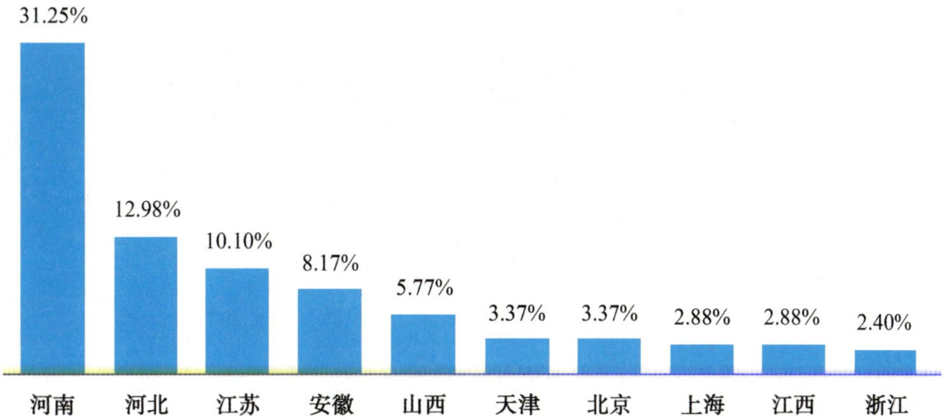

图 21　2021 年菏泽市十大省外客源地比例分布

3.市外市场空间巨大

调查显示，省内游客中本市游客占比最高，为 61.74%；济南、济宁分别占 8.94%、7.50%；青岛、枣庄、东营、临沂、泰安、淄博分别占 2.65%、2.58%、2.50%、

2.27%、1.74%、1.59%(见图 22)。

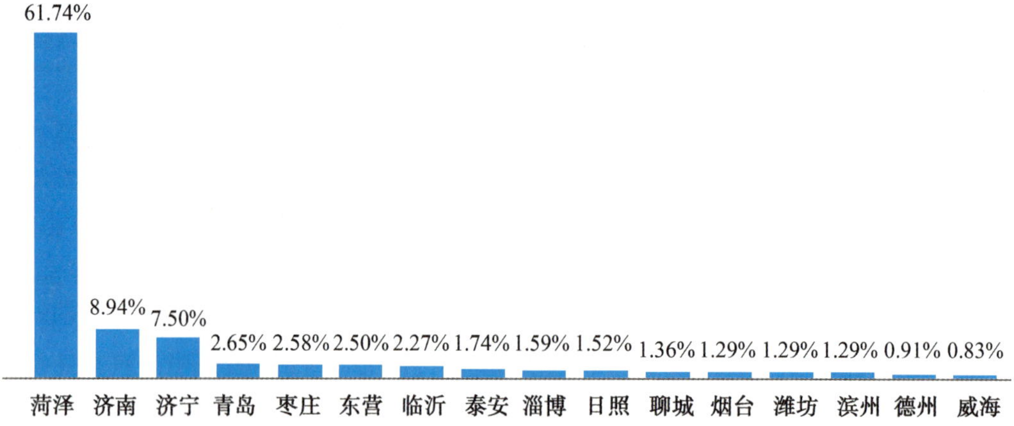

图 22　2021 年菏泽市省内游客比例分布

(六)整体满意度分析

调查显示,菏泽市国内游客整体满意度平均为 4.43 分。整体满意度为 5 分的游客最多,占比 53.05%,4 分及以上占比 91.13%(见图 23)。综合来看,游客对菏泽市整体旅游满意度保持在较高水平。

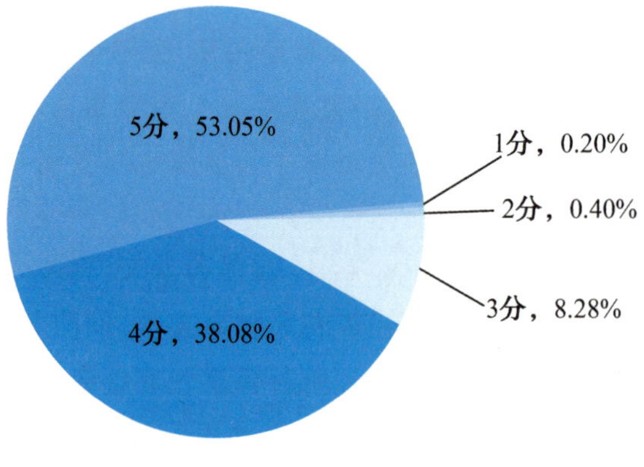

图 23　2021 年菏泽市国内游客整体满意度比例分布

三、旅游接待设施情况

(一)旅游游览情况

根据2021年山东省文化和旅游厅建设的全省旅游住宿设施和旅游吸引物名录库数据，菏泽市共有旅游吸引物678家。其中A级旅游景区31家，包括4A级旅游景区5家、3A级旅游景区15家、1A和2A级旅游景区11家；文化文物旅游吸引物354家，包括博物馆26家、美术馆9家、图书馆10家、文化馆11家、文艺表演场馆16家，文物保护单位283家；乡村旅游186家；红色旅游32家；夜间旅游6家；冰雪旅游4家；新业态旅游91家，包括工业旅游22家、康养旅游19家、体育旅游5家、研学旅游38家、温泉滑雪9家；城市综合体52家；其他旅游吸引物17家(见表2)。

表2　2021年菏泽市旅游吸引物　　单位：家

	数量
(一)A级旅游景区	31
1.4A级旅游景区	5
2.3A级旅游景区	15
3.1A和2A级旅游景区	11
(二)文化文物旅游吸引物	354
1.博物馆	26
2.美术馆	9
3.图书馆	10
4.文化馆	11
5.文艺表演场馆	16
6.文物保护单位	283
(三)乡村旅游	186
(四)红色旅游	32
(五)夜间旅游	6
(六)冰雪旅游	4
(七)新业态旅游	91
1.工业旅游	22
2.康养旅游	19

续表

	数量
3.体育旅游	5
4.研学旅游	38
5.温泉滑雪	9
（八）城市综合体	52
（九）其他旅游吸引物	17
合计	678

(二)住宿餐饮情况

根据2021年山东省文化和旅游厅建设的全省旅游住宿设施和旅游吸引物名录库数据，菏泽市共有旅游住宿设施1865家，其中星级饭店11家，包括四星级饭店2家、一至三星级饭店9家；非星级旅游住宿设施1817家，包括非星级标准住宿设施1734家、民宿客栈82家、公寓及家庭旅馆1家；其他旅游住宿设施37家(见表3)。

表3　2021年菏泽市旅游住宿设施

	总数/家	客房数/间	床位数/张
（一）星级饭店	11	2287	4343
1.四星级	2	636	1290
2.一至三星级	9	1651	3053
（二）非星级旅游住宿设施	1817	97447	186648
1.非星级标准住宿设施	1734	96396	184665
2.民宿客栈	82	1001	1883
3.公寓及家庭旅馆	1	50	100
（三）其他旅游住宿设施	37	3234	7523
总计	1865	102968	198514

（祝琳）

山东旅游调查分析报告编写组 编著

山东旅游

调查分析报告（2020—2021）

上册

山东大学出版社
SHANDONG UNIVERSITY PRESS
·济南·

图书在版编目(CIP)数据

山东旅游调查分析报告. 2020—2021 / 山东旅游调查分析报告编写组编著. —济南 ：山东大学出版社，2023.10

ISBN 978-7-5607-7911-9

Ⅰ. ①山… Ⅱ. ①山… Ⅲ. ①旅游业发展－研究报告－山东－2020-2021 Ⅳ. ①F592.752

中国国家版本馆 CIP 数据核字(2023)第 170667 号

责任编辑 邵淑君
封面设计 王秋忆

山东旅游调查分析报告(2020—2021)
SHANDONG LVYOU DIAOCHA FENXI BAOGAO(2020—2021)

出版发行 山东大学出版社
社　　址 山东省济南市山大南路 20 号
邮政编码 250100
发行热线 (0531)88363008
经　　销 新华书店
印　　刷 济南乾丰云印刷科技有限公司
规　　格 787 毫米×1092 毫米 1/16
　　　　 37.75 印张 808 千字
版　　次 2023 年 10 月第 1 版
印　　次 2023 年 10 月第 1 次印刷
定　　价 167.00 元(上下册)

《山东旅游调查分析报告(2020—2021)》编委会

主　编　闫向军　解秀海　张记高

副主编　刘秀娟　王　鹏　肖　磊

编　委（按姓氏笔画排序）

王　卓　王洪涛　王　鹏　邓文军

刘秀娟　孙吉国　李海涛　肖　磊

宋继东　宋斐红　张琳琳　侯衍捍

唐志国

统　稿　张记高　刘秀娟

撰　稿（按姓氏笔画排序）

于金花　门桂苍　王申臣　王忠霞

王玺任　田　敏　代锡栋　司国平

成菲菲　曲婉莹　朱　慧　任庆彪

刘　磊　孙　杰　杜　珍　李鹏飞

谷晓凯　宋宗涛　迟明娟　陈　涛

周源康　郑成翠　郑　沛　单　钰

赵佳宁　祝　琳　桑　君　梁海建

彭华英　韩恩元　靳祥陆

前　言

2020—2021年是“十三五”收官和“十四五”开启之年。全省文化和旅游系统深入贯彻落实习近平总书记对山东工作的重要指示精神，锚定“走在前列、全面开创”“三个走在前”，立足新发展阶段，完整、准确、全面贯彻新发展理念，主动服务和融入新发展格局，拉动文化和旅游产业消费升级。调查数据显示，全省文化和旅游领域在产品更新迭代、动能转型升级、经济高质量发展等诸多方面实现了新的发展。

在山东省委、省政府的坚强领导下，省文化和旅游厅发挥职能作用，立足现实，着眼长远，同心勠力，主动作为，干事创业。深入分析国内外形势，科学把握旅游经济规律，制订切实工作计划，保持现有资源利用持续向好，挖掘新业态旅游资源力度持续加大，实现了打造供需平衡新型文旅产品的精准发力。以文旅行业复工复产、文旅深度融合、乡村旅游提档升级、夜游经济助力复苏为契机，持续推进旅游产业转型升级，聚力文旅深度融合，拉动全省文化旅游提档升级，文化和旅游产业赋能全省经济社会高质量发展的动能作用日益凸显。

2020—2021年，山东省调查并获取了800余家旅游住宿和旅游游览企事业单位的接待数据及18万名省内外游客的旅行消费数据。依托丰富的调查数据成果，山东省文化和旅游厅财务处和山东旅游职业学院牵头成立本书编写组，精心撰写了《山东旅游调查分析报告（2020—2021）》。本书由综合篇、专项篇、地市篇三部分组成，从省市两级对2020—2021年山东省旅游调查数据进行深入研究和挖掘分析，以期为全省各级旅游主管部门、社会各界旅游有关人士和省内外关心关注山东旅游发展的企事业单位提供可靠的基础数据、有益的研究经验和科学的决策参考。本书分为上、下两册，上册为 2020 年山东旅游调查分析报告，下册为 2021 年山东旅游调查分析报告。

本书征集了山东省文化和旅游厅各相关业务处室及各市文化和旅游局的宝贵意见，得到了山东大学、山东财经大学和山东旅游数据研究会的专业理论与技术支持。值此付梓之际，谨向所有支持本书编写的指导单位、参与专家、撰写人员和设计、校稿等所有人士，致以衷心的感谢！

目　录

上　册

综合篇

专项篇

地市篇

综合篇

2020年度山东省旅游业调查综合分析报告

2020年是决胜全面建成小康社会、决战脱贫攻坚之年，是“十三五”规划收官之年，也是文化和旅游工作极不平凡的一年。面对严峻复杂的形势和新冠肺炎疫情的冲击，在山东省委、省政府的坚强领导下，全省文化和旅游战线坚持以习近平新时代中国特色社会主义思想为指导，统筹推进疫情防控和经济社会发展，扎实做好“六稳”工作，全面落实“六保”任务，全心全力服务大局，加快文旅融合发展，促进旅游消费升级，满足人民对美好生活的向往。据调查测算，2020年，山东省接待游客5.8亿人次，实现旅游总收入6019.7亿元，分别恢复到2019年的61.5%和54.3%。现就2020年山东省旅游产业发展情况，从旅游发展特点分析、旅游发展短板和建议、旅游消费侧分析、旅游供给侧分析、2021年形势展望和潜力分析五个部分报告如下。

一、旅游发展特点分析

新冠肺炎疫情发生以来，全省文化和旅游系统认真贯彻中央关于统筹疫情防控和经济社会发展的决策部署，2020年全省旅游复工复产和高质量发展取得显著成效，呈现出加快复苏、繁荣发展的良好局面。

(一)文旅行业复工复产举措得力

1.疫情暴发前旅游迎来小高潮

疫情暴发前，适逢春运及春节前夕，旅游各行业客流量增长稳定。新年伊始，全省全面开展了“冬游齐鲁·好客山东惠民季”活动，推出了好客山东贺年会、冬季美食嘉年华、各地特色主题节庆三项冬季旅游特色节庆活动，激发了民众的出游热情。仅2020年元旦假期，全省就接待游客406.2万人次，实现旅游收入30.3亿元，按可比口径分别增长8.9%和11.3%，全省旅游消费需求增长潜力大，潜在产能显著。春节前，省内居民出游意愿高涨，全省各地策划推出了一系列具有地方特色的旅游产品和民俗活动，比如台儿庄古城为筹办2020年春节古城庙会，提前准备了丰富多彩的节庆活动；潍坊市举办了“青州古城过大年”“十笏园新春文化庙会灯会”等节会活动。山东博物馆、山东美术馆、孔子博物馆等公共文化场馆也纷纷延长开放时间。

2.疫情蔓延期全面加强政策保障

疫情蔓延期，旅游各行业遭受重创，交通运输行业旅客人次出现“断崖式”下滑，景区、酒店、旅行社运营陷入停滞状态。2020年1月24日，全省旅行社及在线旅游企业的旅游业务全面停止，旅行社纷纷出台团队游退订政策。1月25日起，全省多个文化旅游场所和大型活动临时关闭、取消或延迟，并做好了游客退票等善后事宜。1月26日起，山东省全面暂停省际班车客运、省际包车客运和市际包车客运。山东省政府办公厅先后印发《关于应对新型冠状病毒感染肺炎疫情支持中小企业平稳健康发展的若干意见》《关于应对新冠肺炎疫情支持生活服务业批发零售业展览业及电影放映业健康发展的若干意见》《关于应对新冠肺炎疫情影响促进文化和旅游产业健康发展的若干意见》；山东省文化和旅游厅（下文简称“省文旅厅”）印发了《山东省新冠肺炎疫情期间旅游住宿业防控工作指导手册》《山东省公共文化场馆新冠肺炎防控指南》《山东省A级旅游景区新型冠状病毒肺炎防控手册》等一系列政策文件，主动帮企业纾难解困，暂退全省2308家旅行社80%的质保金共4亿多元，缓解企业现金流压力。

3.防疫向好期有序推动复工复产

全省文化和旅游系统奋力打好产业复苏“主动仗”，积极推动复工复产，旅游各行业分层、有序缓慢恢复。2020年2月25日起，全省旅游景区陆续开放。3月27日，山东省内的旅行社及在线旅游企业恢复省内旅游经营活动。政府出台政策对全省5900多家网吧减免宽带使用费7350万元。截至4月28日，全省628家A级旅游景区恢复开放。清明假日期间，泰山景区日均接待15000人次，台儿庄古城日均接待23000余人次。积极推动国有景区实施门票减免优惠，8月1日起，81家国有景区大幅降低门票价格。2020年国庆、中秋假日期间，全省游客接待量和旅游收入分别恢复到2019年同期的80.9%和71.5%，充分说明山东旅游行业的恢复能力比较强劲。

(二)文旅深度融合发展成效显著

1.文旅产业供给结构趋优

(1)文旅产业核心供给多元化

2020年,新增萤火虫水洞·地下大峡谷5A级旅游区、日照山海天国家级旅游度假区。截至2021年1月,全省共有1227家A级景区,居全国首位,其中5A级景区13家。截至2020年年底,全省星级饭店总数达540家;全省共有旅游度假区46家,其中国家级旅游度假区达到5家(含石老人国家旅游度假区),居全国第3位。2020年,济南、青岛入选第一批国家文化和旅游消费示范城市,入选数量居全国第一位;淄博、烟台入选第一批国家文化和旅游消费试点城市;台儿庄古城文化产业园入选国家级文化产业示范园区,是全国9家之一;青州中晨书画艺术产业园入选第二批国家级文化产业示范园区,是全国13家之一。全省共有国家级文化和旅游公共服务机构功能融合试点单位6个,省级22个。全省新建、改建、扩建旅游厕所1126座;在百度电子地图上标注旅游厕所1.1万座,数量居全国第1位。

(2)文旅消费活动拉动力不断提升

经省委、省政府研究同意,省文旅厅印发《山东省文化旅游融合发展规划(2020—2025年)》,推出16条综合型经典文化旅游线路、7条系列主题特色型文化旅游线路。"第四届山东文化和旅游惠民消费季"策划开展8793项主题活动,组织举办定向消费券活动23场,累计参与人次达到2.51亿。其间,省、市、县三级财政发放使用文化和旅游惠民消费券1.5亿元,同比增长33.92%;直接带动消费9.8亿元,同比增长51.3%;间接带动消费115.1亿元,撬动企业线上、线下让利17.04亿元助力惠民。美术创作活动成绩斐然,"和动力——首届济南国际双年展"盛大开幕,来自24个国家的253位艺术家参展,首月观众人数达19万人次,连续30天居抖音全省展览展馆热门排行榜首位。

(3)智慧文旅服务体系进一步完善

科技创新助力文旅行业高质量发展,旅游景区的智慧防疫能力大幅度提升。于9月启动"好客山东　云游齐鲁"智慧文旅试点工作,充分利用互联网、物联网、云计算、大数据、人工智能、5G、区块链等先进技术,通过构建"一中心四平台"的智慧文旅综合服务体系,探索山东省全域文旅融合数字经济的创新与落地实践。积极建设旅游景区门票预约机制,截至2020年年底,全省13家5A级景区全部实现分时预约并接入省级平台,135家4A级景区开发预约系统并接入省级平台,预约实现率达72%。10月,山东省人民政府办公厅发布《关于加快推进新型智慧城市建设的指导意见》,

提出推进数字图书馆、博物馆、文化馆建设，加快文旅行业大数据创新应用，推动景区和文化、娱乐场所等互联网售票、电子验票和无感入园。4 月 28 日，“黄河入海　智游东营”小程序上线，通过整合线上线下文化旅游资源、汇集多方信息、承载线上直播活动等多种形式展现景区亮点。国庆期间，台儿庄古城引进了 20 多台带有交通和导览功能的机器人，其一键报警、人脸识别等功能可为游客提供及时的帮助。

（4）博物馆文化旅游持续走俏

山东省博物馆文化旅游资源丰富。截至 2020 年年底，全省已注册各级各类各所有制博物馆 603 家。其中国有博物馆 242 家，非国有博物馆 361 家。全省一、二、三级博物馆共 127 家，包括一级博物馆 18 家、二级博物馆 45 家、三级博物馆 64 家。在第四批全国博物馆评估定级中，山东省 99 家博物馆成功晋级，总量居全国第一位，孔子博物馆等 12 家被评定为国家一级博物馆，济南历城区博物馆等 33 家被评定为国家二级博物馆，青岛金石艺术博物馆等 54 家被评定为国家三级博物馆，各级获评数量均居全国第一位。在新晋级的博物馆中，革命类博物馆有 16 家；非国有博物馆 28 家，超过全国的 1/3，数量居全国第一位。由此，山东省博物馆总量、一级博物馆数量、二级博物馆数量、三级博物馆数量、非国有博物馆数量、新晋级革命类博物馆数量等六个指标均居全国第一位。全省免费开放博物馆 531 家，占博物馆总数的 88%。全国和全省博物馆中小学研学基地 21 家。2020 年，滨州市博物馆用 AR/VR① 技术丰富了孙子文化的展示方式和手段，增加了“孙子文化展厅”的互动体验。为贯彻落实《关于加快省会经济圈一体化发展的指导意见》，12 月 22 日，济南市博物馆、淄博市博物馆、泰安市博物馆、聊城中国运河文化博物馆、德州市博物馆、滨州市博物馆、东营市历史博物馆等七家国有博物馆成立“省会经济圈一体化博物馆联盟”。在“2015—2019 年度全国博物馆研学旅行优秀课程及优秀线路”评比活动中，山东省共有山东博物馆和青州博物馆的 4 个案例在此次评比活动中荣获佳绩（见表 1）。

表 1　“2015—2019 年度全国博物馆研学旅行优秀课程及优秀线路”山东入选名单

获奖类型	案例名称	申报单位
最佳路线	孔子学堂励志营　家风家教邹鲁行	山东博物馆
优秀课程（历史类）	华服美裳——馆藏明代服饰及礼仪研究	山东博物馆
	谁是亚醜	青州博物馆
优秀课程（红色类、艺术类）	知书——品隶书之美	山东博物馆

① AR 即 Augmented Reality 的缩写，意为“增强现实”；VR 即 Virtual Reality 的缩写，意为“虚拟现实”。

2.文旅惠民措施持续推出

(1)山东国有景区大幅降票价

为深入贯彻落实党中央、国务院统筹疫情防控和经济社会发展的系列决策部署，加快促进旅游业复苏，有力拉动居民旅游消费，7月23日，山东省发展和改革委员会、山东省文化和旅游厅发布《关于降低全省国有景区门票价格的通知》，自2020年8月1日起至2020年12月31日，对81个国有景区降价，其中，对于9家5A级景区，除法定节假日外，在政府定的原门票价格的基础上，全部执行不低于5折的票价优惠；对于其余72家国有景区，在政府定的原门票价格的基础上，工作日执行2折票价，周末及法定节假日执行5折票价。同时，对儿童、老年人、现役军人、军队离退休干部、残疾人以及持“山东惠才卡”的高层次人才等特殊群体执行的免票优惠政策保持不变。

(2)推出文化旅游惠民卡

11月8日，2020“冬游齐鲁·好客山东惠民季”启动仪式在威海荣成举行，好客山东文化旅游卡正式发布。好客山东文化旅游卡以景区门票免费优惠为主要功能，融合金融与旅游消费服务，覆盖省内200多个热门的3A、4A、5A级旅游景区。好客山东文化旅游卡市场价格199元，中国工商银行山东省分行和齐鲁银行作为首批发卡行，也推出了一系列优惠政策，用户仅需支付159元就可享受原价199元的一年内畅游全省16地市景区的权益。

(3)积极开展文旅惠民工程

持续推进“一村一年一场戏”免费送戏活动，全年共演出约9万场，超额完成全年计划任务。烟台市推出旅游景区直通车，串联“‘醉美’100公里仙境海岸线”，实现了游客和市民在烟台滨海一线约30个观景点间一站直达、无障碍往返，方便游客在各景区间游览换乘。长岛旅游景区也对烟台市民实行半价优惠。潍坊市举办“周末免费游潍坊”活动，自5月18日至6月底，面向广大市民，每周星期一发放75万元旅游定向消费券。8月7日，临沂启动“第四届山东文化和旅游惠民消费季·缤纷暑期消费月”活动，现场派发200万元文旅消费券。

3.非遗提升旅游文化内涵

(1)“非遗+旅游”供给日益丰富

截至2020年，山东省有国家级非遗代表性项目173项，居全国第二位；“人类非遗代表作名录”项目8个。在文化和旅游部公布的“全国非遗主题旅游线路征集宣传”活动入选线路名单中，由山东“山水鲁韵非遗之旅”和“鲁风运河非遗之旅”这两条子线路组成的“齐风鲁韵非遗之旅”榜上有名。10月23日至27日，第六届中国非物质文化遗产博览会在济南市举办，这届博览会以“全面小康　非遗同行”为主题，整个活动以线上活动为主、线下活动为辅，线下展馆共有来自全国各地的84个非遗代表性项目、46个非遗扶贫就业工坊、447位传承人参展参演。省文旅厅举办2020“山东非遗＋旅游文创”大赛，评选出非遗传承创新类、非遗创意衍生设计类、非遗传播产品开发类三大类共67件获奖作品，其中共有8件获奖作品获得本届大赛最佳成果转化奖。山东共有14项入选第五批国家级非物质文化遗产代表性项目名录，入选率达50％。

(2)非遗助力脱贫攻坚

2020年以来，山东省在做好非遗保护工作的同时，积极推动非遗融入乡村振兴等国家重大战略，取得了显著成效。省文旅厅与省扶贫办出台了《山东省“非遗助力脱贫、推动乡村振兴”工程实施方案》，在全省评选了20个第三批非遗助力脱贫、推动乡村振兴典型乡镇(街道)，形成乡村非遗发展的优质载体。借助中国非遗博览会及“文化和自然遗产日”“非物质文化遗产月”等节庆日，积极推动非遗展演展示与乡村文化振兴紧密结合，指导各地面向乡村策划和举办一系列内容丰富、形式多样的非遗展演展示活动。济南、青岛、枣庄、济宁、泰安、临沂等地也以乡村非遗项目和传承人为重点，设立市级非物质文化遗产专项经费，并取得了良好的效果。

4.文旅项目建设成效斐然

2020年，山东省共贴息支持沿黄地区15个重点文旅项目2962万元，完成投资近110亿元。省财政筹集260万元，对符合条件的5个长城山东段项目予以贷款贴息扶持；依托齐长城世界遗产廊道和沿线文旅资源，打造“齐长城文化旅游带”，有序开发齐长城沿线原山、鲁山溶洞群等8处国家4A级旅游景区和牛记庵、五阳湖等17处国家3A级旅游景区。积极培育培强精品旅游产业“雁阵形”集群和集群领军企业，国欣文旅集团、济南文旅集团等一大批文旅集团不断发展壮大，全省文化创意和精品旅游15个集群入选省“十强”产业“雁阵形”集群库，13家企业入选集群领军企业库。国家旅游项目库管理系统数据显示，2020年，山东省在建文化旅游项目996个，省级重点项目计划总投资4944.1亿元，全年完成投资超过273亿元。

(三)全域旅游示范建设大放异彩

1.做好全域旅游发展顶层设计

国家全域旅游示范区评定启动以来，山东省以创建“全域旅游示范省”为目标，全力谋划全域旅游的发展。省级层面印发了《大力推进全域旅游高质量发展实施方案》《山东省全域旅游发展总体规划(2018—2025年)》等，各市、县也积极编制出台全域旅游发展规划，推进全域旅游高质量发展融入社会经济发展。其中，济南市于2018年12月印发《关于推进济南市全域旅游高质量发展的实施方案》，烟台市于2018年12月印发《烟台市全域旅游发展总体规划》，潍坊市于2019年6月印发《潍坊市全域旅游发展规划》。

2.全域旅游创建工作成绩斐然

山东省威海市荣成市、临沂市沂南县、烟台市蓬莱区、德州市齐河县、济南市章丘区入选第二批国家全域旅游示范区名单，推荐单位全部列入公布名单。这是自国家全域旅游示范区评定启动以来，山东省连续两年获得“大满贯”。2019年，山东省推荐的青州市、崂山区和曲阜市被评为首批国家全域旅游示范区，连续两年数量居全国前列。截至2020年年底，山东省国家全域旅游示范区达到8个，在数量上与江苏省并列全国第一。2020年，济南市历下区、淄博市博山区、潍坊市安丘市、日照市东港区等10个县(市、区)被评为第二批山东省全域旅游示范区；济南市莱芜区、淄博市周村区、临沂市蒙阴县等5个县(市、区)被列入第三批山东省全域旅游示范区重点培养单位名单。截至2020年年底，山东共有省级全域旅游示范区25个。

3.全域旅游逐步实现落地发展

一是全省旅游要素进一步打破边界，实现“一圈享全域”。2020年11月，济南市公布2021年济南公园年票适用人群，从只对济南市民发售，扩大到向淄博、东营、济宁、泰安、德州、聊城、滨州、菏泽市民发售。不但“1+6”都市圈的市民皆可办理，济宁和菏泽两市的市民也能享受同等的年票福利。二是济南、泰安、济宁三地联手打造文旅一体化。2020年6月18日，中华文化枢轴文旅协同发展座谈会在济南召开，文旅行业专家、学者和企业界代表在会上共同探讨了“山水圣人”中华文化枢轴文旅先行、协同发展的路径，以加快济南、泰安、济宁文旅一体化，实现区域优势互补、协同发展。济南、泰安、济宁三市文旅部门签订了《中华文化枢轴文旅协同发展战略合作协议》。

(四)夜间旅游发展政策支撑有力

1.夜游政策推进夜游产品提升

近年来，在助推“夜经济”的政策驱动下，山东省从供给端不断发力，各地逐步释放夜游市场潜力。在省级层面上，2019年11月5日，山东省人民政府办公厅印发《关于加快推进夜间旅游发展的实施意见》，提出发展夜间旅游(简称“夜游”)的目标任务和一系列政策措施，这在全国是首例。2020年3月，山东省人民政府办公厅发布《关于应对新冠肺炎疫情影响促进文化和旅游产业健康发展的若干意见》，提出提振夜间旅游。7月，省文旅厅印发《山东省文化旅游融合发展规划（2020—2025年）》，提出大力发展夜间旅游，并对发展各地夜间旅游进行了总体设计，进一步加强了夜间旅游发展举措。在市级层面上，近两年，全省共有9个地市出台了11项促进夜间旅游发展的相关政策措施（见表2）。其中，济南市、淄博市尤其重视夜间旅游发展，济南市于2019年6月在全省率先出台《济南市人民政府办公厅关于推进夜间经济发展的实施意见》，2020年6月再次推出“夜泉城”2.0版；淄博市于2019年连续出台两项促进夜间旅游发展的政策，推动“夜经济”提质升级。

表2　2019—2020年山东省及各地市夜间旅游政策措施出台情况

序号	区域	出台日期	夜间旅游政策
1	山东省	2019年11月	《山东省人民政府办公厅关于加快推进夜间旅游发展的实施意见》
2	济南市	2019年6月	《济南市人民政府办公厅关于推进夜间经济发展的实施意见》
3		2020年6月	《关于推动济南夜间经济提质升级　打造“夜泉城”2.0版的若干措施》
4	淄博市	2019年10月	《淄博市人民政府关于挖掘消费潜力繁荣发展夜间经济的实施意见》
5		2019年12月	《关于推进夜间文旅经济发展的实施方案（试行）》
6	枣庄市	2019年12月	《枣庄市加快推进夜间旅游发展实施方案》
7	东营市	2019年10月	《东营市人民政府办公厅关于推进夜间经济发展的实施意见》
8	烟台市	2019年11月	《关于进一步推进夜间经济发展的实施意见》
9	潍坊市	2020年6月	《潍坊高新区关于推进夜间经济发展的实施意见》
10	泰安市	2019年11月	《关于进一步繁荣夜间经济的九条措施》
11	临沂市	2019年12月	《临沂市人民政府关于推进夜间经济发展的实施意见》
12	日照市	2020年1月	《日照市人民政府办公室关于发展夜间经济的实施意见》

2.夜游活动点亮夜间经济

随着疫情防控形势好转，为进一步活跃城市“夜经济”，山东各地积极行动，夜游经济逐渐复苏。

(1)夜游产品不断丰富

2020 年 7 月中旬,文旅部恢复开放跨省游,给山东省发展夜间旅游带来了机遇,各地文旅活动不断流,青岛啤酒节、烟台市民文化节、临沂广场文化艺术节等陆续开启,夜游人气高涨。枣庄台儿庄古城、潍坊青州古城、淄博周村古商城分别领衔“古城范儿”夜游,为人们夜游、夜娱、夜食、夜购提供了新选择。济南市推出“泉城夜未央　公交不打烊”系列服务,济南公交助力“夜经济”,开通三条夜间特色线路和夜市打卡专线;“泉城夜宴·明湖秀”6 月正式复演;方特东方神话景区推出的“唐潮泼水节”举行开幕式,将“夜游”和“亲水”两项清凉项目相结合,全新沉浸式演艺节目《大唐夜宴》于 7 月首秀,暑假期间夜场连续开放;济南野生动物世界推出了第三届“夜探动物城”活动。临沂市相继推出了压油沟灯光节、“印象代村”等精品夜间旅游产品。新泰市举办新泰 2020 音乐美食节系列活动。

(2)各地积极推出夜间文旅热点

济南有芙蓉街、曲水亭街、宽厚里、护城河、大明湖、百花洲,青岛有浮山湾灯光秀,泰安有泮河、泰安泰山西湖大型音乐喷泉。烟台的《仙缘·蓬莱》旅游演艺、烟台“渔·码头文创集市”,培育了“一带十一片区”,聚集文创、餐饮、娱乐等商户 410 余家,日均高峰客流量达 16.5 万人次。滨州市 A 级景区积极策划夜间文化旅游娱乐方案,孙子兵法城景区于 7 月上旬至 8 月底举办电子音乐啤酒节,武定府衙景区于 6 月至 8 月新上水幕电影、烧烤花园、灯光秀、娱乐、美食等项目。潍坊市全力推动 28 个夜间经济重点项目建设,打造夜间消费集聚区。济宁市 25 家夜间旅游点自“五一”以来共吸引游客 439.28 万人次,拉动夜间消费近 3.6 亿元。尼山圣境推出“夜游尼山”活动,累计接待游客 32 万人次。

(五)红色旅游融合发展走在前列

1.政策支持红色旅游取得新发展

2020 年 6 月,山东省委、省政府印发《贯彻落实〈新时代爱国主义教育实施纲要〉的若干措施》,提出未来山东将充分发挥历史文化丰厚优势,开展爱国主义教育,在弘扬齐鲁优秀传统文化、大力弘扬沂蒙精神、鼓励文艺精品创作传播、发挥传统和现代节日的涵育功能等方面提出了具体措施。11 月,《山东省红色文化保护传承条例》通过审议,将每年 7 月设为全省红色文化主题月,各级人民政府应当集中组织开展红色文化宣传、教育活动,讲好“山东红色故事”,该条例于 2021 年 1 月 1 日正式实施。6 月 12 日,临沂市出台《临沂市红色文化保护与传承条例》,并于 7 月 1 日开始实施,旨在加强临沂市红色文化的保护与传承,弘扬沂蒙精神,加强爱国主义和革命传统教育。

2.红色文化旅游资源载体丰富

2020 年，全省共有省级爱国主义教育基地 156 家，革命类博物馆、纪念馆 52 家。山东省沂南县红色旅游发展典型案例、山东省威海市刘公岛爱国主义教育基地红色旅游发展典型案例、山东省聊城市孔繁森同志纪念馆红色旅游发展典型案例共 3 个案例入选全国红色旅游发展典型案例，与湖南省并列全国首位。山东有全国红色旅游经典景区24 个，全国爱国主义教育示范基地 18 个，省级爱国主义教育基地 150 个。这些内涵丰富的红色文化资源，打造出山东红色旅游宝贵的文化底蕴。2020 年，全省红色旅游景区景点接待游客达 3000 万人次，红色旅游综合收入约 140 亿元。

3.革命文物保护利用走在全国前列

山东省革命文物数量位居全国前列，全省共有不可移动革命文物 897 处，其中包括全国重点文物保护单位 12 处、省级文物保护单位 179 处、市(县)级文物保护单位 491 处、一般不可移动文物 215 处；可移动珍贵革命文物 3233 件/套，包括一级文物 82 件/套、二级文物 21 件/套、三级文物 3130 件/套。2020 年，山东省 93 个县(市、区)被列入第二批革命文物保护利用片区分县名单，数量居全国首位。有 10 处入选第三批国家级抗战纪念设施、遗址名录，全省国家级抗战纪念设施、遗址已经达 30 处，数量居全国首位。全省还精心推出了莱芜 709 文化产业园等十大革命文物保护利用典型案例。这些优质的红色文化资源的转化利用，为全省红色旅游的发展提供了支撑。

(六)乡村旅游高质量发展助力乡村振兴

1.政策赋能助力乡村旅游高质量发展

新冠肺炎疫情为乡村旅游发展提供了机会和空间，2020 年以来，山东省文化和旅游厅高度重视乡村旅游发展，相继制定了多项政策措施，助力乡村旅游有序复苏。

(1)丰富乡村旅游业态

2020 年 1 月 6 日，山东省人民政府印发《山东省促进乡村产业振兴行动计划》，提出开展乡村产业融合推进行动，实施休闲农业和乡村旅游精品工程，大力培育赏花采摘、休闲度假、康养等乡村旅游业态，重点开展农渔家乐、乡村民宿、森林人家和康养基地建设，创建一批国家休闲农业示范县、乡村旅游重点镇村、休闲农业精品园区和规模适度的田园综合体。

(2)推动乡村旅游精品化发展

“精品”是山东乡村旅游的亮点，每逢节假日，济南九如山、日照不负云顶、临沂沂蒙山舍等精品民宿一房难求。济南九如山景区、临沂压油沟等乡村旅游目的地，通过举办音乐节和亲子游活动，把特色民宿产品打造成留住夜游客人的最大卖点。为进一步推进乡村旅游高质量发展，2020 年 2 月和 4 月，山东省文化和旅游厅联合其他部门分别制定了《关于促进旅游民宿高质量发展的指导意见》和《关于开展村庄景区化建设工作的指导意见》等政策。2020 年 12 月，省文化和旅游厅、省发展改革委组织命名济南市长清区万德街道马套村等 62 个村庄为全省乡村旅游重点村(精品旅游特色村)。

(3)打造乡村旅游集聚区

2020 年 7 月，山东省印发《山东省文化旅游融合发展规划(2020—2025 年)》，提出将发展乡村旅游，打造乡村振兴的齐鲁样板，重点构建海滨渔家乡村旅游带、沂蒙红色乡村旅游带等六大乡村旅游集聚带，到 2022 年重点打造 1000 个景区化村庄、100 个精品旅游特色村、100 个特色文化旅游小镇，推出一批现代农业园区、精品民宿集聚区、特色乡村旅游园区。2020 年，“烟台苹果”“寿光蔬菜”获批创建千亿级国家优势特色产业集群，国家现代农业产业园累计达到 8 个，省级现代农业产业园达 52 个，农业产业强镇59 个。在相关利好政策的加持下，山东省乡村旅游展现出了强劲的复苏态势。

2.乡村旅游打造乡村振兴的齐鲁样板

乡村旅游是促进乡村振兴和乡村经济社会全面发展的有效途径，在推进农业农村现代化、城乡融合发展、贫困地区脱贫攻坚等方面都发挥着重要作用。打造乡村振兴齐鲁样板，也是习近平总书记对山东省作出的重要指示。2020 年以来，山东省多措并举推进乡村旅游发展，助推打造乡村振兴齐鲁样板。

(1)文明乡风积极树立

高质量推进新时代文明实践中心建设，倡树文明新风，开展移风易俗，着力打通服务基层群众“最后一公里”。全省建成新时代文明实践中心全国试点县 29 个，数量居全国首位。建成新时代文明实践中心 176 个、实践所 1749 个、实践站 4.7 万余个。深化文明村镇创建，181 个村镇入选全国文明村镇，2019 年全省文明达标村覆盖率达到 83.77%。

(2)美丽乡村建设卓有成效

山东省深入践行“绿水青山就是金山银山”的理念，把推动乡村文化振兴与发展乡村旅游有机结合，充分挖掘乡村特色资源，打造了一批乡村旅游精品景区，如兰陵县压油沟景区等高端乡村旅游点，泗水王家庄村等画家村、影视村、艺术村，推出乡村田园生态休闲之旅、最美乡村赏花采摘之旅等精品线路。深入推进“绿满齐鲁 · 美丽山东”国土绿化行动，全省森林覆盖率提高到 18.24%，已创建国家森林城市 17 个、省级森林城市 15 个，省级森林乡镇、森林村居分别达到 158 个和 1530 个，乡村绿化美化水平持续提升。

3.乡村文化与旅游融合，彰显乡村魅力

2020年，山东省以文化铸“魂”，坚持以人为本、以农民为主体、多方参与，着力促进乡村文化繁荣兴盛。

(1)强化了乡村文旅融合

注重乡村旅游与乡村文化相互促进，加大了对古村落、古街区、古民居等的保护利用力度，建成了一批亮点突出的特色文化村和文化主题旅游小镇。策划培育十大乡村旅游文化品牌，推出乡村旅游九大新体验、12个微旅行目的地和32家“网红”打卡民宿，极大地提振了全省假日乡村旅游市场。全省各地区注重做好文旅融合文章，培育乡村旅游集群片区、精品旅游小镇，推出乡村旅游精品线路10条，串联起86个乡村旅游规模化村庄和41个乡村旅游精品景区。

(2)促进了乡村文化繁荣

全省乡镇(街道)综合文化站建成率达到99.6%，行政村(社区)基本建成综合性文化服务中心。大力弘扬优秀传统文化，全省设立乡村儒学讲堂2.2万个。把推动乡村文化振兴与发展乡村旅游有机结合，打造了一批乡村旅游精品景区。实施传统工艺振兴计划，推动乡村非物质文化遗产有效保护、活化利用，全省已建成乡村记忆博物馆210多个。比如台儿庄建设了“乡村记忆工程”，鲁南民间收藏馆开馆5年来，接待游客已超过10万人次。

(3)丰富了群众文化生活

山东省积极开展“戏曲进乡村”活动，政府购买公共文化产品免费服务群众，“一村一年一场戏”工程走在全国前列。2020年，山东省政府制定下发了《关于组织2020年省级政府购买公益演出服务有关工作的通知》，认真组织开展文艺院团下乡演出工作，在2019年购买省直院团300场下乡演出的基础上，继续增加购买场次和购买金额。2020年投入资金650万元，计划购买省直院团下乡演出325场，1—8月全省完成“戏曲进乡村”演出26163场。

4.“乡村旅游＋扶贫”助力脱贫攻坚

乡村旅游是带动群众增收、推动乡村产业振兴的重要抓手。2020年，山东省创新“乡村旅游＋扶贫”模式，通过景区旅游开发来带动村民就业、项目发展，形成了旅游发展的产业链。

(1)探索出地方旅游扶贫模式

山东省先后探索出了“临沂模式”“枣庄模式”“郝峪模式”等一批创新性强、可复制、可推广的地方旅游扶贫模式，实现了乡村旅游扶贫村的集中连片开发。在乡村文化振

兴过程中，山东省把基层综合性文化服务中心建设工程作为重点，截至2020年11月，全省69900个村（社区）基本建成综合性文化服务中心，全省8654个省扶贫工作重点村已全部建成综合性文化活动室，建成率100％。开展第四届山东文化和旅游惠民消费季·多彩金秋消费月扶贫定向券活动，组织发放100万元扶贫专用券。

（2）实施“非遗助力脱贫、推动乡村振兴”工程

10月23日，非遗助力精准扶贫和乡村振兴论坛在山东省济南市举办，研究、探讨非遗助力乡村振兴的思路和举措。2018—2020年，连续3年分3批评选了平度市新河镇、昌邑市柳疃镇等60个全省“非遗助力脱贫、推动乡村振兴”典型乡镇。让“指尖技艺”成为“指尖经济”，培育了一批木雕、木版年画、剪纸、刺绣等专业乡、专业村。全省建成国家级和省级非遗生产性保护示范基地71个，吸纳省定贫困村就业人口17.6万人，带动23万人就业。各类非遗扶贫工坊、文旅项目直接或间接带动47万贫困人口大幅增收。

（3）乡村旅游助力村庄脱贫

截至2020年11月，全省规模化发展乡村旅游的村庄有3500余个。继2019年山东省10个乡村入选首批全国乡村旅游重点村后，2020年有24个乡村入选第二批全国乡村旅游重点村，目前山东省共有全国乡村旅游重点村34个，总量位居全国前列。400个旅游扶贫村中，有78个村被纳入村庄景区化培育计划。先后有8个旅游扶贫村被纳入全国乡村旅游重点村，在“世界旅游联盟旅游减贫案例100”新闻发布会上，临沂市兰陵县压油沟村、威海市西山后村等5地榜上有名，居全国首位。

（七）假日旅游消费需求潜力强劲释放

1.假日旅游产品供给不断优化

2020年，在新冠肺炎疫情背景下，假日旅游市场在释放旅游消费潜力、助力文旅复苏方面发挥了举足轻重的作用。假日旅游期间，景区、酒店、旅行社等旅游企业贯彻落实限流、预约、错峰管理要求，假日旅游市场呈现平安、有序、繁荣、文明的特征。“五一”期间，全省整合打造“美景山东”“演艺山东”“游学山东”“美食山东”等八大要素产品体系，推出康养游、文化游、采摘游、研学游、自驾游等八大主题418条线路产品。端午节期间，全省文旅行业继续实行限流、预约、错峰，确保不超过最大承载量的30％。国庆、中秋双节假日期间，旅游景区游客接待量不超过最大承载量的75％，省、市、县三级集中发放2000万元惠民消费券，组织开展“金秋赏游”“金秋欢购”“金秋礼赞”“金秋送暖”四大系列200余项文化和旅游活动。

2.假日旅游经济拉动作用显著

常态化疫情防控时期，全省各地充分利用假日旅游经济，积极推出多项措施，提振文化旅游消费，助力文旅复苏。清明节作为疫情向好期的第一个节假日，游客仍呈谨慎型出游心理，假日经济呈现缓慢复苏态势。清明小长假期间，全省共接待游客513.6万人次，同比恢复20.5%；实现旅游收入17.1亿元，同比恢复9.3%。“五一”假日作为疫情防控进入常态化阶段后的首个旅游小长假，恢复态势较清明假日期间有所提升，全省接待国内游客1265.8万人次，同比恢复26.4%；实现国内旅游收入68.3亿元，同比恢复16.5%。端午假日期间，文旅消费呈现整体回暖态势，全省接待国内游客956.8万人次，同比恢复41.7%；实现国内旅游收入46.5亿元，同比恢复39.1%。2020年国庆、中秋双节假期是常态化疫情防控下的第一个8天长假，居民出游需求旺盛，文化和旅游消费市场呈强势恢复态势，全省接待游客6232.1万人次，实现旅游收入449.3亿元，分别恢复到2019年同期的80.9%和71.5%（见图1）。

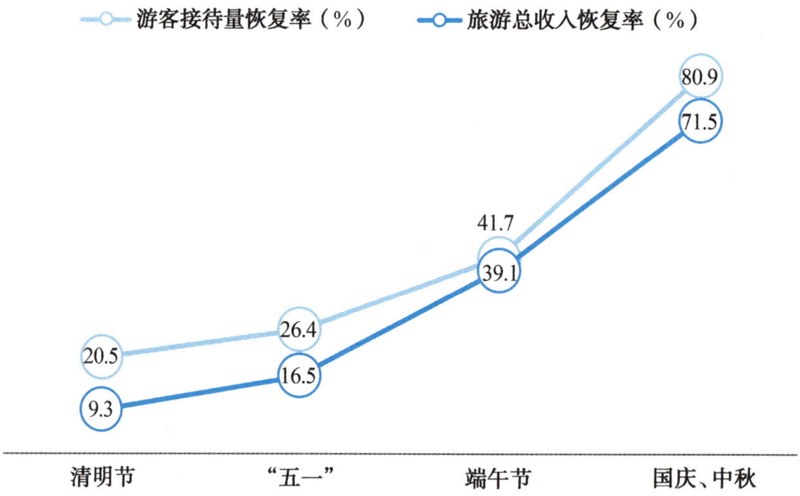

图1　2020年部分节假日山东省旅游接待量和旅游收入恢复情况

（八）自驾成为主要出游方式

1.自驾游为出行首选方式

自驾游具有小聚集、大空间的优势。调查数据显示，2020年全省自驾游比重超过65%，而以火车、长途汽车、飞机、轮船等方式来鲁的游客分别占比20.3%、9.2%、3.6%和1.0%。根据调查数据测算，2020年全省自驾游游客达3.8亿人次。

从涉旅客流大数据来看，2020 年，全省高速公路客车通行量为 28250.1 万辆，同比下降仅 10.5%。全省铁路客运量为 9373.7 万人次，同比下降 41.1%。分月度看，因交通管控限制，2 月高速、铁路客流呈现“双低”现象。5 月起，疫情防控形势向好，高速、铁路客流降幅环比不断缩减，呈现稳步恢复态势，而高速客流恢复速度快于铁路，9 月实现正增长，12 月高速客流同比增长 9.8%，铁路客流同比下降 17.5%(见图 2)。

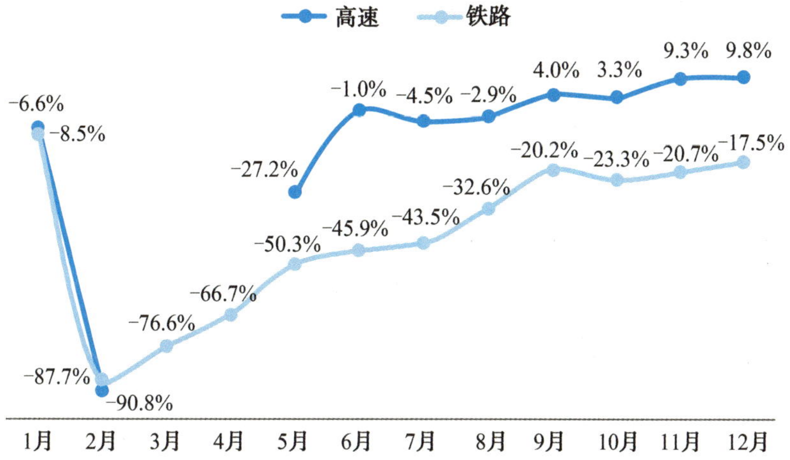

图 2 2020 年各月山东省高速公路和铁路客运量同比增幅

注：因新冠肺炎疫情影响，3 月、4 月高速公路客车通行量未统计。

2. 自驾惠民活动拉动作用显著

自驾游的出行方式恰恰满足了人们走走停停、慢下来深度体验的诉求，让出游者放慢步伐，欣赏旅途中的风景，解读风景中的文化，体验“远方”的生活。2020 年，全省把发展自驾游上升为重要举措，举办高规格“6 个一百自驾游行动”(百万省内车友自驾游、百万省外车友自驾游、百场县长和行业协会会长自驾直播带货游、百场夜休闲自驾车游、百场全省特色乡村自驾体验游、百场全省特色主题酒店自驾打卡游)，组织金融、石油、汽车、交通运输部门以及旅游行业协会出台系列优惠政策，动员省、市、县各级统一行动，迅速形成自驾游的热潮，累计组织 4600 场大型自驾游体验活动，全年带动 450 万辆自驾车次出行，吸引超过 1200 万人次参与自驾出游，直接拉动消费 45 亿元，间接带动消费超过 110 亿元，有效带动了客流快速回升，提升了市场复苏的信心。

(九) 旅游新业态、新模式推动新发展

2020 年，新冠肺炎疫情加速旅游业态融合、模式创新，山东省研学、体育、工业、康养、冰雪等“旅游+”产品走出文旅融合高质量发展“新路子”。截至 2020 年年底，

山东省共有 240 家国家级和省级文化旅游新业态示范单位，走在了全国前列。

1.研学旅游质量持续提升

到 2020 年年底，全省共有 8 家国家中小学生研学实践教育基地和 111 家省级中小学生研学基地。济宁市在全省首创“6＋1”模式，推出 60 余项研学课程，2020 年济宁市 43 家重点研学旅行机构接待研学人次数达 143.5 万人次，实现营业收入 1490.1 万元。曲阜尼山圣境举办山东省研学旅游现场推进会，曲阜市每年接待研学旅游团队 2 万余个，游客超过 70 万人次，近年来吸引了来自美国、德国、法国等 20 多个国家和地区的境外师生来曲阜游学。2020 年，胶东五市举办教育协同发展联盟成立大会，启动了“红色基因传承之旅”研学旅行共享项目，并公布了首批 50 个研学旅行共享项目实践基地。泰安深入挖掘挑山工文化，与党性教育结合。烟台蓬莱阁新建的戚继光纪念馆，成为烟台党性教育基地重要教学点。

2.体育旅游供给更加丰富多彩

山东省文化和旅游厅与山东省体育局推动全省体育旅游的发展，2020 年发布“春节黄金周山东体育旅游精品线路”“十一黄金周山东省体育旅游精品线路”，联合推出冰雪、沿海徒步、运动休闲和颐养休闲之旅等 17 条精品体育旅游线路。济南雪野航空科技体育公园等 13 家单位入选首批“山东省体育旅游示范基地”。全国评选的首批15 家“国家航空飞行营地示范单位”，山东省入选 3 家。潍坊市文化和旅游局、体育局联合制定发布《潍坊市体育旅游示范基地评定办法（试行）》，经审核，授予齐鲁酒地文化发展股份有限公司等 11 个单位为潍坊市体育旅游示范基地。潍坊临朐揽翠湖马术俱乐部 2020 年体育旅游接待游客 43.6 万人次，收入 3502.7 万元。

3.工业旅游拓展消费新空间

2020 年，山东省文化和旅游厅、山东省工业和信息化厅共同编制印发《工业旅游示范基地建设指南》（DB 37/T 4209—2020），成为全国第一个工业旅游示范基地省级地方标准，并于 2020 年 12 月 10 日正式实施，为全省工业旅游发展提出了建设性指导意见。山东省工业旅游现场推进会暨第三届工业旅游联盟大会成功举办。济南九阳工业旅游基地等 18 家单位获评第三批“山东省工业旅游示范基地”。截至 2020 年年底，山东省共有国家工业旅游创新单位 3 家、山东省工业旅游示范基地 67 家。

4.康养旅游迎来新机遇、实现新发展

（1）康养旅游示范效应显著

2020 年，山东省文化和旅游厅、山东省卫生健康委以供给侧结构性改革为主线，以“文旅＋”为路径，发展新业态，培育新动能，共同编制印发《康养旅游示范基地建设指南》。山东宏济堂等7家单位被评为首批“山东省中医药健康旅游示范基地”。济南房干森林康养旅游基地等18家单位被评为首批省级康养旅游示范基地。山东桃花岗森林康养基地、寿光林发集团森林康养基地、牛郎山森林康养基地、获鹿山谷4家单位入选第一批国家森林康养基地名单。截至2020年年底，全省共有4家国家中医药健康旅游示范基地创建单位、25家省级康养旅游（中医药健康旅游）示范基地。潍坊市中国艾·大健康运营中心2020年接待康养旅游游客35万人次，实现旅游收入1400万元。威海开发出温泉暖冬保健之旅等20余条中医药健康旅游线路。东营推进揽翠湖度假区温泉康养项目丰富升级，依托森林覆盖率达90％和地热温泉等资源优势，将康养环境、康养文化和生态旅游方式相结合，打造湖水澄碧、沙滩细软、百鸟鸣唱、观婚礼岛、品美食、泡温泉、钓鱼、打高尔夫、享中医理疗的康旅文化小镇。

（2）康养旅游优质载体丰富

在发展康养旅游方面，山东省拥有丰富的康养旅游优质载体。截至2020年年底，山东省共有A级旅游景区1227家，国家级旅游度假区4个，国家森林城市16个，国家湿地公园66处，国家级水利风景区105个，省级湿地公园134处，省级以上地质公园60余个。海岸线绵延3300多公里，占全国的1/6，山东半岛东部、北部、南部海岸线各具特色，有近海岛屿500多个，发展康养旅游的条件得天独厚。省委、省政府高度重视医养健康产业发展，将其列为全省新旧动能转换十强产业之一，这也为康养旅游发展提供了难得的机遇。

5.冰雪旅游点燃冬季“一把火”

为贯彻落实习近平总书记“冰天雪地也是金山银山”的指示精神，实现北京冬奥会提出的“三亿人上冰雪”目标，全省以文化为牵引，进一步提升冰雪旅游的服务品质和产品丰富度，举办了“山东省第三届冬季全民健身运动会轮滑冰球比赛”“山东省首届大众滑雪赛”等冰雪运动赛事，在广大群众中普及推动冰雪运动，掀起全民冰雪健身的热潮。泰山冰雪文体中心建设了5个世界先进的冰雪馆群，一跃成为全省最大的室内冰雪场馆。泰山天颐湖打造了有近30种娱乐项目的冰雪乐园，成为亲子游打卡地。青岛市推出包含五大场景在内的10条时尚体育冰雪旅游线路，全力打造青岛冬季冰雪运动新名片。济南雪乡主题景区“跑马岭·齐鲁雪乡”正式开业，包含雾凇大道、冰雪童话主题乐园等七大主题区以及多类型的雪乡主题民宿及雪乡美食。“玩冰雪”正在成为百姓冬季的时尚新民俗，冰雪游为全省冬天淡季旅游点燃了“一把火”。2022年北京冬奥会提供了强劲的“东风”，开发好冰雪经济，让体育、旅游、文化产业融合起来，既能推动体育强国建设，又能助力经济高质量发展。

二、旅游发展短板和建议

(一)旅游发展短板分析

1.传统淡季叠加疫情,冬季旅游发展遇冷

(1)山东省成为冬季旅游"洼地"

我国冬季旅游市场呈现"南北两头热"的现象,以"东三省"为主的冰雪旅游和以"琼粤桂"为主的避寒度假旅游,是冬季旅游市场上两大主力品牌,而山东省受制于环境、气候等因素,成为冬季旅游的"洼地"。在冰雪旅游、温泉旅游的带动下,山东省冬季旅游市场虽已"破冰",但仍待"升温"。

(2)冬季旅游产品特色有待提升

冬季旅游已不再是走马观花式的单一观光旅游,而是从全方位给游客以深度休闲体验和参与式体验。山东省现有的冬季旅游项目多集中在冰雪观光、滑冰滑雪、温泉洗浴等,没有较好地融合本地自然景观与本土民俗文化,缺乏区域特色,尚未形成有影响力的冬季旅游产品体系。旅游产品文旅融合度不高,产品特色不明显,无法给游客提供优质的旅游体验。

(3)疫情对旅游的影响仍在持续

秋冬季节是呼吸道传染疾病的高发期,气温下降,病毒活性升高,造成疫情在秋冬的反复。疫情再次扩散传播的风险进一步加大,严格的防疫措施之下,冬季旅游市场形势不容乐观。从需求端来看,游客出游意愿锐减,为最大限度地避免人群聚集与外出活动,游客会主动取消出游计划。

2.智慧旅游缺乏创新,数字文旅转型受挫

(1)各地市智慧旅游发展不均衡

山东省智慧旅游发展较早,早在"十二五"规划提出时,山东省各地市就根据自身的旅游特点开始了智慧旅游城市的建设工作。虽然山东智慧旅游发展在全国走在了前列,但各地市网络覆盖、地区旅游要素发展情况等不尽相同,致使智慧旅游发展失衡。以省会城市济南为例,其智慧旅游发展落后于烟台(第一批国家智慧旅游试点城市)和青岛(第二批国家智慧旅游试点城市),更落后于北京、杭州等知名旅游城市。

(2)智慧旅游建设水平参差不齐

总体来看,山东省景区信息化、数字化建设虽然取得了一定的进展,但仍然呈现

出信息化水平参差不齐的现象，大多数景区信息化建设处于初级阶段。为加强景区信息化建设，各地纷纷建立网站、电子监控等设备设施，但仍有部分景区在缺少规划设计的情况下购买终端科技设备，因缺少维护而造成大量资源的浪费。

(3)数字文旅转型存在一定的困难

有别于传统经济所遭受的巨大冲击，数字经济在疫情中逆势上扬，迸发出强大的活力，并对传统经济的数字化改造产生“倒逼促进”效应，推动文化和旅游产业数字化、网络化、智能化转型升级。随着数字化技术的广泛应用，催生了VR体验、灯光秀、“沉浸式”演艺等文旅新业态，但也频发跟风炒作、脱实向虚、名不副实、生搬硬套等乱象，不仅背离了文旅与科技融合的初衷，还导致文旅产业陷入转型升级的新误区。

3.乡村旅游遭遇瓶颈，后续发展动力不足

山东省乡村旅游资源丰富，近年来，乡村旅游得到长足发展，积累了改厨改厕、境外精准交流等诸多经验，但仍存在乡村旅游产品供给不完善、宣传不到位等问题，乡村旅游发展急需突破。

(1)精品乡村旅游产品数量少

山东省共有34个乡村入选国家乡村旅游重点村，总数居全国第10位，位列全国第一的安徽省共有40个乡村入选。目前山东省推出乡村旅游精品线路10条，而江苏省于2020年举办乡村旅游节，组织征集并发布50条乡村旅游精品线路。目前山东省多数乡村旅游景区以所处地域的山水资源为依托，旅游产品同质性强，竞争激烈，易产生市场风险，导致开发效益下降。

(2)乡村旅游宣传渠道过于单一

针对细分市场的营销手段竞争力不强，2020年，湖南省深入推进“送客入村”，举办湖南特色文旅小镇发展论坛和四季乡村文化旅游节，加大对全国和省级乡村旅游重点村的建设和宣传，而山东省缺乏营销渠道和强有力的宣传促销手段。

(3)乡村旅游后续发展动力不足

作为乡村振兴与农村高质量发展的重要突破口，乡村旅游发展如火如荼。但因资金短缺、土地流转困难、专业人才匮乏等，乡村旅游后续发展动力不足，2005—2017年，省旅游局、省旅发委共评定各类乡村旅游示范点8178个。截至2020年9月，全省现存各类乡村旅游示范单位5152个，共减少3026个(含暂停346个)，整体减少率为37%，其中“好客人家”星级农家乐减少2137家，减少率达51.9%。

(4)乡村旅游基础设施有待完善

乡村旅游立足乡村，乡村建设受资金及历史性问题的掣肘，发展相对迟缓，导致乡村旅游基础设施相对落后。部分农村地区尚未建立有效的垃圾及生活污水收集处

理系统，严重破坏了乡村周边的自然环境。而自然环境作为乡村旅游重要的吸引力来源，直接影响其后续发展。部分乡村存在交通不便等客观问题，即便自驾也很难获得良好的体验。景区基础设施短板表现在休闲娱乐设施种类少、安全性较差、日常保养维护缺失等。除此之外，餐饮卫生问题、公共卫生间问题、旅游景区安全问题等也广受诟病，亟待解决。

4.旅游品质有待优化，服务质量尚需提升

(1)高品质旅游产品供给体系相对不足

作为国内重要的旅游客源地之一，山东旅游大而不强，高端旅游接待产品数量不足。目前全省共有A级景区1227家，但优质旅游景点(4A、5A级景区)的占比相对较低，约为19.0%，其中5A级景区13家，数量居全国第7位，比江苏省少12家。现共有五星级饭店35家，约占全国总数的5.1%，处于中等偏下水平，无法满足高端度假的市场需求。2020年第四季度①，山东省星级饭店平均房价298.75元/间夜，全国排名第12，与排名第一的上海相差323.02元/间夜。星级饭店平均出租率47.0%，全国排名第19，与排名第一的湖南相差18.26个百分点。

(2)市场影响力有待提升

传统的山岳型、海洋型景区存在设施陈旧和老化的现象，新建设的旅游景区存在旅游产品同质化严重的现象，康养、休闲、度假等高端旅游产品在供给方面存在空缺，乡村旅游设施品质低，基础设施供应不足。高端旅游在消费水平、消费层次和消费方式等方面明显区别于大众旅游，具有广阔的发展前景，高端旅游产品供给不足在一定程度上将限制山东省高端旅游发展。

(3)旅游娱乐环节有待加强

随着旅游需求和供给的发展变化，作为旅游要素之一的旅游娱乐业不断发展，使得旅游业结构更趋合理。旅游娱乐活动横跨文学、艺术、娱乐、音乐、体育等诸多领域，而山东省旅游休闲娱乐发展稍显逊色，在国内游客消费构成中，休闲娱乐仅占比1.62%，与“吃、住、行、游、购”相差甚远，各行业服务游客满意度排名中，娱乐业游客满意度居末位。

5.品牌建设仍需深化，宣传营销有待创新

(1)“好客山东”品牌建设仍需深化

山东省深挖文化内涵，以齐鲁文化为背景全力打造出“好客山东”旅游品牌，策划

---

① 参见《2020年第四季度全国星级饭店统计报告》，2021年2月18日，https://zwgk.mct.gov.cn/zfxxgkml/tjxx/202102/t20210218_921604.html。

推出东方圣地、仙境海岸、平安泰山、齐国故都、泉城济南等十大文化旅游目的地品牌。但在品牌形象建立之后，齐鲁文化的丰富内涵和各地文化的优势与特色并不突出，“好客山东”品牌内涵在全省范围内的深度有待拓展，旅游品牌落地政策引导有待加强。以山西为例，对比来看，2020年，山西省全力锻造黄河、长城、太行三大文旅品牌，并结合实际印发《黄河长城太行三大品牌建设年行动方案》，以品牌内涵挖掘、改革动力激发、重大项目建设、基础设施完善、产品业态供给、精品线路推广、品牌形象塑造、政策措施保障等九大行动助力打造文旅品牌。

(2)新媒体应用创新推广有待加强

拓宽营销思路，依托新媒体渠道打造热点是山东旅游的薄弱环节，品牌推广有待创新。全省的旅游宣传营销渠道仍以电视节目和报刊等传统媒体为主，新媒体渠道虽有应用，但效果和传播力度不甚理想。此外，省内的线下旅游宣传以各地市举办的旅游节庆活动为主，影响力较弱，没有形成旅游“爆点”。以四川为例，2020年四川省首次推出文化旅游吉祥物“安逸”熊猫，“美丽四川·熊猫家园”云游四川系列主题推广走进全球30多个国家和地区，而山东省文化和旅游吉祥物仍处于缺失状态。

(3)全省旅游尚未破题“跨省联动”“跨市联动”

一方面，目前山东旅游发展属于“单打独斗”的情况，不能有效地与周边地区形成合力，引流周边地区客源。以长三角为例，在2020年上海旅游节期间，长三角城市各自拿出“长板”，推动城市旅游模式创新，进一步激活长三角区域内文旅及相关行业消费的活力与潜力，共展长三角旅游一体化发展新貌。沪、苏、浙、皖三省一市以战略联盟的形式、实体化工作的机制、共推重点项目的方式，进一步深化长三角文化和旅游合作与协同发展，推出了11条长三角一体化精品线路，涉及长三角绿色示范区、高铁旅游、考古旅游、非遗文化旅游等。另一方面，近年来，云南倡导“云南只有一个景区，这个景区叫云南”全域旅游理念，借力全省快速形成的立体化交通网络，积极创建国家级全域旅游示范区、国家级旅游度假区、国家级文化产业示范园区、国家文化和消费试点(示范)城市和国家5A级旅游景区，提升旅游目的地产品和服务供给品质，培育打造了一批新的品牌旅游目的地。

(二)旅游发展对策建议

1.激发冬季旅游活力，冷资源迸发热经济

(1)合理构筑冬季旅游产品体系

鼓励特色民俗旅游资源与传统冬季旅游产品的开发相结合，对接旅游需求，在冰雪游、温泉游等基础上，开发更多具有文化内核的产品，打造包括民俗节庆旅游、博物

馆等室内旅游及娱乐演艺演出项目在内的“文化主线”，再辅以吃、住、行、游、购等传统元素，以此形成文旅结合的产品体系，保障旅游产品供给的多样性，推动更多的文化资源和文化要素转化为旅游产品，以弥补传统旅游产品供给不足的短板。

(2)实施惠民政策，增强消费意愿

实施景区降价惠民，推动国有景区门票更大范围和力度的降价，鼓励公共资源型景区免费开放，实施景区门票减免、淡季免费开放等惠民措施；实施文旅消费惠民，举办冬季旅游消费月活动，提升游客出游意愿，培养消费习惯，引导消费行为，释放消费潜力。

(3)不断提升冬季旅游服务质量

加强冬季旅游项目建设和设施安全防护工作，完善基础设施，加快交通信息的网络化、数据化，实现智慧出行；延长餐饮、住宿、购物、娱乐等场所的营业时间，为游客提供方便舒适的消费环境，促进冬季“夜经济”发展。

2.助文旅数字化转型，构智慧文旅新模式

(1)加强大数据建设

信息收集、数据处理是智慧旅游的基础。旅游大数据建设，需要整合与汇聚文旅单位、旅游景区、旅游企业等行业内部数据及市政、交通、公安、工商、气象、运营商、搜索引擎等行业数据，建立旅游产业监测中心，全方位动态监测旅游产业数据，提供基于大数据分析的旅游产业信息服务以及基于大数据的信息发布服务。

(2)突破技术壁垒

智慧旅游的发展需要构建科技引领、数据支撑、业态创新、跨界融合的文化和旅游服务体系。智慧文旅体系的构建需要得到信息技术、物联网技术、咨询服务等领域知名企业的关注和参与，围绕政府、企业、旅游者的需求进行数据挖掘和分析，综合运用大数据、云计算、人工智能、区块链等信息技术手段，通过技术创新形成适用的解决方案。

(3)推动5G新基建赋能智慧文旅

把握5G新型基础设施建设和数字经济建设机遇，推动5G信息技术革命成果应用，深化“5G+智慧文旅”，推动“旅游+”“科技+”相互赋能，推动旅游领域的数字化、网络化、智能化发展，培育云旅游等新业态、新模式，依靠大数据及5G技术，逐步进行精细化地图、AI①智能导游、AR实景、VR全景、智慧观光车、智慧停车场、安防管理、人员调度的数据互动和AI赋能，为游客提供真正的景区全域智慧旅游。

① Artificial Intelligence，即人工智能。

3.补齐基础设施短板，打造特色乡村旅游

(1)实现乡村旅游产品的转型和升级换代

着眼于乡村独特的文化、生态、民俗、手艺等资源，探索将乡村资源转化为乡村旅游吸引物的有效途径，将村落打造成乡村遗产活态博物馆、农业公园、乡村度假区或者艺术家村落等多种形态，把分散的、低层次的产品模式提升为集约型、规模型的旅游产品体系。积极开发农业观光、休闲度假、健康疗养、温泉养身、民俗演艺、农事节庆、文化遗产和非物质文化遗产等特色鲜明的乡村旅游产品。

(2)完善乡村旅游营销体系

坚持分类施策，打造旅游民宿聚集区，培育特色鲜明的旅游民宿品牌，根据各地区具体情况划分子市场，开拓营销渠道，建立乡村旅游网，通过互联网、电视广告等宣传旅游产品信息，进行全方位、多角度、多元化宣传。

(3)因地制宜地制定乡村旅游发展规划

乡村旅游发展规划按照统一规划、合理开发、严格保护、可持续发展的原则，融合美丽乡村、生态乡村、文化乡村、文明乡村发展理念，通过产品精细化、服务标准化、运营品牌化和产业规模化，进一步加快乡村旅游发展。此外，乡村旅游开发要与其他相关领域相结合，在地区发展上形成优势互补、共同发展、求同存异的模式；乡村旅游开发要与农村发展相结合，发展乡村旅游，在一定程度上缓解就业压力，促进农村经济水平提高，加快城市化进程。

(4)完善乡村基础设施

围绕发展规划和当地实际，整合资源、集中投入，改造提升乡村旅游基础设施。有条件发展乡村旅游的地方优先建设旅游公路、旅游风景道、乡村绿道等，加快提升乡村旅游景区的通达能力，提升景区的可进入性和内部的通达性；尽快实现集中供水、污水处理，加快环境整治、改厨改厕以及游客咨询服务中心、停车场、农副产品销售点、旅游标牌标识等建设，建立日常运营和管理制度。

4.完善旅游要素功能，提升行业服务水平

(1)开创文旅产品供给和运营服务的全新模式

坚持需求导向，聚焦文旅新项目建设、新产品开发和新业态培育，推动“一流资源”转化为“一流产品”，形成“一流产业”，提供“一流服务”，打造“一流品牌”，建设“世界一流旅游目的地”。依托全省高品质文旅资源，结合国内外文旅市场新需求，高水平策划包装一批省级重大文旅项目，布局一批文旅融合、度假康养、研学科考、户外运动、乡村休闲新产品，提供专业化、一站式高品质服务。

(2)促进A级景区转型升级

A级景区和非A级景区的不同在于，A级景区代表的是品牌和质量，“摘牌”可成为推动旅游业转型升级的新契机。A级景区应积极开发迭代产品，让景区不断有“噱头”；拓展线上线下营销渠道，让景区不断有“响头”；提升景区各方面专业化管理水平，让景区不断有“劲头”。行业主管部门加强动态化、常态化监督，督促景区进一步提高经营管理水平和服务质量。

(3)促进星级酒店功能产品结构调整

随着消费市场需求的多元化，旅游酒店业已步入以多业态为导向的发展阶段。星级酒店应根据市场细分的要求，结合自身特点和市场竞争情况，明确发展方向，采取差异化产品策略来增强竞争优势，协调星级酒店内部关系，提升行业竞争力，提高经济效益。例如，山东省文化资源类型多样，底蕴深厚，特色鲜明，可发展主题饭店，围绕文化主题进行设计和提供产品，以彰显饭店特色。

(4)促进旅游要素均衡发展

树立问题导向，补短板、强弱项，推进“吃、住、行、游、购、娱”旅游六要素高质量均衡发展。针对旅游娱乐薄弱环节，加快建设综合性娱乐设施，开发多样性娱乐活动，重点打造文化娱乐、特色街区娱乐、景区娱乐等项目，促进传统娱乐产品向现代娱乐体系转型；规范旅游娱乐行业管理，明确行业行为规范和服务标准，提升游客满意度。

5.完善区域合作机制，创新旅游宣传营销方式

(1)持续深化“好客山东”品牌建设

提升“好客山东”品牌内涵。首先，将“好客山东”上升到全省精神文明建设、诚信山东建设、营商环境建设高度，推动品牌进家庭、进学校、进社区、进机关，着力打造诚信政府、服务型政府。其次，完善旅游基础设施，提升公共服务水平。主要是提升旅游交通可进入性，加快构建快捷通达、无缝连接的高铁、航空、公路、水运综合交通运输体系。科学规划建设文化旅游基础设施和公共服务平台，推进主要旅游交通枢纽、旅游步行街区及旅游景区、省级以上旅游度假区、重点乡村旅游区等的旅游服务中心建设。加强应急管理体系和能力建设，让游客放心、开心游山东。

(2)省内外联动，形成“大循环”

一方面，山东作为黄河流域的旅游大省，可联动黄河沿线其他城市群，差异化推出具有各省特色的旅游产业，形成旅游发展合力。可与江苏、河南、河北等周边省份相互取长补短，相互引流客源、联动发展。另一方面，省内各地市联动，形成一体化发展格局。山东省各地市依托“两级六带”发展规划，联动发展，形成一体化发展格局，提高全省旅游吸引力。

三、旅游消费侧分析

(一)旅游市场总体情况分析

1.旅游经济分析

受新冠肺炎疫情影响，2020 年山东省游客接待总量、旅游总收入等主要指标数据呈现出与往年完全不同的曲线，旅游经济整体表现出先降后升、持续恢复态势。2020 年全省接待游客 5.77 亿人次，实现旅游总收入 6019.7 亿元，分别恢复至 2019 年的 61.5%和 54.3%。国内旅游恢复比例分别高于全国 14 和 16 个百分点，恢复比例好于预期。

(1)旅游总收入分析

2014—2019 年，旅游经济稳步增长。全省旅游总收入呈现持续较快增长趋势，年均增长 13.5%，旅游总收入从“十二五”末的 6685.8 亿元增长到 2019 年的 1.1 万亿元，同比增长 65.8%(见图 3)。其中，2016—2019 年正处于“十三五”规划时期，旅游总收入年均增长 13.4%，旅游经济收入增速持续高于 GDP 增速。

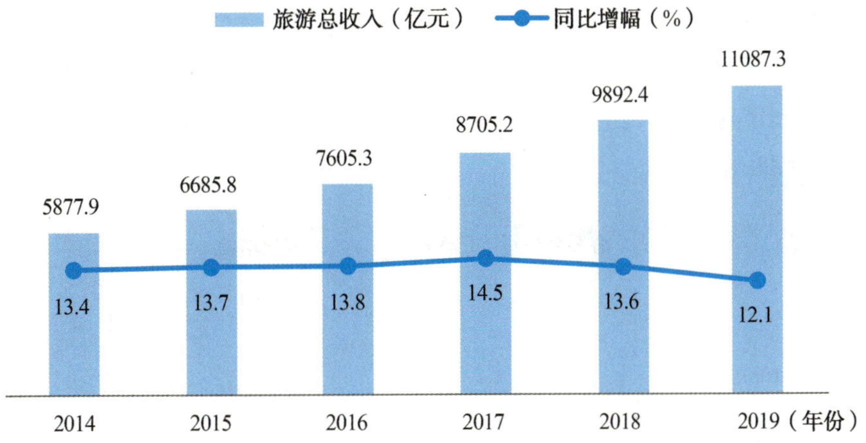

图 3　2014—2019 年山东省旅游总收入及同比增幅

从省际比较来看[①]，2020 年，山东省旅游总收入为 6019.7 亿元，在全国处于上游水平，比浙江省、湖南省、江苏省、四川省分别低 2255.4 亿元、2242.3 亿元、2230.9 亿元、1153.6 亿元，比福建省、安徽省、河北省、山西省、陕西省分别高 949.3 亿元、1779.2 亿元、2343.0 亿元、3099.6 亿元、3254.1 亿元。从下降幅度来看，浙江省、湖

① 若无特殊说明，本书的全国数据及省外数据均来自文化和旅游部、交通运输部，各省文化和旅游厅、交通运输厅，国家及各省统计局，中国旅游饭店业协会。

南省旅游总收入受疫情影响相对较小，分别下降 24.2%、15.4%；河北省、山西省、陕西省受疫情影响较大，下降幅度超过 60%（见图 4）。

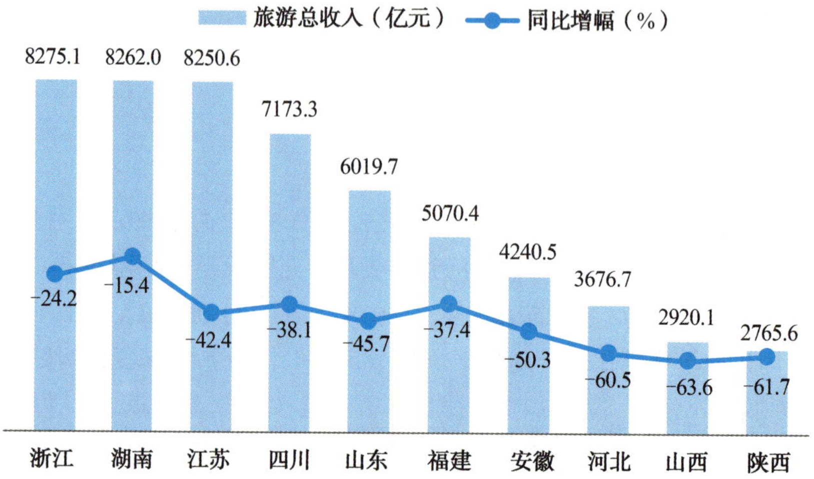

图 4　2020 年山东和外省部分省份旅游总收入及同比增幅

（2）游客接待量分析

2014—2019 年，山东省游客接待量持续增长，年均增长率为 9.3%。游客接待量从“十二五”末的 6.55 亿人次，增长到 2019 年的 9.38 亿人次，同比增长 43.2%。2016—2019 年正处于“十三五”规划时期，游客接待量年均增长 9.6%，其中，2017 年同比增速达到了 10.2%，2019 年游客接待量达到 9.38 亿人次，位居全国前列，游客出游需求持续旺盛（见图 5）。

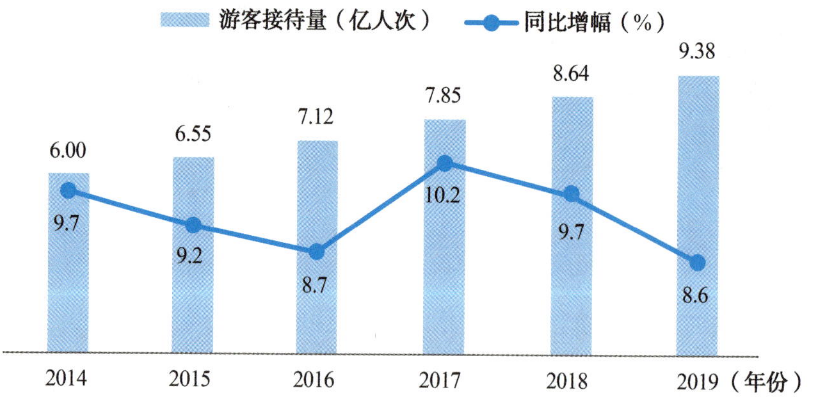

图 5　2014—2019 年山东省游客接待量及同比增幅

从省际比较来看，2020 年，山东省游客接待量为 5.8 亿人次，比广西壮族自治区低 0.8 亿人次，比浙江省、江西省、江苏省分别高 0.1 亿人次、0.2 亿人次、1.1 亿人次。从下降幅度来看，浙江省、海南省旅游接待受疫情影响相对较小，分别下降 21.5%、

22.3%；江苏省、四川省、陕西省受疫情影响较大，下降幅度超过40%(见图6)。

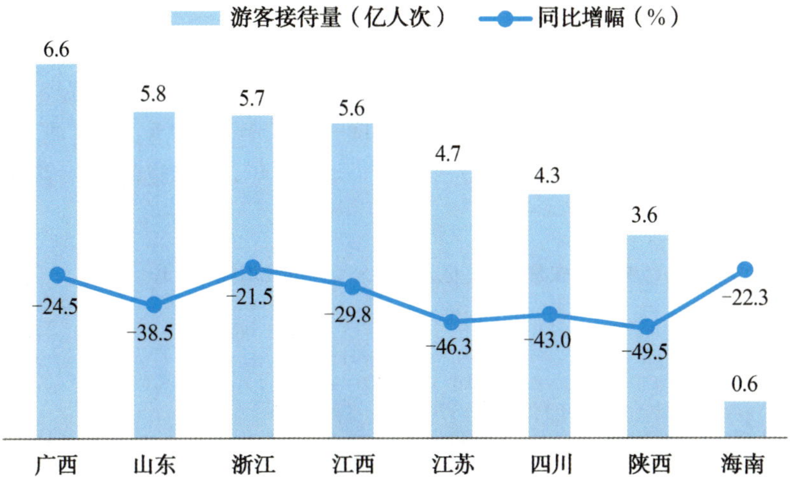

图6　2020年山东和外省部分省份游客接待量及同比增幅

(3)季度旅游经济分析

2020年，全省旅游接待收入同比恢复程度逐季上升。一季度，元月下旬疫情暴发，旅游活动按要求暂时停滞，旅游市场态势低迷，游客接待量下降近七成，旅游总收入下降75%。二季度疫情形势好转，清明、"五一"、端午小长假，出游需求有序释放，旅游活动开始恢复。三季度恢复过六成，疫情防控进入常态化阶段，加上暑期旅游旺季到来，旅游接待收入总量达到全年峰值。四季度再上台阶，10月国庆、中秋双节带动力强，旅游接待收入恢复率达到全年峰值。受疫情影响，11月和12月全省旅游接待收入恢复率略有降低。从四季度整体来看，旅游接待收入分别恢复93.8%和81.1%，比三季度分别提升28.1和16.2个百分点(见图7)。

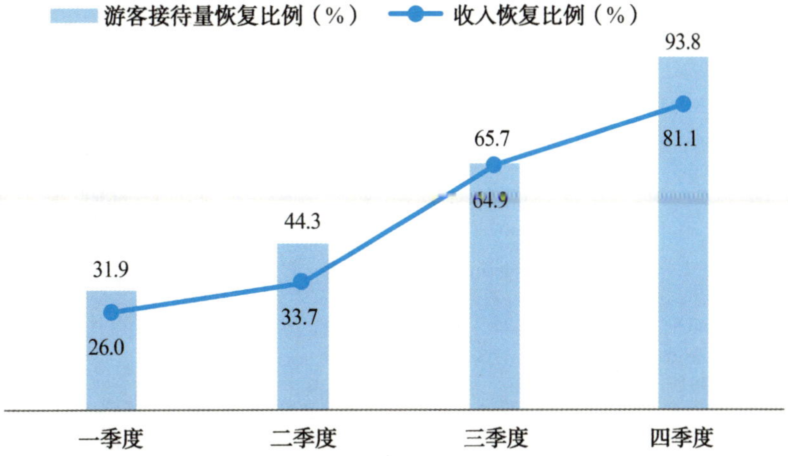

图7　2020年全省游客接待量和收入同比2019年恢复比例

2.旅游市场分析

（1）国内旅游市场

首先，山东省国内旅游总收入呈增长态势。2014—2019年国内旅游经济高速增长，国内旅游收入保持13.7%的年均增长率。2016—2019年处于“十三五”规划时期，国内旅游收入持续快速增长，年均增长率达13.6%。2019年，国内旅游收入首超万亿元大关（见图8）。

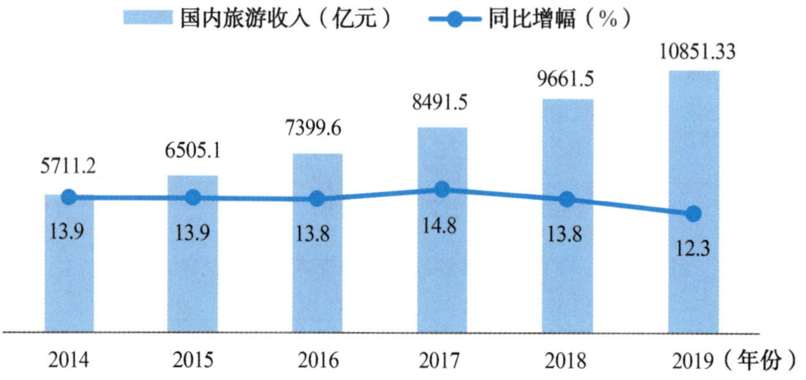

图8　2014—2019年山东省国内旅游收入及同比增幅

2020年，受国内防疫形势向好、国际疫情形势严峻影响，国内旅游主体地位更加突出。山东省实现国内旅游收入6005.3亿元，下降45.0%，降幅比全国低16.1个百分点。国内旅游收入在旅游总收入中的占比为99.8%，比2019年上升1.9个百分点。一季度至四季度，国内旅游经济恢复率季季攀升，四季度降幅较一季度收窄65.0个百分点（见图9）。受新冠肺炎疫情影响，人们的旅游消费习惯发生了较大的改变，出境游受阻，国内游盛行，加之山东省举办了一系列文旅惠民活动，有效地激活了国内文旅消费市场，助力了国内旅游市场加速复苏。

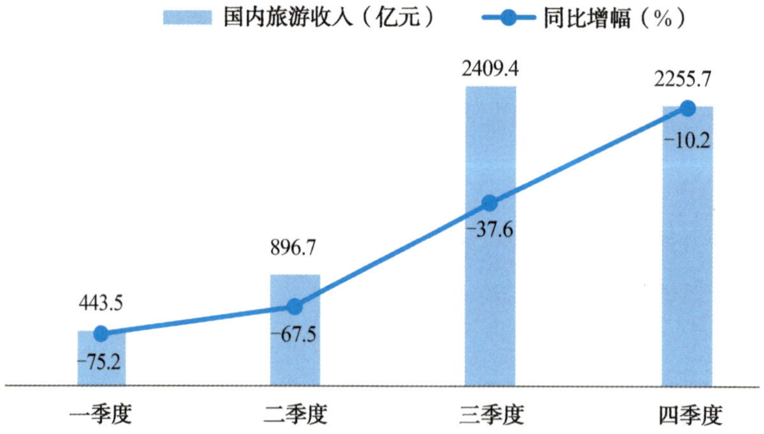

图9　2020年山东省国内旅游收入及同比增幅

从省际比较来看，2020 年，山东省国内旅游收入为 6005.3 亿元，比浙江省、湖南省、江苏省、四川省分别低 2258.6 亿元、2253.1 亿元、2131.0 亿元、1164.8 亿元，比江西省、福建省、安徽省、河北省、山西省、陕西省分别高 585.2 亿元、1077.6 亿元、1783.8 亿元、2330.6 亿元、3085.6 亿元、3243.0 亿元。从下降幅度来看，湖南省下降幅度最低，为 14.1%；河北省、山西省、陕西省下降幅度较大，均超过 60%（见图 10）。

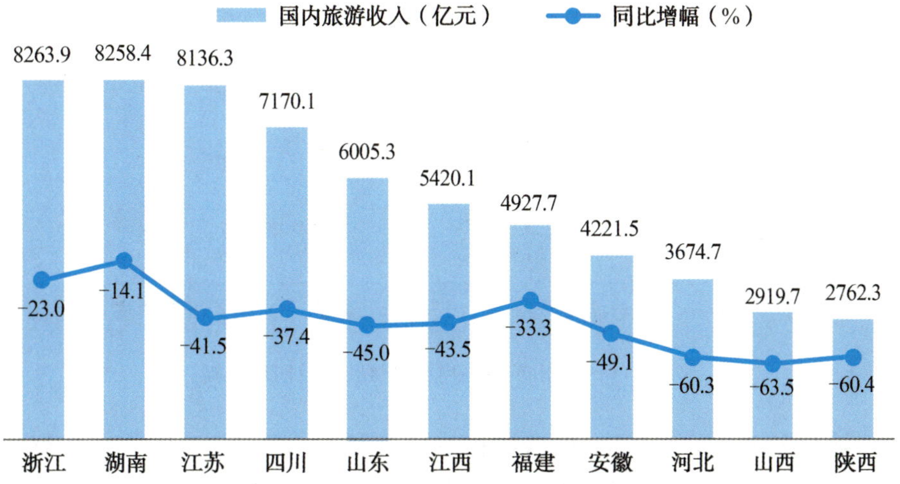

图 10　2020 年山东和外省部分省份国内旅游收入及同比增幅

其次，山东省国内游客接待量。2014—2019 年，国内旅游需求旺盛。随着居民收入水平的不断上升、旅游景区建设质量的不断提高、旅游内涵的不断丰富，国内旅游规模呈现稳步增长的良好态势。2014—2019 年国内游客接待量年均增长 9.2%。“十三五”规划前四年，国内游客接待量年均增长率达 9.4%，呈现出旺盛的国内旅游需求（见图 11）。

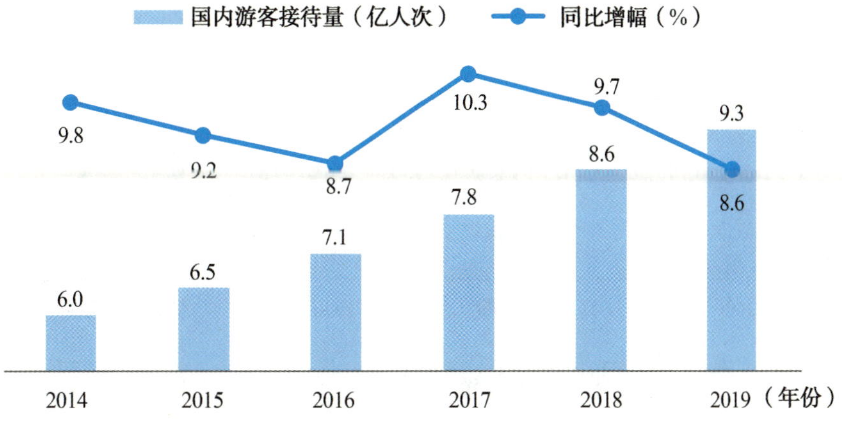

图 11　2014—2019 年山东省国内游客接待量及同比增幅

2020 年，山东省国内旅游市场稳步向好，国内游客接待量在游客接待总量中的占比为 99.9%，比 2019 年上升 0.5 个百分点。受疫情影响，一季度国内旅游市场遭受重创，随着国内疫情得到有效控制以及刺激消费政策加码，旅游需求逐步释放，国内旅游市场稳步向好，四季度降幅较一季度收窄 70.3 个百分点（见图 12）。

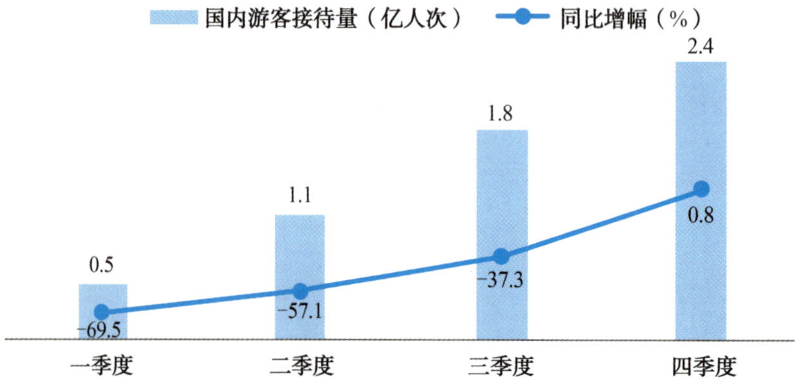

图 12　2020 年山东省国内游客接待量及同比增幅

从省际比较来看，2020 年，山东省国内游客接待量为 5.8 亿人次，比湖南省低 1.1 亿人次，比浙江省、江西省、江苏省分别高 0.1 亿人次、0.2 亿人次、1.1 亿人次。从下降幅度来看，2020 年全国国内游客接待量同比下降 52.1%，湖南省、浙江省、江西省、福建省、山东省、四川省、安徽省、江苏省、陕西省、河北省等省份下降幅度小于全国平均水平，山西省国内游客接待量同比下降 60.1%，下降幅度高于全国平均水平（见图 13）。

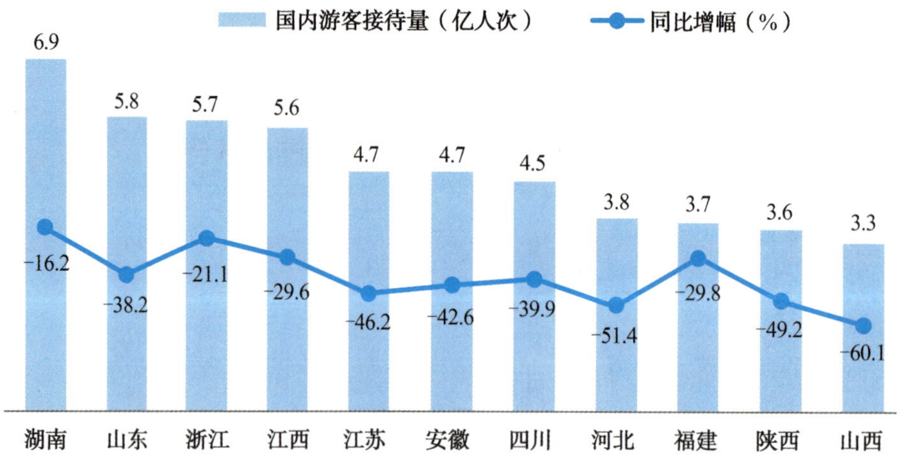

图 13　2020 年山东和外省部分省份国内游客接待量及同比增幅

(2)入境旅游市场

首先来看山东省入境旅游总收入。2014—2019年,2014年入境旅游收入略微下降,2015年入境旅游收入跨越式增长6.7%(见图14)。"十三五"时期,随着海外营销力度的不断加大,"好客山东"品牌打响海内外,山东省国际影响力大幅提升,入境旅游经济保持平稳。2016—2019年,山东省入境旅游收入年均增长3.6%。

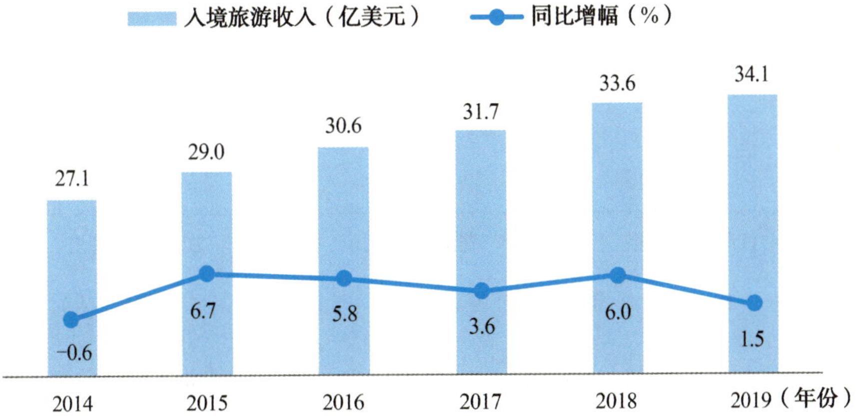

图14 2014—2019年山东省入境旅游收入及同比增幅

2020年,山东省实现入境旅游收入20902.8万美元,下降93.9%。其中,外国游客花费18298.1万美元,占87.5%;香港地区游客花费976.0万美元,占4.7%;澳门地区游客花费143.3万美元,占0.7%;台湾地区游客花费1485.4万美元,占7.1%。

从省际比较来看,2020年,福建省入境旅游收入为20.7亿美元,居全国首位,高出山东省18.6亿美元;江苏省入境旅游收入为16.6亿美元,高出山东省14.5亿美元;安徽省入境旅游收入为2.7亿美元,高出山东省0.6亿美元;湖南省、四川省、陕西省等入境旅游收入较低,均不足1亿美元。从入境旅游收入下降幅度看,江苏省下降幅度最低,与2019年同期相比下降65.1%;山东省、安徽省、湖南省等省份入境旅游收入受疫情影响较大,下降幅度均超过90%(见图15)。

其次来看山东省入境游客接待量。2014—2019年,全省入境游客接待量呈现波动上升态势,入境游客接待量年均增长率为3.2%。增长率最高的为2016年,入境游客接待量增长5.3%(见图16)。入境旅游规模整体有待提升。

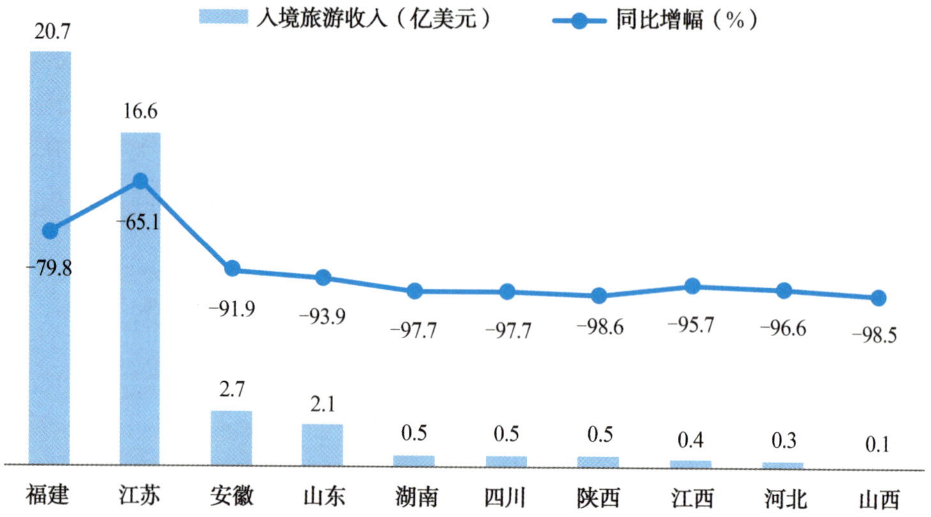

图 15　2020 年山东和外省部分省份入境旅游收入及同比增幅

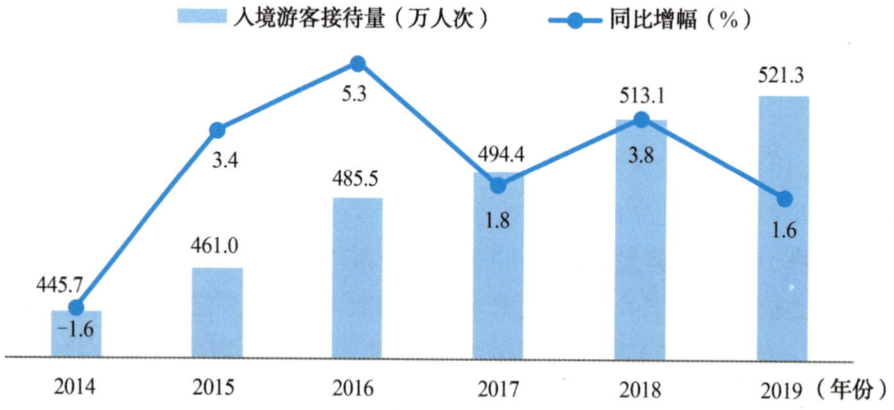

图 16　2014—2019 年山东省入境游客接待量及同比增幅

2020 年，全省接待入境游客 52.8 万人次，同比下降 89.9%。其中，外国游客 44.2 万人次，下降 88.1%；香港地区游客 3.9 万人次，下降 94.0%；澳门地区游客 0.9 万人次，下降 95.4%；台湾地区游客 3.8 万人次，下降 94.3%。疫情暴发后，入境旅游上半年基本处于停滞状态，尽管下半年国内疫情已得到有效控制，但疫情在世界范围内的大暴发使得全球经济遭受重创，各国相继推行停航、隔离等措施，入境旅游市场的复苏形势并不明朗。

从省际比较来看，2020 年，福建省入境游客接待量为 229.7 万人次，居全国首位，高出山东省 176.9 万人次；江苏省、安徽省入境游客接待量分别高出山东省 24.2 万人次、16.5 万人次；四川省、湖南省、江西省等省份入境游客接待量较低，均不足 50 万人次。从入境游客接待量的下降幅度来看，福建省、江苏省下降幅度较低，分别下降

74.0%、80.7%；四川省、湖南省、江西省等省份下降幅度均超过90%(见图17)。

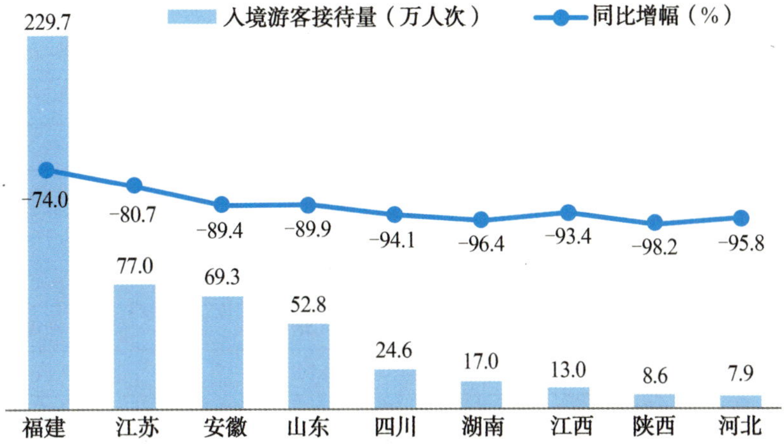

图17　2020年山东和外省部分省份入境游客接待量及同比增幅

(3)省内居民出游

从山东的情况来看，2020年，山东省城乡居民年人均出游2.6次，下降42.8%。其中，城镇居民人均出游3.2次，下降38.4%；农村居民人均出游1.6次，下降53.0%。2021年一季度，省内居民出游意愿为68.7%，其中城镇居民出游意愿为76.8%，农村居民出游意愿为57.4%。分析认为，2020年，受疫情影响，省内城乡居民出游次数均有所下降。在常态化疫情防控形势下，加之后来强势恢复的假日旅游市场的助推作用，省内居民出游意愿稳步恢复，在扩大全省旅游内需、助力旅游市场稳步复苏中发挥了重要作用。

从全国的情况来看，2020年，全年国内游客达28.8亿人次，比2019年下降52.1%。其中，城镇居民游客为20.7亿人次，下降53.8%；农村居民游客为8.1亿人次，下降47.0%。

(二)游客客源地及画像分析

1.客源结构分析

(1)省内客源比重提升，省外客源市场恢复过半

2020年旅游统计调查结果显示，山东省国内游客来源以省内游客为主，省内客源占比68.9%，比2019年提升5个百分点。接待省外游客1.79亿人次，恢复到2019年同期的53.1%。其中，排名前五位的外省客源地及市场占比情况是：江苏占3.99%、河北占3.56%、河南占3.23%、安徽占1.90%、黑龙江占1.84%(见表3)。省外客源主要集中在山东相邻省份，长距离省际旅游仍然受到明显的制约。

表 3　2020 年山东省旅游接待外省游客前 10 位　%

序号	地区	占比	同比增幅
1	江苏	3.99	−0.28
2	河北	3.56	−0.37
3	河南	3.23	−0.01
4	安徽	1.90	−0.01
5	黑龙江	1.84	−0.02
6	辽宁	1.46	−0.52
7	山西	1.42	−0.40
8	浙江	1.33	−0.17
9	吉林	1.30	−0.21
10	四川	1.01	−0.02

(2)省外地级市客源以邻近省份城市为主

2020 年，山东省省外地级市客源市场以邻近省份城市为主，其中郑州、南京、石家庄、太原居前四位，分别占比 4.5%、4.0%、3.7%、3.6%(见图 18)。位居省外地级市客源地前 10 的城市还有杭州、徐州、合肥、成都、常州、西安。因此，建议加强市场调研，细分市场，有针对性地展开旅游营销，如根据旅游目的重点划分出商务、会议、观光、度假等市场，针对不同的细分市场采取相应的营销措施，主动出击，抢占潜在客源市场。

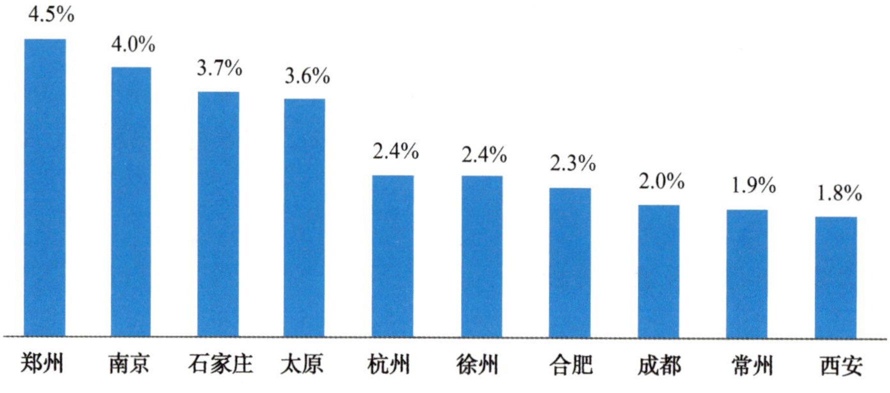

图 18　2020 年山东省省外地级市客源地前 10 位

2.游客画像分析

(1)以男性游客为主，女性呈微增长趋势

2020 年，山东省国内旅游抽样调查数据显示，男性游客占比 54.6%；女性游客占 45.4%，比 2019 年增加 1.2 个百分点。男性游客占比比女性游客高出 9.2 个百分点，男女出游率为 1.2∶1(见图 19)。在游客性别构成上，男性游客占比高于女性，国内游客超五成为男性，女性游客则呈现微增长趋势。相较于男性，女性游客更倾向于赏花、踏青、踏雪游，且女性更倾向于通过人际交流的方式获取旅游目的地信息。因此，针对女性游客行为动机，应加强口碑宣传营销，重视交通等内容建设，进而增强对女性游客的吸引力。

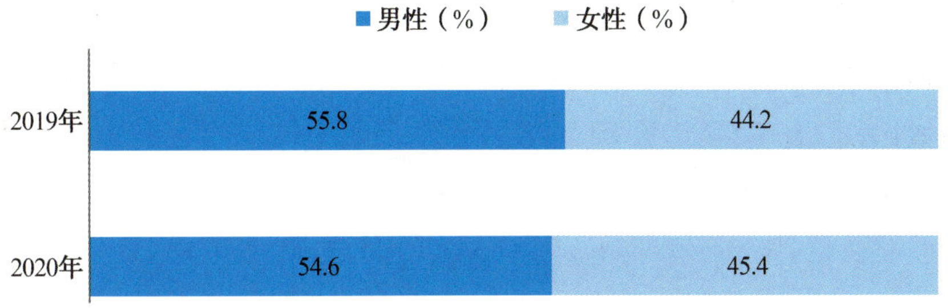

图 19　山东省国内游客性别分布情况

(2)25—44 岁中青年游客占据半壁江山

2020 年来山东省旅游的国内游客中，25—44 岁中青年游客占比最高，为 57.4%；45—64 岁中老年游客占比 21.7%；19—24 岁游客占比 19.4%，18 岁以下及 65 岁以上游客占比偏低，均不足一成(见图 20)。从年龄来看，25—44 岁年龄段的“80 后”“85 后”以及“90 后”跃然成为国内旅游主力军，该年龄段的游客具备较高的营销价值。其中，“80 后”已进入事业稳定期，在具备经济基础的同时开始追求生活品质；“85 后”正处于事业上升期，工作压力大，渴望逃离城市、亲近自然的放松机会；“90 后”追求独立自由，对周围抱有强烈的社交和探索欲。

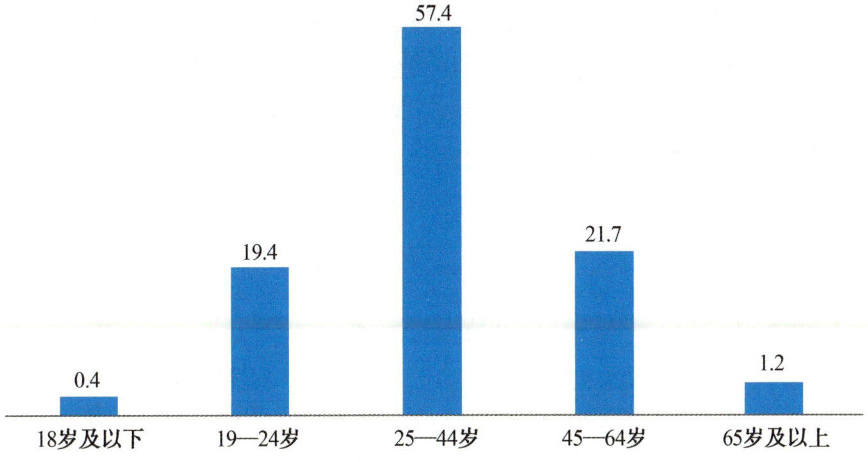

图 20　2020 年山东省国内游客年龄构成(%)

(3)服务销售人员占比超 1/3

来山东省旅游的游客中，前三位的职业类型依次是服务销售人员、企事业管理人员、专业/文教科技人员，分别占 34.9%、17.0%、13.9%。其余职业类型中，工人占 12.5%，其他职业类型所占比重均不足一成(见图 21)。从游客职业构成上看，2020 年来山东旅游的国内游客以服务销售人员、企事业管理人员、专业/文教科技人员为主，与 2019 年相比游客职业结构较为稳定。“带薪休假＋景区降价”双重利好政策极大地刺激了“上班族”外出休闲旅游。

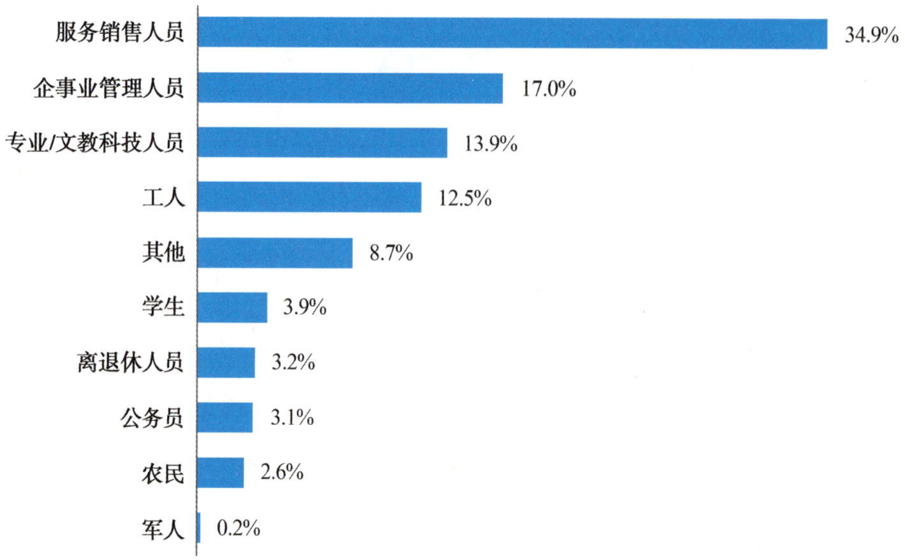

图 21　2020 年山东省国内游客职业构成

(4)城镇游客数量遥遥领先

2020 年来山东省旅游的国内游客中，城镇游客占 89.8%，农村游客占 10.2%。城镇游客占比比乡村游客高出 79.6 个百分点，城乡出游率为 8.84∶1(见图 22)。2020 年上半年由于疫情这一不可抗力因素，国内居民的收入均受到一定的影响，农村居民的整体收入低于城镇居民，虽然下半年疫情得到了有效控制，但疫情对农村居民的出游意愿和出游预算影响较大，进一步减少了农村居民出游人数。

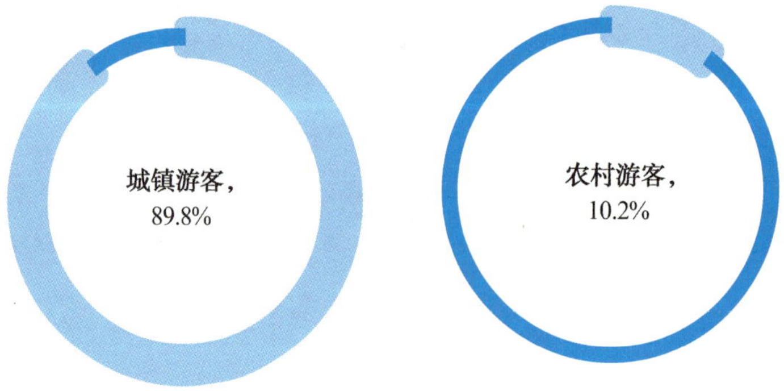

图 22　2020 年山东省国内游客城乡区域构成分布

（5）一日游游客占比提升

2020年旅游统计调查结果显示，来山东省旅游的国内游客中，一日游游客占比65.0%，比2019年提升4.1个百分点（见图23）。数据表明，受新冠肺炎疫情影响，中长途旅游受限，周边游行程短、出游频率高、休闲性质浓，与游客的出游需求相契合，成为复苏最快的板块。

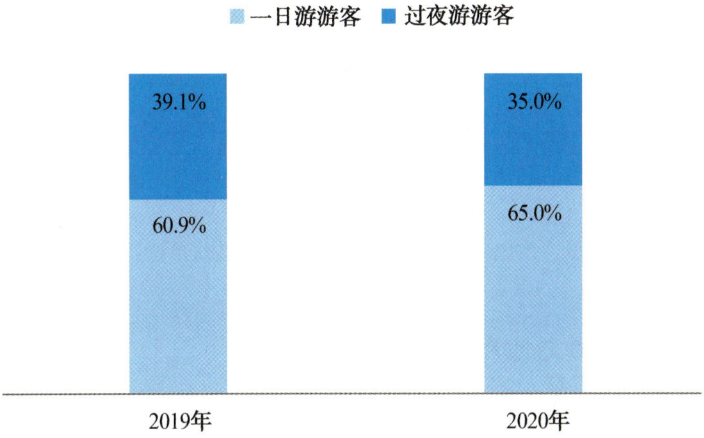

图23　2020年山东省过夜游、一日游客源结构

（三）游客消费分析

1.人均花费：过千元

国内旅游抽样调查数据显示，2020年来山东省旅游的国内游客人均花费1041.3元，其中，省内游客人均花费775.1元，省外游客人均花费1631.5元。一日游游客人均花费712.2元，过夜游游客人均花费1652.5元（见图24）。新冠肺炎疫情期间，旅游业受影响较重。为积极应对疫情影响，2020年4月，山东提前启动了文化和旅游惠民消费季活动，采取财政直补消费者、商家优惠折扣等方式，大力开展群众性文化和旅游惠民消费活动。为活跃文旅消费市场，山东策划开展了一系列主题活动，包括乐游齐鲁、乐购齐鲁等六大系列8793项，开展“山东人游山东”“好客山东游品荟”“六个一百自驾游行动”，全省累计2.5亿人次参与。

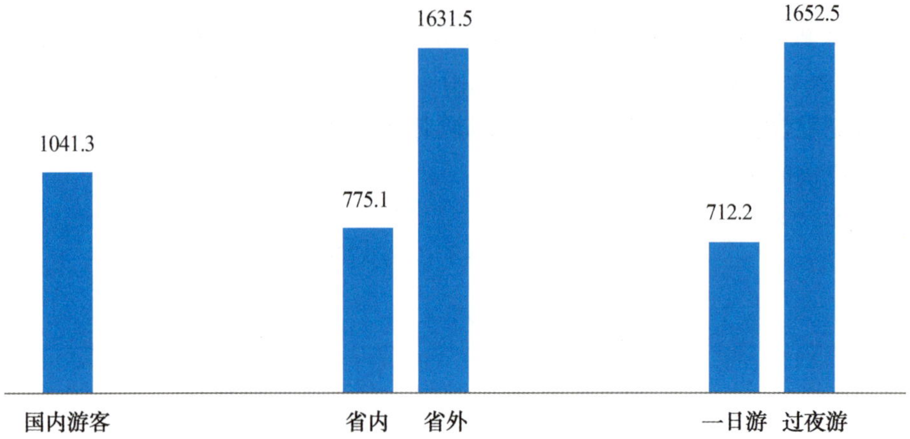

图 24　2020 年山东省国内游客人均花费（单位：元）

2. 支付方式：以移动支付为主

2020 年，山东省国内游客支付方式以移动支付为主，以刷卡支付为辅，现金支付占比最小。倾向于移动支付（支付宝、微信等方式）的游客占 82.3%，使用刷卡支付的占 11.8%，用现金支付的仅占 5.9%（见图 25）。城乡对比来看，10.4%的农村游客依然选择现金支付方式，高出城镇游客 5.1 个百分点，而选择移动支付方式的城镇游客数量高于农村游客。对游客来说，移动支付杜绝了假钞，无须找零，支付更加方便快捷；对商户来说，可以通过移动支付系统的会员和营销功能，发放会员福利、卡券优惠等，以促进游客再次消费。

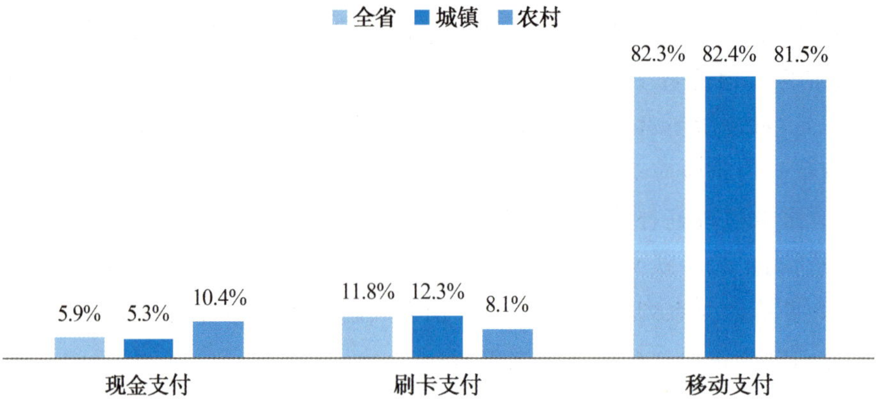

图 25　2020 年山东省国内游客支付方式

3.消费构成:购物、餐饮、住宿占据主导

2020年,山东省国内游客购物、餐饮、住宿费用依然位居前三,分别占24.5%、19.6%、17.7%,与2019年同期相比相差不大。交通方面,以长途交通花费为主,自驾车花费占8.0%。数据表明,国内游客用于餐饮、住宿、交通、游览等方面的基本消费支出占比近七成,购物等非基本消费支出占比不足三成(见图26)。旅游基本消费支出的需求弹性较小,而非基本消费支出的需求弹性较大,具有较强的增长潜力。因此,可通过发展旅游商品和旅游购物、繁荣文化娱乐产业等方式,调整消费结构六要素,延长旅游产业链。

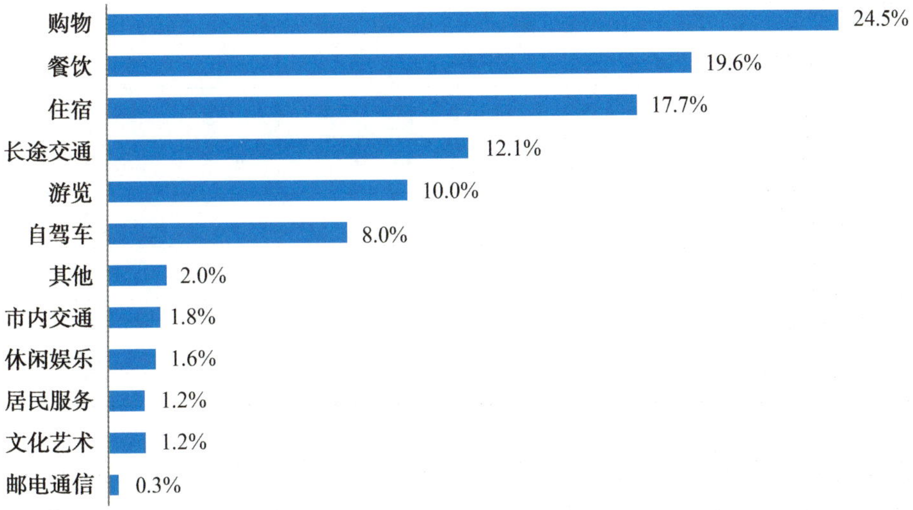

图26 2020年山东省国内游客消费结构

四、旅游供给侧分析

(一)旅游出行

1.民航客运

2020年,疫情暴发,受各地疫情防控措施限行及人们出行信心严重受挫的影响,各项数据下滑明显。山东省铁路、公路、水路共完成旅客运量3.0亿人次,比2019年下降55.9%。

(1)民航客运量

2020年,受疫情影响,山东省机场年度旅客吞吐量近年来首次下降,机场客运吞

吐量为3847.8万人次，同比下降38.6%。各机场中，全省年旅客吞吐量在1000万人次以上的机场有2个，较2019年净减少1个（烟台蓬莱机场），完成旅客吞吐量占全省机场客运量的70.0%。从增速看，除潍坊南苑机场同比增长5.8%外，其余机场客运量较2019年均有所下降，其中降幅在40%以上的有5个（见表4）。

表4　2020年山东及各机场客运情况

	旅客吞吐量/万人次	同比增幅/%
山东省	3847.8	−38.6
青岛流亭机场	1455.9	−43.0
济南遥墙机场	1238.0	−29.5
烟台蓬莱机场	579.4	−42.4
威海大水泊机场	180.6	−41.6
临沂启阳机场	187.4	−27.4
日照山字河机场	69.7	−31.5
东营胜利机场	45.5	−48.3
潍坊南苑机场	49.6	5.8
济宁曲阜机场	41.8	−71.9

从省际比较来看，2020年，山东省完成机场客运量3847.8万人次，居全国第8位，排名较2019年下降1位；客运量同比下降38.6%，居全国第24位（见表5）。

表5　2020年各省份机场客运量情况

地区	客运量/万人次	客运量排名	同比增幅/%	同比增幅排名
广东	9942.3	1	−35.0	19
上海	6164.2	2	−49.4	28
北京	5060.5	3	−53.2	31
浙江	4996.4	4	−28.8	10
四川	4991.8	5	−25.6	5
云南	4983.7	6	−29.3	11
江苏	3922.7	7	−32.9	15
山东	3847.8	8	−38.6	24
重庆	3638.3	9	−21.7	3
陕西	3356.3	10	−34.3	17

续表

地区	客运量/万人次	客运量排名	同比增幅/%	同比增幅排名
海南	3248.6	11	−27.8	8
福建	3181.8	12	−38.5	23
河南	2405.4	13	−26.2	7
湖南	2356.9	14	−29.9	12
贵州	2253.2	15	−25.7	6
辽宁	2241.2	16	−46.7	27
新疆	1896.4	17	−49.5	29
广西	1808.2	18	−37.7	22
湖北	1776.1	19	−49.7	30
内蒙古	1685.1	20	−38.8	25
黑龙江	1644.9	21	−34.4	18
甘肃	1363.3	22	−25.3	4
天津	1328.5	23	−44.2	26
山西	1298.7	24	−36.3	20
江西	1272.8	25	−31.0	13
河北	1046.8	26	−28.5	9
吉林	1042.4	27	−36.8	21
安徽	1032.9	28	−32.0	14
宁夏	738.5	29	−34.2	16
青海	674.8	30	−17.0	2
西藏	515.4	31	−10.4	1

2020 年，全国机场客运吞吐量在 1000 万人次以上的机场共计 27 个，比 2019 年减少 12 个。山东省仅 2 家机场入围，分别是青岛流亭机场(排名第19 位)、济南遥墙机场(排名第 24 位)。烟台蓬莱机场退出千万级机场名单，排在第 42 位，排名较 2019 年下降 3 位(见表 6)。

表 6　2020 年中国机场客运吞吐量排名(山东省机场情况)

机场	2020 年排名	2019 年排名	排名变化	量级
青岛流亭机场	19	16	−3	千万级
济南遥墙机场	24	25	1	千万级
烟台蓬莱机场	42	39	−3	五百万级

续表

机场	2020 年排名	2019 年排名	排名变化	量级
临沂启阳机场	57	61	4	百万级
威海大水泊机场	59	54	−5	百万级
日照山字河机场	103	104	1	五十万级
潍坊南苑机场	122	151	29	四十万级
东营胜利机场	125	111	−14	四十万级
济宁曲阜机场	136	88	−48	四十万级

(2)机场建设投资情况

2020 年，济南遥墙机场加快推进“千万级机场、省会级机场”两地间快线航班建设，济南至成都、广州、深圳、重庆、昆明等城市日均出港 8—10 班；积极协调国际航班时刻用于国内航班，新航季国内航班数量同比增长 22.5%；大力吸引航空公司使用宽体机运营济南航点，仅济南至成都航段单日实现最高运营 4 班 8 架次。自 9 月起，济南遥墙机场航班起降架次实现正增长，旅客吞吐量恢复至同期水平的 97%。截至 2020 年年底，济南遥墙机场累计完成旅客吞吐量 1238.47 万人次，航班起降 10.24 万架次，全年旅客吞吐量在全国千万级机场中排名第 24 位，排名较 2019 年上升 1 位。

2.铁路客运

(1)铁路客运量

从山东情况来看，2020 年，山东省全年铁路客运量为 9373.7 万人次，下降 41.1%；铁路旅客周转量为 431.9 亿人公里，下降 47.9%。

从省际比较来看，2020 年，江苏省、湖南省铁路客运量均超过 1 亿人次。其中，江苏省铁路客运量为 15038.3 万人次，高于山东省 5664.6 万人次；湖南省铁路客运量为 11391.9 万人次，高于山东省 2018.2 万人次(见表 7)。

表 7　2020 年全国部分省份铁路客运情况

地区	客运量/万人次	同比增幅/%
江苏	15038.3	−34.3
湖南	11391.9	−27.1
山东	9373.7	−41.1
上海	7604.6	−40.7
福建	7539.3	−40.8

续表

地区	客运量/万人次	同比增幅/%
河北	7000.0	−45.4
陕西	7000.0	−38.5
北京	6383.2	−56.7
贵州	5535.8	−23.1
重庆	5230.8	−37.8
云南	5200.0	−34.2
山西	4890.4	−40.0
黑龙江	4589.7	−59.1
甘肃	4153.3	−30.4
内蒙古	3298.0	−41.5

从市际比较来看，济南市铁路客运量遥遥领先，超过2000万人次。青岛市居第2位，客运量超1000万人次。潍坊市、济宁市处于第三梯队，铁路客运量均超800万人次（见表8）。

表8　2020年山东及各市铁路客运情况

	客运量/万人次	同比增幅/%
山东省	9373.70	−41.11
济南市	2391.35	−41.05
青岛市	1227.74	−49.64
淄博市	506.87	−41.33
枣庄市	469.85	−36.28
东营市	27.78	−28.81
烟台市	598.29	−44.85
潍坊市	849.84	−45.95
济宁市	800.83	−28.33
泰安市	467.95	−40.87
威海市	348.99	−46.41
日照市	208.81	−32.22

续表

	客运量/万人次	同比增幅/%
临沂市	479.05	—16.43
德州市	248.67	—55.71
聊城市	219.44	—44.36
滨州市	41.10	—39.84
菏泽市	546.69	—35.81

(2)分月铁路客运量

2020 年山东铁路客运量同比增幅呈现“√”形回升，经历了 2 月的断崖式下降，3—7 月的加速复苏、节节高升，于 8 月客运量达到全年峰值，9—12 月铁路客运量恢复速度趋于稳定(见图 27)。

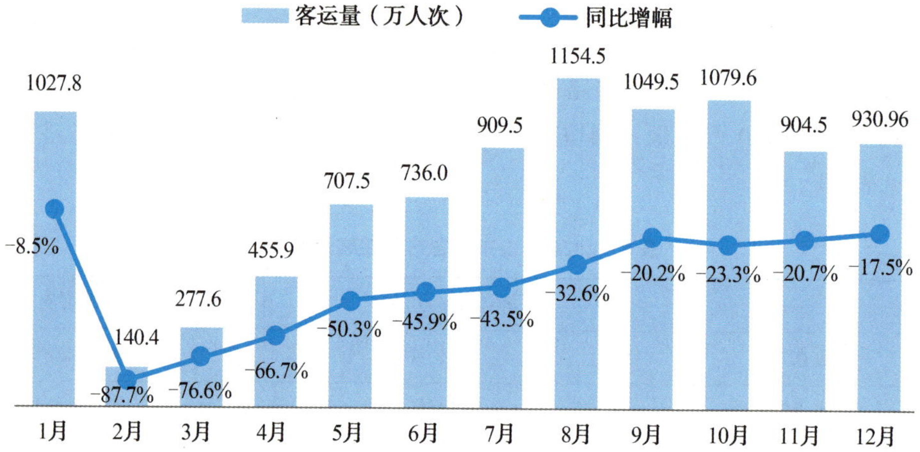

图 27　2020 年山东各月铁路客运量及同比增幅

(3)高速铁路建设情况

从山东情况来看，2020 年，山东省高速铁路建设扎实推进，在建 6 条高铁，潍莱高铁建成通车，高铁通车里程达到 2110 公里。从省际比较来看，截至 2020 年 12 月底，全国排前 5 位的省份高铁里程相差不大，均在 2000 公里以上(见表 9)。

表 9　2020 年全国各省份高铁里程排行前 15 位(截至 2020 年 12 月底)　单位:公里

排名	地区	高铁里程
1	安徽	2297
2	广东	2156

续表

排名	地区	高铁里程
3	山东	2110
4	辽宁	2089
5	江苏	2031
6	江西	1941
7	福建	1904
8	湖南	1892
9	河南	1886
10	广西	1769
11	河北	1675
12	湖北	1628
13	四川	1577
14	浙江	1518
15	贵州	1505

3.高速客车通行

(1)分市高速公路通行量

从山东情况来看,2020年,全省高速公路客车通行量为28250.10万辆,同比下降10.47%。

从市际比较来看,青岛市、济南市高速公路客车通行量居前两位,通行量均超过5000万辆,遥遥领先于其他地市;烟台市通行量为2580.50万辆,居第三位,处于第二梯队;潍坊市、临沂市、济宁市、聊城市、淄博市、德州市处于第三梯队,通行量均超过1000万辆;其他地市高速公路客车通行量较低,均不足1000万辆,处于第四梯队。从同比增幅来看,淄博市高速公路客车通行量增幅最高,全年同比增长13.33%;德州市下降幅度最大,全年同比下降42.54%(见表10)。

表10　2020年山东及各市高速公路客车通行量情况

	通行量/万辆	同比增幅/%
山东省	28250.10	−10.47
济南市	5570.88	1.93
青岛市	6688.62	−7.02

续表

	通行量/万辆	同比增幅/%
淄博市	1152.78	13.33
枣庄市	685.37	−21.18
东营市	673.62	−1.53
烟台市	2580.50	−5.36
潍坊市	1790.57	0.97
济宁市	1172.60	−6.26
泰安市	903.81	−27.10
威海市	862.53	−22.32
日照市	733.43	−24.24
临沂市	1514.38	−19.31
德州市	1026.63	−42.54
聊城市	1272.26	−16.18
滨州市	698.31	−22.79
菏泽市	923.80	−21.00

注：因新冠肺炎疫情影响，3 月、4 月客车通行量未纳入统计范围，对比累计数据不包含 3 月、4 月数据。

(2)分车辆类型高速公路通行量

2020 年，高速公路客一、客二、客三、客四及其他通行客车类型中，小型车客一(≤7 座)通行量最多，共计 27548.18 万辆，同比增长 3.27%，为唯一正增长的车辆类型；大型车客三(20—39 座)通行 268.29 万辆，同比下降 38.72%；客四(≥40 座)通行量为 225.15 万辆；中型车客二(8—19 座)通行量下降趋势明显；其他类型通行量最低，仅为 77.02 万辆，下降幅度最大(见表 11)。

表 11　2020 年山东各车辆类型通行量情况

车辆类型	通行量/万辆	同比增幅/%
客一(≤7 座)	27548.18	3.27
客二(8—19 座)	131.45	−73.61
客三(20—39 座)	268.29	−38.72
客四(≥40 座)	225.15	−41.73
其他	77.02	−97.82

(3)分月高速公路通行量

从月份上看,山东高速公路客车通行量呈波动变化趋势。1月底,处于疫情暴发初期,客流呈现下降趋势。2月,疫情快速蔓延,受制于严格的交通管控,高速客流呈现“双低”现象,通行量、同比增幅均为全年最低值。6—8月,处于常态化疫情防控阶段,通行量均在全年平均水平之上,全省高速客流呈现稳步恢复态势,降幅环比大幅缩减。9月起,山东省高速公路客车通行量同比增长4.0%,这是疫情发生以来当月高速客流数据首次由负转正。国庆、中秋双节所在的10月通行量达到全年最大值,12月通行量增速达到全年峰值(见图28)。

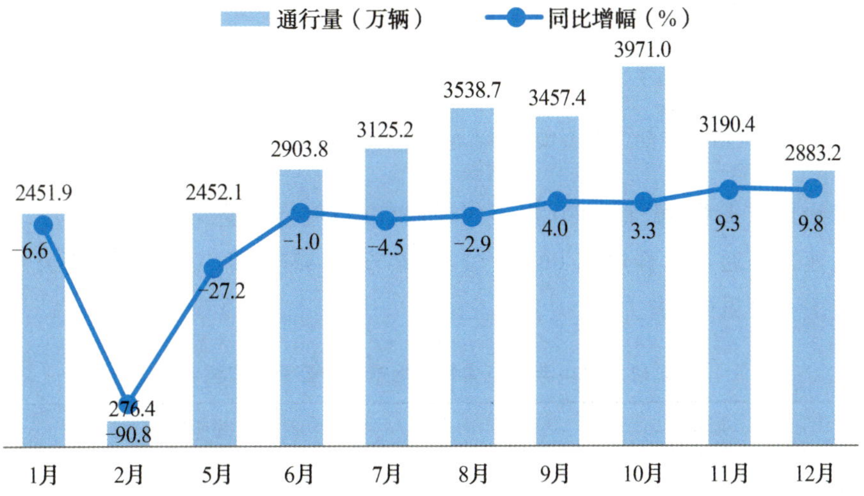

图28　2020年山东各月高速公路客车通行量及同比增幅

注:因新冠肺炎疫情影响,3、4月客车通行量未纳入统计范围。

(4)高速公路建设情况

从山东情况来看,2020年年底,全省高速公路通车里程达到7473公里,比2019年新增1026公里,实现了“县县通高速”,六车道以上高速公路增加995公里,占比由“十二五”末的16%提升到26%。高速公路建设强力推进,公路通车里程达28.68万公里,比2019年增加6489公里。

从省际比较来看,截至2020年年底,广东省高速公路通车里程达到10488公里,在全国遥遥领先,高出山东省3000多公里;四川省、山东省高速公路通车里程均超过7000公里;湖南省、广西壮族自治区、江西省、福建省高速公路通车里程均超过6000公里(见图29)。

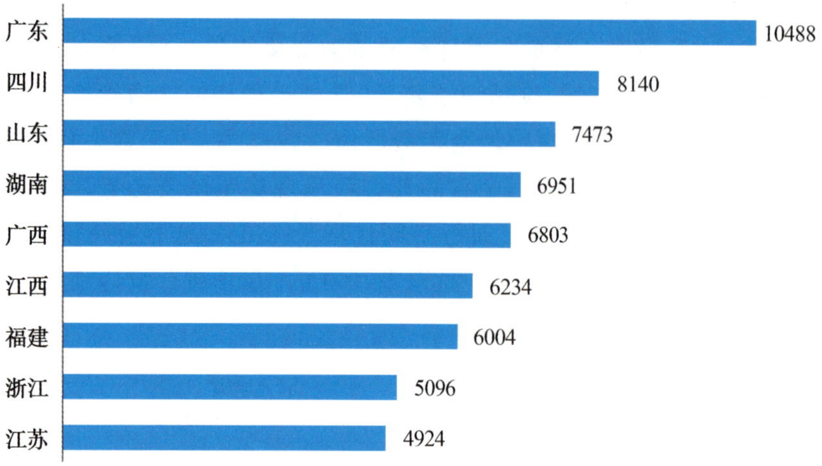

图 29　2020 年全国部分省份高速公路通车里程(单位:公里)

从市际比较来看,截至 2020 年年底,济南市高速公路通车里程达到 737.8 公里,烟台市高速公路通车里程达到 669.5 公里,泰安市、聊城市、济宁市高速公路通车里程均超过 400 公里(见表 12)。

表 12　2020 年山东省部分地市高速公路通车里程　　单位:公里

地市	通车里程
济南	737.8
烟台	669.5
泰安	475.0
聊城	474.0
济宁	439.0
德州	398.7
东营	237.0
淄博	208.2

4.公路水路客运

(1)公路客运量

从山东情况来看,随着出行方式日趋多样化,尤其是疫情发生以来自驾车短途出行的不断增长,公路水路客运量呈现持续下降趋势。根据国家交通运输部数据,2020 年 1—12 月,山东全省公路营业性客运量累计完成 1.95 亿人次,同比下降 60.7%;公路旅客周转量为 159.31 亿人公里,同比下降 67.7%。

从省际比较来看，根据2020年全国各省公路旅客运输量，江苏省公路客运量为67664万人次，居全国首位；广东省、河南省、四川省及湖南省公路客运量超过40000万人次；浙江省、江西省、贵州省、重庆市公路客运量超过30000万人次；山东省公路客运量为19475万人次，居全国第17位(见表13)。

表13　2020年全国各省份公路旅客运输量排行前20位

序号	地区	客运量/万人次	同比增幅/%
1	江苏	67664	−28.4
2	广东	54946	−45.6
3	河南	46322	−49.3
4	四川	45258	−37.5
5	湖南	44144	−47.5
6	浙江	38861	−46.6
7	江西	33643	−26.8
8	贵州	33584	−60.1
9	重庆	31450	−38.3
10	陕西	29581	−49.9
11	广西	26771	−22.5
12	辽宁	26211	−52.0
13	北京	24548	−49.0
14	安徽	22776	−50.1
15	甘肃	22478	−37.7
16	湖北	21731	−68.8
17	山东	19475	−60.7
18	云南	19232	−37.3
19	福建	14882	−52.3
20	吉林	11438	−50.0

(2)水路客运量

从山东情况来看，2020年水路营业性客运量累计完成825万人次，同比下降59.9%；水路旅客周转量为3.95亿人公里，同比下降71.0%。

从省际比较来看，从2020年全国各省份水路旅客运输量来看，浙江省以3360万人次的客运量大幅领先，江苏省、广东省、海南省、贵州省客运量均在1000万人次以上，山东省水路客运量居全国第8位(见表14)。

表 14　2020 年全国各省份水路旅客运输量排行前 15 位

序号	地区	客运量/万人次	同比增幅/%
1	浙江	3360	−29.8
2	江苏	1562	−25.0
3	广东	1345	−50.9
4	海南	1152	−33.7
5	贵州	1017	−55.9
6	四川	954	−50.6
7	湖南	840	−48.8
8	山东	825	−59.9
9	福建	742	−59.2
10	重庆	523	−30.8
11	云南	505	−55.9
12	广西	338	−55.0
13	上海	297	—
14	湖北	233	−63.1
15	辽宁	228	−58.8

(3)公路基础设施建设情况

从山东情况来看，2020 年公路建设投资累计完成 1324 亿元，公路通车里程达到 28.68 万公里，公路密度达到每百平方公里 183 公里。普通国省道覆盖全省 90%以上的乡镇和重要旅游景区。行政村通沥青（水泥）路率和通客车率均达到 100%，累计完成 6.4 万个行政村通户道路硬化。

从省际比较来看，2020 年，湖南省、江西省公路通车里程均超过 20 万公里，分别为 24.11 万公里、21.06 万公里；江苏省公路通车里程为 16.1 万公里；浙江省公路通车里程为 12.33 万公里。

(二)旅游游览

1.A 级景区

(1)A 级景区数量

从山东情况来看，截至 2021 年 1 月，全省共有 A 级景区 1227 家，其中 5A 级景区 13 家、4A 级景区 220 家、3A 级景区 672 家、2A 和 1A 级景区 322 家。

从省际比较来看，从全国5A级景区总量来看，山东省5A级景区数量居全国第7位，与江西省、湖北省持平（见图30）。

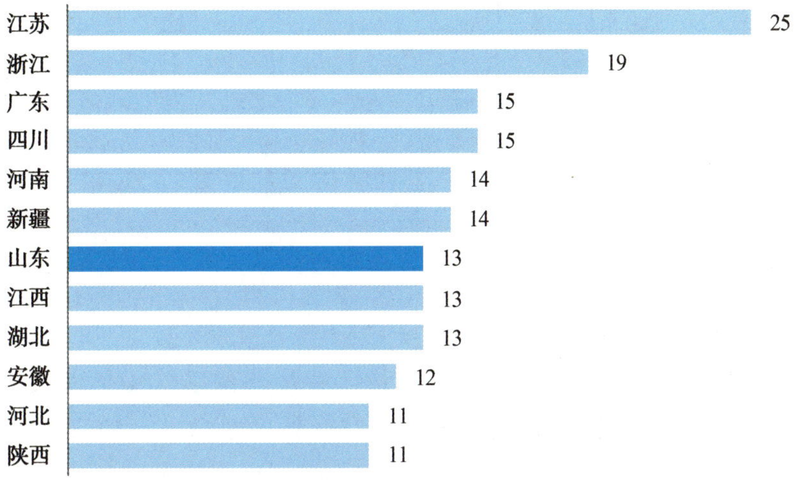

图30　2020年全国部分省份5A级景区数量（单位：家）

从市际比较来看，从全省各地市A级景区总量来看，截至2020年年底，临沂市共有A级景区170家，总数位居全省第一；青岛市、济宁市A级景区数量分别为112家、111家，分别居全省第二、第三位。从5A级景区数量来看，全省共有5A级景区13家（沂蒙山旅游区在临沂市和潍坊市），其中烟台市、潍坊市、威海市、临沂市5A级景区数量均为2家（见表15）。

表15　2020年山东省及各地市A级旅游景区数量统计　　单位：家

	5A	4A	3A	2A	1A	总数
山东省	13	220	671	320	3	1227
济南市	1	16	46	22	1	86
青岛市	1	26	69	16	0	112
淄博市	0	14	41	14	0	69
枣庄市	1	12	18	18	2	51
东营市	1	7	47	12	0	67
烟台市	2	19	50	5	0	76
潍坊市	2	21	54	20	0	97
济宁市	1	19	63	28	0	111
泰安市	1	13	48	20	0	82
威海市	2	12	32	4	0	50

续表

	5A	4A	3A	2A	1A	总数
日照市	0	9	37	16	0	62
临沂市	2	26	63	79	0	170
德州市	0	8	23	27	0	58
聊城市	0	5	28	13	0	46
滨州市	0	9	42	13	0	64
菏泽市	0	4	10	13	0	27

（2）A 级景区接待收入

从山东情况来看，2020 年，全省 A 级景区共接待游客 3.4 亿人次，同比下降 48.8%；门票收入 33.1 亿元，同比下降 61.2%；景区总收入 249.8 亿元，同比下降 50.5%。

从省际比较来看，2020 年浙江省 A 级景区接待游客量及收入水平均高于山东省，其中 A 级景区接待游客 4.7 亿人次，同比下降 30.9%；实现门票收入 46.3 亿元，同比下降 54.3%。重庆市 2020 年 A 级景区接待游客 1.6 亿人次，同比恢复 59.6%。

2.旅游度假区

从山东情况来看，2020 年 11 月 25 日，山东省人民政府印发《山东省省级旅游度假区管理办法》。截至 2020 年年底，全省共有国家级和省级旅游度假区 46 家，其中新增日照山海天国家级旅游度假区，国家级旅游度假区达到 5 家，省级旅游度假区 41 家（见表 16）。

表 16　2020 年山东省国家级和省级旅游度假区名单

地市	名称
济南（2 个）	济南五峰山省级旅游度假区
	雪野省级旅游度假区
青岛（6 个）	青岛石老人国家旅游度假区
	青岛凤凰岛国家级旅游度假区
	青岛田横岛省级旅游度假区
	青岛灵山湾省级旅游度假区
	青岛少海省级旅游度假区
	青岛琅琊台省级旅游度假区

续表

地市	名称
烟台(10个)	烟台蓬莱国家级旅游度假区
	烟台海阳国家级旅游度假区
	烟台金沙滩省级旅游度假区
	烟台牟平养马岛省级旅游度假区
	烟台龙口南山省级旅游度假区
	烟台莱州滨海生态省级旅游度假区
	烟台莱阳丁字湾滨海省级旅游度假区
	烟台栖霞长春湖省级旅游度假区
	烟台招远黄金文化省级旅游度假区
	烟台莱山省级旅游度假区
潍坊(6个)	潍坊青州云门山省级旅游度假区
	潍坊安丘青云国际省级旅游度假区
	潍坊欢乐海省级旅游度假区
	潍坊诸城恐龙文化省级旅游度假区
	潍坊昌乐寿阳山省级旅游度假区
	潍坊寿光弥河省级旅游度假区
淄博(1个)	淄博文昌湖省级旅游度假区
枣庄(1个)	台儿庄古城区省级旅游度假区
济宁(3个)	济宁北湖省级旅游度假区
	微山湖省级旅游度假区
	尼山省级文化旅游度假区
泰安(4个)	泰安泰山省级旅游度假区
	泰安新泰莲花山省级旅游度假区
	泰安天颐湖省级旅游度假区
	泰安泰山碧霞湖省级旅游度假区
威海(5个)	威海环翠省级旅游度假区
	威海乳山银滩省级旅游度假区
	威海荣成好运角省级旅游度假区
	威海环翠北海省级旅游度假区
	威海荣成石岛湾省级旅游度假区

续表

地市	名称
日照(2个)	日照五莲山省级旅游度假区
	日照山海天国家级旅游度假区
临沂(3个)	临沂汤头温泉省级旅游度假区
	临沂蒙山省级旅游度假区
	临沂东部生态城省级旅游度假区
德州(1个)	德州齐河黄河国际生态城省级旅游度假区
聊城(1个)	聊城江北水城省级旅游度假区
菏泽(1个)	菏泽浮龙湖省级旅游度假区

从省际比较来看，从国务院和文旅部公布的国家级旅游度假区总量看，全国共56家国家级旅游度假区，山东省有国家级旅游度假区5家，比浙江省、江苏省分别少2家、1家，与云南省并列居全国第3位(见图31)。

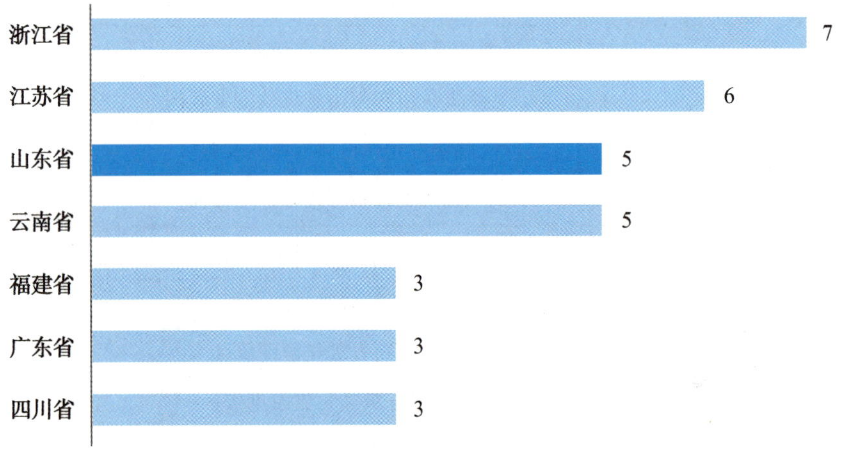

图31　2020年国家级旅游度假区拥有量前4位省份(单位:家)

从各市国家级和省级旅游度假区拥有量来看，烟台市共有旅游度假区10家，总数居全省第一;潍坊市、青岛市各有旅游度假区6家;菏泽市、聊城市、德州市、枣庄市、淄博市各有旅游度假区1家(见图32)。

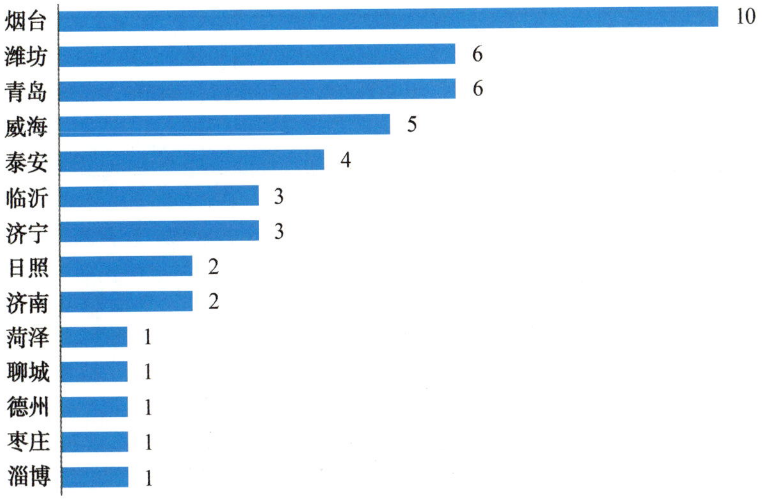

图 32　2020 年全省各市国家级和省级旅游度假区拥有量(单位:家)

3.红色旅游

2020 年,山东省文化和旅游厅开展"全省革命文物保护利用示范典型宣传推介活动",确定济南市莱芜 709 文化产业园申报的"红色文创让革命故事喜闻乐见"等 10 项为 2020 全省革命文物保护利用典型案例(见表 17)。

表 17　2020 全省革命文物保护利用典型案例名单

案例名称	申报单位
红色文创让革命故事喜闻乐见	济南市莱芜 709 文化产业园
讲红色藏品故事　传承先辈革命精神——青岛党史纪念馆创新做好革命文物展示	青岛党史纪念馆
焦家小院听家风——博山焦裕禄纪念馆用生活的故事传递时代价值	博山焦裕禄纪念馆(故居)
铁道游击队纪念馆"红色基因传承+"的实践	铁道游击队纪念馆
用一流队伍传递伟大抗战精神——台儿庄古城致力于打造一流讲解队伍	山东省台儿庄古城旅游集团有限公司
强化产业融合　助力精准扶贫——"红色旅游+"带动胶东老区新发展	许世友在胶东纪念馆
让革命文物"活"起来——全国重点文物芝罘俱乐部的改造与利用	胶东革命纪念馆
发挥基地综合效能　探索红色文化提升工程	肥城市陆房红色教育基地管理中心

续表

案例名称	申报单位
军地同建，北洋海军基地“警钟长鸣”	中国甲午战争博物院
滨州：地方立法构筑革命文物保护的“天网”	滨州市文化和旅游局

2020 年 9 月 3 日，为隆重纪念中国人民抗日战争暨世界反法西斯战争胜利 75 周年，经党中央、国务院批准，国务院公布第三批国家级抗战纪念设施、遗址名录。其中，山东共有 10 处入选。截至 2020 年年底，山东共有 30 处国家级抗战纪念设施、遗址，数量在全国居于首位（见表 18）。

表 18　山东省三批国家级抗战纪念设施、遗址

地市	名称	评定年份	批次	地址
济南市（1 个）	鲁中抗日战争展览馆	2020	第三批	山东省济南市莱芜区汶阳东大街 43 号
淄博市（3 个）	淄博市革命烈士陵园	2015	第二批	山东省淄博市周村区南郊镇大埠山
	黑铁山抗日武装起义纪念馆	2020	第三批	山东省淄博市张店区四宝山街道太平村
	马鞍山抗战遗址	2020	第三批	山东省淄博市淄川区太河镇小口头村
枣庄市（4 个）	铁道游击队纪念园	2014	第一批	山东省枣庄市薛城区临山路
	台儿庄大战纪念馆	2014	第一批	山东省枣庄市台儿庄城西南郊
	滕州市烈士陵园	2014	第一批	山东省枣庄市滕州市大坞镇仁山
	八路军抱犊崮抗日纪念园	2015	第二批	山东省枣庄市山亭区北庄镇双山涧村
烟台市（3 个）	地雷战纪念馆	2014	第一批	山东省烟台市海阳市文山街 11 号
	胶东革命烈士陵园	2014	第一批	山东省烟台市栖霞市桃村镇英灵山
	玉皇顶抗日武装起义遗址	2020	第三批	山东省烟台市莱州市文昌北路 29 号
潍坊市（1 个）	牛头镇抗日武装起义纪念碑和陈列馆	2020	第三批	山东省潍坊市寿光市台头镇巨淀湖畔
济宁市（1 个）	梁山歼灭战遗址纪念园	2015	第二批	山东省济宁市梁山县水泊街道独山村
泰安市（3 个）	肥城烈士陵园	2015	第二批	山东省肥城市安临站镇东陆房村凤凰山
	泰安市岱岳烈士陵园	2015	第二批	山东省泰安市岱岳区祝阳镇陈良村
	徂徕山抗日武装起义磨山峪旧址	2020	第三批	山东省泰安市岱岳区房村镇磨山峪村

续表

地市	名称	评定年份	批次	地址
威海市（2个）	马石山烈士陵园	2014	第一批	山东省威海市乳山市诸往镇上石硼村
	天福山革命遗址	2015	第二批	山东省威海市文登区文登营镇天福山
临沂市（7个）	华东革命烈士陵园	2014	第一批	山东省临沂市兰山区陵园前街4号
	费县烈士陵园	2014	第一批	山东省临沂市费县薛庄镇
	沂水革命烈士陵园	2015	第二批	山东省临沂市沂水县沂城街道荷叶官庄村跋山
	滨海革命烈士陵园	2015	第二批	山东省临沂市临沭县临沭街道叠翠路1号
	山东省政府和八路军115师司令部旧址	2015	第二批	山东省临沂市莒南县大店镇中心街128号
	渊子崖烈士纪念塔	2020	第三批	山东省临沂市莒南县板泉镇渊子崖村
	大青山革命烈士陵园	2020	第三批	山东省临沂市沂南县双堠镇东梭庄村
德州市（1个）	冀鲁边区革命纪念园	2015	第二批	山东省乐陵市朱集镇旅游路99号
聊城市（4个）	鲁西北革命烈士陵园	2015	第二批	山东省聊城市莘县大王寨镇东丈八村
	鲁西南烈士陵园	2015	第二批	山东省菏泽市曹县韩集镇曹楼村
	苏村烈士陵园	2020	第三批	山东省聊城市莘县张寨镇苏村
	湖西革命烈士陵园	2020	第三批	山东省菏泽市单县南城街道健康路1号

山东省各地积极打造提升红色旅游景区，截至2020年年底，全省建成红色旅游景区超百个，其中红色旅游经典景区24个（见表19），全国爱国主义教育示范基地18个（见表20），省级爱国主义教育基地150个。

表19　山东省红色旅游经典景区名录

序号	名称
1	济南革命烈士陵园
2	济南战役纪念馆
3	济南市解放阁
4	枣庄市、济宁市铁道游击队红色旅游景区
5	枣庄市八路军抱犊崮抗日根据地遗址
6	枣庄市台儿庄大战遗址

续表

序号	名称
7	华东革命烈士陵园
8	蒙阴县、沂南县沂蒙山孟良崮战役遗址
9	莒南县八路军115师司令部
10	河东区新四军军部旧址
11	沂南县红嫂家乡常山庄村
12	济南市莱芜战役纪念馆
13	青岛市中国人民解放军海军博物馆
14	威海市环翠区刘公岛甲午战争纪念地
15	菏泽市郓城鲁西南战役指挥部旧址
16	冀鲁豫边区革命纪念馆
17	济宁市金乡县鲁西南战役纪念馆
18	聊城市东昌府区孔繁森同志纪念馆
19	烟台市海阳地雷战遗址
20	胶东革命烈士陵园
21	杨子荣纪念馆
22	海阳市地雷战纪念馆
23	德州市冀鲁边区革命纪念园
24	滨州市渤海革命老区纪念园

表20　山东省全国爱国主义教育示范基地名录

序号	名称
1	孔繁森同志纪念馆
2	台儿庄大战纪念馆
3	甲午中日战争纪念馆
4	孔子故居
5	华东革命烈士陵园
6	中国人民解放军海军博物馆
7	济南革命烈士陵园
8	莱芜战役纪念馆
9	山东省博物馆
10	铁道游击队纪念园

续表

序号	名称
11	地雷战纪念馆
12	冀鲁边区革命纪念馆
13	八路军 115 师司令部旧址暨山东省政府成立纪念地
14	天福山革命遗址
15	孟良崮战役烈士陵园
16	鲁西南战役革命纪念地(郓城鲁西南战役指挥部旧址、金乡鲁西南战役纪念馆)
17	新四军军部旧址暨华东军区、华东野战军诞生地纪念馆
18	山东潍县乐道院暨西方侨民集中营旧址

4.乡村旅游

2020 年,受疫情影响,乡村旅游客源市场以省内游客为绝对主体,省内乡村游客中,市内游占比高达 61.4%。出游距离以中短途为主,多数出游半径集中在20—100公里。在"本地人游本地"大趋势下,周边近郊自驾游成为主流,其中两到三小时车程为游客最佳出游半径。乡村旅游消费集中在餐饮、交通、购物三方面,乡村旅游纪念品最受青睐,田园风光成为主要吸引力。

(1)全国乡村旅游重点村

2020 年 8 月 26 日,文旅部与国家发展改革委员会公布第二批全国乡村旅游重点村名单,山东省长清区万德街道马套村、南部山区西营街道黄鹿泉村等 24 个村庄入选。截至 2020 年年底,山东省全国乡村旅游重点村总量达到 34 家,位居全国前列(见表 21)。

表 21 山东省两批全国乡村旅游重点村名录

地市	村庄	批次
济南市(2 个)	长清区万德街道马套村	第二批
	南部山区西营街道黄鹿泉村	第二批
青岛市(1 个)	崂山区沙子口街道东麦窑社区	第二批
淄博市(2 个)	博山区池上镇中郝峪村	第一批
	淄川区昆仑镇牛记庵村	第二批
枣庄市(1 个)	山亭区徐庄镇葫芦套村	第二批

续表

地市	村庄	批次
潍坊市(5个)	青州市王府街道井塘村	第一批
	寒亭区杨家埠旅游开发区西杨家埠村	第二批
	临朐县五井镇隐士村	第二批
	坊子区坊安街道洼里村	第二批
	青州市王坟镇胡林古村	第二批
济宁市(4个)	邹城市石墙镇上九山村	第一批
	梁山县大路口乡贾堌堆村	第一批
	泗水县圣水峪镇东仲都村	第二批
	曲阜市石门山镇石门山庄村	第二批
泰安市(3个)	岱岳区道朗镇里峪村	第一批
	肥城市孙伯镇五埠村	第二批
	岱岳区道朗镇东西门村	第二批
威海市(4个)	荣成市宁津街道东楮岛村	第一批
	荣成市俚岛镇烟墩角村	第二批
	环翠区张村镇王家疃村	第二批
	文登区高村镇慈口观村	第二批
日照市(2个)	莒县东莞镇赵家石河村	第一批
	山海天旅游度假区卧龙山街道李家台村	第二批
临沂市(8个)	沂南县铜井镇竹泉村	第一批
	沂水县院东头镇桃棵子村	第一批
	兰陵县苍山街道压油沟村	第一批
	沂南县马牧池乡常山庄村	第二批
	兰陵县卞庄街道代村	第二批
	蒙阴县岱崮镇笊篱坪村	第二批
	平邑县地方镇九间棚村	第二批
	沂水县院东头镇四门洞村	第二批
滨州市(1个)	滨城区里则街道西纸坊村	第二批
菏泽市(1个)	巨野县核桃园镇前王庄村	第二批

从市际比较来看，临沂市现有全国乡村旅游重点村8个，总数居全省第一；潍坊市现有全国乡村旅游重点村5个；青岛市、枣庄市、滨州市、菏泽市各有全国乡村旅游重点村1个(见图33)。

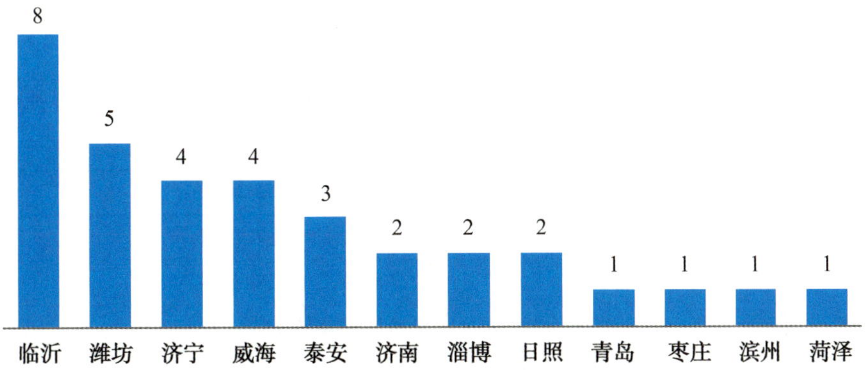

图 33　2020 年山东省全国乡村旅游重点村各地市分布情况(单位:个)

(2)全省乡村旅游重点村

2020 年 12 月,省文化和旅游厅、省发展改革委组织命名济南市长清区万德街道马套村、崂山区沙子口街道东麦窑社区等 62 个村庄为全省乡村旅游重点村(精品旅游特色村),如表 22 所示。

表 22　2020 年全省乡村旅游重点村(精品旅游特色村)名录

地市	村庄
济南市(7 个)	长清区万德街道马套村
	南部山区管委会西营街道黄鹿泉村
	章丘区双山街道三涧溪村
	章丘区垛庄镇东车厢村
	章丘区文祖街道石子口村
	莱芜区雪野镇房干村
	莱芜区茶业口镇卧云铺村
青岛市(5 个)	崂山区沙子口街道东麦窑社区
	崂山区北宅街道凉泉社区
	平度市大泽山镇响山潘家村
	平度市古岘镇一里村
	莱西市水集街道产芝村

续表

地市	村庄
淄博市(4个)	淄川区昆仑镇牛记庵村
	淄川区太河镇梦泉村
	博山区池上镇中郝峪村
	高青县常家镇蓑衣樊村
枣庄市(3个)	山亭区徐庄镇葫芦套村
	峄城区榴园镇王府山村
	滕州市姜屯镇东滕城村
东营市(1个)	东营区龙居镇董王村
烟台市(2个)	蓬莱区大辛店镇木兰沟村
	牟平区龙泉镇河里庄村
潍坊市(7个)	寒亭区杨家埠旅游开发区西杨家埠村
	坊子区坊安街道洼里村
	青州市王府街道井塘村
	青州市王坟镇胡林古村
	青州市弥河镇桐峪沟村
	诸城市南湖区蔡家沟村
	临朐县五井镇隐士村
济宁市(6个)	曲阜市石门山镇石门山庄村
	曲阜市尼山镇鲁源新村
	邹城市石墙镇上九山村
	泗水县泗张镇宋家沟村
	泗水县圣水峪镇东仲都村
	梁山县大路口乡贾堌堆村
泰安市(4个)	岱岳区道朗镇里峪村
	岱岳区道朗镇东西门村
	新泰市龙廷镇掌平洼村
	肥城市孙伯镇五埠村
威海市(4个)	环翠区张村镇王家疃村
	文登区高村镇慈口观村
	荣成市宁津街道东楮岛村
	荣成市俚岛镇烟墩角村

续表

地市	村庄
日照市(4 个)	山海天旅游度假区卧龙山街道李家台村
	日照经济技术开发区北京路街道车家村
	五莲县松柏镇窦家台子村
	莒县东莞镇赵家石河村
临沂市(10 个)	沂南县铜井镇竹泉村
	沂南县马牧池乡常山庄村
	沂南县岸堤镇朱家林村
	沂水县院东头镇桃棵子村
	沂水县院东头镇四门洞村
	兰陵县苍山街道压油沟村
	兰陵县卞庄街道代村
	费县大田庄乡周家庄村
	平邑县地方镇九间棚村
	蒙阴县岱崮镇笊篱坪村
德州市(1 个)	乐陵市朱集镇后周村
聊城市(1 个)	江北水城旅游度假区李海务街道刘道之村
滨州市(1 个)	滨城区里则街道西纸坊村
菏泽市(2 个)	成武县文亭街道刘庄
	巨野县核桃园镇前王庄村

从市际比较来看，临沂市共有 10 个全国乡村旅游重点村，总数居全省第一；济南市、潍坊市各有 7 个；东营市、德州市、聊城市、滨州市各有 1 个(见图 34)。

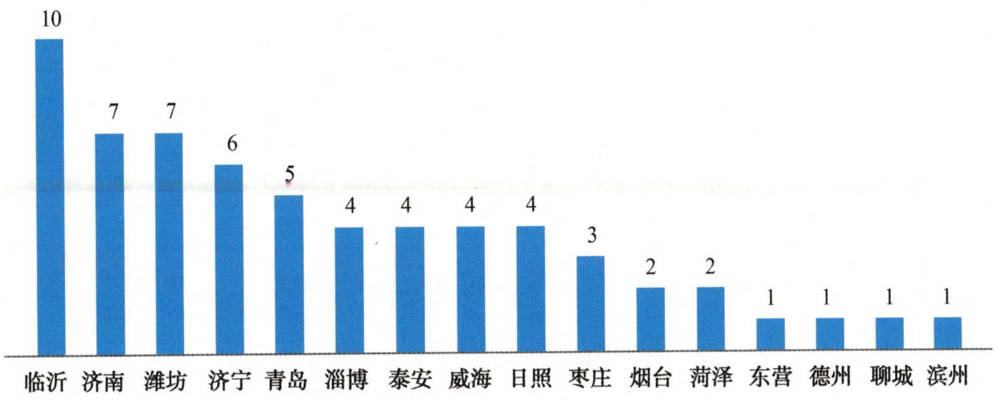

图 34　2020 年全省乡村旅游重点村各地市分布情况(单位:个)

（3）“非遗助力脱贫、推动乡村振兴”典型乡镇（街道）

从山东情况来看，2020 年 6 月，省文旅厅与省扶贫办共同制定了《山东省“非遗助力脱贫、推动乡村振兴”工程实施方案》，在全省评选了 20 个第三批“非遗助力脱贫、推动乡村振兴”典型乡镇（街道），形成乡村非遗发展的优质载体。截至 2020 年年底，全省共有“非遗助力脱贫、推动乡村振兴”典型乡镇（街道）60 个（见表 23）。

表 23 山东省“非遗助力脱贫、推动乡村振兴”典型乡镇（街道）名单

地市	名称	评定年份	批次
济南市（3 个）	济阳区济阳街道	2020	第三批
	济阳区仁风镇	2019	第二批
	济南市章丘区文祖街道	2018	第一批
青岛市（4 个）	莱西市院上镇	2020	第三批
	即墨区移风店镇	2019	第二批
	西海岸新区泊里镇	2019	第二批
	平度市新河镇	2018	第一批
淄博市（3 个）	淄博市周村区王村镇	2020	第三批
	博山区池上镇	2019	第二批
	高青县高城镇	2018	第一批
枣庄市（3 个）	枣庄市市中区齐村镇	2020	第三批
	滕州市姜屯镇	2019	第二批
	枣庄市峄城区阴平镇	2018	第一批
东营市（5 个）	东营市东营区龙居镇	2020	第三批
	夏津县宋楼镇	2020	第三批
	利津县汀罗镇	2020	第三批
	利津县北宋镇	2019	第二批
	东营市垦利区垦利街道	2018	第一批
烟台市（4 个）	莱州市沙河镇	2020	第三批
	福山区张格庄镇	2019	第二批
	海阳市留格庄镇	2019	第二批
	莱州市朱桥镇	2018	第一批
潍坊市（4 个）	青州市邵庄镇	2020	第三批
	高密市姜庄镇	2020	第三批
	昌邑市柳疃镇	2019	第二批
	临朐县冶源镇	2019	第二批

续表

地市	名称	评定年份	批次
济宁市（4个）	嘉祥县大张楼镇	2020	第三批
	微山县夏镇街道	2020	第三批
	曲阜市息陬镇	2019	第二批
	曲阜市鲁城街道	2018	第一批
泰安市（4个）	新泰市羊流镇	2020	第三批
	宁阳县泗店镇	2019	第二批
	肥城市桃园镇	2018	第一批
	肥城市安驾庄镇	2018	第一批
威海市（3个）	威海市环翠区环翠楼街道	2020	第三批
	荣成市成山镇	2019	第二批
	乳山市乳山寨镇	2018	第一批
日照市（2个）	莒县夏庄镇	2020	第三批
	五莲县汪湖镇	2019	第二批
临沂市（6个）	郯城县庙山镇	2020	第三批
	莒南县板泉镇	2019	第二批
	临沭县青云镇	2019	第二批
	沂水县龙家圈街道	2018	第一批
	费县费城街道	2018	第一批
	郯城县红花镇	2018	第一批
德州市（2个）	武城县老城镇	2019	第二批
	庆云县尚堂镇	2018	第一批
聊城市（4个）	聊城市东昌府区堂邑镇	2020	第三批
	江北水城旅游度假区李海务街道办事处	2019	第二批
	临清市魏湾镇	2018	第一批
	聊城市东昌府区斗虎屯镇	2018	第一批
滨州市（3个）	滨州市沾化区黄升镇	2020	第三批
	博兴县锦秋街道办事处	2019	第二批
	无棣县水湾镇	2018	第一批

续表

地市	名称	评定年份	批次
菏泽市（6 个）	单县浮岗镇	2020	第三批
	单县北城街道	2020	第三批
	郓城县李集镇	2019	第二批
	曹县孙老家镇	2018	第一批
	郓城县黄集镇	2018	第一批
	鄄城县大埝镇	2018	第一批

从市际比较来看，全省“非遗助力脱贫、推动乡村振兴”典型乡镇（街道）在各地市分布较为平均，其中菏泽市、临沂市各有 6 个；东营市有 5 个；青岛市、烟台市、潍坊市、济宁市、泰安市、聊城市各有 4 个；济南市、淄博市、枣庄市、威海市、滨州市各有 3 个；日照市、德州市各有 2 个（见图 35）。

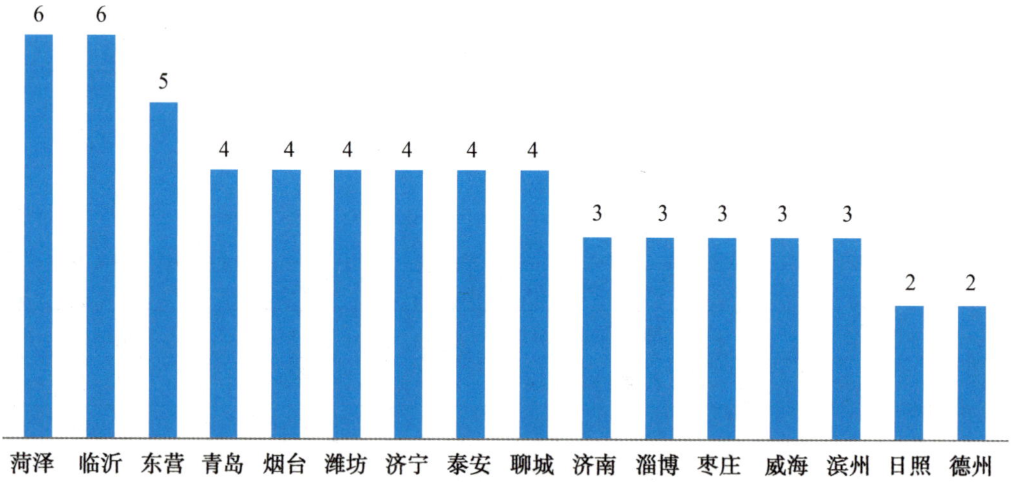

图 35 山东省“非遗助力脱贫、推动乡村振兴”典型乡镇（街道）各地市分布情况（单位：个）

5.全域旅游

截至 2020 年 12 月，全省共有全域旅游示范区 28 个，其中，国家全域旅游示范区 8 个。

（1）国家全域旅游示范区

2020 年，山东省新增荣成市、沂南县、蓬莱区、齐河县、章丘区 5 家国家全域旅游示范区，新增数量位居全国第一。截至 2020 年年底，山东省共有国家级全域旅游示范区 8 家（见表 24），居全国首位。

表 24　山东省两批国家全域旅游示范区名单

序号	示范区名称	批次
1	潍坊市青州市	第一批
2	青岛市崂山区	第一批
3	济宁市曲阜市	第一批
4	威海市荣成市	第二批
5	临沂市沂南县	第二批
6	烟台市蓬莱区	第二批
7	德州市齐河县	第二批
8	济南市章丘区	第二批

(2)省级全域旅游示范区

2020 年，省文旅厅开展了第二批山东省全域旅游示范区验收认定工作，将济南市历下区、淄博市博山区、潍坊市安丘市、日照市东港区等 10 家单位认定为山东省全域旅游示范区。此外，将济南市莱芜区、淄博市周村区、临沂市蒙阴县等 5 家单位列入第三批山东省全域旅游示范区重点培养单位名单(见表 25)。截至 2020 年年底，山东共有省级全域旅游示范区 25 家(见表 26)。

表 25　第三批山东省全域旅游示范区重点培养单位名单

序号	地市	示范区
1	济南市	莱芜区
2	淄博市	周村区
3	枣庄市	滕州市
4	济宁市	汶上县
5	临沂市	蒙阴县

表 26　两批省级全域旅游示范区名单

地市	示范区	批次
济南市(3 个)	章丘区	第一批
	长清区	第一批
	历下区	第二批
淄博市(2 个)	淄川区	第一批
	博山区	第二批

续表

地市	示范区	批次
枣庄市(2个)	台儿庄区	第一批
	山亭区	第二批
东营市(1个)	垦利区	第二批
烟台市(1个)	蓬莱区	第一批
潍坊市(2个)	临朐县	第一批
	安丘市	第二批
济宁市(2个)	邹城市	第一批
	泗水县	第一批
泰安市(1个)	泰山区	第一批
威海市(2个)	荣成市	第一批
	环翠区	第二批
日照市(2个)	五莲县	第一批
	东港区	第二批
临沂市(3个)	沂南县	第一批
	沂水县	第一批
	河东区	第二批
德州市(1个)	齐河县	第一批
滨州市(2个)	惠民县	第一批
	博兴县	第二批
菏泽市(1个)	单县	第二批

6.新业态旅游

截至2020年12月，全省共有3家国家工业旅游创新单位，4家国家中医药健康旅游示范基地创建单位，3家国家航空飞行营地示范单位，8家国家中小学生研学实践教育基地，67家省级工业旅游示范基地，25家省级康养旅游（中医药健康旅游）示范基地，13家省级体育旅游示范基地，111家省级中小学生研学基地。

(1)工业旅游

2020年，山东省文化和旅游厅、山东省工业和信息化厅共同编制了《工业旅游示范基地建设指南》(DB 37/T 4209—2020)，该指南成为全国第一个工业旅游示范基地省级地方标准，并于2020年12月10日正式实施。12月15日，山东省文化和旅游厅与山东省工业和信息化厅命名济南九阳工业旅游基地等18家申报单位为第三批“山东省工业旅游示范基地”。截至2020年年底，全省共有67家“山东省工业旅游示范基地”(见表27)。

表 27 三批"山东省工业旅游示范基地"名录

区域	示范基地名称	批次
省直(1家)	胶济铁路博物馆	第二批
济南(7家)	济南佳宝乳业有限公司	第一批
	济南宏济堂制药有限责任公司	第一批
	中国莱芜钢铁博物馆	第一批
	百脉泉酒文化旅游区	第二批
	福牌阿胶工业旅游基地	第二批
	济南九阳工业旅游基地	第三批
	济南二机床工业旅游基地	第三批
青岛(7家)	青岛啤酒集团	第一批
	青岛海尔集团	第一批
	青岛海信集团	第一批
	青岛明月海藻健康产业园	第二批
	青岛华东百利酒庄	第二批
	青岛琅琊台工业旅游示范基地	第三批
	山东港口青岛港工业旅游基地	第三批
淄博(6家)	1954陶瓷文化创意园	第一批
	博山金祥琉璃博物馆	第二批
	齐民要术酱文化体验馆	第二批
	国井酒文化博览园	第二批
	山东领尚琉璃文化创意园	第三批
	淄博玫瑰创新小镇	第三批
东营(4家)	胜利油田科技展览中心	第一批
	山东核电科技馆	第一批
	黄河王酒文化博览园	第二批
	兵圣王酒文化博览园	第三批
烟台(7家)	张裕旅游总公司	第一批
	招远金翅岭金矿	第一批
	烟台欣和食育体验馆	第二批
	烟台双塔食品工业园	第二批
	烟台新时代健康产业园	第二批
	烟台君顶酒庄	第三批
	黄金博物馆·淘金小镇	第三批

续表

区域	示范基地名称	批次
菏泽(2家)	中国鲁锦博物馆	第一批
	国花酒庄	第三批
济宁(4家)	曲阜孔府家酒业有限公司	第一批
	山东广育堂中医药产业园	第二批
	泗水圣地甘薯产业基地	第二批
	济宁宜家砭石产业园	第三批
泰安(4家)	山东泰山啤酒有限公司	第一批
	山东金彩山酒文化园	第二批
	蒙牛乳业(泰安)工业旅游园区	第二批
	鲁普耐特绳网文化体验馆	第三批
日照(3家)	亚太森博(山东)浆纸有限公司	第一批
	山东日照尧王酒业集团有限公司	第二批
	山东浮来春集团股份有限公司	第二批
临沂(5家)	蒙阴岱崮9381老兵工厂	第一批
	山东蒙山龙雾茶业有限公司	第二批
	临沂金胜花生文化产业园	第三批
	山东崂山矿泉水健康饮水科普中心	第三批
	山东新时代药业有限公司	第二批
德州(3家)	古贝春集团有限公司	第一批
	山东圣喜清真食品有限公司	第二批
	泰山体育产业集团有限公司	第二批
聊城(3家)	东阿阿胶股份有限公司	第一批
	山东正信味业食品有限公司	第二批
	山东景阳冈酒厂有限公司	第二批
滨州(4家)	京博控股集团科教创新旅游示范区	第二批
	愉悦家纺有限公司居家世博馆	第二批
	中裕小麦全产业链工业旅游基地	第三批
	滨州瑞鑫地毯工业旅游基地	第三批
潍坊(4家)	山东景芝酒业股份有限公司	第一批
	潍坊1532文化产业园	第二批
	坊子炭矿遗址文化园	第二批
	华艺雕塑艺术博览园	第三批

续表

区域	示范基地名称	批次
威海（3家）	金猴集团有限公司	第一批
	威海豪仕达碳纤科技有限公司	第二批
	台依湖国际酒庄生态文化区	第三批

（2）康养旅游

依据《山东省中医药健康旅游示范基地评定标准》（DB 37/T3742—2019），2020年4月15日，山东省文化和旅游厅与山东省卫生健康委员会命名山东宏济堂中医药健康旅游基地等7家单位为首批“山东省中医药健康旅游示范基地”（见表28）。

表28　首批“山东省中医药健康旅游示范基地”名单

地市	示范基地名称
济南市（2个）	山东宏济堂中医药健康旅游基地
	山东省中医药博物馆
青岛市（1个）	青岛玫瑰圣地中医药健康旅游基地
淄博市（2个）	山东鲁山神农药谷中医药健康旅游基地
	岜山集团有限公司
烟台市（1个）	山东省中医药文化博物馆
日照市（1个）	日照市中加国际健康管理中心

2020年，山东省文化和旅游厅、山东省卫生健康委员会共同编制了《康养旅游示范基地建设指南》（DB 37/T 4210—2020），该指南成为全国第一个康养旅游示范基地省级地方标准，并于2020年12月10日正式实施。12月15日，省文化和旅游厅联合省卫生健康委命名济南房干森林康养旅游基地等18家申报单位为首批“山东省康养旅游示范基地”（见表29）。

表29　首批“山东省康养旅游示范基地”名单

地市	示范基地名称
济南市（1个）	房干森林康养旅游基地
青岛市（2个）	青岛海泉湾康养旅游基地
	灵山岛森林康养旅游基地
淄博市（1个）	中郝峪幽幽谷
枣庄市（1个）	仙坛山温泉小镇

续表

地市	示范基地名称
东营市(1个)	东营揽翠湖康旅文化小镇
烟台市(2个)	烟台龙口南山养生谷小镇
	烟台磁山温泉小镇
潍坊市(1个)	竹山生态谷森林康养旅游基地
济宁市(1个)	山东万紫千红生态养生旅游区
泰安市(1个)	泰安市徂汶景区泰山温泉城
威海市(2个)	威海天沐温泉度假区
	那香海文旅度假小镇
日照市(1个)	浮来青茶养生康养旅游基地
临沂市(1个)	天蒙药谷康养旅游基地
德州市(1个)	德百温泉旅游小镇
聊城市(1个)	东阿阿胶康养旅游综合体
菏泽市(1个)	鲁西南记忆温泉康养基地

在2020年6月2日公布的国家森林康养基地(第一批)名单中,山东桃花岗森林康养基地、寿光林发集团森林康养基地、牛郎山森林康养基地、获鹿山谷4家单位入选。

(3)体育旅游

根据《关于开展山东省体育旅游示范基地评定工作的通知》(鲁文旅产〔2020〕5号)和《山东省体育旅游示范基地评定标准(试行)》等文件要求,2020年12月15日,山东省文化和旅游厅联合山东省体育局命名济南雪野航空科技体育公园等13家申报单位为首批“山东省体育旅游示范基地”(见表30)。

表30　首批“山东省体育旅游示范基地”名单

地市	示范基地名称
济南市	雪野航空科技体育公园
	济南卧虎山滑雪运动基地
青岛市	青岛宝湖马术小镇
	青岛上合·国际马文化产业园
淄博市	齐文化传承创新示范区·足球小镇
东营市	黄河口体育旅游基地
烟台市	烟台招远黄金海自驾车运动营地
	海阳国家沙滩体育健身基地
潍坊市	潍坊国际运动休闲小镇

续表

地市	示范基地名称
济宁市	山东峄山风景区体育旅游基地
日照市	日照奥林匹克水上运动小镇
临沂市	临沂雪山彩虹谷体育旅游基地
菏泽市	郓城水浒好汉城武术基地

(三)旅游住宿

1.持证住宿

(1)分市持证住宿数据

2020 年山东省持证住宿人次数总计 10580.4 万人次,同比下降 29.4%。分地市看,济南市(1906.2 万人次)、青岛市(1279.4 万人次)、潍坊市(1015.2 万人次)持证住宿人次数突破千万大关,远超其他地市。从各地市持证住宿降幅看,受疫情影响,青岛市持证住宿人次数大幅下降,烟台市、威海市、泰安市、日照市等城市降幅均超 30%(见表 31)。

表 31 2020 年山东分市持证住宿情况

	持证住宿/万人次	同比增幅/%
山东省	10580.4	−29.4
济南市	1906.2	−27.9
青岛市	1279.4	−41.0
淄博市	466.1	−25.1
枣庄市	261.8	−28.3
东营市	273.5	−17.6
烟台市	810.8	−39.7
潍坊市	1015.2	−21.2
济宁市	693.1	−26.0
泰安市	478.4	−34.7
威海市	459.2	−36.7
日照市	444.1	−33.8
临沂市	818.1	−25.2
德州市	472.5	−16.5
聊城市	394.6	−15.9
滨州市	248.4	−26.7
菏泽市	559.0	−18.0

(2)月度持证住宿数据

按月份看，山东持证住宿人次数曲线按月度呈波动变化趋势，月均住宿 881.7 万人次。1 月底至 2 月，疫情快速蔓延，宾馆暂停营业，持证住宿人次数与增速呈现双低现象。3—7 月，处于常态化疫情防控阶段，持证住宿人次数月均下降 34.3%，全省持证住宿呈现稳步恢复态势。8 月，持证住宿人次数达到全年峰值。12 月，持证住宿人次数同比仅下降 7.28%，旅游住宿供给单位经营强势复苏(见图 36)。

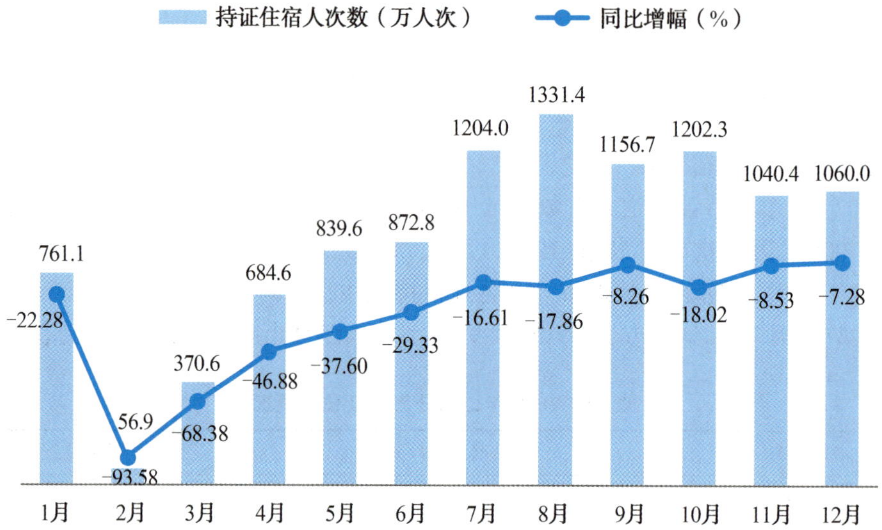

图 36　2020 年山东省各月持证住宿人次数及同比增幅

2.酒店设施

从山东情况来看，截至 2021 年 1 月，山东省共有酒店 16506 家[①]，客房数达 916927 间，平均客房规模约 56 间。

从省际比较来看，酒店数排名前 10 位的省份分别是广东、四川、浙江、山东、江苏、云南、河南、湖南、湖北和广西，这 10 个省份拥有的酒店数均超过 1 万家。其中，排名第一的广东省酒店数达到了 28383 家，山东省酒店数居全国第五位。从酒店设施的客房数来看，排名前 10 位的分别为广东、浙江、江苏、四川、山东、河南、云南、湖南、湖北和广西，这 10 个省份的酒店客房数均超过 54 万间。其中，排名第一的广东省拥有约 184 万间客房，超出第二位的浙江约 86 万间；山东省酒店客房数居全国第五位(见图 37)。

---

① 参见《2021 年中国酒店业发展报告》，2021 年 4 月 17 日，https://m.tech.china.com/redian/2022/0111/012022_981873.html。

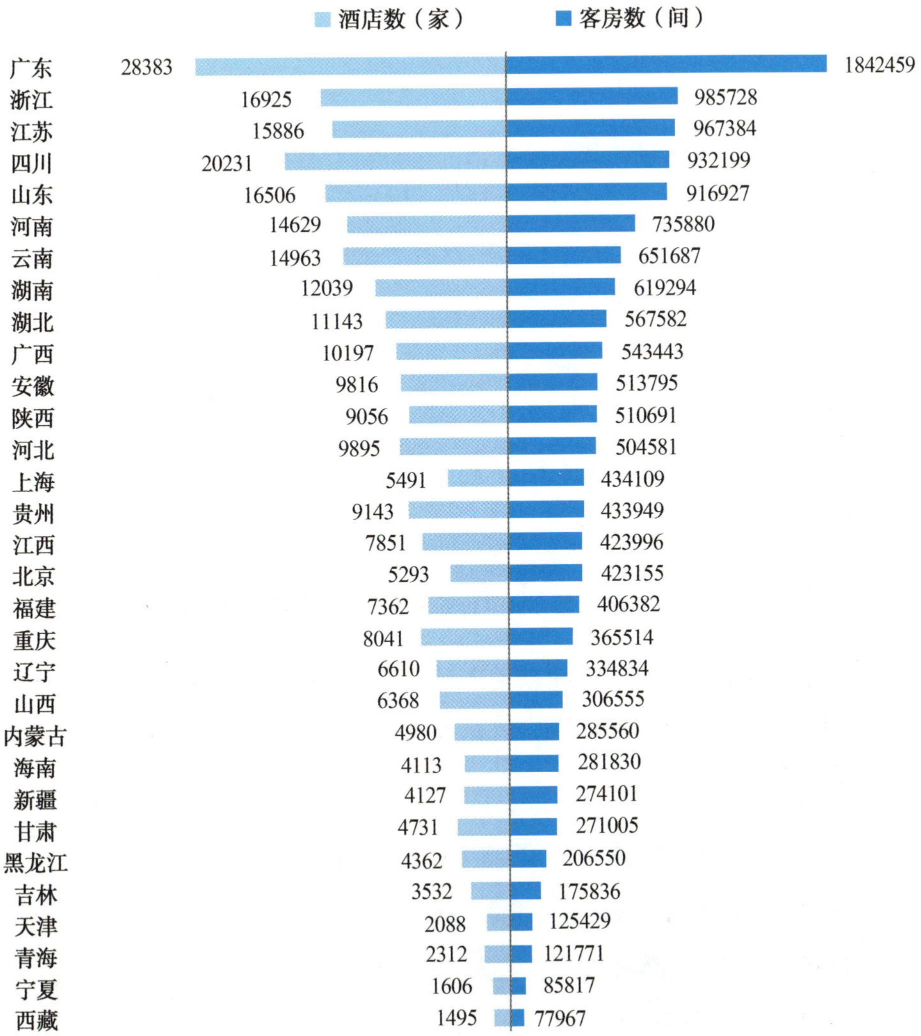

图 37　全国各省份酒店数和客房数（截至 2021 年 1 月）

3.星级酒店

(1)星级酒店数量

从省际比较来看，山东省积极推动酒店质量升级，截至 2020 年年底，山东省共有星级酒店 539 家。从五星级酒店数量看，山东省有五星级酒店 35 家，居全国第7 位；广东省共有五星级酒店 100 家，总数居全国首位（见图 38）。

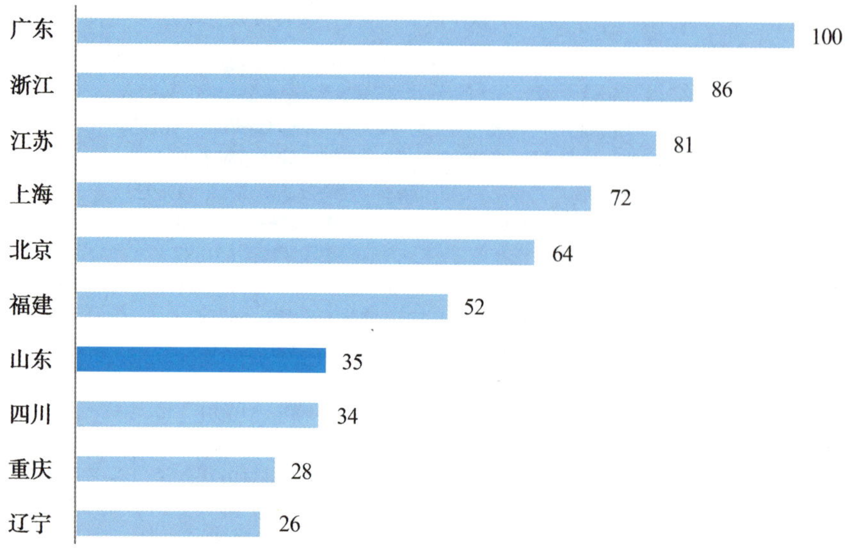

图 38　2020 年全国部分省份五星级酒店拥有量(单位:家)

从山东省各地市五星级酒店拥有量来看,青岛市共有五星级酒店 9 家,总数居全省第 1 位;烟台市、济南市五星级酒店数量分别为 7 家、5 家;泰安市、聊城市、济宁市各有五星级酒店 1 家(见图 39)。

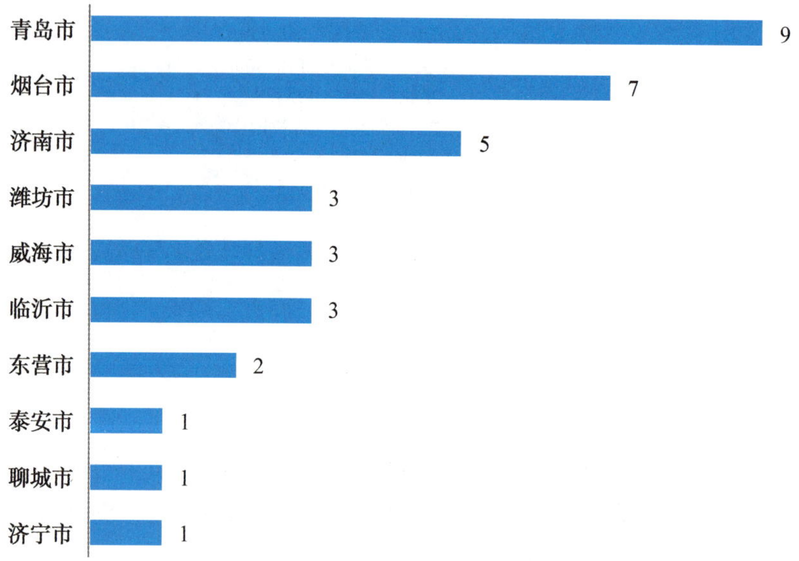

图 39　2020 年山东省部分地市五星级酒店拥有量(单位:家)

(2)星级酒店经营情况

从山东情况来看,2020 年,受疫情影响,全省星级酒店经营指标均有所下降。根据文旅部公布的《2020年第四季度全国星级饭店统计报告》，2020年第四季度，山东省共有419家星级酒店的统计数据通过省文旅厅审核，营业收入为25.92亿元，其中餐饮收入占比53.96%，客房收入占比31.12%。平均房价298.75元/间夜，同比下降4.48%；平均出租率47.00%，同比下降15.21%；每间可供出租客房收入140.40元/间夜，同比下降19.00%；每间客房平摊营业收入35490.09元/间，同比下降9.28%（见表32）。

表32　2020年第四季度山东省星级酒店经营情况统计

类别	通过审核的数量/家	平均房价/（元/间夜）	平均出租率/%
五星级	33	499.45	46.71
四星级	130	299.81	48.21
三星级	227	213.24	46.22
二星级	29	155.62	43.64

从省际比较来看，针对五星级酒店平均房价，2020年第四季度，全国50个重点旅游城市五星级酒店的平均房价为567.89元/间夜，其中，济南市五星级酒店的平均房价为722.61元/间夜，居全国第4位；从五星级酒店的平均出租率来看，全国50个重点旅游城市五星级酒店的平均出租率为55.11%，其中，济南市五星级酒店的平均出租率为70.30%，居全国第7位（见表33）。

表33　2020年第四季度重点旅游城市五星级酒店平均房价和平均出租率前10名地区统计

	平均房价/（元/间夜）		平均出租率/%
全国平均	567.89	全国平均	55.11
三亚	910.46	石家庄	78.36
上海	800.35	三亚	76.22
北京	737.88	南京	71.74
济南	722.61	长春	71.01
广州	629.51	合肥	70.76
珠海	620.30	长沙	70.66
成都	560.06	济南	70.30
天津	558.99	福州	68.55
海口	553.23	哈尔滨	68.53
杭州	553.10	厦门	66.07

4.文化主题酒店

文化主题酒店作为一种创新型酒店类型，将文化资源转化成生产力，成为打造精品旅游产业的路径之一。山东省文化主题酒店主要以传统文化、特色饮食为特点，截至 2020 年，全省共有星级文化主题酒店 25 家，其中，金星级文化主题酒店 15 家，银星级文化主题酒店 10 家（见表 34）。

表 34　山东省星级文化主题酒店名单

金星级文化主题酒店		
地市	酒店名称	文化类别
济宁	曲阜铭座杏坛宾馆	儒家文化
济宁	曲阜东方儒家花园酒店	儒家文化
聊城	莘县伊尹文化主题酒店	伊尹文化
济南	舜耕山庄	大舜文化
烟台	蓬莱三仙山大酒店	仙文化
烟台	君顶葡园酒店	葡萄酒文化
临沂	观唐温泉度假村	温泉文化
临沂	蒙山龙雾茶文化主题酒店	茶文化
聊城	阿胶文化主题酒店	阿胶文化
日照	山东良友喜事会	喜文化
济宁	香港大厦	运河文化
济宁	名雅经纬大饭店	儒家文化
德州	齐河泉城欧乐堡骑士度假酒店	骑士文化
威海	大溪谷婚庆文化主题酒店	婚庆文化
枣庄	翼云湖柜族部落	集装箱行业文化
银星级文化主题酒店		
地市	酒店名称	文化类别
济宁	曲阜阙里宾舍	儒家文化
淄博	山东理工大学国际学术交流中心大酒店	陶瓷文化
济南	璞秀居荷花文化主题酒店	荷文化
烟台	蓬莱国宾酒庄	盛唐葡萄酒文化

续表

银星级文化主题酒店		
地市	酒店名称	文化类别
济南	良友富临大酒店	泉水文化
济南	玉泉森信大酒店	乒乓文化
济南	耕读酒店	耕读文化
威海	天沐温泉度假有限公司	温泉养生文化
淄博	玫瑰大酒店	聊斋文化
济宁	梁山杏花村大酒店	水浒文化

(四)旅游餐饮

1.疫情以来餐饮业发展情况

旅游餐饮业是受新冠肺炎疫情影响十分严重的行业,疫情期间全行业大面积停业歇业,常态化疫情防控时期也面临较长的恢复期,企业面临的实际困难较多。为切实降低疫情造成的损失,帮助相关企业渡难关、保生存、求发展,2020 年 2 月 18 日,山东省政府发布《关于应对新冠肺炎疫情支持生活服务业批发零售业展览业及电影放映业健康发展的若干意见》,提出了免征增值税、缓交社保费、水电气欠费不停供等援企稳岗措施。

山东省推广实行分餐制、公勺公筷双筷制,1532 家餐饮企业积极响应。2020 年 3 月16 日,山东省市场监督管理局批准发布《餐饮业分餐制设计实施指南》《餐饮提供者无接触供餐实施指南》两项地方标准,由山东省精品旅游促进会和山东舜和酒店集团参与起草制定的分餐制国家标准也于 6 月 21 日正式颁布实施。这些标准在疫情防控常态化的形势下发布实施,为餐饮实体实施分餐生产与服务提供了技术遵循,为消费者选择卫生健康的市场主体提供了标准依据。山东省商务厅把山东舜和酒店集团确定为分餐制示范单位,山东省文旅厅和山东省旅促会召开分餐制现场推广会,共同推动山东舜和酒店集团发挥标杆引领作用,提高酒店、餐饮企业科学管控能力和消费者卫生进餐水平。

7 月 17 日,“全省首批分餐制示范单位公布暨分餐制国标宣贯会议”召开,会议通过了《山东省首批“分餐制”示范单位公约》,并公布了山东省首批 50 家分餐制示范单位名单(见表 35)。

表 35　山东省首批分餐制示范单位名单

序号	酒店名称	序号	酒店名称
1	山东舜和酒店集团	26	蓬莱八仙居宾馆
2	山东大厦	27	潍坊鸢飞大酒店
3	济南南郊宾馆	28	潍坊东方大酒店
4	济南舜耕山庄	29	潍坊上席鸢之味酒店
5	济南索菲特银座大饭店	30	济宁香港大厦
6	凯瑞集团贵满楼酒店	31	曲阜东方儒家花园酒店
7	胶东人家大酒店	32	济宁湖上人家餐馆
8	济南可立餐快餐(泉城广场店)	33	泰安东尊华美达广场酒店
9	青岛八大关宾馆	34	泰安市泰山景区亦小馆餐厅
10	青岛汇泉王朝大饭店	35	威海东山宾馆
11	青岛府新大厦	36	威海抱海大酒店
12	青岛香格里拉大饭店	37	威海卫大厦
13	青岛黄海饭店	38	荣城石岛宾馆
14	青岛长新贵和酒店	39	日照宾馆
15	青岛鑫复盛礼记酒店	40	日照世帆国际大酒店
16	淄博齐盛国际宾馆	41	临沂颐正园酒店
17	周村知味斋大饭店	42	德州柳湖书院大酒店
18	淄博喜来登酒店	43	德州鲁峰美丽华酒店
19	舜和枣庄大酒店	44	聊城阿尔卡迪亚国际酒店
20	枣庄鲁班大饭店	45	阳谷狮子楼大酒店
21	东营蓝海御华大饭店	46	临清开元山庄
22	胜利油田大明大厦酒店	47	滨州贵苑大酒店
23	烟台东山宾馆	48	滨州大饭店
24	烟台丽景海湾酒店	49	滨城区双量虾水饺酒店
25	烟台百纳瑞汀酒店	50	菏泽水邑·柏青酒店

2.餐饮经营情况

从山东情况来看，根据山东省统计局公布的数据，2020 年全省餐饮收入 3129.1

亿元，比2019年下降6.2%。在中国饭店协会公布的2020国内各地区餐饮收入(2019财年)排行中，山东省蝉联“吃货”大省，居全国首位。在“2019中国正餐企业TOP 50企业列表”中，山东凯瑞商业集团排名第二，山东舜和酒店集团有限公司排在第34位。山东省旅游餐饮业头部效应增强，品牌化企业迎来新的机遇。

从省际比较来看，2019年，山东省以4430.46亿元的餐饮收入规模，成为中国餐饮第一大省，同比增长10.9%；广东省位列第二，餐饮收入达4307.23亿元；江苏省、河南省分居第三、第四位，餐饮收入分别为3728.95亿元、3243.70亿元；四川省餐饮收入为3155.30亿元。上述五省餐饮收入均突破3000亿元。北京、上海、天津分别以1204.50亿元、1190.25亿元、1122.00亿元排在第15、16、19位(见表36)。

表36　2019年全国餐饮收入排行榜前20位

序号	地区	餐饮收入/亿元	同比增幅/%	备注
1	山东	4430.46	10.9	
2	广东	4307.23	11.0	
3	江苏	3728.95	8.7	含住宿
4	河南	3243.70	12.6	
5	四川	3155.30	12.4	
6	浙江	2972.00	9.4	
7	河北	2947.53	11.2	
8	湖南	2146.50	11.7	
9	湖北	1896.25	8.5	
10	辽宁	1776.70	7.5	
11	福建	1578.38	10.3	
12	重庆	1498.04	13.6	
13	安徽	1476.90	11.9	
14	黑龙江	1206.51	6.3	
15	北京	1204.50	6.1	
16	上海	1190.25	4.3	含住宿
17	内蒙古	1157.99	4.9	
18	云南	1122.87	11.0	
19	天津	1122.00	10.0	含住宿
20	江西	1095.40	15.5	

资料来源：《2020中国餐饮业年度报告》，2020年9月2日，https://baijiahao.baidu.com/s?id=1676709612417614600&wfr=spider&for=pc。

从市际比较来看，根据2020年山东省各地市国民经济和社会发展统计公报数据，济南市餐饮收入为 610.7 亿元，同比下降 7.2%；青岛市餐饮（含住宿）收入为 519.8 亿元，同比下降 5.7%；枣庄市、东营市餐饮收入实现正增长，分别为 151.2 亿元、67.2 亿元（见表 37）。

表 37　2020 年山东省部分地市餐饮收入情况

地市	餐饮收入/亿元	同比增幅/%	备注
济南	610.7	−7.2	
青岛	519.8	−5.7	含住宿
枣庄	151.2	1.4	
东营	67.2	5.0	
烟台	244.0	−5.2	
潍坊	198.1	−9.2	
济宁	203.2	−10.0	含住宿
日照	98.9	−1.9	
临沂	245.9	−5.2	含住宿
德州	81.9	−0.7	
聊城	52.2	−13.9	
滨州	64.3	−4.8	

(五)旅游购物

截至 2020 年 12 月，全省共有购物旅游示范城市 11 个，购物旅游示范镇 11 个，购物旅游示范村 12 个，旅游休闲购物街区 49 条，旅游商品研发基地 201 家。

2020 年 11 月 8 日下午，“2020 中国旅游商品大赛”颁奖典礼在义乌国际博览中心举行，山东省共 5 项作品获奖，获奖总数位列全国第 3，继续走在全国前列。其中，十二生肖防护小雨衣获得金奖，3D 蜂巢释压枕、盐瓷系列产品、桃木益智玩具——十二生肖、铜艺音乐香薰系列获得铜奖（见表 38）。

表 38　“2020 中国旅游商品大赛”山东省获奖信息

获奖作品	获奖企业	奖项
十二生肖防护小雨衣	愉悦家纺有限公司	金奖
3D 蜂巢释压枕	愉悦家纺有限公司	铜奖
盐瓷系列产品	山东鲁杨盐瓷科技有限公司	铜奖
桃木益智玩具——十二生肖	肥城市正港木业工艺品厂	铜奖
铜艺音乐香薰系列	泰安市龙藏深泉商贸有限公司	铜奖

山东省有25项旅游商品入选“2020中国特色旅游商品大赛”获奖名单，总量居全国第4位。其中，金奖6项，居全国第6位；银奖13项，居全国第4位；铜奖6项（见表39）。

表39 “2020中国特色旅游商品大赛”山东获奖情况

奖项类别	商品名	所属地市
金奖（6个）	爱熙·藻萃焕活肌系列面膜	青岛市
	若七·青岛印象系列	青岛市
	齐州窑·27件百岁朝阳松烧酒器系列	淄博市
	唐乡·禅茶一味	泰安市
	C咖二两半·白兰地	烟台市
	秤心·秤心如意系列	德州市
银奖（13个）	润荷·杀菌清洁湿巾系列	济南市
	晶荣·果酱礼盒	济南市
	李村·李村脂渣	青岛市
	鞠王·蹴鞠	淄博市
	齐州窑·茶刀	淄博市
	孔圣·创意转笔刀系列	济宁市
	孔府家·孔府家酒仁义礼智信礼盒	济宁市
	程木匠·齐鲁秋韵	泰安市
	君祥蜂蜜·蜂蜜巧克力	泰安市
	刘公岛来信礼盒	威海市
	康发养生小馆·养生小馆	临沂市
	QiLuGuanmei·时尚天然手工拉菲草帽	临沂市
	云川阁·绣花鼓灯	临沂市
铜奖（6个）	宗师铁锅·臻三环古法宗师章丘铁锅	济南市
	金祥·琉璃钟表	淄博市
	锶灼佰·你若安好我便绽放	烟台市
	虎行天下·瓷悦虎系列	潍坊市
	TWOBABY·无添加健康山楂系列	潍坊市
	东阿阿胶·阿胶红参茶	聊城市

在第二届山东省文化和旅游商品创新设计大赛中，齐鲁之风系列获得特别大奖，姜太公IP形象衍生品系列等10件（组）作品获得金奖，泉城文化伴手礼系列等20件（组）作品获得银奖，小苹友有机苹果脆片等30件（组）作品获得铜奖，优秀奖45件（组），优秀组织奖17个，荣誉奖2件（组）。

此外，山东拥有丰富的地理标志产品品牌，如烟台苹果、莱阳梨、潍县萝卜、章丘大葱、章丘鲍芹、章丘铁锅、黄河口大闸蟹、乐陵金丝小枣等。在农业农村部公布的十批"全国一村一品示范村镇名单"中，山东有近200种特色产品上榜。

(六)旅游文娱

2020年全省各类博物馆达到603家，省级以上文物保护单位1711处，均居全国第1位；世界遗产4处，全国重点文物保护单位226处，国家级历史文化名城10座；国家级非遗代表性项目173项，居全国第2位；全省公共图书馆、文化馆分别达到154个、157个。

(七)旅游综合服务

1.旅行社

(1)旅行社数量

从山东情况来看，截至2020年年底，全省旅行社达2685家，与2019年相比增长2.76%。

从省际比较来看，截至2020年12月31日，全国旅行社总数为40682家(按2020年第四季度旅行社数量计算)，比2019年增长4.47%。除吉林和黑龙江旅行社数量减少外(减幅分别为0.71%和1.55%)，其余30个地区旅行社数量都有不同程度的增长。广东、北京、江苏、浙江、山东等5个地区旅行社数量超过2000家，其中广东省旅行社数量为3390家，位居全国第一(见表40)。

表40　2020年度和2019年度全国旅行社数量对比

序号		2020年度	2019年度	同比增幅/%
1	广东	3390	3281	3.32
2	北京	3194	3062	4.31
3	江苏	3057	2943	3.87
4	浙江	2885	2769	4.19
5	山东	2685	2613	2.76
6	上海	1808	1758	2.84
7	河北	1531	1513	1.19
8	辽宁	1530	1524	0.39

续表

序号		2020 年度	2019 年度	同比增幅/%
9	安徽	1522	1487	2.35
10	四川	1336	1242	7.57
11	湖南	1315	1143	15.05
12	湖北	1310	1267	3.39
13	福建	1270	1181	7.54
14	河南	1166	1156	0.87
15	内蒙古	1159	1147	1.05
16	云南	1147	1105	3.80
17	江西	974	909	7.15
18	山西	945	927	1.94
19	广西	922	850	8.47
20	陕西	903	862	4.76
21	黑龙江	824	837	−1.55
22	甘肃	796	723	10.10
23	重庆	710	673	5.50
24	吉林	696	701	−0.71
25	贵州	671	594	12.96
26	新疆	657	540	21.67
27	海南	600	483	24.22
28	青海	527	515	2.33
29	天津	516	502	2.79
30	西藏	310	310	0.00
31	宁夏	173	164	5.49
32	新疆生产建设兵团	162	162	0.00

(2)组织和接待情况

从山东情况来看,疫情发生后,山东省旅行社暂停经营团队旅游业务,2020 年 3 月 27 日和 7 月 14 日,根据疫情防控情况,先后恢复旅行社经营省内游和跨省游业务。2020 年全省旅行社国内旅游组织 159.76 万人次,接待游客 88.24 万人次(见图 40)。

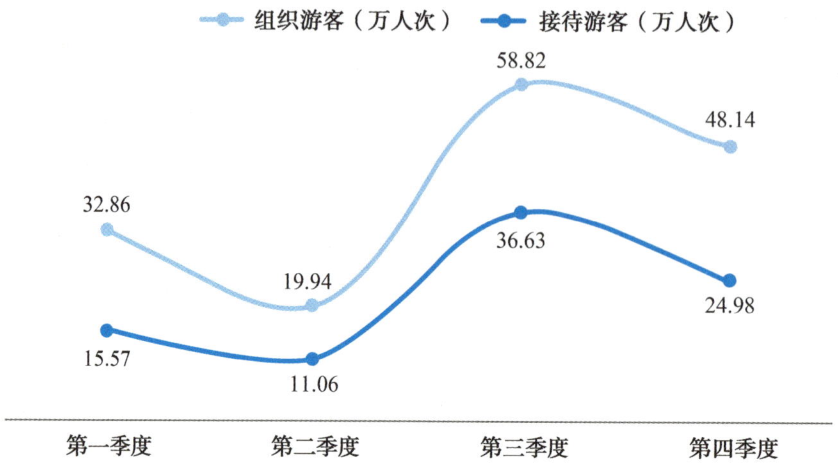

图 40　2020 年全省旅行社国内旅游组织和接待情况

从省际比较来看，2020 年全国旅行社国内旅游组织 5772.72 万人次、14217.91 万人天，接待 7515.83 万人次、16028.70 万人天。浙江省旅行社国内旅游组织、接待人次数均居全国首位，分别为 830.32 万人次、1289.27 万人次；山东省国内旅游组织、接待人次数分别居全国第 12、18 位（见表 41）。

表 41　2020 年度全国旅行社组织和接待国内游客情况

	组织和接待人次数/万人次		组织和接待人天数/万人天	
	组织	接待	组织	接待
合计	5772.72	7515.83	14217.93	16028.70
北京	164.32	88.20	629.68	424.60
天津	20.58	7.75	59.92	16.18
河北	40.07	35.61	99.60	70.64
山西	54.68	108.72	141.79	394.69
内蒙古	16.24	28.47	39.38	81.57
辽宁	75.46	41.87	208.62	110.21
吉林	18.10	27.26	64.96	59.81
黑龙江	10.77	51.29	30.61	99.49
上海	253.98	168.01	731.31	313.09
江苏	574.39	640.82	1142.83	1061.62
浙江	830.32	1289.27	1714.51	2302.44
安徽	143.72	334.21	419.98	619.50

续表

	组织和接待人次数/万人次		组织和接待人天数/万人天	
	组织	接待	组织	接待
福建	260.55	286.75	566.58	597.66
江西	146.79	100.62	278.93	204.89
山东	159.77	88.25	411.49	194.76
河南	75.82	33.52	189.16	57.95
湖北	425.85	798.49	858.72	1220.29
湖南	476.46	414.71	947.43	889.16
广东	737.68	418.31	1871.04	943.23
广西	68.72	191.85	175.04	460.57
海南	66.97	639.35	92.49	1722.99
重庆	446.09	270.90	1605.95	392.83
四川	195.21	200.51	588.91	513.11
贵州	89.44	419.88	177.41	936.49
云南	125.17	405.33	300.72	1026.50
西藏	6.40	28.38	12.66	143.80
陕西	181.97	230.13	602.52	625.51
甘肃	35.86	61.24	103.78	214.35
青海	30.50	53.60	48.38	182.45
宁夏	24.51	34.56	58.39	90.87
新疆	11.40	11.28	27.61	34.59
新疆生产建设兵团	4.93	6.69	17.53	22.86

2.旅游通信

从山东情况来看，2020年，手机用户漫入山东驻留时长超过6小时的人次数为7.56亿人次。其中，移动漫入总量最高，达4.35亿人次；联通漫入量为2.37亿人次；电信漫入量最低，为0.84亿人次。

从市际比较来看，济南市的漫入总量最高，为9916.65万人次，远超过其他地市；青岛市漫入总量为6554.09万人次；济宁市与潍坊市漫入总量分别居第3、第4位；威海市漫入总量最低（见表42）。

表 42　2020 年三大运营商全国手机用户漫入情况

单位：万人次

	移动	联通	电信	合计
济南	5714.71	3353.66	848.28	9916.65
青岛	3318.49	2589.35	646.25	6554.09
淄博	2814.84	1274.49	556.58	4645.91
枣庄	1438.78	749.39	387.49	2575.66
东营	1374.75	685.70	338.08	2398.53
烟台	1909.56	1531.69	415.40	3856.65
潍坊	3638.25	1734.88	523.29	5896.42
济宁	3801.18	1740.99	801.35	6343.52
泰安	2811.80	1309.23	417.38	4538.41
威海	770.35	748.34	162.36	1681.05
日照	2041.50	837.25	424.81	3303.56
临沂	3321.49	1697.17	622.02	5640.68
德州	3349.30	1561.77	734.29	5645.36
聊城	2149.34	1164.47	403.74	3717.55
滨州	2776.86	1077.17	626.98	4481.01
菏泽	2253.30	1629.94	487.94	4371.18
全省	43484.50	23685.49	8396.24	75566.23

3.旅游厕所

2020 年，全省新建、改建扩建旅游厕所 1126 座；在百度电子地图上标注旅游厕所 1.1 万座，数量居全国第 1 位。

4.旅游集团

2020 年 12 月 13 日，由中国旅游研究院、中国旅游协会联合主办的“2020 中国旅游集团发展论坛”在北京举行，会上发布了 2020 中国旅游集团 20 强名单（见表 43），山东省国欣文化旅游发展集团有限公司（简称“国欣文旅”）入围，这也是重组后的国欣文旅首次入围。国欣文旅的前身“山东省文化旅游发展集团”曾入围 2019 中国旅游集团 20 强名单。国欣文旅旗下的银座旅游集团则自 2014 年至 2018 年连年入围该榜单。

表 43　2020 中国旅游集团 20 强名单

序号	名称	序号	名称
1	中国旅游集团有限公司	15	同程旅游集团
2	华侨城集团	16	浙旅投集团
3	中国首都旅游集团有限公司	17	杭州商旅集团
4	美团	18	开元旅业集团
5	凯撒集团	19	黄山旅游集团
6	河北旅游集团	20	祥源集团
7	山西文旅集团	21	福建旅游集团
8	大连海昌集团	22	山东国欣文旅集团
9	锦江集团	23	江西旅游集团
10	携程集团	24	建业集团
11	复星旅文集团	25	鄂旅投集团
12	春秋集团	26	岭南集团
13	景域驴妈妈集团	27	珠海九州控股
14	南京旅游集团	28	陕西旅游集团

注：部分企业规模相当，并列入选，20 强集团排名不分先后，具体按先中央、后地方的原则排列。

五、2021 年形势展望和潜力分析

（一）2021 年旅游经济形势总体乐观

2021 年将迎来中国共产党百年华诞，各类文化旅游产品供给和消费呈现上扬趋势。2020 年山东省旅游发展大会提出的“九大举措”和《山东省文化和旅游高质量发展规划》将推动实施，政策红利、重大节事红利将进一步释放，出入境旅游随着东京奥运会及疫苗的普及会逐渐回暖，相当数量的出境游需求在国内释放，旅游经济形势总体乐观，将迎来全面复苏。

分季度看，一季度实现开门红；二季度至三季度，国内游高、中、低端市场将全面复苏，同比大幅增长，家庭游、青年结伴游、熟人小团游等将进一步活跃；四季度旅游市场将进一步壮大。

(二)2021年旅游业高质量发展八大潜力

1.双循环为旅游高品质发展带来特殊机遇

以习近平同志为核心的党中央高瞻远瞩，提出把握新发展阶段、贯彻新发展理念、构建新发展格局的重大战略政策。新时期旅游业发展要在“三新”大形势下，建立以国内旅游为主体的旅游发展新格局，发挥我国制度优越性和内需巨大的优势，要坚持扩大内需战略基点，加快培育完整的内需体系。紧紧抓住国内高收入阶层出境游受阻的特别机遇，通过推进“出口转内销”，拉动境内替代性高端旅游产品供给，不仅能弥补入境游市场停滞带来的损失，更能把旅游业高质量、高品质发展牢牢掌握在自己手中。全省实施精品旅游景区建设行动计划，培育一批主题鲜明、要素完善的特色旅游目的地。

2.智慧化为旅游补短板、延链、强链插上翅膀

智慧化是提升治理体系和治理能力现代化水平，对旅游景区进行科学管理，加快文旅产业补链、延链、强链的重要支撑。旅游景区智慧化运营，运用AR、VR、数字动画等增强参观者的感知体验，运用“大数据＋云计算”实施精准营销、预约、控流、去门票化发展，以线上方式开展优秀艺术作品和精品剧目的网上展演展播，推进“好客山东　云游齐鲁”智慧文旅工程，启动“一部手机游山东”等，一个智慧科技驱动、客户需求导向的旅游新时代正在加速到来。预计2021年，智慧旅游建设进程将进一步加快。全省进一步利用智慧科技，培育壮大冰雪体验、温泉康养、商务会展、文化研修、节事活动等不受低温影响的冬季旅游和夜间旅游产品，打造业态多元、吸引力强、四季全时、白黑双兴的文旅消费产品。上线全省智慧旅游云平台，建设全省智慧文旅融合大数据中心，构建智慧文旅信息公共服务体系，推动文化和旅游高质量发展。

3.乡村振兴与乡村旅游彼此促进、螺旋提升

乡村是一个潜力巨大的市场。一方面，乡村旅游是带动群众增收、推动乡村产业振兴的重要抓手，文旅融合在乡村大有可为，要全力推进乡村旅游“三变”，使乡村旅游资源充分发挥潜力。另一方面，全国决战决胜脱贫攻坚、全面建成小康社会取得巨大胜利，逐渐富起来的广大人民群众释放出共享旅游美好生活的客观需求，为旅游带来了极大的机会。要在乡村旅游发展上持续发力，积极推进村庄景区化建设，重点培育一批乡村旅游重点村和精品文旅小镇。要启动省级文旅康养融合发展示范区创建，发挥好山、好水、好景、好空气等资源优势，持续大力发展乡村旅游，与绿色生态相

结合的乡村康养旅游将得到更多游客的青睐。

4.红色文化旅游步入黄金发展期

2021年是中国共产党成立100周年，全省将举办“党的百年华诞，人民的艺术盛典——第十二届山东文化艺术节”，推动《沂蒙山》《奇袭白虎团》《铁道英雄》《孔子》等代表性剧目增加演出场次，把在全省范围内开展的群众文化、非遗展陈展示等各类活动全部纳入文化艺术节，凝聚全省文化艺术品牌以形成合力。开展“8个100庆祝建党百年”系列活动，采用群众喜闻乐见、便于参与的形式，加快红色文化旅游高质量发展。要充分发挥山东省红色旅游资源类多量丰、革命文物分布广泛的优势，创新开展山东省“齐鲁儿女跟党走”和“红色文化主题月”等专项活动，推动革命文物保护利用与旅游相结合，打造红色基因传承品牌。

5.夜间旅游成为高质量发展的重要支撑

全省大部分地市已经发布了促进夜间旅游的相关政策及措施。发展夜间旅游不仅能满足本地居民对美好生活的需求，也给外地游客体验当地生活方式、扩大消费提供了便利。夜间旅游成为文化和旅游融合发展的需求新潜力、供给新动能。潮流夜市、文创集市、微演艺、沉浸式夜游逐渐成为城市夜间经济发展的新动力。预计2021年，夜间经济与文化融合将成为彰显区域文化特色的重要鲜活载体，“文化元素＋地方特色”将是今后各地夜间经济发展的一大支撑力量。

6.“微旅行”呈现可持续增长态势

疫情改变了人们的思想观念和出行方式，以距离近、时间短、随心性、慢体验为特点的“微旅行”兴起，成为旅游业更新迭代和深度细分的新模式。与传统旅行相比，“微旅行”无须长途跋涉，不必费心规划路线，闲暇时即可实现一场“想走就走”的出游。从旅游市场发展趋势来看，人们对目的地的认知和选择发生了变化，2020年国庆、中秋双节假日期间，全省顺势推出12个乡村旅游“微旅行”目的地。“微旅行”模式的兴起促进了内生消费潜力的快速释放，并呈现可持续增长态势。预计2021年，具有特色的“微目的地”“泛综合体”将成为受人们青睐的主要目的地。

7.康养旅游迎来新热潮

随着“健康中国”战略成为重要的国家战略之一，康养、医疗旅游产业发展迎来黄金期，各地加快布局康养旅游市场。全省有4家国家森林康养基地、18家省级康养旅游示范基地，编制了全国第一个康养旅游示范基地省级地方标准——《康养旅游示范基地建设指南》。疫情强化了人们的生命意识和健康消费理念，增加了游客对于健康和养生的需求。在康养旅游发展的社会环境和政策条件双重利好下，康养需求呈显著增长趋势，康养旅游目的地、康养主题旅游路线等将成为新的建设和转型方向，康养旅游将迎来发展新机遇。

8.重要的文旅活动是点燃市场的重要引擎

山东省精心组织“山东文化和旅游惠民消费季”“山东人游山东”“冬游齐鲁·好客山东惠民季”等文旅活动，优环境、活气氛、聚人气、促消费，推动文化和旅游业快速复工复产。预计 2021 年，在继续创新开展惠民消费活动，高质量办好 2021 山东省旅游发展大会、中国国际文化旅游博览会、孔子文化节（尼山世界文明论坛）等形式多样、丰富多彩的文旅主题活动的同时，将进一步优化消费环境，畅通消费渠道，提高消费便利度，释放需求潜力，促进消费增长。

（张记高　王鹏　刘秀娟）

专项篇

2020 年山东省城乡居民出游调查分析报告

在疫情防控常态化形势下，山东省文化和旅游市场运行平稳、有序，城乡居民出游意愿稳步恢复，在扩大全省旅游内需、助力旅游市场稳步复苏中发挥了重要作用。为深入了解疫情防控常态化阶段全省城乡居民的出游率、出游特征、出游消费、出游意愿情况，科学监测、评价和进一步提升旅游业在惠民生、助复苏、促消费等方面的作用，获得系统、准确的基础数据，山东省特在全省范围内开展调查。2020 年山东省城乡居民出游抽样调查结果显示，全省城乡居民人均出游 2.59 次，下降 42.8%；2021 年一季度城乡居民出游意愿达 68.7%，超三成受访者的出游预算在 3000 元以上。

一、出游基本情况分析

2020 年，全省城乡居民出游调查共回收有效问卷 35746 份。全省城乡居民人均出游 2.59 次。其中，城镇居民人均出游 3.2 次，下降 38.4%；农村居民人均出游 1.6 次，下降 53.0%。

(一)出游人数：家庭游成为主流

1.调查数据

调查结果显示，3 人“两大一小”亲子游位居“中心位”，占 36.57%；“情侣/夫妻”双人游占 27.38%；4 人“老少”家庭游所占比重为 19.57%；1 人单独出游占 12.60%，居第 4 位；5 人及以上出游所占比重最低(见图 1)。

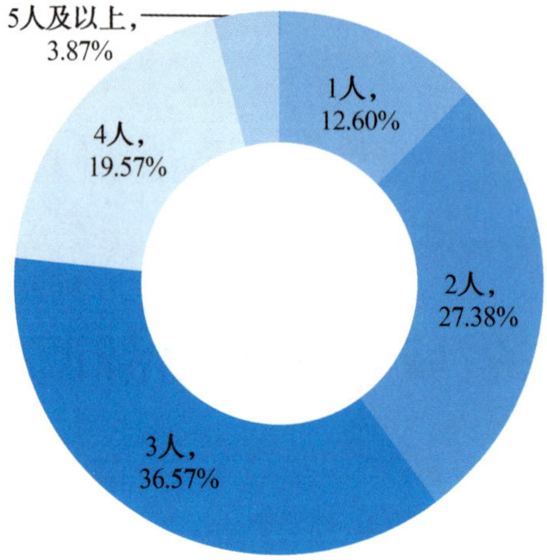

图1 2020年山东省城乡居民出游人数及占比

2.数据解读

家庭游、亲子游迎来集中爆发，“2＋N”家庭游合计占比超六成。全家同游已成为市民休闲旅游的主要方式，建议大力开发家庭旅游市场，注重儿童在家庭旅游中的主导作用，在旅游项目开发中增加儿童元素。

（二）出游类型：短途周边游备受青睐

1.调查数据

调查结果显示，省内城乡居民出游，选择市内游的占比最高，达53.54%；市外省内游占比35.93%；省外境内游、出境游比重较低，分别占10.12%、0.41%（见表1）。从城乡横向对比看，城镇居民在市外省内游、省外境内游方面所占比重均高于农村；农村居民仅在市内游方面的占比高于城镇。

表1 2020年山东省城乡居民出游类型及占比 %

出游类型	全省	城镇	农村
出境游	0.41	0.49	0.27
省外境内游	10.12	10.90	8.87
市外省内游	35.93	36.49	35.03
市内游	53.54	52.11	55.82

2.数据解读

受新冠肺炎疫情影响,以往大量的出境游需求转化为国内游,省外境内游“缩水”为短途周边游。周边游行程短、出游频率高、休闲性质浓,与疫情防控常态化阶段游客的出游需求相契合,成为旅游业中复苏最快的板块。考虑到安全和休闲的双重需求,短途周边游是理想选择。

(三)出游年龄:中青年群体为出游主力军

1.调查数据

调查结果显示,35—44 岁年龄段的游客占比最大,为 29.73%;25—34 岁的游客占 23.91%;45—54 岁的游客占 21.28%;19—24 岁的游客占 13.70%。其他年龄段游客占比均不足一成(见图 2)。

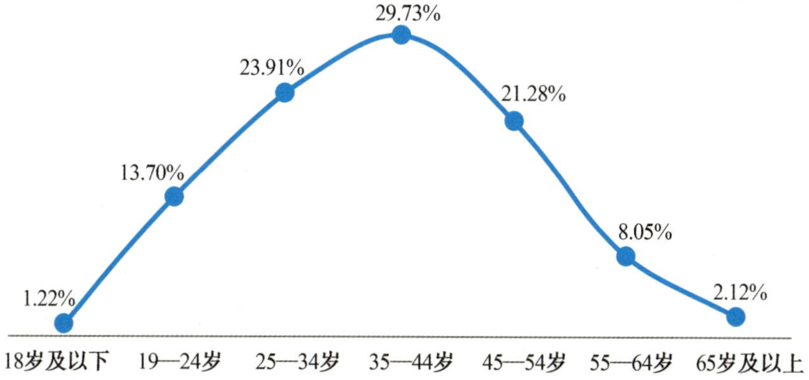

图 2 2020 年山东省城乡居民出游年龄结构

2.数据解读

从城乡居民出游年龄结构看,“80 后”和“90 后”是出游人群的主力军,他们在体力和经济方面都处于较为宽裕的节点,在互联网的帮助下对外部信息的接受程度较高,热衷于“体验”和“求知”,旅游活动也从单一的景点观光过渡到画展、音乐会、社团活动、徒步活动、自驾游等多种具有灵活性的社群活动,旅游消费需求旺盛。

(四)带薪休假率:全省超四成

1.调查数据

调查结果显示,全省城乡居民带薪休假率为 43.14%。其中,居住在城镇的居民带薪休假率为 62.81%，居住在农村的居民带薪休假率为 23.14%。休假的城乡居民中，有外出休闲活动的占 86.87%，无外出休闲活动的占 13.13%。

分职业看，公务员、企事业管理人员、专业/文教科技人员、服务销售人员和军人的带薪休假率均超过平均水平，分别为 63.45%、65.37%、54.70%、52.81% 和 50.00%；工人及其他类型职业居民带薪休假率在平均水平之下（见图 3）。

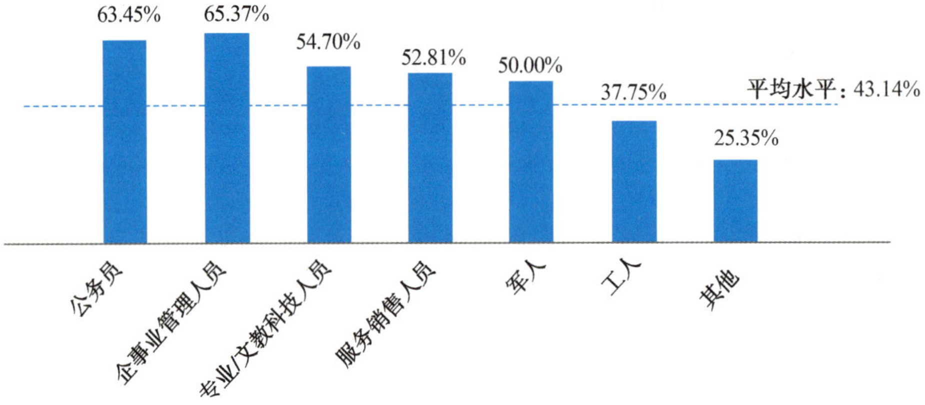

图 3　2020 年山东省不同职业城乡居民带薪休假率

2.数据解读

在休假的城乡居民中，有外出休闲活动的占比超八成，户外休闲成为城乡居民缓解工作、生活压力的重要途径。带薪休假制度是开启旅游消费的“金钥匙”，落实带薪休假制度将有效推动错峰出行，促进城乡居民旅游消费。

二、出游行为特征分析

（一）出游方式：自驾游受热捧

1.调查数据

调查结果显示，自驾游受热捧，占比达 65.08%；探亲游占 32.13%；全省参团游仅占 2.26%（见表 2）。城乡横向对比看，农村居民在探亲游、参团游方面所占比重高于城镇居民，城镇居民在自驾游、公务出差、单位组织方面的出游比重相对较高。

表2　2020年山东省城乡居民出游方式　%

出游方式	全省	城镇	农村
自驾游	65.08	67.05	59.81
探亲游	32.13	29.14	36.79
公务出差	3.36	4.09	2.22
参团游	2.26	2.24	2.29
单位组织	4.47	5.49	2.88

2.数据解读

“小聚集、大空间”是人们出门旅游的新需求，自驾游势头火爆。省文旅厅创新性地把自驾游上升为全省文旅重点工作之一，支持举办高规格“山东6个100自驾游行动”，把自驾游行业推向快速发展轨道，培育成为助力全省文旅复苏、提振文旅消费、激发市场活力的生力军，在全国率先抢抓自驾出游热潮，顺应文旅发展新方向，取得了显著的带动成果。

（二）住宿设施：乡村民宿备受青睐

1.调查数据

调查结果显示，全省有64.50%的被调查者在出游过程中入住过酒店或到过收费景区游览。在入住酒店人群的住宿设施选择上，民宿、农家乐等其他住宿设施居于首位，占比44.19%；非星级饭店占比27.17%；选择星级饭店、个体旅馆的出游人群占比较低，均不足一成（见图4）。

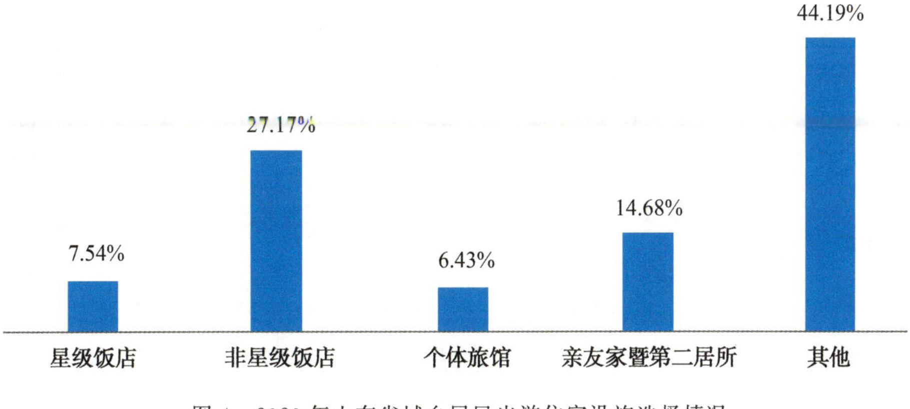

图4　2020年山东省城乡居民出游住宿设施选择情况

2.数据解读

随着城镇居民人均收入的不断提高以及消费观念的不断更新，居民在出游时更愿意支付相对较高的价格，选择硬件设施完善、服务水平较高、能够带来更高满意度的住宿设施。个体旅馆这种仅能提供有限的住宿服务、价格相对廉价的住宿设施逐渐不受游客的青睐。

（三）出游目的：以探亲游为主

1.调查数据

调查结果显示，全省城乡居民出游目的以探亲访友、休闲/度假、观光/游览为主，分别占27.10%、24.90%和21.91%。城乡横向对比看，城镇居民在观光/游览、休闲/度假、商务活动、会议等方面占比高于农村居民，而农村居民在探亲访友、市（县）外购物等方面占比高于城镇居民（见表3）。

表3 2020年山东省城乡居民出游目的 %

	全省	城镇	农村
休闲/度假	24.90	26.69	22.17
观光/游览	21.91	22.29	21.32
探亲访友	27.10	24.92	30.42
商务活动	2.22	2.60	1.64
会议	1.54	1.82	1.11
市（县）外购物	11.65	10.33	13.66
宗教/朝拜	0.47	0.37	0.63
文化/体育/科技交流活动	2.83	3.49	1.81
其他	7.39	7.48	7.24

2.数据解读

受疫情影响，预约、分餐、健康、绿色已成为文明旅游新风尚，亲子、家庭、文化、品质成为广大游客的新需求。2020年，全省城乡居民以探亲访友、休闲/度假和观光/游览为主要出游目的，更多人选择与家人一起本地休闲、周边旅游、简约消费，重新发现身边的美丽风景与日常的美好生活，增进亲情，怡养身心。

(四)出游通信：移动手机号码持有率最高

1.调查数据

调查结果显示，全省城乡居民以持有移动手机号码为主，占 57.86%；联通占 30.18%；电信占比最少，为 11.97%(见表 4)。城乡对比来看，农村居民选择移动的比例高于城镇居民，而城镇居民选择联通、电信手机号码的占比相对较高。

表 4　2020 年山东省城乡居民出游持有手机号码情况　　%

	全省	城镇	农村
移动	57.86	56.62	59.91
联通	30.18	31.14	28.56
电信	11.97	12.23	11.52

2.数据解读

数据表明，移动在农村居民中的持有率相对较高，而联通、电信在城镇居民中的持有率相对较高。疫情期间，三大运营商充分发挥数据优势，为疫情防控的精准分析、精准施策等提供了数据支撑。此外，5G、大数据、云计算、VR 等新技术、新应用为智慧旅游的发展提供了坚实的支撑，发展“5G＋智慧文旅”具有广阔的前景。

三、2021 年一季度出游意愿

(一)总体出游意愿：近七成

1.调查数据

调查结果显示，2021 年一季度全省城乡居民出游意愿整体为 68.7%。分城乡看，76.8%的城镇受访者表示一季度有出游计划，农村居民的出游意愿为 57.4%(见图 5)。

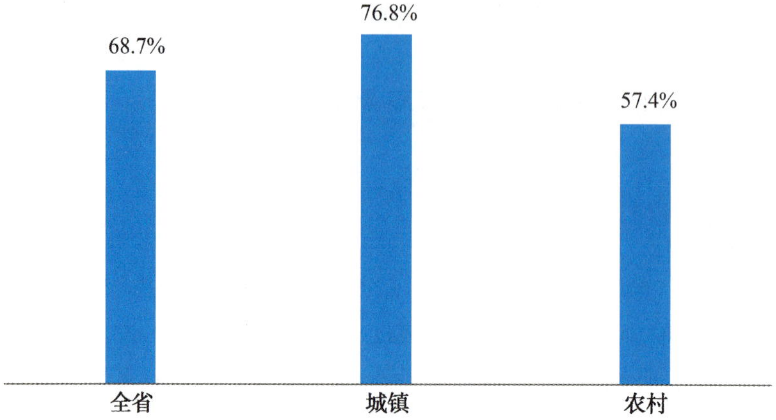

图 5　2021 年一季度山东省城乡居民出游意愿

2.数据解读

一季度恰逢元旦、春节等节日，城乡居民家庭游、探亲游意愿强烈。建议加强景区内重点区域流量管理，严防人员聚集，严格督导旅行社和旅游企业落实交通、住宿、餐饮等方面的疫情防控要求，稳定旅游市场，提升居民出游信心。

（二）出游类型意愿：省内游需求最大

1.调查数据

调查结果显示，一季度，全省城乡居民对省内游的需求最大，占总体出游需求的 69.19%；然后是出省游，占 30.06%；出境游比重偏低（见图 6）。城乡对比看，农村居民省内游的意愿高于城镇居民，城镇居民出省游、出境游的意愿均高于农村居民。

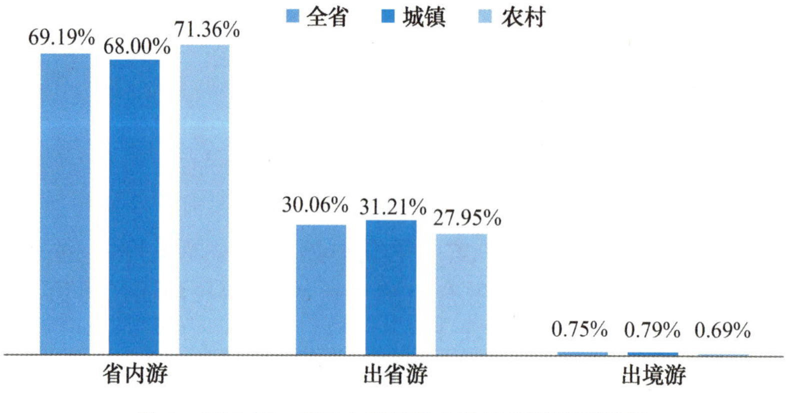

图 6　2021 年一季度山东省城乡居民出游类型意愿

2.数据解读

2020 年 12 月以来，国内多地报告出现新增本土病例，疫情防控形势依然复杂严峻。2021 年一季度适逢春节，随着返乡潮开始，人流增多，在一定程度上不利于疫情防控。居民出游以探亲游、周边短途游等为主。

（三）出游预算：1000 元以下超四成

1.调查数据

调查结果显示，全省范围内，2021 年一季度出游预算在 1000 元以下的占比最高，为 47.63%；预算为 1000—3000 元的占 19.79%；预算为 3001—5000 元的占 17.39%；预算在 5000 元以上的占 15.19%（见图 7）。城乡对比看，出游预算在 3000 元以上的，城镇居民居多；预算在 3000 元以下的，农村居民居多。

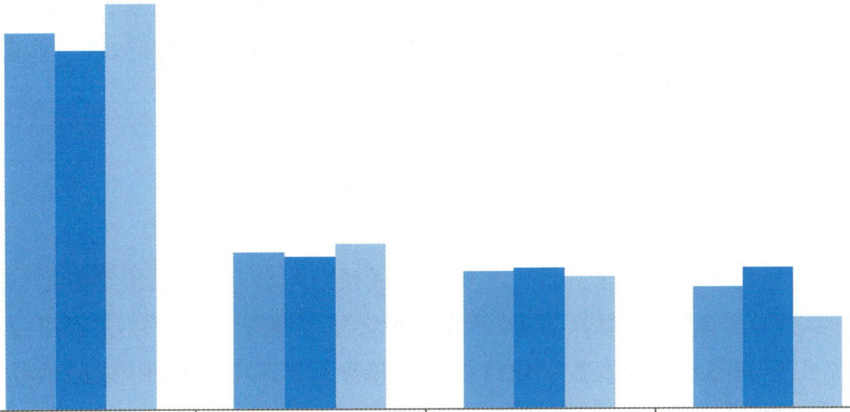

	1000元以下	1000—3000元	3001—5000元	5000元以上
■全省	47.63%	19.79%	17.39%	15.19%
■城镇	45.34%	19.22%	17.87%	17.56%
■农村	51.31%	20.69%	16.62%	11.38%

图 7　2021 年一季度山东省城乡居民出游花费意愿

2.数据解读

受疫情影响，一季度居民出游仍以中短线省内游为主，春节黄金周居民出游多以探亲访友为目的，亲友家暨第二居所有可能成为城乡居民出游的主要选择，加之低成本出行趋势延续，在一定程度上将减少出游消费开支。

四、发展建议

(一)加速文旅产业内循环,提振冬季旅游热消费

一是构筑冬游产品体系,打造旅游消费新热点。看雾凇雪凇,观云海日出,赏“天下第一泉”,山东拥有发展冬季旅游的天然优势。丰富和完善品牌产品体系,着力增加温泉、冰雪、康养、研学、民俗体验等冬季旅游产品供给,释放个性化、品质化、多样化的市场需求,提振文旅产业,激活冬游市场。

二是助力传统景区转型,以惠民措施增强消费意愿。继续推动景区免门票活动,有效释放旅游消费潜力,盘活经济消费链条。进一步深化文化和旅游供给侧改革,从供需两端发力,丰富旅游景区度假产品,提升服务质量,通过一系列文旅惠民活动,降低出游消费成本,提升游客出游意愿。

三是线上线下集中发力,打造“冬游齐鲁”新品牌。在不断整合、深挖资源,打造精品的同时,举办冬季旅游产品推介活动,促进招商引资,引进重大文旅项目,通过精准营销把好产品宣传、推广出去,助力“冬游齐鲁”新品牌的打造,进一步提升冬季文旅消费水平。

(二)深化“互联网+旅游”,推动旅游业高质量发展

一是加快建设智慧旅游景区。明确在线预约预订、分时段预约游览、流量监测监控、科学引导分流、非接触式服务、智能导游导览等建设规范,落实“限流、预约、错峰”要求。引导旅游景区开发数字化体验产品并普及景区电子地图、线路推荐、语音导览等智慧化服务。

二是完善旅游信息基础设施。推动停车场、旅游集散与咨询中心、游客服务中心、旅游专用道路及景区内部引导标识系统等数字化与智能化改造升级。

三是创新旅游公共服务模式。进一步拓宽旅游公共服务信息采集渠道,有效整合旅游、公安、交通、气象等部门的相关数据信息,综合运用大数据、云计算等技术,在平台上及时发布旅游景区实时游客量、道路出行、气象预警等信息,引导旅游资源优化配置。

四是扶持旅游创新创业。鼓励以产品和内容为载体开展业态融合创新,支持建设一批旅游营销创新基地,孵化一批具有较强的传播力和影响力的旅游品牌。引导云旅游、云演艺、云娱乐、云直播、云展览等新业态发展,培育“网络体验+消费”新模式。

(张记高　邓文军　代锡栋)

2020年山东省"五一"假日旅游分析报告

2020年"五一"假期是12年来首个5天小长假，也是疫情防控进入常态化阶段后的首个旅游小长假，全省各地在增加假日旅游产品供给、扩大旅游消费的同时，积极做好疫情防控工作，有效引导游客分流，全省文化和旅游市场平稳有序。根据假日旅游统计调查和客流监测数据，2020年"五一"假日期间，全省16个地市共接待国内游客1265.8万人次，实现国内旅游收入68.3亿元。现就"五一"假期全省旅游发展情况分析如下。

一、守牢安全防控底线，安全放心游山东

为确保游客放心游山东，山东省文化和旅游厅坚持一手抓疫情防控，一手抓旅游业复工复产，统筹做好全省疫情防控、假日旅游工作。

一是实行景区门票预约制度。严格按照文化和旅游部、国家卫生健康委的相关要求，全省旅游景区建立预约机制，推行分时段预约游览，实行限流开放，引导游客间隔入园、错峰旅游，接待游客量不得超过核定最大承载量的30%。"五一"假日期间，全省恢复开放的11家5A级旅游景区已全部开放景区预约渠道，开放的160家4A级旅游景区中有150家已开放景区预约渠道。山东省文化和旅游厅通过官网、"好客山东之声"公众号等方式发布A级旅游景区预约渠道，提醒广大游客"先预约、再出行"。各旅游景区通过官网预约、电话预约以及携程、途牛等第三方平台预约方式引导游客出行。

二是实行景区流量管控。山东省文化和旅游厅充分发挥旅游景区数据监控平台的作用，引导游客预约购票、错峰出行，当景区接待游客达到最大承载量的25%时，启动报警机制，会同移动、联通、电信三大运营商向市民游客发送景区流量预警提示短信。例如，趵突泉公园设立了三级预警机制，当入园游客达到最大承载量的20%、

25%、30%时，对客流量情况进行公告，分别采取延缓入园、限流、停止入园等措施。2020年5月4日、5日零时至7时，泰山景区暂停开放日观峰、瞻鲁台、玉皇顶、拱北石等观日出区域，避免泰山景区观日出游客聚集。

二、文旅产品供给丰富，假日揽客举措多

“五一”假日期间，全省各地面对新冠肺炎疫情下人们消费心理、消费行为及消费需求的新变化，不断优化产品、丰富业态、适应市场，以多元产品的供给推动旅游业高质量发展。

一是旅游要素供给多元。“五一”期间，全省整合打造“美景山东”“演艺山东”“游学山东”“美食山东”等八大要素产品体系，推出康养游、文化游、采摘游、研学游、自驾游等八大主题418条线路产品。各地推出赏花、采摘、登山、骑行等一批符合时令特色的旅游产品。济南推出了绿水青山生态游、快乐泉城亲子游等四大主题60多项文化和旅游休闲产品；东营市围绕“黄河入海、我们回家”“承诺·祝福”主题推出9条精品旅游线路；潍坊市推出健康养生、研学修习等8个系列52条旅游线路，有效分流了热点景区的游客。

二是智慧旅游产品助力文旅复苏。受新冠肺炎疫情影响，山东省部分旅游景区、文化场馆有限度地对公众开放，各地结合实际推出了形式多样的线上文旅活动。“烟台文旅云”平台献上剧场、阅读、看展、美育四大主题20余场活动；济南市文化和旅游局筹划了“云游泉城”系列直播活动，在天下第一泉风景区的趵突泉、大明湖，济南野生动物世界景区设置慢直播拍摄镜头，五龙潭景区继续推出720度全景游园；青岛市文化馆利用馆内场馆以及“青岛群众文化云”网络平台，组织“云剧场”“云展览”“云课堂”以及“云书场”四大板块10余场公益活动。

三是旅游核心接待单位热度回升。“五一”期间，全省A级旅游景区恢复开放628家，占A级旅游景区总数的51%。其中5A级旅游景区恢复开放11家，4A级旅游景区恢复开放160家。2020年5月1—4日，被纳入全省监测的155家旅游景区接待游客290.53万人次，实现营业收入1.42亿元。假期客流总体平稳，5月1—4日全省高速公路车流量3500多万辆次，同比下降约15%；持证住宿140.58万人次。旅行社规定，组团出游大巴车空座率在30%以上，多家旅行社还推出了省内自驾游线路。假日期间，各地“夜经济”已恢复90%，“五一”前三天已超清明假期30%，济南规模最大的夜市——环联夜市一天迎来5万人次的客流高峰。5月1—5日，宜家济南商场共接待访客近10万人次，每日客流量为17000—20000人次。2020年“五一”假期前四天，全省抽样调查的130个住宿设施共接待游客6.0万人次，实现营业收入2575.4万元。

三、旅游活动精彩纷呈，消费潜能迎释放

“五一”小长假期间，旅游产业成为拉动内需、促进消费的重要途径，山东各地市纷纷推出精品旅游活动并发放文旅消费券，各大景区也陆续出台优惠政策、优质旅游项目，引导广大游客及市民旅游消费，加速春、夏季文旅产品创新，促进全省文化旅游业高质量发展。

一是文旅惠民活动发挥实效。全省启动“第四届文化和旅游惠民消费季”，由省、市、县三级落实 1.38 亿元资金，发放文化和旅游惠民消费券，补贴范围涵盖文创产品、文艺演出、旅游景区、特色旅游路线等 20 多个领域，已征集参与消费季活动的景区 700 余家、文旅企业 1352 家、各类电商平台 14 家。各地市也积极推出消费券、代金券等一系列惠民措施，激活旅游消费市场。潍坊市启动“第四届文化旅游惠民消费季”，策划了 318 项主题活动；烟台市启动“惠游仙境”消费促进行动，发放 3000 万元旅游、文化、餐饮、住宿、购物惠民消费券；蓬莱市发放 500 万元的“畅游蓬莱”代金券；济南市中区面向辖区内的企业和消费者发放了价值 600 万元的消费券。调查数据显示，“五一”假日期间国内游客人均花费 539.6 元，与清明节假期相比呈现增长态势。

二是文旅体验活动满足游客多样化需求。全省各地组织了丰富多彩的活动，比如临沂推出“沂蒙红色影视基地第一届影视文化旅游节”，沂蒙山云蒙景区安排了森林过山车、彩虹旱滑跑道、丛林穿越、树冠漫步、森林漂流等活动，兰陵国家农业公园推出的“坐上火车游花海”室外体验项目深受游客青睐，压油沟景区推出的民俗文化体验游得到了游客的热捧。济南九如山举办了春花节，红叶谷举办了郁金香花节。文博场馆推出了各具特色的文化展览活动，山东博物馆举办了“六合同风——秦文化大展”，济南市文化馆举办了非遗传承人抗疫作品展。截至 2020 年 5 月 4 日，全省监测的 8 家文化场馆共接待游客 3.55 万人次。

四、短途周边游成主流，户外体验热度高

2020 年受新冠肺炎疫情影响，人们“五一”假期的出游意愿与 2019 年同期相比有所回落，旅游半径也从往年的出境游、国内游变成本地游、周边游，但旅游体验大大提升，以山水踏青、乡村体验为主的城市周边游需求旺盛，旅游市场总体上呈现出“城市休闲复苏，周边旅游活跃”的市场特征。

一是短途近郊游成为主流。由于跨境、跨省旅游暂未恢复，以及疫情形势和游客

心理的影响，“本地人游本地”依然为主流，2020年“五一”出游的整体搜索量较2019年同比下降，但周边游搜索量增长了120%。调查数据显示，“五一”假期省内客源占69.2%；省外客源中，江苏是第一大省外客源市场，占比4.1%；河北、河南、安徽等临近省份排位靠前，天津、甘肃等客源市场份额并不理想，中远程旅游市场回暖尚需时日（见图1）。

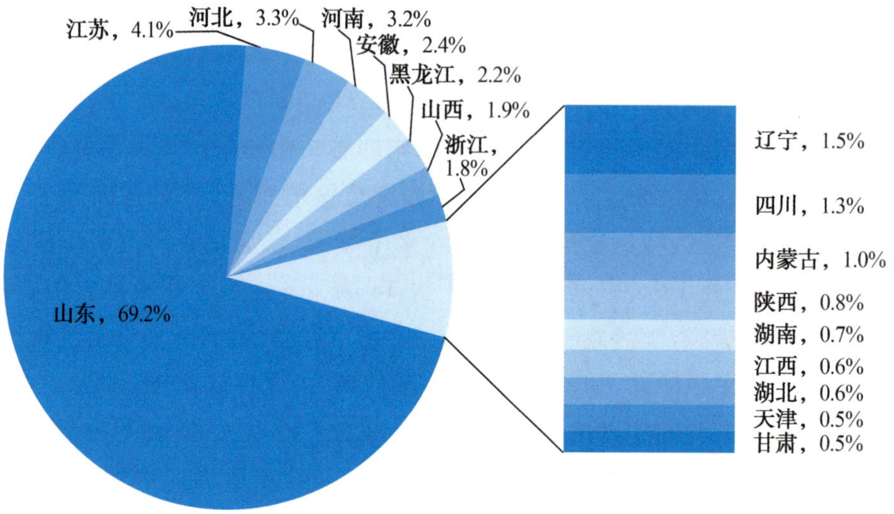

图1 2020年“五一”假期山东省国内游客客源构成分布（部分省份）

二是生态乡村游热度上升。随着周边游的热度持续上升，人员密度相对较小的乡村成为兼顾休闲放松与保持“社交距离”的好去处，乡村民宿、农家乐、度假村、树屋等乡村住宿设施成为游客的住宿新选择，其中济南南部山区乡村民宿出现了“一房难求”的状况。“五一”期间，山东各地新兴起了乡村直播带货，特色农产品搭乘线上快车，带火了休闲采摘游，假期前两日，兰陵县绿沃川空中草莓园接待了近2000位游客。截至2020年5月4日，全省重点监测的32家乡村旅游区点接待游客25.20万人次，实现营业收入1524.97万元。

三是户外自驾游复苏回暖。“五一”假期天气晴好，因高速公路车辆免费通行等利好带动，加之自驾车具有空间封闭性、出游灵活性、行程自主性等优势，自驾短途出游成为众多游客的首选。“五一”假日旅游调查数据显示，散客出游比重高达79.8%，其中又以自驾游为主。随着游客个人独立空间需求增大，游客优先选择户外的开放型景区景点进行短途游，关注度较高的多为游客常住城市的公园、山岳等户外型景区，而室内型、不符合家庭成员群体性的旅游景区难以对接市场。

五、城镇居民休闲复苏，家庭结伴游旺盛

“五一”假期，面对疫情影响，景区不再“人、从、众”，安全出游变为首要任务。假日旅游调查数据显示，游客出游呈现多样化、个性化特点。

一是男性游客居多、城镇居民占主力。在游客性别分布上，男性游客占比近70%，女性旅游市场规模较小(见图2)。在城乡区域构成上，城镇居民以89.9%的比重占据绝对优势(见图3)。鉴于假日期间人流量较大，游客多选择自驾游，城乡居民私家车普及率的差距拉大了旅游市场城乡居民的出游差距。

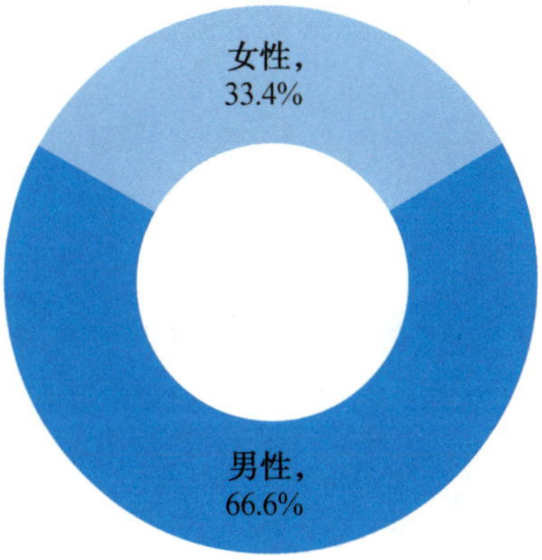

图2　2020年“五一”假期山东游客性别分布

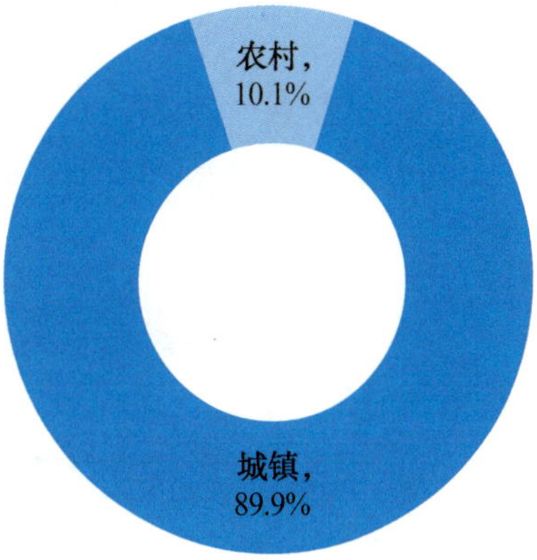

图3　2020年“五一”假期山东游客城乡分布

二是游客年龄年轻化、职业构成多元化。“五一”假期来山东旅游的游客年龄主要集中在25—44岁，比重近60%，职业以服务销售人员、企事业管理人员以及专业/文教科技人员为主(见图4、图5)。25—44岁年龄段的游客多为上班族，受疫情影响，春节期间的旅游计划落空，在国内疫情形势稳定的前提下利用“五一”假期作为弥补，出游积极性较高。

三是游客出游个性化、家庭结伴成主流。“五一”小长假期间，以小众、短期、单一需求为主的家庭型“微度假”成为主流，从出游组合形式看，不同于以往盛行的团队游，“两大一小”“两大两小”的家庭游比重达到38.5%(见图6)。户外踏青、赏花、游园热度提升，采摘、登山、骑行等一批符合时令特色的旅游产品备受游客欢迎。

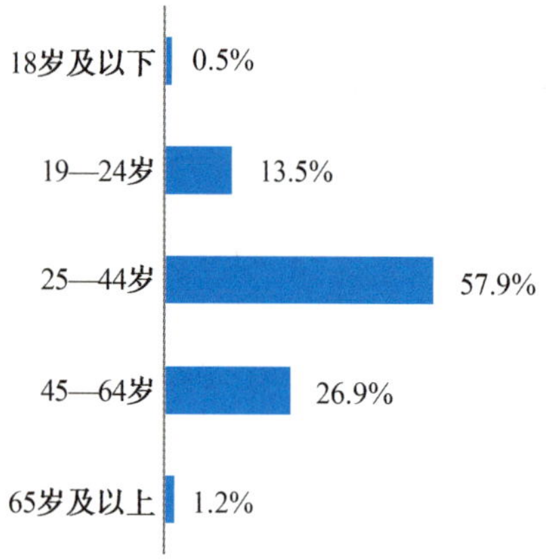

图 4　2020 年“五一”假期山东游客年龄构成

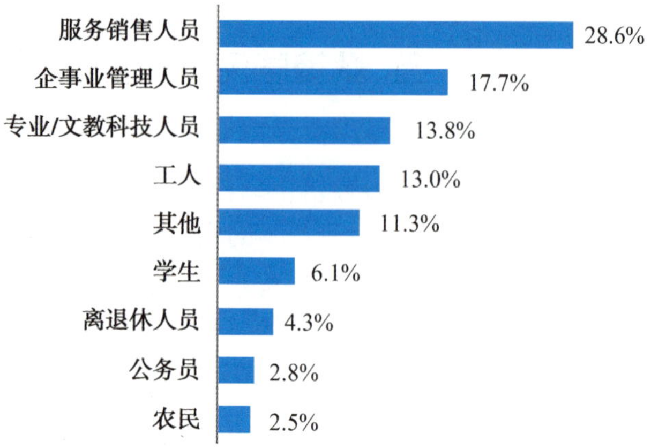

图 5　2020 年“五一”假期山东游客职业构成

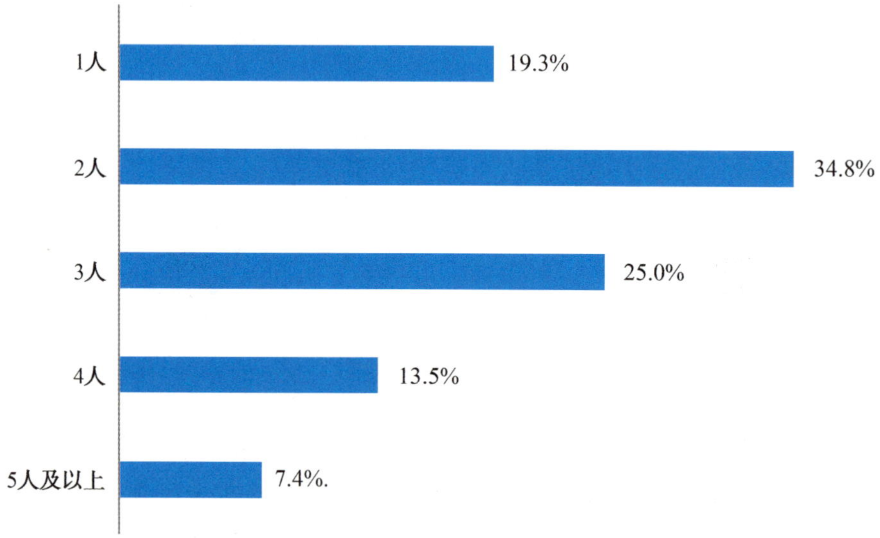

图 6　2020 年“五一”假期山东游客出行人数分布

（王鹏　邓文军）

2020年山东省端午假日旅游分析报告

浓情端午，粽叶飘香。2020年端午假期是上半年的最后一个小长假，全省各地弘扬、传承传统文化，提振文旅消费，丰富优质旅游产品供给，保障假日旅游市场安全、平稳、有序，文旅消费呈现整体回暖态势。根据假日旅游统计调查和客流监测数据，2020年端午假日期间，全省16地市共接待国内游客956.8万人次，实现国内旅游收入46.5亿元。全省端午假期旅游业呈现如下特点。

一、预约旅游渐成新常态

常态化疫情防控下，为保障假期出游安全，全省文旅行业继续实行限流、预约、错峰措施。假日期间，山东扎实推进门票分时预约管理，景区门票预约平台已建成使用，5A级旅游景区已经全部实现分时预约。泰山景区全面实行线上实名预约(包括进山门票预约、观日出地点预约、碧霞祠参观预约等)，实施每天4个时段预约进山。山东文旅系统严格控制景区流量，加大对天下第一泉、泰山、青岛金沙滩、青岛方特等重点景区的监控力度，并向相关地市发送假日旅游风险提醒。各A级旅游景区严把流量关，确保不超过最大承载量的30%。泰山景区严格落实限流、预约、错峰措施，日接待量不超过3.4万人，观日出区域不超过4000人，山顶瞬时最大承载量不超过6000人，全天瞬时承载量不超过1.8万人。

二、近郊自驾游成出游首选

端午小长假期间，人们的出行、休闲需求旺盛，受疫情影响，跨省长途游减少，“本地人游本地、本省人游本省”的特征更加明显，本地近郊游延续此前的势头，继续成为游客小长假出游的首选方式。调查数据显示，端午假日期间，山东省内客源占75.2%。常态化疫情防控阶段，小规模人群聚集、更大活动空间为首要因素，自驾游成为热点。假日期间，烟台市开展“山东人游烟台、烟台人游烟台”万车自驾活动，组织省内万辆自驾车游“仙境海岸”，联合山东自驾联盟组织首批100辆自驾车游蓬莱，体验仙道文化。

三、民俗活动精彩纷呈

端午假期，全省各地推出了极具端午特色的文旅项目和演艺活动，为大众生活增添了文化氛围。济南市推出端午节民俗、登山避暑、亲子狂欢、文化休闲四大主题20多项文化旅游活动和优惠措施。枣庄市举办“2020台儿庄古城中华端午文化节”，在台儿庄古运河举办龙舟赛，以及北狮、高跷、爬杆龙、鱼灯舞、火龙钢花等民俗表演。天下第一泉风景区推出端午民俗体验活动，千佛山景区举办“粽”情千佛山活动，泰安方特欢乐世界将端午文化融入现代旅游，推出端午民俗趣玩节活动。

四、亲子游成出游热点

端午假期气温适宜，带着孩子到户外休闲成为一大出游热点。各地纷纷推出亲子游活动，龙门山景区举办童趣龙门山，全家“粽”动员活动，推出水球大战、香囊DIY、亲子摸鱼等活动。济南野生动物世界假期推出“舌尖上的端午节”，同时夜探动物城升级启动，游客乘坐小火车穿越动物森林五大洲，体验夜间美食、地摊风情街、儿童跳蚤夜市、夜间大马戏、冰雪运动馆。商河鹤鸣湖七彩庄园假期推出捕鱼节活动，游客可体验捕鱼、桑园寻宝、圣女果采摘等亲子项目。商河爱弥儿亲子乐园假期推出预约免费入园活动，游客可以在奇幻平原、迷地传音、轮滑天地、梦幻山谷等体验亲子乐趣。假日旅游调查数据显示，“2+1”“2+2”家庭亲子游比重为41%。

五、乡村旅游持续火爆

2020年端午节，周边乡村景点成为游玩的热门选择之一。九如山瀑布群风景区推出“网红”民宿打卡游，九顶塔景区举办傣族泼水节，金象山景区推出“露营烧烤节”，水帘峡景区推出“景区门票大优惠”。民宿入住呈现火爆局面，九如山民宿、柒舍、若谷山居等南部山区民宿入住率都达到了100%。休闲采摘是假期休闲的新热门活动。牟平王格庄镇、龙口南山景区百亩山、莱山黑尚莓生态园、栖霞博采乡村旅游专业合作社等13个特色采摘点，推出樱桃、甜杏、桑葚、蓝莓等水果采摘活动，开启“缤纷水果采摘季”。

六、夜间旅游助力夜经济复苏

近来“夜市”成了热词，各地纷纷出台政策鼓励夜市重新开放。端午假期，夜间餐饮和其他夜间消费进一步激活，部分景区开启夜场模式。青岛红树林度假世界举办了端午国潮系列活动，打造“精彩度假夜生活”。济南开设了夜游专线，游客可乘游船至解放阁、黑虎泉、大明湖、明湖秀等多个景点打卡。为进一步丰富节假日城市夜休闲活动，6月23—27日，“泉城夜宴·明湖秀”连续演出五天。济南南部山区的九顶塔中华民俗欢乐园，在端午节假期重启“白＋黑”的旅游模式，打造济南夜间游玩第一打卡地。济南方特东方神画举办“端午华服节”，市民游客可逛大唐夜市、赏大唐夜宴，还有无人机孔明灯秀等点亮泉城璀璨夜。香草园景区推出“最炫民族风·花海游园会”，举办香遇端午、粽情欢乐、旱地龙舟等活动。

（刘秀娟　于金花）

2020年山东省国庆、中秋假日旅游分析报告

2020年,国庆、中秋双节是疫情防控常态化下的第一个8天长假,假日期间,全省文化和旅游系统深入落实疫情防控措施,严守安全底线,维护市场秩序,旅游市场运行安全、有序。面对“超长黄金周”,居民出游需求旺盛,文化和旅游消费市场呈明显恢复态势。据统计调查测算,2020年国庆、中秋假日期间,全省接待游客6232.1万人次,实现旅游收入449.3亿元,分别恢复到2019年同期的81.9%和71.5%。现就双节假期的全省旅游发展情况分析如下。

一、高位统筹,旅游市场安全、有序

为做好国庆、中秋假期文化和旅游市场安全工作,山东省文化和旅游厅科学研判,周密部署,统筹推进疫情防控、旅游安全、市场管理工作,让广大游客放心、开心游山东。

(一)持续做好疫情防控工作

为引导文明旅游,强化景区管理,山东省文化和旅游厅在双节前向全省下发了《关于做好2020年国庆节、中秋节文化和旅游假日市场工作的通知》。全省各级各部门扎实做好假日市场安全管理工作,持续做好文化和旅游行业疫情防控工作,严格落实分区分级防控要求。旅游景区游客接待量不超过最大承载量的75%,景区内演艺场所按照《剧院等演出场所恢复开放疫情防控措施指南(第四版)》做好疫情防控工作。全省各景区严格落实体温检测、健康码查验等措施,严格落实星级饭店卫生防疫要求和食品安全管理制度,及时处置异常情况。

(二)“无预约不出游”已成新风尚

面对假期出游热，各地旅游景区继续按照限流、预约、错峰的要求，严格落实实名制购票、预约、限流、错时制度。为满足游客错峰旅行需求，有效应对假期客流高峰，山东省推出A级旅游景区门票预约平台，实现“一站式”山东景区门票分时预约服务。截至2020年9月底，该平台已成功对接全省12家5A级景区和100余家4A级景区，双节期间游客通过好客山东网、好客山东小程序“门票预约”专栏，浏览景区开闭园情况、分时预约情况、客流舒适度、余票量、承载量、景区提示、门票信息等多方面信息，实现旅游景区分时预约，合理选择出游时间和游览景点，避开客流高峰，实现错峰旅行。

(三)科技赋能保障游客安全

各地引入智慧化手段保障游客的参观体验。假期到来前，崂山风景区对智慧管理平台系统进行优化，通过大数据平台，对日接待量、瞬时承载量进行实时监测，精准调控游客数量，实现“一键预警”。2020年10月2日10时50分左右，崂山九水游览区的门票预约量已经达到最大承载量的75%，崂山区文旅委第一时间在官网、官微和现场大屏幕上发布公告，并提醒未预约的游客请勿前往，及时调整好游览行程，提前预约购票再前往景区。

二、供需两旺，客流消费加速回暖

2020年国庆节、中秋节双节叠加，形成了8天超长假期，民众的出游意愿较高，被疫情压制的旅游需求进一步释放。山东省文化和旅游厅精心组织，周密部署，行业信心持续提振，旅游市场加速复苏。全省主要旅游目的地、热门旅游景点和“网红”打卡地的客流和消费继续保持高位、有序运行。

(一)假日旅游拉动消费成效显著

假日期间，省、市、县三级通过消费季服务平台、云闪付、美团、携程等多个平台，集中发放2000万元惠民消费券。联合16地市文化和旅游局组织开展“金秋赏游”“金秋欢购”“金秋礼赞”“金秋送暖”四大系列200余项文化和旅游活动。携手11358家旅游企业，为消费者提供 34 万余件文化和旅游产品。假日旅游抽样调查数据显示，假日期间山东省游客人均花费 720.94 元。假日前七天，根据全省银联消费大数据综合测算，全省旅游综合消费 483.6 亿元。抽样调查的 189 家旅游景区累计接待游客 1124.9 万人次，实现营业收入 7.3 亿元。抽样调查的 135 个旅游住宿设施共接待过夜游客 16.6 万人次，实现营业收入 8259.42 万元。

（二）特色活动精彩纷呈

山东美术馆举办"纪念魏启后诞辰 100 周年书画精品展"，山东博物馆举办"衣冠大成——明代服饰文化展"等精品展览。德百旅游小镇举办 2020 德百旅游小镇国庆嘉年华暨北极光璀璨灯海艺术节，推出大鼓表演、汉唐不倒翁、拜月大典等演出。据不完全统计，双节期间，全省举办各类精品演出 170 多场次，精品展览活动 340 多项。各地纷纷推出精彩纷呈的文旅活动，满足消费者需求。潍坊十笏园举办"2020 十笏园非遗嘉年华"；日照市在莒县举办第三届非物质文化遗产博览会，非遗项目的体验、展示、展演等一应俱全；聊城市组织大型古装戏曲专场以及木板大鼓、快书汇演等特色活动；烟台市文化和旅游局推出"游仙境、品乡情、绘鲜美、迎国庆、话团圆、惜光阴"六大系列 350 余项主题活动。双节期间，全省依托国家、省、市级非物质文化遗产项目开展的特色文旅活动有 1200 多项，成为文旅活动的重头戏。

（三）涉旅客流稳步恢复

假期第一天恰逢中秋节，多为返乡探亲客流，从 10 月 2 日起游客逐渐增多。假日前七天，全省持证住宿人次数达到 373.4 万人次，恢复到 2019 年同期的 82.6%。10 月 1—8 日，全省高速公路客车通行量达到 2107.5 万辆，增长 34.1%。假日前七天，全省三大移动电话运营商监测的市外手机漫入省内各市并驻留超过 6 小时的手机用户达 6709.9 万人次。国庆不宅家，旅游成为新标配，在政府发放文旅消费券等政策的激励下，旅游市场全面复苏。假日旅游调查数据显示，年轻人成为最积极的出游群体；中青年成为黄金周出游主力军，占比 53.6%，排名第一。

三、传承发扬，红色旅游热度攀升

国庆、中秋"喜相逢"，假日期间，全省多地红色旅游景区人气高涨，主题活动丰富多彩，人们在游览中厚植家国情怀、传承红色精神、汲取精神动力。

(一)国庆节活动供给多元

为庆祝中华人民共和国成立71周年和中秋佳节,胶东革命纪念馆以“五彩党建”活动为引领,以“大问需、大惠民”活动为契机,以打造“传承·追梦”红色文化品牌为抓手,积极开展“庆双节、话丰收”活动。10月1日,胶东革命纪念馆开展“红色十月·红歌传唱党旗红”系列活动。临沂沂蒙革命纪念馆、沂南沂蒙红嫂纪念馆、蒙阴孟良崮旅游区、莒南省政府和八路军115师司令部旧址、沂蒙红嫂祖秀莲纪念馆等各大红色场馆游客爆满。沂南红嫂家乡旅游区暨沂蒙红色影视基地举办“中国·沂南首届红色文化旅游节”,该旅游节主打“红色牌”和“红嫂牌”,以“用脚步丈量美丽乡村,用心聆听抗战故事”为主题,以“万家团圆迎中秋,红嫂家乡庆国庆”为主线,突出“爱国”和“团圆”两大元素,旨在助力红色旅游市场复苏。

(二)红色文旅主题活动鲜明突出

沂蒙山龟蒙景区发挥红色旅游线路的优势,节日期间以抗疫为主题举办“寻找最美者”朗诵大赛;烟台龙口南山景区举办“红歌嘹亮迎国庆,南山尽享嘉年华”主题活动;青岛市文化馆举办“我和我的祖国”假期天天演暨“我们的节日·中秋”专场演出;济南方特东方神画推出巨型国旗表白祖国、“家国同庆”无人机孔明灯秀;广饶县组织“乐陶”庆国庆迎中秋陶艺作品展;威海伴月湾风景区开展“迎国庆,追忆领袖风采——中国出了个毛泽东画像展”。据统计,双节期间,山东县级以上以爱国主义为主题的主题活动举办240多场,假日文旅体验活动成为弘扬主旋律的重要阵地。

(三)红色文化展演精彩纷呈

济南方特东方神画开展“家国团圆夜”系列活动,假期营业时间延长至21:30,推出巨型国旗表白祖国、“家国同庆”无人机孔明灯秀以及盛装华服、朝钟暮鼓、国粹表演、国潮快闪等精彩演出。以“红色的华诞,辉煌的历程”为主题的2020烟台山金秋文化旅游节在假日期间已连续举办6场。聊城中华水上古城举办“中秋祈福·欢度国庆”非遗系列展演活动。歌舞《仙境海岸　鲜美烟台》震撼上演,通过合唱、舞蹈、器乐、朗诵等艺术形式,多角度展示烟台悠久的历史和丰富的资源。“小康烟台的幸福画卷——烟台市庆祝新中国成立71周年美术、摄影作品展”汇聚了全市优秀艺术家创作的200余幅作品,展示了烟台人民决战脱贫攻坚、决胜全面小康取得的丰硕成果。

四、形势向好，新业态旅游受青睐

国庆、中秋假日期间，全省天气晴好，假日旅游市场热度升温，乡村游、夜间休闲游、家庭亲子游等新型业态备受游客青睐。

（一）乡村游火热

山东省文化和旅游厅推出济东拾野、房干村等九大乡村旅游新体验地，威海东楮岛村、济宁贾堌堆村、临沂压油沟村等12个乡村微旅行目的地。济南市推出16条精品乡村旅游线路。张裕卡斯特酒庄举办第十二届风情采摘节。淄博市集中推出中郝峪、牛记庵、红叶柿岩、咏归川、峨庄写生小镇、桃花岛等一批精品民宿。滨州市推出沾化区第二届农民丰收节、冬枣文旅嘉年华、冬枣游园休闲采摘等活动。全省各A级旅游景区、旅游特色镇、特色村以及各类采摘园、农家乐游客络绎不绝。精品民宿需求旺盛，沂蒙山舍、沂蒙云舍和竹泉村、压油沟等景区精品民宿一房难求，从3日起入住率达到或接近100%。济南九如山、石子口时养山居、垛庄若谷山居、安子峪等4家民宿床位出租率均超80%，营业收入超2019年同期水平，其中九如山民宿营业收入比2019年同期增加60%以上。东楮岛唐乡民宿、慈口观温泉民宿、花为媒精品民宿入住率超过6天达到了100%。

（二）夜间休闲受青睐

假日期间，各地文化和旅游部门纷纷推出夜间惠民消费活动，丰富夜游产品供给，景区延长开放时间，夜游人气持续上升，夜经济进一步升温，助力旅游消费回暖。10月1—8日，济南大明湖景区推出“盛世华诞　月圆明湖”游园活动。济南方特东方神画开展“家国团圆夜”系列活动，假期营业时间延长至21:30。济南市集合大明湖、明湖秀、游船、旅游巴士等夜游项目，打造泉城夜生活图鉴，通过打卡、推介等方式带动旅游产品消费。长岛《梦寻仙山》作为国内首部大型行浸式海岛光影演艺项目，吸引了大批游客打卡。临淄齐都文化城继续开展夜光游，蹴鞠小镇首次举办光影秀，展现太公湖秀美夜景。威海韩乐坊夜经济集聚区、新威附路历史文化街区、那香海夜经济集聚区、威高海洋馆夜场活动，深受市民和游客喜爱，1—7日累计接待游客达15.8万人次。调查数据显示，“3天2晚”和“4天3晚”的游客合计占比37.6%。

(三)家庭亲子游热度攀升

威海市奇遇小螺号成长乐园、地中海游乐园、撒野亲子农场推出优惠,吸引众多亲子游客,10月1—6日,奇遇小螺号成长乐园接待游客累计达1.5万人次;鸡鸣岛海岛游持续升温,累计接待游客1.2万人次。"这个国庆像过年"成为流行语,疫情让家人团圆的意义非比寻常,与往年相比,家庭团聚式出游在这个中秋加国庆的双节黄金周受到更多人青睐。调查数据显示,假日期间,"2+N"家庭出游的人群居多,占43%。

五、需求释放,短途游、自驾游增多

走过春节的冰封期、"五一"的融冰期、暑假的恢复期,国庆、中秋假期旅游全面复苏,文化和旅游市场复苏初见成效,本地游、周边游、自驾游成为假日旅游主流。

(一)省内短途游成出游主流

受疫情影响,旅游市场经历了2—4月的封闭期,5—6月重启省内游,迎来7月暑期跨省游的逐渐恢复。2020年国庆、中秋假期,虽然跨省游已开放,但多地要求居民自觉遵守疫情防控各项规定,假期尽量不跨省出行,尤其是学生、教师、公务员等部分职业群体仍然面临出行限制,因此省内短途游、周边游成为居民出行的首要选择。调查数据显示,假日游客公务员群体仅占4.61%。旅游景区、城市郊区周边道路交通流量仍高位运行,城市周边、乡村农家以及主题游乐园仍是热点出行目的地,各景区接待游客以省内游、周边游游客为主。调查数据显示,假日期间山东省内游客占73.27%,省外游客占26.73%,省内游客高出省外游客46.54个百分点。

(二)自驾游成主要出行方式

2020年双节假期,在防疫意识增强的背景下,出行方式也发生了一定的改变,和团队旅游相比,自驾游、房车游具有小聚集、大空间的优势,游客越来越倾向于选择自由度更高、安全性更好的方式出行,"一车一家"出游模式在假期占比最高。10月1—8日,全省高速公路客车通行量达到2107.5万辆,增长34.1%。问卷调查数据显示,自驾游比例达到71.3%。

(王鹏　刘秀娟)

地市篇

2020年济南市旅游业调查分析报告

2020年是“十三五”规划收官之年，面对新冠肺炎疫情的冲击，济南市打好提振消费“组合拳”，全市文旅产业稳步复苏。

一、旅游业经济总量分析

(一)旅游经济遭受冲击

2020年，新冠肺炎疫情席卷全球，旅游业遭受重创，全市文旅系统积极落实市委、市政府和文旅局的部署要求，统筹推进疫情防控和复工复产，全市旅游业有序复苏。据统计测算，2020年全年，全市接待国内外游客6048.8万人次，实现旅游收入702.8亿元，分别恢复至2019年的60.3%和54.7%。济南市游客接待总量和旅游总收入分别占全省的10.5%和11.7%。

(二)疫后恢复逐渐向好

一季度，按照疫情防控要求关景区、停组团，春节黄金周基本颗粒无收，全市接待游客人数和旅游收入同比下降58.9%和68.7%。二季度，疫情防控缓和期，有序复工复产，清明节、“五一”、端午节小长假拉动，全市接待游客量和旅游收入降幅分别收窄9.2和5.2个百分点。三季度，疫情防控常态化，跨省游开放，暑期亲子游叠加，旅游业加快复苏，全市旅游收入恢复过半。四季度，“十一”黄金周假期，出游需求集中释放，随后冬季旅游惠民活动拉动，旅游业持续稳定发展，全市旅游收入恢复达75.7%(见图1)。

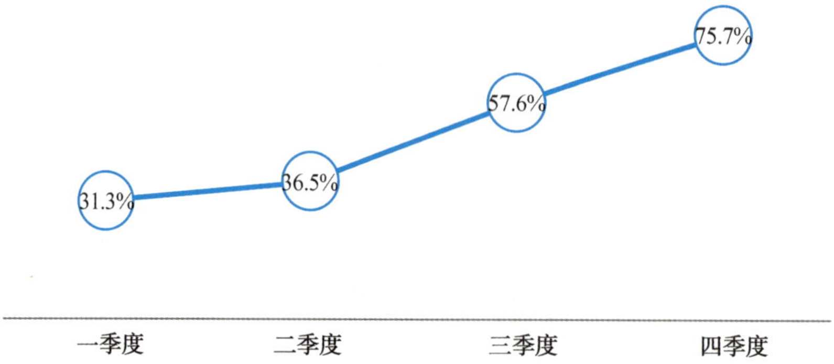

图 1　2020 年分季度济南市旅游收入同比恢复比例

二、旅游市场分析

(一)国内、入境市场两级分化

国内疫情防控形势逐渐向好，自复工复产以来，全市文旅系统围绕产业复苏多措并举。响应复工复产号召，率先出台 A 级景区有序开放意见，2020 年 2 月 27 日，天下第一泉、千佛山、植物园等 A 级景区开门迎客，其他景区陆续营业。3 月 25 日，全市公共文化场馆基本开放。清明、“五一”、端午小长假拉动，到开放跨省游、暑期游、国庆黄金周，国内旅游市场逐渐恢复。与此同时，国际疫情形势持续严峻，自 3 月 28 日以来，暂停外国人入境，入境旅游几近停滞。党的十九届五中全会提出，要加快构建以国内大循环为主体、国内国际双循环相互促进的新发展格局。据统计测算，全市 2020 年接待国内游客 6037.9 万人次，实现旅游收入 700.5 亿元，分别恢复到 2019 年的 61.1％和 55.3％；接待入境游客 10.9 万人次，实现旅游收入 3322.0 万美元，同比下降 76.2％和 87.9％（见图 2）。国内旅游市场快速恢复，入境旅游市场恢复尚需时日。

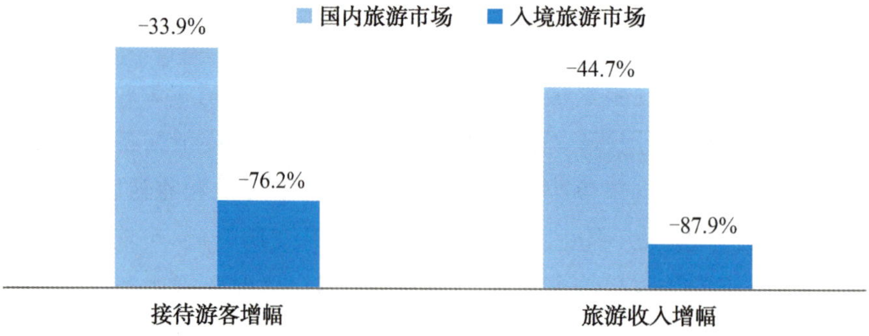

图 2　2020 年济南市国内、入境旅游市场同比增幅

(二)客源地域分析

受疫情影响,游客的出行方式和出游类型发生改变,以近郊游、省内游等中短途出游为主,游客客源结构发生变化。国内游客中,省外游客占比30.5%,较2019年减少近10个百分点;省内游客占比69.5%。

1.入境游客

受国外疫情影响,入境旅游市场尚未恢复元气。山东旅游统计分析平台数据显示,2020年,全市共接待入境游客约10.9万人次,同比下降76.2%。其中,接待外国游客约9.1万人次,同比下降68.1%,接待中国台湾、香港、澳门地区游客分别为4355、12590、755人次,分别下降95.0%、84.6%、71.0%(见图3)。

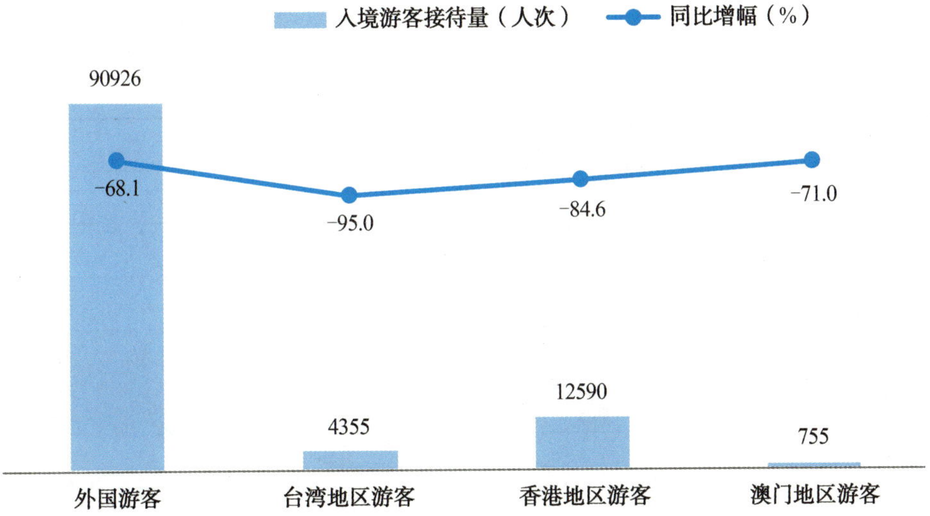

图3　2020年济南市入境游客接待量及同比增幅

2020年漫入客流来源排名前10位的国家(地区)如表1所示。

表1　2020年济南市漫入客流来源国家(地区)前10位　%

排名	国家(地区)	占比
1	美国	19.0
2	中国香港	11.6
3	英国	7.0
4	荷兰	5.9

续表

排名	国家（地区）	占比
5	欧洲其他	5.1
6	韩国	5.1
7	亚洲其他	5.0
8	中国台湾	4.0
9	泰国	3.8
10	澳大利亚	3.5

2.国内省外游客

手机漫入信令数据显示，2020 年，全市接待其他省份的游客中，河北漫入客流最多，然后为江苏、河南和北京（见表 2）。

表 2　2020 年济南市漫入客流来源省份前 10 位　　%

排名	地区	占比
1	河北	14.6
2	江苏	9.4
3	河南	8.9
4	北京	8.6
5	广东	5.7
6	上海	5.0
7	辽宁	4.5
8	浙江	4.3
9	天津	3.6
10	四川	3.5

3.省内跨市游客

手机漫入信令数据显示，2020 年，全市接待省内其他 15 地市的游客中，德州市漫入客流最多，然后为泰安市、聊城市和淄博市（见表 3）。

表 3 2020 年漫入客流来源地市前 10 位 %

排名	地市	占比
1	德州	13.5
2	泰安	12.2
3	聊城	10.4
4	淄博	9.5
5	菏泽	8.2
6	济宁	8.2
7	滨州	7.8
8	潍坊	6.4
9	青岛	5.9
10	临沂	5.5

4.市内互访游客

手机漫入数据显示，2020 年，全市各区县居民互访较为活跃。其中，历下、历城、市中、天桥、槐荫、高新区居民互访尤为集中，同位列旅游目的地和客源地前六名，总接待占比超过 80%（见表 4）。

表 4 2020 年济南市各区县居民互访目的地和客源地情况 %

排名	目的地	占比	排名	客源地	占比
1	历下区	18.1	1	历城区	20.7
2	历城区	16.8	2	市中区	15.6
3	市中区	15.1	3	历下区	15.2
4	天桥区	14.0	4	天桥区	15.2
5	槐荫区	12.7	5	槐荫区	13.9
6	高新区	9.9	6	高新区	7.0
7	章丘区	3.4	7	长清区	3.1
8	长清区	3.1	8	章丘区	3.0
9	济阳县	1.8	9	济阳县	1.8
10	南部山区	1.5	10	莱城区	1.5

续表

排名	目的地	占比	排名	客源地	占比
11	莱芜区	1.5	11	南部山区	1.0
12	钢城区	0.8	12	钢城区	0.8
13	商河县	0.8	13	商河县	0.7
14	平阴县	0.6	14	平阴县	0.6

三、旅游核心行业主体分析

（一）旅游游览

1.A 级景区

2020 年 12 月，济西高科都市农庄旅游景区、印象济南·泉世界旅游景区、石匣古村文化旅游景区、709 文化产业园、莱芜彩石溪景区、花开百世旅游景区、北纬 37°康旅示范小镇等 7 家景区获评国家 3A 级景区。截至 2020 年年底，全市共有 A 级旅游景区 86 家，其中，4A 级及以上旅游景区共 18 家（见表 5）。

表 5　全市 4A 级及以上景区名录

序号	景区名称	等级
1	天下第一泉	5A
2	千佛山风景区	4A
3	方特东方神画主题乐园	
4	长清区灵岩寺旅游区	
5	国际园博园	
6	野生动物世界	
7	百脉泉公园	
8	植物园	
9	朱家裕旅游区	
10	房干生态景区	
11	莱芜战疫纪念馆	
12	香山旅游区	
13	山东雪野现代农业科技示范园	

续表

序号	景区名称	等级
14	红叶谷生态文化旅游区	4A
15	九如山瀑布群风景区	
16	金象山乐园	
17	九顶塔中华民俗欢乐园	
18	水帘峡风景区	

国有景区实行降价策略，促进旅游复苏。加快促进旅游业复苏，有力拉动居民旅游消费，响应省文旅厅关于降低全省国有景区门票价格的策略。执行降价政策的济南景区包括：天下第一泉（5A）、灵岩寺（4A）、千佛山风景区（4A）、野生动物世界（4A）、百脉泉公园（4A）、五峰山（3A）。

2.旅游度假区

截至 2020 年，全市共有 2 家省级旅游度假区（五峰山省级旅游度假区、雪野省级旅游度假区），尚无国家级旅游度假区。

与省内其他 15 个地市相比，济南市拥有的旅游度假区数量相对较少，在 16 个地市中排名第 8 位，如图 4 所示。

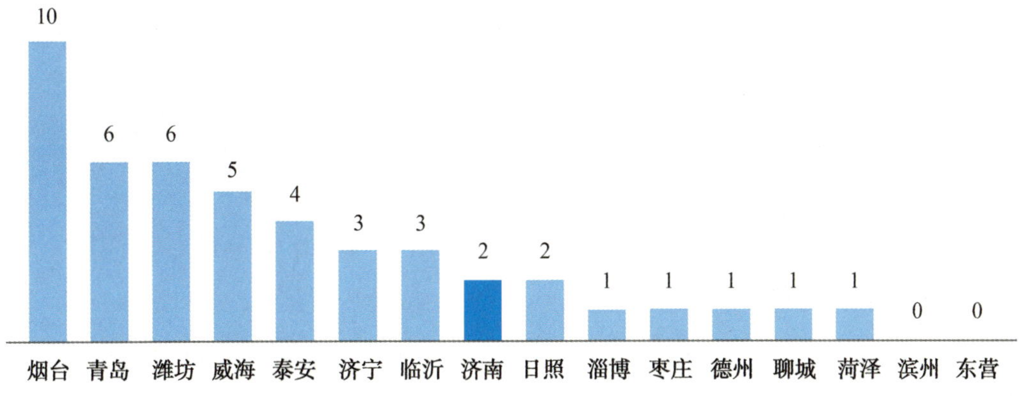

图 4　2020 年山东各地市国家级及省级旅游度假区数量

3.省级旅游示范基地

2020 年 12 月，济南多个景区上榜山东省省级旅游示范基地。济南二机床工业旅游基地、济南九阳工业旅游基地获评第三批“山东省工业旅游示范基地”，房干森林康养旅游基地获评首批“山东省康养旅游示范基地”，雪野航空科技体育公园获评首批“山东省体育旅游示范基地”，卧虎山滑雪运动基地获评首批“山东省体育旅游示范基地”。

4.乡村旅游

（1）全国乡村旅游重点村

2020 年 9 月 2 日，文化和旅游部与国家发展改革委联合公布了第二批全国乡村旅游重点村名单，680 个乡村列入全国乡村旅游重点村名录，其中，山东有 24 个村入选，济南长清区万德街道马套村和南部山区西营街道黄鹿泉村上榜。

（2）中国美丽休闲乡村

在农业农村部公布的 2020 年中国美丽休闲乡村名单中，全国共有 248 个村落入选，其中，莱芜区大王庄镇王石门村成为济南唯一上榜村庄。

（3）全省乡村振兴“十百千”示范创建工程

2018 年 8 月，山东省启动了乡村振兴“十百千”示范创建工程。2020 年 7 月，山东省省直 10 部门联合印发了山东省第二批乡村振兴“十百千”工程示范创建名单。全市共有示范县 1 个（章丘区），示范乡（镇、街）11 个。

5.全域旅游

为了推动全域旅游发展，济南市于 2018 年 12 月印发《关于推进济南市全域旅游高质量发展的实施方案》。2020 年，历下区被验收认定为山东省全域旅游示范区。此外，莱芜区被列入第三批山东省全域旅游示范区重点培养单位名单；12 月 2 日，章丘区被列入第二批国家全域旅游示范区名单。截至 2020 年年底，济南市共有省级全域旅游示范区 2 家，国家级全域旅游示范区 1 家。

（二）旅游住宿餐饮

1.住宿接待体系较为完备

济南市住宿接待体系较为完备，形成了星级酒店、高端品牌酒店、经济型连锁酒店、精品民宿、个体宾馆及其他住宿设施的全链条多元住宿接待体系。其中星级酒店方面，截至 2020 年年底，全市有星级酒店 57 家，其中五星级酒店 5 家，四星级酒店 20 家（见表 6），三星级及以下有 32 家。

表6　全市四星级及以上酒店名录

酒店名称	星级
索菲特银座大饭店	五星级
山东大厦	
济南鲁能贵和洲际酒店	
济南喜来登酒店	
山东禧悦东方酒店	
济南玉泉森信大酒店	四星级
山东中豪大酒店	
山东新闻大厦	
舜耕山庄	
山东华能大厦	
良友富临大酒店	
山东银座泉城大酒店	
金都大酒店	
山东东方大厦	
丽天大酒店	
黄台大酒店	
天发舜和商务酒店	
百川花园酒店	
章丘银座佳悦酒店	
济南园博园度假酒店	
商河温泉基地	
莱芜钢铁集团金鼎实业有限公司雪野湖假日酒店	
龙园宾馆	
莱芜宾馆	
济南银座佳悦酒店	

2.精品民宿建设情况

2020 年 1 月 20 日，2020 年首批“泉城人家”评定授牌，新增泉水人家民宿、开埠民国客栈民宿、芳华民宿、烟雨民宿等中心城区区域民宿。12 月 4 日，38 家民宿获评 2020 年度第二批“泉城人家”星级民宿，其中四星级民宿共有 3 个，三星级民宿共有 18 个，二星级民宿共有 17 个。同时，梯云雅舍民宿获得创意设计一等奖，永和小院民宿获得二等奖，嶺泉民宿、石崮寨民宿分获得三等奖。2020 年，新评定 303 个“泉城人家”星级民宿，新增 1002 个房间。

（三）旅游文娱

一是文艺、文化产品创作。加快推进黄河文化精品工程建设，推出一批演艺、文化产品。历史大型幻景杂技影画《泉城记忆》于 8 月惊艳登场，惊心动魄、如梦如幻；山东琴书、济南杂技、莱芜梆子在国际舞台上散发光彩，泉城文艺精品剧目获得省部级及国际大奖 50 余项。

二是发展群众文艺汇演活动，丰富夜经济文艺演出，举办泉城大舞台系列演出，建设“戏曲大码头”。

三是推动“泉城书房”和“泉城图书馆联盟”建设，办好“书香泉城 · 全民阅读节”等活动，打造“书香济南”。

四是推进德云社、开心麻花和中广天择“诗如济南”项目落地；星工坊 · 飞尔姆乐园、华谊兄弟电影城（济南）项目获省文化和旅游重点项目贷款贴息支持；成功举办腾讯 2020 年 FIFA Online 4 职业联赛暨中国济南 · 蓝海领航第一届电竞节。

（四）旅游购物

济南市成功举办“2020 年文化和自然遗产日非遗购物节”、“来客 LIKE 济南”文旅商联动消费惠民、“云游泉城　品味生活”直播带货等一系列文旅消费活动，非遗购物节两天销售额突破 1000 万元。12 月，济南市入选首批国家文化和旅游消费示范城市。

此外，文创产品创作取得成效。济南首届文旅创客节暨创新创意大赛历时近三个月，众多特色设计获奖。“兔门神”酒包装设计等 12 件作品分别获得“风物泉城——文创产品类创新创意奖”金奖、银奖、铜奖。九如山红颜容木桶民宿等 6 个项目获“品味泉城——文旅服务创新创意奖”。世纪金榜集团股份有限公司等 6 家企业被评为“优秀文创企业”。山东师范大学周臻等 11 人获聘“首届文旅创新创意大赛优秀文创导师”。12 月，济南市博物馆“亚丑罍温酒器”“模块折枝花纹坚果盘”和章丘区博物馆“李清照茶具”“一刀圆尺”共 4 项作品入围全国文化创意产品推介初评名单。

四、疫情当下举措得力

新冠肺炎疫情下，以流动性和聚集性为特点的旅游业按下“暂停键”，景区、旅行社等各类文旅企业陷入经营危机，济南市文旅局指导全市文旅系统开展抗疫工作。

(一)防疫抗疫及时推进

济南市制定下发各类防疫通知、方案、预案 11 个，在省内率先为旅行社暂退旅游质量保证金 1.1 亿元，率先出台 A 级景区有序开放意见，率先启动剧场“破冰之演”。组织创作战“疫”主题文艺作品 700 余件、非遗作品 160 余件。

(二)资金扶持激活市场

为提振消费信心，激发市场活力，济南市出台 16 条措施，发放旅游企业奖励资金 440 万元，安排 1.2 亿元扶持资金助推市场恢复活力，提前启动第四届文旅惠民消费季，市(区、县)共发放消费券 7613 万元，实际用券金额 3162 万元，直接带动消费1.07 亿元。

(三)文旅活动活跃市场

济南市策划了“2020 济南文旅休闲大汇”，推出十大产品、百项活动、百条线路，发布济南十大主题 45 条自驾游线路。11 月 7 日，“泉城冬韵・冬游济南”文旅消费季正式启动，推动冬季文旅消费振兴，推出近百项冬季文旅活动。举办“2020 泉城新春贺年会”，开展公益惠民演出、传统新春民俗活动、文博展览活动等，推出十大主题线路。

(四)假日旅游提振市场

假日旅游是游客出行需求释放的重要时间节点，济南市文旅系统以假日节庆为契机，策划多主题特色文化旅游活动，丰富多类型文化旅游供给，加大宣传，营造气氛，集聚人气，对旅游整体市场振兴拉动效应明显。从清明、“五一”、端午到国庆黄金周，假日旅游接待收入逐渐回升。国庆节期间，市文旅局系统策划“金秋看泉城，双节文旅荟”主题系列活动，推出七大系列百项文化旅游活动，游客出游热情高涨。国庆黄金周，出游需求集中释放，全市接待游客 1062.9 万人次，实现旅游收入 86.8 亿元，按可比口径计算分别恢复到 2019 年同期的 82.5％和 73.6％，游客接待量和旅游收入均列全省第一位。

五、各业态发展齐发力

（一）乡村旅游率先恢复

在疫情的影响下，自然、生态、安全、康养成为首选要素，周边近郊游和城市休闲游迅速发展，乡村旅游率先迎来恢复。国庆前夕，市文旅局推出了 16 条精品乡村旅游线路，涉及民宿、采摘、赏花、垂钓等多种乡村旅游业态，满足游客近郊游需求。其间，拔槊泉廓庐民宿营业收入增长 311％，九如山民宿营业收入增长 198％。

（二）精品民宿成为新引擎

近年来，济南市加强顶层设计，构建了“1＋2＋4”民宿业发展一整套制度体系，优化布局，打造全市范围内的“泉城人家”特色民宿品牌，促进民宿业规模化、品质化发展。2020 年，新评定 303 个“泉城人家”星级民宿，新增 1002 个房间，年均入住率超过 95％，民宿收入平均增长 40％以上。民宿游是疫情以来唯一正增长的旅游接待业态，成为最大亮点。

（三）夜游市场潜力巨大

2019 年济南市夜间旅游市场加速形成，2020 年夜间旅游进一步激发消费潜力，提升市场活力，促进旅游业复苏。调查数据显示，全市客源分布广泛，对省内外游客均有较大的吸引力，潜在客源十分充足。无论是本地居民还是外地游客，夜游意愿都比较强烈，近八成游客表示愿意再次体验夜游，对再次体验夜游活动的热情高涨。夜游作为日间旅游的延伸，是满足人们旅游休闲需求的重要方式，夜游市场潜力巨大，前景广阔。

（四）新业态旅游多点开花

为了推进旅游业发展，全市持续推动文化旅游与工业、农业、康养、教育、体育、科技等融合发展，着力开发文化体验游、城市购物游、工业遗产游、研学知识游、红色教育游、康养体育游、房车自驾游等。2020 年 12 月，山东省评选省级旅游示范基地，济南多个景区上榜。

（五）文博场馆游览兴起

济南市博物馆资源丰富，2020 年 12 月，经报国家文物局备案，中国博物馆协会公布了第四批全国博物馆定级评估结果，济南市 10 家博物馆榜上有名，通过率和提质升级数量均居全省前列，一级馆数量位居全省第一。此外，济南市博物馆等七家国有博物馆共同发起成立“省会经济圈一体化博物馆联盟”。国庆期间，山东博物馆推出“衣冠大成”明代服饰文化展，市博物馆推出了“合真之道——中国药香文化展”，市美术馆推出“大河奔腾——2020 黄河写生作品展”，吸引大量游客打卡体验。

六、产业结构优化升级

（一）产业发展布局趋于完善

济南市共有旅游企业 700 多家，旅游休闲及相关产业法人单位和个体工商户 22.6 万家，形成类型布局全面、产业结构完整、产业链条齐全、产品种类多样的旅游休闲产业发展格局。旅游产品基本覆盖吃、住、行、游、购、娱等各旅游要素，能够全面体现济南文化和旅游产业特色。

（二）产业提质升级步伐加快

疫情倒逼行业主体转型升级，科技创新驱动旅游业提质升级。一是行业主体转型升级。景区方面，在疫情影响下，门票实名制分时预约成为常态，“五一”假日期间，天下第一泉和 17 家 4A 级景区全部开放景区预约渠道。二是智慧文旅加快发展。疫情发生以来，依托于大数据、云计算、物联网、人工智能等新技术的新动能加快涌现和发展，智慧文旅迎来了利好期。疫情期间，济南文旅部门丰富提升线上文化旅游服务，开发“云”上系列活动，加快文化旅游产业数字化转型升级。

（三）项目建设推进文化和旅游融合

济南市新签约总投资180多亿元的47个文旅项目，德云社、开心麻花等知名品牌落户济南；融创文旅城、明水古城、绣源河华侨城、华山历史文化公园等重点在建文旅项目进展顺利。

（四）区域协同发展布局实施

推动济南、泰安、济宁三地文旅“一体化”发展，联手打造“山水圣人”中华文化枢轴。2020年6月，“中华文化枢轴文旅协同发展座谈会”在济南召开，济南、泰安、济宁三市文旅部门签订了《中华文化枢轴文旅协同发展战略合作协议》。

七、打造文旅品牌成效显著

（一）创新营销加强宣传推广

推广“一十百千万”行动，探索建立“1＋N”文旅推广模式，持续参加“好客山东”品牌建设，借助央视“品牌强国工程”开展文旅形象宣传。截至2020年12月，全国旅游新媒体综合传播力指数共发布7期，济南市4次位居地市级全国第一，6次进入全国前10，成立了19个海外文旅交流驿站、文旅交流推广中心。

（二）文旅盛会点亮泉城济南

疫情防控常态化以来，济南市先后举办多场节事会展活动，有力地提升了文化和旅游影响力。2020年9月，山东省旅游发展大会暨首届中国文化旅游博览会成功举办，共吸引37个国家和地区及国内27个省（自治区、直辖市）组团参展，参展企业达到2500多家。10月，第六届中国非物质文化遗产博览会成功召开，仅举办博览会的5天时间，“云展会”浏览量就达到5000万人次。12月，济南国际双年展举办，来自美国、德国、韩国、日本、澳大利亚、阿根廷、刚果等30多个国家和地区的378位艺术家参展，为推动济南文化和旅游产业高质量发展搭建了平台。

（门桂苍　孙杰）

2020年青岛市旅游业调查分析报告

2020年，青岛市文化和旅游系统坚持以习近平新时代中国特色社会主义思想为指导，统筹疫情防控和安全生产，积极推动旅游业复苏和发展。

一、旅游经济总量分析

(一)疫情严重冲击旅游经济

“十三五”前期，青岛市旅游业不断发展，稳步推进。2016—2019年，全市旅游接待收入保持中高位稳定增长，游客总量增长率均在8%以上，旅游总收入增长率均在13%以上。进入2020年，新冠肺炎疫情席卷全球，旅游业遭受重创，全市文旅系统积极落实市委、市政府和文旅局的部署要求，统筹推进疫情防控和复工复产，全市旅游业有序复苏。据统计测算，2020年全年，青岛市接待国内外游客6312.3万人次，实现旅游收入1019.3亿元，分别恢复至2019年的55.8%和50.8%。

(二)疫后旅游经济恢复向好

2020年，青岛市文化和旅游局在市委、市政府的坚强领导下，面对跨省团队游下半年才放开，出入境游至今无法启动，景区、影剧院、文娱场所仍限流75%的困难局面，统筹疫情防控和经济社会发展，聚焦温度、速度、广度、深度和力度，多措并举推动全市文化旅游业复苏振兴。

“五一”期间，围绕疫情防控和文旅业有序复苏两条主线发力，实现全市文化旅游市场平稳有序，采摘、观光等乡村“治愈系”旅游受追捧。青岛市共接待游客236.24万人次，实现旅游总收入29.58亿元，按可比口径分别下降76.29%、79.77%。监测星级饭店平均出租率为19.74%，未发生重大涉旅安全事故和重大舆情。

2020年国庆、中秋假期青岛市共接待游客447.58万人次，旅游总收入46.45亿元。而在2019年，10月1—7日，青岛市共接待游客757.58万人次，旅游总收入93.3亿元。按照可比口径，青岛2020年双节假期的游客量和消费收入分别恢复了59.1%和49.8%。

二、旅游市场分析

（一）国内旅游市场

1.国内旅游市场稳步恢复

2020年全年，青岛市接待国内游客6293.5万人次，恢复至2019年的56.5%。其中，过夜游客2294.0万人次，恢复至2019年的45.1%；一日游游客3999.5万人次，恢复至2019年的66.1%。

实现国内旅游收入1010.7亿元，恢复至2019年的53.3%。其中，过夜游收入613.3亿元，恢复至2019年的39.0%；一日游收入397.4亿元，恢复至2019年的91.8%。

2.国内旅游排名持续上升

根据《中国城市休闲和旅游竞争力报告（2020）》[①]，青岛居第14位。

2020年8月4日，新华大数据基于新华睿思·城市旅游属性（避暑）评价指标体系发布了2020避暑城市榜单。新华睿思·文旅大数据分析平台以对避暑旅游和避暑城市的研究为基础，建立起新华睿思·城市旅游属性（避暑）评价指标体系，包括清凉指数、形象指数、印象指数、游玩指数和发声指数5个一级指标以及20余个二级指标，对避暑城市的综合吸引力进行了全面评估，青岛居第9位。

3.国内客源地分析

从国内游客的客源地来看，因为距离的因素，山东省游客占比最大，为68.07%；然后是江苏省、河北省、河南省、浙江省、山西省、江西省、四川省、广东省、安徽省、陕西省、辽宁省、吉林省、上海市等（见图1）。

---

① 该报告的数据主要来自CEIC数据库、国家统计局、文旅部、各城市国民经济和社会发展统计公报，数据系根据各城市多个维度的表现综合测定。

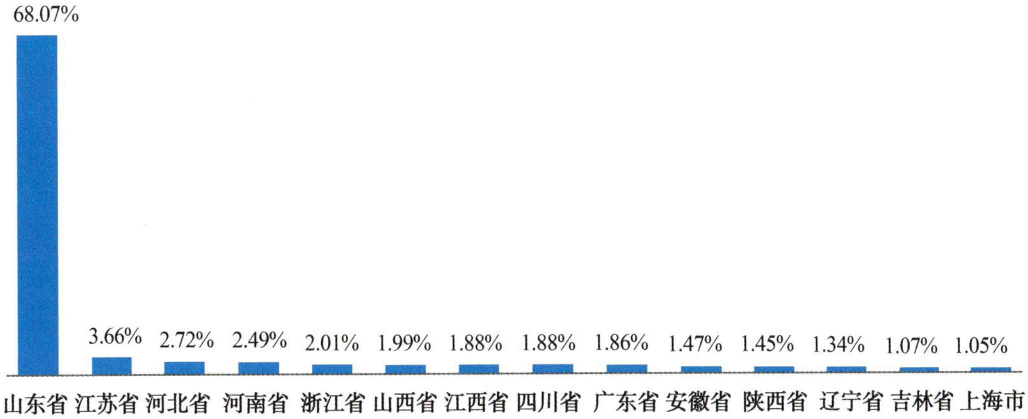

图 1　2020 年青岛主要国内客源地

(二)入境旅游市场

1.入境旅游市场恢复缓慢

2020 年全年,青岛市共接待入境游客 18.8 万人次,是 2019 年入境游客量的 11.1%。其中,一日游游客 3.6 万人次,是 2019 年入境一日游游客的 9.5%;过夜游游客 15.2 万人次,是 2019 年入境过夜游游客的 11.5%。实现旅游外汇收入 1.25 亿美元,是 2019 年旅游外汇收入的 8%。

2.国际旅游知名度快速提升

2020 年 4 月,青岛入选世界著名杂志《康德 · 纳斯特旅行家》推出的“2020 年全球20 大度假目的地”。在 2019 年年底,携程旅游网发布《2019 中国跨境旅行消费报告》,青岛同时上榜“出境游 10 大黑马客源城市”及“最受外国人青睐的 20 大入境消费城市”。

3.入境客源市场分析

青岛入境游客中,中国香港、澳门、台湾地区的游客总量为 33237 人次,外国游客量为 155124 人次。由于疫情的影响,入境旅游市场大幅缩水,各个入境客源国家(地区)游客比 2019 年平均下降 90%左右。

2020 年青岛前十大入境客源国分别是韩国、日本、美国、德国、俄罗斯、新加坡、英国、法国、马来西亚、加拿大(见图 2)。

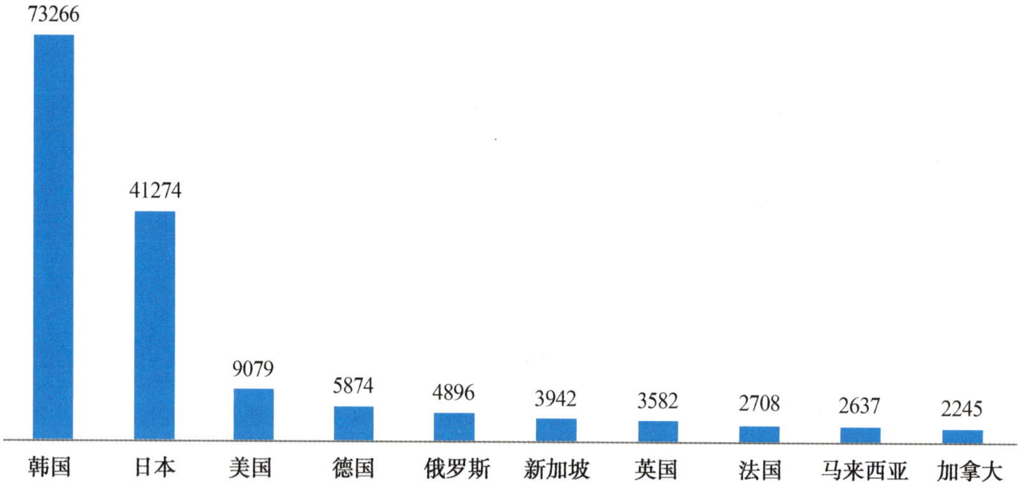

图 2　2020 年青岛主要入境客源国(单位:人次)

三、旅游业态分析

(一)A 级景区

2020 年,青岛市文旅局组织平度蓝树谷、青岛奥帆中心分别创建 4A、5A 级景区并通过省级景观质量评审。截至 2020 年年底,全市共有 A 级旅游景区 113 家,其中,4A 级及以上旅游景区共 27 家(见表 1)。

表 1　全市 4A 级及以上景区名录

序号	景区名称	等级
1	崂山风景区	5A
2	海滨风景区	4A
3	青岛海底世界	
4	青岛银海国际游艇俱乐部	
5	青岛奥帆中心	
6	青岛啤酒博物馆	
7	青岛葡萄酒博物馆	
8	青岛世界园艺博览园	
9	青岛极地海洋世界	
10	青岛华东葡萄酒庄园	
11	石老人观光园	

续表

序号	景区名称	等级
12	青岛奥林匹克雕塑文化园	4A
13	青岛金沙滩景区	
14	大珠山风景区	
15	琅琊台风景区	
16	珠山国家森林公园	
17	灵山湾城市休闲旅游区	
18	青岛森林野生动物世界	
19	青岛滨海学院世界动物自然生态博物馆	
20	天泰温泉度假区	
21	少海风景区	
22	茶山风景区	
23	青岛方特梦幻王国	
24	百果山森林公园	
25	青岛西海岸生态观光园	
26	藏马山景区	
27	玫瑰小镇	

与省内其他15个地市相比，青岛市4A级及以上旅游景区的数量居第2位，排名仅次于临沂市（见图3）。

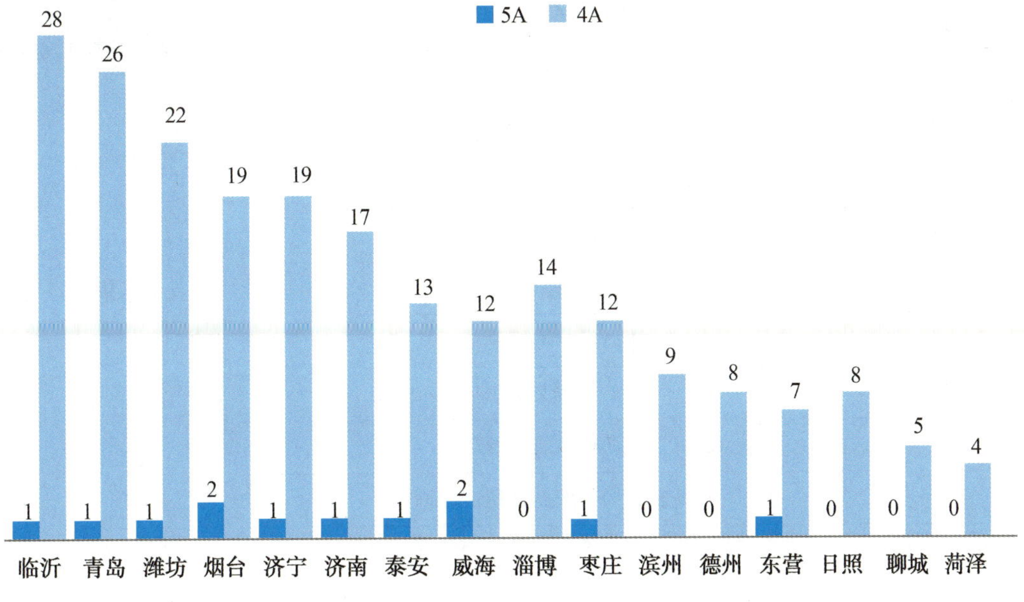

图3　2020年青岛市及山东其他地市4A级及以上旅游景区数量（单位：个）

2020年8月至年底，为了促进旅游业复苏，青岛12家A级景区推行了免票活动。这12家景区是崂山风景区、小青岛公园、小鱼山公园、海产博物馆、奥帆博物馆、大珠山风景区、琅琊台风景区、珠山国家森林公园、青岛德国总督楼旧址博物馆（迎宾馆）、信号山公园、青岛山一战遗址公园、鹤山风景区。

2020年10月2日，青岛市文化和旅游局监测A级景区74家，共接待游客34.33万人次，实现营业收入606.32万元。其中，崂山风景区接待游客4.07万人次，实现营业收入156万元；青岛海底世界接待游客1.1万人次，实现营业收入85万元；极地海洋世界接待游客0.52万人次，实现营业收入100.14万元；海滨风景区接待游客7.99万人次；方特梦幻王国接待游客0.69万人次，实现营业收入148.12万元；青岛啤酒博物馆接待游客0.21万人次，实现营业收入15.9万元；奥帆中心接待游客3.95万人次。10月2日10时50分左右，崂山九水游览区的门票预约量已经达到核定最大承载量的75%。A级景区在促进青岛旅游市场复苏方面起到重要的吸引和推动作用。

（二）住宿接待设施

青岛市住宿接待体系较为完备，形成了涵盖星级酒店、高端品牌酒店、经济型连锁酒店、精品民宿、个体宾馆及其他住宿设施的全链条多元住宿接待体系。截至2020年年底，全市有星级酒店88家，其中五星级酒店9家，四星级酒店23家（见表2），三星级及以下有56家。

表2　全市四星级及以上酒店名录

序号	酒店名称	星级
1	青岛丽晶大酒店	五星级
2	青岛香格里拉大酒店	
3	青岛海景花园大酒店	
4	汇泉王朝大饭店	
5	鑫江温德姆酒店	
6	青岛海尔洲际酒店	
7	青岛富力艾美酒店	
8	青岛鲁商凯悦酒店	
9	青岛东方影都融创万达文华酒店	

续表

序号	酒店名称	星级
10	青岛贵都大酒店	四星级
11	泛海名人酒店	
12	青岛黄海饭店	
13	海都大酒店	
14	索菲亚国际大酒店	
15	复盛大酒店	
16	世纪海丰大酒店	
17	山孚大酒店	
18	府新大厦	
19	广业锦江大酒店	
20	青岛蓝海金港大饭店	
21	青岛丽天大酒店	
22	青岛快通国际酒店	
23	青岛远洋大酒店	
24	青岛多瑙河国际大酒店	
25	青岛锦茂宾馆	
26	平度宾馆	
27	莱西悦海喜来酒店	
28	胶南德泰大酒店	
29	青岛世贸海悦大酒店	
30	青岛利群德泰大酒店(城阳)	
31	青岛蓝海钧华大饭店	
32	青岛金海大酒店	

国庆期间,沿海的高星酒店成了外地游客来青岛旅行时住宿的首选,约40%的游客选择入住每晚房价600元以上的高星酒店,近20%的游客选择入住五四广场商圈,近16%的游客选择入住西海岸金沙滩周边。西海岸新区、机场及火车站商圈,也是国庆假期青岛酒店热搜商圈。8天假期里,监测星级饭店67家,平均入住率为39.07%,营业总收入4331万元。酒店餐饮方面表现很好,旅游者消费踊跃,餐饮爆

满，婚宴爆满。

国庆期间，受惠于崂山免门票政策，太清游览区内的农家宴、民宿比较受欢迎，经营业户收入较政策落地前普遍上涨30%以上。以朴宿·栖澜海居为代表的高端民宿假期平均入住率达90%，前5天更是连续满房，创造了2020年年初至国庆假期最高接待量的好成绩。同时，胶州、平度、莱西通过举办洋河慢生活体验节、大泽山葡萄节等节会活动，集中开展乡村旅游营销，茶山、大泽山特色民宿“一房难求”，莱西市乡村旅游接待量实现了逆势小幅增长。

（三）旅行社

截至2020年年底，青岛拥有旅行社594家，其中，经营出境旅游业务的旅行社59家。疫情期间，青岛各大旅行社业务严重受挫。

（四）乡村旅游

依托优美的田园风光、丰富的农业资源，青岛积极发展乡村旅游。2020年12月，依据《青岛市全域旅游示范镇（街道）评定标准》《山东省旅游特色村标准》《青岛市乡村旅游特色业态标准》，经专家评审、现场抽检和结果公示，青岛市文化和旅游局认定崂山区唐家庄社区等17家单位为青岛市乡村旅游特色村，西海岸新区凤宝山观光体验园等21家单位为青岛市乡村旅游特色点，平度市青岛樱桃乡村文化旅游专业合作社等6家单位为青岛市乡村旅游合作社。

截至2020年年底，青岛共有精品采摘园101处，开心农场10处，各级旅游村117个，旅游镇42处，农家乐124家，乡村旅游特色镇13处，乡村旅游特色点100家，农业旅游示范点220家。

1.全国乡村旅游重点村

2020年8月26日，文化和旅游部与国家发展改革委联合公布了第二批全国乡村旅游重点村名单，680个乡村列入名录，其中，山东有24个村入选，青岛市崂山区沙子口街道东麦窑社区上榜。

2.中国美丽休闲乡村

在农业农村部公布的历年中国美丽休闲乡村名单中，青岛先后有多个村入选。截至2020年，青岛共有11个村入选中国美丽休闲乡村，分别是青岛市黄岛区长阡沟村、青岛市城阳区棉花社区、青岛市即墨市西姜戈庄村、青岛市胶州市纪家庄村、青岛市崂山区晓望社区、青岛市黄岛区大泥沟头村、青岛市城阳区青峰社区、青岛市胶州市玉皇庙村、青岛市西海岸新区琅琊镇王家台后村、青岛市崂山区沙子口街道东麦窑社区、青岛市城阳区夏庄街道上山色峪社区。

3.全省乡村振兴"十百千"示范创建工程

2018年8月,山东省启动了乡村振兴"十百千"示范创建工程。2020年7月,山东省省直10部门联合印发了山东省第二批乡村振兴"十百千"工程示范创建名单。截至2020年,青岛市有示范乡(镇、街)11个,分别是莱西市店埠镇、即墨区移风店镇、胶州市里岔镇、莱西市沽河街道、即墨区龙泉街道、即墨区段泊岚镇、西海岸新区宝山镇、西海岸新区海青镇、崂山区沙子口街道、胶州市洋河镇、胶州市李哥庄镇。

(五)工业旅游

工业文化遗产是城市发展进程中不可磨灭的一部分,是城市的一种"特殊语言"。青岛工业遗产众多,工业旅游项目起步早、发展快。2020年,青岛有工业旅游示范点38处,包括海尔工业园、青岛啤酒厂、青岛港、华东葡萄酒庄园、海信集团、青岛可口可乐饮料有限公司、青岛市贝雕工艺品厂、青岛保税区、市北区橡胶谷观光园、市北区青岛纺织谷等。

(六)旅游节庆

2020年,在全球疫情防控的背景下,第30届青岛国际啤酒节成为全国首个和规模最大的节庆活动,打造出大型国际节庆活动疫情常态化防控的标杆典范。啤酒节期间,累计入城游客121.88万人次,"云上啤酒节"点击量4.57亿次,在世界范围引起广泛关注,成为中国经济在全球率先复苏的例证之一。

8月1日至16日,2020青岛时尚体育节在青岛西海岸新区金沙滩啤酒城举办。8月8日,2020第十二届青岛国际帆船周·青岛国际海洋节在奥帆中心开幕。

(七)全域旅游

青岛市崂山区作为首批国家全域旅游示范区,以"崂山全域皆景区"理念、"全域共建""精明增长"内涵为指导,通过山海空联动、景城乡一体、全产业融合三条路径,构建起立体、综合、全方位的崂山全域旅游产品供给体系。依托崂山风景区的核心吸引力,推动旅游业空间布局由沿海一线向全域延伸、多点支撑转变,形成海上仙山风景区、崂山国际旅游城、都市田园休闲区、康养婚旅度假区与活力海湾休闲区等多个功能区，重构景城乡一体的全域旅游新格局。

四、疫情之下旅游发展举措得力、效果明显

2020年，青岛市文化和旅游局在市委、市政府的坚强领导下，面对“跨省团队游下半年才放开，出入境游至今无法启动，景区、影剧院、文娱场所仍限流75%”的困难局面，统筹疫情防控和经济社会发展，多措并举，推动青岛市文化旅游业复苏振兴。

（一）坚持政策推动、项目带动、消费拉动，助推文旅产业提质升级

1.坚持政策推动

青岛市印发《关于应对新冠肺炎疫情影响支持文化和旅游业发展若干政策措施的通知》，为43家企业提供贷款贴息535万元，给予45个旅游新业态项目扶持奖励710万元。制定实施《青岛市海洋旅游高质量发展总体方案》，加快海洋旅游转型升级。出台影视产业发展三年行动计划、高新视频实验园区建设方案，设立2亿元主旋律文化产业基金，新增影视企业230余家，全国首个UHD+5G直播室建成使用。

2.坚持项目带动

全市单体投资5000万元以上的在建、待建、在谈重点文旅项目128个，总投资额达4000亿元，恒大水世界等7个市级重点项目开工。组织平度蓝树谷、青岛奥帆中心分别创建4A、5A级景区并通过省级景观质量评审。推荐申报五星级饭店1家、四星级饭店11家。明月海藻等2个项目入选山东省工业旅游示范基地，玫瑰圣地入选山东省中医药健康旅游示范基地。

3.坚持消费拉动

举办文化和旅游消费促进活动，发放消费补贴3114万元，吸引125万市民参与，拉动直接消费1.65亿元、间接消费15.89亿元。青岛市有关代表在全国文旅消费工作现场会上作典型发言。提振夜间文旅消费，推出八大夜间旅游产品、4条主题线路，制定音乐酒吧管理扶持办法，举办全市音乐吧乐队大赛，全市有驻唱的酒吧（乐吧）110余家。青岛市入选“2020中国夜间经济二十强城市”。

(二)聚焦“营销广度”,加强城市推介“走出去”

区域协作、景区免票、节会活动多措并举,提升城市综合影响力。

1.以文旅联盟推进区域协作

牵头成立胶东五市文旅合作联盟,推进五大领域 27 项合作;组织全国旅行商和媒体开展“山海深呼吸,胶东健康游”五市线路采风,举办首届胶东海洋童玩季,吸引近万名游客自驾游胶东;举办首届成都青岛啤酒节,与成都、林芝等地文旅部门签订合作协议,实现线路互推、游客互送。

2.以景区免票实现游客引流

组织 12 家国有 A 级景区免门票开放,共接待游客 300 万人次,环比增长 37%,其中外地游客占 83.3%,有效拉动吃、住、行、游、购、娱全行业复苏。国庆期间住宿业、旅游业消费复苏率在副省级城市中分别列第 2、第 4 位。

3.以节会活动提升城市影响力

策划“国际友人@Qingdao”活动,来自 17 个国家的 68 名国际友人通过各种社交平台推介青岛,覆盖 1.5 亿人次。先后举办国际邮轮峰会、全国工艺品交易会、国际影视设计周、谭盾音乐周、国际吉他艺术节、中国好声音山东总决赛、街头音浪网络真人秀、马术与音乐灯光秀等活动,有效提升岛城的影响力和关注度。组建青岛文旅自媒体联盟,邀请黄晓明等 6 位青岛籍明星为家乡免费代言。青岛市文旅局官方微博位居全国50 个重点旅游城市文旅政务微博影响力首位。

(三)聚焦“传承深度”,推动优秀文化“传下去”

加大文化遗产保护力度,传承历史文脉,镌刻城市记忆。

1.文物保护利用稳步推进

完成文物保护条例立法调研。老城区申遗可行性研究通过省文物局评审。编制《青岛市革命文物保护与利用规划》,新确定革命文物 22 处,累计达 56 处。完成胶州湾外围海域水下遗产考古调查,发现一战时期军舰遗迹,发掘文物 100 余件。举办 5 期“丈量青岛——走近老建筑”网络直播,117 万人次在线观看。

2.博物馆之城建设深入开展

出台《关于进一步鼓励社会力量兴建博物馆的实施意见》，全市博物馆达 106 家，“博物馆之城”建设获省政府文化创新奖。2 项展览入选国家文物局“培育社会主义核心价值观”主题展，1 项展览获省革命文物保护利用示范十佳案例。

3.非遗传承保护走向深入

认定市级非遗传承人 31 名，在香港路小学建立国家级非遗项目胶东大鼓传习基地，为 4 个项目落实扶持资金 130 万元。“胶州秧歌、三铺龙拳进校园”获全国“非遗进校园”创新案例第一名，1 个项目获评省非遗保护十大亮点，青岛市文旅局联合青岛市纪委监委制作的系列微电影《非遗里的清廉》获全市社会主义核心价值观主题微电影一等奖。青岛市入选全国首批“非遗在社区”试点城市。

(四)聚焦“监管力度”，强化市场管理“抓上去”

针对群众反映强烈的问题，不断加大市场管理力度。

1.强化旅游市场整治

制定实施《2020 年旅游管理服务提升工作方案》，编撰青岛导游词，开展导游培训12 期，检查复核 A 级景区 110 家，清理、整顿不合格旅游咨询中心 43 处，完成旅游厕所等级评定 124 家。

2.强化文化领域管理

组织全市文娱场所换发证 208 家，审批演出活动 92 批次。深化“放管服”改革，对 6 个项目实施容缺审批，对 47 项许可下放、委托。指导成立全国首家地方演出行业协会网络表演分会；7 家单位被评为省版权保护示范单位，居全省首位。组织参加全省广电技术能手竞赛，4 人获得二等获，1 人获得三等奖。

3.强化违法案件查处

开展文旅执法十大专项行动，查办案件 297 件，处理旅游投诉 2000 余件。查处全省首起利用互联网传播异端宗教案件，被评为全市网络生态治理五大典型案例之一。2020 年“三民”活动收到意见、建议 118 条，收到政务服务热线反映问题 6373 件、媒体监督曝光问题 8 件，已全部办结。

五、旅游业转型升级

(一)不断探索文旅融合,项目成果丰硕

青岛市紧紧围绕国家战略和省委、省政府部署要求及青岛发展实际,以供给侧结构性改革为主线,以国际时尚城建设为统领,以提高产业竞争力和文化软实力、建设“文化强市”为发展目标,不断优化文旅产业发展生态,释放市场主体活力,加速文旅深度融合,大力改造提升传统产业,着力培育发展新兴业态,推动文旅产业高质量发展。

2018年,青岛市政府印发了《关于在新旧动能转换中推动青岛文化创意产业跨越式发展的若干意见》《关于推进旅游业新旧动能转换促进高质高效发展的实施意见》,市文化和旅游局联合市财政局制定了《关于在新旧动能转换中推动青岛文化创意产业跨越式发展的实施细则》《关于推进旅游业新旧动能转换促进高质高效发展的实施细则》,明确了文化创意产业、旅游业奖补政策,全市文旅产业发展的政策环境不断优化。2020年,市政府办公厅印发《关于应对新冠肺炎疫情影响支持文化和旅游业发展若干政策措施》,制定了20条具体措施,投入财政资金3000万元,帮助文旅企业渡难关、谋发展。

1.文化产业基础夯实

2020年年底,全市共有经认定的文化产业园区(基地)37个,其中国家级1个、省级25个、市级11个。网吧、歌舞娱乐企业、游艺娱乐企业、印刷企业、出版物发行单位、影视类企业(含影院)、新闻出版企业、演出行业企业等文化企业总数近11000家。截至2020年三季度,全市规模以上文化及相关产业企业有557家。青岛出版集团多次获全国“文化企业30强”提名。加强招商引资,单体投资5000万元以上的在建、签约和在谈重点文化和旅游项目共139个,总投资额5388.2亿元。

2.文化新业态势头强劲

文化创意产业和精品旅游产业是全省新旧动能转换“十强”产业中的两个产业门类。“十三五”期间,青岛市文化核心领域规模扩充,文化制造业、文化批零业、文化服务业三大行业单位数量构成比为38.8∶20.8∶40.4,文化服务业占比提升。数字内容、动漫游戏、视频直播、视听载体等基于“互联网+”的文化新业态增长势头强劲。

青岛市影视文化产业集群、现代海洋旅游产业集群入选山东省“十强”产业“雁阵形”集群，青岛城市传媒股份有限公司、青岛极地海洋世界有限公司、青岛西海岸旅游投资集团有限公司入选山东省“十强”产业集群领军企业。9个精品旅游项目入选省第三批新旧动能转换优选项目库。

3.文旅产业与其他产业融合发展

青岛市文化、旅游与科技、金融、工业、教育、医养健康等产业进一步融合发展，深入推进国家级文化和科技融合示范基地建设。运用资本力量推动产业发展，先后设立了规模6000万元的青岛市文化产业投资基金、规模9亿元的嘉文禧梦股权投资基金、规模2亿元的主旋律文化产业基金和规模10亿元的海控天程产业基金，通过基金成功吸引同程旅游、深圳优依购等企业来青岛投资。与青岛银行合作，挂牌设立省内首家文创支行。加大文旅新业态培育力度，研学旅游、工业旅游、康养旅游等新业态快速发展，青岛市研学旅游产业体系项目获第四届山东省文化创新奖。青岛市文化和旅游局获山东省研学旅行创新线路设计大赛优秀组织奖，有18个项目获奖。谋划在市南、崂山、西海岸主要婚拍点各建设一处婚拍驿站样板并研究制定服务标准。建立研学旅游、康养旅游等动态项目库，对符合条件的文旅新业态项目进行扶持奖励。

4.影视业旅游取得突破

设立总规模为50亿元的青岛东方影都影视产业发展专项资金，为《长城》《流浪地球》《疯狂的外星人》等5部影片发放制作成本补贴资金5200余万元。2017年，青岛成为中国首个、世界第9个联合国教科文组织创意城市网络电影之都，先后成功举办青岛电影交易博览会、“电影之都”青岛峰会、中国电影表演艺术学会奖（金凤凰奖）颁奖典礼、上合组织国家电影节、2019青岛国际影视博览会等影视文化活动。东方影都影视产业园区已建成40个世界顶级摄影棚并全部投入运营，累计接拍30余部电影、电视作品。动画影片《C9回家》荣获第32届中国电影金鸡奖最佳美术片提名。2019年全市电影票房6.02亿元。2020年，制定影视产业发展三年行动计划、高新视频实验园区建设方案，新增影视企业近300家，全国首个UHD+5G直播室建成使用。

5.文旅夜经济开始发力

青岛大力发展文旅夜经济，推出八大夜间旅游产品、4条主题线路，制定音乐酒吧管理扶持办法，25条酒吧街开街运营，总面积近100万平方米，音乐酒吧110余家，驻唱乐队109支。青岛市成功入选第一批国家文化和旅游消费示范城市、2020中国夜间经济20强城市。

(二)旅游模式积极创新,线上旅游火热

疫情期间,青岛市文化和旅游局制定《青岛旅游市场振兴营销行动方案》,以打造"时尚青岛"品牌为引领,推出十大系列旅游主题产品、26条精品线路、100个时尚打卡地。组织开展"云游青岛"、"局长带你游"、"网红"直播带货、"丈量青岛——走近老建筑"等活动,免费为企业进行网络宣传,平均日曝光量超千万次。

端午节期间,按照疫情防控的要求,全市文旅场馆和景区不断创新模式,快速实现从线下到线上的转变。市图书馆推出了微信"小打卡"朗诵端午节诗歌活动,以此学习诗歌、纪念先人,加强爱国主义教育。市文化馆的"云书场"在端午节当天推出"大琦说民俗"专题节目,让广大网友感知民俗、感受传统,同时线上、线下同步举办2020年全民摄影季摄影作品展、2020青岛市首届少儿手工艺大赛优秀作品展、2020青岛国家级和省级非物质文化遗产项目展。市博物馆在线上青博微课堂推出"清香自远——馆藏明清松、竹、梅作品展之梅篇""文物里的端午节:关于龙舟的二三事"等展览。市南区推出"这些'网红'打卡地,承包你这个端午节的朋友圈""来文艺老街逛时尚美食市集吧"等线上旅游产品,组织了"书香端午　有奖答题""趣味手工过端午""端午艾灸养生讲座""端午雅集"等线上文化活动。西海岸新区图书馆微信公众号推出"书楚辞·话端午——线上诗词朗诵会""端午关键词大挑战"活动。西海岸文化馆微信公众号推出"传承民俗,浓情端午"剪纸作品线上展览。莱西市图书馆推出"品盛夏诗词　享端午民俗"活动,深受市民游客喜欢。

(三)智慧文旅时代来临,出游更加便捷

2020年年末,青岛市文化和旅游局与青岛移动签署了"5G+智慧文旅"战略合作协议,双方将发挥各自的优势,在加大信息通信基础建设、扩大品牌影响力和加快推动产业发展三方面深化交流合作。双方约定,合作将基于中国移动OneTrip平台,综合运用5G、大数据、云计算、人工智能、区块链等信息技术手段,推动文化、旅游与科技深度融合,构建科技引领、数据支撑、业态创新、跨界融合的文化和旅游智慧服务体系。

智慧文旅行业积极把握青岛5G新型基础设施建设和数字经济建设机遇,完善青岛文旅信息基础设施,提升产品服务、企业治理等智慧化水平,让广大游客出游更加便捷。推动青岛5G信息技术革命成果的应用,深化"5G+智慧文旅",推动"旅游+""科技+"相互赋能,促进旅游领域的数字化、网络化、智能化发展,培育云旅游等新业态、新模式。加快建设智慧景区,推进预约、限流、错峰常态化,提高管理效率。

特别是新冠肺炎疫情发生后,预约制、"无接触"式旅游日益受到关注,客观上推动了各地加快建设智慧景区。崂山风景区将智慧元素融入景区服务、景区管理、营销

宣传等多方面，未来几年将依靠大数据及5G技术，逐步进行地图精细化、AI智能导游、AR实景、VR全景、智慧观光车、智慧停车场、安防管理、人员调度的数据互动和AI赋能，为游客提供真正的景区全域智慧旅游。

（四）乡村旅游发展迅速，助推乡村振兴

疫情期间，青岛各区(市)文化和旅游部门纷纷打造乡村游、近郊游的特色产品，获得了市民和游客的青睐，旅游需求由室内转向户外、由聚集转向分散。品农家宴、住农家屋、体验农耕劳作、采摘丰收的果实成为端午小长假期间市民游客的休闲首选。青岛韩家民俗村举办了“我们的端午——六月六孝亲节”，游客们以家庭为单位，祖、父、孙“三代齐上阵”，一起体验包粽子等活动。少山红杏节吸引了大批游客前往，毛公山、百福香园、幸福时光开心农场等也纷纷迎来乡村游爱好者。红岛和上马的海鲜餐饮店上座率明显提升。西海岸花语人间、阿朵小镇等推出的以端午体验为主题的亲子休闲活动吸引众多家庭游客前往。平度市文王山推出采摘活动，吸引游客感受田园风光，享受采摘乐趣。

胶州市三里河公园和少海两处A级景区成为市民休闲游的热门景点。即墨区玫瑰小镇接待游客量同比增长27.87%，营业收入同比增长5.82%。乡村游带动民宿等非星级宾馆入住率有效提升，接待过夜游客14.41万人次，入住率达到40.04%，远远超过星级饭店的平均入住率25.42%。一些精品民宿，如陌海、乐活等，在长假的前两天出现了“一房难求”的火爆局面。

（宋宗涛　赵佳宁）

2020年淄博市旅游业调查分析报告

2020年，面对突发的新冠肺炎疫情，淄博市文化和旅游系统坚持以习近平新时代中国特色社会主义思想为指导，深入贯彻落实山东省旅游发展大会、淄博市文化旅游发展大会部署要求，全力实施文化赋能行动，在坚决打好疫情防控阻击战的基础上，多措并举，攻坚克难，积极推动旅游业有序复苏。经统计，2020年全年，淄博市接待国内外游客3913.8万人次，实现旅游总收入406.2亿元，分别恢复到2019年的61.2%、54.4%。

一、旅游业市场主体存量及增量情况

截至2020年年底，淄博市拥有A级景区69家，同比增长11.3%，其中4A级景区14家，3A级景区41家，2A级景区14家；拥有星级饭店25家，同比增长4.2%，其中四星级饭店5家，三星级饭店17家；拥有旅行社119家，同比增长2.6%。

（一）新建一批旅游景区、旅游住宿设施

一是新增A级旅游景区10家，其中桓台红莲湖885水世界、三水源生态旅游度假区等8个景区被评为3A级景区，周村韩家窝等景区被评为2A级景区。10家新增A级景区全年接待游客约91.5万人次，营业收入约2148.7万元。

二是红叶柿岩及中国国家地理杂志社淄博营地项目建成营业，其中红叶柿岩景区2020年10月份开业，接待游客22万人次，实现营业收入930万元。

三是周村宾馆、高青沐锶汤泉酒店成功创建为四星级旅游饭店，博山天隆宾馆成功创建为三星级旅游饭店。

四是成功打造青未了、百鸟山舍、芸泓山房、轻奢木屋、叮咚小院等20多个优质

精品民宿，全年综合营业收入约 2 亿元。

（二）新增一批特色旅游集聚区

一是建成开放水上高青、唐库文创园、月亮猴文化夜市等一批夜间文旅项目，打造形成周村古商城、玉黛湖、885 水上乐园等一批夜间文旅消费景区，助推夜间文化旅游发展。

二是开展省级乡村旅游精品化创建和村庄景区化培育工作，淄川牛记庵成功入选第二批全国乡村旅游重点村，临淄齐文化传承创新小镇、博山琉璃小镇、王村古商贸小镇等被评为省级精品文旅小镇，博山中郝峪、淄川牛记庵、高青蓑衣樊、淄川梦泉被评为首批省级精品旅游特色村，博山和尚房、伊家楼、沂源阳三峪、下柳沟、淄川土峪、鲁子峪等 14 个村庄被评为首批全省景区化村庄。

三是积极推动"非遗＋旅游"，在周村古商城集中打造周村商贸民俗非遗文化聚集区，针对周村铜响乐器制作技艺、周村丝绸织染技艺、红木雕刻制作技艺等一批代表性非遗项目建立展览展示区域，实现经济效益和品牌效益"双丰收"。

（三）新评一批文化旅游新业态

中郝峪幽幽谷被评为首批山东省康养旅游示范基地，齐文化传承创新示范区·足球小镇被评为首届山东省体育旅游示范基地，山东领尚琉璃文化创意园、皇城镇玫瑰创新小镇被评为第三批山东省工业旅游示范基地，博山陶瓷琉璃艺术中心、蒲松龄纪念馆、周村古商城、原山艰苦创业基地被评为第二批山东省中小学生研学基地，省级文化旅游新业态基地数量居全省前列。

二、旅游业总体恢复情况

新冠肺炎疫情打断了旅游业稳中向好的平稳态势，各类旅游接待主体接待量、营业收入等较 2019 年同期降幅明显（见图 1）。

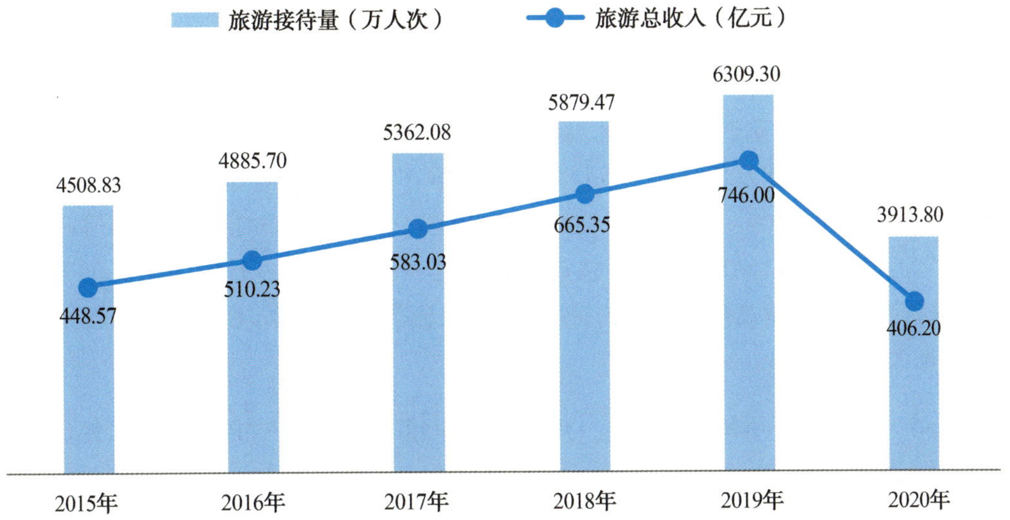

图 1　2015—2020 年淄博市旅游接待量及收入状况

根据监测景区、旅游住宿设施指标情况，旅游业运行主要呈现以下特点。

（一）旅游住宿类总体运行较为平稳

从各旅游住宿单位监测情况看，3 月旅游接待单位降幅达到峰值。随着疫情形势好转，3 月下旬旅游接待主体陆续开业，住宿接待逐渐复苏，降幅放缓，总体呈稳步回升态势（见图 2）。

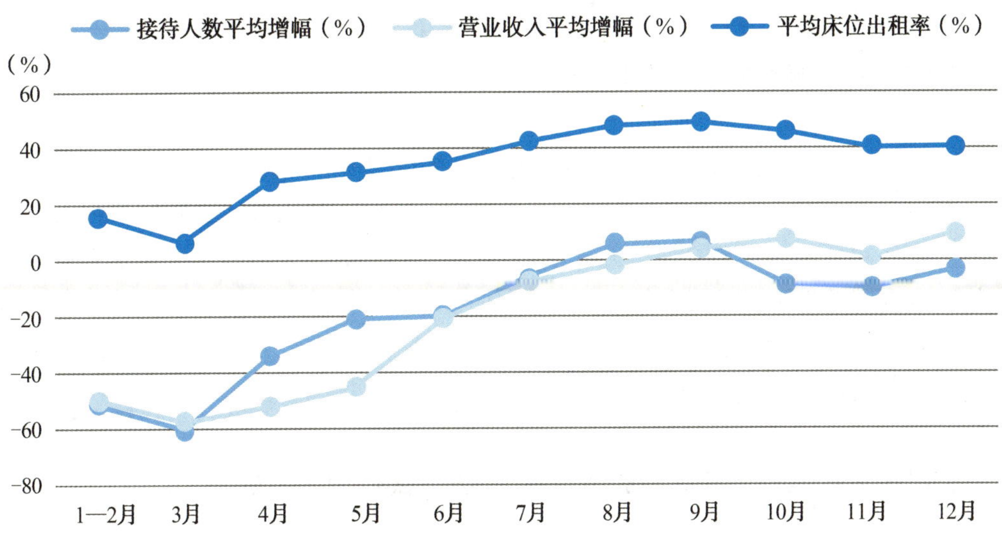

图 2　2020 年各月份淄博旅游住宿设施样本单位各指标增幅

（二）旅游景区受疫情影响较大，波动较为明显

从各旅游景区监测情况看，总体呈稳步复苏态势，其间受假日等因素影响，波动明显。受中考、高考延期及部分地区疫情反复等影响，6 月份景区各指标相较于 5 月份总体降幅增大，7 月份中考、高考结束，迎来出游热潮。9 月份“麦田音乐节”“淄博·青岛啤酒节”等大型节庆活动较多，游客接待及营收进一步回升。10 月份因国庆黄金周带动，迎来月度接待总量高峰，由于假日期间景区限流等防控措施，总接待量相较于疫情前降幅增大（见图 3）。

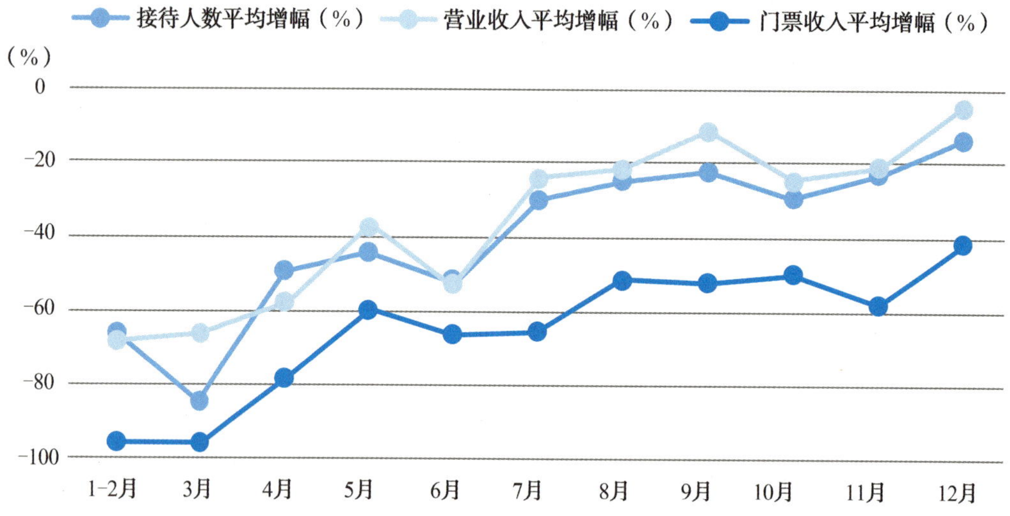

图 3　2020 年各月份淄博旅游景区样本单位各指标增幅

（三）国内旅游市场以省内、市内游客为主

疫情常态化防控阶段，在“本地人游本地”政策引导下，本地近郊游成为出游首选。国内旅游市场，山东省内游客占总客源的 88.16%；江苏、北京、河北、河南及浙江是五大省外客源地，分别占 1.75%、1.68%、1.59%、1.01%及 0.65%；其余省份占比较低。省内客源以淄博本地游客为主，占 78.79%；省会济南市占 6.43%；邻近城市滨州、潍坊、东营分别占省内客源的 4.43%、2.40%、1.42%。疫情发生后，旅游本地化趋势明显，游客更愿意选择本地游和周边游。

（四）游客构成以亲子家庭旅游为主，出行方式倾向于自驾游

从国内游客出行人数来看，2—3 人出游占比超 60%，其中 2 人结伴出行以情侣、

夫妻为主，3 人多为“2＋1”亲子家庭旅游模式，“以儿童为中心”的亲子旅游成为热点。在国内游客出行组织方式上，个人或与亲朋结伴出行的自由行方式超 70％，遥遥领先于其他出行方式，旅游社组织仅占 0.77％，外出旅游的散客化趋势更加突出。

三、2020 年主要工作

（一）打好疫情防控阻击战，有序促进复工、复产、复业

全力做好疫情防控工作，成立疫情防控工作领导小组，严格贯彻落实“限流、预约、错峰”的疫情防控要求，制定实施安全生产和疫情防控工作常态化督导实施方案，联合各部门开展疫情防控工作督导检查，确保疫情防控工作平稳有序。制定实施《关于贯彻落实鲁政办发〔2020〕7 号文件做好应对新冠肺炎疫情影响促进文化和旅游产业健康发展有关工作的通知》，从文旅消费、文化惠民、市场推广、夜间经济等各个方面制定全面的激励扶持政策，提振文旅市场。

（二）高标准出台各项扶持政策，挖掘旅游发展潜力

一是在全省率先召开市文化旅游发展大会，聘请魏小安、吴必虎等 23 位专家为淄博文化旅游产业发展专家智库成员。

二是组织举办淄博文旅产业高质量发展论坛，制定出台《淄博市文旅融合高质量发展十大攻坚行动方案》《淄博市支持文旅融合高质量发展的若干政策》，出台了含金量高、推动力强的 24 条具体政策措施，支持全域旅游发展，支持市场主体做优、做强。

三是出台《关于挖掘消费潜力繁荣发展夜间经济的实施意见》，制定《关于推进夜间文旅经济发展的实施方案（试行）》，联合市发改委出台《淄博市夜间经济扶持管理办法》，加大对夜间文旅经济发展的扶持力度。

四是修订完善淄博市“一日游”“二日游”地接旅游补贴办法，进一步激发地接旅行社的积极性和主动性。

五是实施文旅消费促进行动，组织举办 2020 淄博市文化和旅游惠民消费季，签约文旅企业 120 家，实现核销 414.96 万元，直接拉动消费 1820.28 万元。

六是签署《济淄文旅同城化战略合作框架协议》，重点围绕战略规划、市场开放、营销推广、节庆活动、公共文化服务、市场监管六个方面展开全面同城化合作。

(三)积极举办节会活动,为旅游招揽人气

一是举办2020“齐舞·悦动”淄博文化艺术季。策划开展淄博乐队音乐节、热土欢歌暨“六艺秀淄博”、“五个大家”系列等主题活动,现场观众累计10万余人次,线上直播观看互动200多万人次。

二是成功举办第十七届齐文化节、淄博麦田音乐节、第四届中国黄河旅游大会暨山东·高青第三届黄河文化旅游节等品牌节会,创新举办“1+10”文旅活动,依托齐都文化城推出十一度创新空间,联动各区(县)文旅活动40余项。

三是在全省率先建成并投入使用“淄博文旅在线”服务专栏,把景区虚拟体验、美景直播等数字化文旅体验内容搬到网上,为广大市民提供了一个“爱上淄博、了解淄博”的沉浸式体验平台。

四是举办2020年“文化和自然遗产日”系列活动。举办齐文化与稷下学高峰论坛,承办山东省第四届非物质文化遗产精品展、山东省工业旅游现场推进会暨第三届山东省工业旅游联盟大会等高知名度、高带动力的文化活动,提升了淄博城市知名度。

(四)做好招商引资和宣传推介,扩大淄博文旅影响力

一是组织文旅招商项目路演及文旅项目签约,成功推介路演23个文旅招商项目,现场与景域集团、乡伴文旅集团、太合传媒等来淄合作的文旅企业签约18个重点文旅项目,总投资超百亿元。

二是打造淄博文旅品牌新形象。策划推出六大文旅精品线路,策划拍摄《嗨　淄博》等宣传片及短视频,编辑出版《中国国家地理杂志·淄博增刊》,策划拍摄中央电视台科教频道《跟着书本去旅行》15期节目,将齐文化、聊斋文化等元素搬上电视屏幕。

三是拓展淄博文旅营销新渠道。创新举办2020“乐游淄博”文化旅游活动年,联合各区(县)开展四季文旅主题活动200余场。创新线下营销推广活动,先后举办“山东人游淄博　淄博人游淄博”、“7053”公益慢火车——百趟旅游专列进淄博、千人自驾游、济淄文旅营销、乡村音乐节等活动70余场次。加强线上新媒体平台营销,开展“云游淄博”直播活动20余场,全面展开与携程、腾讯、驴妈妈、马蜂窝等平台的合作。突出微信、微博、抖音等新媒体宣传,加强微视频、短视频传播,“淄博文旅”官方抖音号视频总播放量超6000万次。

四、旅游业发展存在的问题

目前,文化旅游资源优势尚未完全转化为产业发展优势,齐文化传承创新示范区建设还未真正破题,聊斋文化、长城文化、黄河文化等优秀地方文化资源没有展现其应有的经济价值和社会价值;文化和旅游之间的融合度还不高,文旅产业与其他产业有效融合的深度、广度也有待拓展,冬季旅游、夜间旅游潜力有待挖掘,需要在今后的工作中切实落实。

五、2021 年旅游业发展展望

2021 年为疫情之后旅游产业全面复苏之年,需突出融合发展、高质量发展这条主线,丰富旅游产品供给,提高旅游服务质量,助力旅游业全面复苏。

(一)丰富优质旅游产品供给

编制《淄博市精品旅游发展专项规划》,打造高质量发展示范区。开展旅游景区2021 质量提升系列行动,举办景区质量等级评定新标准学习培训班,深入开展树标、学标活动,推动新景区创建、老景区提升。指导全国乡村旅游重点村、省级精品文旅小镇和景区化村庄创建工作,策划乡村旅游短视频评选活动。做好民宿业态提升工作,着力打造精品民宿集聚部落。打响"泱泱齐风、礼享淄博"品牌,推出一批创新型文创旅游商品。加快文昌湖省级旅游度假区核心游乐项目的招商引资和立项建设。策划推出"红色足迹"旅游产品,充分串联淄博红色旅游资源,打造一批红色旅游打卡点。创新打造一批夜间文旅产品,提升和丰富夜间消费业态,着力培育创建 2—3 家省级夜间文旅消费集聚区。重点策划开展"齐彩夜生活 · 淄博八点半"等夜间品牌文娱消费活动,打造更具时尚、年轻气质的特色区域夜间消费文化 IP。

(二)办好重要节会活动

实施文旅节会品牌培塑工程,聘请高端策划团队,创新提升齐文化节等文旅节会,全力打造具有淄博特色、影响力大的节庆品牌。鼓励引导各区(县)挖掘本区域文化旅游内涵,做大、做强黄河文化旅游节、陶琉双年展、中国(沂源)七夕情侣节等特色节会品牌。组织举办好2021中国（淄博）第四届五音戏艺术节暨第三届五音戏戏迷票友大赛、淄博麦田音乐节、“向阳花”全国十大城市巡演五阳湖站音乐节等。

（三）加快培育发展文旅融合新业态

加力实施“文化＋”“旅游＋”“文化旅游＋”，推动全市工业旅游、研学旅游、康养旅游、体育旅游等旅游新业态发展。讲好淄博工业故事，完善工业遗存旅游功能，大力培育国家、省级工业旅游示范基地。培育康养旅游，建设优质康养项目，积极争创第一批省级文旅康养融合发展示范区。开拓研学旅游，重点抓好齐文化博物院、蒲松龄故居、博山幽幽谷、领尚琉璃文创园等研学基地建设，打造一批中小学研学旅行示范基地，推动研学游品牌化、品质化发展。

（四）强化宣传推广

重点做好“四个一”，即打造一个淄博文化旅游综合宣传营销体系，策划一系列文化旅游营销活动，开展一轮文化旅游营销推广，形成一套线上线下融合的全方位市场推广矩阵。用好传统媒体、用活新媒体，全方位、多渠道开展淄博文旅营销宣传。充分利用抖音、快手、携程、马蜂窝、驴妈妈等平台，强化短视频、微视频传播，打造一批“网红”打卡地、“网红”文创、“网红”美食等。开展淄博文化旅游推介“请进来”“走出去”，紧盯省内、省外、京津冀及长三角等客源地市场，组织举办实地踩线、专题推介会、洽谈说明会以及旅游博览会、交易会、展演等多种推介活动。发行“乐游淄博”旅游通卡。继续策划开展7053绿皮火车、红色记忆游、齐文化研学游等主题推介活动。进一步扩大地接补贴政策的宣传面，做大、做实淄博本地地接业务，开拓淄博文旅市场。

（成菲菲）

2020年枣庄市旅游业调查分析报告

据统计调查测算，2020年全市接待国内外游客1553.3万人次，下降42.7%；实现旅游总收入132.5亿元，下降46.0%。其中，接待国内游客1553.0万人次，下降42.6%；国内旅游收入132.5亿元，下降46.0%。接待入境游客0.3万人次，下降94.0%；入境旅游收入30.7万美元，下降95.1%。

一、国内旅游市场

(一)国内旅游接待收入

根据抽样调查数据和客流大数据综合测算，2020年全市共接待国内游客1553.0万人次，下降42.6%；实现国内旅游收入132.5亿元，下降46.0%。其中，过夜游客543.6万人次，下降48.7%；一日游游客1009.4万人次，下降38.8%。过夜游与一日游游客占比分别为35.0%、65.0%(见图1)。相较于2019年，一日游游客占比增加4.1个百分点。疫情使人们的出行受到限制，旅游接待人数骤减，同时也影响着人们的出游时间。随着出游方式的多样化，人们对出游时间长短的选择更加自主，游客的停留时间有所缩短，过夜游游客所占比例持续减少。

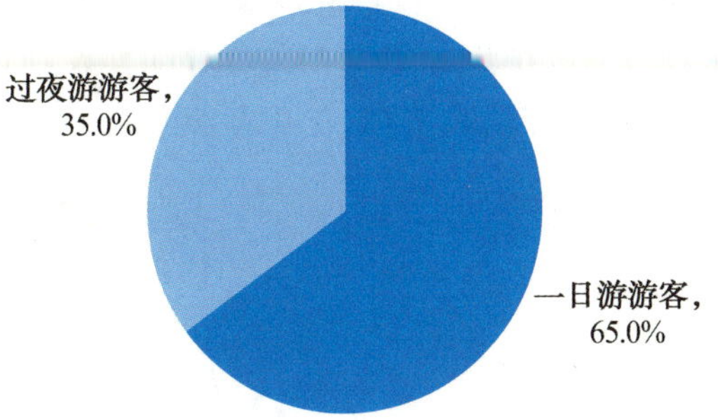

图1　2020年枣庄市接待国内过夜游与一日游游客占比

（二）国内客源市场结构分析

1.整体客源结构

调查显示，国内游客中，省外游客占比8.47%，省内游客占比91.53%，其中省内市外游客占比42.33%，市内游客占比49.21%（见图2）。可以看出，枣庄客源市场偏重省内，潜在市场广阔。如何吸引外地游客，优化客源结构？一是围绕“江北水城，运河古城”这一枣庄旅游形象主题口号，包装好、宣传好旅游推广对象；二是加强网络互动营销，构建“互联网+”旅游宣传推广体系；三是创新目的地宣传推广理念，将宣传推广工作延伸至旅游全过程；四是充分挖掘枣庄旅游资源优势，打造精品旅游线路体系；五是促进文旅产业深度融合，加大新业态市场主体培育。

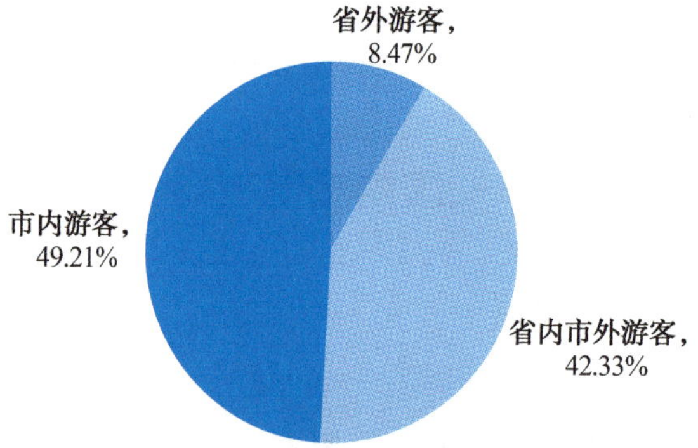

图2 2020年枣庄市国内旅游市场客源结构

2.省外客源结构

省外客源市场以周边省份为主，其中江苏省游客最多，占比51.56%；河北省、河南省占比分别为14.06%、7.81%。江苏省、河北省、河南省构成了三大省外客源地（见图3）。省外客源市场对周边地区的辐射性强，对较远省份的发散性差。建议深挖开发旅游产品，改善旅游公共环境以及旅游相关综合配套设施，以周边省市为战略主导，积极拓展省外市场，加强省外精准营销，优化客源结构。

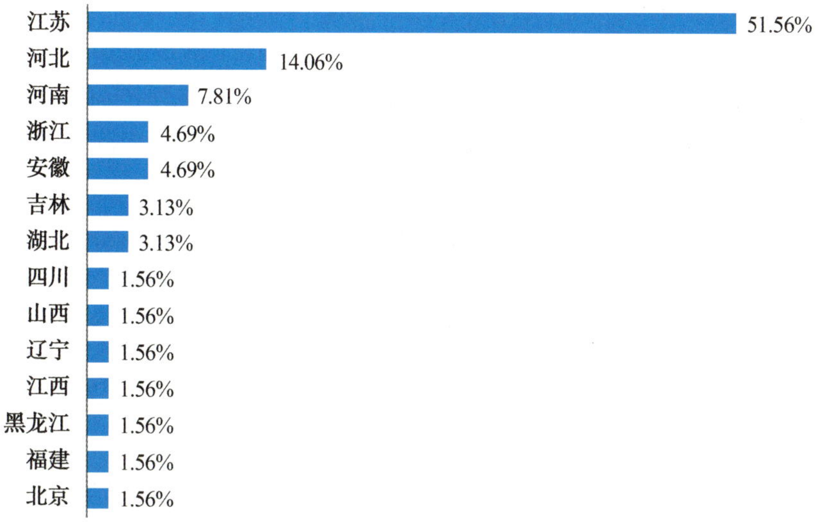

图 3　2020 年枣庄市国内游客中省外游客主要客源结构

3.省内客源结构

调查显示，省内游客中本市游客占比最高，为 53.84%；临沂、济南、济宁分别占比 9.84%、9.12%、8.25%（见图 4）。省内游客作为枣庄市客源的根基，是疫情后旅游经济回暖的关键，所以在注重省外营销的同时，也应加大省内宣传力度。

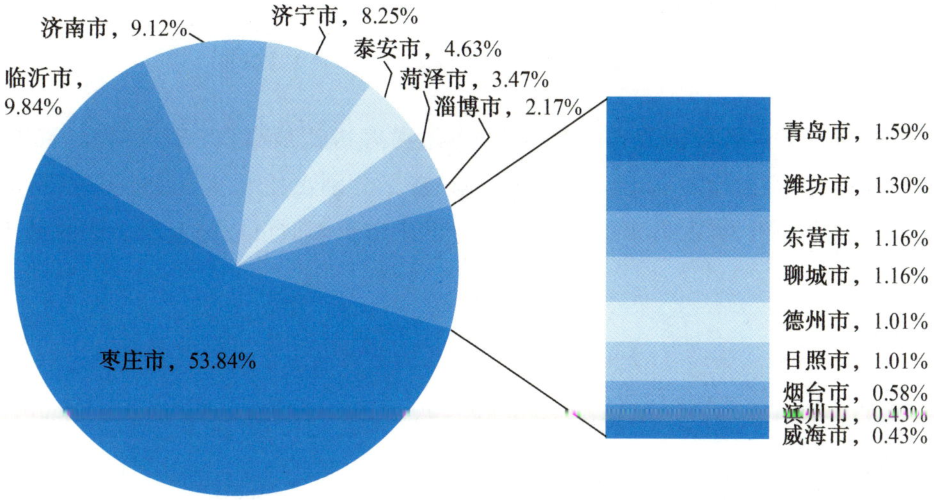

图 4　2020 年枣庄市省内游客客源结构

4.5A 景区——台儿庄古城景区客源结构

调查显示，台儿庄古城景区接待的国内游客中，省内游客占比 91.1%，省外游客占比 8.9%。台儿庄古城既是历史的丰碑、民族精神的象征，也是运河文化的承载体，被誉为“活着的古运河”“京杭运河仅存的遗产村庄”，有“中国最美水乡”之称。但相对而言，客源结构还需优化。除加强精准营销外，还需继续深挖研学游、红色旅游，针对省内、省外、境外不同年龄段、不同教育背景的游客打造研学游系列路线，发挥红色教育功能。

台儿庄古城景区省外游客也以周边省份江苏最多，占比 4.44%；河北、河南分别占比 1.67%、1.11%。

从重点城市分析，台儿庄古城景区的十大省外客源城市分别是徐州、沧州、南京、开封、连云港、秦皇岛、商丘、四平、台州、营口，分别占比 2.78%、1.11%、1.11%、0.56%、0.56%、0.56%、0.56%、0.56%、0.56%、0.56%（见图 5）。

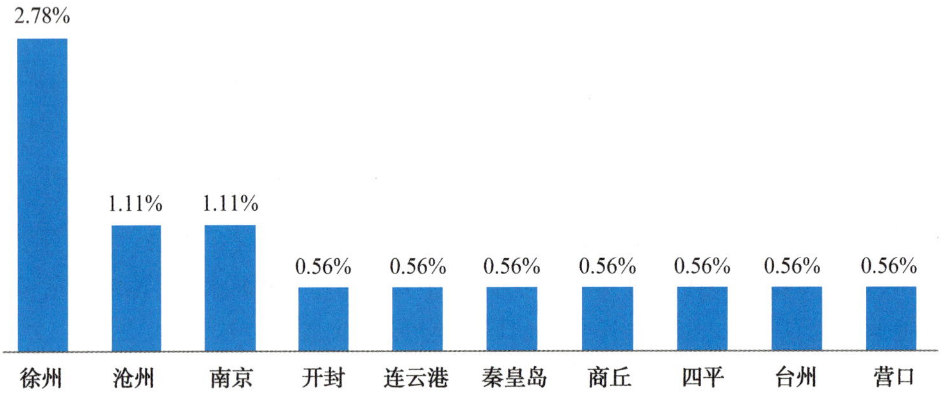

图 5　2020 年台儿庄古城景区十大省外客源城市

台儿庄古城景区接待的省内游客中，本市游客占比最高，为 52.78%。省内市外游客中，临沂游客占比最高，为 8.89%；济南、济宁分别占比 6.67%、5.56%（见图 6）。从交通便利度分析，客源最多的三个城市为枣庄市相邻城市或是互通高铁的城市。

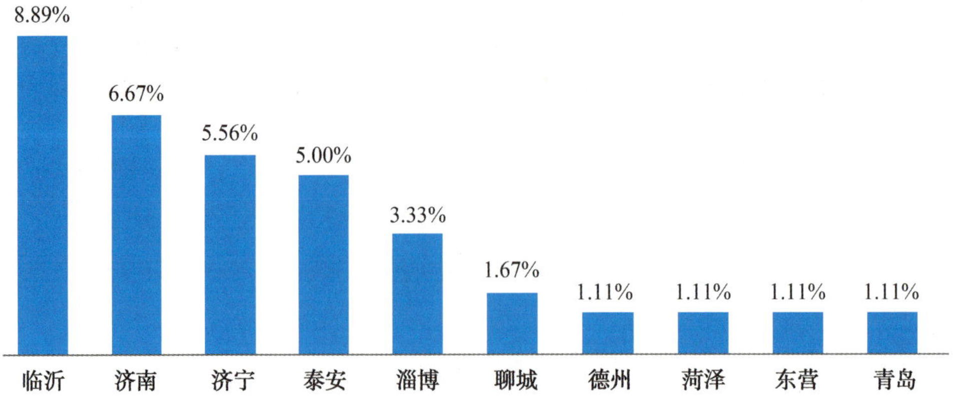

图 6　2020 年台儿庄古城景区省内市外主要客源构成

二、入境旅游市场

（一）总体情况

1.入境旅游接待

经统计测算，2020 年枣庄市共接待入境游客 2638 人次。其中一日游游客 522 人次，占比 19.79%；过夜游游客 2116 人次，占比 80.21%（见图 7）。入境市场中，港、澳、台同胞占据了半壁江山。2020 年突如其来的新冠肺炎疫情中断了枣庄市入境旅游原有的增长态势，入境游客下滑幅度超过 90%。

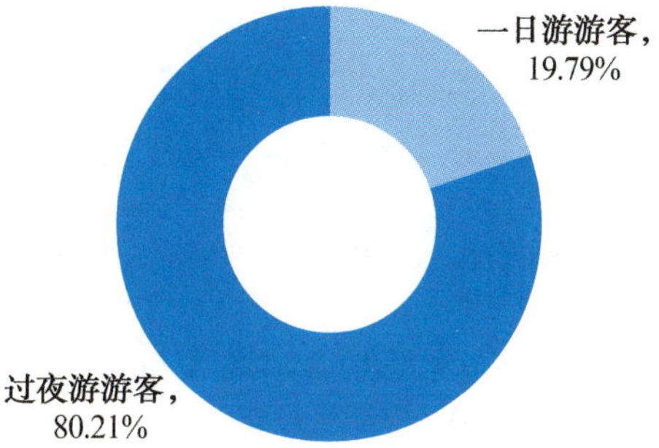

图 7　2020 年全市接待入境过夜游、一日游游客人数占比

2.入境旅游收入

经统计测算，2020 年枣庄市实现入境旅游收入 30.75 万美元。其中，入境过夜游游客消费 26.45 万美元，占比 86.00%；一日游游客消费 4.30 万美元，占比 14.00%（见图 8）。可以看出，入境过夜游游客贡献了 80%以上的入境旅游收入，因此，如何将一日游游客留住是关键。

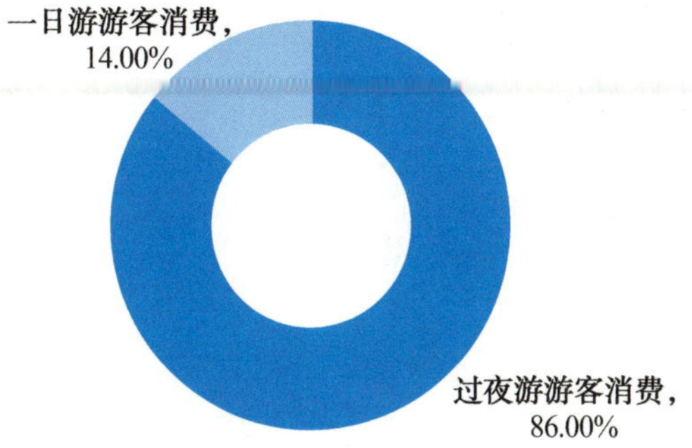

图 8　2020 年枣庄市入境过夜游游客、一日游游客消费占比

(二)入境客源市场结构分析

1.整体客源市场结构

2020年全市共接待入境游客2638人次，其中，外国游客1255人次，占比47.57％；香港同胞384人次，占比14.56％；澳门同胞318人次，占比12.05％；台湾同胞681人次，占比25.82％(见图9)。

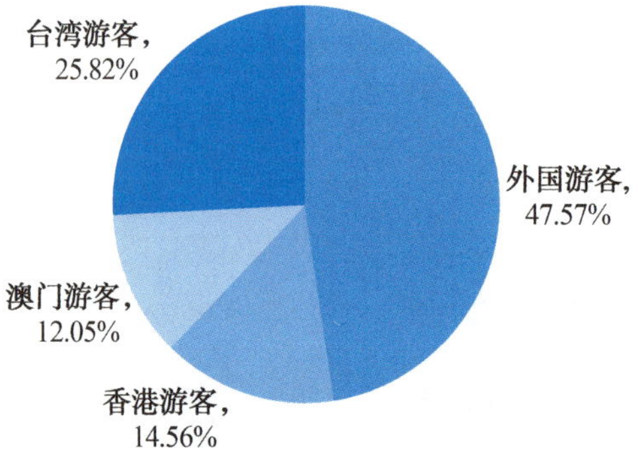

图9　2020年枣庄市入境游客人数占比

2.客源结构国别分析

从国别分析，枣庄入境旅游市场两大客源国为韩国、日本，接待量分别为270人次、254人次，占境外客源的比例分别为21.51％、20.24％，这两大客源国占据了超40％的境外客源(见图10)。

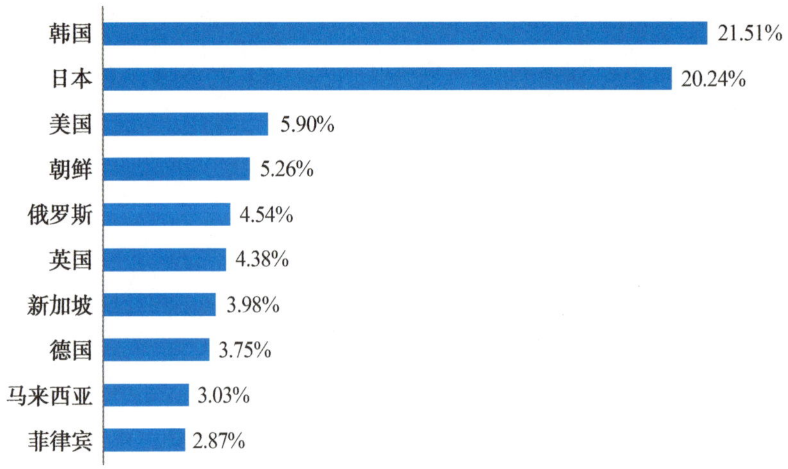

图10　2020年枣庄市入境游客主要客源国(前10位)

3.客源结构洲别分析

从洲别分析，距离优势让亚洲成为主要客源地，占据近70%的境外市场；欧洲、美洲分别占20.88%、9.08%（见图11）。

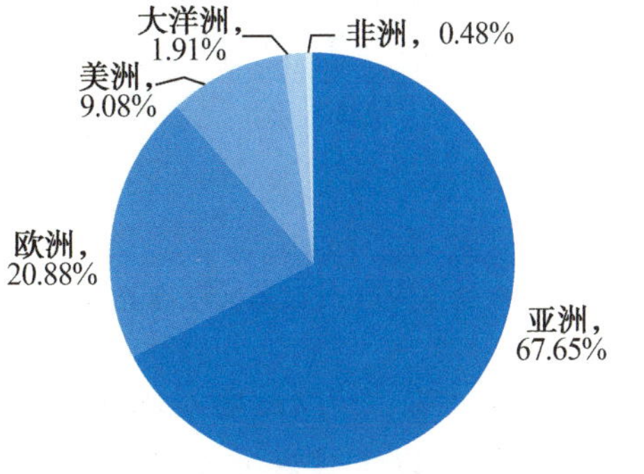

图11　2020年枣庄市入境旅游客源洲别构成

三、旅游核心产品供给分析

（一）旅游游览分析

1.A级景区

一是景区数量。全市共有A级景区51家，其中5A级景区1家，4A级景区12家，3A级景区18家。根据全国A级旅游景区管理系统数据分析，2020年全市A级旅游景区共接待游客1480.20万人次，占全市接待游客总量的95.29%，其中5A级景区——台儿庄古城景区接待游客417.86万人次，占比28.23%；4A级景区共接待游客311.66万人次，占比21.06%；3A级景区共接待游客322.56万人次，占比21.79%（见图12）。

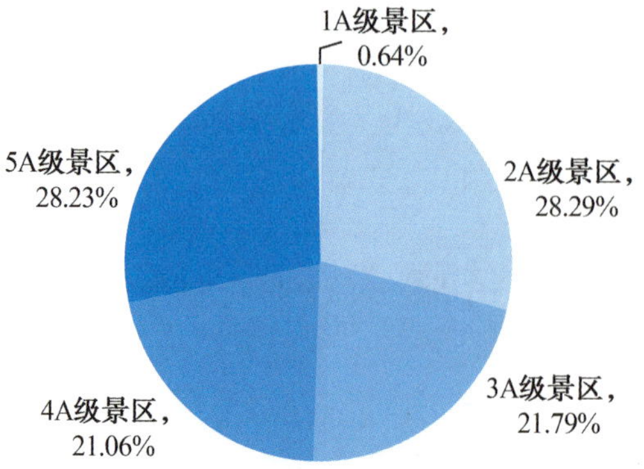

图 12　2020 年枣庄市 A 级景区接待游客量占比

二是重点景区情况。2020 年台儿庄古城、南水城·枣庄老街（东湖公园）、微山湖红荷湿地风景区等 13 家 4A 级及以上景区共接待游客 729.52 万人次，同比下降 67.09%；实现营业收入 2.98 亿元，下降 71.83%。其中门票收入 1.35 亿元，下降 71.28%。近年来，门票收入占整体营业收入的比例持续下降，说明随着本市景区产业结构的调整，逐步打破了主要靠门票收入的单一经营模式，非门票收入占比逐渐提高，景区经营收益逐渐综合化。

2.旅游度假区

2020 年，枣庄市的旅游度假区游客总接待量 649.71 万人次，同比下降 42.01%；全年旅游总收入 464511.36 万元，同比下降 43.11%。全年旅游度假区过夜游客 158.56 万人次，平均过夜天数 1.21 夜，游客平均花费 715 元/人，境外游客平均花费 1275 元/人。从数据分析，枣庄市旅游度假区偏少，需要根据旅游市场需求增加旅游产品供给，为游客提供更多的旅游服务和体验。

3.乡村旅游区点

枣庄市共有乡村旅游区点 108 个，其中，山亭区最多，达到 33 个，然后是滕州市（22 个），较少的是峄城区（19 个）。薛城区、台儿庄区、市中区分别为 13 个、11 个、10 个（见图 13）。从数据来看，枣庄市乡村旅游区点资源丰富，能给游客带来更多良好的旅游体验。应当提升乡村旅游区点的档次，打造精品旅游区，为游客提供更有创造性的旅游创新产品。

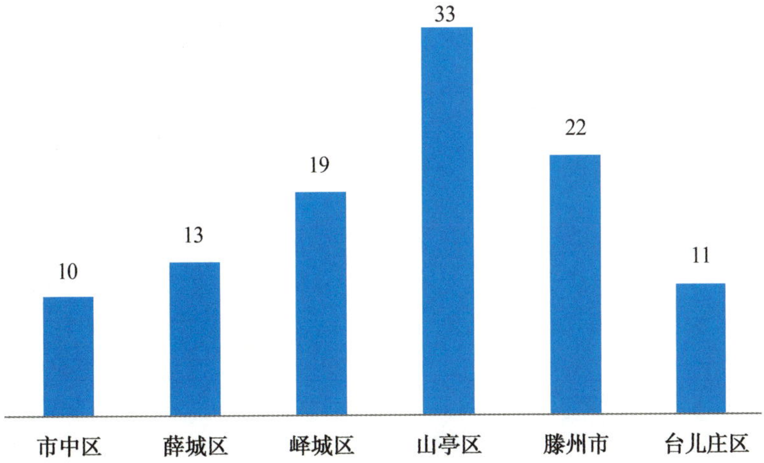

图13　枣庄市乡村旅游区点分布(单位:个)

(二)住宿餐饮分析

枣庄市共有星级饭店10家,其中分布在峄城区的最多,达到3家;山亭区和滕州市均有2家;市中区、台儿庄区和薛城区各有1家(见图14)。

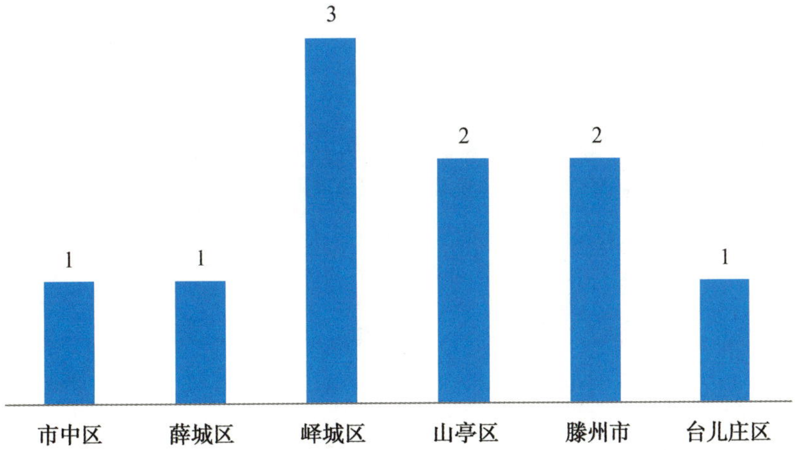

图14　枣庄市星级饭店分布(单位:家)

(三)旅行社分析

枣庄市共有旅行社67家,首先,市中区的旅行社数量最多,达到34家;其次是滕州市,有18家;再次是台儿庄区和薛城区,均有5家;最后,旅行社数量较少的是峄城区和山亭区，分别为4家和1家（见图15）。

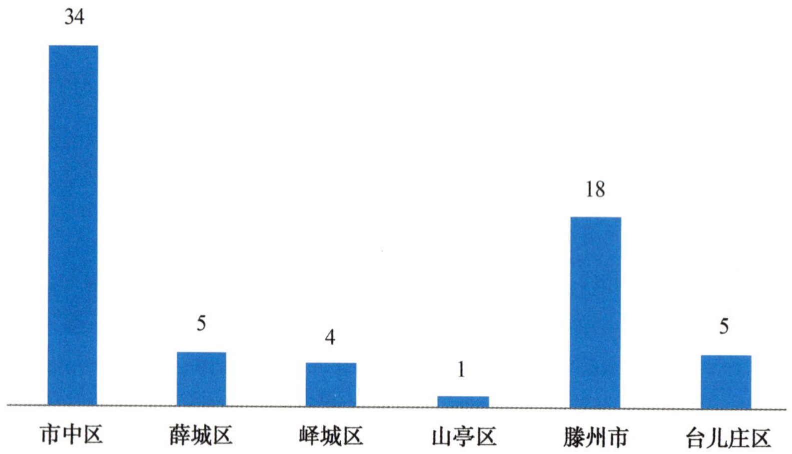

图15 枣庄市旅行社分布（单位：家）

（梁海建）

2020年东营市旅游业调查分析报告

2020年是极不平凡的一年，年初突如其来的疫情使文化和旅游发展陷入停摆状态。在市委、市政府的坚强领导下，东营市文化和旅游局坚持统筹推进疫情防控和经济社会发展，一手抓疫情防控，一手抓文旅发展，紧抓重点项目建设，提升旅游产品的丰富度，促使业态多元化，充分发挥东营市生态好和无疫情的优势，拉长长板、补齐短板，带动和激发了文化旅游消费热潮。

一、全市旅游经济总体分析

(一)旅游接待收入稳步恢复

2016—2019年，即“十三五”前四年，东营市旅游接待量与旅游总收入逐年增高，发展平稳。2020年开年，一场突如其来的疫情使旅游产业陷入停摆状态。自2020年3月以来，全市各个行业积极复工复产，旅游产业得以恢复元气。据统计调查测算，2020年全年，全市接待国内外游客1338.30万人次，恢复到2019年的66.3%；实现旅游总收入120.70亿元，恢复到2019年的58.68%。

1.游客接待量

2020年是坚持统筹推进疫情防控和经济社会发展，实施“旅游富民”三年行动计划的攻坚之年。据初步统计测算，2020年，全市接待国内外游客1338.3万人次，恢复至2019年的66.3%。分季度来看，2020年第一季度共接待游客67.1万人次，恢复到2019年的19.6%；第二季度共接待游客288.9万人次，恢复到2019年的59.8%；第三季度共接待游客489.1万人次，恢复到2019年的72.6%；第四季度恢复率最高，共接待游客493.2万人次，恢复到2019年的95.0%(见图1)。

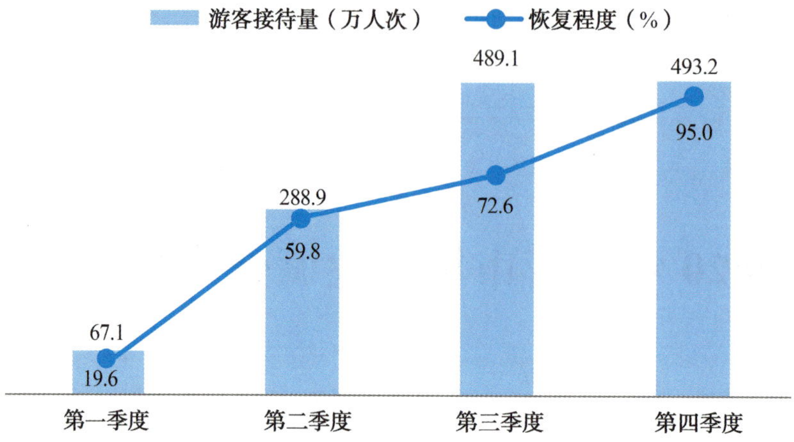

图 1　2020 年一至四季度东营市旅游游客接待量及恢复程度

2.旅游收入

据统计调查测算，全市实现旅游收入 120.7 亿元，恢复到 2019 年的 58.7%，其中入境旅游收入 43.8 万美元，国内旅游收入 120.6 亿元。分季度来看，2020 年第一季度旅游总收入共计 6.9 亿元，恢复到 2019 年的 18.2%；第二季度旅游总收入共计 23.1 亿元，恢复到 2019 年的 50.7%；第三季度旅游总收入共计 49.1 亿元，恢复到 2019 年的 64.4%；第四季度旅游总收入共计 41.6 亿元，恢复到 2019 年的 90.6%（见图 2）。

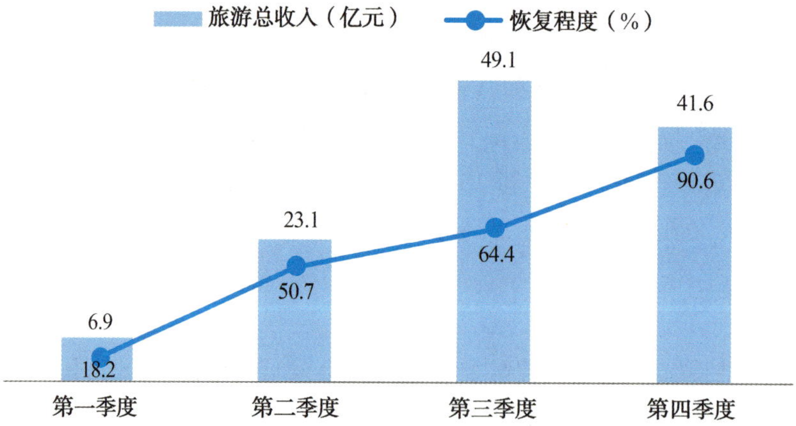

图 2　东营市 2020 年一至四季度旅游总收入及恢复程度

(二)政策引导文旅企业复工复产

一是稳扎稳打,保持“零疫情”成果。在常态化疫情防控的形势之下,东营市文化和旅游局严格贯彻落实国家、省、市疫情防控工作会议精神,持续做好疫情防控和安全防范,针对旅行社、公共文化场馆等重点领域疫情防控工作,制定差别化精准防控策略,指导各景区、场馆等文旅场所开展消毒等工作,实行带班领导和值班人员24小时值班制度,实行“日报告、零报告”制度,加强组织领导,完善防控制度,全年保持着“零疫情”的防控成果。

二是银企对接,为企业纾困解难。为应对新冠肺炎疫情对文旅产业的冲击,东营市出台了《关于应对新冠肺炎疫情影响促进文化和旅游产业健康发展的若干意见》《关于应对新型冠状病毒感染的肺炎疫情支持中小企业共渡难关的政策意见》,市文化和旅游局精准对接、因企施策,全力为文旅企业纾难解困。搭建银企对接平台,协调邮储银行与全市16家文旅企业对接,退还76家旅行社质保金1242万元,为4家企业授信贷款2.15亿元,助力企业复工复产。

(三)文旅活动拉动消费回升

一是文旅活动丰富多彩。2020年,围绕打造“黄河入海、我们回家”文化旅游品牌,先后举办全省旅游饭店协会会长会议、千车万人自驾黄河口、黄河口(东营)啤酒美食节、2020中国东营·黄河铁人三项冠军赛暨黄河入海生态铁人运动旅游展示赛、黄河口(东营)公路自行车赛、中青旅联盟第十九次全体成员代表大会、黄河口(东营)摄影大展等20余项重大节会赛事活动;组织企业参加全省推介活动,设计“山东人游山东”精品旅游线路11条,自驾车两日游专题线路4条,黄河文化旅游廊道游览线路2条。启动文旅嘉年华活动,全省非遗主题旅游线路采风团、“好客山东·百团山东行”相继走进黄河入海口。

二是旅游消费迅速升温。举办第四届东营文化和旅游惠民消费季,签约企业51家,推出活动4597场次,带动消费2214万元;实施油田文化融合工程,在24个油田社区建成图书馆分馆和文化馆分馆,开设声乐、舞蹈等30余门公益课程,启动首届“油地文化艺术季”活动;举办黄河口(东营)啤酒美食节,10天时间吸引市民和游客8.1万人次,营业额近千万元;“千车万人自驾黄河口”活动带动消费2000余万元。在各项文旅活动的带动下,全市文旅消费水平显著提高,实现旅游总收入120.7亿元,恢复至2019年的58.7%。

（四）旅游项目建设稳步推进

一是持续推动项目建设。黄河口生态区投资 9500 万元实施“黄河入海”低空旅游、北汊河河道疏浚等项目；投资 5.3 亿元完成湿地生态保护与恢复工程；投资1.9 亿元建设舟游白鹳湖、黄河入海流主题 VR 体验馆等项目；北汊河河道疏浚完成主体工程，引进直升机开展低空游，实现了从海上空中观览河海交汇；黄河口管理站（一期）、大汶流管理站及红滩湿地景观修复项目全部完工，黄河入海流主题 VR 体验馆建成投用；新打造的休闲观光科普园“花仙谷”对外开放。据统计，2020 年，全市累计完成投资 21.83 亿元，旅游项目建设取得重大突破。

二是以“旅游＋”模式助力产业发展。在全省率先开拓国内自驾游市场，成立东营市旅游车船协会，推出黄河口生态游、红色游、休闲游等 9 条“醉美”自驾游线路，结合生态摄影、体育赛事、研学、会展、美食等业态推出 11 项旅游产品。成立全市研学旅行协会，举办 2020 东营市首届研学旅行创新大赛、2020 东营市首届研学导师培训班等活动，推动全市研学基地（营地）建设。启动黄河口（东营）美食季活动，打响“吃在东营”品牌。东营区依靠“旅游＋”战略，以项目建设为支撑，培优业态，将康养环境、康养文化和生态旅游相结合，打造“旅游＋度假＋康养”新模式。东营被确定为 2021 中国休闲度假大会承办城市。

（五）乡村旅游取得重要进展

一是发展乡村旅游精品项目。东营市广饶县稻庄镇、垦利区永安镇、利津县陈庄镇、河口区新户镇等 4 个镇被评为 2020 年度省级农业产业强镇。东营市东营区龙居镇董王村被命名为全省乡村旅游重点村（精品旅游特色村）。

二是扎实推进乡村振兴行动。刘集后村整合周边荣庄、北张淡等 6 个村近 300 万元资金，创办了红色刘集现代农业合作社，建设了一处集旅游、观光、采摘、休闲于一体的生态采摘园，每年可为村集体增收近 50 万元，每名村民每年增收近 3000 元。利津县加快推进陈庄临河农旅融合示范区、七龙河农业嘉年华等 12 个“旅游富民”重点项目；深入实施“多维惠民、立体服务”文化惠民工程，放映农村公益电影 4800 多场，举办“进千村、乐万家”文化惠民演出 470 多场。

（六）全域旅游发展持续深化

一是完善全域旅游建设策略。为加快推进“旅游富民”三年行动计划，进一步激发文化旅游消费，发展全域旅游产业，各县（区）齐发力，推动全域旅游大发展，以东营市广饶县为例，2020 年广饶县为大力实施“文化＋”“旅游＋”战略，加快旅游重点项目建设。

二是打通全域旅游全要素产业链。2020 年 7 月，扶持、认定 4 条美食街区、3 家特色餐饮名店参加全市“黄河入海美食季”活动现场推介；8 月，东营首家全域智慧旅行＋跨境电商平台项目落户东营区，通过推广基于移动端的“一站式”多平台入口全域旅行平台，全面实现吃、住、行、游、购、娱全要素旅游产业链在大数据背景下的全方位布局和营销推广；9 月，在白鹭园湿地景区举办东营经济技术开发区全域旅游推广季活动，助推全域旅游高质量发展。

（七）“非遗”“自驾”掀起旅游新热潮

2020 年，东营市文化旅游发展成效显著，“非遗”“自驾游”“数字文旅”“文明旅游”“复工复产”“旅游惠民”六大关键词串起东营旅游业的发展亮点，接下来将重点分析“非遗”“自驾游”“数字文旅”三大东营市文化和旅游产业关键词（见图 3）。

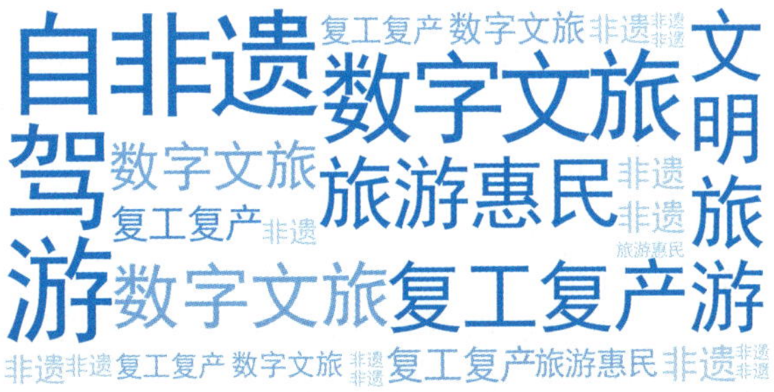

图 3 东营市旅游热词图

1.“非遗”

2020 年，东营市以弘扬中华优秀传统文化、黄河文化为宗旨，增强人民群众保护传承非遗的参与感、认同感和获得感，促进非遗旅游深度融合，开展了“非物质文化遗产月”“非遗在社区”等系列活动。近年来，东营市把非遗助力扶贫作为推进文化精准扶贫的重要抓手，依托传统技艺类非遗项目实施生产性保护，扎实推进非遗助力扶贫工作。其中，东营区龙居镇、垦利区垦利街道、利津县北宋镇、利津县汀罗镇被评选为山东省“非遗助力脱贫、推动乡村振兴”典型乡镇（街道），全市非遗扶贫工作取得新成效。

2.“自驾游”

东营市是疫情防控常态化形势下全省第一个组织自驾游的城市，“千车万人自驾黄河口”活动启动以来，东营旅游品牌的口碑效应逐步形成，通过自驾视角的形象宣传推介了东营文旅资源，在各市引成了较大反响。2020年7月11日，随着又一批来自济南、青岛的自驾游客抵达黄河口生态旅游区，市文化和旅游局结合山东“六个一百”自驾游行动持续推出的“千车万人自驾黄河口”活动愈发火热，自驾游成为东营市旅游市场的“重头戏”。

3.“数字文旅”

针对疫情期间线下旅游消费市场的萎缩情况，东营文旅线上商城大力发展数字文旅，开发独具本地特色的优质文旅产品，发挥数字文旅优势，充分运用互联网元素，融入农业、旅游、电子商务等业态，实现农、旅、商闭环发展。同时，东营市以年货节为契机，实现农、文、旅、商相互融合，从整合资源、打造品牌、加大营销、优化环境等方面持续着力，促进农、旅、商不断融合发展。

二、旅游业态分析

(一)旅游游览情况

1.旅游景区

(1)A级景区数量

截至2020年年底，东营市共有67家A级景区，包括5A级景区1家，4A级景区7家(见表1)，3A级景区47家，2A级景区12家。

表1　东营市2020年度5A及4A级景区名单

序号	景区名称	等级
1	黄河口生态旅游区	5A
2	孙子文化旅游度假区	4A
3	红色刘集旅游景区	
4	天宁寺文化旅游区	
5	揽翠湖旅游度假区	
6	龙居黄河森林旅游区	
7	黄河三角洲动物园	
8	孤岛槐树林温泉旅游区	

(2)景区经营情况

2020 年,被纳入抽样调查的 11 家旅游景区单位共接待游客 404 万人次,恢复到 2019 年的 77.3%;营业收入 1.2 亿元,恢复到 2019 年的 64.1%。

(3)A 级景区最新情况

2020 年,鸣翠湖湿地风景区通过国家 4A 级景区景观质量评审;华泰孙武湖温泉旅游区、智联农创研学工厂、稻田画风景区、电文化体验馆、瓜田果上、静花营生态旅游度假区、七龙河农业嘉年华、明镜湖旅游区、美好时光青海小镇、凤栖林康养基地、西苑景区、绿野仙踪乡村旅游区、北宋金河滩乡村旅游度假区共 13 家景区通过国家 3A 级景区景观质量评审。

2.乡村旅游区

(1)省级休闲农业与乡村旅游示范单位

2020 年年底,全市省级休闲农业与乡村旅游示范单位达到 26 个,包含东营区六户镇东六户村、东营区龙居镇朱家村、广饶县爱尚多肉文化旅游区、东营区胜利油田胜大生态林场(东营市实验林场)星创生态农业示范园等。

(2)乡村旅游重点村

2020 年 12 月,省文化和旅游厅、省发展改革委组织命名东营市东营区龙居镇董王村为全省乡村旅游重点村(精品旅游特色村)。

(3)农业产业强镇

为落实《山东省促进乡村产业振兴行动计划》(鲁政发〔2020〕1 号),打造镇域乡村产业发展平台,推动农村一、二、三产业融合,助力实施乡村振兴战略,评选东营市广饶县稻庄镇、垦利区永安镇、利津县陈庄镇、河口区新户镇 4 个镇为 2020 年度省级农业产业强镇。

(4)“非遗助力脱贫、推动乡村振兴”典型乡镇(街道)

2020 年 6 月,省文旅厅与省扶贫办共同制定了《山东省“非遗助力脱贫、推动乡村振兴”工程实施方案》,东营市东营区龙居镇、夏津县宋楼镇、利津县汀罗镇被评选为第三批“非遗助力脱贫、推动乡村振兴”典型乡镇(街道),成为乡村非遗发展的优质载体。东营市“非遗助力脱贫、推动乡村振兴”典型乡镇(街道)共有 5 个(见表 2)。

表 2 东营市“非遗助力脱贫、推动乡村振兴”典型乡镇(街道)名单

序号	名称	评定年份	批次
1	东营区龙居镇	2020	第三批
2	夏津县宋楼镇	2020	第三批
3	利津县汀罗镇	2020	第三批

续表

序号	名称	评定年份	批次
4	利津县北宋镇	2019	第二批
5	垦利区垦利街道	2018	第一批

3.新业态旅游区

一是体育旅游。黄河口体育旅游基地被评选为首批省级体育旅游示范基地。

二是康养旅游。东营揽翠湖康旅文化小镇被评选为首批省级康养旅游示范基地。

三是工业旅游。胜利油田科技展览中心、山东核电科技馆、黄河王酒文化博览园、兵圣王酒文化博览园被评选为山东省工业旅游示范基地(见表3)。

表3 三批东营市省工业旅游示范基地名录

序号	示范基地名称	批次
1	胜利油田科技展览中心	第一批
2	山东核电科技馆	第一批
3	黄河王酒文化博览园	第二批
4	兵圣王酒文化博览园	第三批

(二)旅游住宿、餐饮

1.旅游住宿

截至2020年年底，全市持证住宿总计270.4万人次，恢复到2019年的81.5%。对东营3家旅游住宿设施单位的调查数据显示，2020年全年接待国内游客2.1万人次，下降28.9%;实现营业收入198.4万元，下降5.4%。

2.旅游餐饮

截至2020年年底，东营市共有星级饭店24家。东营市全年社会消费品零售总额653.40亿元，其中，餐饮业收入67.21亿元，增长5.0%。

2020年7月10日，由东营市委宣传部、东营市文化和旅游局策划的2020黄河口(东营)美食季活动在蓝海御华大饭店举行新闻发布会。本次活动以“黄河入海、我们回家——乐享东营”为主题，旨在充分发挥餐饮和旅游消费在提振市场、扩大内需和促进夜经济方面的叠加带动效应，引导培育美食经济、文旅产业，打造黄河美食名城，叫响“美食东营”品牌。

(三)旅游文娱情况

1.公共文化服务

2020年,全市共计完成176个村的改造提升、50处乡村剧场建设、86处广场Wi-Fi配备、6个城市书房和50个农家书屋分馆建设;在全市启动"千团万人下乡进社区"文化志愿服务活动,各级文化志愿队伍组织开展文化服务活动3600余场,发放文化宣传彩页50余万份,通过网站、微信等媒体发布活动信息500余篇;为全市12413户建档立卡贫困户和即时帮扶户落实免费安装、免收视费等优惠措施。此外,垦利区"文旅特派员做好城乡联动'搭桥人'"入选2020年度全省文化旅游工作典型案例,河口区创建成为全国书香城市。

2.非遗保护传承

全市14个非遗项目入选第五批省级非物质文化遗产代表性项目名录,东营区龙居镇和利津县汀罗镇被评选为第三批全省"非遗助力脱贫、推动乡村振兴"典型乡镇(街道)。东营代表在全国"非遗在社区"工作交流会上作典型经验交流发言,东营市被文旅部非遗司确定为"非遗在社区"试点城市,垦利街道被确定为"非遗在社区"重点试点街道。全市非遗保护传承重点工作如下:

一是加强文物保护管理与利用。完成全市128处革命文物调查工作,建立全市革命文物数据库。完成东营市吕剧博物馆展陈大纲等3个展陈项目,柏寝台三期保护工程寨村泉顺院等4个文物保护工程项目,利津博物馆可移动文物预防性保护项目等4个可移动文物保护项目的方案编制、评审及国家、省级文物保护专项资金申报工作。编制完成《山东省利津县铁门关遗址保护规划》,累计发掘面积400平方米。开展海北遗址第三次考古勘探工作,进一步确认遗址的范围和性质。组织召开考古学视野下港口与码头学术研讨会,山东省文化和旅游厅、山东大学、山东师范大学等领导和专家100余人出席会议。

二是加强非物质文化遗产保护与传承。积极推进黄河三角洲文化生态保护区创建工作,编制完成《黄河三角洲文化生态保护区规划纲要(初稿)》。成功举办2020年"非物质文化遗产月"、2020年"文化和自然遗产日"宣传展示活动。举办非遗传习大课堂,邀请优秀非遗项目传承人现场传艺。组织非遗传承人进校园、进景区、进社区、进军营,受到热烈欢迎。依托广饶齐笔、垦利黄河口草编、利津老粗布、史口烧鸡等非遗项目,创新"非遗+企业""非遗+农户"模式,带动周边困难群众就业,助力精准扶贫。"垦利区非遗串起产学研·提质增效促振兴"被评选为2019年度山东省非物质文化遗产保护十大亮点工作,广饶齐笔项目传承人郭明昌被评选为2019年度山东省非遗保护十大模范传承人，东营区龙居镇和利津县汀罗镇被评选为第三批全省“非遗助力脱贫、推动乡村振兴”典型乡镇(街道)。全市共有国家级非遗项目 2 项，省级非遗项目 10 项。

(四)旅游综合服务

1.旅行社

2020 年，全市旅行社及分社共计 108 家。其中，5A 级旅行社 3 家，4A 级旅行社 2 家，3A 级旅行社 22 家。

2.旅游厕所

2020 年，全市新建旅游厕所 40 座。

3.旅游集团

2020 年，东营市蓝海集团入选山东省“十强”产业集群领军企业，为全省精品旅游领域仅有的两家上榜企业之一。依托蓝海集团成立了黄河入海文化旅游发展有限责任公司，研发推广“黄河口”系列伴手礼，设计文创产品 8 种，布局展销点 13 处，实现销售收入 530 万元。

三、旅游市场分析

(一)国内旅游市场运行现状

1.国内旅游市场运行指标

2020 年，东营市坚持统筹推进疫情防控和经济社会发展，做好疫情防控和文旅秩序有序恢复。加快实施“旅游富民”三年行动计划，加强重点旅游项目建设，配套完善旅游基础设施。一系列项目的有效实施，丰富了旅游产品供给，极大地提升了景区的吸引力。与省内其他地市相比，东营市国内游客接待量恢复程度位列全省第一、国内旅游收入恢复程度位列全省第二。

2.游客画像

客源地分析：省内游客占比 80%以上。东营市的国内游客主要来自省内及周边省份，其中，山东省内游客占比达 84.4%；省外游客人数前五名的地区为江苏、天津、河北、河南和山西，占比分别为2.6%、1.8%、1.8%、1.3%、1.1%，合计8.6%（见图4）。

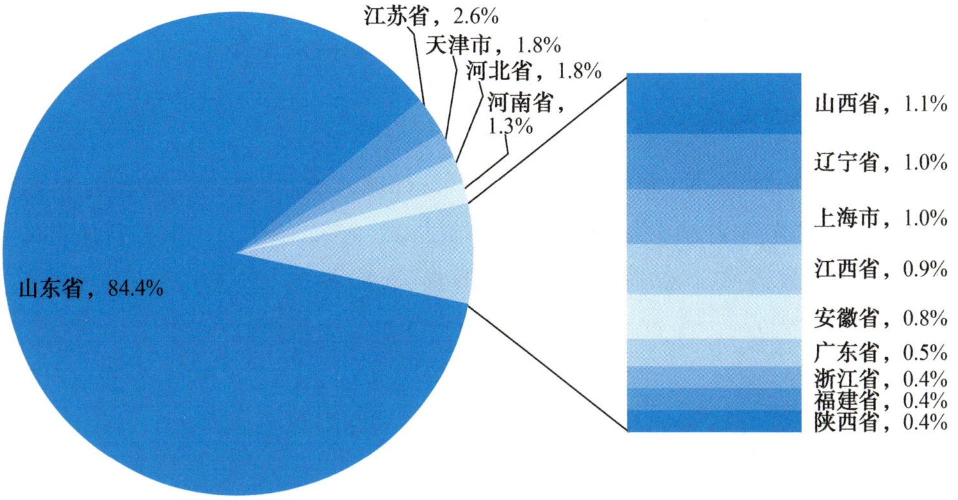

图4　2020年东营市国内游客客源地（选取占比0.3%及以上的省份）

游客年龄分布：青壮年主导市场。从游客年龄结构来看，以青壮年游客为主，呈现中间多、两头少的趋势。25—44岁年龄段的中青年游客占比近60%，是外出旅游的主力军，19—64岁的游客占比合计97.4%（见图5）。

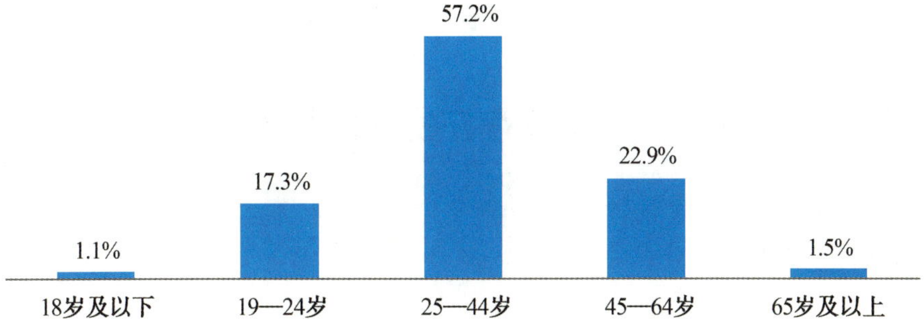

图5　2020年东营市国内游客年龄分布

（二）入境旅游市场运行现状

1.入境旅游市场运行指标

2020年1月24日，文化和旅游部下发《关于全力做好新型冠状病毒感染的肺炎疫情防控工作暂停旅游企业经营活动的紧急通知》，要求所有“线上旅游产品”和旅游团全部停止出行，所有旅行社暂停组团和地接业务，出境旅游市场几乎处于停滞状态。随着疫情防控形势好转，根据国家移民管理局统一部署安排，全国公安机关出入境管理部门已于2020年9月23日起恢复办理内地居民赴澳门旅游签注。

受疫情影响，入境旅游接待消费持续下降。2020年，东营市接待入境游客0.1万人次，下降98.2%。其中，过夜游游客0.1万人次，停留0.3万人天。

2.客源地分布及变化

受疫情影响，2020年，东营市入境游客中，外国游客占78.5%，香港地区游客占8.1%，澳门地区游客占0.5%，台湾地区游客占12.9%（见图6）。来东营旅游的外国游客中，游客人数排前三名的国家为美国、日本、加拿大。

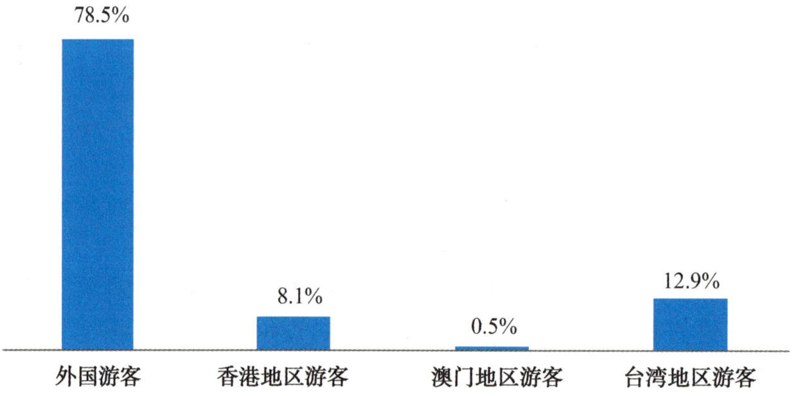

图6 2020年东营市入境游客占比情况

四、旅游发展存在的问题及建议

（一）问题分析

近年来，东营市文化和旅游局持续推进文化和旅游融合发展，取得了一些成绩，但也存在一定的问题。

1.项目多而不强，辐射带动力不足

截至2020年，东营尚未开通高铁，成为游客前来的制约性因素。全市旅游景区布局分散，缺少规划，不能将各景区、景点及旅游吸引物连点串线、连线成面，形成能够吸引人、留住人的大文化旅游板块。特别是黄河口生态旅游区、孙子文化旅游区等主要景区之间距离较远，加之旅游线路串接组合程度低，多数游客在东营以黄河口生态旅游区为主进行有选择性的游玩，对全市景区进行全面游览的游客较少，致使游客在东营的停留时间短，旅游产业链条难以从观光延伸到吃、住、行、购等层面，对相关

产业的辐射带动力不强。

2.文旅融合发展不足，旅游过度依赖“门票经济”

随着新旅游产品种类层出不穷、个性化定制服务极大丰富，人们对旅游体验的要求越来越高，以“门票经济”赚得盆满钵满的日子难以为继。全市旅游景区仍处于以观光为主的低效利用状态，缺少重量级、引领产业提档升级的文旅融合发展新业态、新模式。文化资源挖掘不深，虽然历史名人、典故不少，但真正挖深、挖透的比较少，情景再现、引人入胜、寓教于游的文化旅游产品更少。

（二）改进建议

1.突出项目建设，完善旅游线路

一是大力弘扬黄河口文化、孙子文化、吕剧文化、石油文化、红色文化，实施好黄河文化馆、黄河科技馆、胜利石油科技馆布展和黄河三角洲鸟类博物馆、湿地博物馆建设提升工程，打造教育部认定的“全国中小学生研学实践教育基地”，推动文化、旅游融合发展。二是围绕河海交汇、野生鸟类、国际湿地三大资源，高水平打造核心旅游产品，丰富特色旅游线路，延长游客停留时间，提升景区品牌影响力；广泛宣传推介，打造“黄河入海、我们回家”旅游品牌，塑造东营黄河入海城市、湿地城市、旅游城市、开放城市的新时代城市形象。

2.聚力产业融合，培育文旅新业态

联合市工信、教育、体育、卫健等部门积极对新业态资源进行调研、挖掘，扎实推进“文旅＋”新业态健康有序发展。一是根据全省统一安排，结合东营实际，做好康养旅游的文章。二是依托现有工业游基地，完善要素、丰富业态，提升东营市工业旅游品质。三是引进高端赛事活动，大力发展体育旅游。

3.加强惠民消费，助力经济升温

一是持续加大惠民消费扶持力度，积极对接省银联、支付宝及有关金融机构，多渠道争取无偿资金配资支持，最大限度地发挥市财政专项资金的引导和拉动作用。二是积极拓展文旅消费新空间。通过发放文旅惠民消费定向券的形式，大力培育文旅融合新业态。三是扎实做好消费示范单位申报创建工作。按照省文旅厅的统一部署，积极组织国家级、省级夜间文旅消费集聚区的申报工作，认真组织省级文化和旅游消费示范县的申报创建工作。

（谷晓凯）

2020年烟台市旅游业调查分析报告

2020年，烟台市以建设制造业强市、海洋经济大市、宜业宜居宜游城市和现代化国际滨海城市为目标，全力培植壮大文旅产业，激发文旅消费潜力，打造“海洋文化旅游品牌之城”。总体来看，2020年全年接待国内外游客共计5349.91万人次，恢复至2019年的61.57%；全年实现旅游总收入（旅游消费总额）624.40亿元，恢复至2019年的54.37%，相当于全市地区生产总值的7.99%、全市服务业增加值的15.41%。全市游客人均消费1167.12元，同比下降11.70%。

一、统计数据分析

（一）国内旅游市场接待分析

2020年，烟台市国内游客达5349.91万人次，其中，一日游游客3007.31万人次，恢复至2019年的61.38%；过夜游游客2342.60万人次，恢复至2019年的61.80%。国内旅游总收入达624.40亿元，其中，一日游总收入189.13亿元，恢复至2019年的49.41%；过夜游总收入435.27亿元，恢复至2019年的59.49%。

1.分省份客源构成

2020年来烟台旅游的游客中，山东省内客源占58.11%；河北、辽宁、河南、江苏、北京是五大主要省外客源地，分别占5.17%、4.17%、3.99%、3.46%、3.21%（见图1）。

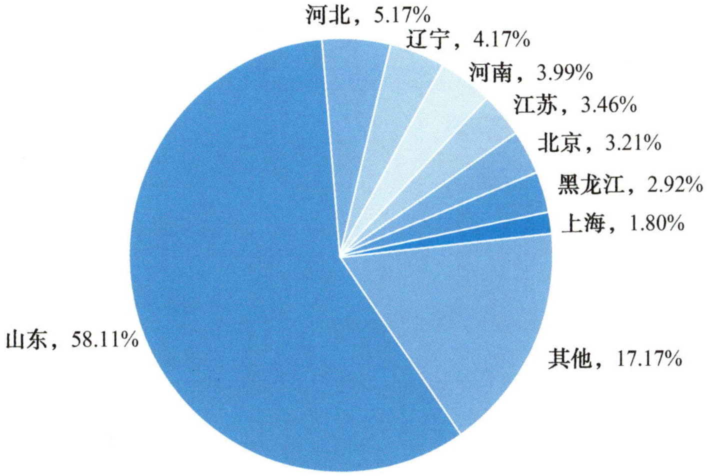

图 1　2020 年烟台市国内游客分省份客源地

2.省内客源构成

2020 年来烟台旅游的省内游客中，首先烟台本市游客占比 53.17%；其次主要为青岛、威海、潍坊、济南、淄博游客，分别占 15.23%、9.61%、7.83%、4.92%、2.28%（见图 2）。

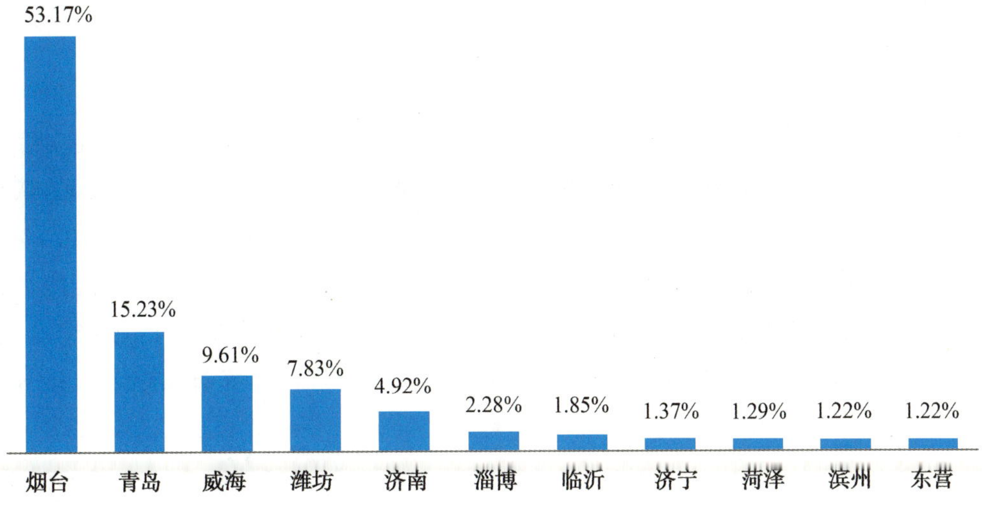

图 2　2020 年烟台市省内游客主要客源地

3.国内游客消费构成

2020 年国内游客来烟消费排名居前五位的是购物、住宿、长途交通、餐饮和景点旅游，分别占比 36.64%、23.94%、13.19%、11.59%、5.94%（见图 3）。

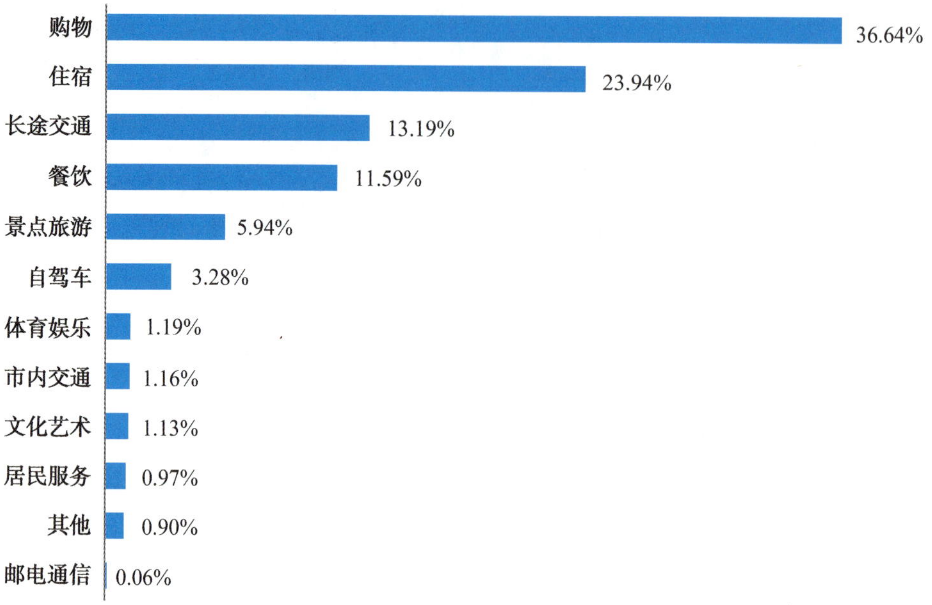

图 3　2020 年烟台市国内游客消费结构

（二）入境旅游市场接待分析

受疫情影响，2020 年度全市共接待入境游客 12.04 万人次，恢复至2019 年的 18.51%。其中，入境一日游游客 9.45 万人次，恢复至 2019 年的 25.79%；过夜游游客 2.55 万人次，恢复至 2019 年的 9.09%。实现入境旅游总收入 2112.36 万美元，恢复至 2019 年的 4.29%。入境游客中，港澳台游客占比 10.47%，较 2019 年下降 9.17 个百分点；外国游客占比 89.53%，较 2019 年增长 9.17 个百分点。韩国、美国、日本成为烟台市主要入境客源地，总占比达 78.86%。韩国游客人数最多，占比为 68.63%，较 2019 年增长了 19.74 个百分点；日本市场潜力仍有待进一步挖掘，占比 4.62%，较 2019 年下降了 4.79 个百分点。

二、旅游业发展亮点

2020 年，烟台滨海旅游产业集群入选山东省“十强”产业“雁阵形”产业集群，烟台市成功创建首批“国家文化和旅游消费试点城市”（全省共 2 个）、“中国夜游名城”，省委、省政府决定 2021 年山东省旅游发展大会在烟台召开。

全市现有国家A级景区76家，其中5A级景区3家，数量居全省首位；国家级旅游度假区2处、省级旅游度假区8处，数量和规模均居全省首位；省级以上文化产业园区(基地)10个；星级酒店69家，其中五星级酒店7家，数量居全省第2位；葡萄酒庄38家，是全国最大的葡萄酒旅游集群；旅游集团8家，邮轮游艇企业37家，海洋牧场示范区30家，省级以上工业旅游示范基地(点)、康养旅游、体育旅游示范基地32家；共有博物馆37家、文化馆14家、公共图书馆14家、城市书房31家、剧院9家、影院49家。

(一)聚焦顶层设计，强化规划引领政策保障

1.强化组织领导

由市领导挂帅成立烟台市文化和旅游委员会，高点定位、高位推进文化旅游高质量发展。成立滨海一带管理委员会，统筹推进养马岛至三山岛200公里仙境海岸旅游带建设。全市33个旅游项目被列入市级重点项目，由市委"三重"工作专班统筹推进。组建芝罘仙境指挥部、历史文化街区保护利用专家咨询委员会，聚焦芝罘仙境重大滨海旅游项目，探索文物整体保护、连片利用的"烟台路径"，实现文物保护和项目开发"双赢"。

2.强化政策保障

出台《关于加快发展全域旅游的实施意见》《关于进一步推动文化和旅游产业发展的意见》《关于支持发展五星级酒店的意见》《关于理顺滨海一带管理运营体制打造仙境海岸的实施意见》等，加大指导和支持力度。市财政每年安排1000万元文化和旅游惠民消费季专项资金，对成功创建国家级度假区、5A级景区、国家文旅融合示范区等给予奖补，积极应对疫情，加快振兴文旅经济。

3.强化规划指导

编制实施《烟台市全域旅游发展总体规划》《昆嵛山至长岛滨海一线区域旅游发展规划》等文旅系列规划，正在编制《滨海一带控制性详规》《滨海一带景观提升规划》《滨海一带海陆交通、岸线码头和海上航线规划》，完成全域旅游资源普查，以实现统筹谋划，科学发展。

(二)聚焦空间优化，构筑"两核一带"文旅高地

1.打造中心城区都市休闲核

芝罘仙境、华侨城"山海城"等一批重大项目加紧推进，中心城区文旅发展快速突

破。投资180亿元，打造芝罘仙境"一岛一山一湾一街一城"五位一体。崆峒胜境文旅项目奠基，朝阳街、所城里春节前正式开街，烟台山景区亮化工程完成，芝罘仙境展示中心开放。投资1500亿元，建设海上世界集船、港、城、游、购、娱于一体的商旅综合体。统筹陆上、海上、海岸、海岛资源，策划推出夜游芝罘湾、空中看"芝罘仙境"等全地域、全时段产品，中心城区旅游吸引力显著提升。

2.打造蓬长生态文化旅游核

以葡萄酒、文化演艺、海岛度假等一批重大项目为支撑，打造蓬莱长岛大景区，实现优势互补、共同发展。蓬莱区获评第二批国家全域旅游示范区，《仙缘·蓬莱》水舞灯光秀、大型行浸式海岛光影演艺项目成功上演。开元旅游度假项目列入山东省新旧动能转换"十强"产业重大支撑项目，蓬莱八仙过海旅游有限公司荣登2020年山东省"精品旅游"产业民企10强首位。规划丘山山谷葡萄酒文化休闲体验区，拉斐酒庄、圣马场等建成运营，致力于打造世界一流的葡萄酒文化旅游度假胜地。长岛获评2020"中国最佳生态旅游目的地"。加快推进海洋牧场、长岛港综合枢纽、海岛文化品牌创建、"渔号之夜"夜间旅游等系列工程，打造"碧海青山"国家品牌。

3.打造滨海一线文化旅游带

滨海路蓬莱段公路正式通车，滨海一线旅游大通道全线贯通。滨海一带管理运营体制改革基本完成，"十四五"期间将建设国内一流、国际知名的仙境海岸。幸福新城、高铁新区、八角湾、金山湾中央创新区等九大片区加速突破，主题游乐园、游艇码头、滨海度假、休闲康养、国际会展中心等一批高端文旅项目正在布局。沿昆嵛山至长岛打造最美100公里自驾游"海岸之路"，获评"最受山东自驾旅游者喜爱的线路"。"醉美"仙境海岸自驾烟台线路成功入选"疫去春来·江山多娇"全国百条精品旅游线路，是全省三条入选线路之一。

（三）聚焦载体培育，建设优势产业集群

1.海上文旅集群

海上牧场板块，开创"蓝色粮仓＋蓝色文旅"海洋牧场新模式。全市共有30处国家、省级海洋牧场示范区，其中国家级14处，占全国总数的1/8，数量居全省首位。加快推进"耕海1号"、清泉海洋等8个海洋牧场建设，成为海洋渔业与海洋文旅产业链协同发展的新标杆。邮轮游艇板块，海上世界邮轮母港项目加快规划建设，开通芝罘湾海上游、长岛观鸟游等10余条海上游线路，丰富海上游体验内容。首艘全资自主

经营的“中华泰山”号邮轮，先后运营中韩、中日、中菲等30多条航线。正在建设的乐天游艇俱乐部项目将建设帆船泊位192个，延伸建设帆船帆板运动培训基地、游艇展示、酒店及会议中心等配套设施。

2.岛上文旅集群

坚持生态优先、保护开发的理念，“一岛一主题”差异定位，培育打造长岛、崆峒岛、连理岛等海岛旅游集群。长岛实施“渔家乐·民宿”三年提升计划，推进西海岸等大型项目招商建设，创建长岛海洋生态文明综合试验区和海洋类国家公园。养马岛加快推进换乘中心、海水浴场、步行栈道、污水管网、道路景观绿化五大工程，打造“生态旅游岛”。崆峒岛项目总投资65亿元，基于畅游天海秘境的仙幻传说，打造中国首家天海漫游的海上仙岛。连理岛正在建设面积13.3万平方米的大型水上体育基地，将建设3万平方米水上体育综训楼，帆船漂浮码头100个泊位。

3.岸上文旅集群

景区度假区板块，发展以蓬莱阁、三仙山·八仙过海等为代表的5A级景区3个、4A级景区20个。创建蓬莱、海阳等国家级省级旅游度假区10个，打造北方最大的滨海旅游度假区集群。推进金沙滩省级旅游度假区重点项目，创建国家级旅游度假区。

旅游饭店板块，发展星级饭店70家，主题酒店近10家，星级渔家乐808家，特色精品民宿60多家。莱山君悦等7个五星级酒店项目在建，金沙滩度假区国际品牌度假酒店群独树一帜，希尔顿、喜来登、百纳瑞汀等多家酒店品牌效应突出。

葡萄酒旅游板块，丰富“国际葡萄酒城”内涵，出台政策支持打造享誉中外的葡萄酒文化名城。在建葡萄酒庄25个，张裕葡萄酒文化旅游区被评为全国首批（首位入选）、全省唯一的国家工业旅游示范基地。精心打造全球第三、亚洲唯一的拉菲酒庄——瓏岱酒庄。

康养体育旅游板块，2020年，共4家单位获评山东省康养旅游示范基地、体育旅游示范基地，数量居全省首位。连续举办世界老年旅游大会，培育产品丰富、品牌知名的老年游学产业链。以海阳国家沙滩体育健身基地为重点，发展“体育＋旅游”新业态，举办全国沙滩藤球锦标赛、长岛环岛国际马拉松赛等大型赛事。

（四）聚焦项目建设，持续注入强势动能

1.政策措施更加有力

市委、市政府出台《关于进一步加强“双招双引”工作的意见》等招商引资重要政

策。先后举办“仙境海岸 鲜美烟台”招商引资对接会、新旧动能转换项目洽谈会等重大招商活动。市委、市政府主要领导多次走访复星集团、华侨城集团等大型旅游企业,协调促成山东省国资委、中国旅游集团20强企业与长岛旅游项目合作。举办重点文旅项目网络招商推介会,总招商金额1400亿元,推出7个“政策红包”,发布七大类35个项目。昆龙温泉二期、艾山温泉小镇等3个项目入选第二届山东省儒商大会重点推介项目。在全省高质量“双招双引”考核中,烟台精品旅游项目完成到位资金居全省前三位。蓬莱登州古城等76个新项目签约,签约总金额266.3亿元。

2.项目能级明显提升

先后布局一批对全市文旅产业具有重大支撑力、带动力的尖端放电项目。投资2351亿元推进芝罘仙境、海上世界等60个重点项目。恒大丁字湾文化旅游城等15个项目申报列入山东省“十四五”规划重大工程项目。华侨城集团、复星集团、海昌集团等一批行业领军企业纷纷登陆,中青旅集团、鲁商集团等一批新项目洽谈正在加快推进。投资100亿元建设复星文旅城项目。

3.海洋优势持续放大

立足海洋资源优势,实施旅游向海战略,加速集聚滨海一带项目,发挥岸上、海上、岛上联动效应,推动烟台加快打造滨海度假旅游目的地。打造国内首部大型行浸式海岛光影演艺——长岛《梦寻仙山》。芝罘仙境、海上世界等重大在建项目激活向海新动能。投资1000亿元建设恒大丁字湾文化旅游城,打造综合性文化旅游城。崆峒胜境、“耕海1号”二期、八角湾酒店集群等一批新项目开工建设,海洋旅游品牌之城魅力进一步彰显。“耕海1号”二期工程正在建设,与一期共同构成“海洋之星”项链造型,打造国内领先的海洋牧场旅游新标杆。

(五)聚焦产业复苏,全力激活消费市场

1.加大政策扶持力度

一是确保上级政策落实到位。梳理应对疫情的上级支持“政策工具包”,精准推送给企业。全年为有需求的211家旅行社办理暂退质量服务保证金3398万元。

二是出台本地专项支持政策。13个部门联合出台《关于应对疫情促进文化和旅游产业健康发展的意见》,针对景区、非遗、游客招徕等各领域研究扶持奖补措施。

三是加强金融服务。多部门联合印发《关于做好全市文化旅游企业金融支持服务工作的通知》,从落实创业金服计划、降低信贷融资成本等多方面加强金融服务与

支持；召开文旅企业金融服务对接会，精准扶持文旅企业。

2.丰富优质惠民消费供给

一是加大消费惠民力度。开展全民欢购、文化和旅游惠民消费季活动，发放3000多万元消费券，组织百家企业推出千余项靶向式文旅活动，带动直接消费近2亿元。

二是举办品牌节会活动。以“山东人游烟台，烟台人游烟台”为引领，举办烟台国际海岸生活节、第二届烟台市民文化节，推出“好客山东·百团山东行”等400余项产品。推出10条自驾游精品线路，创建20家省自驾游示范基地。开展“寻找烟台范儿——烟台文化符号评选”等评选活动，增强消费氛围。

三是拓宽夜间休闲空间。聚焦夜游、夜食、夜购，营造24小时文旅消费体验。市直文博院馆、景区夜间延时开放，打造“文化星期五”品牌。策划水舞灯光秀《仙缘·蓬莱》等夜间旅游演艺。搭建烟台之夜等20多处文旅夜市，建设滨海广场、渔人码头等十几个夜间文旅消费聚集区。

3.加强市场营销推广

一是精准营销推介。首创文旅推广周模式，开展“演、展、推、谈”四位一体综合推介。挖掘“仙境海岸　鲜美烟台”城市品牌内涵，提升媒体宣传高度，全年省级以上媒体发稿1200多篇；自媒体平台粉丝量310万，阅读量超2300万次。紧盯文旅恢复节点，第一时间组织赴重点客源城市开展营销推介。

二是创新营销载体。上线全省首个市级公共文旅服务平台“烟台文旅云”，覆盖微信小程序、App等五大展示终端，实现“一机在手，畅享文旅”。在“中华复兴”号客滚船新设文旅推广中心，制作“烟台城事绘”等宣传品21种。

（任庆彪　靳祥陆）

2020 年潍坊市旅游业调查分析报告

2020 年，潍坊市文旅系统在市委、市政府的坚强领导下，在省文化和旅游厅的正确指导下，真抓实干、聚力攻坚，统筹推进疫情防控和复工复产，各项工作有序稳步推进，为全市经济社会发展作出了积极贡献。

一、旅游经济分析

（一）旅游总收入分析

2020 年，全市旅游总收入 509.00 亿元，同比下降 44.53%。一季度，旅游经济受疫情影响，处于低迷状态，全市旅游接待收入仅为 2019 年同期的 25.00%。下半年，随着疫情防控态势稳步好转，旅游市场逐渐回暖，迎来复苏期，依托国内旅游市场，国庆长假成为旅游经济加快复苏的重要引擎，旅游消费信心全面恢复，旅游发展潜力全面释放，旅游经济稳中向好的基本面进一步稳固。2020 年第四季度，全市旅游接待收入已恢复至 2019 年同期的 81.38%（见图 1）。

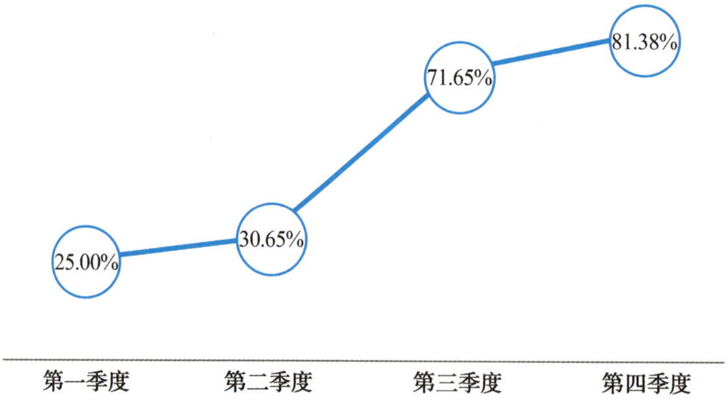

图 1　2020 年潍坊市旅游总收入同比 2019 年恢复情况

(二)旅游接待总量分析

2020 年,面对突如其来的新冠肺炎疫情和复杂、严峻的外部环境,全市文旅系统坚定发展信心,保持发展定力,统筹疫情防控和复工复产有序推进。2020 年,全市共接待国内外游客 5098.00 万人次。同比下降 38.10%。一季度疫情暴发,文旅行业进入冰封期,游客接待总量仅为 2019 年同期的 29.62%。全市景区、酒店、旅行社等旅游企业贯彻落实“预约、错峰、限流”管理要求,助力文旅市场复苏,第二季度全市旅游接待总量恢复至 2019 年同期的 40.99%。下半年,出境游需求转向境内,全市旅游市场进入全面复工复产复业新阶段。国庆、中秋双临门,文旅市场“久旱逢甘雨”,前期被抑制的出游需求得到集中释放,酒店、景区等旅游上、下游企业同步推出各类创新产品和优惠举措,进一步激发游客出游潜力。2020 年第四季度,全市旅游接待总量实现正增长,同比增长 9.58%(见图 2)。

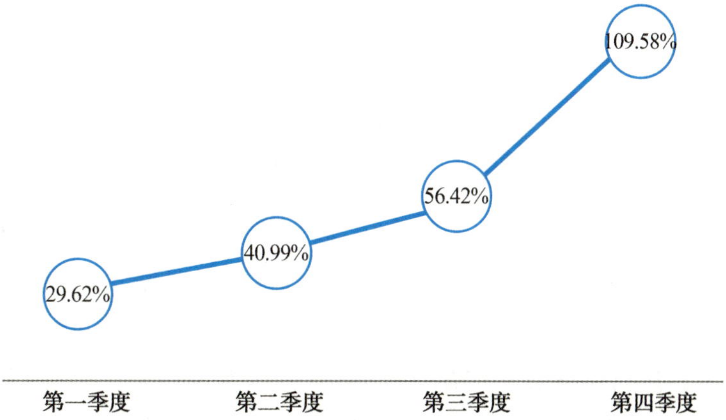

图 2　2020 年潍坊市旅游接待总量同比 2019 年恢复情况

二、旅游市场分析

(一)国内旅游市场分析

1.国内旅游收入

2020 年,受新冠肺炎疫情影响,国内旅游业开年即遭受重创。2020 年全市实现国内旅游收入 508.8 亿元,同比下降 44.2%。一季度,疫情暴发阶段与文化旅游旺季春节重合,对文化旅游产业链造成极大冲击,全市国内旅游收入仅为 2019 年同期的

25.21%。从旅游供给端来看，旅行社、景区、酒店暂停营业，营收遭受重创；从需求端来看，疫情形势严峻，游客出游意愿锐减，国内旅游产业面临空窗期，整个产业链承受巨大亏损。随着疫情防控进入常态化阶段，国内旅游消费市场信心逐步恢复，国内旅游业全面复苏，四季度国内旅游收入与 2019 年相比已恢复超 80%（见图 3）。此外，在国家提出加速形成以国内大循环为主体、国内国际双循环相互促进的新发展格局后，以内循环为主的新格局加速形成。2020 年潍坊市国内旅游收入占全市旅游总收入的比例超 90%，国内旅游主体地位更加突出。

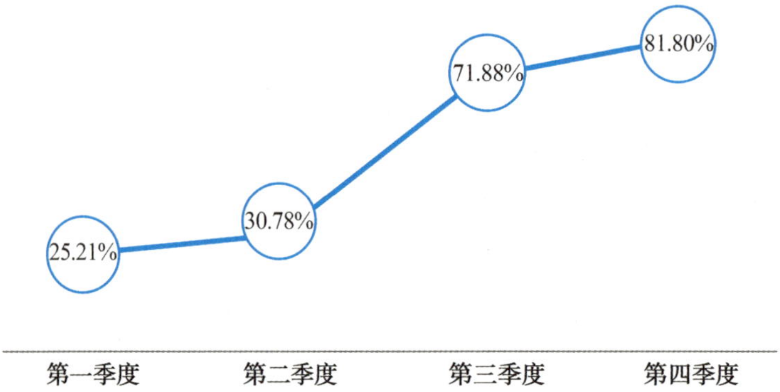

图 3　2020 年潍坊市国内旅游收入同比 2019 年恢复情况

2.国内游客接待量

新冠肺炎疫情暴发后，影响涉及全产业、全行业、全空间，对文旅产业的影响巨大。2020 年，潍坊市接待国内游客 5095.70 万人次，下降 38.00%，其中，接待过夜游客 1912.8 万人次。疫情暴发在春节期间，旅游企业节后复工推迟，对国内旅游的影响直接体现在春节旅游黄金周、第一季度甚至 2020 年全年。一季度，为有效防控疫情，景点景区关门，酒店暂停营业，整个行业几乎“停摆”，国内旅游接待面临断崖式下跌，全市接待国内游客仅为 2019 年同期的 29.68%。下半年，因跨省游恢复及暑假、国庆节、中秋节等假期带动，全市国内旅游市场在限流开放、预约开放、错峰开放、有序开放的大背景下有序恢复。2020 年第四季度，全市国内游客接待量实现正增长，同比增长 9.51%（见图 4）。截至 2020 年年底，全市国内游客接待量已恢复至 2019 年同期的 62%。

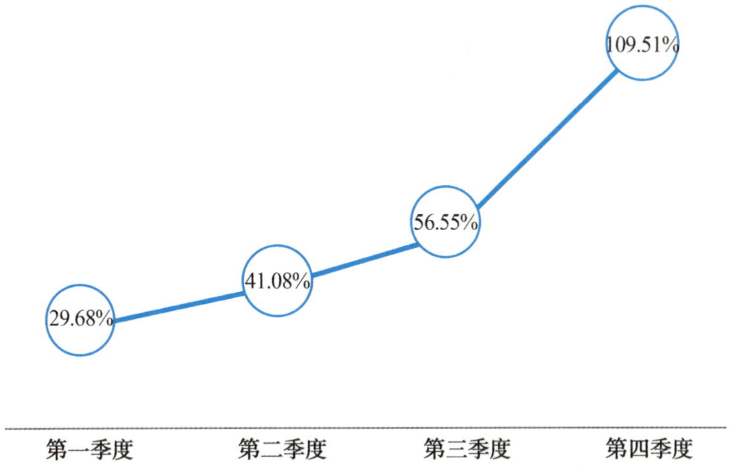

图 4　2020 年潍坊市国内游客接待量同比 2019 年恢复情况

(二)入境旅游市场分析

2020 年,受新冠肺炎疫情影响,入境旅游在上半年基本处于停滞状态,尽管下半年国内疫情已得到控制,但疫情在世界范围内的大暴发使得全球经济遭受重创,各国相继推行停航、隔离等措施,使得出入境旅游市场的复苏依然遥遥无期。2020 年,潍坊市接待入境游客 2.2 万人次,同比下降 91.7%;实现入境旅游收入 302.9 万美元,同比下降 96.5%。

(三)城乡居民出游分析

2020 年,受疫情影响,潍坊市城乡居民的出游需求明显受到抑制,城乡居民人均出游 2.70 次,同比下降 41.96%。其中,城镇居民人均出游 3.29 次,同比下降 39.74%;农村居民人均出游 1.74 次,同比下降 53.72%。城镇居民因收入水平较高,人均出游次数大幅高于农村居民。

三、供给侧分析

(一)旅游游览

1.A 级景区

截至 2021 年 1 月,全市共有 A 级景区 97 家,其中 5A 级景区 2 家,4A 级景区

21 家，3A 级景区 54 家，2A 级景区 20 家。

2.旅游度假区

截至 2020 年年底，全市共有 6 家省级旅游度假区，分别为潍坊青州云门山省级旅游度假区、潍坊安丘青云国际省级旅游度假区、潍坊滨海欢乐海省级旅游度假区、潍坊诸城恐龙文化省级旅游度假区、潍坊昌乐寿阳山省级旅游度假区、潍坊寿光弥河生态省级旅游度假区，省级旅游度假区总数居全省第二。

3.乡村旅游重点村

截至 2020 年年底，全市共有全国乡村旅游重点村 5 个，全省乡村旅游重点村（精品旅游特色村）7 个，总数均居全省第二（见表 1）。

表 1　2020 年潍坊市乡村旅游重点村名录

序号	村庄	称号
1	青州市王府街道井塘村	全国乡村旅游重点村
2	寒亭区杨家埠旅游开发区西杨家埠村	
3	临朐县五井镇隐士村	
4	坊子区坊安街道洼里村	
5	青州市王坟镇胡林古村	
6	寒亭区杨家埠旅游开发区西杨家埠村	全省乡村旅游重点村（精品旅游特色村）
7	坊子区坊安街道洼里村	
8	青州市王府街道井塘村	
9	青州市王坟镇胡林古村	
10	青州市弥河镇桐峪沟村	
11	诸城市南湖区蔡家沟村	
12	临朐县五井镇隐士村	

4.工业旅游示范基地

截至 2020 年年底，全市有省级工业旅游示范基地 4 家，分别为山东景芝酒业股份有限公司、潍坊 1532 文化产业园、坊子炭矿遗址文化园、华艺雕塑艺术博览园。

(二)旅游住宿餐饮

1.星级酒店

截至2021年1月,全市共有星级酒店40家,其中五星级酒店3家,四星级酒店15家,三星级酒店20家,二星级酒店2家。

2.持证住宿

2020年,全市持证住宿人次数总计1015.2万人次,同比下降21.2%。

3.餐饮收入

2020年,全市餐饮收入198.1亿元,同比下降9.2%。

四、文化旅游业发展亮点

一是统筹疫情防控和复工复产工作扎实细致。迅速发布文化场馆、场所和单位暂停营业公告,阻断疫情传播途径,共关闭2838家文化和旅游经营单位,取消386场大型节会活动、77场营业性演出。出台《潍坊市推动文化旅游产业高质量发展的若干政策》,向全市182家旅行社暂退80%的旅游服务质量保证金共计2641万元,开展"三安心"行动,推动文旅企业复工复产。组织全市创作各类疫情防控文艺作品近5000件,其中60余件在"文旅山东"上展播。参加"众志成城　抗击疫情——山东非遗人在行动"优秀非遗作品征集评选活动,17件作品获奖,市文化馆获优秀组织工作奖。潍坊市博物馆联合武汉市博物馆制作"潍武不屈"专题海报,被《人民日报》、博物馆头条等多家媒体报道。

二是文化艺术创作成果丰硕。京剧《头雁》成功入选2020年度山东省舞台艺术重点创作项目,茂腔大戏《红船追梦》、音乐剧《渤海走廊》等完成剧本创作。组织参加第八届山东省戏剧红梅大赛,11名选手获奖。参加山东省第三届少儿曲艺大赛,10件作品获最佳节目,2件作品获优秀节目,成绩全省第一。潍城区教师女子合唱团参加"亲近黄河　情系齐鲁"2020山东省"大家唱"群众合唱线上展演,获第二名。开展第二届"大写潍坊""大画潍坊"创作活动,出版《钟灵毓秀话潍坊》第三卷。开展"美丽家园"2020潍坊市乡村题材优秀文艺作品展演活动,3件作品入选2020年全省乡村题材优秀文艺作品网络展播名单。"道明·气充·文雄——一个花鸟画家的家国情怀”特展，成功入选 2020 年全国美术馆馆藏精品展出季活动目录，潍坊市美术馆成为唯一连续三年入选该活动目录的地级市美术馆。

三是文化保护传承成效显著。制定《齐鲁文化（潍坊）生态保护区建设工作方案（2020—2024 年）》，推进保护区建设。“国家级齐鲁文化（潍坊）生态保护区通过验收”入选山东省 2019 年非遗保护十大亮点。马清民副市长代表山东在文化和旅游部举办的黄河文化保护传承弘扬座谈会上作典型发言。承办山东省非遗保护工作会议暨文化生态保护区建设现场经验交流活动，有关代表作典型发言。承办“中国年画·美好生活”——2021 年画传承发展大会，被央视《晚间新闻》等 40 余家媒体报道，潍坊成为唯一连续两年举办此项会议的城市。30 个项目入选第五批省级非遗代表性项目名录，数量居全省第二。完成第六批市级非遗代表性项目评选，对前五批 269 名市级传承人发放补助 53.8 万元。“2020 第三届十笏园非遗嘉年华”系列活动被《新闻联播》等媒体关注并报道。积极推进《潍坊红色文化资源保护条例》立法工作，出台《潍坊市关于加强文物保护利用改革的实施方案》。先后争取国家和省文保资金 3068 万元，完成坊子德日建筑群等考古勘探。获批设立“山东省水下考古昌邑工作站”。乐道院·潍县集中营博物馆开馆，被央视《新闻联播》报道。市博物馆“一枝一叶总关情——郑板桥专题展”入选全国“弘扬优秀传统文化、培育社会主义核心价值观”推介项目。参加全省博物馆十大精品陈列展，潍坊市 3 个项目获奖，潍坊市文化和旅游局获“优秀组织奖”。6 个县（市、区）入选国家第二批革命文物保护利用片区分县名单，数量居全省前列。新增省厅备案非国有博物馆 6 家，非国有博物馆总数达 40 家。

四是公共服务效能更加优化。深入推进文化和旅游公共服务机构功能融合，组织 2 个省级、20 个市级试点单位先行先试。诸城市舜龙艺术团等 3 家单位入选中宣部“双服务”先进集体，数量居全省首位。寿光市基层公共文化服务城乡联动创新模式获时任省委副书记杨东奇肯定，在全省推广。举办第五届潍坊市民文化节及配套系列活动。承办“决胜小康·奋斗有我”公益电影主题放映启动仪式。完成“一村一年一场戏”暨“戏曲进乡村”文化惠民演出 8000 余场，公益电影放映 7 万余场次。高密市姜庄镇、青州市邵庄镇入选第三批全省“非遗助力脱贫、推动乡村振兴”典型乡镇（街道）。举办高唐县“决战脱贫、决胜小康”书画作品巡展。承办省图书馆学会年会活动并作典型发言。在 2020“新时代乡村阅读季”系列活动中，潍坊市囊括全部四个奖项第一。

五是文旅产业融合发展加速推进。深入实施文旅融合“双十工程”，成功召开全市旅游发展大会。印发《关于推进全域旅游高质量发展的实施方案（2020—2022 年）》，指导安丘市成功创建山东省全域旅游示范区。4 个村庄入选第二批全国乡村旅游重点村。举行“乐在田园”潍坊市都市休闲农业游启动仪式和现场推进会。全面启动第四届文化和旅游惠民消费季，发放消费券 679.84 万元，直接带动消费 2091.82 万元，间接带动消费 2.23 亿元。发放 2019 年中央和省级电影事业发展专项资金 948.5 万元，全年票房收入达 8284.4 万元，居全省第三。出台《潍坊市推进夜间经济发展实施意见》，全力打响“夜享风筝都”品牌。金宝星夜项目建成营业，潍坊 1532 文化产业园、十笏园文化街区等夜间文旅消费集聚区加快改造提升。“好客山东·山东有礼”文化和旅游商品进景区活动首站落地青州古城。青州八喜文化旅游集团获批首个山东省文化和旅游商品研发试点平台。

六是重点项目带动作用突显。全市梳理共 7 类 134 个项目，总投资 1269.4 亿元。其中在建项目 110 个，总投资 988.4 亿元。2020 年完成投资 197.69 亿元，同比增长 4.9%。青州中晨书画艺术产业园入选第二批国家级文化产业示范园区，是全省唯一入选单位。诸城竹山生态谷乡村旅游综合体被列入 2020 年省重大项目，5 个项目被列入省新旧动能转换优选项目。21 个项目被纳入省文化旅游重点项目库，数量居全省前列。3 个项目入选省级工业旅游示范基地，2 个项目入选第七批省级文化产业示范基地。扎实开展双招双引，2020 年共签约文化旅游项目 4 个，签约资金 42 亿元；立项项目 2 个，立项资金 34 亿元，引进到位资金 5000 万元；引进高端人才 6 名，科研院所 1 个，圆满完成年度任务。

七是全国版权示范城市创建工作高效推进。全国版权执法监管工作培训暨经验交流会在潍坊市召开，这是首次在地级市举办此项会议。利用“4·26”世界知识产权日，策划开展“版权宣传周”活动。依托风筝创意大赛和潍坊好手艺赛等活动宣传和普及版权知识。集中开展打击网络侵权盗版“剑网 2020”专项行动，规范版权市场。市文化市场综合执法支队荣获 2020 年中国版权金奖保护奖。潍坊文化产权交易中心有限公司获“国家级版权示范单位”称号，3 家单位获“省级版权示范单位”称号。2020 年9 月2 日，国家版权局批复同意潍坊市创城申请。2020 年，全市版权作品登记达 11370 件。

八是文旅推广交流活动活跃。组织赴胶东四市举办潍坊文旅推介会，联合胶东四市共同举办首届“海洋童玩季”活动，组织“春暖花开·畅游潍坊”“百万人游潍坊”等活动。策划推出八大主题 52 条精品旅游线路产品和春之魅、夏之逸、秋之韵、冬之趣四季特色线路产品。充分利用《朝闻天下》《山东新闻联播》等电视栏目以及抖音、快手等新媒体平台宣传潍坊市文化旅游资源和品牌。潍坊文旅抖音号被评为“潍坊市十佳政务抖音号”，2020 年年底，粉丝数达 33.4 万，总播放量超 1 亿，账号影响力和粉丝数在全省列第 2 位；“潍坊文旅”快手账号荣获 2020 政务文旅快手号年度影响力奖。首次在 Twitter 等境外平台推出“云赏潍坊”同步推广活动，曝光量超过 20 万次，互动量近2 万人次。

九是行业治理能力逐步提高。推进流程再造和“一次办好”改革，将 85 个事项编入“一次办好”清单。举办“才聚鸢都·技能兴潍”2020 年度潍坊市职业技能大赛等技能培训和竞赛活动。落实地接奖励政策，共接待潍坊市外团队1000多个，游客近7万人。参加2019年度全省广播电视公益广告评审，7部作品获奖，获优秀组织机构奖。组织开展2020年旅游市场专项整治暨涉非涉稳专项排查整治，开展非法资讯信息专项清理整治，对3个“黑广播”进行查处，组织全市文化旅游行业安全生产和扫黑除恶检查。全年共出动人员79765人次，检查市场经营单位27572家次。

五、文化旅游业发展典型案例

2020年潍坊市文化旅游业亮点纷呈，不同领域涌现出了不少典型。

（一）圆满举办第四届潍坊文化和旅游惠民消费季

为积极应对疫情影响，充分发挥文化和旅游消费对市场的引导带动作用，提振市场信心，潍坊市于2020年4月27日正式启动第四届潍坊文化和旅游惠民消费季，以快速、有序的方式恢复文化和旅游市场，促进文化和旅游产业发展。

一是启动了周末免费游潍坊、暑期亲子游活动，利用三个多月的时间，针对签约旅游景区和旅行社，发放450万元旅游定向消费券，强力拉动旅游市场。

二是在文旅云平台发放通用消费券160万元，用于范围更广的文化旅游消费服务及活动。

三是在“美非遗”网上商城举办潍坊非物质文化遗产线上云展会活动，共计12天，直播75场次，采取“一主播一传承人”的形式进行直播带货，超过70个非遗项目的230多种产品参与云展会，掀起非遗消费热潮，核销非遗定向消费券60余万元。

四是开展第五届潍坊市民文化节，举办“潍坊之夏”周末音乐会，发放九批次演出定向消费券98400元，启动文艺演出市场。

五是发放百万元观影定向券，复苏电影市场，取得了良好的经济效益和社会效益。

消费季期间，潍坊市共分12期举办主题活动2026个，活动场次17228次，主题活动参与842.48万人次，直接带动消费2.9亿元，间接带动消费5.65亿元；参与惠民消费季的企业271家，景区和旅行社72家，影院57家；发放消费券金额679.84万元，直接带动消费2091.82万元，间接带动消费2.23亿元。

（二）继续开展“百万人游潍坊”系列活动

为进一步刺激旅游消费，加快文旅产业发展，潍坊市依托专业团队继续开展“百万人游潍坊”系列活动，打造潍坊旅游活动品牌 IP，取得了亮眼的成绩。

一是做好线路调研与产品研发工作。组成 15 人专家组调研全市文旅资源，推出健康养生、研学修习、踏青赏花、乡村民俗、亲子采摘、山水风光、文化体验和都市打卡 8 个系列一日游、二日游近 50 条潍坊精品旅游线路，并从中优选 35 条作为“百万人游潍坊”活动的主推线路。

二是举办各类旅游宣传活动。旅游推介会方面，分别在青岛、烟台、威海、日照举办“胶东一家亲 邀您来潍坊”文化旅游(潍坊)推介会，宣传文旅资源，推介文旅项目；旅行社踩线活动方面，完成旅游同业潍坊踩线活动、临沂旅游业嘉宾青州踩线活动等 3 次 300 家旅行社约 500 人的踩线活动；自驾游活动方面，举办“好客山东 · 百团山东行”走进潍坊暨“六个一百”自驾游活动，力邀各地上百个旅游团队来山东省做客。

三是构筑“百万人游潍坊”品牌营销渠道体系。已与国内 1863 家渠道商建立合作关系，包含省内 1543 家、省外 320 家，其中户外 233 家、俱乐部 15 家、培训机构 2 家、文化公司 3 家、旅行社 1610 家，基本构筑起“百万人游潍坊”品牌营销渠道体系。

四是做好媒体传播工作。视频直播方面，在“百万人游潍坊”抖音账号和八喜大集微信小程序直播平台上完成对潍坊市 60 个景区点的直播，其中抖音观看累计超过 4.79 万人次，点赞 40.81 万次；八喜大集直播平台观看累计 175.76 万人次，点赞累计超过 205.59 万次。图文宣传方面，建立八喜旅游网自媒体宣传矩阵，其中，在新建的 4 个新媒体宣传账号上共计发文 2140 篇，总阅读量超过 95 万；制作完成潍坊旅游产品形象手册；与《今日中国》、大众网、《齐鲁晚报》等 100 多家媒体合作进行集中宣传，不断扩大“百万人游潍坊”系列活动的影响力。

(三)培育发展夜间经济，助推产业发展新动力

一是全力推动项目建设，打造夜间消费集聚区。按照突出重点、培育亮点的原则，对全市商业、文化、旅游领域的重点项目进行了梳理和筛选，形成 28 个夜间经济重点项目，打造形成一批集购物、休闲、娱乐、餐饮、文化等功能于一体的夜间消费聚集区。指导各县、市、区、市属各开发区针对各自的实际，研究制定夜间经济发展意见、方案，提出夜间经济的发展布局，特别是奎文区的“一城两园一带五街”、潍城区的“四大板块”、高新区的“2＋9＋N”、滨海区的“1＋1＋4”等，为夜间经济持续发展提供了依据。此外，泰华城与周边中兴商业街、夜未央风情街、奎文门美食街、新天地步行街、南下河街、安丘巷形成 33 万平方米的购物休闲综合街区，成为省内面积最大的购物中心，夏季日均客流量达 12 万人次。谷德广场与周边新城东路、新城西路、上东南巷、老潍县美食街形成城区东部的高品质购物休闲聚集区。青州古城、十笏园商业街

被省商务厅认定为山东省步行街提升改造试点项目，争取了180万元省级扶持资金支持项目建设。2020年8月28日，央视财经频道“山东消费年”活动连线直播青州古城步行街，向全国展示了潍坊市商业街的繁华场景。

二是强化特色商业配套服务。为提升潍坊市特色商业街夜间交通服务保障能力，推动夜经济不断发展，公交集团于2020年5月1日起恢复公交车夏季运营时间，在继续运行原有的5条夜间公交专线的基础上，调整冬季运营时间，末班始发运营时间为20:00的公交线路达到19条，有11条为20:30，9条为21:00，4条为21:30，1条为22:30，较好地满足了市民夜间出行需求。公安部门在奎文门街周边的安丘巷、后门街设置免费停车位泊位40余个；在世纪泰华等收费停车场，提供停车泊位2000余个；在商品城设立地下停车场，提供2000个收费停车位；在金沙购物广场设立地上、地下停车场，提供2000个收费停车位；中百街北侧停车场提供800个收费停车位；中百商场地下、二楼停车场提供200个停车位；中百家电城地下停车场提供46个停车位；中百商业圈周边鑫源金店、丰桔园停车场提供150个停车位；威尼斯数码广场地下提供200个停车位，高新区蓉花路道路两侧设置路内收费停车泊位141个，蓉花路（北宫街—玉清街）路段借助人行道提升工程新增收费停车泊位63个。拓展中心城区商业街周边道路停车资源，利用原向阳路灯具城废墟清理空场提供80个停车位；坊子区商会大厦提供45个收费停车位；高新区银枫路（福寿街—卧龙街）借助人行道提升工程新增收费停车泊位75个，进一步满足了市民停车需求。同时，加大路巡路查力度，查纠乱停乱放行为，维护停车管理秩序。

三是文旅活动丰富多彩。出台《潍坊市推进夜间经济发展实施意见》，在全省率先推出“夜享风筝都”夜间经济和夜间文旅消费品牌，各县（市、区）形成品牌矩阵，逐步形成品牌效益，不断提升知名度。成功举办的第四届文化和旅游惠民消费季、第五届市民文化节，为夜间经济的发展提供了有力支持。此外，“潍坊之夏”音乐会也成功举办。全市部署开展夜间文旅消费活动，特别是潍城区以十笏园文化街区为引领打造的繁华“夜潍城”、奎文区开展的“非遗夜生活”巧艺百工展演月活动、寒亭区举办的首届画乡文化旅游节暨第十七届杨家埠风筝年画艺术节、峡山区启动的潍水欢乐大舞台暨消夏夜市、滨海区开展的文昌湖夜间旅游活动等，都大大刺激了夜间经济的繁荣和进一步发展。

（四）新增省级全域旅游示范区——安丘市

1.坚持全视角打造，推动全域景区化

安丘市聚焦“品质乡村·田园安丘”目标定位，发展全域旅游。

一是突出规划引领，瞄准“山、水、文、城”四大核心元素，聘请省旅游规划设计研究院高标准编制总体规划，整体布局全域旅游安丘蓝图。坚持“多规合一”，推动交通、农业、林业、水利等专项规划与旅游紧密衔接，真正做到多规齐动、协调联动。

二是突出景点提升，青云山民俗游乐园、景芝酒之城、齐鲁酒地文化创意产业园成功创建为国家4A级景区，柘山乡情、大汶河湿地公园、留山森林公园等重点旅游项目初具规模，安丘市现有A级景区10处、国家湿地公园2处、国家森林公园1处，年接待游客800多万人次。

三是突出品牌推介，安丘市建立旅游新媒体矩阵，成功举办首届中国安丘出口农产品博览会、国际象棋青少年锦标赛，持续打造桃花节、梨花节、景芝酒文化节等特色活动，让各类节会为全域旅游代言。

2.坚持全产业链接，推动融合一体化

安丘市以文化为魂、农业为要、生态为基，做深、做实融合文章。

一是强化“文化＋”，将文旅融合作为重点，深度挖掘龙山、商周等文化遗址，庵上石坊、公冶长书院等文化遗产，东汉高士管宁、南宋著名军事家陈规等文化名人，将文化元素融入全域旅游，打造省级文化产业示范基地3处、省级文化消费集聚区1处。

二是深耕“农业＋”，安丘市围绕放大农业传统优势、推动农旅深度融合，策划“安品味来”区域公用品牌，打造总投资120亿元的首批国家农村产业融合发展示范园——安丘农谷、6个特色小镇、60个休闲农庄，以点及面、串珠成线，将“农田”变为“景区”，将“农产品”变为“旅游商品”，实现了全域旅游与脱贫攻坚、乡村振兴的同频共振、同步提升。

三是拉长“生态＋”，安丘市坚持把优质生态作为“美丽资本”，统筹打好蓝天、碧水、净土保卫战，创建国家园林城市、省级森林城市；坚持“绿水青山就是金山银山”，发展国家特色旅游景观名镇2个、省级旅游强镇4个、省级旅游特色村5个，真正把“风景”变为“钱景”；开展全域土地综合整治，与省土发集团合作，实施辉渠镇全域土地综合整治国家试点项目，打造生态修复示范区。

3.坚持全要素保障，推动支撑多元化

一是谋划推进高起点，安丘市成立由书记挂帅的省级全域旅游示范区创建工作领导小组，组建安丘市旅游产业发展中心，设立1000万元专项资金，定期调度、顶格推进。整合重点景区、星级酒店等资源，组建注册资本2.41亿元的旅发集团，采取市场化运作模式，为全域旅游高质量发展注入源头活水。

二是基础设施高标准，安丘市三年整合投入资金20.7亿元，形成辐射全域、功能完备的基础设施体系。新修改造县(乡)道路97.8公里，打造了贯穿西南山区5个乡

镇200余公里的“最美旅游路”，将历史人文、生态民俗等景点有机串联起来，被誉为“安丘天路”，成为“网红”打卡地。

三是公共服务高品质。安丘市建成覆盖全域的旅游标识导引系统，新建、改建旅游厕所100多座，投放公共自行车5000余辆，具备旅游接待能力的酒店达50余家；持续开展旅游市场秩序整治行动，游客满意率98%以上。

（五）打造高品质精品旅游景区——青州古城旅游区

面对疫情防控新常态的形势，为打造潍坊市旅游景区标杆，引领全市旅游消费快速复苏，青州古城管委会从政策扶持、突出重点、环境营造、服务配套等方面入手，全力适应新变化、新形势。

一是减免租金，支持复工复产。研究制定青州古城房屋租户租金减免政策，对所有承租国有经营性房产商户实施2020年房屋租金减免，累计减免100余万元。

二是合理应对，发展夜间经济。因地制宜打造东华门南巷“网红”时尚街区、民俗馆广场古装古风与演艺区、高家亭巷花卉与吉祥文化背景下的餐饮街区三大特色街区，提升民宿、茶室、酒吧、餐饮名店、文创产品、特产名品示范店、特色情景剧等重点业态，明确经营标准及规范，在符合规定的前提下降低夜间经济街区经营主体准入门槛，增强水电供给、污水排放、垃圾清运处理和夜景亮化、标识指引等夜间服务功能，增加驻唱等夜间项目，持续提升青州古城夜间经济活跃度。

三是做好规划，提升品质。制定《青州古城2020年创建全国文明城市暨山东省首批精品旅游景区工作方案》，委托北京万诺普旅游规划设计院院长叶军等人，对青州古城进行了体检式调研考察，并聘请北京万诺普旅游规划设计院制定《青州古城步行街提升改造规划》。

截至2020年年底，青州古城新增特色业态130多种，消费增速明显。其中，6月环比净增超过125%，周末夜间消费额每天突破270万元，到访游客日均8000人次以上，为5月的2.2倍。《人民日报》《大众日报》及山东省、潍坊市、青州市电视台等多家媒体进行关注和报道，青州古城旅游复苏成效显著，极大地拉动了潍坊市旅游市场。

（桑君）

2020年济宁市旅游业调查分析报告

2020年，济宁市文化和旅游局统筹疫情防控和文旅高质量发展，文旅产业蓬勃发展，文旅供给更加繁荣，在推进文化旅游资源大市向文化旅游强市转变方面迈出了坚实步伐，取得了明显成效。2020年全年，济宁市接待国内外游客5015.5万人次，下降37.6%；实现旅游总收入453.1亿元，下降45.1%。

一、旅游经济总体分析

(一)文旅深度融合发展成效显著

1.文化旅游产业供给结构趋优

一是文旅产业核心供给多元化。2020年，全力推动梁山农家寨乡村旅游区、南阳古镇和牛楼小镇景区创建4A级旅游景区。梁山贾固堆农家寨、南阳古镇2个景区通过4A级旅游景区景观质量评审，新增汶上县白石昙山风景区、泗水县等闲谷艺术小镇、济宁南阳湖农场和曲阜市儒源小镇4家3A级旅游景区。实施大运河水上旅游线路项目，5月1日正式启航运营，这是调整设立运河文化经济带建设指挥部后率先完成的首个重点项目，填补了济宁市没有水上旅游线路的空白。截至2020年年底，全市共有114家A级旅游景区，居全省第3位；国家级全域旅游示范区1家，省级全域旅游示范区2家，数量居全省第3位；全市星级饭店总数达33家，旅行社总数达152家，数量均居全省前列。

二是智慧文旅服务体系进一步完善。扎实推进智慧文旅建设，曲阜市被纳入省文旅厅“好客山东　云游齐鲁”智慧文旅试点。建成全市重点景区客流监测与指挥调度系统平台，在全市23个重点景区安装视频监控和实时客流监测系统，实现景区视频监控实时查看、景区客流实时监测与预警、景区停车场监测、指挥调度等功能，提高了景区综合管理监控能力。

2.夜间文化旅游发展政策支撑有力

推出仙营北里夜市夜宵美食街、高新区吟龙湾夜场秀，新评选出 8 个夜间经济示范区，依托运河音乐厅推出“夜间 10 元剧场”。投入 120 万元旅游发展引导资金，对宣阜巷夜游提升项目、太白湖夜间经济提升工程、微山湖湿地公园游客服务中心景观提升项目等 8 个夜游项目给予资金扶持，不断促进夜游文旅项目提质升级。组织开展了“让文化点亮夜间经济”系列夜间文艺演出活动，夜间亲子儿童剧场专题演出、“星火传承·畅响济宁”专题活动和“我为创城喝彩”文化惠民夜间专场演出 70 余场，在市民大舞台放映百场红色优秀题材影片。围绕夜间消费，推出了 24 小时图书馆，推进文化主题街区建设，在济宁市区古运河沿岸打造了宣阜巷休闲文化步行街、传统文化商业区竹竿巷等文化街区，在曲阜、邹城等县（市）打造了蓼河 20 里儒家文化街区、香港街、小湖美食城等休闲街区。全市先后共有 28 家旅游景区、街区及文化场馆开展夜游活动，活动项目设计 100 余项，其中重点统计的 25 家夜间旅游点自“五一”以来共吸引游客 439.28 万人次，拉动夜间消费近 3.6 亿元。尼山圣境推出“夜游尼山”活动，累计接待游客 32 万人次，成为全省文化夜游新地标，夜间文旅经济新业态初具规模。

3.乡村文化旅游高质量发展助力乡村振兴

积极探索乡村文旅振兴发展模式，全力推动村落景区、精品民宿、文旅融合样板村、文旅特色小镇培育，打造了一批相对集中、业态丰富、市场人气旺盛的旅游集群片区，初具乡村旅游综合体形态。截至 2020 年年底，全市已建成全国乡村旅游重点村 4 个，打造济宁市文旅特色小镇 13 个，文化旅游融合样板村 30 个，A 级景区化村庄 87 个；3 个小镇入选首批山东省精品文旅小镇；23 个村庄入选首批山东省景区化村庄；6 个村庄入选山东省乡村旅游重点村。兖州区牛楼小镇入选第三批国家农村产业融合发展示范园创建单位。曲阜市石门山庄村、泗水县东仲都村成功入选第二批全国乡村旅游重点村，入选数量列全省第 4 位。济宁市推荐的泗水等闲谷艺术小镇申报世界旅游联盟减贫案例，为全省唯一一个推荐申评案例。“打好文旅融合牌　绘就美丽乡村新画卷”经验入选国家发改委社会领域公共服务助力脱贫攻坚典型案例并在全国推广。济宁半亩方塘、曲阜慢客仁家等 5 家民宿入选首批省级精品民宿，入选数量居全省前三，争取省级扶持资金 54.9 万元。2020 年，全市抽样调查的 14 个乡村旅游民宿样本单位累计接待国内游客 11.96 万人次，实现综合收入 6123.52 万元。

4.红色文化加快推动文旅融合发展

充分挖掘红色文化资源，积极推进红色旅游开发，打造红色文化旅游产品。

一是提升红色旅游基础设施建设。实施铁道游击队纪念园基础提升工程，利用全息技术手段立体化展示丰富的红色文化资源，真正把微山湖红色产品打造成微山湖文化旅游的拳头产品。提升改造羊山景区王杰纪念馆场景，修建了王杰纪念馆、王杰精神大讲堂，增强游客红色体验。

二是革命文物保护利用走在全省前列。济宁市 46 处不可移动革命文物被列入山东省第一批革命文物名录。其中，金乡县王杰社区等 5 家村庄入选山东省红色文化特色村创建名单。铁道游击队红色旅游景区被列入全国 12 个重点红色旅游区、30 条红色旅游精品线路和 100 个红色旅游经典景区；金乡县羊山古镇军事旅游区先后被评为"全国重点烈士纪念建筑物保护单位""全国爱国主义教育基地""全国国防教育基地""全国红色旅游经典景区"，入选《全国红色旅游经典景区名录》，是鲁西南地区著名的革命传统教育基地。这些优质的红色文化资源的转化利用，为全市红色旅游的发展提供了支撑。2020 年，全市红色旅游景区景点接待游客达 200 万人次，红色旅游综合收入约 13 亿元。

(二)文旅产业稳步复苏后劲十足

1."双招双引"成效显著

全市先后包装招商项目 33 个，确定目标企业 15 个，汇总本地有融资需求的企业 15 个，策划招商推介活动 6 个，梳理招商线索 24 个，先后邀请了蓝城集团、中科绿太、佳达环工、新汉方、上汽电气、小鹏汽车、源码智能、东庆童话、浙江力石、复兴国风、山东水发、宝爱捷(中国)汽车投资有限公司、桐乡乌镇古镇联盟景区建设管理咨询有限公司等企业来济宁考察对接工作，先后赴济南、南京、苏州、沧州招商引资，时任副市长任庆虎带队赴杭州举办了文化旅游招商活动，签订合作协议 4 个。市、县两级累计对接企业 44 个、在谈项目 33 个，总投资 1.5 亿元的明故城夜游项目、总投资 30 亿元的南阳古镇旅游目的地打造项目、总投资 3.38 亿元的孝贤山水文旅开发项目正式签约，落实到位资金 9100 万元。

2.产业投资总额增量扩容

2020 年，全市集聚发展新动能，优化投资环境，拓宽文化旅游产业投资领域，文化旅游产业投资拉动效果明显，施工项目特别是亿元以上项目增长较快。全市文旅产业投资在建施工项目 199 个，居全省第 3 位，同比增加 29 个；完成投资同比增长 17.9%，居全省第 4 位。被纳入新旧动能转换"市库"文化旅游项目 34 个，增长14 个，总投资额达 583.78 亿元。微山湖创建 5A 级旅游景区综合提升工程、运河天文馆项目等5个项目被纳入省精品旅游专班重点监测项目库，总投资126.06亿元。6个文旅项目入选山东省重大项目，13个项目入选省新旧动能转换优选项目，2个项目被纳入省“十强”产业重大支撑性项目管理范围，13个项目被确定为全省文化旅游重点项目，13个项目入选全市重点产业项目。聚焦“三孔”和“大运河”两张世界级文化名片，大力实施华侨城十里画廊、复兴之路科技文化项目、尼山圣地鲁源小镇、“运河记忆”文化街区、南阳古镇旅游综合提升工程等一批牵动性、标杆性文旅项目，引进灵山集团、华侨城、方特等国内知名文旅企业落户济宁，建成孔子研究院、孔子博物馆、尼山圣境等一批引领性文旅项目。

（三）新业态旅游成为文旅产业新支撑

2020年，新冠肺炎疫情加速旅游业态融合、模式创新，全市研学、工业、康养、体育等“旅游＋”产品走出文旅融合高质量发展“新路子”。

1.研学旅游发展走在全省前列

一是研学旅游产业不断发展壮大。济宁市成功打造尼山圣境、曲阜儒家研学旅行基地等42家市级研学旅游示范基地，累计创建省级及以上研学实践教育基地10家。策划推出四大系列50余条国学经典研学游线路，打造了“国学经典研学游”“跟着孔子去游学”等研学旅游品牌。研学旅游产业集群入选山东省“十强”产业“雁阵形”集群，7家研学旅行产业集群领军企业被纳入山东省“十强”产业“雁阵形”集群储备库动态管理，并获得省“十强”产业集群1050万元专项奖励资金支持。

二是研学经验在全省得到推广交流。全省研学游现场会在济宁召开，济宁是全省唯一一个省厅既召开全省现场经验交流会又发文在全省推广学习借鉴的地市，是全省唯一一个在省政府新闻办举办的“‘十三五’成就巡礼”第九场（文化旅游）新闻发布会上围绕研学旅游进行工作经验发布的地市。在全省首创“6＋1”模式（“6”即游得舒心、购得称心、娱得开心、吃得放心、住得安心、行得顺心“六心”研学旅游品牌，“1”即一个内外同优的研学旅游环境），在全省率先挂牌成立济宁市文化旅游产业促进会、济宁市孔孟文化旅游产业研究院和济宁市远景研学旅行研究院，共吸收产业集群内龙头骨干企业和特色优势企业246家。

三是研学旅游品牌影响力不断提升。曲阜市每年接待研学旅游团队2万余个，游客超过70万人次，近年来吸引了来自美国、德国、法国等20多个国家和地区的境外师生来曲阜游学。济宁市报送的“去圣地，寻找中国人的精神密码”成功入选文化和旅游部2020年度“港澳青少年内地游学推荐产品”，成为全省唯一入选研学产品。2020年，全市43家重点研学旅行机构接待研学人数达143.5万人次，直接收入1490.1万元。

2.“旅游+”业态多元化发展

济宁市着力培育开发了一批“工业+旅游”“康养+旅游”“体育+旅游”等文化旅游新业态项目，成功创建山东广育堂中医药产业园等省级工业旅游示范基地 3 家、省级康养旅游示范基地 1 家、省级体育旅游示范基地 1 家。活力邹城户外体验精品线路成功入选 2021 年春节黄金周山东体育旅游精品线路。积极推动传统技艺、表演艺术、文创产品、非遗项目进旅游景区、旅游酒店。尼山圣境打造了礼乐盛典“金声玉振”、华彩水幕露天演艺等，开园以来已接待游客近百万人次。同时，积极将博物馆、图书馆、文化馆等纳入旅游线路，孔子博物馆运行以来已接待观众 30 余万人次。

3.自驾游拓展消费新空间

济宁市成功举办“游读济宁　体验‘圣地’”系列活动，精心策划了东方圣地、儒学水浒、踏青赏花、绿色康养健身等 10 条自驾旅游精品线路，前三季度共接待自驾游游客 2697.66 万人次。其中，在“游读济宁　体验‘圣地’”2020 山东省第二届乡村自驾游暨济宁市文化旅游精品线路自驾游活动启动仪式上，15 家中央、省级新闻媒体记者，10 名百万粉丝网络主播和来自济南、青岛、烟台、淄博、潍坊、临沂、德州、枣庄、菏泽等地的 24 家自驾俱乐部的 300 多名自驾车友参加了当日的活动，吸引千万自驾游爱好者关注济宁。

(四)供需齐发力促进文旅市场稳步复苏

1.惠企举措激发文旅消费潜力

自 2020 年 4 月起，有序推进全市 12 类 1146 家文旅经营单位复工复产。提前兑付 44 家文旅企业 2019 年度旅游奖励资金 183 万元。列支 384 万元奖励资金，鼓励景区、旅游饭店、旅行社等旅游市场主体积极开拓旅游客源市场，激发居民文化旅游消费潜力。提前开展第四届济宁文化和旅游惠民消费季活动，坚持文旅、消费、惠民“三位一体”，构建“政府引领、六大板块支撑、11 县区协同联动”的活动体系。消费季期间，市、县两级共落实财政资金 345 万元，累计开展市、县两级文化旅游主题活动 472 场次，惠及群众 92706 人；组织省、市两级大型文化旅游定向券发放活动 7 场；累计入驻企业 111 家，参与用户 20263 人，通过“济宁文旅”公众号发放文旅消费券 18 批次共 168118 张。积极组织企业参加首届中国国际文化旅游博览会，会上 60 余家文旅企业、上千种文旅产品亮相，助推文旅消费市场蓬勃发展。在一系列文旅消费刺激措施下，文旅市场恢复明显。2020 年 1—11 月，全市实现餐饮收入 175.68 亿元，同比恢复 84.9%；

实现商品零售额1776.37亿元，同比恢复98.9%。

2.文旅产品创新活力竞相迸发

2020年，全市文化旅游商品连获32项国家级、省级文化旅游商品大赛奖项。其中，孔府家·孔府家酒仁义礼智信礼盒等2项文旅商品获2020年中国特色旅游商品大赛银奖；福禄寿三星如意等2项获2020全国桃木旅游商品创新设计大赛金奖；圣地甘薯便携旅行礼盒系列获第二届山东省文化旅游商品设计创新大赛金奖；获"创意齐鲁·创享未来"2020首届山东省精品旅游文创发展大赛二等奖1项、三等奖6项、优秀奖4项。济宁市文化和旅游局获优秀组织奖。十大文旅产品入选山东"六好"优质文化旅游产品（境外评选），入选数量居全省第一。文创故事作品《"和为贵"微山湖文创系列产品设计开发》获"商业贸促"杯文创故事演讲比赛冠军。联合故宫博物院举办了文物创意产业研发专题培训班，在全省率先开启非遗传承人电商培训模式，举办、承办了全省导游大赛暨研学旅行设计大赛、"创意济宁"文化产品设计大赛等，培育了一批文旅融合特色产品。新思域设计艺术等6家单位获评山东省旅游商品研发基地。

（五）"互联网+立体化"对外营销交流显卓效

1.多维度发力，旅游市场渐入佳境

一是精心举办文旅节会活动。成功举办了国际孔子文化节、梁山水浒文化节、鱼台龙虾节、太白湖捕鱼节等旅游节庆活动50余个，参与人数近1300万，拉动消费超过40亿元。济宁市文化和旅游局被评为全省优秀节庆活动管理单位，孔子文化节、孟子母亲节2个节庆活动被评为全省优秀节庆活动。集中打造了汶上宝相寺太子灵踪文化节、水浒文化节、邹城母亲节等文化节会品牌。

二是精心组织文旅推广活动。争取"中国旅游日"山东分会场、第三届山东文化惠民消费季启动仪式在曲阜尼山圣境举行。同时，与去哪儿网、12306、大众网等媒体深度合作，签署了宣传推广合作协议。

三是精心策划文旅融合营销活动。创新推出"背《论语》免费游'三孔'""孔府过大年"等营销活动。其中，"背《论语》免费游'三孔'"活动荣获中国旅游营销创新大奖，"孔府过大年"荣获中国旅游总评榜年度旅游营销创意奖。

四是精心打造精品旅游线路。推出文化圣地研学游、运河微山湖休闲游、儒乡民俗生态游等四大主题10条精品线路和优惠政策。策划"山东人游山东"健身康养、乡村自驾、农业采摘、生态休闲、民俗节庆、文化体验、红色旅游、特色美食等8类18条

线路，推出油菜花节、槐花节、音乐节、游园会等28项“山东人游山东”活动。先后赴杭州、徐州等近10个地市开展旅游推介活动。加强与菏泽、枣庄等周边城市旅行社的合作，宣传济宁主题旅游线路并设计开发了多条新线路，接待游客约15万人次。

2.互联网精准营销，助推品牌提升

参加“好客山东”央视品牌推广计划，在《新闻联播》前、《晚间新闻》前、《新闻直播间》下午段等播放济宁旅游形象宣传片。与今日头条合作实施重点城市信息流推广计划，在临沂、枣庄、菏泽等鲁南经济圈城市以及北京、上海、南京等11个重点客源城市投放目的地形象宣传广告。在济南银座各大商场投放济宁旅游形象广告宣传片，在青岛高铁站刊登“游读济宁　体验‘圣地’”灯箱广告。完成“游读济宁”抖音挑战赛，累计播放量1.7亿次，文化济宁知识问答挑战赛曝光量1.3亿次，今日头条旅行季话题阅读量3065万次，智云智能手机开屏曝光量2900万次。与去哪儿网合作开展的宅家云旅游活动播放量30万次，与腾讯、今日头条、抖音、去哪儿网、12306等新媒体合作，采取旅游软文、短视频、攻略和有奖答题等方式，在电脑和手机App端口，面向京津冀、长三角和中部地区重点客源城市开展精准营销。与12306平台合作，参与再看山河暨第三届高铁旅游嘉年华活动，用H5重点推广济宁市旅游产品。“十一”假期前精心推出100个济宁“网红”打卡地，在济宁文旅微信公众号、大众网济宁客户端、济宁新闻网、趣游山东等多个平台进行推送。

二、入境旅游市场分析

（一）总体情况

1.入境旅游接待

2020年济宁市共接待入境游客9305人次，同比下降96.72%。其中一日游游客7281人次，占比78.25%；过夜游游客2024人次，占比21.75%（见图1）。2020年，突如其来的新冠肺炎疫情中断了济宁市入境旅游原有的增长态势，入境游客下滑幅度超过90%。

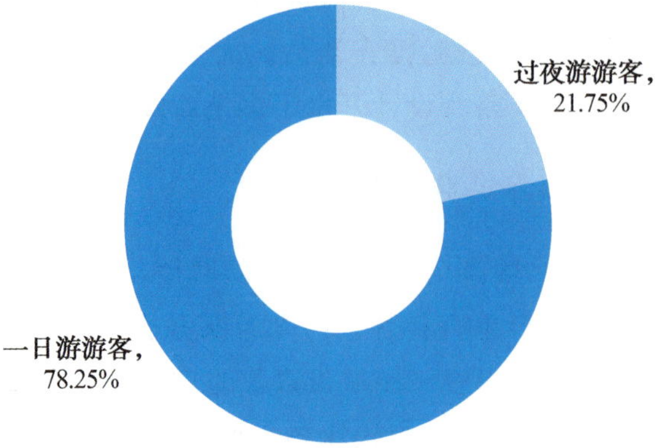

图 1 2020 年济宁市入境游客中过夜游游客、一日游游客人数占比

2.入境旅游收入

2020 年济宁市入境旅游收入 115.82 万美元，下降 98.58%。其中入境过夜游游客消费 53.49 万美元，占比 46.18%；入境一日游游客消费 62.33 万美元，占比 53.82%（见图 2）。可以看出，只占入境游游客两成的过夜游游客贡献了近五成的入境旅游收入，因此如何将一日游游客留住仍是关键。

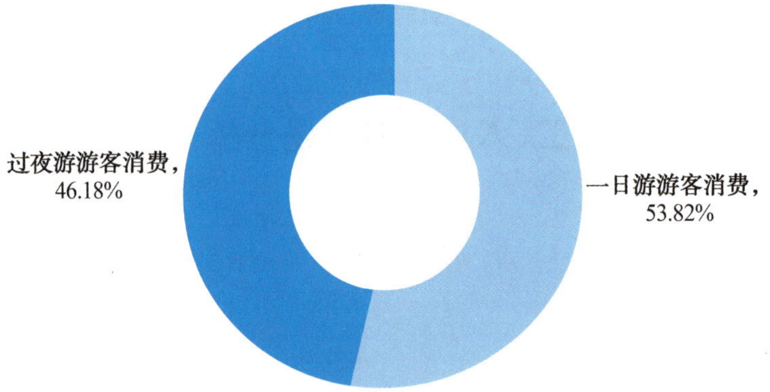

图 2 2020 年济宁市入境旅游收入中过夜游游客、一日游游客消费占比

（二）入境客源市场结构分析

1.整体客源市场结构

2020 年全市共接待入境游客 9305 人次，其中外国游客 7401 人次，占比 79.54%；香港同胞 452 人次，占比 4.86%；澳门同胞 334 人次，占比 3.59%；台湾同胞 1118 人次，占比 12.02%（见图 3）。入境游客中，外国游客的主体地位不变，与 2019 年相比，

占比大幅上升(提高 29.51 个百分点),港、澳、台同胞占比相应下降。

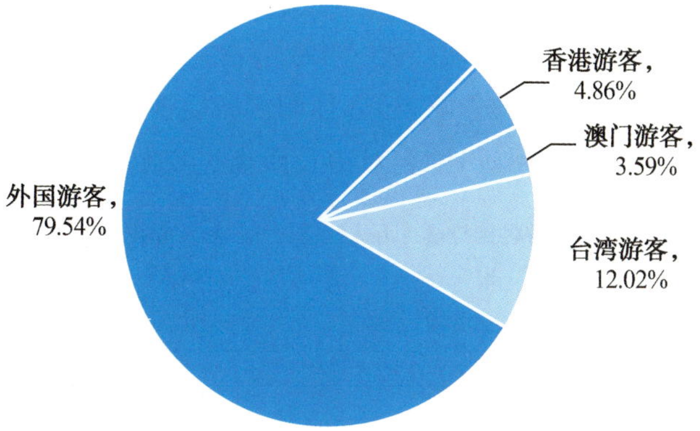

图 3　2020 年济宁市入境游客人数占比

2.客源结构洲别分析

从洲别分析,距离优势让亚洲成为主要客源地,占据 35.67%的境外市场;欧洲、美洲占比分别为 23.60%、20.14%(见图 4)。

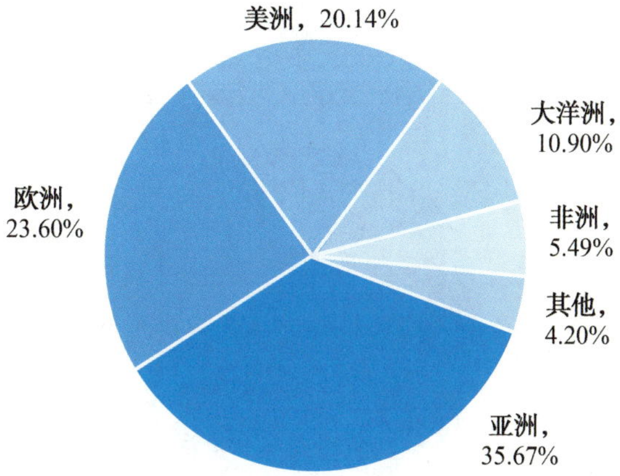

图 4　2020 年济宁市入境游客洲别构成

三、国内旅游市场分析

(一)国内旅游接待收入

1.旅游接待

2020 年全市共接待国内游客 5014.5 万人次,下降 37.4%。其中,过夜游游客

1564.7 万人次，下降 39.43%；一日游游客 3449.8 万人次，下降 36.46%（见图 5），两者占比分别为 31.20%和 68.80%（见图 6）。受新冠肺炎疫情影响，游客接待量显著下降，其中一日游游客接待量下降幅度相对较小，占比提高 1.04 个百分点。疫情暴发对居民的出游方式产生一定的影响，近郊休闲游备受青睐。随着疫情防控常态化，文旅市场开始触底反弹、加速回暖，游客对中长距离过夜游的需求持续增加。

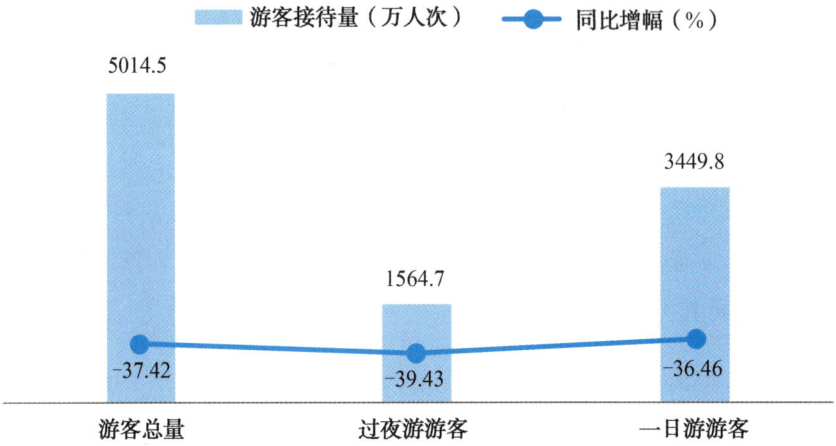

图 5 2020 年济宁市国内游客中过夜游与一日游游客接待量及同比增幅

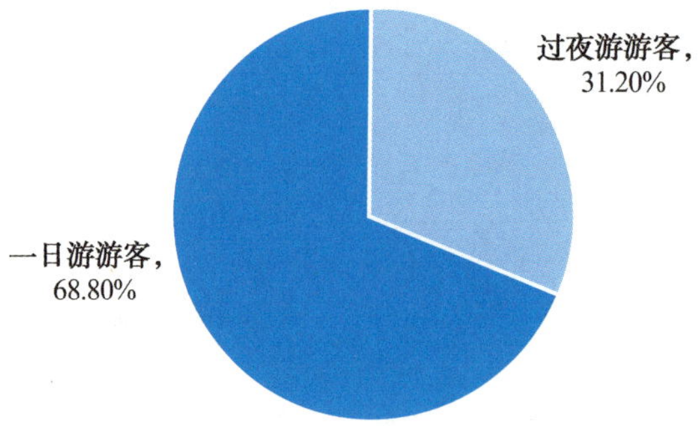

图 6 2020 年济宁市国内游客中过夜游与一日游游客人数占比

2.旅游收入

2020 年全市实现国内旅游收入 453 亿元，下降 44.7%。其中，过夜游游客消费 216.07 亿元，下降 44.08%；一日游游客消费 236.93 亿元，下降 45.31%；两者消费占比分别为 47.70%、52.30%（见图 7）。

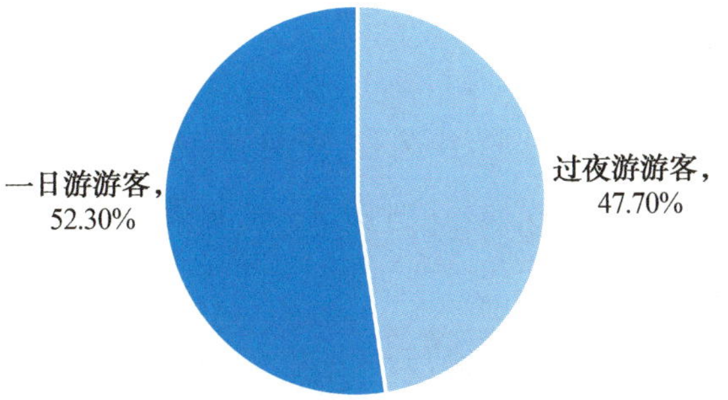

图 7　2020 年济宁市国内游客中过夜游与一日游游客消费占比

受疫情影响，游客接待量下降引起旅游收入下降，其中一日游游客消费下降幅度较大，高出过夜游游客 1.23 个百分点，与此同时，过夜游游客消费占比提高 0.6 个百分点。近年来，文旅融合为旅游经济注入源源不断的活力，文化元素在夜间旅游的融合应用，在很大程度上促进了夜间旅游的发展，吸引了更多的过夜游游客。

(二)国内客源市场结构分析

1.整体客源结构

调查显示，济宁市国内游客中省外游客占比 19.62%，省内游客占比 80.38%，其中省内市外游客占比 42.32%，市内游客占比 38.06%(见图 8)。与 2019 年相比，省外游客和省内市外游客占比均有所下降，市内游客比例不断提高。可以看出，受疫情影响，市外游客比例下降。济宁整体客源结构偏重省内，潜在市场广阔。应当通过对客源结构的分析，明确客源市场目标，加强区域合作，进一步提升外围区域的旅游活性，优化客源结构。一是根据客源结构细分市场，强化旅游宣传，巩固提升品牌优势，整合旅游宣传力量，创新旅游宣传手段，适时策划和推出主题鲜明的宣传活动，有效营销。二是加强区域合作，优势互补，借助周围城市旅游区提高知名度，扩大客源市场。三是继续加强基础设施建设，改善旅游公共环境，进一步提高服务质量，树立良好的旅游城市形象。

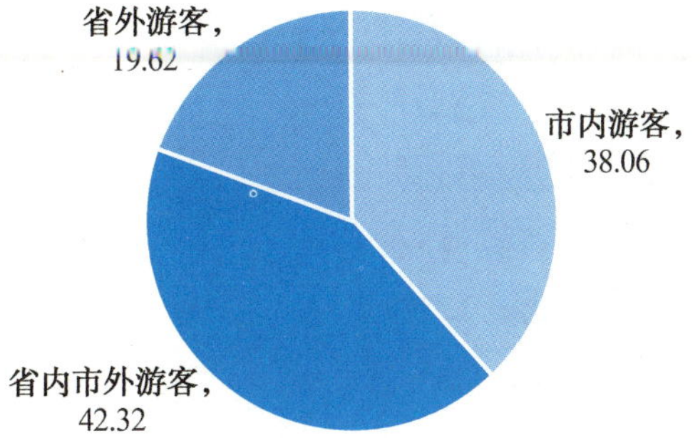

图 8　2020 年济宁市国内旅游市场客源结构

2.省外客源结构

省外客源市场以周边省份为主，江苏省、河南省、河北省构成了三大省外客源地，其中江苏省游客最多，占比 24.55%；河南省、河北省次之，占比分别为 18.07%、10.45%(见图 9)。

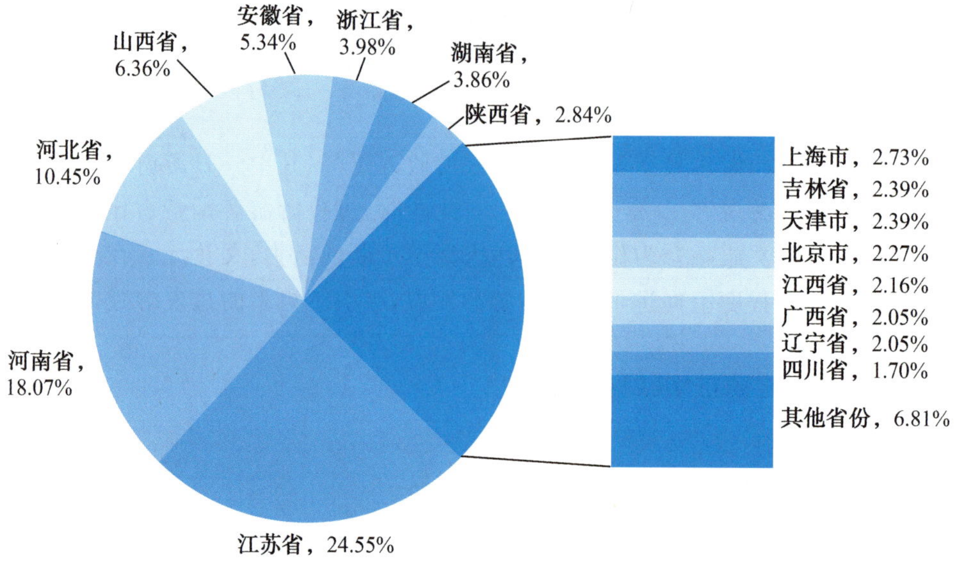

图 9　2020 年济宁市国内游客中主要省外游客(占比剔除山东省)客源结构

省外客源城市也以周边城市为主，济宁十大省外旅游客源城市分别为郑州、南京、徐州、石家庄、长沙、连云港、太原、开封、合肥、洛阳，占比分别为 7.05%、5.34%、5.34%、3.52%、3.30%、3.07%、3.07%、2.39%、2.27%、2.16%(见图 10)。

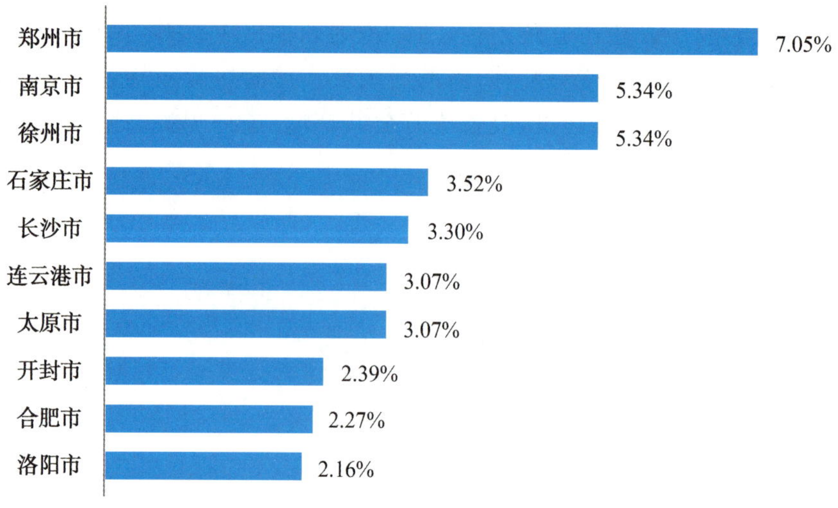

图 10　2020 年济宁市国内游客十大省外客源城市

从区域划分来看，受距离、交通便利度、经济发展水平等各种因素影响，省外客源所属区域占比最多的为华东地区，达到 39.77%；华北地区、华中地区占比均为 22.61%；来自西南地区的游客占比最小，仅为 2.16%（见图 11）。

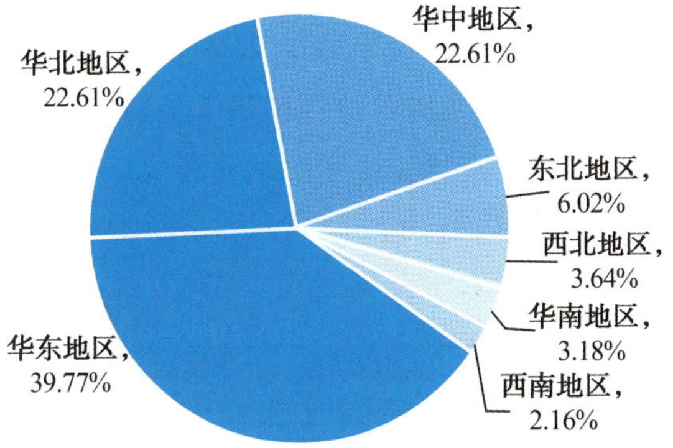

图 11 2020 年济宁市国内游客区域占比

济宁省外客源市场以周边区域为主，对周边地区的辐射性强，往较远区域的发散性差，建议加强省外市场营销，创新开展品牌推广，在主流媒体及重点客源地投放广告，精准拓展客源市场。

3.省内客源结构

调查显示，省内游客中本市游客占比最高，为 47.35%；济南、泰安、菏泽占比分别为 9.04%、4.72%、4.58%（见图 12）。省内游客作为济宁市客源的根基，是疫情后旅游经济回暖的关键，因此在注重省外营销的同时，也应加大省内宣传力度。

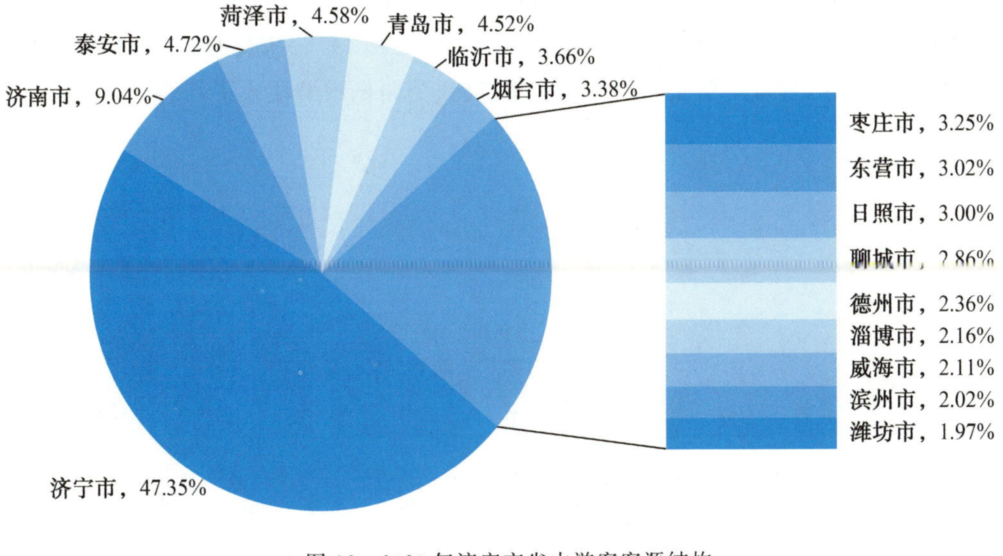

图 12 2020 年济宁市省内游客客源结构

4.5A 景区——曲阜明故城（“三孔”）旅游区客源结构

调查显示，“三孔”景区接待的国内游客中，省内游客占比 90.00％，省外游客占比 10.00％。被联合国列入《世界遗产名录》的“三孔”景区，以丰厚的文化积淀、悠久的历史、宏大的规模、丰富的文物珍藏以及科学艺术价值而著称。但相对而言，客源结构还需优化。除了加强精准营销，还需继续深挖研学游，针对省内、省外、境外不同年龄段、不同教育背景的游客，打造差异化研学游系列路线。

“三孔”景区省外游客以周边省份河北省最多，占比为 3.33％；江苏省占比为 2.08％（见图 13）。

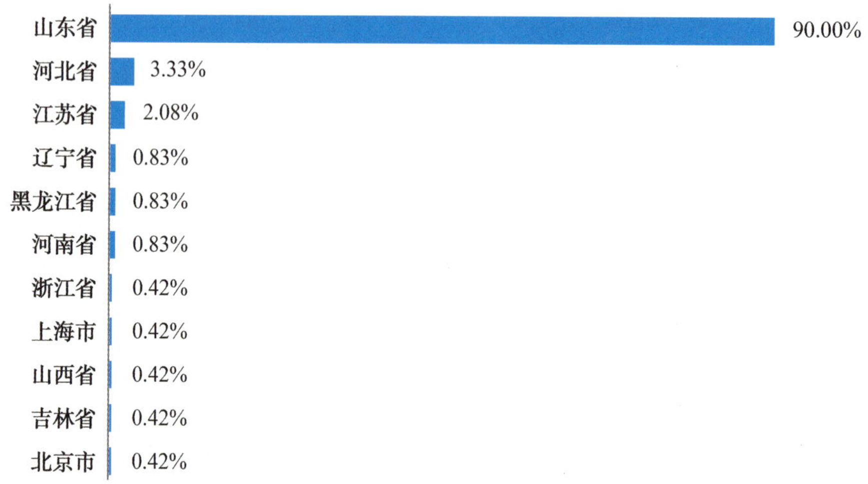

图 13　2020 年“三孔”景区国内主要客源构成

“三孔”景区省内游客中，本市游客占比最高，为 63.43％。省内市外游客中，济南游客占比最高，然后为烟台，分别占比 7.87％、6.02％（见图 14）。从交通便利度分析，客源最多的三个城市均为与曲阜互通高铁的城市，高铁为曲阜旅游注入了新的活力。

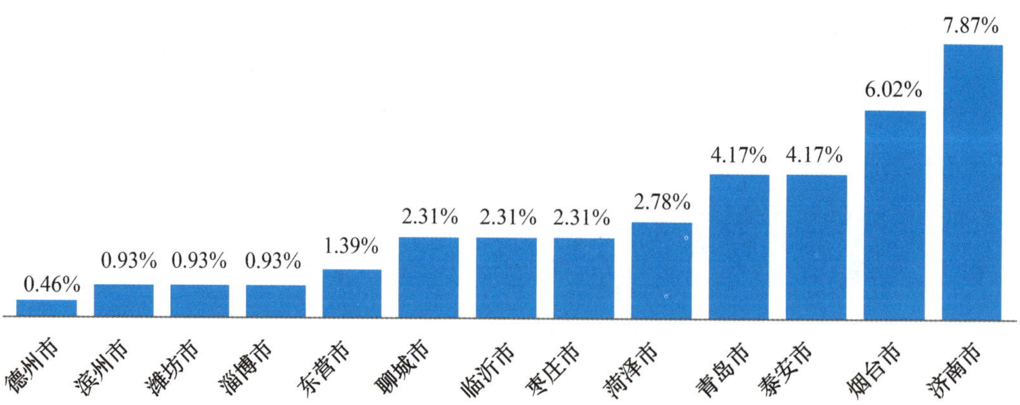

图 14　2020 年“三孔”景区省内市外主要客源构成

四、旅游供给分析

(一)旅游游览分析

1.A级景区

(1)景区总体

全市共有A级景区111家,其中,5A级景区1家,4A级景区19家,3A级景区64家。2020年新增3A级景区4家。根据全国A级旅游景区管理系统数据分析,2020年系统填报的108家A级旅游景区共接待游客1860.41万人次,占据全市接待游客总量的37.09%。其中5A级景区“三孔”旅游景区接待游客253.57万人次,占比13.63%;19家4A级景区共接待游客613.41万人次,占比32.97%;60家3A级景区共接待游客744.73万人次,占比40.03%(见图15)。

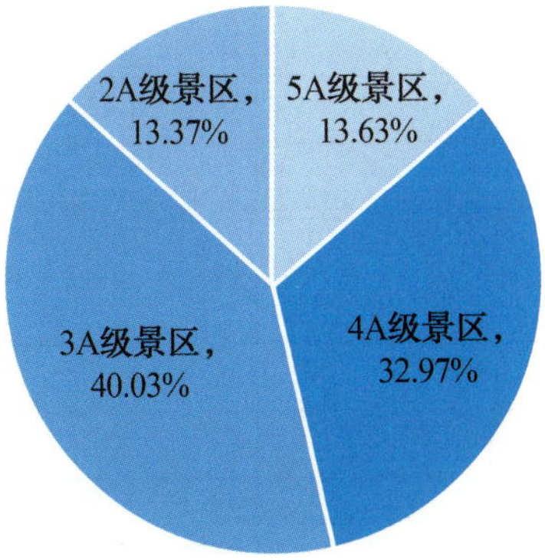

图15　2020年济宁市A级景区分级接待占比

(2)重点景区

2020年“三孔”景区、曲阜尼山孔庙及书院景区、曲阜孔子六艺城等20家4A级及以上景区共接待游客866.97万人次,同比下降63.99%;实现营业收入2.66亿元,同比下降56.81%。其中,门票收入1.05亿元,下降60.29%,占整体营业收入的39.47%。相较于2019年,门票收入占整体营业收入的比例降低。随着景区产业结构的调整,逐步打破主要靠门票收入的单一经营模式,非门票收入占比逐渐提高,景区经营收益逐渐综合化。

2.旅游度假区

济宁市现有省级旅游度假区3家,分别为济宁北湖省级旅游度假区、微山湖省级旅游度假区、尼山省级文化旅游度假区。3家旅游度假区2020年共接待游客352.2万人次，同比下降 44.13%；实现营业收入 17.83 亿元，同比下降 52%。

3.乡村旅游区点

济宁市共监测乡村旅游区点 8 家，分别为任城鹿鸣岛生态休闲农业观光园、泗水县宋家沟村、汶上县白石镇昙山风景区、邹城市上九山村景区、贾堌堆农家寨景区、嘉祥县丹凤山旅游生态园、仙河花海生态乐园、鱼台县罗屯镇刘庄村。山东省旅游统计分析平台数据显示，8 家乡村旅游区点 2020 年累计接待游客 60.45 万人次，同比下降 67.43%；实现营业收入 0.15 亿元，同比下降 77.46%。

（二）住宿餐饮分析

济宁市共有星级饭店 33 家，其中分布在任城区、曲阜市的星级饭店数量最多，分别为 7 家、6 家；梁山县、泗水县次之，分别为 5 家、4 家（见表 1）。

表 1　2020 年济宁市各县（市、区）星级饭店数量

县（市、区）	数量/家
任城区	7
兖州区	3
曲阜市	6
泗水县	4
邹城市	3
微山县	3
鱼台县	0
金乡县	0
嘉祥县	1
汶上县	0
梁山县	5
太白湖新区	0
济宁高新区	1
经开区	0

（三）旅行社分析

济宁市共有旅行社 152 家，其中在营旅行社 138 家，复产率达到 90.8%；国内旅游组织人次数 6.3 万人次，恢复到 2019 年同期的 26%；国内旅游接待游客 5.1 万人次，恢复到 2019 年同期的 22%。

（王申臣　周源康）

2020年泰安市旅游业调查分析报告

2020年是“十三五”规划收官之年，也是决胜全面建成小康社会、决战脱贫攻坚之年。同时，受新冠肺炎疫情冲击，2020年也是文化和旅游工作极不平凡的一年。在市委、市政府的坚强领导下，泰安市文化和旅游系统统筹推进疫情防控和文化旅游经济发展，拉动文化旅游消费升级，全市文旅产业复苏和高质量发展取得显著成效。

一、2020年泰安旅游产业发展特点

(一)疫情防控扎实有效

疫情暴发初期，泰安市文化和旅游局第一时间成立疫情防控工作领导小组，根据疫情变化，及时调整工作部署。第一阶段，在疫情比较严重、全市实行“一级响应”期间，支队采取分组检查的方式，对城区文化、旅游等经营单位进行拉网式检查，确保全部停止经营，防止出现聚集性传播；第二阶段，一手抓疫情防控，一手抓复工复产，对取得复工许可的企业进行专项督导检查，确保生产、防疫两不误；第三阶段，全面复工后，按照上级印发的文化、出版物企业复工指南，进行复工复产督导检查，确保复工企业安全达标。

疫情蔓延期，为做好疫情防控工作，先后制发、转发《泰安市新冠肺炎疫情期间旅游住宿业防控工作指导手册》《关于印发〈泰安市旅游住宿业复工营业防疫工作指南〉的通知》《关于恢复旅行社及在线旅游企业部分经营活动的通知》《旅行社业疫情防控与复工复产指南》《关于做好2020年国庆节、中秋节假期旅游景区开放管理工作的通知》等，并结合“双随机、一公开”检查，创城督导检查，“安全生产月”活动，假日联合督导等活动开展常态化检查。此外，为解中小微文旅企业融资燃眉之急，泰安市文旅部门联合人民银行泰安市中心支行等单位，创新推出了“泰安文旅六保贷”金融支持文旅企业系列产品，将全市21家单位及金融机构的41款金融产品汇编成册，开展银企对接合作，文旅企业新增贷款8.4亿元。

疫情防控常态化之后，为了激发市民和游客的出游热情，泰安市文化和旅游局举办了“慧游泰山，天下泰安”2020泰安旅游“大家拍”摄影采风活动，参加了铁路12306举办的再看山河暨第三届高铁旅游嘉年华公益宣传活动，并策划举办“720VR全景游景区＋国家金牌导游讲景区”活动，邀请国家金牌导游走进泰山、岱庙进行拍摄录制，对重点景区进行全新推介。此外，以致敬抗疫英雄为主题，泰安景区推出了多项优惠政策，全市73家主要景区对全国医务工作者实行门票免费优惠。

（二）乡村旅游多点开花

1.乡村旅游目的地品质逐渐升级

2020年，泰安市推荐的岱岳区东西门村、肥城市五埠村成功入选第二批全国乡村旅游重点村，连同2019年入选的岱岳区里峪村，目前泰安共拥有3个全国乡村旅游重点村。此外，省庄镇等8个乡镇创建全省精品文化旅游小镇，山西街村等8个乡村创建全市精品旅游特色村，掌平洼村等65个村庄参加三年景区化培育工作。泰安市乡村旅游目的地正在向更高品质迈进。

2.乡村旅游扶贫工作有序开展

由国家旅游局、国家发改委、国务院扶贫办等10多个部门和单位共同制定的《乡村旅游扶贫工程行动方案》于2017年2月发布。该方案显示，泰安共有72个村被列入全国乡村旅游扶贫重点村。方案还明确提出要“精准扶贫”：使全国1万个乡村旅游扶贫重点村年旅游经营收入达到100万元，贫困人口年人均旅游收入达到1万元以上。此外，泰安市文化和旅游局参加了山东省文化和旅游厅组织的“山东文旅扶贫带货大汇”活动，督促32个旅游重点村统一设立旅游扶贫项目标识牌，并将旅游扶贫工作资料汇编成册。新泰市掌平洼村、肥城市牛庄村成功入选山东省文化和旅游厅编制的《山东省文化旅游扶贫典型案例汇编》。

（三）夜间旅游需求旺盛

泰安市进一步贯彻落实2019年年底出台的《关于进一步繁荣夜间经济的九条措施》，以“打造特色夜景，开发夜游产品”“打造特色街区，夯实夜经济集聚载体”“打造特色项目，满足夜消费需求”“优化夜间交通服务”“完善公共配套设施”“美化亮化夜间环境”“加大政策资金支持力度”“优化管理服务环境”“建立组织考核机制”九大方面为抓手，着力推动夜间经济发展。根据省文旅厅安排部署，积极开展夜间文旅消费集聚区初审推荐工作，推荐泰安老街、三里屯文商旅综合体、梦泰山啤酒城、泰山云集参加山东省夜间文化和旅游消费集聚区评定工作。

(四)新兴业态迅速崛起

为促进旅游产品多元化发展，泰安在2020年强化发展新业态、新亮点，培育旅游产业新动能。

一是“旅游＋工业”。2020年，泰安市文化和旅游局联合市工信局，积极打造工业旅游示范基地，推荐鲁普耐特集团有限公司、芝圣堂生物科技有限公司参加山东省第三批工业旅游示范基地的竞争评定，均通过省文旅厅初审。指导山东省第二批工业旅游示范基地——山东金彩山酒业有限公司、蒙牛乳业泰安有限责任公司完成年度自评。

二是“旅游＋康养”。联合市卫健委向省文旅厅、省卫健委推荐泰山温泉城、泰山医养中心，争创山东省首批康养旅游示范基地。

三是“旅游＋体育”。联合市体育局推荐泰山天颐湖户外运动体育旅游线路、九女峰越野营地线路参评“2020年十一黄金周山东体育旅游精品线路”，泰山天颐湖户外运动旅游线路入选2020年十一黄金周山东体育旅游10条精品线路。

四是“旅游＋教育”。积极培育友邦田园、山东泰山研学教育有限公司等一批优秀的研学旅行机构。

五是“旅游＋科技”。疫情时期群众不便出行，使得线上旅游活力得以释放。2020年年初，泰安日报社(泰安传媒集团)推出2020“云上春天看泰安”大型直播活动，通过视频直播全市各大景区景点；5月16日，泰山东岳“云上庙会”在岱庙开幕，以“互联网＋传统庙会”的概念，以网络直播、微视频、图文资讯等形式推出，同时采用直播带货、线上销售的形式破解销售难题，助力乡村振兴。

六是“旅游＋文化”。2020年，泰安市高标准策划包装了“泰安新闻出版文化创意产业集群”并成功入选第二批山东省“十强”产业“雁阵形”集群库，成为全省4个实现文化创意、精品旅游双集群入库培育的城市之一，文旅产业集群化工作走在全省前列。

(五)旅游惠民持续推进

为拉动旅游消费回升，泰安市文化和旅游局组织开展了第四届泰安文化和旅游惠民消费季活动，先后举办了“书香泰安·全民爱阅读”“书香新泰·全民爱阅读”“开卷有益·桃都书香阅读月”“泰有引力·惠吃惠玩惠生活”“惠游岱岳·吃喝玩乐go”等系列活动，并且成功举办了泰安老街抽万元大奖、第三届泰山美食节等活动，截至2020年年底，共计发放各类惠民消费券1125万元。

（六）智慧旅游迭代升级

一是“慧游泰山”平台功能不断完善。“慧游泰山”智慧文旅平台自上线以来不断完善服务功能建设，提升服务水平和质量，满足游客个性化、定制化需求，得到了广泛好评。截至 2020 年年底，游客访问量达到 251.2 万人次。“泰安：推出智慧旅游服务，旅游服务更佳”获山东省文化和旅游厅舆情管理处置领导小组办公室通报表扬。

二是线上门票预约系统持续升级。建设景区门票预约功能，实现景区门票线上预约。对不具备对接条件的景区，提供“软件＋硬件”景区智慧票务综合解决方案。通过预约平台充分掌握景区门票预约和入园客流情况，实时掌握所有渠道的预约售票数据，及时了解景区和游客动向，全面统筹协调景区游客分流，有效缓解了热门景区在高峰期的压力，极大地提升了游客的出游体验。

三是与科技企业深入合作，搭建平台。与阿里巴巴（山东）有限公司开展深入合作，就智慧文旅平台搭建、一张地图游泰安、电商平台搭建、城市 IP 打造等方面进行积极洽谈对接，提升全市旅游游览品质和便捷程度。

二、2020 年泰安旅游需求侧分析

（一）旅游产业发展总量情况

泰安市 2020 年全年接待国内外游客共计 5040.0 万人次，同比下降 39.0％；实现旅游总收入 482.1 亿元，同比下降 46.8％（见图 1、图 2）。

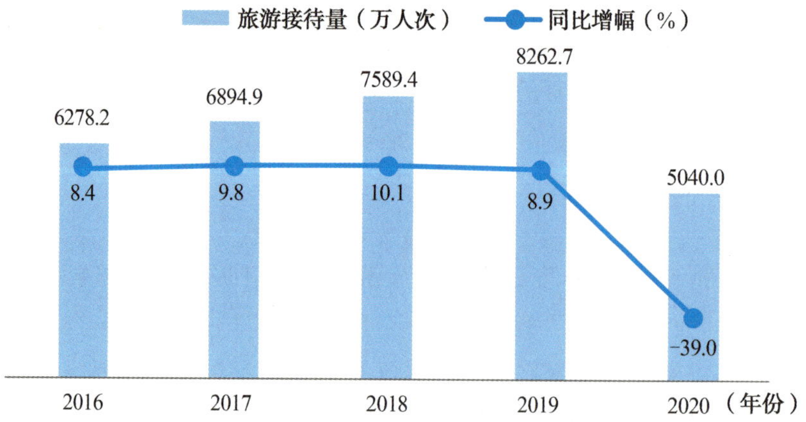

图 1　2016—2020 年泰安市游客接待量及同比增幅

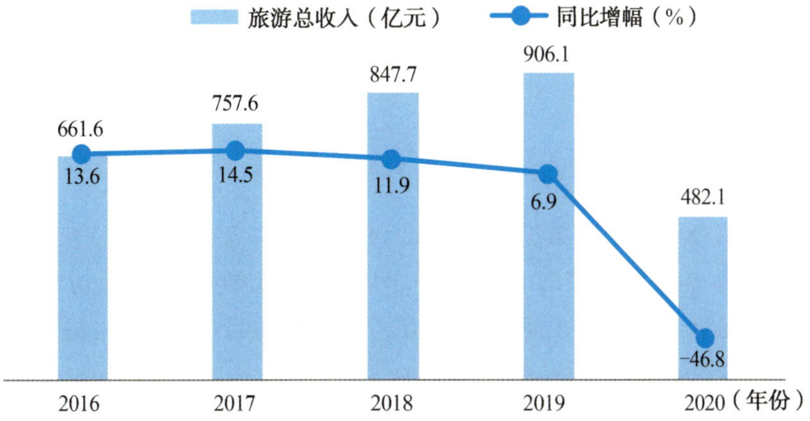

图 2　2016—2020 年泰安市旅游总收入及同比增幅

2020 年是"十三五"收官之年。"十三五"期间，泰安市文化和旅游产业发展质量和效益更加凸显。2016—2019 年，全市游客接待量提升 31.61 个百分点，旅游总收入提升 36.95 个百分点，实现持续稳定发展，文化和旅游与经济、社会融合发展步伐加快。

2020 年，受新冠肺炎疫情影响，文旅产业遭受重击，游客接待量与旅游总收入回落。由于各景区、旅游目的地以及文化场所在开年之初全部关停，因此第一季度损失较为严重。自第二季度开始，全国各行各业都加紧了复工复产的步伐，文旅产业经济运行得以升温，全市文化和旅游产业进入快速回升期。第三季度，由于疫情防控举措得力，市旅游部门相继出台各类促进旅游消费的措施，全市文化和旅游产业持续平稳发展。第四季度，冰雪旅游需求旺盛，泰安市游客接待量与旅游总收入持续走高（见图 3）。

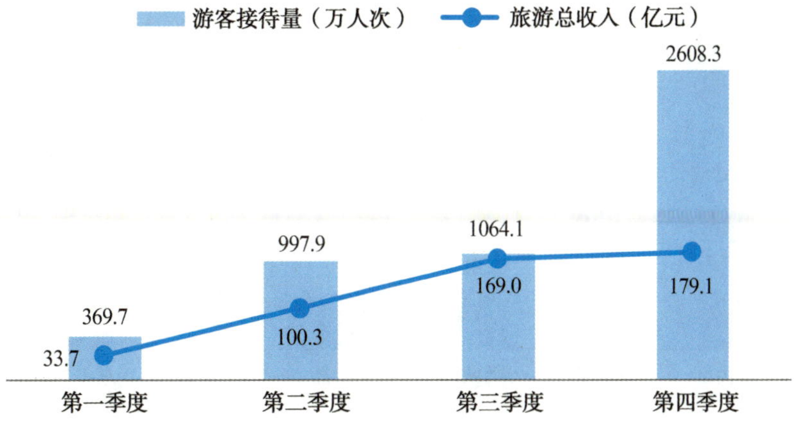

图 3　2020 年分季度泰安市游客接待量及旅游总收入

（二）泰安旅游产业市场分析

1.市内客源

手机漫入信令综合测算数据显示，2020 年，泰安市各县（市、区）互访中，泰山区、岱岳区两区居民出游人数最多（见图 4），两地出游人数占全市互访出游人数的近 80%；同时，岱岳区和泰山区也是最受本市居民喜爱的目的地，其中岱岳区市内游客到访人数居首位，占比 41.19%（见图 5）。

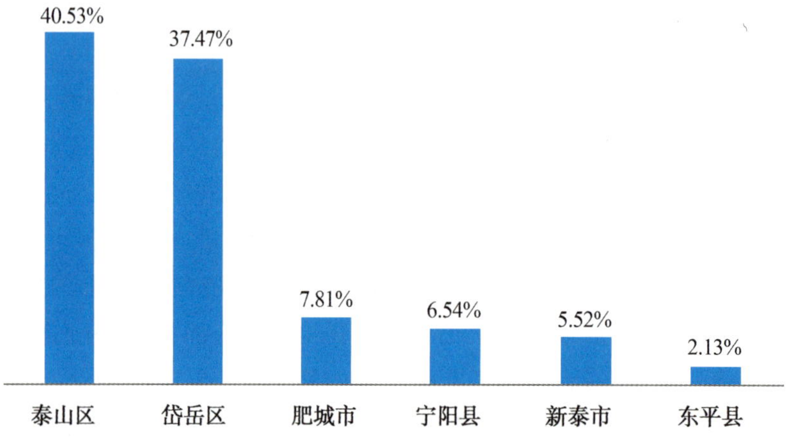

图 4　泰安各县（市、区）互访出游人数占比

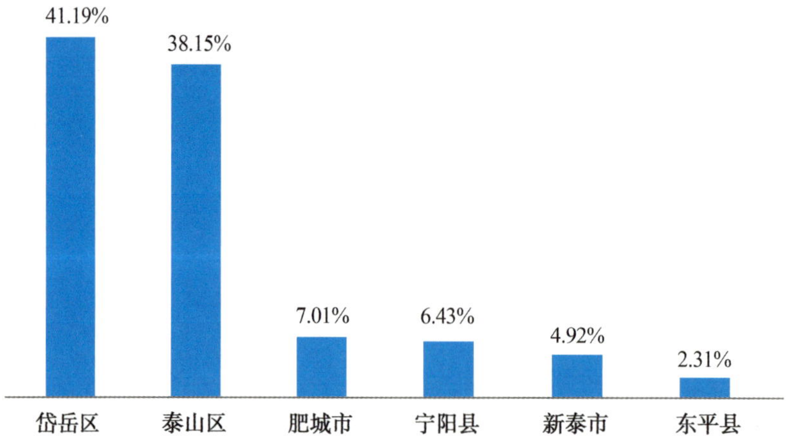

图 5　泰安各县（市、区）到访接待人数占比

2.省内市外客源

手机漫入信令综合测算数据显示，省内其他 15 个地市，2020 年，济南漫入客流最多，占比超过 30%；然后是为济宁、临沂和菏泽（见图 6）。

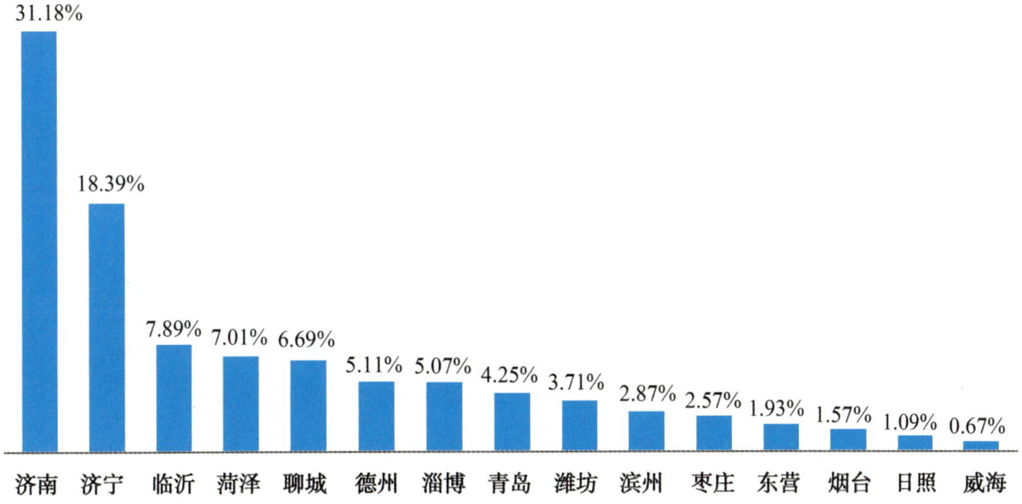

图 6　2020 年泰安接待山东省其他地市游客人数占比

3.国内省外客源

手机漫入信令综合测算数据显示，2020 年，泰安市接待其他省份漫入客流同比减少 22.70%。泰安市接待山东周边省份游客较多，其中以河北省漫入客流最多，占国内省外游客总量的 17.42%；江苏省、河南省和北京市分别占比 12.22%、11.09% 和 8.37%（见图 7）。

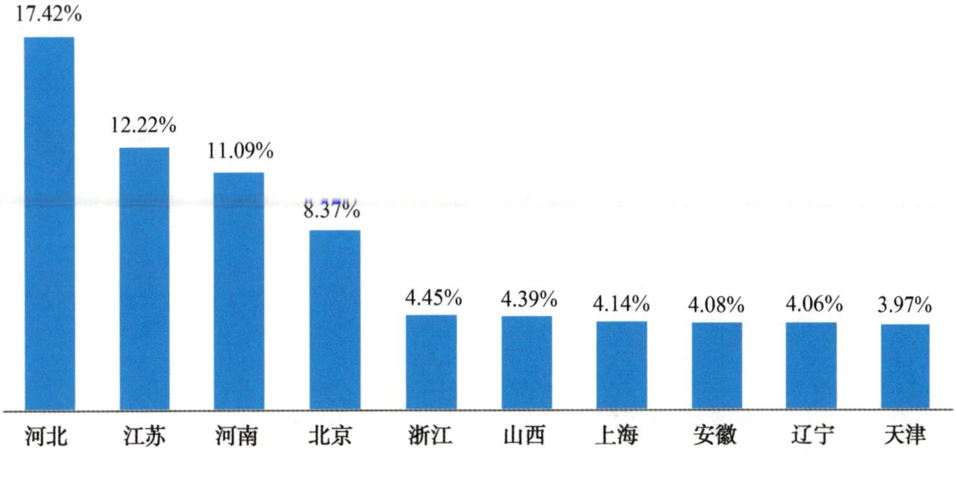

图 7　2020 年泰安市接待国内其他省份游客数占比（前 10 位）

泰安市所辖的六个县(市、区)中，泰山区最受国内其他省份游客喜爱，该区接待国内省外游客量占国内省外游客总量的28.61%；岱岳区、东平县和宁阳县占比分别为21.61%、16.41%和12.62%(见图8)。

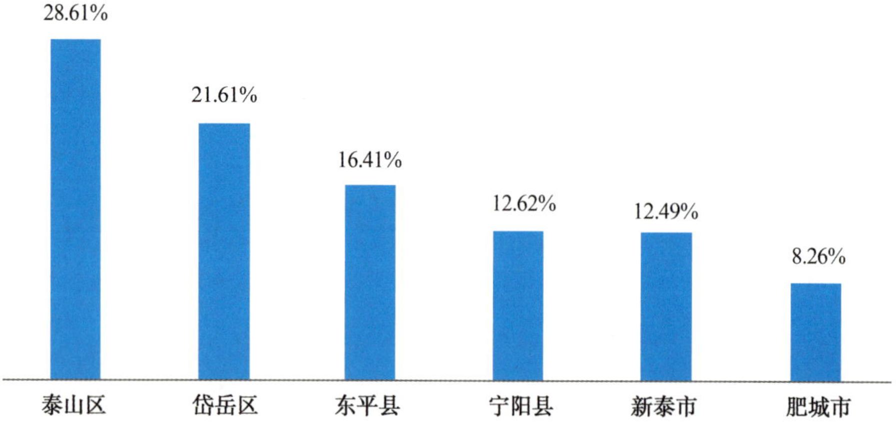

图8　2020年泰安市各县(市、区)国内省外游客接待量占比

4.入境客源

联通手机漫入信令综合测算数据显示，2020年，泰安市接待的入境游客中，来自美国的游客数量最多，占入境游客总数的22.80%；另外，来自中国香港地区和英国的游客数量分别排入境游客总量第二、第三位，占比分别为9.56%和7.87%(见图9)。

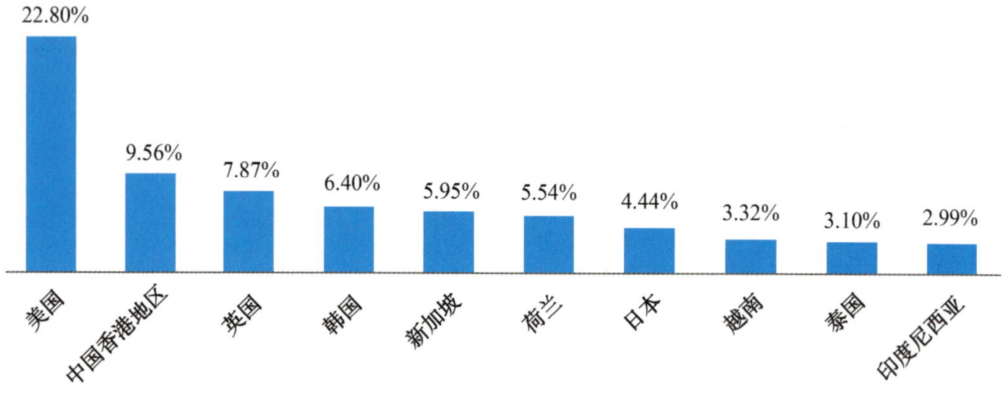

图9　2020年泰安市接待入境游客数占比(前10位)

(三)游客群体特征

1.年轻游客成出游主力军

从游客的年龄段分布来看，2020年，全市接待25—44岁的游客最多，占比达

64.15%；然后是45—64岁的游客，占比为16.97%；19—24岁的游客数量位列第三，占比为16.89%（见图10）。19—44岁的游客合计占比超过80%，可见，中青年游客是来泰安旅游的主力军。

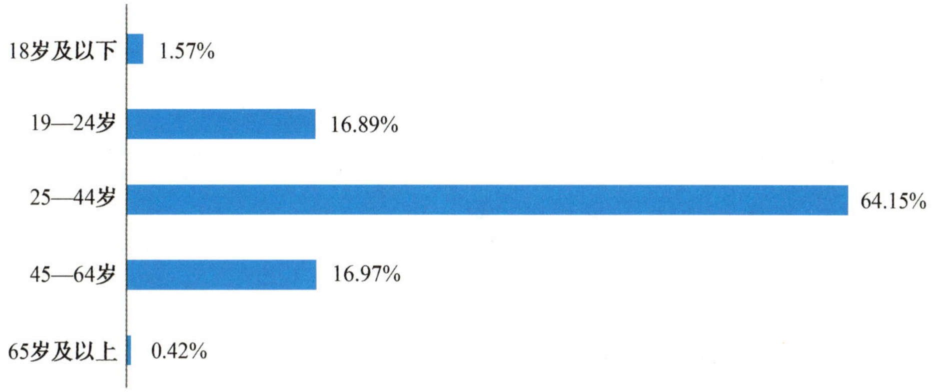

图10　2020年泰安市接待游客年龄结构

2.个人或携亲友出游成主流

从游客的出游方式来看，2020年全市接待的游客中，个人或与亲友结伴出游的游客占比达到79.68%，因公务活动出游的游客占比16.02%，选择旅行社组织出游的游客占比1.62%，单位组织出游的游客占比1.79%（见图11）。可见，个人或与朋友、家人共同出游，成为来泰安旅游者的重要出游类型。

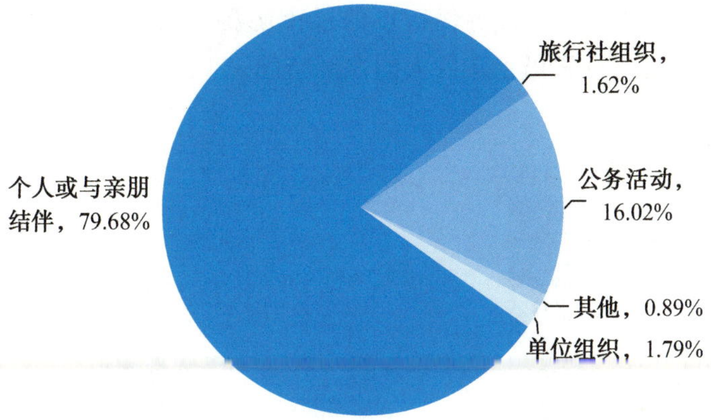

图11　2020年全市游客出游类型结构

3.商务会议成为主要出游目的

从重点景区接待的游客的出行目的来看，2020年，前来泰安进行商务、公务活动，参加会议、培训的游客占比最高，达26.95%；来泰安进行休闲、度假的游客占比位列第二，为 23.39%；以观光、游览为目的前来泰安的游客比例为 22.90%，位列第三；以探亲访友和文化、体育、科技交流为目的的游客分别占 10.11% 和 8.03%（见图 12）。可见，2020 年改变了以往观光、游览“一枝独秀”的格局，商务会议等成为游客来泰安的主要目的。

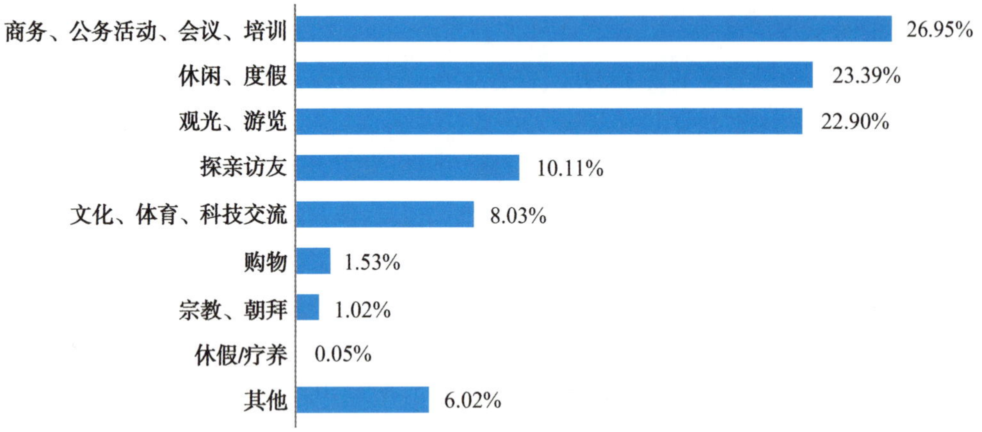

图 12　2020 年泰安市重点景区接待游客的出行目的

4.过夜游游客人均停留时间为 1.9 天

调查统计数据显示，2020 年，泰安市过夜游游客中，选择在酒店住宿的游客占比 60% 以上，其中，选择非星级酒店住宿的过夜游游客最多，占比 34.94%；选择星级酒店住宿的游客占比 29.11%。此外，选择在亲友家中暨第二居所住宿的游客位列第三，占比 15.85%。选择乡村旅游住宿点的过夜游游客占比 13.07%（见图 13）。可见，乡村旅游住宿接待设施仍存在巨大的发展空间。

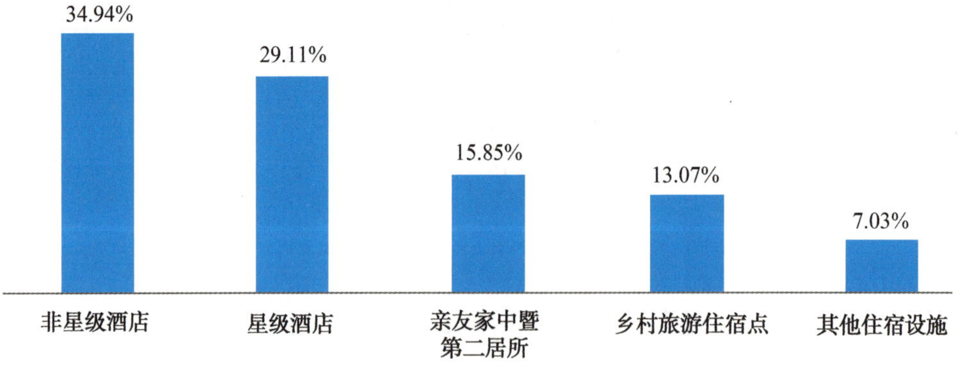

图 13　2020 年泰安市过夜游游客住宿设施选择占比

三、2020 年泰安旅游供给侧分析

(一)旅游游览

1.A 级景区

(1)景区数量

截至 2020 年 12 月底,泰安市拥有 5A 级旅游景区 1 家,4A 级旅游景区 13 家,3A 级旅游景区 48 家,2A 级旅游景区 20 家。泰安拥有 4A 级及以上旅游景区共 14 家(见表 1)。

表 1　泰安市 4A 级及以上景区名录

景区名称	景区级别
泰山景区	5A
新泰市莲花山风景区	4A
东平县东平湖风景区	
泰山区泰安方特欢乐世界	
泰山区泰山花样年华景区	
泰山森林温泉旅游区	
岱岳区天乐城旅游休闲区	
东平县白佛山景区	
岱岳区太阳部落	
泰山区泰山宝泰隆旅游景区	
泰安市徂徕山汶河景区	
岱岳区天颐湖旅游度假区	
肥城市春秋古城景区	
宁阳县复圣文化旅游区	

(2)接待情况

从重点景区接待情况来看,2020 年 1—12 月被纳入监测的 13 家(新增泰安老街和泰山西湖)重点景区共接待游客 2402.02 万人次,同比增长 36.76%;实现旅游收入

5.19 亿元，同比下降 62.91%(因泰山西湖只有人数没有门票，无法统计收入情况，所以人数上升、收入下降)。

其中，5A 级景区泰山接待进山进景点游客 278.55 万人次，同比下降 50.95%；实现门票收入 2.01 亿元，同比下降 50.12%。

方特欢乐世界、花样年华、宝泰隆、天颐湖、太阳部落、天乐城旅游休闲区、泰山温泉城、莲花山、春秋古城、东平湖等 10 家景区共接待游客 387.46 万人次，同比下降 67.40%；实现营业收入 2.41 亿元，同比下降 75.88%。

新业态景区包括泰安老城、泰山西湖两家景区，共接待游客 1736 万人次，实现营业收入 7800 万元(两家景区自 2020 年 5 月开始营业)。另外，索道接待游客 240.16 万人次，实现收入 2.4 亿元，同比均下降 38%(见表 2)。

表 2　2019 年及 2020 年泰安市被纳入监测的 13 家重点景区游客接待量及营业收入

景区名称	2019 年接待游客量/万人次	2020 年接待游客量/万人次	同比增幅/%	2019 年营业收入/万元	2020 年营业收入/万元	同比增幅/%
泰山景区	567.89	278.55	−50.95	40229.61	20066.53	−50.12
方特欢乐世界	120.59	23.43	−80.57	18657.95	4832.41	−74.10
花样年华景区	65.33	1.96	−97.00	963.00	28.89	−97.00
宝泰隆旅游景区	278.05	38.29	−86.23	37926.75	3898.87	−89.72
天颐湖旅游度假区	175.53	40.67	−76.83	6355.30	1421.68	−77.63
太阳部落	138.62	46.08	−66.76	13113.97	2713.28	−79.31
天乐城旅游休闲区	17.97	9.23	−48.66	2327.52	1622.98	−30.27
泰山森林温泉	60.20	15.05	−75.00	7712.38	1619.60	−79.00
新甫山景区	18.52	11.11	−40.00	352.50	479.40	36.00
春秋古城景区	100.52	67.35	−33.00	4329.23	2814.00	−35.00
东平湖风景区	213.18	134.30	−37.00	8085.51	4642.70	−42.58
泰山西湖	—	929.00	—	—	—	—
泰安老街	—	807.00	—	—	7800.00	—

2.旅游度假区

截至 2020 年年底，泰安市共有 4 家省级旅游度假区(泰安泰山省级旅游度假区、泰安新泰莲花山省级旅游度、泰安天颐湖省级旅游度假区、泰安泰山碧霞湖省级旅游度假区)，尚无国家级旅游度假区，数量在全省排名第五位。

3.乡村旅游

2020年，泰安共拥有3处全国乡村旅游重点村。从乡村旅游接待来看，三季度纳入监测的5家乡村旅游点(里峪村、掌平洼村、五埠村、百户庄和南堂子村)共接待游客28.86万人次，同比下降24.89%；实现营业收入4136.3/万元，同比减少16.85%(见表3)。

表3　2019年及2020年泰安纳入监测的乡村旅游点游客接待量及营业收入

	2019年接待量/万人次	2020年接待量/万人次	接待量同比增幅/%	2019年营业收入/万元	2020年营业收入/万元	营业收入同比增幅/%
里峪村	9.27	8.20	−11.54	447.47	391.00	−12.62
掌平洼村	15.98	7.80	−51.19	485.65	220.00	−54.70
五埠村	2.98	2.80	−6.00	104.35	96.00	−8.00
百户庄	—	1.03	—	—	19.80	—
南堂子村	10.19	9.03	−11.38	3937.07	3409.50	−13.40
小计	38.42	28.86	−24.88	4974.54	4136.30	−16.85

(二)餐饮住宿

1.持证住宿

2020年，泰安市自行监测的公安持证住宿共计491.62万人，同比减少31.33%；其中境内人员491.31万人，同比下降30.91%；境外人员0.31万人，同比下降93.56%(见表4)。

表4　2019年及2020年泰安市持证住宿游客量

		2019年	2020年	同比增幅
境内持证住宿游客/人次	一季度	1300196	412980	−68.24%
	上半年	3364975	1554981	−53.79%
	前三季度	5394525	3330789	−38.26%
	全年	7110648	4913069	−30.91%

续表

		2019 年	2020 年	同比增幅
境外持证住宿游客/人次	一季度	6564	880	−86.59%
	上半年	21634	1293	−94.02%
	前三季度	33006	2412	−92.69%
	全年	48073	3095	−93.56%

2.星级饭店

截至 2020 年年底，全市实有住宿和餐饮业市场主体 47947 家，同比增长 13.18%，与同期相比增加 5584 家。从重点高星级饭店接待来看，1—12 月被纳入监测的 7 家酒店（包括东尊华美达、丽景广场、肥城宝盛、正元名饮酒店、蓝海御华、泰山宝盛、万达嘉华等）共接待游客 126.92 万人次，同比下降 40.92%；实现营业收入 2.83 亿元，同比下降 26.31%；客房平均出租率 36.07%。

3.精品民宿

经过近年来的发展，泰安民宿产业已经根据山地和平原地形条件变化形成三角式布局：一是以泰山岱庙为核心的城市民宿体验区，在泰山红门路周边零散分布；二是泰山山岳型民宿体验区，主要绕观光路及泰安西部道朗镇分布；三是以平原为主的乡村民宿体验区，如泰安南部大汶河景区沿线、各个区（县）建设的休闲民宿等。

目前，泰安民宿行业较为典型的是以凡舍、梅园、麓垚山居、曳尾园民宿为代表的环山路精品民宿聚集带，以里峪铂思民宿、八楼村麓垚 · 氧心谷为代表的民俗聚集区，以及以大汶口乡奢艺术民宿、夏张梨园民宿等为代表的围绕泰安市区周边的“散布点”民宿。

（三）旅游文娱

1.文娱场所发展情况

截至 2020 年年底，全市实有文化、体育娱乐业市场主体 4301 家，同比增长 28.85%，与同期相比增加 963 家。

对照省、市级建设标准，持续抓好基层综合性文化服务中心建设，进一步完善市、县、乡、村四级公共文化服务体系设施网络，全市县级“两馆”全面覆盖，全市 88 个乡镇（街道）综合文化站、3700 多个行政村（社区）综合性文化服务中心建成率 100%。

全市县级文化馆、图书馆总分馆建设稳步推进。全市已建成文化馆分馆80个、图书馆分馆91个,其中已实现通借通还的图书馆分馆43个,更好地满足了广大群众的文化需求。新泰市24小时无人值守的城乡书房,肥城市利用新华书店资源建设的社区图书馆,在构建通借通还机制、提供便捷阅读服务、提升书香城市品质等方面取得显著成效。

2.文旅项目建设情况

2020年,泰安市省级重点文旅项目数量实现新突破。泰山百合谷田园综合体建设项目、东平金泰恒盛纸业有限公司新型绿色包装项目入选2020年省政府重大项目,新泰统筹城乡发展集团新泰·中关村信息谷创新示范基地小镇客厅项目、鲁商九女峰乡村振兴项目入选2020年省新旧动能转换重大项目库第一批优选项目,泰山佑国际生态旅游度假区(泰安)项目入选省新旧动能转换重大项目库第二批优选项目。泰山新闻出版小镇——山东龙岳文化工程项目、泰安演艺秀都入选2020年省“双招双引”重点签约项目。泰安市文化和旅游局指导帮助5家企业做好全省文化旅游重点项目贷款贴息资金申报工作,太阳部落史前文化营地项目被纳入全省贴息支持名单,获批贴息贷款57万元。成功引进北京紫峰文化发展有限公司在新闻出版小镇投资,投资金额3亿元。

(四)旅游购物

1.2020中国旅游商品大赛获奖情况

11月8日下午,2020中国旅游商品大赛颁奖典礼在义乌国际博览中心举行,泰安市“桃木益智玩具——十二生肖”和“铜艺音乐香薰系列”两项作品获得铜奖(见表5)。

表5　2020中国旅游商品大赛山东省获奖情况

获奖作品	获奖企业	奖项
十二生肖防护小雨衣	愉悦家纺有限公司	金奖
九阳生活旅游套装	九阳股份有限公司	金奖
3D蜂巢释压枕	愉悦家纺有限公司	铜奖
盐瓷系列产品	山东鲁杨盐瓷科技有限公司	铜奖
桃木益智玩具——十二生肖	肥城市正港木业工艺品厂	铜奖
铜艺音乐香薰系列	泰安市龙藏深泉商贸有限公司	铜奖

2.2020 中国特色旅游商品大赛获奖情况

10 月，“2020 中国特色旅游商品大赛”在四川乐山举办，泰安市的“唐乡·禅茶一味”荣获金奖，“程木匠·齐鲁秋韵”和“君祥蜂蜜·蜂蜜巧克力”获得银奖（见表 6）。

表 6 “2020 中国特色旅游商品大赛”山东省获奖情况

奖项	商品名	所属地市
金奖（6 个）	爱熙·藻萃焕活肌系列面膜	青岛市
	若七·青岛印象系列	青岛市
	齐州窑·27 件百岁朝阳松烧酒器系列	淄博市
	唐乡·禅茶一味	泰安市
	C 咖二两半·白兰地	烟台市
	秤心·秤心如意系列	德州市
银奖（13 个）	润荷·杀菌清洁湿巾系列	济南市
	晶荣·果酱礼盒	济南市
	李村·李村脂渣	青岛市
	鞠王·蹴鞠	淄博市
	齐州窑·茶刀	淄博市
	孔圣·创意转笔刀系列	济宁市
	孔府家·孔府家酒仁义礼智信礼盒	济宁市
	程木匠·齐鲁秋韵	泰安市
	君祥蜂蜜·蜂蜜巧克力	泰安市
	刘公岛来信礼盒	威海市
	康发养生小馆·养生小馆	临沂市
	QiLuGuanmei·时尚天然手工拉菲草帽	临沂市
	云川阁·绣花鼓灯	临沂市
铜奖（6 个）	宗师铁锅·臻三环古法宗师章丘铁锅	济南市
	金祥·琉璃钟表	淄博市
	锶灼佰·你若安好我便绽放	烟台市
	虎行天下·瓷悦虎系列	潍坊市
	TWOBABY·无添加健康山楂系列	潍坊市
	东阿阿胶·阿胶红参茶	聊城市

（郑成翠　单钰　田敏）

2020 年威海市旅游业调查分析报告

据统计调查测算，2020 年威海市实现旅游总收入 393.1 亿元，同比下降 43.2%。其中国内旅游收入 391.9 亿元，下降 41.6%；入境旅游收入 1756.5 万美元，下降 94.3%。游客接待总量 3238.2 万人次，下降 37.1%。其中接待国内游客 3233.0 万人次，下降 36.6%；接待入境游客 5.2 万人次，下降 90.1%。城乡居民年人均出游 1.82 次，下降 70.65%。

一、旅游业发展特色亮点

(一)积极推进项目建设

2020 年按照“一条主线、十大板块”对全市文旅项目进行了梳理。全市共有 228 个在建威海市级重点文化旅游项目，涵盖特色街区、特色小镇、特色演艺、特色温泉、自驾露营地、特色民宿、高品质酒店、海上旅游、博物馆集群等板块，项目计划总投资 1542.8 亿元，2020 年计划投资 233.7 亿元，2020 年实际完成投资 79.02 亿元。由上海复星集团投资 16 亿元的 ClubMed 国际旅游度假村项目、由深圳宝能集团一期总投资 355 亿元的中国威海·逍遥海旅游度假项目已开工建设。

(二)举办第四届文化惠民消费季

扩大消费季活动范围，将受疫情影响较大的旅游景区、乡村旅游点、影院等纳入消费季范畴，刺激文旅产业复苏。依托市民卡公司搭建大数据平台，先后举办“感恩六月”志愿者专属券、夏日畅游、八一建军节、“信用威海”信用专属券、影视乐享、开学季等 6 个特惠主题活动，开展夏日畅游线下现场推介活动，先后两次集中开展商户发动和培训，制作父亲节商品微信推介特辑，印制和发放门型展架、海报、宣传单页等宣传物料，依托微信、抖音等新媒体平台和《威海晚报》、威海电视台等主流媒体开展宣传，提升社会知晓度。全市共有96家企业参加活动，注册用户58992人，其中新增企业69家，新增注册用户45767人。发放惠民消费券270.4万元，直接带动消费1300万元，资金拉动比为1∶3.8。

（三）组织开展景区免门票惠民活动

2020年12月1日至2021年2月28日（元旦、春节假期除外），组织开展威海市42家A级旅游景区免门票惠民活动，带动威海旅游市场升温。其中16家免票景区12月单月接待游客约20万人次，同比增长334%。

（四）挖掘更多特色区点

荣成市俚岛镇烟墩角村、环翠区张村镇王家疃村、文登区高村镇慈口观村等3个村获评第二批全国乡村旅游重点村，王家疃、慈口观、东楮岛、烟墩角村等4个村获评山东省乡村旅游重点村。王家疃、鸡鸣岛、西铺头等申报山东省精品文旅小镇及精品旅游特色村，张村亲子研学小镇、绿城台依湖酒庄酒产业小镇、张家产西洋参小镇、宁津渔家风情小镇等9个小镇申报精品文旅小镇。新增2个山东省工业旅游示范基地，2个首批山东省康养旅游示范基地，4个省级中小学研学旅游基地。围绕重点业态，对全市旅游民宿情况进行摸底调查，共摸底全市民宿194家、单体371户，精选53家民宿，分六大主题，编印了《威海特色民宿宣传手册》。

（五）适时拓展文旅活动

依据季节特点，每季产品均推出1个主品牌、5个子品牌、5条主题线路和上百个打卡点。适时推出“好客山东贺年会”特色产品及优惠活动、“夜韵之光·映秀威海”首届迎春灯光文化艺术节、“六维看威海·文旅Top 10评选”活动、“好客山东·精致威海——千里海岸自驾旅游季”活动、“金秋重逢　相知威海”秋游主题旅游产品、“精致城市·寻味威海”、“威字号”、“三名三特”评选等系列活动，形成全城狂欢、全城互动的浓厚氛围，持续打响威海旅游品牌。

二、国内旅游市场

（一）国内旅游接待收入

根据抽样调查数据和客流大数据综合测算，2020年全市共接待国内游客3233.0

万人次，同比下降36.6%。其中过夜游游客834.1万人次，下降65.5%；一日游游客2398.9万人次，下降10.5%（见图1）。实现国内旅游收入391.9亿元，同比下降41.6%。

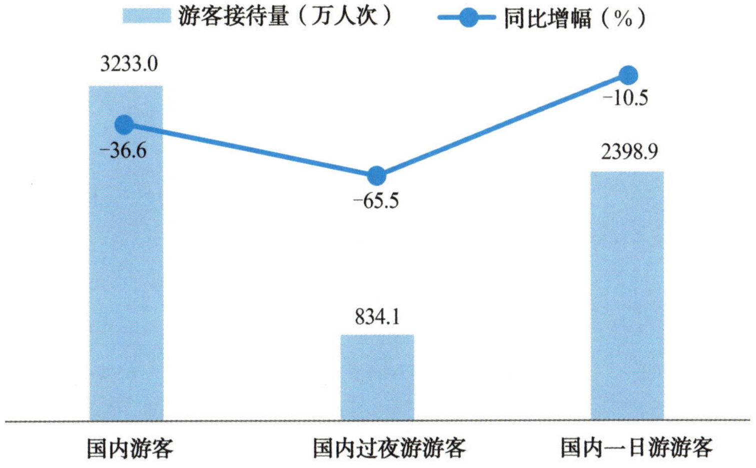

图1　2020年威海市过夜游与一日游游客接待量及同比增幅

（二）基本情况

1.性别构成

调查显示，威海市接待的国内游客中男性游客占比46.28%，女性游客占比53.72%（见图2），女性游客占比相对较高。

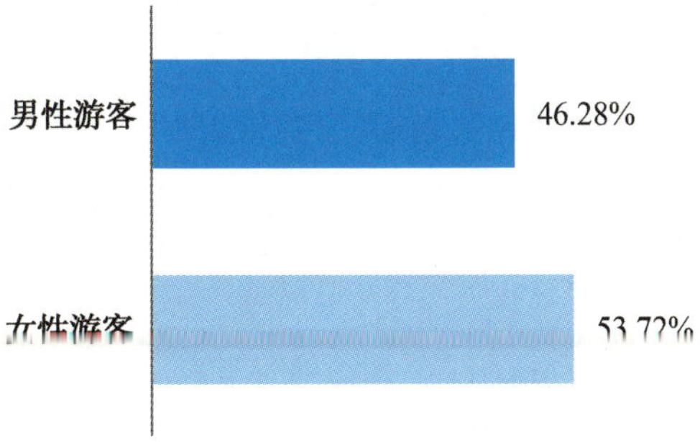

图2　2020年威海市国内游客性别比例

2.年龄构成

调查显示，威海市接待的国内游客中年龄分布在25—44岁的游客最多，占比

60.25%；然后是45—64岁游客，占比28.58%；19—24岁的游客紧跟其后，占比9.94%；65岁及以上游客较少，占比0.93%；18岁及以下游客最少，占比0.31%（见图3）。25—44岁的游客是游客中的中坚力量，在疫情的影响下年龄优势更加明显。

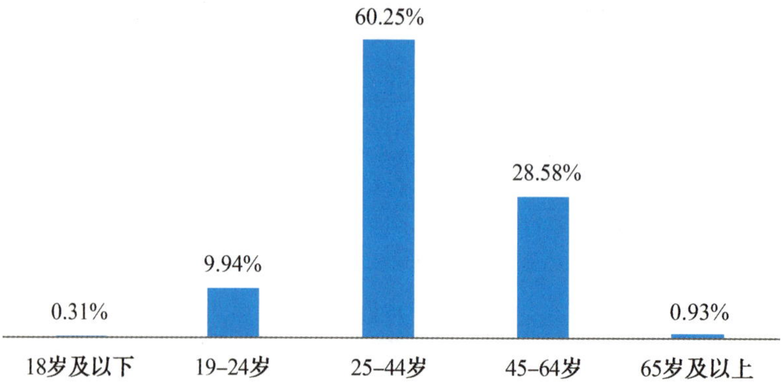

图3　2020年威海市国内游客年龄构成分析

（三）出游行为

1.出游方式

调查显示，威海市接待的国内游客中，出游以个人或与亲友结伴为主，占比达64.67%；其他方式占比11.02%；公务活动、旅行社组织分别占比9.94%、8.95%（见图4）。在疫情的影响下，相较于其他出游方式，人们更倾向于自己出行或与亲友结伴出行。

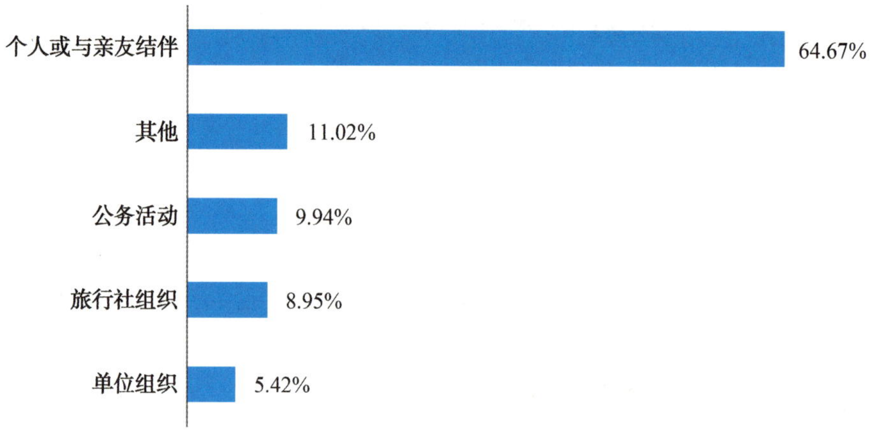

图4　2020年威海市国内游客出游方式偏好分析

2.出游目的

调查显示，全市接待的国内游客多以休闲、度假和观光、游览为出游目的，其中休闲、度假的游客占比最高，为 40.06%；然后是观光、游览，占比 22.26%（见图 5）。对游客出游目的的研究有助于了解旅游需求的变化，为旅游产品开发提供决策依据，可从观光游览型转为度假旅游产品、科考旅游产品，与探亲旅游、宗教旅游、修学旅游和探险旅游等共同构成多元化产品格局。

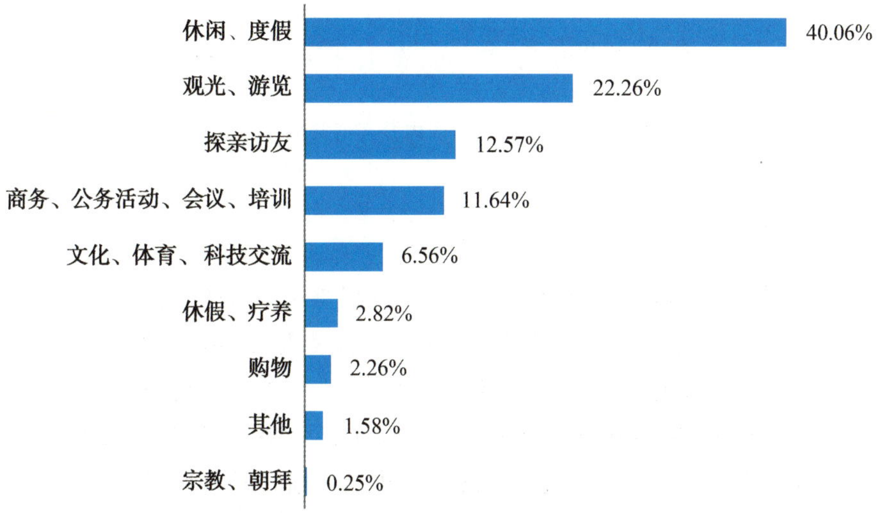

图 5　2020 年威海市国内游客出游目的占比

（四）消费行为

1.消费结构

调查显示，威海市国内游客消费中，首先，购物消费占比最高，达 29.01%；其次为住宿和餐饮，占比分别为 20.33%和 19.19%；再次为交通和游览消费，占比分别为 13.88%和 10.10%；最后，其他方面和娱乐消费占比最少，仅为 4.63%和 2.86%（见图 6）。游客的购物及住宿、餐饮费用占整体消费的 68.52%，而游览、娱乐等费用占比很小。可通过开发新型游览、娱乐项目等方式，促进游客游览多元化，优化消费结构。

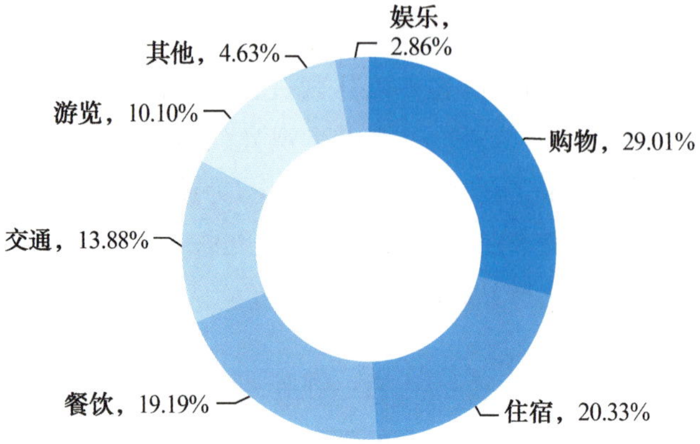

图6　2020年威海市国内游客消费结构分析

2.人均花费

经统计调查及综合测算，2020年威海市国内游客人均花费1478.87元，同比增长12.34%。其中，一日游游客人均花费1080.79元，过夜游游客人均花费1527.86元（见图7）。区分省内外游客来看，省内游客人均花费1355.14元，省外游客人均花费2200.02元（见图8）。随着我国经济发展和人民生活水平的提高，游客对精神文化的需求不断上升，近年来旅游人均花费呈现出逐年稳步增长趋势。受疫情影响，游客更倾向于选择短期旅游，导致游览、餐饮、住宿、娱乐、购物等服务方面受挫，尤其在过夜旅游花费方面，2020年出现了过夜游游客人均花费下降的现象。

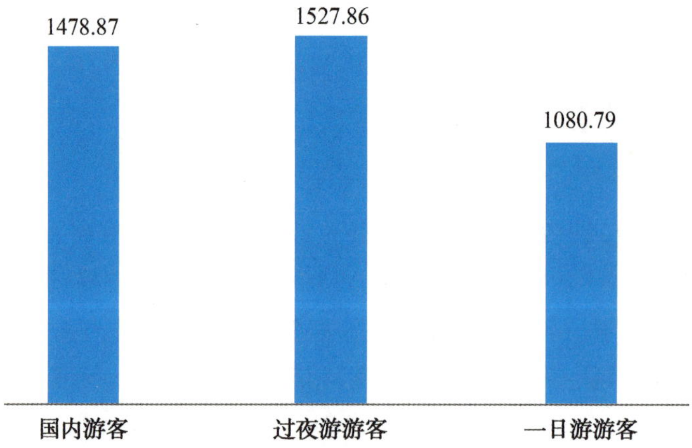

图7　2020年威海市国内游客人均花费情况（单位：元）

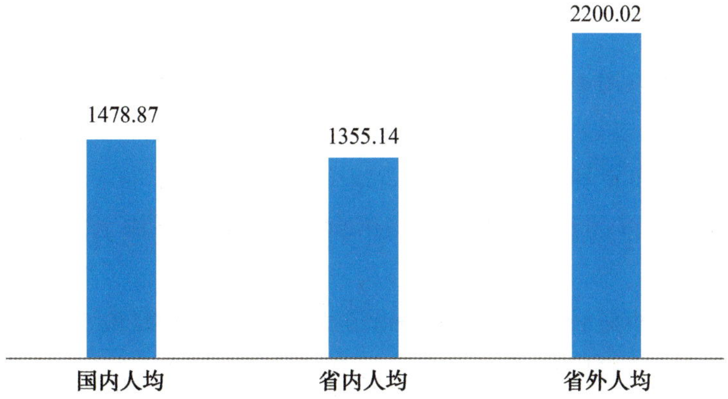

图 8　2020 年省内外游客人均花费情况(单位:元)

(五)客源结构

1.整体客源结构

调查显示,威海市国内游客中省外游客占比 14.64%,省内游客占比 85.36%,其中省内市外游客占比为 52.35%,市内游客占比 33.01%(见图 9)。威海市整体客源结构偏重省内,潜在市场广阔。通过对客源结构的分析,明确客源市场目标,加强区域合作,有利于提升外围区域的旅游活性,优化客源结构。一是根据客源结构细分市场强化旅游宣传,巩固提升品牌优势,整合旅游宣传力量,创新旅游宣传手段,适时策划和推出主题鲜明的宣传活动,有效营销。二是加强区域合作,优势互补,借助周围城市旅游区提高知名度,扩大客源市场。三是继续加强基础设施建设,改善旅游公共环境,进一步提高服务质量,树立良好的旅游城市形象。

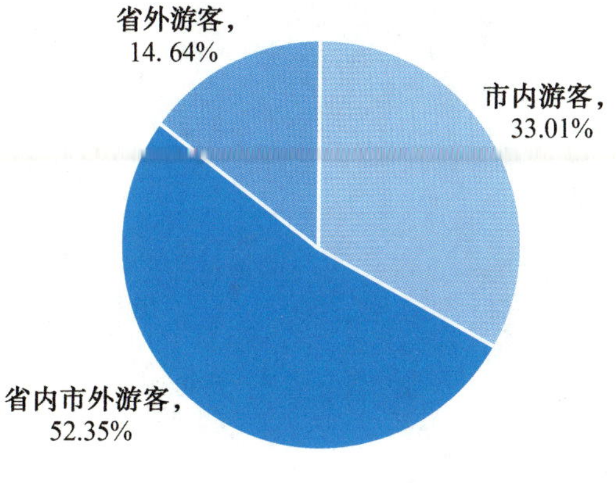

图 9　2020 年威海市国内旅游市场客源结构

2.省外客源结构

省外客源市场以周边省份为主，江苏省、北京市、河北省构成了三大省外客源地，其中江苏省游客最多，占比 9.30%，北京市和河北省次之，占比分别为 9.09% 和 7.61%。威海市旅游市场对周边地区的辐射性强，建议抓住全域旅游发展机遇，打造全域旅游目的地城市，同时加强省外精准营销，在主流媒体上及重点客源地投放广告。

省外重点城市相对较为分散，威海市五大省外旅游客源城市分别为石家庄、成都、合肥、南昌、长春，占比分别为 4.65%、3.38%、3.17%、2.96%、2.75%（见图 10）。

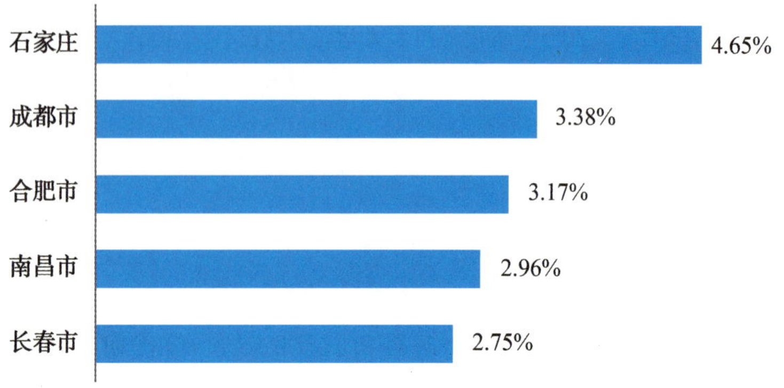

图 10　2020 年威海市国内游客五大省外客源城市

从区域划分来看，受距离、交通便利程度、经济发展水平等各种因素影响，省外客源所属区域占比最多的为华东地区，达到 34.04%；华北地区占比 27.48%；来自西北地区的游客占比最小，仅为 3.38%（见图 11）。

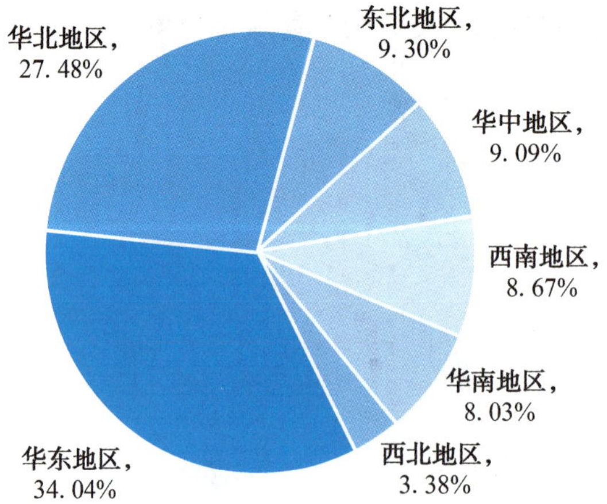

图 11　2020 年威海市国内游客区域分析

3.省内客源结构

调查显示，威海市的省内游客中本市游客占比最高，为38.67%；然后是烟台市、青岛市，分别占比12.69%、11.86%(见图12)。省内游客作为威海市客源的根基，是疫情后旅游经济回暖的关键，所以在注重省外营销的同时，也应加大省内宣传力度。

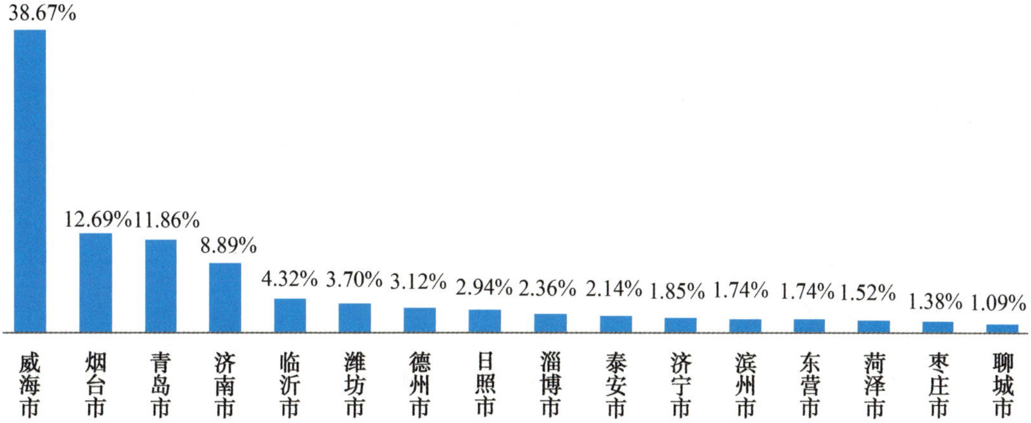

图12　2020年威海市省内游客客源结构

三、入境旅游市场

(一)入境旅游接待收入

经统计测算，2020年威海市共接待入境游客5.15万人次，下降90.07%。其中一日游游客0.23万人次，占比4.47%；过夜游游客4.92万人次，占比95.53%(见图13)。实现入境旅游收入1756.46万美元，下降94.29%。其中入境过夜游游客消费1736.90万美元，占比98.89%；入境一日游游客消费19.56万美元，占比1.11%(见图14)。

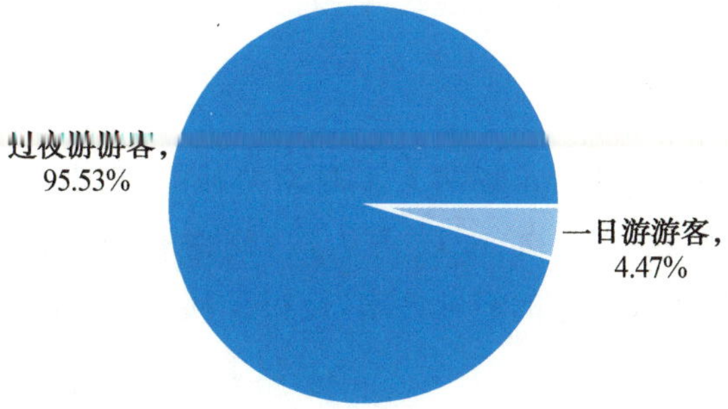

图13　2020年威海市入境游客中过夜游游客、一日游游客人数占比

图 14　2020 年威海市入境游客中过夜游游客、一日游游客消费占比

(二)客源结构

1.整体客源市场结构

2020 年全市共接待入境游客 51530 人次，其中外国游客 50288 人次，占比 97.59%；香港同胞 491 人次，占比 0.95%；澳门同胞 39 人次，占比 0.08%；台湾同胞 712 人次，占比 1.38%(见图 15)。入境游客中，外国游客依旧占绝对多数，与 2019 年相比，外国游客占比提高了 4.97 个百分比，港、澳、台同胞占比相应下降。

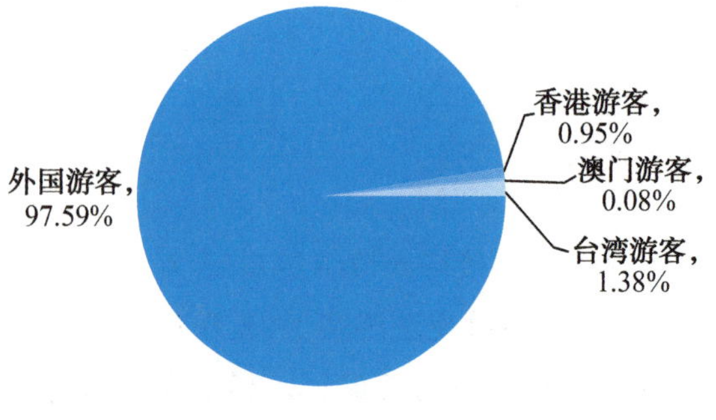

图 15　2020 年威海市入境游客人数占比

2.客源结构国别分析

从国别分析，威海入境旅游市场两大客源国为韩国、日本，占据超 90% 的境外客源，接待人次分别为 4.54 万人次、0.16 万人次，比例分别为 88.12%、3.20%(见图 16)。地理距离的因素以及频繁的经贸往来，使得日韩一直是威海市极为重要的入境旅游客源市场。

图 16　2020 年威海市入境游客主要客源国(前 10 位)

3.客源结构洲别分析

从洲别分析,距离优势使得亚洲成为主要客源地,占据境外市场的 94.48%;欧洲、美洲分别占比 4.59%、0.78%(见图 17)。

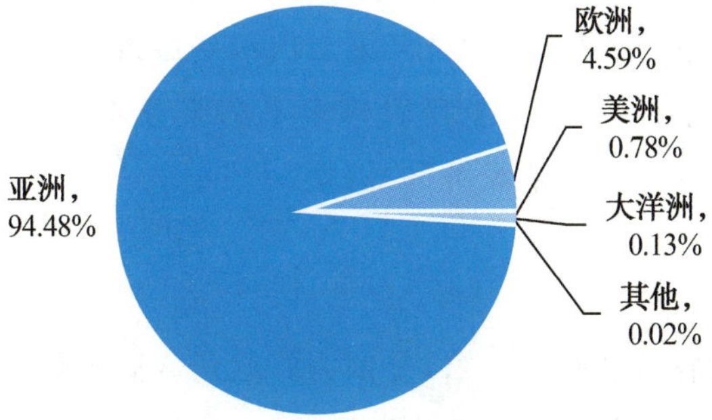

图 17　2020 年威海市入境旅游客源洲别构成

四、旅游核心产品供给分析

(一)旅游游览分析

1.A 级景区

(1)景区总量

根据全国 A 级旅游景区管理系统数据分析,2020 年 50 家 A 级旅游景区共接待游客 1377.01 万人次,占据全市接待游客总量的 42.52%。其中 5A 级景区——刘公岛、华夏城共接待游客 107.39 万人次，占比 7.80%；12 家 4A 级景区共接待游客 866.98 万人次，占比 62.96%；32 家 3A 级景区共接待游客 388.17 万人次，占比 28.19%；4 家 2A 级景区共接待游客 14.47 万人次，占比 1.05%（见图 18）。

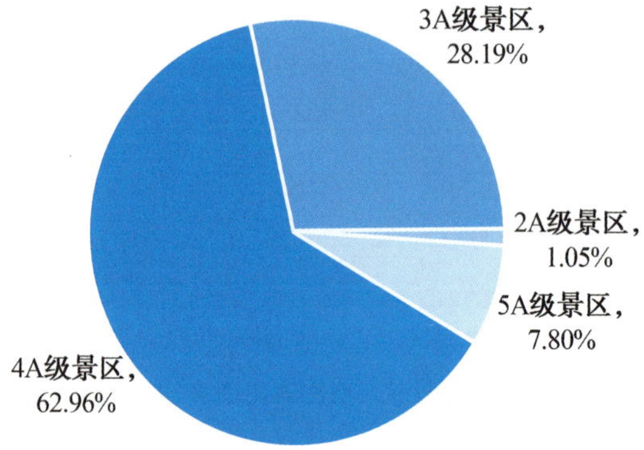

图 18　2020 年威海市 A 级景区分级接待游客占比情况

（2）重点景区

2020 年成山头、环翠楼等 14 家 4A 级及以上景区共接待游客 974.37 万人次，营业收入 5.08 亿元。其中，门票收入 1.47 亿元，占整体营业收入的 28.94%。旅游景区应针对市场需求拓宽营收渠道，积极开展二次消费旅游产品的创新开发，打造符合景区特性的新消费场景，切实提高景区管理水平和服务质量，提升游客综合体验感，带动二次消费收入，摆脱对“门票经济”的依赖。

2.旅游度假区

威海市现有省级旅游度假区 5 家，分别为好运角旅游度假区、环翠北海省级旅游度假区、石岛湾省级旅游度假区、银滩旅游度假区、威海环翠省级旅游度假区。

（二）住宿餐饮分析

威海市共有星级饭店 44 家，其中环翠区星级饭店数量最多，达到 19 家；然后是荣成市，达到 13 家；星级饭店数量较少的为乳山市和文登区，分别为 7 家和 5 家（见表 1）。

表 1　2020 年威海市各区（市）星级饭店数量　　单位：家

	数量
环翠区	19
荣成市	13

续表

	数量
乳山市	7
文登区	5
合计	44

(三)旅行社分析

全市共有旅行社 154 家,其中环翠区 82 家、市直 25 家、荣成市 18 家、乳山市 17 家、文登区 12 家。可办理出境旅游业务的旅行社共有 18 家,其中市直 11 家、环翠区 4 家、荣成市 3 家。

(彭华英)

2020年临沂市旅游业调查分析报告

2020年，面对突如其来的新冠肺炎疫情挑战，在市委、市政府的坚强领导下，临沂市文化和旅游局科学研判，沉着应对，较好地完成了疫情防控和旅游产业发展等各项工作。全市文旅产业融合快速发展，但是受疫情影响，游客接待量和旅游收入有所下降。据统计测算，2020年全市接待国内外游客5028.4万人次，同比下降38.4%；实现旅游总收入475.6亿元，同比下降44.1%。

一、旅游接待收入统计分析

(一)国内旅游市场

1.总体情况

(1)国内旅游接待

2020年全市共接待国内游客5028.1万人次，同比下降38.1%。其中，接待过夜游游客1215.74人次，同比下降57.53%；接待一日游游客3812.36万人次，同比下降27.91%(见图1)。一日游游客与过夜游游客接待量分别占比24.18%、75.82%。夜间旅游的蓬勃发展，旅游资源的深度开发，乡村、红色等多种旅游业态的融合发展等，在“留住游客”方面已初见成效。随着人们生活水平的提高、旅游观念的转变，相比走马观花式的打卡游，游客越来越偏爱全面体验式的深度游。

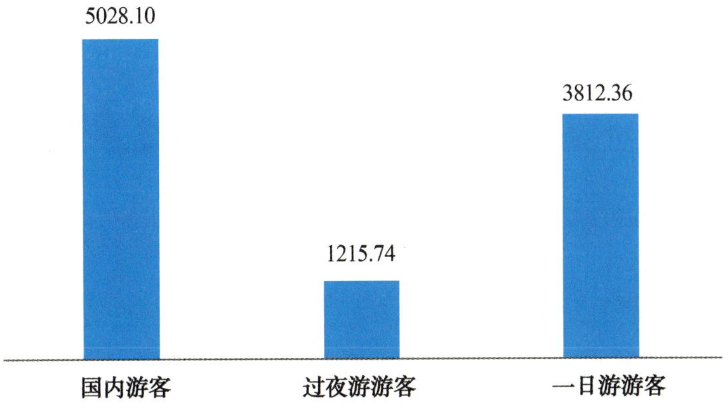

图 1　2020 年临沂市接待的国内游客中过夜游与一日游游客(单位:万人次)

(2)国内旅游收入

2020 年全市国内旅游收入 475.6 亿元,同比下降 43.7%。其中,过夜旅游收入 176.98 亿元,同比下降 59.72%;一日游旅游收入 298.62 亿元,同比下降 26.32%(见图 2)。过夜游游客消费和一日游游客消费占比分别为 37.2%、62.8%。拉长游客驻留时间,能提高旅游目的地的活跃度,更重要的是,游客在夜晚有更充裕的时间和更放松的心情来体验当地的风土人情和进行旅游消费,可以形成新的旅游增长点。

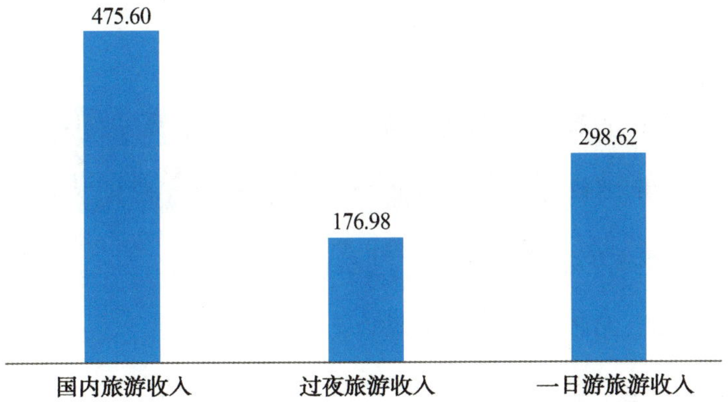

图 2　2020 年临沂市国内旅游收入中过夜游与一日游收入(单位:亿元)

2.国内游客出游行为分析

(1)出游方式

调查显示,临沂市接待的国内游客,出游以个人或与亲朋结伴为主,占比达 79.0%;旅行社组织占比 8.1%;单位组织、公务活动分别占比 7.6%、5.3%(见图 3)。从出游方式看,个人或与亲朋结伴依然处于绝对主导地位,相较于 2019 年,占比提高了1.5个百分点。与传统的打卡观光式旅游相比，如今人们更注重旅游过程中的休闲、娱乐与体验。

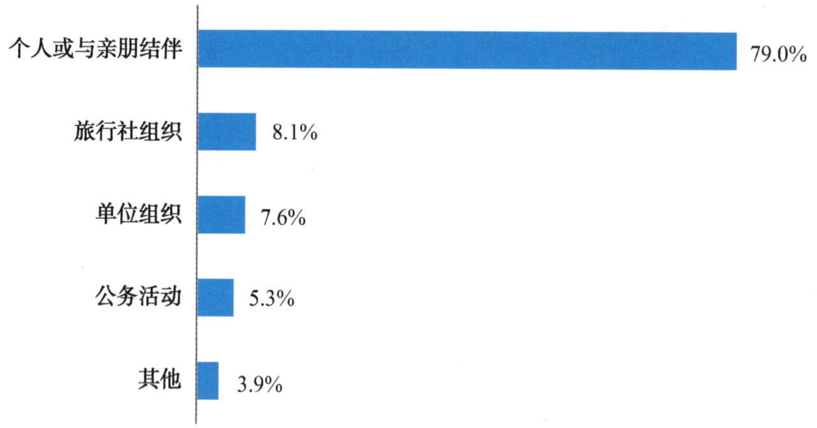

图3 2020年临沂市国内游客出游方式偏好分析

（2）旅游目的

临沂市接待的国内游客中，观光、游览的游客占比最高，为36.26%；休闲、度假占比36.21%；以探亲访友和商务、公务活动、会议、培训为目的的出游占比依次为12.80%、7.83%（见图4）。明确游客的出游目的，可以在旅游目的地开发、旅游产品创新、丰富旅游业态、打造旅游品牌等方面起到指导作用。

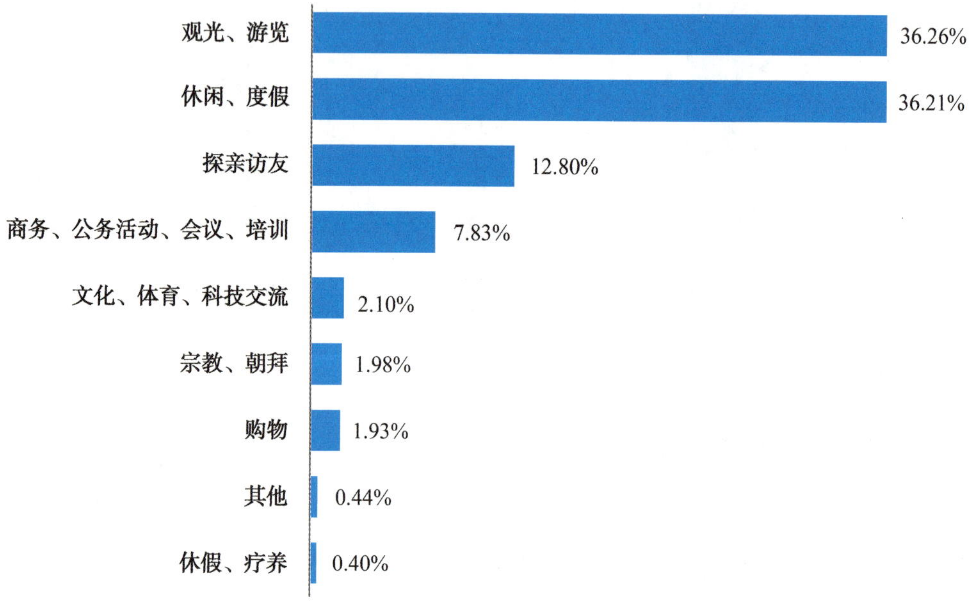

图4 2020年临沂市国内游客出游目的偏好分析

(3)国内游客停留天数

经综合测算,国内过夜游游客平均停留 2.39 天,其中省内过夜游游客平均停留 2.11 天,省外过夜游游客平均停留 2.57 天。从详细逗留时长看,停留 2 天的游客占比最高,为 38.6%;停留 1 天的游客占 37.6%;停留 3 天的游客数量居第三位,占 15.1%;停留 4 天及以上的游客占 8.8%(见图 5)。游客的停留时间反映了旅游目的地的旅游竞争力和吸引力,其对旅游目的地发展的作用毋庸置疑。来临沂市的国内游客以一日游为主,周边游、近郊游等一日游占比较大,过夜游游客以1—3 日游为主。建议旅游目的地在旅游线路设计上,合理配置旅游专线的景点搭配,建立旅游专线,畅通各景区之间的直达交通,使游客出游效益最大化,增加城市吸引力。

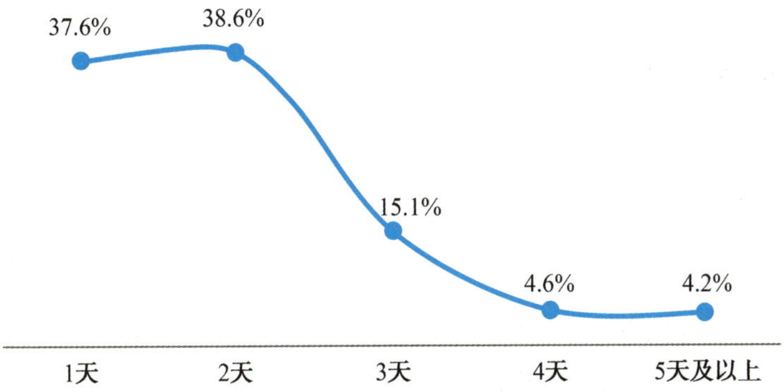

图 5　2020 年临沂市国内游客中过夜游游客停留天数

3.客源市场结构分析

调查显示,临沂市国内旅游市场中省外游客占比 9.3%;省内游客占比 90.7%,其中省内市外游客占比 27.5%,市内游客占比 63.2%(见图 6)。从总体客源结构来看,临沂市客源市场以省内客源为主,吸引外地游客、优化客源结构任重道远。可以加强网络互动营销,构建"互联网+"旅游宣传推广体系;创新目的地宣传推广理念,将宣传推广工作延伸至旅游全过程;充分挖掘临沂旅游资源优势,以红色旅游为引领,打造精品旅游线路体系;在提高自身旅游市场质量的同时,积极借助各大推介平台提高临沂旅游的知名度。

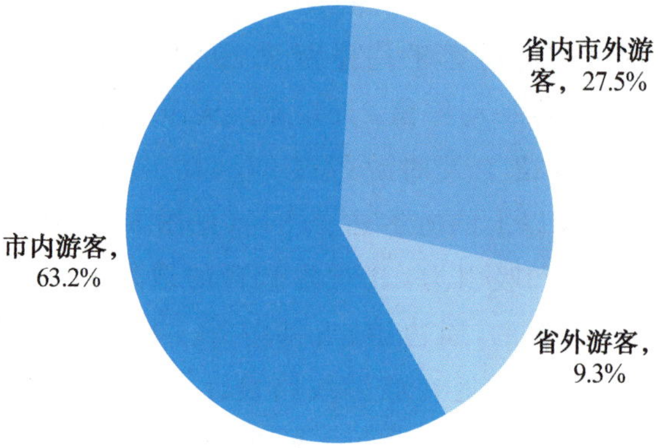

图 6　2020 年临沂市国内旅游市场客源结构

(二)入境旅游市场

1.总体情况

(1)入境旅游接待

2020 年临沂市入境游客接待量 3219 人次，同比下降 98.3%。其中一日游游客 295 人次，占比 9.2%；过夜游游客 2924 人次，占比 90.8%(见图 7)。中国入境旅游市场未来有持续发展的空间，但受制于复杂多变的外部环境和境外疫情的严峻形势，国内旅游仍是当前最主要的旅游市场。

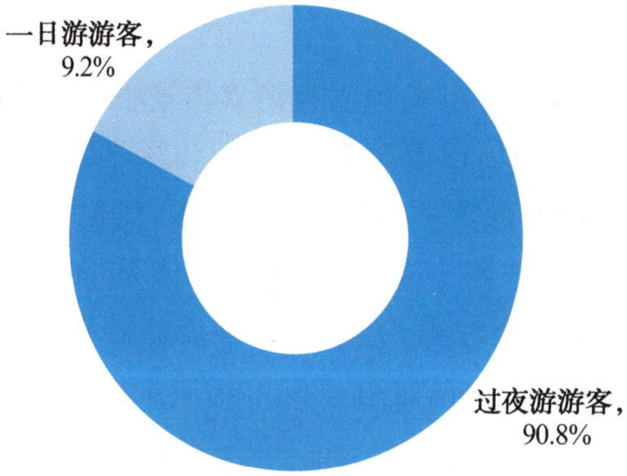

图 7　2020 年临沂市入境游客中过夜游、一日游游客人数占比

(2)入境旅游收入

2020 年临沂市入境旅游收入 78.4 万美元，下降 99.2%。其中入境过夜旅游收入 72.5 万美元，入境一日游旅游收入 5.9 万美元。从入境过夜游游客消费和一日游

游客消费分布可以看出，入境过夜游游客贡献的收入是一日游游客的10倍（见图8）。

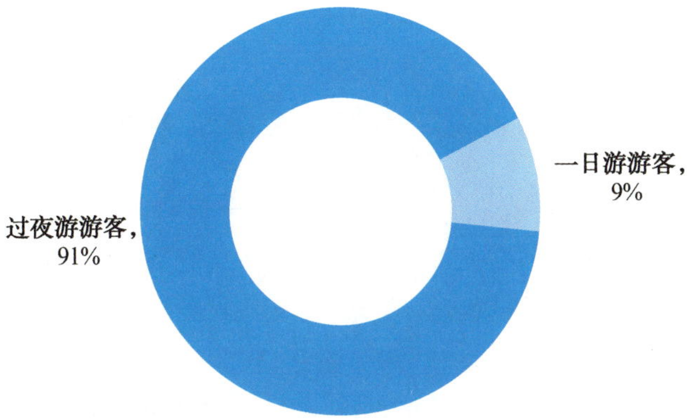

图8　2020年临沂市入境旅游收入中过夜游游客与一日游游客消费占比

2.入境游客消费偏好分析

2020年全市入境游客人均天花费185.62美元，其中，外国游客人均天花费206.51美元，香港同胞人均天花费169.64美元，澳门同胞人均天花费178.15美元，台湾同胞人均天花费194.15美元（见图9）。

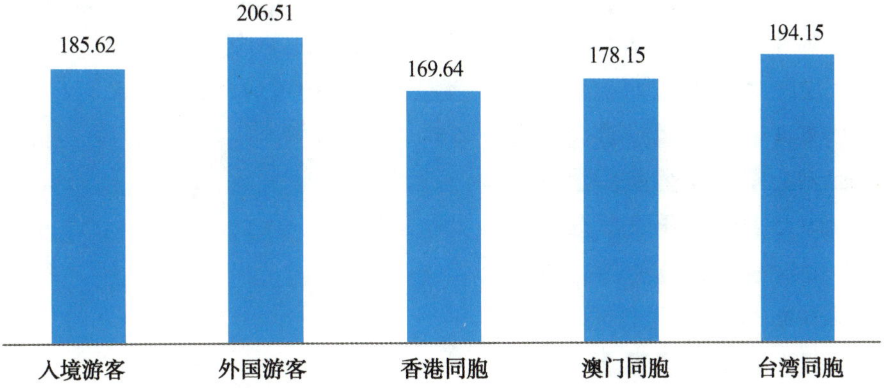

图9　2020年临沂市入境游客人均天花费（单位：美元）

3.客源市场结构分析

2020年全市接待的3219人次入境游客中，外国游客2113人次，占比65.64%，外国游客占据入境旅游市场的主导地位。港、澳、台同胞共1106人次，其中，香港同胞415人次，占比12.89%；澳门同胞278人次，占比8.64%；台湾同胞413人次，占比12.83%（见图10）。与2019年相比，入境游客中外国游客占比持续增加，澳门同胞比重也有大幅提升，香港同胞和台湾同胞的比重有所下降，这与复杂的外部环境是分不开的。

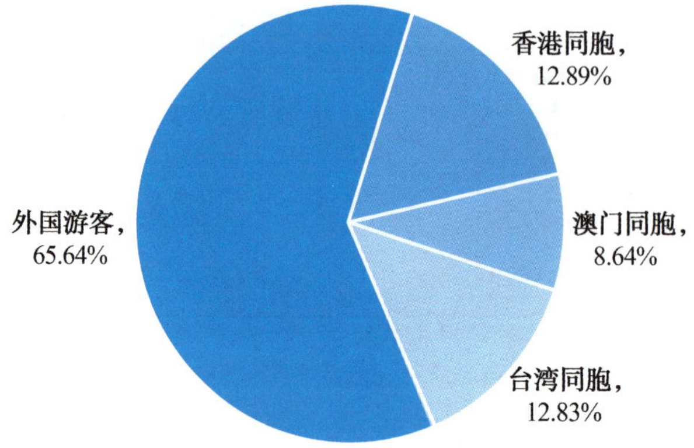

图 10　2020 年临沂市入境游客人数占比

从国别看，临沂市入境旅游前两大客源国为日本和韩国，占比分别为 14.6%和 12.2%；美国、英国和澳大利亚占比分别为 9.5%、5.8%、4.7%（见图 11）。五大客源国占据了临沂市约 50%的境外客源。日本、韩国作为我国的邻国有地理优势，彼此都是对方比较热门的旅游目的地。

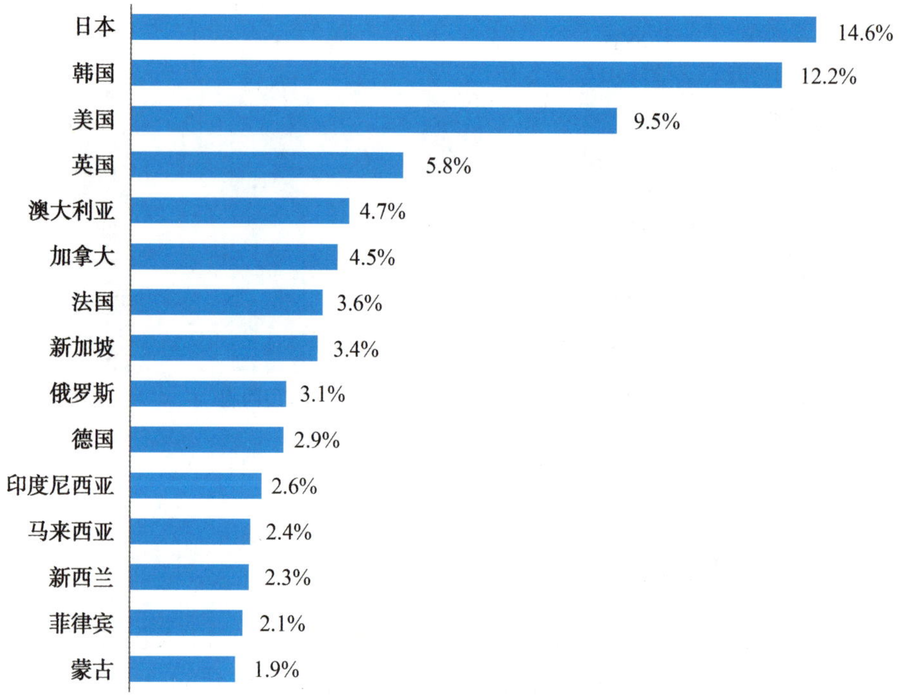

图 11　2020 年临沂市入境游客主要客源国（前 15 位）

二、旅游核心产品供给情况分析

（一）A 级景区

1.A 级景区总体情况

截至 2020 年年底，根据全国 A 级景区管理系统数据，临沂市景区数量共 170 家，其中 5A 级景区 2 家，4A 级景区 26 家，3A 级景区 63 家，2A 级景区 79 家。2020 年接待游客 4235.28 万人次，同比下降 36.57%；实现旅游收入 59.41 亿元，同比下降 40.54%。

2.A 级景区运行情况

2020 年监测全市 A 级景区 56 家，接待国内游客 2689.69 万人次，同比下降 37.53%。实现营业收入 37.41 亿元，同比下降 42.49%；其中门票收入 12.73 亿元，占整体营业收入的 34.03%。A 级景区经营模式由单一的门票收入向收益综合化转变。

（二）旅游度假区

临沂市共有省级旅游度假区 3 家，分别为汤头温泉省级旅游度假区、临沂蒙山省级旅游度假区、临沂东部生态城省级旅游度假区。2020 年共接待国内游客 684.57 万人次，同比下降 39.25%；实现营业收入 13.5 亿元，同比下降 42.18%。

（三）乡村旅游区点

2020 年全市共监测乡村旅游区点 19 家，接待国内游客 1205.47 万人次，同比下降 36.82%；实现营业收入 13.59 亿元，同比下降 39.07%。近年来，临沂市乡村旅游发展较快，各地对乡村旅游的重视程度和资金投入都在持续增加，乡村精品民宿等成为人们周末出游休闲的重要选择。

（四）住宿餐饮分析

截至2020年年底，全市共有星级饭店34家，其中五星级饭店3家。住宿业和餐饮业实现零售额175.56亿元，同比下降25.4%。旅游餐饮、住宿设施水平对人们的出游选择有一定程度的影响，游客对住宿和餐饮的满意度在一定程度上决定了出游停留时间的长短，因此积极提升住宿、餐饮产品的质量对留住游客起到至关重要的作用。

（五）其他旅游产业发展情况

1.旅游企业

全市共有旅游大企业15家，接待国内游客2054.36万人次，同比下降38.47%；实现营业收入29.82亿元，同比下降42.25%。

2.旅游项目

一是积极“走出去”“请进来”。相关人员赴北京、上海、深圳、杭州、成都等地调研中国500强、行业20强等重点文化旅游企业31家（次）。先后接待中国500强、行业20强等重点文旅企业53家（次）。二是扎实推进重点项目招引洽谈和项目签约落地工作。河东区华侨城项目等26个项目成功签约，实际认定到位资金23亿元。组织知名文旅企业家山东行——临沂站活动，水发集团、中惠旅集团等多家知名文旅企业纷纷表达了来临沂投资合作的意向。临沂市精品旅游产业重点项目开工率和年度累计完成投资数均居全省“十强”产业前列。

3.旅游营销

积极邀请企业入驻“临沂文旅云”服务平台，以“‘网红’直播＋助农脱贫＋电商服务”的形式，开展“沂蒙特色非遗产品·网络推介”系列活动，每场直播平均吸引2.4万人次观看，短视频点播量达68万人次。组织开展第二届“品沂蒙美食，赏沂河夜景”活动，策划启动了“好客山东·百团山东行”临沂之旅暨第四届亲情沂蒙自驾文化旅游节系列活动，分别在连云港、徐州开展临沂文化旅游推介会，在上海举办了“亲情沂蒙，红色临沂”“请到沂蒙看金秋——2020长三角文化旅游推介活动”。在兰陵国家农业公园举行“冬游齐鲁·好客山东惠民季”活动临沂主会场启动仪式，在兰陵县举行“冬游沂蒙　乐享临沂——南京市民游临沂”活动启动仪式，积极开拓新客源地市场。

4.打造夜间文旅消费集聚区

在全面落实《临沂市人民政府关于推进夜间经济发展的实施意见》的基础上，制定印发《临沂市文化和旅游局关于加快推进夜间旅游经济发展的通知》，进一步加大推动夜间旅游发展的力度。开展夜间文旅消费集聚区、夜间经济示范街区创建工作。组织“全民阅读、书香临沂”、“夏季书市”、“票友大舞台”、博物馆之夜、美术馆之夜等系列活动，丰富夜间文旅消费内容。推出河东龙园不夜城、沂水彩虹小镇、兰陵沂蒙老街、沂南竹泉村、平邑大殿汪水浥田园综合体、莒南鸡龙河五洲公园等业态多元、吸引力强的夜间旅游优质项目和产品，为市民游客提供具有本地文化特色的夜游场所。组织专家对各县（区）推荐申报的全市首批文旅“网红”打卡地、夜间文旅消费集聚区进行遴选，共评选出沂南竹泉村旅游区等 10 家临沂市首批文旅“网红”打卡地、沂水县彩虹文化运动休闲特色小镇民俗商街等 20 家全市首批夜间文旅消费集聚区，有力地促进了文旅产业的发展。

三、发展建议

（一）提升旅游服务质量，优化旅游消费环境

一是优化消费体验环境。提高消费便捷度，加快智慧旅游平台建设，打造具有本地文化特色的行业大数据和产品交易平台，提升“互联网＋”环境下的文化旅游集成服务能力。

二是拓展优化消费场景。鼓励传统商业综合体转型升级为文体商旅综合体，打造具有文旅特色的高品质步行街。在保障服务质量的前提下，在文化场所进行设施改造提升，合理配套餐饮区、观众休息区、展示售卖区等，开展红色旅游、非遗旅游、研学旅游等旅游活动。

三是提升旅游相关行业服务质量。加大旅游相关行业的培训力度，提高从业人员素质，逐步提升旅行社、景区、宾馆、饭店等旅游窗口接待单位的服务质量和水平。推行旅游服务行业规范，制定旅游服务质量评价标准，建立旅游服务质量回执、投诉记录、意见反馈等相关制度，提升旅游相关行业服务质量。

四是加强市场监管和消费者维权。畅通消费投诉举报绿色通道，建立消费投诉快速反应机制、消费维权源头治理机制和消费纠纷先行赔偿机制，做到有诉必接、有接必查、有查必果，维护旅游消费市场秩序，净化旅游消费市场环境。

（二）落实景区预约制度，建设智慧旅游景区

一是做好预约前端工作。预约系统设计要便捷易用，与微信、美团等常用App打通，避免游客在购票、入园和退票等基本服务上遇到困难。实现分时预约，使景区人流量更为可控，落实“限流、预约、错峰”要求，明确在线预约预订、分时段预约游览等建设规范。

二是加强预约旅游宣传工作。文化和旅游部门、重点旅游景区要开展形式多样、内容活泼的预约旅游短视频宣传，增强同与门票预约相关的互联网平台的合作，提升游客的预约意识，便于游客提前获悉预约信息。

三是简化游客入园流程。游客入园以及购票等管理工作与平台联合，简化游客入园流程，避免重复验证，提高效率，提升游客体验。

四是提升景区的后续管理水平。通过预约掌握入园人数，做好景区内配人、配物的工作，提高服务效率；利用游览大数据向游客精准推送服务和产品，加强精细化管理，提高服务水平，加快建设智慧旅游景区，实现旅游景区数字化、智慧化转型。

（三）融合农、文、旅，优化乡村旅游产品

一是乡村旅游产品供给改革。基于疫情后消费者更加重视健康和养生的消费趋势，对现有乡村旅游粗放式产品供给进行改革，打造带有乡土特色和健康生活印记的旅游产品。

二是服务产品高质量提升。推进乡村旅游服务产品从业余型向专业型提升，在体现个性化的同时，向标准化、流程化、卫生化等现代服务理念靠拢。通过开展村民经营意识和服务意识培训，提高服务标准，提升服务质量，满足消费者对高品质产品的需求。

三是乡村旅游产品创新。要强化农旅融合，拓展乡村旅游产品。强化文旅融合，以文塑旅，以旅彰文，将本地特色文化活动融入旅游市场，提升乡村旅游文化品位。

（四）搭建多平台，打响乡村旅游品牌

一是搭建节庆活动平台。开展集文化节、旅游节、美食节、商贸节等于一体的节庆活动，以政府主导为主，加大社会参与和市场运作的力度，提高节庆活动的市场化运作水平，在旅游节庆期间鼓励机关、团体、企事业单位合理安排职工休假，对带薪年休假分段灵活安排，与本地传统节日、地方特色活动等相连接。

二是搭建宣传推介平台。发挥好“旅游＋互联网”的积极作用，积极推进智慧旅游大数据、管理、服务、宣传、基础设施平台建设，实现乡村旅游线上、线下全互动。逐步推动品牌营销、城市营销、主题营销、活动营销、渠道营销，积极组织乡村旅游企业参加各级各类旅博会、推介会、特色商品大赛等活动，持续输出临沂市特色文旅产品、节庆活动和乡村旅游精品线路。

三是搭建示范引领平台。整合域内旅游资源，发挥比较优势，升级打造乡村旅游示范点，充分挖掘传统民居、美丽村落及独特的滨海资源，结合乡村振兴战略，各个区（县）精心培育和打造1—2个乡村旅游示范点，将其建设成乡村旅游的亮丽窗口。

（五）推进文旅产业转型升级，激发消费潜力

持续做好重点项目引进和服务，借助大项目招引带动壮大文化旅游产业集群。积极开展高等级景区创建工作，推进沂蒙精神纪念旅游区创建国家5A级景区，加快蒙山5A级景区综合提升，推动构建“红＋绿＋金＋奇”高品质旅游发展格局，培育壮大A级景区旅游主力军。做细乡村旅游品质，打造乡村旅游新标杆。持续推动全市乡村旅游集群片区提升发展，集中打造夜游、夜赏、夜食、夜娱、夜宿“五位一体”的乡村景观和产业形态，促进乡村旅游规模化、集群化发展。

（韩恩元　杜珍）

2020年菏泽市旅游业调查分析报告

2020年，面对疫情，菏泽市文化和旅游系统坚持以习近平新时代中国特色社会主义思想为指导，多措并举，攻坚克难，一手抓疫情防控，一手抓旅游经济发展，推动旅游业有序复苏。

一、旅游总体市场情况

据统计调查测算，2020年全市实现国内旅游收入124.2亿元，下降40.4%；入境旅游收入5.5万美元，下降98.7%。接待国内游客1551.2万人次，下降34.4%；接待入境游客0.03万人次，下降98.1%。居民年人均出游1.65次，下降36.05%。

二、国内旅游市场

(一)国内旅游接待量

2020年全市共接待国内游客1551.2万人次，同比下降34.4%；实现国内旅游收入124.2亿元，同比下降40.4%。其中，过夜游游客1024.0万人次，下降6.2%；一日游游客527.2万人次，下降58.6%(见图1)。受疫情影响，游客接待量显著下降，其中一日游游客接待量大幅下降，占比减少19.8个百分点。2020年年初，疫情暴发使得人们外出旅行受到一定的限制，旅游接待量骤减。随着疫情形势好转，居民外出旅游需求迫切，游客停留时间相对增加，过夜游游客占比增加。

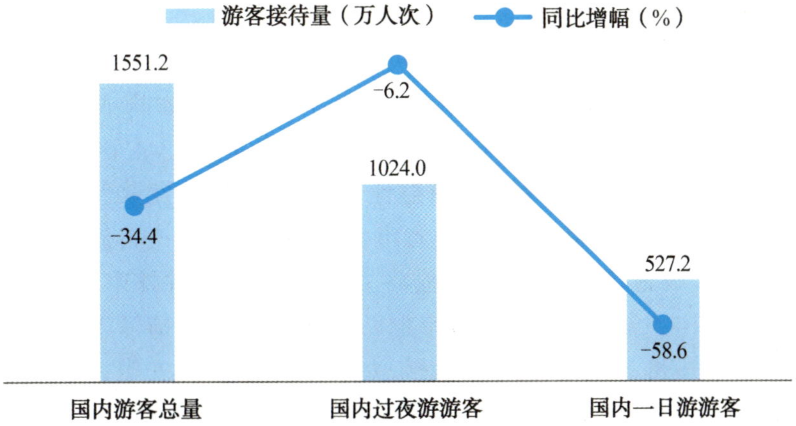

图 1　2020 年菏泽市国内游客中过夜游与一日游游客接待量及同比增幅

(二)国内客源市场结构分析

1.整体客源结构

调查显示，菏泽市国内游客中省外游客占比 19.00%；省内游客占比 81.00%，其中省内市外游客占比 38.03%，市内游客占比 42.97%(见图 2)。可以看出，受新冠肺炎疫情影响，市外游客比例下降。菏泽客源市场主要来自省内，潜在市场广阔，要吸引外地游客，优化客源结构变得尤为重要。一是擦亮“中国牡丹之都”名片，提升知名度、美誉度，开发“牡丹”特色旅游品牌，让城市名片转化成经济效益。二是统筹保护、利用红色文化资源，打造红色旅游精品，讲好红色故事，传承红色基因。三是保护、传承、弘扬黄河文化，打造“黄河文化生态旅游带”和“黄河故道精品文化旅游带”，联动周边省市，发展全域旅游。四是做活非遗特色文章，以“戏曲之乡、武术之乡、书画之乡、民间艺术之乡”为品牌，将其融入城市建设，打造非遗旅游目的地。五是大力发展文化创意产业，扶持发展数字文旅产业。

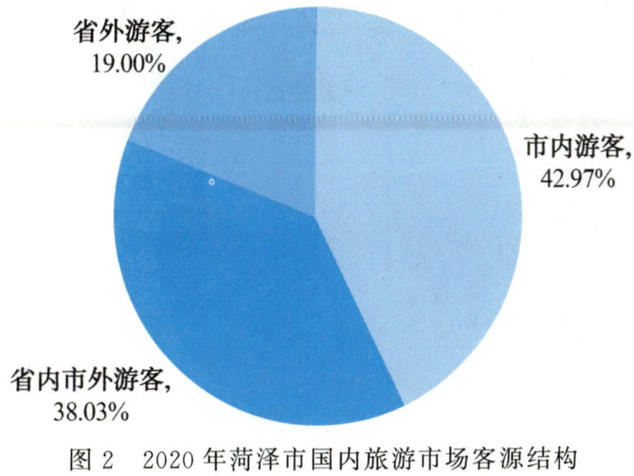

图 2　2020 年菏泽市国内旅游市场客源结构

2.省外客源结构

省外客源市场以周边省份为主，河南省、江苏省和河北省构成了三大省外客源地，其中河南省游客最多，占比25.67%；江苏省、河北省次之，占比分别为13.22%、9.20%。菏泽对周边地区具有一定的辐射性，往较远省份的发散性偏低。建议深挖当地文化特色，创新旅游产品，联动周边省市，发展全域旅游，改善旅游公共环境以及旅游相关综合配套设施，以周边省市为战略主导，积极拓展省外市场，加强省外精准营销，优化客源结构。省外重点客源城市也以周边城市为主，菏泽十大省外旅游客源城市分别为商丘、郑州、石家庄、南京、徐州、太原、开封、常州、安阳、杭州，占比分别为6.13%、4.60%、3.64%、3.26%、3.07%、3.07%、3.07%、2.30%、2.11%、2.11%（见图3）。从区域划分来看，受距离、经济发展水平、疫情等各种因素影响，省外客源所属区域占比最多的为华东地区，达到87.55%；然后是华中地区、华北地区，分别占比5.13%、4.33%；来自西南地区的游客占比最小，仅为0.42%（见图4）。

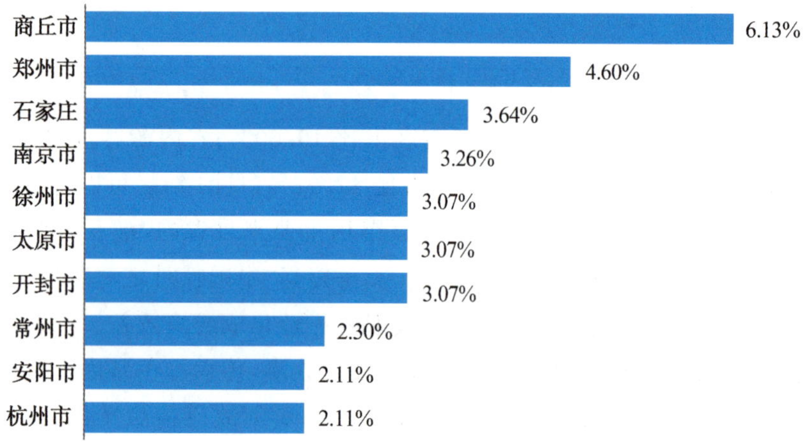

图3 2020年菏泽市国内游客十大省外客源城市

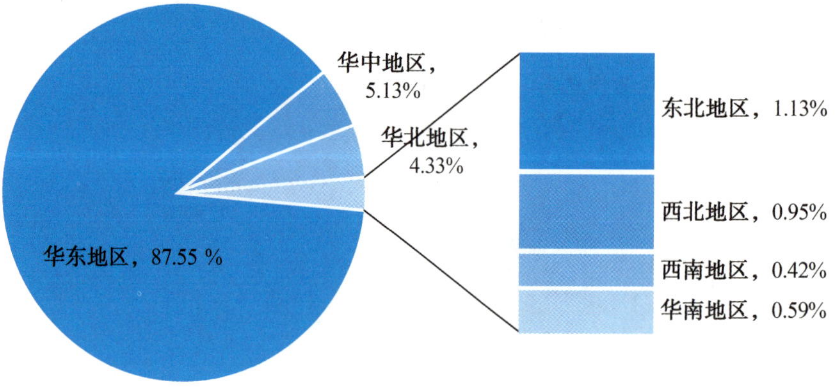

图4 2020年菏泽市国内游客区域分析

3.省内客源结构

调查显示，菏泽市省内游客中，本市游客占比最高，为53.05%；济南、济宁、泰安分别占比7.95%、5.57%、4.54%（见表1）。菏泽的游客主要集中在本市，省内游客是菏泽客源的根基，因此菏泽在加强省外营销的同时，更应该加强省内宣传。如何在省内旅游市场同类化发展的同时求同存异，找到自身文化旅游特色，将对以后的旅游发展起到关键作用。

表1　2020年菏泽市省内游客客源结构　　%

地市	占比	地市	占比
菏泽市	53.05	烟台市	2.52
济南市	7.95	东营市	2.43
济宁市	5.57	聊城市	2.20
泰安市	4.54	日照市	2.16
青岛市	3.37	潍坊市	2.11
枣庄市	3.32	滨州市	1.84
淄博市	2.83	临沂市	1.75
德州市	2.61	威海市	1.75

（三）国内游客画像分析

1.性别构成

调查显示，菏泽市国内游客中男性游客占比63.14%，女性游客占比36.86%，男性游客占比高于女性游客（见图5）。

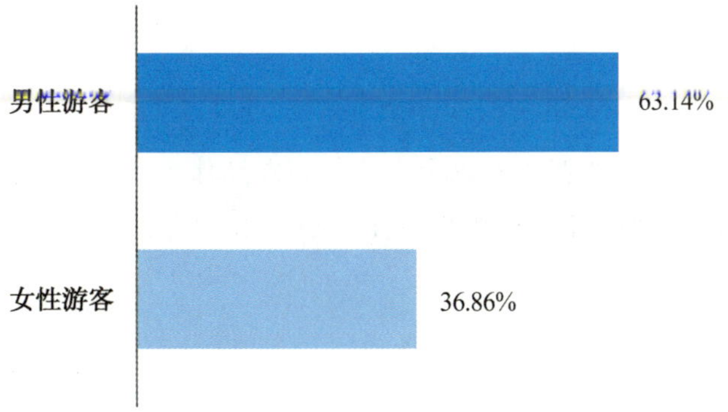

图5　2020年菏泽市国内游客性别比例

2.年龄构成

调查显示，菏泽市国内游客中年龄分布在25—44岁的游客最多，占比达到56.11%；然后是19—24岁的游客，占比22.20%；45—64岁的游客紧跟其后，占比18.63%；18岁及以下游客较少，占比1.60%；65岁及以上游客最少，占比仅为1.46%。相比2019年，25—44岁游客占比提高9.48个百分点，仍然是游客中的中坚力量，年龄优势明显；45—64岁游客占比下降19.36个百分点；24岁及以下游客占比提高11.71个百分点（见图6）。来菏泽市消费的中青年游客占绝大多数，因此菏泽在景点规划与项目建设上要紧跟当下潮流，做到年轻化、网络化。同时，在交通便捷程度、景区内轻运动项目等方面为中老年游客提供便利，以吸引更多中老年人加入旅游大军。

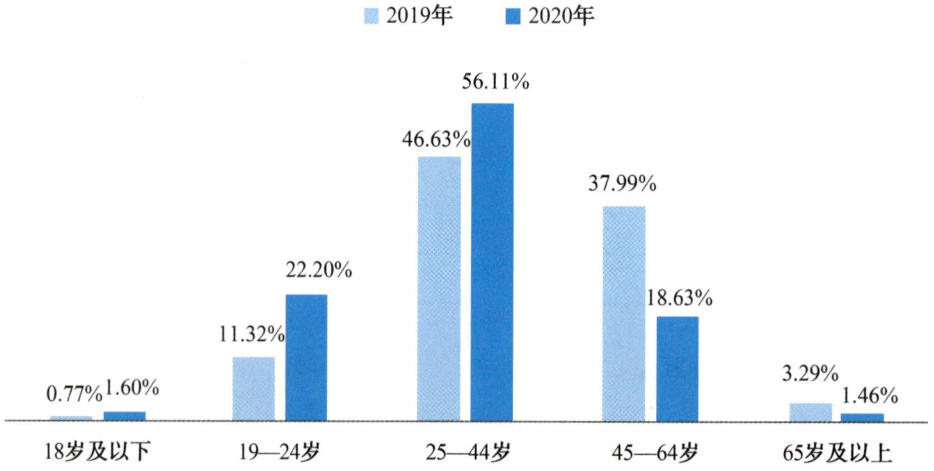

图6　2020年与2019年菏泽市国内游客年龄构成对比分析

(四)国内游客出游行为分析

1.出游方式

调查显示，菏泽市国内游客出游以个人或与亲友结伴为主，占比达84.46%；公务活动占比为6.26%；单位组织、旅行社组织占比分别为4.62%、2.11%（见图7）。

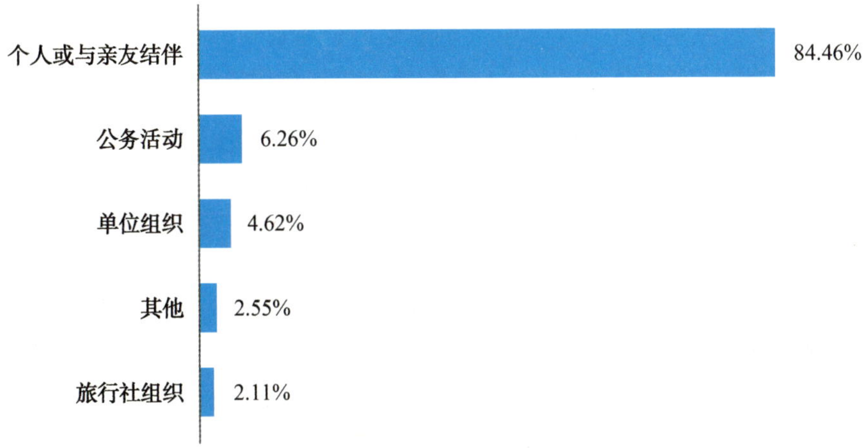

图 7　2020 年菏泽市国内游客出游方式偏好分析

从出游方式看，个人或与亲友结伴依然处于绝对主导地位，相较于 2019 年略有增加（占比提高 0.4 个百分点），而旅行社组织占比下降 2.14 个百分点，公务活动占比提高 2.76 个百分点。以上出游方式的变化，均与疫情暴发息息相关。

2.平均游览景点个数

国内游客在菏泽市平均游览景点 2.38 个。从城乡居民分布看，城镇居民平均游览景点 2.47 个，农村居民平均游览景点 1.90 个（见图 8）。从出行方式看，单位组织的游客平均游览景点最多，为 2.98 个；然后是旅行社组织的游客，平均游览景点 2.83 个；公务活动的游客平均游览景点最少，为 2.17 个（见图 9）。集体出游方式效率优势明显，而个人或与亲友结伴出游方式随机性和体验性强。

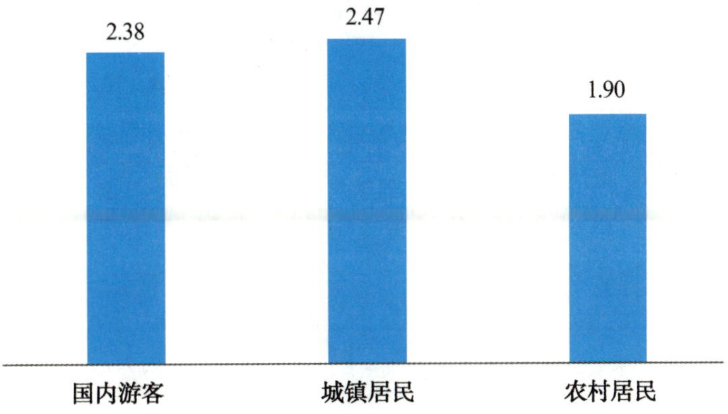

图 8　2020 年菏泽市国内游客中城乡居民平均游览景点分析（单位：个）

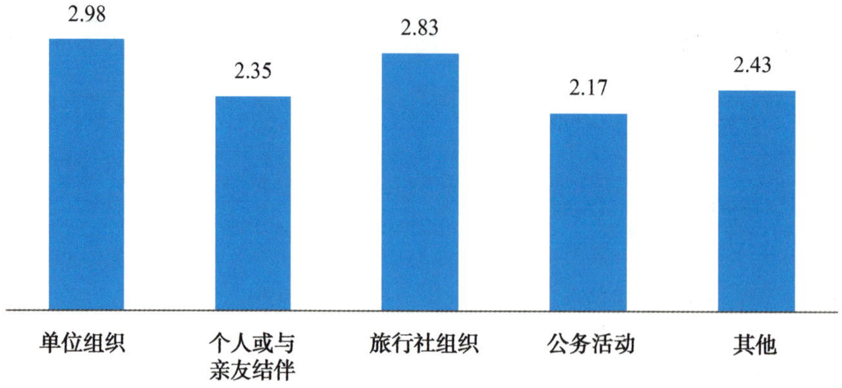

图 9　2020 年菏泽市国内游客不同出行方式下平均游览景点分析(单位:个)

(五)国内游客消费行为分析

1.消费结构分析

调查显示,菏泽市国内游客消费中,首先,购物消费占比最大,为 28.29%;其次为住宿,占比 23.35%;再次为餐饮、出行,占比分别为 18.69%、15.78%;最后,游览、娱乐和其他方面消费占比较少,分别为 6.43%、3.85%和 3.60%(见图 10)。在旅游六要素中,“食、住、行”方面的消费相对稳定,“游、购、娱”方面的消费则弹性较大,旅游消费的潜力也最大。建议深挖资源,开发特色游览、娱乐项目,开发地方性历史文化特色旅游产品和文创产品,丰富消费供给,以刺激游客消费,优化消费结构。

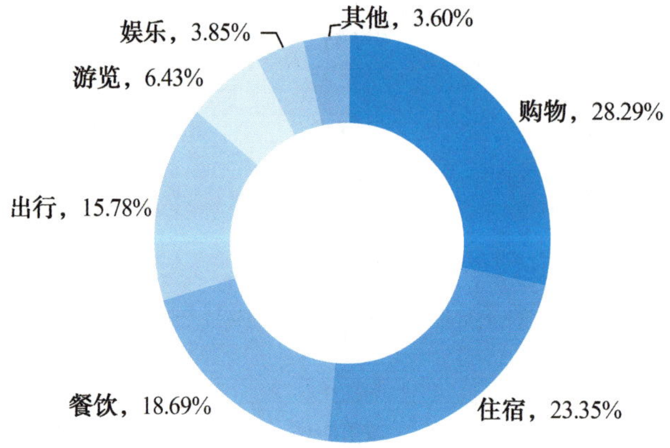

图 10　2020 年菏泽市国内游客消费结构分析

2.人均花费

经统计调查及综合测算，2020 年菏泽市国内游客人均消费 800.62 元，同比下降 9.09%。其中一日游游客人均花费 473.82 元，同比下降 34.61%；过夜游游客人均花费 1241.06 元，同比增加 16.80%（见图 11）。从省内外游客来看，省内游客人均花费 761.85 元，省外游客人均花费 1683.95 元（见图 12）。2020 年受新冠肺炎疫情影响，年初复工复产延缓，居民收入减少。同时，疫情导致城乡居民外出受限，旅行频率减少，从而对旅游市场造成冲击，人们在旅游方面的花费大幅度降低。

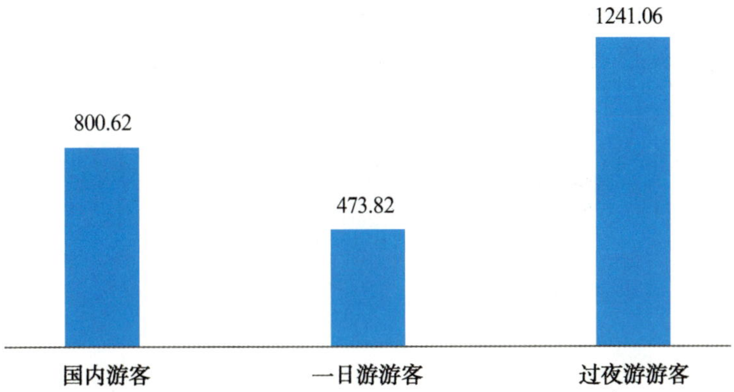

图 11　2020 年菏泽市国内游客人均花费情况（单位：元）

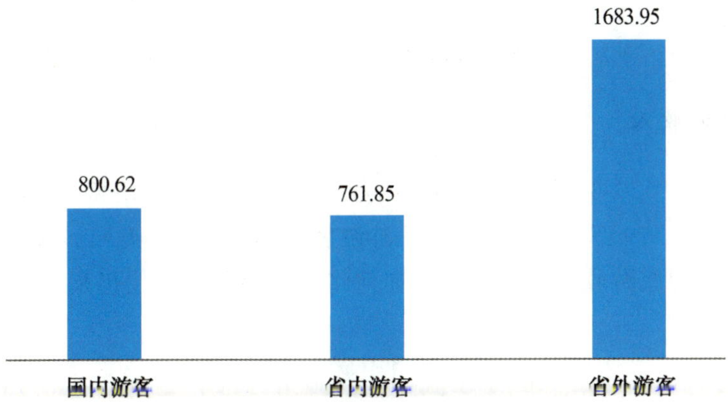

图 12　2020 年菏泽市省内外游客人均花费情况（单位：元）

三、入境旅游市场

（一）总体情况

1.入境旅游接待

经统计测算，2020 年菏泽市共接待入境游客 349 人次，同比下降 98.1%。其中一日游游客 89 人次，占比 25.50%；过夜游游客 260 人次，占比 74.50%（见图 13）。2020 年新冠肺炎疫情蔓延全球，极大地阻碍了各地区的交流，境外游客人数降幅明显。

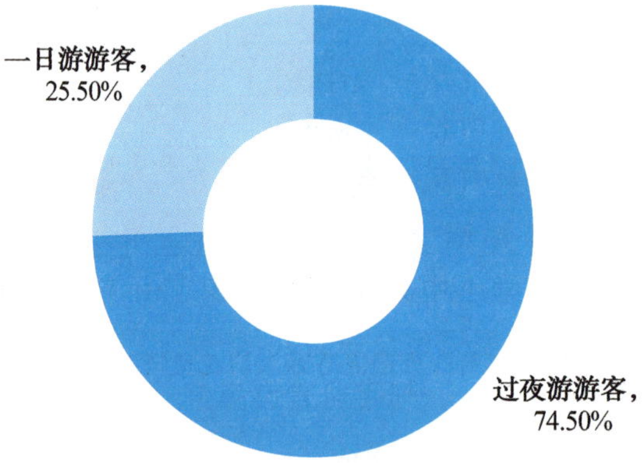

图 13　2020 年菏泽市入境游客中过夜游游客、一日游游客人数占比

2.入境旅游收入

经统计测算，2020 年菏泽市入境旅游收入 5.54 万美元，下降 98.7%，其中入境过夜游游客消费 4.79 万美元，入境一日游游客消费 0.75 万美元。入境过夜游游客贡献了 86.46%的旅游收入，可以看出，如何将一日游游客留住仍是关键（见图 14）。

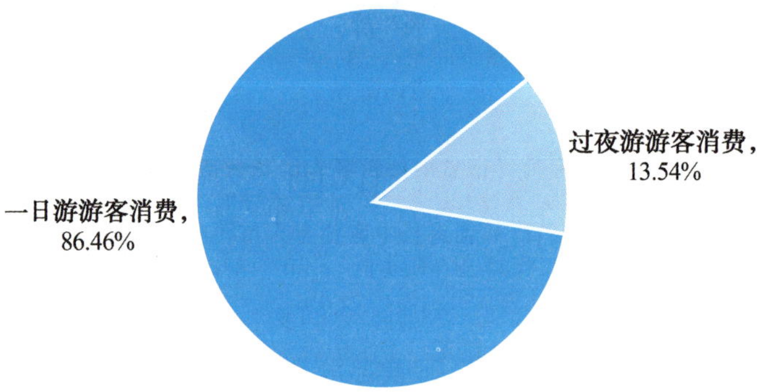

图 14　2020 年菏泽市入境旅游收入中过夜游游客、一日游游客消费占比

(二)入境客源市场结构分析

1.整体客源市场结构

2020年全市共接待入境游客349人次，其中外国游客172人次，占比49.28%；香港同胞29人次，占比8.31%；澳门同胞60人次，占比17.19%；台湾同胞88人次，占比25.21%（见图15）。入境游客中，外国游客的主体地位不变，但与2019年相比，外国游客占比有所下降，港、澳、台同胞占比上升。

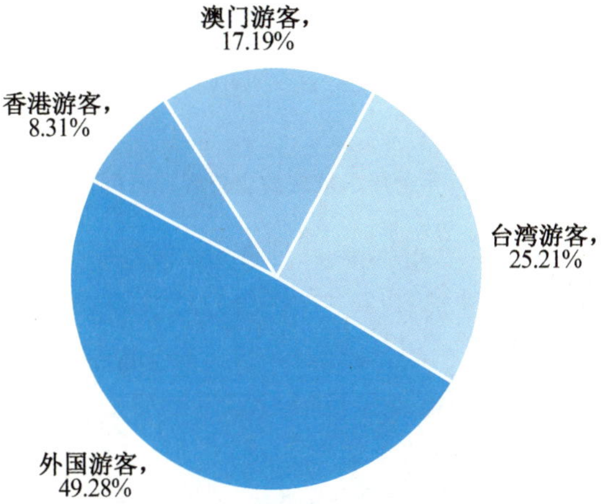

图15　2020年菏泽市入境游客人数占比

2.客源结构国别分析

从国别分析，菏泽入境旅游市场三大客源国为意大利、韩国和日本，接待人次分别为54人次、36人次和31人次，占据境外客源的比例分别为31.40%、20.93%和18.02%。这三大客源国占据了70%的境外客源。除此之外，英国、美国、巴基斯坦占比分别为6.98%、5.81%、2.91%（见图16）。

外国游客来自意大利的最多，这与意大利的新冠肺炎疫情暴发后我国政府立即对其提供医疗援助有很大关系。而韩国、日本作为我国的邻国有地理优势，彼此都是对方热门的旅游目的地。

3.客源结构洲别分析

从洲别分析，距离优势让亚洲及欧洲成为主要客源地，分别占比48.26%、44.19%；美洲占比6.40%（见图17）。

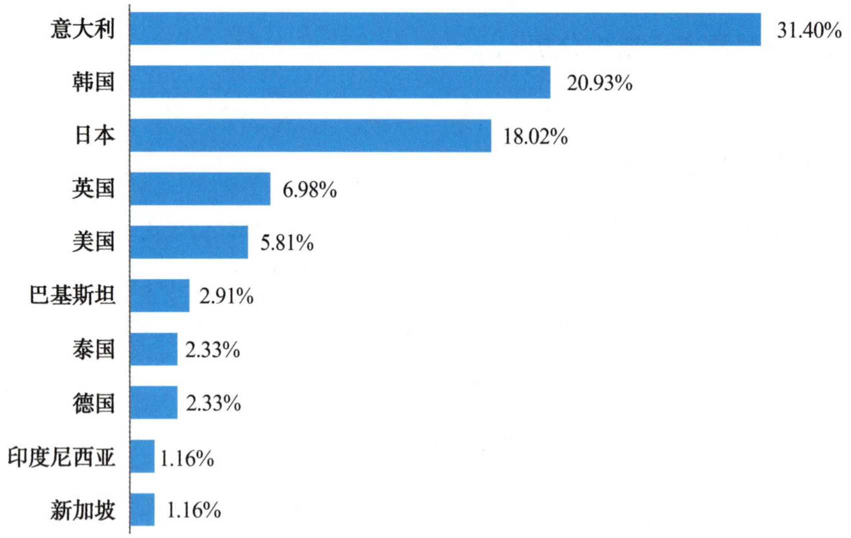

图 16　2020 年菏泽入境旅游主要客源国(前 10 位)

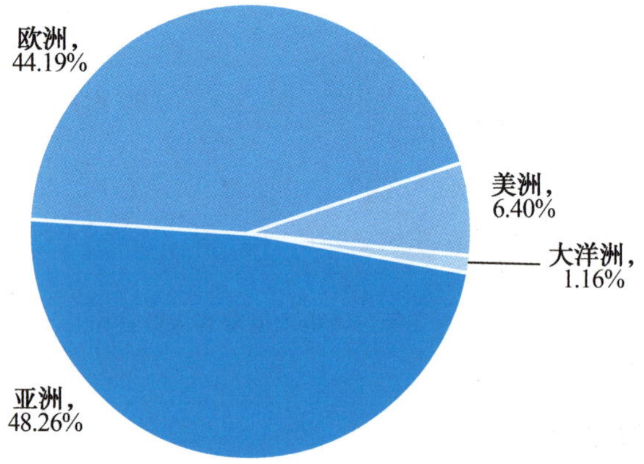

图 17　2020 年菏泽市入境旅游客源洲别构成

四、旅游核心产品供给分析

(一)旅游游览分析

1.A 级景区

(1)景区总量

全市共有 A 级景区 27 家，其中，4A 级景区 4 家，3A 级景区 10 家，2A 级景区

13家。从全国A级旅游景区管理系统数据来看，2020年全市A级旅游景区共接待游客519.99万人次，占据菏泽市接待游客总量的33.52%。其中4家4A级景区共接待游客221.84万人次，占比42.66%；10家3A级景区共接待游客181.14万人次，占比34.84%；13家2A级景区共接待游客117.01万人次，占比22.50%（见图19）。

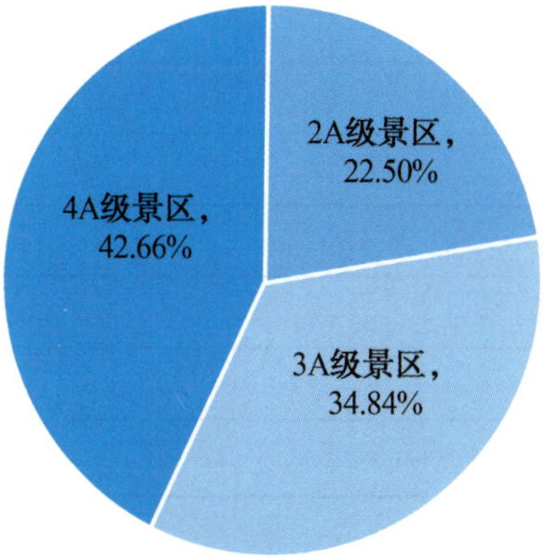

图19　2020年菏泽市A级景区分级接待占比情况

（2）重点景区

2020年郓城县水浒好汉城景区、曹州牡丹园、单县浮龙湖生态旅游景区、鄄城县孙膑旅游城·亿城寺景区4家4A级景区共接待游客221.84万人次，实现营业收入4.90亿元。其中，门票收入2758.11万元，占整体营业收入的5.63%。

2.旅游度假区

菏泽市现有省级旅游度假区1家，即浮龙湖旅游度假区。浮龙湖旅游度假区2020年接待游客约88.22万人次，实现营业收入约4.60亿元。

3.乡村旅游区点

菏泽市共监测乡村旅游区点1家，即高村黄河历史文化苑。山东省旅游统计分析平台数据显示，该乡村旅游区点2020年累计接待游客6.99万人次。

（二）住宿餐饮分析

菏泽市共有星级饭店11家，其中分布在牡丹区、郓城县的星级饭店数量最多，分别为3家、2家；其他县（区）除鄄城县外，均各分布1家星级饭店（见表2）。

表 2 2020 年菏泽市各县(区)星级饭店数量 单位:家

	星级饭店数量
牡丹区	3
郓城县	2
成武县	1
定陶区	1
曹县	1
单县	1
东明县	1
巨野县	1
合计	11

(三)旅行社分析

菏泽市共有旅行社 67 家。拥有旅行社数量最多的为牡丹区,有 40 家。其次为开发区、单县,分别拥有 8 家、5 家。菏泽的旅行社主要集中在市区,其他区县分布相对较少(见表 3)。

表 3 2020 年菏泽各县(区)旅行社数量 单位:家

	旅行社数量
牡丹区	40
开发区	8
单县	5
曹县	4
郓城县	4
巨野县	3
定陶区	1
东明县	1
成武县	1
合计	67

(祝琳)